과학과 기술로 본
세계사 강의

Science and Technology in World History : An Introduction
by James E. McClellan III and Harold Dorn
Original Copyright ⓒ 1999 The Johns Hopkins University Press
Korean translation Copyright ⓒ 2006 Motivebook
This Korean edition was arranged with The Johns Hopkins University Press, USA
through Best Literary & Rights Agency, Korea.
All Rights Reserved.

이 책의 한국어판 저작권은 베스트 에이전시를 통한
원저작권자와의 독점계약으로 도서출판 모티브북이 소유합니다.
신저작권법에 의하여 한국 내에서 보호를 받는 저작물이므로
무단 전재와 무단 복제를 금합니다.

과학과 기술로 본
세계사 강의

Science and Technology in World History

제임스 E. 매클렐란 3세 · 해럴드 도른 공저
전대호 옮김

서문

이 책은 과학과 기술의 역사에 대해 지성인이 원하는 '큰 그림'을 일반인과 대학생에게 제공하기 위한 입문서로 쓰였다. 금세 알아볼 수 있겠지만, 이 책은 교과서의 성격을 띠고 있으며 학자나 전문가를 위한 것이 아니다. 책의 내용은 우리의 폭넓은 대학생 교육 경험에서 나왔다. 우리는 강의실에서 힘든 시간을 보내며 어떤 내용과 사례와 주제가 과학사 교육에 알맞은가를 배웠다.

우리는 원고의 일부분 혹은 전체를 읽어주고 결정적인 조언으로 우리의 최종 작업에 큰 도움을 준 소중한 친구들에게 감사한다. 필립 R. 레일리 박사, 제임스 E. 매클렐란 2세 교수, 잭키 매클렐란, 마이클 펠드스타인, 폴 케이, 제프 루스를 언급하지 않을 수 없다. 세분화된 전문지식으로 우리의 실수를 여러 차례 막아준 동료들도 마찬가지이다. 퓨젓 사운드 대학의 모트 T. 그린 교수, 제임스 에반스 교수, 보스턴 대학의 머레이 C. 매클렐란 박사, 뉴델리 인도과학기술연구원NISTADS의 디팍 쿠마르 박사, 그리고 익명의 평론가 두 분을 언급한다.

험한 산길을 걷는 동안 우리의 짐을 크게 덜어준 사람은 존스 홉킨스 대학 출판부의 로버트 J. 브루거였다. 길을 가는 동안 그가 건넨 내용적·형식적 조언들은 작업을 많이 발전시켰다. 출판부의 다른 직원들도 성깔 있는 두 저자에 대한 자상한 관용과 뛰어난 전문성을 보여주었다. 우리는 특히 킴벌리 F. 존슨, 리 캠벨 사이얼스, 아니타 워커 스콧, 테레즈 D. 보이드에게 감사의 뜻을 전한다.

뉴욕 공공 도서관과 미국 자연사 박물관, 컬럼비아 대학 도서관의 직원과 자료들은 우리가 학술적인 자료나 그림 자료를 찾는 데 결정적인 도움을 주었으며, 그들에게 진심으로 감사한다. 스티븐스 공과 대학 윌리엄스 도서관의 캐럴 퍼킨스와 직원들 역시 탁월한 능력으로 우리를 위해 도서관 상호 대출 업무를 맡아주었다. 이 기회를 빌려 그들에게 다시 감사의 말을 전할 수 있어 기쁘다. 맨해튼 6번가에 위치한 모더니지 포토그래픽 서비스의 친구들은 늘 그렇듯이 훌륭한 솜씨로 이 책을 더 멋지게 장식해 주었다. 시암 락스미나라얀은 인터넷 자료 검색을 도와주었고, 윌리엄 L. 넬슨은 지도들을 그려주었으며, 앤드류 P. 루벤펠드 박사는 색인을 만들어주었다.

마지막으로 우리는 이 책의 교정쇄를 읽어준 스티븐스 공과 대학의 학생들에게 감사의 뜻을 전한다. 그들은 우리의 뜻이 성공적으로 전달되는 부분과 그렇지 않은 부분을 지적해 주었다. 최종 결과에 오류가 없지는 않을 것이다. 결함의 책임은 전적으로 우리에게 있다.

들어가면서

역사 속의 과학과 기술

20세기는 과학과 사회의 관계가 운명적으로 바뀌는 것을 목격했다. 제1차 세계대전 당시 과학자들은 모두 징집되어 참호 속에서 죽어갔다. 그러나 제2차 세계대전 당시 과학자들은 국가의 소중한 재원으로 징집을 면제받고 후방에 모여 비밀 임무를 수행했다. 이와 같은 변화의 원인은 쉽게 설명할 수 있다―정부측에서 이론적인 연구가 공업과 농업과 의학에서 실용적인 진보를 산출할 수 있다는 믿음을 가지게 된 것이었다. 항생제의 발견, 핵물리학을 응용한 원자 무기 생산 등은 그 믿음을 강화했다. 과학은 실용적인 이득과 거의 동일시되었고, 따라서 기술이 과학에 의존하는 것은 시대를 초월한 현상이라는 생각이 상식이 되었다. 과학과 기술, 연구와 개발―이들 두 쌍은 거의 분리할 수 없는 쌍둥이로 여겨진다. 이들은 우리 시대의 성스러운 명칭의 반열에 올랐다. 과학과 기술의 결합은 오늘날 기술을 응용과학으로 정의하는 사전적인 규정을 통해 확고해진다. '과학기사'란에 실리는 소식들은 사실상 과학보다는 공학의 성취를 다루는 경우가 많다.

　그러나 이런 상식적인 믿음은 역사적인 근거 없이 20세기의 문화적 태도에 의해 강요된 인위적인 산물이다. 물론 역사적인 기록은 파라오와 왕이 지배했던 최초의 문명들뿐 아니라 일반적으로 중앙집권적인 국가라면 어디에서나 자연에 관한 지식이 실용적인 목적에 이용되었음을 보여준다. 그러나 그럼에도 과학과 기술이 체계적으로도 긴밀하게 결합되어 있었다고 말할 수는 없다. 고대 그리스(이론적인 과학이 탄생한 곳이다), 중세의 스콜라 철학자들, 갈릴레오와 뉴턴의 시대, 그리고 심지어 다윈이 활동한 19세기에도 과학은 지식인의 일거리로서 그 결과들을 과학적 출판물에 기록한 반면, 기술은 교육을 받지 않은 장인들이 지닌 솜씨로 여겨졌다. 19세기 전반기까지, 대학을 나온 기술자나 장인은 극히 드물었으며, 많은 기술자들은 공식적인 교육을 전혀 받지 않았다. 반대로 대학의 과학 교육은 주로 순수수학과 이른바 자연철학—자연에 관한 철학—에 치중했으며, 기술자와 장인이 모르는 전문 용어와 언어로 이루어졌다.

　어느 정도까지는 소망이 생각을 낳는다. 분명 과학은 이번 세기에 인류에게 참된 이득을 선사했으며, 사회적 효용을 위해 연구가 이용될 수 있다는 희망을 심어주었다. 그러나 과학에 대한 더 안전한 이해, 우리 시대의 문화적 편견에 덜 구속된 이해는 과학을 역사의 렌즈를 통해 바라볼 때 얻을 수 있다. 그런 역사적인 고찰 속에서 과학의 빛나는 성취뿐 아니라 오점도 보고, 때때로 불거졌던 우리의 민주주의적인 태도와 양립할 수 없는 특권층적인 거만함도 본다면, 과학에 대한 우리의 개념은 문화에 구속된 오해를 벗어나 다면적인 실체로서의 과학에 접근하게 될 것이다. 그와 동시에, 기술에 대한 더 정확한 역사적 인식은 인류가 생존한 까마득한 세월 내내 일상의 필요와 편의를 위해 재능을 발휘한 솜씨 있는 기술자들의 독립적인 전통을 정당하게 자리매김하도록 만들 것이다. 기술에 대한 역사적인 재평가는 또 많은 경우에는 과학이 기술을 지휘한 것이 아니라 기술이 과학의 발전을 이끌었음을 보여줄 것이다.

   과학과 기술의 관계가 역사적인 과정이지 본질적인 동일성 관계가 아님을 증명하기 위해 우리는 만나고 갈라지는 과학과 기술의 역사를 선사시대부터 현재까지 추적할 것이다. 그 속에서 우리는 기술이 응용과학이라는 상식적인 전제를 재검토하고, 20세기 이전의 역사적 상황 대부분에서는 오히려 과학과 기술이―사회적인 측면에서나 지성적인 측면에서나―부분적으로 혹은 완전히 분리된 채로 발전해 왔음을 보여주고자 한다. 마지막으로, 역사적인 과정에 대한 이해는 지난 몇백 년 동안에 과학과 기술이 실제로 융합된 이유에 대해 통찰의 장을 제공할 것이다.

과학과 기술로 본 **세계사 강의**
목차

서문 _ 4
들어가며-역사 속의 과학과 기술 _ 6

1부__유인원에서 알렉산더까지

1장   인류의 탄생: 도구와 도구제작자 _ 15
    솜씨 있는 인간의 도래 | 생존을 위한 떠돌이 생활 | 모든 지식은 과학인가? | 낙원을 떠나다

2장   농부의 지배 _ 33
    네가 먹을 것을 너 스스로 길러라 | 달빛

3장   파라오와 기술자 _ 55
    강을 길들이다 | 습지와 사막 | 금속과 인간 | 피라미드 | 문자 | 계산 | 시간, 신, 천체

4장   천재적인 그리스인 _ 93
    뿌리 | 순수 사유의 세계 | 아리스토텔레스 | 알렉산더 이후 | 쇠퇴와 종말

2부 __ 세계인들의 사상과 행동

5장 꺼지지 않은 동방의 빛 _ 161
비잔틴 제국 | 다시 등장한 메소포타미아 | 이슬람의 깃발 아래

6장 중앙의 왕국 _ 186
중국 기술의 발전 | 유기체로서의 세계 | 부당한 질문들

7장 인더스, 갠지스, 그리고 그 너머 _ 221
더 큰 인도

8장 신세계 _ 241
재규어의 땅 | 선인장과 독수리 | 구름 속의 머리 | 태양 단검 | 간주곡

3부 __ 유럽

9장 쟁기, 등자, 총포, 페스트 _ 273
"귀리와 완두, 콩과 보리가 자라네" | 책과 예복 | 대포와 범선

10장 코페르니쿠스, 혁명을 시작하다 _ 309
유럽 르네상스의 새로운 세계 | 겁 많은 혁명가 | 튀코의 체계 | 천구들의 음악

11장 갈릴레오의 죄와 벌 _ 339
갈릴레오, 궁정, 그리고 망원경 | 갈릴레오, 코페르니쿠스, 그리고 교회 | 갈릴레오, 낙하하는 물체, 그리고 실험 | 갈릴레오 이후 | 이데올로기와 유용성

12장 "신께서 말씀하시길, '뉴턴이 있으라' 하시니" _ 379
링컨셔에서 케임브리지까지 | 과학의 재조직화 | 우주를 다시 짜다 | 이론과 실천 | 내용과 방법

4부 _ 용감한 신세계

13장 산업혁명 _ 421
환경의 자극, 기술의 대응 | 산업문명 | 산업혁명과 과학

14장 현대 과학으로 가는 길: 순수과학과 응용과학 _ 446
베이컨과 뉴턴의 유산 | 제2의 과학혁명 | 재조직화된 과학 활동 | 과학을 산업에 응용하다

15장 생명 그 자체 _ 476
자연신학, 그리고 다윈의 배경 | 다윈 | 『종의 기원』 | 신다윈주의 종합설 | 사회적 생존투쟁

16장 도구 제작자, 지휘봉을 잡다 _ 506
산업혁명의 확산 | "당신의 시보레 안에서 미국을 보세요" | 산업화된 세계 속의 부자와 빈자

17장 새로운 아리스토텔레스주의자들 _ 521
아인슈타인, 상대성이론, 그리고 양자물리학 | 우주론 | DNA 발견 이후의 생명

18장 오늘날의 응용과학과 기술 _ 540
전문직으로서의 과학자와 기술자 | 폭발적인 성장 | 거대 과학과 폭탄 | 생산양식으로서의 과학

결론 - 역사라는 무대 _ 563

역자 후기 - '즐거운 과학'을 위하여 _ 567

참고자료 _ 573
찾아보기 _ 595

1

석기 형태의 기술은 말 그대로 인간과 손을 맞잡고 기원했다. 200만 년 전 영장류의 한 종種이 인류학자들이 호모 하빌리스, 즉 '솜씨 있는 인간'이라 명명한 존재로 진화했다. 이 명칭은 다른 어떤 영장류보다 탁월한 도구 제작 솜씨를 강조하기 위해 붙여졌다. 그 후 천 년이 2천 번 지나는 동안 우리의 조상들은 계속해서 식량을 찾아다녔고, 도구는 오랜 시간에 걸쳐 더 복잡하고 정교한 형태로 발달했다. 그 긴 선사시대의 막바지에 이르렀을 때에야 비로소 그들은 자연세계를 과학과 흡사한 체계적인 방식으로 관찰하기 시작했다. 1만 2천 년 전 무렵, 소

유인원에서 알렉산더까지

수렵 집단이 유랑하는 삶의 방식 대신에 농업과 목축을 선택하고 생계를 위해 근본적으로 새로운 도구와 기술을 개발했지만, 그들이 건설한 사회에서는 과학적 연구를 지원했다거나 과학자를 후원했다는 증거를 찾아볼 수 없다. 근동Near East에서 최초의 문명화된—도시에 기반을 둔—제국들이 등장했을 때 비로소 집권자들은 복잡한 사회를 다스리는 데 고차원적인 지식이 유용함을 알고 교육기관을 설립했다. 이어서 고대 그리스인들이 자연철학을 추가했고, 이론적인 과학은 지식의 한 분야로 자리잡았다. 여기까지의 발전이 1부에서 다룰 내용이다.

인류의 탄생 : 도구와 도구 제작자

　학자들은 통상적으로 '선사시대'와 '역사시대'를 엄밀히 구분한다. 선사시대는 인류가 생물학적으로 탄생한 200만 년여 전부터 근동의 최초 도시들에서 문명이 기원한 약 5천 년 전까지를 의미한다. 문명으로의 이행과 문자 기록의 등장은 참된 역사시대의 도래를 알리는 전통적인 증거이다.

　선사시대에 관해서는 주로 돌, 뼈, 혹은 도기陶器 따위의 물질적인 증거들만 남아 있기 때문에 어쩔 수 없이 고고학자들의 영역이 되었지만, 기록 자료가 남아 있는 역사시대는 역사학자들의 영역이다. '선사시대'라는 단일한 이름은 그 속에 분명히 다른 두 기간이 있었다는 사실을 은폐한다. 약 200만 년 동안 지속된 구석기 시대의 특징은 야생의 식량원을 모으고 처리하기 위해 고안된 초보적인 석기인 반면에, 이어진 신석기 시대는 농업이나 목축 형태의 저밀도 식량 생산에 쓰인 훨씬 더 복잡한 석기들이 등장한다. 신석기 시대가 최초로 시작된 것은 약 1만 2천 년 전 근동에서였다.

구석기 시대와 신석기 시대의 기술은 풍부한 유물을 남겨놓았다. 이와 대조적으로 과학과 관련해서 관심을 끄는 자료는 빈약하며, 그나마 있는 것도 천문학과 관련된 것들이 대부분이다. 그러므로 과학과 기술은 선사시대 200만 년 동안 서로 다른 길을 걸었음을 처음부터 알 수 있다. 기술은 구석기 사회의 떠돌이 채집 경제와 신석기 정착지의 식량 생산 활동 모두에서 필수적인 요소였던 반면, 자연에 대한 추상적인 관심인 과학은 사실상 존재하지 않았거나, 적어도 거의 흔적을 남기지 않았다는 점만은 분명하다.

솜씨 있는 인간의 도래

대부분의 학설에서, 우주와 지구의 진화를 기준으로 보았을 때 인간은 최근에야 등장했다고 말한다. 오늘날의 과학자들은 우주가 120억 년에서 150억 년 전의 '빅뱅'에서 기원했다고 믿는다. 지구는 약 40억 년 전에 평범한 은하계의 가장자리에 있는 평범한 별에 속한 세 번째 행성으로 모양을 갖추었다. 곧이어 생명의 자가 증식 과정이 시작되었고, 이후 생물학적인 진화가 까마득한 시간에 걸쳐 전개되었다. 지난 시대의 환상적인 생명 역사를 생각할 때 사람들은 흔히 공룡의 시대를 떠올리며, 그것을 종결시킨 6,500만 년 전의 재앙―혜성이나 소행성이 지구와 충돌한 사건이었다고 추측한다―과 같이 굴곡 많은 진화 속에서 생명이 겪었을 고난을 떠올린다. 공룡이 멸종한 이후의 시대는 포유류 시대라고 불린다. 그 시대에 포유류가 번성하여 공룡을 비롯한 파충류가 차지하던 공간으로 퍼져나갔기 때문이다.

약 400만 년 전에 지금은 멸종한 우리의 조상인 원인猿人(ape-man)―오스트랄로피테쿠스―이 아프리카에 등장했다.

〈그림 1.1〉은 지난 400만 년에 걸쳐 발생한 인간 및 인간 이전의 종들을 보여준다. 전문가들은 이들이 거쳐간 정확한 진화 경로에 대해 논쟁 중이며, 새로운 화석이 발견될 때마다 세부적인 이론들이 재구성된다. 그러나 전체적인 윤곽에 대해서는 이견이 없다.

그림은 해부학적인 현대인, 즉 '호모 사피엔스 사피엔스'―'지혜로운 인간(호모 사피엔스―편집자)'의 '지혜로운' 아종―가 약 50만 년 전에 나타났으며, 멸종한 인간종인 네안데르탈인은 13만 5천 년 전에서 3만 5천 년 전까지 주로 추운 유럽에 존재했음을 보여준다. 네안데르탈인의 현대성에 대해, 즉 네안데르탈인이 오늘날 슈퍼마켓의 군중 속에 있다면 눈에 띌지 여부에 대해 학자들은 엇갈린 견해를 내놓는다. 많은 과학자들은 현대인들과 매우 유사한 네안데르탈인들이 단지 현대인과 같은 종족이거나 아종에 불과하다고 여겨 그들을 '호모 사피엔스 네안데르탈렌시스'라 칭한다. 그러나 또다른 과학자들은 네안데르탈인이 해부학적인 현대인보다 더 '야만적'이라고 보고 현대인과 다른 종으로 간주하여 '호모 네안데르탈렌시스'라 칭한다.

호모 사피엔스에 앞서 '호모 에렉투스'라 불리는 매우 성공적인 종이 200만 년 전 무렵에 발생하여 구세계(아프리카, 유럽, 아시아 대륙) 전역에 퍼졌다. 그보다 먼저 최초의 인간종인 '호모 하빌리스'가 최소한 두 종의 직립보행 호미니드(사람과科의 동물―옮긴이)와 함께, 즉 튼튼한 형태와 가냘픈 형태의 '파란트로푸스Paranthropus'와 함께 공존했다. 인간 발생 계열의 출발점에는 '오스트랄로피테쿠스'('남방의 유인원')속屬이 있다. 화석 '루시'가 대표하는 '오스트랄로피테쿠스 아파렌시스'도 여기에 포함된다.

이 계열에서 주목할 점이 몇 가지 있다. 첫째는 우리가 더 원시적인 조상들로부터 발생했다는 사실이다. 진화의 주요 지표들 가운데 하나는 뇌 크기의 증가이다. 인간 이전의 종인 루시의 경우 뇌의 크기가 현대의 침팬지보다 약간 큰 450세제곱센티미터(cc) 정도인 반면에 호모 하빌리스의 뇌는 평균 750cc이고, 호모 에렉투스의 뇌는 1,000cc이며, 오늘날 인간의 뇌는 약 1,400cc이다.

이족보행―곧게 서서 두 발로 걷기―은 진화 계열을 고찰하는 데 있어서 또다른 결정적인 특징이다. 전문가들은 루시와 그녀의 친척들이 완벽한 이족보행을 했는지에 대해 논쟁을 벌인다. 그러나 그녀의 후손들은 확실히 이족보행을 했다. 직립은 손과 팔이 물건을 잡고 운반하는 다목적 장치가 될 수 있게 해준다. 루시와 친척들은 남성-여성 협력 체계를 채택했고, 최소한 일시적으로 짝을 이루어 자식 양육을 위한 '가족' 구조를 형성했을 것으로 추측된다.

그러나 기술사의 관점에서 볼 때 〈그림 1.1〉에서 얻을 수 있는 가장 중요한 교훈은 우리 조상들의 도구 사용에 관한 것이다. 과거에는 도구 사용―기술―은 오직 인간만의 특징이라고 여겼다.

인간속에 속한 가장 오래 된 종인 호모 하빌리스의 화석은 '인간적인' 골격 특징을 가지고 있으며 단순한 돌도끼들과 함께 발견되었기 때문에 그런 이름('솜씨 있는 인간')을 얻었다. 그러나 이런 과거의 생각은 더 유지될 수 없다. 사실상 기술은 생물학에 뿌리를 두고 기원했다. 인간이 아닌 동물 중 일부도 도구를 만들고 사용하며, 세대에서 세대로 전달되는 문화적 과정으로서의 기술도 원숭이와 유인원 집단에서 가끔 발견된다. 야생 침팬지는 잘 다듬은 잔가지를 흰개미 집에 넣었다 빼서 잔가지에 붙은 흰개미들을 훑아먹는다. 일종의 '낚시'를 하는 것이다. 이 행동은 본능적인 것이 아니라 어미가 어린 침팬지에게 가르친 것이므로, 예컨대 벌이 집을 짓는 본능과 다르다. 보고에 따르면, 침팬지에게는 약용 식물에 대한, 문화적으로 전승된 지

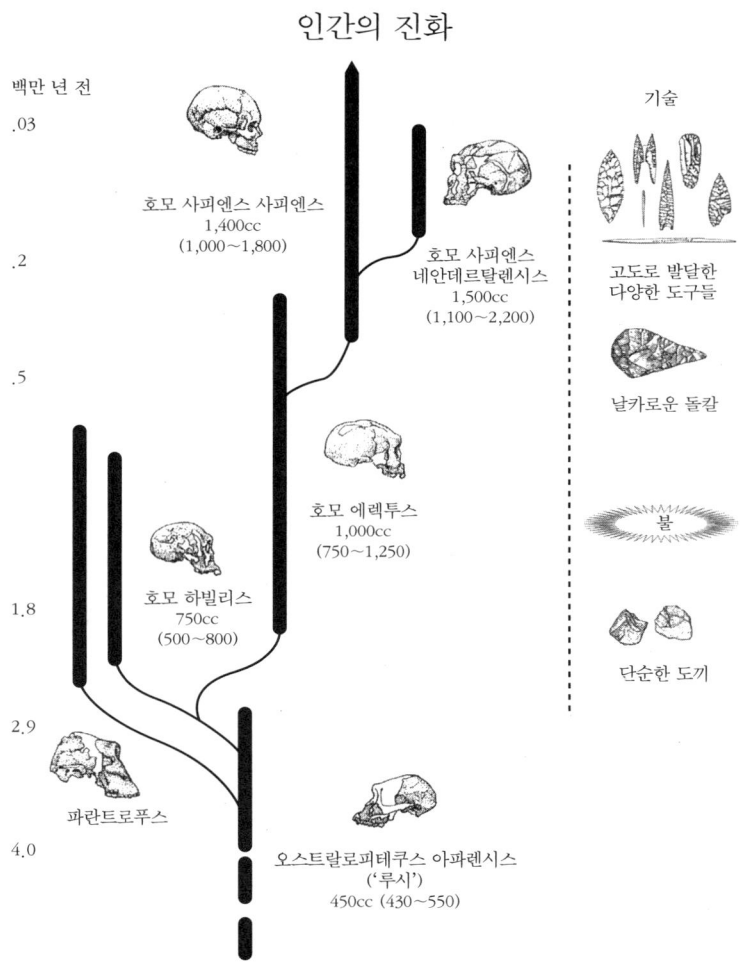

그림 1.1_인간의 진화. 현생 인류(호모 사피엔스 사피엔스)는 그보다 앞서 존재했고 지금은 멸종한 인간 및 인간 이전 종들에서 진화했다(식물과 동물은 속과 종을 명시하는 방식으로 분류한다. 속은 친족관계에 있는 종들로 이루어진 일반 집단이며, 종은 상호 교배하는 특수한 개체들의 집단이다. 그러니까 '호모'는 속이며, '사피엔스'는 종이다. 현대인에 붙은 세번째 이름('사피엔스')은 아종subspecies을 의미한다]. 뇌 크기와 기술적인 능력은 시간이 흐름에 따라 전체적으로 증가했지만, 각각의 종과 기술 사이에 확고한 상관관계는 없다. 예를 들어 파란트로푸스와 호모 하빌리스는 둘 다 단순한 도끼를 사용했던 것으로 보인다. 마찬가지로 호모 에렉투스와 초기의 호모 사피엔스도 비교적 날카로운 도구들을 사용했다는 점에서 차이가 없다. 이 그림의 여러 측면은 논쟁의 대상인데, 특히 유명한 논쟁거리는 네안데르탈인과 현대인의 관계이다. 일반적으로 새로운 발견은 인간의 생물학적·문화적 진화의 세부사항에 새로운 빛을 던져준다.

1장_인류의 탄생 : 도구와 도구 제작자

식도 있다고 한다. 그러므로 의학의 기원을 인간속 외부에서 찾는 것도 어쩌면 가능할지 모른다. 동물계에 존재하는 기술적 혁신과 문화적 전승에 관한 가장 훌륭한 기록은 아마도 일본 마카쿠원숭이인 이모 imo에 관한 것일 수 있다. 암컷인 이모는 '천재 원숭이'로, 놀랍게도 다음의 두 가지 기술적 발견을 했다. 첫째, 그 녀석은 모래밭에 떨어진 감자에서 모래를 제거할 때 모래알을 손가락으로 떨어내는 대신에 감자를 바닷물에 씻으면 된다는 것을 발견했다. 또 더욱 놀랍게도 이모는 쌀과 모래를 분리하기 위해 낱알을 집어내지 않았다. 녀석은 쌀과 모래의 혼합물을 물 속에 넣어 모래는 가라앉히고 쌀은 뜨게 만드는 방법으로 두 가지를 쉽게 분리했다. 이 두 기술은 집단의 어린 개체들과 늙은 암컷들에 의해 채택되었고 다음 세대로 전수되었다.

호모 하빌리스뿐 아니라 파란트로푸스종들도 석기를 만들고 불을 이용했을 것이라는 주장이 제기되었다. 더 나아가 종과 도구의 유형 사이에는 거의 상관성이 없다. 예컨대 네안데르탈인의 도구는 더 과거에 존재한 호모 에렉투스의 도구와 크게 다르지 않다. 발견된 증거들은 생물학적 종과 도구 유형 사이에 약한 상관성만 존재한다는 것을 보여준다.

그러나 도구 사용과 기술의 문화적 전수는 인간적인 존재 양태의 필수 요소가 되었고, '모든' 인간 집단에서 실행되었다. 뿐만 아니라 다른 도구를 만들기 위해 도구를 사용하는 존재는 오직 인간뿐인 것 같다. 도구가 없다면 인간은 매우 약한 종이다. 기술 없이 살아남은 인간 집단은 없다. 인간이 진화 속에서 성공을 거둔 것은 많은 부분 도구 제작 및 사용 기술의 터득과 전승 덕분이다. 그러므로 인간의 진화 역사는 기술의 역사에 기반을 둔다.

'불의 통제'는 인간이 터득한 핵심적인 신기술을 대표한다. 온기를 제공하는 불은 인간이 더 추운 곳으로 이주하는 것을 가능케 했다.

불이 없었다면 거주할 수 없었을 거대한 지역이 불 덕분에 열린 것이다. 또한 불을 다루는 기술은 인공적인 빛을 제공했고, 덕분에 인간의 활동 영역은 밤과 동굴 같은 어둠의 영역으로 확장되었다. 그 밖에 불은 인간을 야생동물로부터 보호해 주었다. 불은 음식을 익힐 수 있게 해주어, 음식을 먹고 소화하는 데 필요한 시간과 노력을 덜어주었으며, 목조 도구를 불로 강화하는 것이 가능해졌다. 또 당연히 불은 100만 년 동안 모닥불의 형태로 인간의 사회적·문화적 교류를 위한 중심지를 제공했다. 초기 인류는 불에 관한 실용적인 지식 덕분에 자연에 대한 통제력을 더욱 강화할 수 있었다. 호모 에렉투스는 최소한 아프리카에서 유럽, 아시아, 동남아시아, 그리고 그 너머의 섬들까지 구세계 전역에 퍼져 살았다는 점에서 예외적으로 성공적인 동물이었다. 그 성공은 많은 부분에서 불을 정복한 결과로 볼 수 있다.

물건을 쥐는 손은 자연 선택을 통해 진화된 인간의 '도구'이다. 언어도 마찬가지이다. 비록 언어가 언제 어떻게 처음 등장했는지에 대한 고생물학자들의 의견은 아직도 엇갈리고 있지만, 언어는 비교적 최근에 발생한 것으로 보인다. 언어는 동물의 울음에서 진화했으며, 언어와 함께 새로운 뇌 배선配線이 진화했을 것이다. 그러나 일단 획득된, 단어와 문장으로 정보를 전달하고 소통하는 능력은 인류 사회·문화에 극적인 영향을 끼친 강력한 기술이 되었다.

약 4만 년 전에 전환점이 있었다. 그 이전에는 네안데르탈인과 해부학적인 현대인이 수만 년 동안 중동과 유럽에서 공존했다. 그러나 약 3만 5천 년 전에 네안데르탈인은 멸종했는데, 그들은 아마도 새 종족과의 분쟁 속에서 전멸했거나, 새 종족과 교배함으로써 현대인의 유전자풀에 흡수되었을 것이다. 같은 시기에 문화적 불연속성이 나타났다. 네안데르탈인은 근처의 재료를 가지고 단순하고 일반적인 다목적 도구를 만든 반면, 해부학적 현대인들—호모 사피엔스 사피엔스—은 매우 다양한 도구들을 만들기 시작했다. 그것들 중 많은 부분은 돌이나 뼈나 뿔로 만든 특수화된 도구였다. 바늘, 바느질한 옷, 밧줄, 그물, 램프, 악기, 예리한 무기, 활, 화살, 낚싯바늘, 창 발사기, 더욱 발달된 집, 불자리fireplace가 있는 거처가 등장했다. 게다가 수백 킬로미터 떨어진 곳과 조개껍질이나 부싯돌을 교역하고, 예술품을 생산하고, 달을 관찰하고, 죽은 자들을 묻기 시작했다. 그러나 기초적인 사회적·경제적 생활방식에서는 여전히 과거의 양식을 고수해서 인간은 여전히 떠돌이 식량 채집자였다.

생존을 위한 떠돌이 생활

선사시대 연구자들은 200만 년 전부터 마지막 빙하기의 끝 무렵인 약 1만 2천 년 전까지를 단일 시대로 구분한다. 그 시대는 구석기 시대라 불린다. 사냥-채집 사회라는 용어에서 드러나듯이, 그 시대의 핵심적인 특징은 식량 채집이었다. 구석기 시대의 도구는 동물을 사냥하거나 버려진 동물의 사체를 다듬는 데, 동식물 식량을 채집하고 처리하는 데 사용되었다.

오늘날 우리는 구석기 시대의 기술이 기초적인 식량 채집 경제를 위해 발달했다고 이해한다.

구석기 시대의 식량 채집은 생존 경제와 공동체 사회를 증언한다. 계절에 따라 이동하는 식량 채집 생활은 잉여를 거의 산출하지 못했고, 따라서 사회적 지위 분화나 지배를 거의 허용하지 않았다. 잉여 식량을 저장하고 공출하고 재분배하는 계급화된 사회에 필요한 종류의 강제적인 제도는 (사실상 어떤 제도도) 존재하지 않았다. 발견된 증거들은 구석기 사회는 소집단 내부에서는 권력과 지위의 차등이

그림 1.2_제이 H. 매터네스 작, 〈초원의 불을 이용하는 호모 에렉투스〉. 불의 통제는 인간의 진화 역사 속에서 결정적인 기술이 되었다. 호모속의 개체들은 불의 통제 방법을 터득하기 전에도 자연적인 불을 이용했을 게 분명하다.

있었을지 몰라도 본질적으로 평등사회였음을 보여준다. 사람들은 일반적으로 100명 이하의 인원으로 구성된 작은 가족 집단 속에서 살았다. 간접적인 증거들은 성별에 따른 분업이 식량 채집의 패턴을 지배했음을 시사한다. 물론 개별적인 예외와 성별에 따라 지정하기에 애매한 역할들이 있었으리라는 것을 인정해야겠지만, 남성은 일반적으로 사냥과 동물 사체 처리에 종사했고, 여성은 대부분 식량이나 약용 식물, 씨앗, 알을 채집했다. 집단의 생존을 위해 남성과 여성이 모두 기여했고, 흔히 여성이 공급하는 식량이 더 많았다. 호모 사피엔스 사피엔스는 네안데르탈인보다 수명이 길었다. 그러므로 노인들은 집단에 경험과 지식을 보탰을 것이다. 구석기 집단은 계절에 따라 더 큰 씨족이나 대집단으로 뭉쳐 축제나 짝짓기 같은 집단적인 활동을 했을 것이며, 아마도 그 과정에서 환각성 식물을 섭취했을 것이다. 연중 사냥이나 낚시가 가능한 좁은 지역을 차지한 집단을 제외하면, 구석기 시대의 식량 채집자들은 떠돌이였다. 그들은 동물의 움직임과 계절에 따른 식물의 성장에 맞춰 이동하며 살았다. 일부 집단은 계절에 따라 바다나 산으로 먼 거리를 이동했다. 구석기 시대 후기(약 3만 년 전)에 창 발사기와 활과 화살이 등장했고, 개(늑대)를 길들여 사냥에 이용할 수 있게 되었다.

빙하시대 예술은 해부학적인 현대인이 등장한 이후 만개한 문화를 가장 분명하게 증언하고 있다. 그 이전의 인간 집단은 소멸하기 쉬운 재료로 아름다운 것들을 만들었을지도 모른다. 그러나 후기 구석기 시대의 유럽 문명들은 (3만 년 전에서 1만 년 전 사이에) 수백 곳의 장소에, 흔히 쉽게 접근하기 어려운 동굴 속의 회랑이나 깊숙한 구석에 내구성이 있으며 칭송받아 마땅한 그림들을 남겼다. 또한 예술가와 기술자들은 장신구와 휴대용 장식품 등을 만들었고, 동물을 소재로 한 것을 비롯하여 여러 가지 장식으로 작은 물건들을 꾸몄다.

동굴 벽화가 어떤 목적으로 그려졌는지는 아직 완전히 밝혀지지 않았다. 인류학자들은 사냥 의식, 성년식, 마술적인 믿음, 성적인 상징 등이 목적이었을 것이라는 의견을 내놓았다. 구석기 시대의 특산품인, 여성의 특징을 과장한 '비너스' 상들은 다산을 기원하는 의식과 모종의 점술에 이용된 것이라고 해석되었다. 그런 의미에서 그것들은 여성적인 아름다움을 상징한다고 할 수 있다.

그러나 우리는 빙하시대 예술의 기술적인 측면을 예사롭게 보아넘겨서는 안 된다. 즉, 그림그리기에 동원된 사다리와 받침대, 색소 등에 주목해야 한다. 비교적 잘 알려진 것은 유럽의 동굴 벽화들이지만,

구석기인들은 세계 전역에 예술적인 흔적을 남겨놓았다.

네안데르탈인은 노약자를 돌보았으며, 10만 년 전에 이미 죽은 자들을 격식을 갖춰 매장했다. 시신 안치와 매장을 위한 중심지가 존재했을 것이며, 중기 구석기 시대(10만 년 전에서 5만 년 전 사이) 초에 일종의 '사자死者 숭배'도 시작되었다고 할 수 있다. 죽은 자를 의도적으로 매장하는 행위는 인간에게만 있으며, 매장은 선사시대 인간의 문화사에서 중요 이정표이다. 매장 풍습은 자기의식과 사회적 집단적 유대를 증언하며, 상징적인 사고의 시작을 시사한다.

구석기 시대 사람들의 정신적 혹은 영적 세계를 살펴봄으로써 많은 교훈을 얻을 수 있을 것이다. 구석기 시대의 매장과 동굴 예술에 대해 우리가 이미 언급한 이야기들은 구석기 시대 사람들이, 최소한 그 시대의 막바지에는 우리가 종교적 혹은 영적 태도라 부를 만한 것을 체득했음을 강력하게 시사한다. 그들은 자연세계가 다양한 신들로 가득 차 있다고, 혹은 돌이나 숲 같은 대상과 장소들이 그 자체로 살아 있다고 믿었을지도 모른다. 종교적인 믿음과 행위는―우리가 그것을 어떻게 생각하든 간에―공동체를 결합시키고 효율성을 강화하는 사회적 기술이었다.

해부학적인 현대인들은 3만 년 동안 큰 변화나 쇠퇴 없이 구석기 시대의 생활방식을 유지했다. 그것은 특히 그 이후의 빠른 변화와 비교할 때 기록적으로 느리고 안정적인 기간이었다. 구석기 시대 사람들은 과거와의 연속선상에서 비교적 변화 없이 살았다. 상당량의 고기를 포함한 다양한 음식을 배불리 먹고, 고되게 일하지 않아도 되고, 털옷과 집 안에서 아늑함을 느끼고, 따뜻한 불 주변에서 만족했던 구석기 시대 조상들의 삶이 행복했음을 누가 부정할 수 있겠는가?

호모속의 최초 종이 출현했을 때부터 200만 년 동안 지속된 구석기 시대 내내 인구밀도는 놀라울 정도로 낮았다. 아마도 1제곱킬로미터

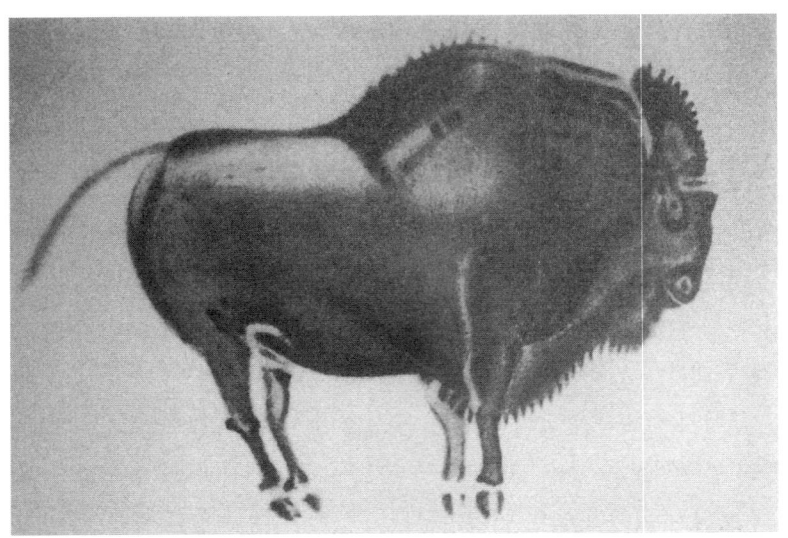

그림 1.3_구석기 시대 예술. 구석기 시대 후기에 식량 채집으로 살아가던 호모 사피엔스들은 세계 각지에서 예술품을 생산하기 시작했다. 유럽 남서부에서 그들은 자연주의적으로 표현한 동물들로 동굴의 벽을 장식했다.

당 1인 이하였을 것이다. 또 후기 구석기 시대의 인구 증가율도 지난 몇 세기 동안 현대인이 기록한 증가율의 500분의 1에 불과했던 것으로 보인다. 인구 증가율이 그렇게 낮았던 이유는 여러 원인이 출산율을 억제했기 때문이다. 유아의 젖 떼는 시기가 늦었고(수유는 어느 정도 피임 효과가 있다), 체지방이 적었고, 떠돌이 생활을 했고, 신생아 살해가 자행되었던 것 등이 그 원인들이다. 그럼에도 인간은 천천히, 그러나 안정적으로 지구 전역으로 퍼져나갔다. 식량 채집이 가능한 거주지를 발견할 수 있는 한, 기초적인 생활방식을 바꿀 필요는 없었다. 모母집단에서 식량 채집자들이 떨어져나가 새로운 집단을 형성했다. 구석기 시대 사람들은 아프리카, 아시아, 유럽, 오스트레일리아 등지에까지 퍼졌고, 사냥과 채집으로 살아가는 사람들의 물결이 최소한 1

만 2천 년 전에 북아메리카에 당도하여 남아메리카 남단까지 구석기 시대 생활양식을 퍼뜨렸다. 수천 년 동안 느린 팽창이 있은 후, 구석기인들은 세계를 식량 채집자들로 '가득 채웠다'. 그때에 이르러서야 인구 압력이 채집 가능한 자원에 미치는 효과로 인해 식량 채집에서 농업이나 목축 형태의 식량 생산으로 이행하는 혁명적인 변화가 촉발된 것으로 보인다.

모든 지식은 과학인가

구석기 사회와 생활양식이 예외적으로 오래 지속될 수 있었던 것은 인간이 복잡하게 연관된 기술과 솜씨를 숙달했기 때문이다. 일부에서는 구석기 시대 사람들이 실용적인 활동의 기반을 이루는 지식의 원천으로서 '과학'을 필요로 했으며, 또 가지고 있었다고 말한다. 예컨대 불을 만들 때 구석기 시대 사람들이 최소한 조야한 형태의 '화학'을 실행했다고 전제하는 것은 매우 쉽다. 그러나 과학과 기술이 모두 '지식 체계'와 관련된 것은 사실이지만, 식량 채집자들이 가졌던 지식은 과학 혹은 자연에 관한 이론이라 할 수 없다. 비록 구석기 시대 후기의 '천문학'이 과학과 흡사한 모습을 나타내지만, 그것은 구석기 시대의 실용적인 기술에 아무 역할도 하지 않았던 것이 분명하다. 그 과학의 기원과 성격을 알기 위해서는 그 이유에 대해 이해할 필요가 있다.

기술로 구현되는 실용적인 지식은 현상에 대한 추상적인 이해에서 도출되는 지식과 다르다. 자동차 타이어를 바꾸려면 기계장치나 물질의 강도에 대한 전문적인 지식이 아니라 직접적인 지침이나 손에 익은 경험이 필요하다. 보이 스카우트 대원은 연소의 산화이론을 몰라도 막대기 두 개를 비비거나 부싯돌을 부딪쳐서 불쏘시개에 불을 지필 수 있다. 반대로 이론에 대한 지식만으로는 불을 만들 수 없다. 구석기 시대 사람들은 어떤 이론적·과학적 지식을 기술에 이용했다기보다 그냥 실용적인 솜씨를 발휘했다고 말하는 것이 정당해 보인다. 더 나아가 구석기 시대 사람들은 '화학'을 거론하는 것이 무의미한 방식으로 불을 설명했는지도 모른다. 이를테면 그들은 이러이러한 행위로 불의 신이나 정령을 깨운다고 생각했는지도 모른다. 이로부터 구석기 시대 기술에 관한 가장 중요한 결론을 다음과 같이 도출할 수 있다. 설령 우리가 구석기 시대의 '과학'을 얘기할 수 있다 하더라도, 구석기 시대 기술은 확실히 그 과학에 선행했고 독립적이었다.

자료(혹은 오히려 자료의 부재)는 구석기 시대 사람들이 의식적으로 '과학'을 추구하거나 자연에 관한 계획적인 질문을 던지지 않았음을 보여준다. 그럼에도 불구하고 구석기 시대는 과학사에서 언급할 만한 어떤 것을 가지고 있을까? 가장 초보적인 수준에서 봤을 때, 우리는 구석기 시대 사람들이 직접 경험을 통해 얻어 가지고 있던 광범위한 '자연에 관한 지식'을 확인할 수 있다. 그들의 생존은 주변의 동식물계에 대한 '앎'에 달려 있었으므로, 그들은 예리한 관찰자가 되지 않을 수 없었다. 그들은 또 인류학자들이 관찰한 현존 식량 채집자들처럼 자신의 관찰을 이해하고 분류하기 위해 자연사自然史와 분류법을 개발했을 것이다.

더 나아가 대략 4만 년 전에 시작된 후기 구석기 시대에 관한 몇몇 고고학적 증거는 과학과 매우 유사해 보이는 활동이 있었다는 놀라운 사실을 보여준다. 그 증거는 무언가 새겨진 수천 개의 순록과 매머드의 뼛조각이며, 그것들은 달의 관찰 결과를 기록해 놓은 것으로 보인다. 그런 형태의 인공물은 수만 년 이상 중단 없이 만들어졌다.

우크라이나 곤트치Gontzi에서 발견된 조각된 매머드 상아는 달 관찰 기록의 예로, 그것은 구석기인들이 사는 주거지의 모든 주요 위치에 놓여 있었을 것이다. 〈그림 1.4〉가 보여주는 상아의 제작 시기는 약 1만 5천 년 전이다.

물론 조각된 매머드의 상아가 달의 주기를 기록한 내용이라는 것은 추측일 뿐이다. 그러나 자연과 친밀한 관계였던 구석기 시대 사람들에게 분명한 주기와 리듬으로 차고 이지러지는 달은 자연스럽게 의미심장한 대상으로 다가왔을 것이다. 우리의 지혜로운 조상들이 그 리듬을 관찰하여 보름달과 초승달이 나타나는 순서와 간격을 여러 방식으로 기록했으리라는 것을 쉽게 상상할 수 있다. 또, 곤트치에서 발견된 것을 비롯한 여러 뼈들은 시간 계산을 위한 도구로 사용되었을 수도 있다. 물론 구석기 시대 사람들에게 달력이 있었다고까지 주장할 수는 없다. 그러나 우리는 달의 주기에 대한 지식이 시간 계산에 유용했으리라고 추측할 수 있다. 예를 들어 각지에 분산된 집단들이 계절에 맞춰 한 곳에 모이려면 지나간 개월 수를 알 필요가 있었을 것이다. 이와 같은 달 관찰이 지속적으로 전승되었다고 상상할 필요까지는 없다. 관찰과 기록의 기술은 발명된 후 수백 년이 지난 후에 재발견될 수도 있으니까 말이다. 아마도 단순한 기록이 몇 달 동안 사용되고 버려졌을 것이다.

우리가 언급한 인공물들은 자연 현상에 대한 장기적이면서 능동적인 관찰과 기록이 이루어졌음을 증언한다. 그런 활동은 다만 이론적 지식을 향한 초보적인 접근을 의미할 뿐이다. 그러나 그 활동의 결과들은 직접적인 경험에서 얻은 지식보다 추상적이어 보이며, 구석기 시대 사람들이 기술로 구현한 지식과 달라 보인다.

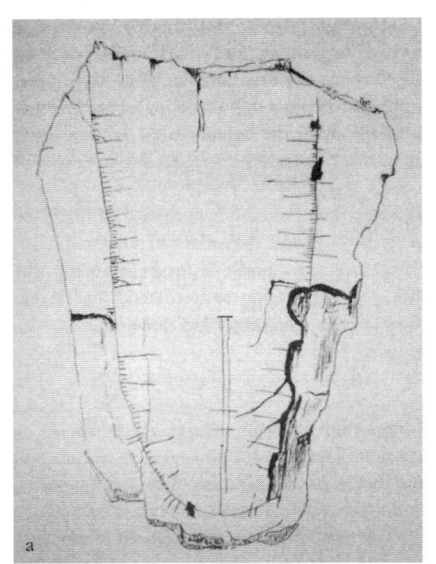 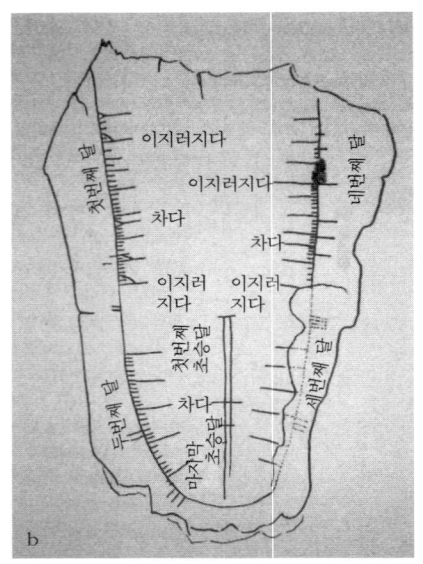

그림 1.4_구석기 시대의 달 관찰. a) 우크라이나 곤트치에서 발견된 조각된 매머드 상아는 달 주기의 기록이라고 해석되었다. 이런 유형의 인공물은 최고 3만 년 전의 것부터 발견되며 수천 개에 달한다. 그림에 있는 것은 약 1만 5천 년 전의 것이다. b) 상아에 새겨진 도식적인 표현은 눈금을 통해 4개월 동안의 달 변화 주기를 나타낸다.

낙원을 떠나다

고고학자와 고생물학자, 선사시대 역사가 등의 연구에서 나온 인류의 유년기에 대한 이러한 상像은 사회 변화의 역동에 관한 여러 가지 까다로운 질문들을 이끌어낸다. 무려 200만 년 동안 식량 채집 사회가 안정적으로 지속된 것을, 심지어 그 중 20만 년 이상은 현대인들과 동일한 종이 존재했음에도 별다른 변화가 없었던 것을 어떻게 설명할 수 있을까? 그 기간에 기술적 혁신이 상대적으로 없었다는 점을 어떻게 설명할 수 있을까? 4만 년 전에서 3만 년 전 사이에 문화적으로 번창한 구석기 시대의 해부학적인 현대인들이 이후에도 식량을 채집하고 석기를 만들고 떠돌아다니는 삶을 고수한 이유는 무엇일까? 그리고 변화의 속도 면에서도, 마침내 식량 채집이 끝나고 먼저 농업의 형태로, 뒤이어 신석기 시대와 그 이후 목축의 형태로 식량 생산이 자리잡고, 곧이어 또 한 번의 기술적 혁명이 일어나 정치적인 국가의 통제와 관리 아래 강화된 형태의 농업이 등장하는 등의 변화가 시작되는 1만 5천 년 전에 발전이 갑자기 가속된 이유는 무엇일까?

구석기 시대 말에 나타난 사회적·경제적 변화에 대해 다양한 설명이 제시되었다. 그러한 변화가 일어난 것은 마지막 빙하기 말―약 1만 년에서 1만 2천 년 전―에 일어난 기후 변화와 빙하의 후퇴 때문일 수도 있다. 그때 큰 동물들이 멸종한 탓에 식량 조달이 어려워졌고, 그 밖의 다른 동물들은 일부 인간 집단을 뒤로 한 채 북쪽으로 이동했을 것이다. 어쩌면 인간들 자신이 과잉 사냥으로 생존의 환경을 스스로 파괴했는지도 모른다. 최근에는 사냥-채집 인구가 적어서 각자 주변의 자원을 쉽게 손에 넣을 수 있는 한 식량 채집에 의한 생활 양식은 지속된다고 전제하는 신뢰성 있는 학설도 등장했다. 인구가 서서히 증가했고, 지구상에는 거주지로 적당한 곳이 풍부했으므로, 사냥-채집자들이 인구 증가와 그에 따른 떠돌이 활동 확대로 인해 가용한 환경의 '수용력' 한계에 도달하는 데 200만 년이 걸렸다고 그 학설은 설명한다. 이에 따르면, 후기 구석기 시대 이전에 기술적 혁신이 보잘것없었던 이유도 이해가 된다. 당시의 적은 인구는 풍부한 자원의 혜택 속에서 자신의 기술과 숙련된 솜씨를 이용하며 만족한 삶을 살았을 것이다.

구석기 시대 사람들은 씨앗이 싹을 틔우고 농업이 가능하다는 것을 알았겠지만―또 가끔은 농사를 지었겠지만―자신의 삶의 방식을 혁명적으로 바꿀 절박한 동기가 없었다. 결국 인구 밀도 증가를 이주로써 쉽게 해결할 수 없게 되면서 자원의 수요와 공급 균형이 깨지는 시점에 이르러서야 식물과 동물을 기르는 새로운 삶의 방식이 채택될 수 있었다.

인간의 조상들은 구석기 시대의 생존 방식을 자발적으로 버린 것이 아니다. 환경 악화의 압력 아래에서 떠돌이 식량 채집 생활 양식을 버리고 식량 생산 방식을 채택함으로써—사냥과 채집에서 농업과 목축으로 '진보'함으로써—인류는 비로소 마지못해 에덴 동산을 떠나 신석기 시대로 들어섰다.

농부의 지배

 마지막 빙하기 말인 1만 2천 년 전 무렵에 신석기 혁명이 시작되었다. 최초이며 가장 중요한 사회 경제적·기술적 변화인 신석기 혁명은 식량 채집에서 식량 생산으로 전이함을 의미했다. 혁명은 소수의 지역에서 기원하여 지구 전체로 퍼졌다. 목초지로만 적합한 지역에서는 짐승 떼를 몰고 다니는 유목이 시작되었고, 다른 지역에서는 농업과 정착 생활이 시작되었다. 그렇게 신석기 시대가 시작되었다.

네가 먹을 것을 직접 길러라

 선사시대에 관한 놀랍고도 중대한 사실이 하나 있다. 길들인 짐승과 재배용 식물에 기반을 둔 신석기 사회가 기원전 1만 년 이후 근동,

인도, 아프리카, 북아시아, 동남아시아, 중남아메리카 등 전세계의 다양한 장소에서 여러 차례 독립적으로 등장했다는 사실이다. 세계의 두 반구―구세계와 신세계―가 지리적으로 떨어져 있다는 사실을 생각할 때, 신석기 기술이 신속하게 확산되고, 밀과 쌀, 옥수수, 감자 등이 다양한 지역에서 독자적으로 재배되었다는 사실을 이해하기란 쉽지 않다. 선사시대의 시간 단위로 따지자면, 그 변화는 비교적 갑작스럽게 일어난 것처럼 보이지만, 실제로는 점진적인 과정이었다. 하지만 신석기 혁명은 사람들의 삶을 근본적으로 바꾸어놓았고, 간접적으로는 사람들의 거주지 조건도 바꾸어놓았다. 신석기 혁명의 기원에 대해서는 다양한 해석이 존재하지만, 그 혁명이 인간의 역사를 바꾸어놓았다는 점에 대해서는 이견이 없다.

신석기 시대는 연쇄된 일련의 사건과 과정의 결과였다. 농업―저밀도 농업―의 경우, 먼저 세계 곳곳의 다양한 지역에서 집단을 이루어 정착한 사람들이 사냥과 채집을 포함한 구석기 시대 경제활동을 계속했고, 그 후에 완전한 신석기 시대 생산 방식으로의 이행이 일어났다. 한 곳에 정착한 집단은 제한된 지역 안에서 떠돌이 생활을 하며 식물 채집을 강화하고, 견과류나 해산물 같은 기타의 식량자원을 최대한 다양하게 이용했다. 그들은 집에서 거주했다. 그런 의미에서 최초의 정착인들은 자신들이 기른 식물이나 동물과 마찬가지로 그 자신이 길들인 종種이었다('길들인'을 의미하는 '도메스틱domestic'이라는 영어 단어는 집을 의미하는 라틴어인 '도무스domus'에서 나왔다. 인간은 식물이나 동물을 길들이면서 자기 자신도 길들인 것이다!). 그러나 피할 수 없는 인구 증가의 압력으로 인해 채집 가능한 자원이 부족해지고 야생종이나 재배종 곡류의 식량 가치가 높아지면서, 결국 농업과 좀더 완전한 식량 생산 생활 양식에 대한 의존성이 높아졌다.

1만 2천 년 전, 신석기 정착 양식이 등장한 후에도 지구상의 사람들 대부분은 여전히 구석기 시대의 삶의 방식을 유지했다. 행복하게도 그들은 새로운 신석기 식량 생산 양식을 채택하도록 하는 압력에서 자유로웠다. 오늘날에도 문화적·경제적 측면에서 구석기 시대 생활 양식을 유지하는 소수의 집단이 남아 있다. 선사시대의 한 기간인 신석기 시대는 최초의 단순한 농부와 유목민에서부터 후기 신석기 시대의 복잡한 '도시' 거주 집단까지의 발전을 모두 포함한다. 돌이켜보면, 특히 구석기 시대라는 엄청나게 긴 기간에 비해 신석기 시대는 한순간에 불과했으며, 곧이어 5천 년 전 무렵에는 메소포타미아와 이집트의 문명이 또다른 변화를 추진하기 시작했다. 그러나 비교적 짧은 기간에도 불구하고 신석기는 지리적으로 확산되었을 뿐 아니라, 특정 지역에서는 대략 1만 2천 년 전에서 5천 년 전까지 수천 년에 이르는 기간을 존속했다. 대략 5천 년 전이 되어서야 신석기 시대는 근동의 문명에 자리를 내주었다. 그러나 신석기 시대 사람들에게 당시의 삶은 계절의 변화에 따라 여유 있게 진행되었을 것이다.

구석기 시대에서 벗어나 식량을 생산하기 위한 길은 다음의 두 가지였다. 하나는 채집에서 곡물 재배(원시 농업)로, 이어서 경작 농업(밭 농업)으로 나아가는 길, 다른 하나는 사냥에서 짐승 사육과 유목으로 나아가는 길이었다. 어느 길을 선택하는가는 지리적 조건에 의해 결정되었다. 지표수地表水와 대기 중의 물이 풍부한 기후에서는 농업과 정착촌이 나타났다. 농업을 하기에는 너무 건조한 초원 지역에서는 짐승 떼를 몰고 다니는 유목 생활 양식이 채택되었다. 서로 매우 다른 두 길 중 하나는 몽골이나 베두인 같은 유목 사회로 이어졌고, 다른 하나는 특히 농업과 짐승 사육이 결합된 형태로서 거대한 농업 문명으로 이어졌으며, 결국에는 산업화로 이어졌다.

식량 생산 방식에는 간간이 혹은 심지어 체계적으로 행하는 사냥과 채집 등도 공존했다. 그러나 신석기 시대, 정착 생활 방식이 나타난 곳에서는 분명히 정해진 좁은 장소에서의 곡물 재배로 기초적인 경제활동의 모습이 바뀌어갔다. 초기 신석기 시대의 농업은 나중에 근동의 최초 문명들에서 찾아볼 수 있는 물대기, 밭갈기, 짐승 이용 등을 동반한 고밀도 농업과 다르다. 초기 신석기 시대 사람들은 쟁기를 이용하지 않았고, 필요한 경우에는 커다란 돌도끼와 까뀌adze로 땅을 정리했다. 또 괭이나 땅 파는 막대기로 밭을 일구었다. 세계의 여러 지역, 특히 열대와 아열대 지역에서는 '베고 불태워' 밭을 일구는 화전 농업이 발달했다. 화전 농민들은 경작한 밭을 재충전하기 위해 몇 년 동안 방치했다가 다시 사용하곤 했다. 얇게 다듬어져서 낫 따위로 쓰이던 돌은 신석기 시대에도 여전히 사용되었다. 그러나 더 크고 대개 연마된 도끼, 맷돌, 절구, 공이 따위—이들은 모든 신석기 유적에서 발굴된다—가 추가되어, 도구의 종류는 더욱 다양해졌다. 짐승의 뿔도 꼬챙이로 유용했다. 또 곡식을 수확하고, 탈곡하고, 까부르고, 가는 일 모두에 발달된 기술과 사회적 행동이 필요했다.

세계 각지의 사람들은 독자적으로 다양한 식물을 재배종으로 길들여 기르기 시작했다—서남아시아에서는 여러 종의 밀과 보리, 호밀, 완두, 편두, 아마, 아프리카에서는 기장과 수수, 중국 북부에서는 기장과 대두, 동남아시아에서는 쌀과 콩, 중앙아메리카에서는 옥수수, 남아메리카에서는 감자와 퀴노아quinoa, 콩, 카사바 등이 재배되었다. 재배종으로 길들이는 일은 관리, 교배, 우수 품종 선택, 그리고 때로는 새로운 환경에 이식移植하는(한 번의 행위가 아니라) 과정이었다. 예컨대 밀의 경우, 야생종은 바람이나 동물에 의해 씨앗이 쉽게 퍼진다. 그것은 야생 밀이 자연 선택 아래에서 살아남는 데 기여한다. 반면에 재배종 밀은 씨앗을 퍼뜨리지 않고 보유하므로 수확하기는 쉽지만, 그런 특징 때문에 농부에게 의존하여 번식할 수밖에 없다. 이와 같이 인간은 식물의 유전자를 바꾸었고, 식물은 인간을 바꾸었다.

또 인간이 곡물을 재배하기 시작하면서 쥐와 생쥐와 참새도 '스스로 길들어' 신석기 시대의 삶에 끼어들었다.

동물 길들이기는 오랫동안 지속된 인간과 야생동물 사이의 긴밀한 접촉에서 비롯되었다. 최소한 논리적으로는, 사냥과 짐승 떼 뒤쫓기에서 사로잡기, 지키기, 길들이기, 사육하기로 이어지는 분명한 순서가 있다. 반半야생의 순록 떼를 쫓아다니며 생활에 이용하는 사아메(라프족)는 사냥에서 사육과 유목으로의 이행이 어떻게 일어났는지를 보여주는 현존하는 실례이다.

식물 재배에서와 마찬가지로 동물 길들이기는 인간에 의한 야생종 선택, 선별적인 도살과 사육, 그리고 훗날 다윈이 '무의식적 선택'이라고 부른 행위(유전에 대해 완전히 무지한 야만인도 유용한 가축을 보존하려 할 테고, 따라서 그 가축은 생존하여 자손을 퍼뜨릴 확률이 높아진다. 때문에 선택 효과가 발생하는데, 이를 '무의식적 선택'이라고 한다—옮긴이)들을 포함했다. 구세계의 사람들은 소, 염소, 양, 돼지, 닭, 그리고 나중에 말을 길들였으며, 신세계 가운데 안데스 지역의 사람들은 라마와 기니피그만을 길들였다. 때문에 아메리카 사람들은 상대적으로 적은 양의 동물성 단백질을 섭취했다.

동물은 인간에게 여러모로 유용한 존재이다. 일부 동물은 인간이 먹을 수 없는 식물을 고기로 변환시킨다. 고기는 식물보다 더욱 다양한 단백질을 함유한다. 게다가 동물은 썩지 않게 보존할 수 있는 식량이다. 동물은 구세계에서 신석기 시대가 진행됨에 따라 더욱 많이 이용된 값진 부산물들을 생산해 냈다. 또, 소와 양과 돼지를 비롯한 모든 동물은 더 많은 소와 양과 돼지를 재생산하는 '동물공장'이기도 하다. 닭은 달걀을, 소와 양과 염소와 말은 젖을 생산한다.

요구르트, 치즈, 발효음료 등의 보존 가능한 유제품들은 아시아의 대규모 목축 사회와 세계 각지의 유목민이 생존할 수 있게 해주었다.

그림 2.1_신석기 시대의 도구. 신석기 시대의 농업은 밭을 정리하고 일구고, 곡물을 수확하고 처리하는 데 필요한 더 큰 도구들을 요구했다.

나중에는 배설물도 거름이나 연료로 쓰이는 값진 부산물이 되었다. 동물의 껍질은 가죽이나 다양한 제품을 만드는 재료가 되었고, 양은 당연히 털을 생산했다(양털은 신석기 시대의 베틀에서 인간 역사상 최초로 직물이 되었다). 동물은 쟁기를 끄는 힘과 운반력을 제공했다. 신석기 시대는 앞선 200만 년 동안 인류가 발전시킨 동식물에 대한 강한 의존성을 그대로 유지했다. 그러나 동식물을 이용하는 기술과 그 기술이 지탱하는 사회체제는 근본적으로 바뀌었다.

  근동의 신석기 문화가 몇천 년 성숙한 후, 농업과 동물 사육 기술을 결합한 혼합경제가 출현했다. 구세계의 후기 신석기 시대 사람들은 운반력을 얻기 위해 동물을 길렀으며, 중세 유럽의 도로와 비교해서도 결코 뒤지지 않는 도로에서 바퀴 달린 탈것을 사용했던 것 같다. 고밀도 농업과 문명으로 가는 역사적인 길은 신석기 시대의 혼합농업이라는 터널을 통과하는 것이었다. 구석기 시대 인간에게서 찾아볼 수 있는 최초의 생활 양식이 부분적으로 생물학과 진화에서 비롯되었다면, 신석기 혁명은 인간이 변화하는 환경에 대응하여 스스로 추진한 역사의 방향 전환을 대표한다.

　신석기 시대로 이행하는 과정에서 농업과 사육에 관련된 많은 기술과 솜씨를 보충하기 위한 여러 가지 부수적인 기술이 등장했다. 그 중 첫번째는 방직 기술이었다. 그것은 구세계와 신세계의 다양한 지역에서 독자적으로 개발되었다. 최근의 발견들은 구석기 시대의 일부 집단이 때로—아마도 바구니를 만들기 위해—엮어짜기의 기술을 사용했음을 보여준다. 그러나 옷과 저장용 그릇의 수요가 증가하면서 방직 기술이 꽃을 피우게 된 것은 신석기 시대에 이르러서였다. 직물 생산에는 서로 연관된 여러 기술—양털깎기 혹은 아마나 목화의 재배 및 수확, 재료 처리, 실잣기(이 일은 1만 년 후 산업혁명이 일어날 때까지 여성들의 삶에서 떼어놓을 수 없는 부분을 이루었다), 베틀 제작, 염색, 직물짜기 기술 등—이 필요하다. 신석기 시대에 시작된 직물 생산을 자세히 들여다보면, 옷 모양에 대한 고려와 그것의 상징적 역할과 정보 전달 기능도 지나칠 수 없다.

　세계 곳곳의 여러 중심지에서 독립적으로 발생한 도기陶器 역시 신석기 혁명의 핵심적인 부분을 이루는 또 하나의 신기술이다. 비록 실수의 산물이었겠지만, 구석기 시대 사람들에게도 구운 진흙으로 된 그릇이 있었다. 그러나 구석기 시대의 경제는 도기 기술의 발달을 요구하지 않았다. 도기는 저장 기술이 필요했기 때문에 개발된 것이 거의 확실하다. 단지나 그릇은 최초의 농업사회에서 발생한 잉여 산물을 저장하고 운반하기 위해 만들어졌다. 신석기 시대의 집단은 집을 짓는 데 흙 반죽을 썼으므로, 어쩌면 흙 반죽 기술이 그릇 제작에 활용되면서 도기가 탄생했는지도 모른다. 어쨌든 결국 도기의 '생산 중심지들'이 생겨나고 근거리 운반이 발전했다. 도기 기술은 다름 아니라 '불 조작 기술pyrotechnology'을 의미한다. 진흙을 '불로 달구면' 수분이 날아가고 인공적인 돌이 만들어진다는 것에 도기의 비법이 있기 때문이다. 신석기 시대의 가마는 섭씨 900도 이상의 온도에 도달할 수 있었다. 이와 같이 도기를 제작하기 위한 신석기 시대의 불 조작 기술은 훗날 청동기 시대와 철기 시대의 야금metallurgy 기술을 가능케 했다.

신석기 시대에 크고 작은—수천 가지까지는 아닐지 몰라도—수백 가지의 기술이 결합하여 새로운 생활 양식을 탄생시켰다. 신석기 시대 사람들은 목재와 진흙벽돌과 돌로 영구적인 구조물을 건설했다. 그 구조물들은 전문가의 솜씨를 증언한다. 그들은 밧줄을 만들고 보석을 세공했으며, 심지어 천연 구리를 이용하는 일종의 야금술을 개발했다. 그 냉간 금속 세공cold metalworking 기술은 유용한 도구들을 만들어냈다. 예외적으로 냉동되어 있다가 1991년에 알프스 빙하가 후퇴하면서 발견된 유명한 '아이스맨Ice man'은 발견 당시에만 해도 죽을 때 지니고 있던 정교한 구리 도끼 때문에 청동기 시대의 사람이라고 오해되었다. 그러나 그는 기원전 3300년경에 유럽에서 살았던 것으로 판명되었다. 그는 냉간 단조cold-forging 기술로 만든 훌륭한 도끼를 지닌, 신석기 시대의 부유한 농부였던 것이다.

신석기 혁명은 사회적 혁명이기도 했으며 사람들의 삶의 방식을 근본적으로 바꾸어놓았다. 10~20가구와 수백 명의 주민으로 이루어졌으며 자족적으로 분산된 정착촌이 신석기 시대를 살아가는 사람들 집단의 대표적인 모습이었다. 구석기 시대에 더욱 작은 집단을 이루었던 것과 비교했을 때, 정착생활은 가족들이 모여 부족을 형성하도록 도왔다. 신석기 시대에 집은 당연히 사회 조직의 중심이 되었다. 생산은 가정을 기반으로 하여 이루어졌다.

이처럼 집 안에서 살게 되면서 신석기인들은 공적인 공간, 사생활,

타인에 대한 호의와 관련된 사안들을 이전과는 다른 방식으로 다룰 수밖에 없게 되었다는, 상상력이 풍부한 주장이 제기되었다. 신석기인들은 환각성 약물을 사용했을 가능성이 있으며, 발효음료를 실험하기 시작했다. 성별에 따른 분업은 아마 신석기의 농업 사회에서도 유지되었을 테지만, 사냥의 중요성이 감소하면서 남녀평등이 더욱 강화되었을 것이다. 정착생활, 탄수화물 섭취량의 증가, 모유 수유 기간의 단축 등과 같은 변화 덕분에 여성은 유아를 천막에서 천막으로 데리고 다녀야 하는 부담에서 벗어나 더 많은 아이를 낳고 돌볼 수 있게 되었으며, 그에 따라 출산율도 높아졌다.

신석기 시대에 아동의 경제적 가치—예컨대 짐승을 돌보고 농사를 돕는 역할—가 구석기 시대에 비해 좀더 높았다고 추측하는 사람도 있다. 몇몇 고고학자는 최소한 유럽에서는 신석기 시대에 여신을 숭배하는 문화와 예식이 존재했다는 설득력 있는 주장을 내놓았다. 샤먼shaman 혹은 의사가 존재했고, 그 중 일부는 여성이었다는 사실은 의심의 여지가 없다. 신석기 사회는 가부장 중심으로 이루어졌으나 당시의 남성은 그 이후 문명의 남성들만큼 지배적이지는 않았다.

초기 신석기 시대에는 오로지 전문적인 기술만으로 먹고사는 특수한 직업인이 거의 혹은 전혀 존재하지 않았다. 그러한 상황은 잉여 식량이 많아지고 교역이 증가한 후기 신석기 시대에 이르러 변화했다. 정착촌은 더 복잡하고 부유해졌으며 전문적인 도공陶工, 직공織工, 석공, 도구 제작자, 성직자, 우두머리 등이 등장했다. 사회의 계급화는 잉여 생산의 증가와 보조를 맞추었다. 후기 신석기 시대에 이르러 낮은 수준의 계급 사회, 즉 우두머리를 중심으로 한 부족, 혹은 인류학자들이 말하는 '큰 사람big men' 사회가 등장했다. 그와 같은 사회는 친족관계와 서열, 그리고 재화를 수집하고 재분배하는 권력에 기반을 두었으며, 재분배는 때때로 매우 효율적으로 이루어졌다. 이제 지도자들은 5천~2만 명의 인력을 통제했으나, 아직 왕이라 불릴 정도는 아니었다. 그들 자신의 소유가 비교적 적었고, 신석기 사회에서 정말로 큰 부를 산출하기란 불가능했기 때문이다.

구석기 시대의 경제나 생활 양식과 비교할 때, 신석기 시대로 이행하면서 삶의 질은 더 낮아졌다고 주장할 수 있다. 저밀도 농업은 더 많은 노동을 요구했지만, 식량은 다양하지 않았고 영양가도 적었다. 사냥과 채집을 주로 했던 구석기 시대에는 여가가 많았지만 신석기 시대에는 여가가 줄어들었다. 그러나―이 점이 가장 중요한 장점이었다―신석기 경제는 더 많은 식량을 생산했고, 따라서 구석기 시대의 떠돌이 경제보다 더 많은 사람과 더 높은 인구밀도를 지탱할 수 있었다.

신석기 경제 속에서 인구는 팽창했고 환경이 적합한 지역들로 급속하게 퍼져나갔다. 기원전 3000년경에는, 근동에 수천 곳의 농촌이 존재하기도 했다. 농촌과 농촌은 걸어서 꼬박 하루가 걸릴 정도의 거리에 있었다. 사회 구조는 더욱 부유하고 복잡하게 발전했으며, 국지적인 도로망과 교역 중심지가 발생했고, 후기 신석기 시대에는 '진정한' 의미의 도시들이 등장했다. 전형적인 예로 신석기 도시 가운데 특히 부유했던 예리코Jericho가 있는데, 예리코는 이미 기원전 7350년에 2천 명 이상의 인구가 짐승 떼와 주변의 밭을 돌보며 사는, 잘 갖춰진 수로와 벽돌로 건설된 건축물들을 가진, 참된 도시의 형태를 띠었다. 예리코에는 높이 9미터, 지름 10미터인 탑과 두께 3미터, 높이 4미터, 총길이 700미터인 유명한 성벽이 있었는데, 그것은 잉여 저장물의 약탈을 막기 위한 것이었다. 전쟁과 유사한 다툼은 구석기 시대에도 영토 문제, 여자 약탈, 혹은 야만적인 의식儀式을 위해 벌어졌을 것이다. 그러나 신석기 시대에 이르러 인간은 최초로 잉여 식량과 함께 빼앗거나 지킬 가치가 있는 부를 산출해 냈다. 구석기 시대의 생

그림 2.2_예리코. 신석기 농업이 산출한 잉여는 저장하고 지킬 필요가 있었다. 신석기 정착촌인 예리코는 발생 초기에도 육중한 벽과 탑으로 둘러싸여 있었다. 발굴된 유적에서 그 모습을 볼 수 있다.

2장_농부의 지배

활 양식을 유지하며 살던 사람들은 주변에서 싹터나가는 신석기 경제 속으로 편입되지 않을 수 없었다. 정착 생활 양식에 동참하는 것이 그들이 선택할 수 있는 방법 중 하나였다면, 또다른 선택은 도적질이었다. 장기적으로 볼 때, 신석기인들은 사냥-채집자들을 변방으로 몰아내고 사실상 멸종하게 만들었다. 떠돌이 생활 양식에 대한 이상화된 기억은 '에덴 동산' 이야기를 비롯해서 수많은 사회에 존재하는 '행복한 사냥터' 전설에 흔적으로 남았다.

축복이었는지 저주였는지 몰라도, 새로운 경제를 채택한 인간은 더 큰 자연 통제력을 얻었으며, 환경에 더 큰 영향을 끼치기 시작했다. 신석기 문화의 생태학적 귀결은 길들여진 것이 야생의 것을 몰아내는 변화였다. 신석기 혁명은 되돌릴 수 없었다. 구석기 시대로 회귀하는 것은 불가능했다. 구석기 주거지는 변형되었고, 구석기 생활 양식은 더 유지될 수 없었다.

달빛

신석기 혁명은 어떤 독립적인 '과학'의 도움도 없이 자생적으로 발생한 기술·경제적 과정이었다. 신석기 시대의 과학과 기술의 관계를 고찰할 때, 마치 구석기 시대의 불처럼 대표적으로 살펴볼 수 있는 예는 도기이다. 도공들은 단지 도기가 필요했고, 필요한 지식과 기술이 있었기 때문에 도기를 제작했던 것이다. 신석기 시대의 도공들에게는 진흙과 불의 성질에 대한 실용적인 지식이 있었다. 그들은 도기 제작과 관련된 현상들을 설명할 수 있었겠지만, 물질에 대한 체계적인 과학이나 의식적인 이론의 적용 없이 작업에 임했다. 신석기 시대의 기술자들이 고차원적인 교육의 도움에 의지하여 작업했다고 한다면, 아마도 그들에 대한 모욕일 것이다.

그렇다면, 신석기 시대 과학에 대해 할 수 있는 이야기는 어떤 것이 있을까? 신석기 천문학이라 부를 수 있는 분야와 관련해서 확실한 근거를 가지고 신석기 시대의 과학적 지식을 언급할 수 있다. 실제로 많은, 어쩌면 대부분의 신석기인들이 천체, 특히 해와 달의 운동 패턴을 체계적으로 관찰했으며, 달력 역할을 하는 기념물을 천문학적으로 계산된 배열로 건설했음을 보여주는, 중요한 의미를 지닌 증거들이 있다. 신석기 천문학과 관련해서는, 과학의 선사시대를 다루는 것이 아니라 선사시대의 과학을 다룬다고 표현하는 것이 좀더 옳다.

영국 남서부 솔즈베리 평원에 있는 유명한 스톤헨지 유적은 가장 잘 연구되었으며 가장 극적인 사례이다. 현재 방사성 탄소 연대 측정법에 의해 판명된 바에 따르면, 스톤헨지는 기원전 3100년에서 1500년까지 1,600년에 걸쳐 다양한 집단에 의해 세 번의 주요 기간에 건설되었다.

결국 기원전 1500년에 청동기 시대가 솔즈베리 평원을 평정했다. '스톤헨지'라는 이름은 '매달린 돌'을 의미한다. 거대한 돌을 운반하고 다듬고 세우는 작업은 선사시대에 살았던 영국의 신석기인들에게 상당한 수준의 기술이 있었기에 가능한 일이었다.

스톤헨지를 건설하는 데에는 엄청난 노동력—3천만 명×시간, 즉 1만 명이 1년 동안 산출하는 노동력 정도였을 것으로 추정된다—이 필요했을 것이다. 지름 107미터의 호壕와 둑을 만들기 위해 3.2세제곱킬로미터의 흙을 파내야 했다. 최초의 스톤헨지 건설자들은 성소 외부에 이른바 힐스톤Heel Stone(뒤꿈치돌)을 세웠는데, 그 돌의 무게는 35톤이다. 각각의 무게가 약 5톤인 '블루스톤blue-stone' 82개는 240킬로미터나 떨어진 웨일스에서 (대부분 수상 운송로를 통해) 운반되었다. 외곽의 원형을 이루며 세워진 30개의 돌의 무게는 각각 25톤 내외이며, 그 위에 얹힌 상인방上引枋돌 30개의 무게는 각각 7톤이다. 더욱 놀라운 것은, 외곽 원형 내부에 서 있는 거대한 3석(트릴리손 trilithon) 혹은 3석 거수巨獸이다. 3석의 평균 무게는 30톤이며, 가장 큰 것은 아마도 50톤 이상일 것이다(참고로 이집트 피라미드에 쓰인 돌의 무게는 5톤 정도이다). 각각 한 덩어리로 된 그 거대한 돌들은 40킬로미터 떨어진 말보로 다운스에서 육로로 운반되었다. 물론 고대의 빙하가 그 돌들을 최소한 부분적으로 운반했다는 주장이 제기된 바 있다.

스톤헨지의 건설자들은 정확히 원형으로 구조물을 만들었던 것으로 보인다. 그렇게 하기 위해 그들은 실용적인 기하학과 표준적인 측정 단위, 즉 이른바 거석야드 megalithic yard를 사용했을 것이다.

건축 노동은 계절에 맞추어 여러 세대에 걸쳐 이루어졌을 것이다. 노동자들을 먹이기 위해 잉여 식량이 필요했고, 식량 수집과 분배, 그리고 건축 감독을 위해 비교적 집중된 권력이 필요했을 것이다. 농업과 방목으로 살아가던 신석기인들이 솔즈베리 평원에 나타난 것은 기원전 4000년에서 3000년 사이였으며, 그들에게는 스톤헨지를 건축하는 데 필요한 생산력이 있었던 것이 분명하다. 신석기 시대의 농업은 비록 훗날 문명화된 사회가 도달한 수준의 생산력에는 미치지 못했지만, 스톤헨지를 비롯한 거석 구조물들은 비교적 저밀도인 농업도 기념비적인 건축을 감당하기에 충분한 잉여를 생산해 낼 수 있었음을 보여준다.

스톤헨지가 천문학을 위한 장치라는 생각은 오늘날에 이르러서야 입증되었다. 수백 년 동안 수많은 지식인들이 스톤헨지를 연구했으며, 누가 어떤 이유로 그것을 지었는가에 대해 여러 과감한 해석들이 제기되었다. 몬머스 Monmouth의 지오프리 Geoffrey는 『12세기 영국 왕실 역사』에서 아서 왕의 궁전에서 일한 마법사 멀린 Merlin이 마법을 사용해 돌들을 웨일스에서 옮겨왔다고 썼다. 다른 저자들은 로마인

그림 2.3_스톤헨지. 신석기 시대와 초기 청동기 시대의 영국 부족들은 스톤헨지에 유명한 기념물을 여러 차례에 걸쳐 건축했다. 그 기념물은 의식 장소와 계절의 변화를 추적하는 '관측소'로 사용되었다.

이나 덴마크인이 스톤헨지를 건설했다고 추측했다. 스톤헨지가 드루이드교의 성직자들이 건설한 의식儀式의 장소라는 상상은 지금도 통용되고 있다(그러나 실제로 켈트족 철기 시대의 드루이드교 성직자들과 그들의 문화는 스톤헨지가 완성되고 1,000년이 지난 후에야 등장했다).

솔즈베리 평원의 신석기인들이 스톤헨지를 건설한 장본인일 가능성이 확실해진 1950년대에도 '울부짖는 야만인들'이 그런 놀라운 기념물을 만들었을 것이라는 생각에 대해 상당한 저항이 있었고, 어떤 이들은 근동에서 온 하청업자들이 건설의 장본인이라고 주장했다. 오늘날의 학자들은 스톤헨지가 솔즈베리 평원의 신석기인들에 의해 건설된, 의식과 숭배의 장소라는 사실에 동의한다. 이와 같은 솔즈베리 평원의 기념물이 가진 천문학적 기능은 그것이 태양과 달의 숭배를 위한 종교적 시설인 동시에 달력의 역할을 했음을 시사한다.

스톤헨지가 태양을 기준으로 배열되었다는 사실을 가장 먼저 주장한 현대인은 1740년 영국의 골동품 연구가인 윌리엄 스터클리William Stuckeley(1687~1765)였다. 태양은 매일 수평선상의 다른 지점에서 떠오르며, 그 지점은 1년이 지나는 동안 조금씩 움직인다. 한여름(하지)

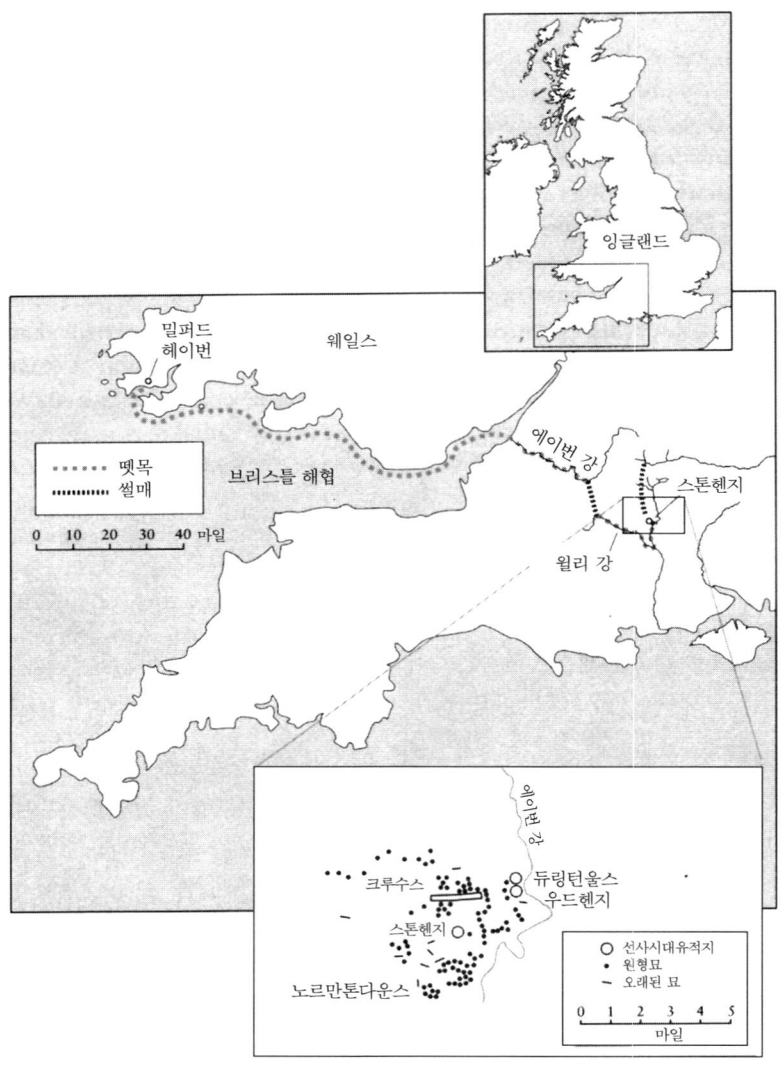

지도 2.1_솔즈베리 평원. 스톤헨지는 군집한 신석기 주거지들 사이에 놓여 있다. 이는 그 지역의 자원과 부가 비교적 풍부했음을 시사한다. 스톤헨지에 쓰인 돌 중 비교적 작은 것들은 241킬로미터 떨어진 웨일스 서부에서 굴림대와 뗏목을 이용해 운반했다. 가장 큰 돌은 북쪽으로 4킬로미터 떨어진 곳에서 왔다.

에는 가장 북쪽으로 올라간 지점에서 태양이 뜨는데, 그곳은 스톤헨지의 중심인 성소에서 봤을 때 힐스톤이 있는 지점과 정확히 일치한다. 스톤헨지 기념물의 기본적인 방향이 한여름 일출 지점을 향한다는 사실은 스터클리 이후 매년 검증되었고, 이견은 없었다.

그러나 1960년대에 제기된, 스톤헨지가 고도로 발달된 신석기 천문학 '관측소'이며 '계산 장치'라는 주장에 대해서는 논쟁이 벌어졌다. 그 논쟁은 지금도 계속되고 있지만, 스톤헨지에 최소한 상당한 정도의 천문학적 의미가 있다는 점, 특히 태양과 달의 주기적인 운동을 추적하는 것과 관련한 의미가 있다는 점에 대해서는 폭넓은 동의가 이루어졌다. 스톤헨지 기념물은 태양과 달이 뜨고 질 때 수평선을 통과하는 지점이 계절에 따라 움직이면서 도달하는 끝점과 중간점을 표시하기 위해 지어진 것으로 보인다. 다시 말해서, 스톤헨지 기념물은 하지의 일출 지점뿐 아니라 동지와 춘분, 추분의 일출 지점도 표시한다. 또 그 지점들 각각에서의 일몰 지점을 표시하며, 태양의 운동보다 더 복잡한 달의 수평선상 왕복 운동도 4개의 끝점을 통해서 표시한다.

스톤헨지 건설을 위해서는 수십 년 동안 달과 태양을 지속적으로 관찰하고 이들이 수평선상에서 어떻게 움직이는가를 확실히 알 필요가 있었다. 스톤헨지 기념물은 건설된 초기에 이미 천문학적 관찰의 산물이었다. 유적은 천체의 운동에 관한 상세한 지식과 광범위하게 실행된 '의식儀式 천문학'을 증언한다. 우리는 거석 구조물을 만든 유럽인들이 어떤 생각을 했는지 알 수 없다. 태양과 달에 관해 그들이 어떤 '이론'을 가지고 있었다면, 그 이론은 분명 아주 환상적(비현실적)이었을 것이고, 따라서 현대인들은 그들의 설명이 자연주의적 혹은 과학적이라기보다 종교적이라고 평가할 것이다. 그럼에도 거석 기념물들은 천체 운동의 규칙성에 대한 이해를 반영하고 자연에 대

그림 2.4_스톤헨지에서 본 하지의 일출. 하지(6월 21일) 아침에 태양은 스톤헨지의 중심축과 같은 방향에서 떠올라 힐스톤 꼭대기에 걸린다.

한 장기적이고 체계적인 관심과 관찰이 있었음을 증명해 준다는 점에서 과학적 사고의 산물이다. 종교 관련 연장자들, 대를 이은 전문가들, 혹은 성직자처럼 지식을 지키는 사람들이 스톤헨지를 관리했을 것이다. 그러나 거석 기념물들이 직업적인 천문학자 계급, 혹은 훗날 최초의 문명들에서 이루어진 천문학 연구의 증거라는 주장은 너무 지나치다. 오히려 스톤헨지는 주요 천체들과 어쩌면 몇몇 별의 주요 운동을 표시하는 일종의 시계라고 생각하는 것이 더 합당할 듯하다. 더 나아가 스톤헨지는 하루 단위까지 정확하고 신뢰성 있게 계절의 변화를 알리는 달력의 역할을 했던 것이 분명하다. 스톤헨지는 달력으로서 태양년을 표시했고, 더 나아가 좀더 복잡한 달의 주기적 운동과 태양의 운동을 조화시켰다. 비록 가능성은 낮아 보이지만, 스톤헨지가 일식과 월식의 예측에 쓰였을 수도 있다. 그러므로 우리는—체계적인 천체 관찰, 태양과 달의 규칙적 운동에 대한 이해, 달력의 제작을 근거로—스톤헨지에 있던 신석기 '천문학'을 얘기할 수 있고, 얘기해야 한다.

더 발달된 천문학은 문자가 발명되고 중앙집권적 관료 정부의 지원을 받는 전업 천문학자들이 생긴 이후에 나타난다. 그러나 그보다 훨씬 전에 신석기 농부들이 천체들의 파노라마를 체계적으로 연구했던 것은 엄연한 사실이다.

지구 반대편인 이스터Easter(혹은 라파누이Rapa Nui) 섬의 거대한 석상들도 동일한 힘이 작용하였음을 침묵으로 증언한다. 이스터 섬은 작으며, 매우 외딴 곳에 있다. 남아메리카 서안에서 2,253킬로미터, 태평양의 섬 중에서 사람이 사는 가장 가까운 섬과는 1,448킬로미터 떨어진 곳에 위치하며, 면적은 74제곱킬로미터에 불과하다. 기원후 300년 이후, 바다를 건너 이스터 섬에 도착한 폴리네시아인들은 고구마를 농사짓고 낚시를 하고 아열대 야자를 채취하면서 번성했다. 그들의 경제 형태는 정착 구석기 경제 혹은 단순한 신석기 경제였으나 자원이 풍부했으며, 1천 년 동안 인구가 꾸준히 증가하여 기원후 1200~1500년 무렵의 전성기에는 7천~9천 명에 달했다(2만 명 이상이었다고 주장하는 학자들도 있다).

섬사람들은 의식을 거행하는 장소인, 바다가 보이는 광활한 단壇 위에 250여 개의 모아이 석상을 조각하여 세웠다. 잘 알려져 있듯이, 그 단은 천문학적 의미가 있는 방향을 향해 있다. 마치 스톤헨지인이나 중앙아메리카 올메카인(올메카는 기원전 1000년부터 서기 1년 무렵에 멕시코와 과테말라에 존재한 아메리카 최초의 문화를 가리킨다—옮긴이)의 작품들을 연상시키기라도 하듯, 모아이의 평균 높이는 3.7미터, 무게

그림 2.5_이스터 섬의 신석기 사회. 이스터 섬에서 저밀도 농업에 기반을 둔 사회가 수백 년 동안 번성하다가 환경의 황폐화로 인해 소멸했다. 이곳에서는 전성기에 '모아이'라고 불리는 거석 기념물을 만들었다. 모아이는 스톤헨지를 비롯한 신석기 사회의 전형적인 기념물들과 크기가 비슷하다.

는 거의 14톤이며, 55~70명으로 이루어진 집단에 의해 최대 9.7킬로미터 떨어진 곳에서 육로로 운반되었다. 몇 개의 상은 높이가 거의 9.1미터, 무게가 최대 90톤에 이른다. 수백 개의 석상―그 중 일부는 훨씬 더 크다―은 미완성인 채로 채석장에 놓여 있어 작업이 갑자기 중단되었음을 짐작케 한다. 외딴 이스터 섬의 숲은 섬사람들의 주식인 돌고래와 참치 낚시에 필요한 배를 만드는 재료와 땔감으로 벌목되어 완전히 황폐해졌다. 1500년에 야자나무가 사라지고 토착 조류가 멸종했으며, 인구 증가에 따른 압력이 극도로 심해졌다. 섬사람들은 더욱 많은 닭을 사육하기 시작했으며, 쥐와 사람을 잡아먹었다. 인구는 순식간에 거의 10분의 1 수준으로 줄어들었고, 그들의 슬픈 잔재는 1722년에 유럽인들에 의해 '발견되었다'.

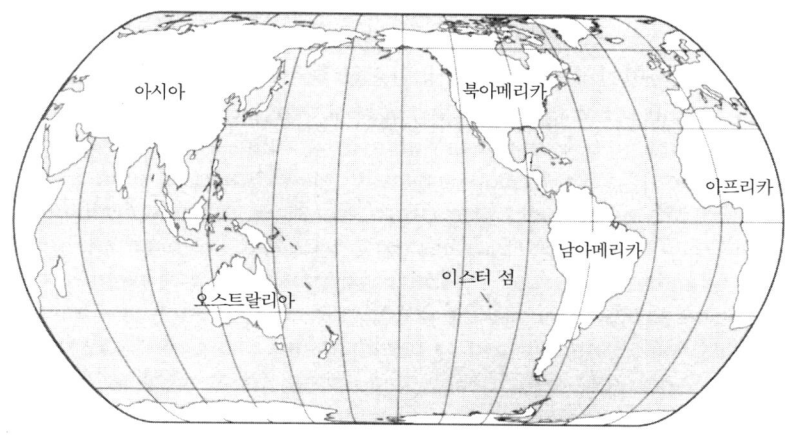

지도 2.2_이스터 섬. 이 작고 외딴 남태평양의 섬은 남아메리카 해안에서 2,253킬로미터, 서쪽의 가장 가까운 유인도에서 1,448킬로미터 떨어져 있다. 폴리네시아인들은, 아마도 별자리를 기준으로 하는 해도와 바람과 해류의 변화에 대한 지식을 이용하여, 서기 300년경에 이스터 섬에 도착했다. 유럽인들은 1722년에 그 섬을 '발견했다'.

    원시적인 섬에는 자원이 풍부했고, 그곳의 인간 사회는 전형적인 신석기 시대의 (혹은 정착 구석기 시대의) 패턴으로 발전했다. 그러나 인간의 욕망과 섬의 생태학적 한계 때문에 그곳에서 발달한 석상 제작, 천체 관측, 목재 연료의 문화는 지속될 수 없었다.

    일반적으로 전세계의 신석기인들은 태양과 달의 관찰을 통해 수평선상의 천체 위치를 표시하는 표시물을 만들었으며, 그것을 이용하여 태양과 달이라는 두 천체의 주기적 운동을 확인하고 계절의 변화를 추적하여 농업 사회에 매우 소중한 정보를 얻었다. 그들이 때를 계산하고 계절을 예측하기 위해 만든 장치들 중 일부는 노력과 비용이 매우 많이 필요한 것이기 때문에, 잉여의 부를 산출해 낼 수 있는 축복 받은 지역에서만 가능한 작품이었다.

    스톤헨지보다 먼저, 이스터 섬에의 정착과 파멸보다 훨씬 먼저, 특정 환경에서는 인구의 증가가 신석기 자원의 증가를 앞질러 이집트와 메소포타미아 등의 지역에서 인간의 삶의 방식이 거대한 기술적 변화를 겪게 되는—도시문명이 발생하게 되는—발판을 마련했다.

파라오와 기술자

신석기 사회는 왕국 수준의 복잡함에는 이르지 못했다. 우선 큰 도시를 건설하지 못했으며 궁전이나 신전처럼 방벽을 두른 건축물을 만들지 못했다. 신석기인들은 기록을 남기기 위해 글을 쓸 필요가 없었고, 고급 지식이나 제도화된 과학의 전통을 확립하지 못했다. 이와 같은 발전된 특징은 신석기 사회가 연합하여 문명을 형성하면서 등장했다. 그것은 인류의 사회적 진화에서 두번째로 찾아온 거대한 변화였다.

그것은 흔히 도시혁명이라 불린다. 이름이야 어쨌든, 약 6천 년 전에 근동에서 시작된 변화가 최초의 문명들을 낳았다. 그것들에는 높은 인구밀도, 중앙집권적인 정치적·경제적 권력, 국가 형성의 단초 마련, 복잡화·계급화된 사회, 기념비적인 건축물, 문자와 고급 지식의 탄생 등 도시 형성에 동반되는 모든 사회적·역사적 귀결이 있었다. 두번째 기술·경제적 혁명인 이러한 변화는 계속되는 증가로 거주지의 수용력에 압박을 가하는 인구를 지탱하기 위해서는 고밀도 농업이 필요했다는 데에서 비롯되었다. 인류 역사와 기술사의 중대한 사건인 도시혁명은 18세기에 유럽에서 일어난 산업혁명 전까지 역사상 유례가 없는 큰 여파를 불러왔다.

신석기 농업이나 목축과 확연히 다른 새로운 고밀도 농업은 최초 문명들을 지탱하는 기둥이었다. 그 경작지 농업은 국가가 고용한 기술자들의 감독 아래에서 징집된 노동자들(강제 노역자들)에 의해 건설되고 유지된 대규모 물 관리 시스템에 기반을 두었으며, 이전까지 행해지던 단순한 원시농업을 밀어냈다. 구세계에서는 소가 끄는 쟁기가 괭이와 땅 파는 막대기를 대신했다. 또 생계형 농업이 밀려나고 많은 잉여 곡물(신석기 시대의 수준보다 최소한 50퍼센트는 많았을 것으로 추정된다)을 생산하여 공출하고 저장하고 재분배하는 경제가 새롭게 자리잡았다. 이처럼 복잡한 농업 생산 시스템을 관리하기 위해 파라오 왕이 지배하는 중앙집권적인 정치 권력이 발생했다. 도시혁명은 (대개의 경우 인공적인) 물 관리를 통해 밀도가 높아진 농업과 중앙집권적인 권력과 더불어 더 많은 인구, 도시화된 중심지, 군대 형태의 강제 징집 제도, 세금 징수원, 경찰, 확대된 교역, 궁전과 신전, 성직자 계급, 종교 기관, 고급 교육 등을 가능하게 했다. 그런 관료 중심적인 조직 사회에서 글을 아는 지식인 계급이 수학과 의학과 천문학을 발전시켰다.

강을 길들이다

도시혁명은 구세계와 신세계의 여러 중심지에서 독자적으로 전개되었다. 신석기 정착촌들이 고밀도 농업에 기반을 두고 연합하여 왕국을 형성하는 변화는 세계적으로 최소한 여섯 곳에서 총 여섯 번에 걸쳐 일어났다. 기원전 3500년 이후 메소포타미아, 기원전 3400년 이후 이집트, 기원전 2500년 이후 인더스 강 유역, 기원전 1800년 이후 중국의 황허 강 유역, 기원전 500년 이후 중앙아메리카, 기원전 300년 이후 남아메리카 등지에서 동일한 패턴의 변화가 일어났다. 이 같은 문명의 기원과 발전은 거의 독립적으로 이루어졌으며, 단일한 중심 문화가 확산된 결과가 아니다. 이들은 모두 '원초문명(앞선 문명 없이 최초로 발생한 문명이라는 의미—옮긴이)'이라 불린다.

기원전 3500년 이후에 전세계의 여러 특정 지역에서 각각 독립적인 문명이 여러 차례에 걸쳐 출현하게 된 이유는 무엇일까? 여기에 대해 다양한 설명이 제시되었다. 문명으로 도약한 정확한 과정에 대한 것은 고고학자와 인류학자들의 주요 연구 주제 가운데 하나이지만, 물과 환경 관리의 중요성을 생각할 때 대규모 물 관리 사업에 기초한 고밀도 농업이 중앙집권적인 대규모 관료 국가가 형성되는 데 핵심 요인이라는 것은 많은 학자들이 인정하는 내용이다. 원초문명이 수자원이 척박한—즉 물이 너무 적거나 많기 때문에 성공적인 고밀도 농업을 위해서는 물을 관리할 필요가 있는—지역에서 발생했다는 사실만으로도 이른바 수자원 가설hydraulic hypothesis의 손을 들어줄 수 있다. 수자원 가설은 문명의 발생과 대규모 물 관리 기술이 연관된다고 주장한다. 관개灌漑농업은 아열대의 뜨거운 태양 아래에서 특히 생산적이어서, 말 그대로 대규모 인구를 먹여 살릴 수 있다. 실트silt가 섞인 강물은 관개를 위한 물을 제공하며, 특히 인공적으로 통제를 하는 경우에는 주위의 토양을 기름지게 만든다. 관개농업과 강물 통제를 위해 수리학적 시설이 필요했고, 그것들을 건설하고 유지하고 때맞춰 필요한 곳에 물을 분배하기 위해서는 공동 작업이 필요했다. 습지의 물을 빼내야 했고, 댐, 둑, 수로, 수문, 도랑, 단지段地(경사지를 계단 모양으로 깎은 지형이다—옮긴이), 저수지, 제방 등을 건설해야 했다. 또 도랑은 장애물이 없도록 관리해야 했다. 그 밖에 물을 둘러싼 분쟁을 해결할 수 있는 권력이 있어야 했고, 잉여 곡물을 저장하고 지키고 재분배하는 것이 가능해야 했다. 이같이 지리적 조건과 관개농업 기술의 상호작용 속에서 권위적인 국가를 향한 경향성은 더욱 커졌다.

같은 맥락에서 '환경적인 제한'이라는 것이 문명의 발생과 연관된 핵심 개념으로 떠올랐다. 최초의 문명은 강과 가까운 곳에 위치한 계곡과 평지에서 주로 발생했다. 그런 지역은 고밀도 농업이 실용성을 갖거나 가능하도록 하는 환경적 범위가 제한되어 있었다. 예컨대 나일 강 유역처럼 제한된 거주지에 사는 신석기인들은 인구가 팽창함에 따라 곧 사막과 폭포와 바다가 설정한 환경적 한계에 부딪혔고, 식량의 생산량을 늘리지 않을 수 없었다. 전쟁이 점점 일상화되었으며, 그것은 습격의 수준을 넘어 정복과 노예화를 포함한 형태로 발전해 갔다. 이미 거주지가 포화된 상태였으므로 패자들이 장소를 옮겨 새로운 농업 공동체를 건설하는 것이 불가능했기 때문이다. 원래 신석기 시대와 구석기 시대를 살던 사람들은 전쟁에서 패배한 뒤에 일반적으로 새로운 곳으로 옮겨갈 수 있었다. 그러나 나일 강 유역처럼 환경적으로 제한된 지역의 농부들은 달리 갈 곳이 없었다. 승자들은 땅과 관개시설을 점령했을 뿐 아니라 패배한 집단을 정복하고 지배했으며, 고밀도 농업 시스템을 유지하는 데에 패자들을 노예와 농노로 부렸다. 이러한 과정이 일단 시작되자, 연합과 집중을 유도하는 역사적인 흐름을 되돌릴 수 없게 되었다. 따라서 신석기 사회는 점점 더 계급화되었고, 계급 구조의 정점에 오른 소수 특권층이 하층 농민들을 지배했으며, 광역적인 권력이 국지적인 권력을 포괄하였다. 이러한 생태학적·인구학적 조건이 충족된 모든 곳에서 여러 차례 문명과 국가가 등장했던 것이다.

이와 같은 주장들은 더 많은 연구를 통해 보강될 수 있겠지만, 현재 분명하게 눈에 띄는 것은 공통된 특징을 포함한 공통적인 패턴이다. 사람들은 흔히 별 생각 없이 역사를 특별한 사건들의 연속이라고 생각한다―'엄청난 일 뒤에 또 엄청난 일'이라는 말이 그런 생각을 표현한다. 그러나 근동과 극동Far East과 신세계에서 반복해서 발생한 문명들에는 중요한 규칙성들이 드러난다.

위에서 제시한 모델은 오늘날의 이라크에 위치한 티그리스 강과 유프라테스 강 사이의 범람원flood plain에서 발생한 인류 최초의 문명에 매우 잘 맞아떨어진다. 그 지역은 '두 강 사이'의 땅인 고대 메소포타미아로, 기원전 4000년에 메소포타미아의 평야는 신석기 거주지로 가득 차 있었다. 국지적인 권력은 하류 삼각주의 습지에서 물을 빼냈고, 더 나중에는 상류의 평야 지역에 물을 대는 대규모 관개시설을 건설했다. 기원전 3500년 이후에는 인구가 5만~20만 명에 달했으며, 거대한 성벽으로 둘러싸인 우루크Uruk, 우르Ur, 수메르Sumer 등과 같은 도시가 생겨났고, 수메르인들의 왕조 문명은 기원전 2500년에 전성기를 맞이했다. 아마도 티그리스 강과 유프라테스 강의 변화 많고 예측하기 어려운 흐름 때문에, 메소포타미아에서는 이집트처럼 통일 왕국이나 정체政體가 발생하지 않았고, 대신에 여러 도시국가와 이들에 기반을 둔 제국이 수천 년에 걸쳐 흥망을 거듭했다. 메소포타미아 문명은 여러 지역 출신의 다양한 집단이 차례로 문화적·정치적·군사적 주도권을 행사했음에도 불구하고 수천 년 동안 변함없이 유지되었다. 메소포타미아 중부의 바빌로니아인들이 주도권을 쥐었을 때는 수메르 문화의 많은 부분을 흡수하고 수메르 문자를 채택했으며, 아시리아(메소포타미아 북부의 왕국)가 지배권을 잡았을 때는 바

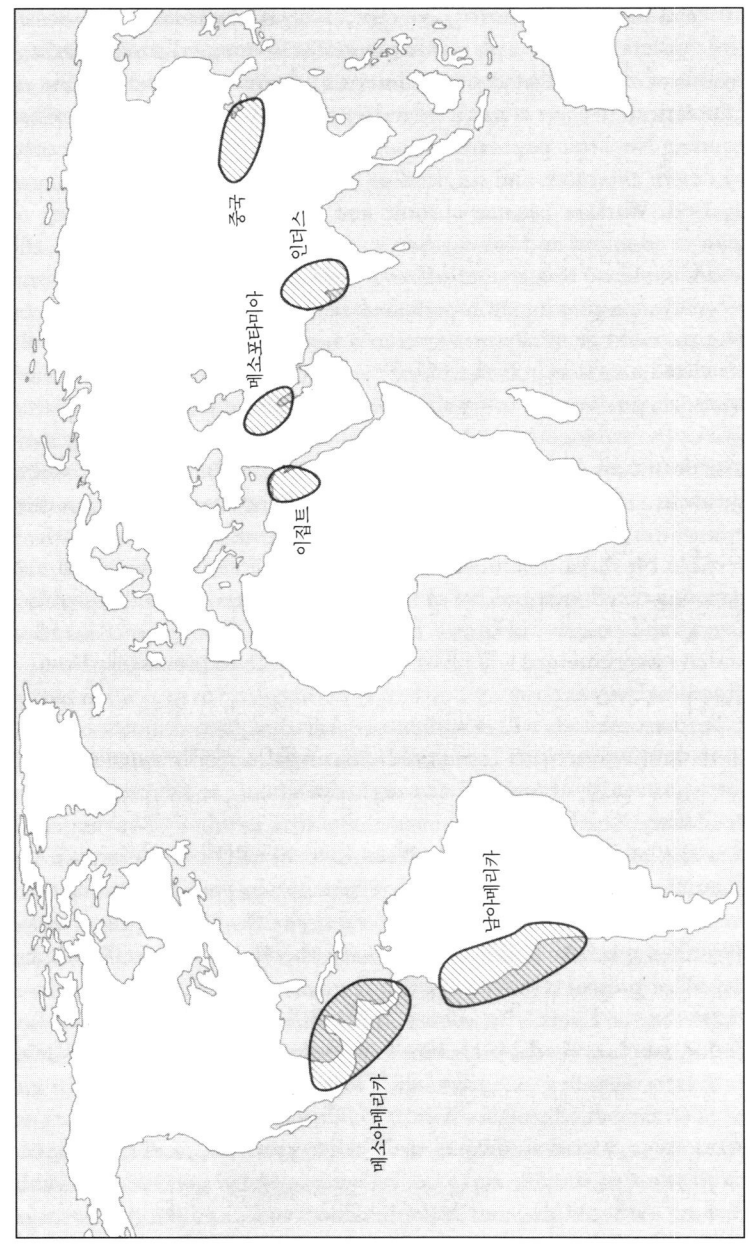

지도 3.1_최초의 문명들. 신석기 원시 농업에서 고밀도 농업으로의 이행은 구세계와 신세계의 여러 지역에서 각각 독립적으로 일어났다. 환경적으로 제한된 거주지의 인구가 늘어나면서 식량 생산 증가를 위한 새로운 기술이 개발된 것으로 보인다.

60 　　　　　　　　　　　　　　　　　　　　유인원에서 알렉산더까지

빌로니아 문화의 많은 부분을 흡수했다.

   이 모든 문명은 관개농업에 기반을 두었다. 주요 운하는 폭이 2.3미터 이상이었으며 길이가 수킬로미터에 달했고, 수백 개의 수로와 연결되어 있었다. 메소포타미아의 모든 문명은 중앙집권적인 정치체제와 농업 잉여물을 수집·저장·재분배하는 복잡한 관료체제를 발전시켰다. 또, 모든 문명이 기념비적인 건물을 가지고 있었다. 가장 유명한 것은 지구라트ziggurat라 불리는, 피라미드와 신전으로 이루어진 벽돌 건축 복합 단지이다. 예컨대 우르 제3왕조인 우르남무Ur-Nammu의 지구라트(대략 기원전 2000년에 건축되었다)는 가로 366미터, 세로 182미터 크기로서, 복합 단지의 한 부분을 이루고 있다. 네부카드네자르Nebuchadnezzar의 탑(기원전 600년에 건축되었다)은 높이가 90미터에 달하는데, 전설에 따르면 성경의 바벨탑 이야기가 그것에서 유래했다고 한다. 또 메소포타미아 문명은 문자, 수학, 그리고 매우 성숙하면서도 정교한 천문학을 개발했다.

   고대 이집트도 비슷한 경로를 거쳐 문명화를 이루었다. 나일 강 유역은, 동쪽과 서쪽은 사막, 남쪽은 산악지대, 북쪽은 지중해로 막힌 좁은 띠 모양의 녹지이다. 띠의 폭은 19~40킬로미터이고 길이는 수백 킬로미터에 이른다. 나일 강을 따라서 신석기 거주지들이 번창했고, 이미 기원전 5000년 이전에 왕국이 발생했다. 이집트 왕조가 수립되기 이전의 선왕조先王朝 7개 왕국은 대략 기원전 3400년에서 3200년까지 존속한 것으로 확인되었다(이집트 학자들은 사건의 순서에 대해서는 일치된 의견을 보이지만, 그 연대에 대해서, 특히 초기 왕조 시대나 고왕국 시대와 관련해서는 몇백 년씩의 차이를 보인다). 그 시기의 어느 시점에 메네스Menes 왕이 상上이집트 왕국과 하下이집트 왕국을 통일하고 제1왕조의 첫번째 파라오가 되었다. 그리고 메네스 역시 관개시설을 만들고 테베의 나일 강 유역에 제방을 쌓았다고 전해진다.

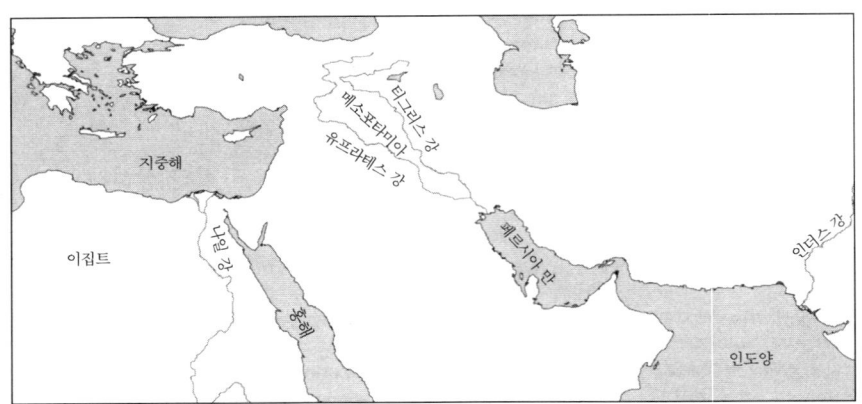

지도 3.2_관개농업 문명. 최초 문명들은 고대 메소포타미아(현대 이라크)의 유프라테스 강과 티그리스 강 유역의 범람원에서, 이집트 나일 강 양안에서, 인더스 강을 따라서 형성되었다. 매년 일어나는 홍수가 농업에 주는 혜택은 물 관리 시스템에 의해 더욱 강화되었다.

뒤이어 이집트 문명은 폭발적으로 성장했다. 매년 발생하는 나일 강 범람을 관리하는 능력에 기반을 둔 이집트 문명은 고도 문명의 모든 특징을 나타냈다. 이집트 문명 초기에 지어진 기자Giza의 거대한 피라미드도 그 중 하나이다. 중앙집권적인 권력도 일찍부터 발전했다. 이집트군의 병력은 2만 명에 달했고, 파라오는 이집트 내의 모든 재산에 대한 합법적 소유자로, 250만 명의 복종적인 임차인들을 절대적으로 지배했다. 여기에 관료체제, 문자, 수학, 기초 천문학, 발달된 기술, 기타 문명의 모든 복잡성 등이 차례로 등장했다.

인더스 강 유역의 문명에 대해서는 알려진 바가 별로 없지만, 그 문명의 역사적 발전의 윤곽은 확실하다. 인더스 강을 따라 신석기 정착지들이 등장한 것은 기원전 7000년이었다. 인더스 문명은 자생적으로 발생했을 수도 있고, 메소포타미아에서 온 정착민이나 상인들에 의해 시작되었을 수도 있다.

어느 쪽이었든, 인더스 강 유역의 비옥한 범람원과 관개농업, 그것에 필요한 수단은 인더스 문명의 필수조건이었다. 오늘날의 파키스탄에 있는 모헨조다로와 하라파의 도시들은 기원전 2300년에 건설되었으며, 그런 뒤에 이른바 하라파 문명은 육로와 아라비아 해의 해안을 따라 확산되었다. 인더스 강 유역의 사람들은 건조한 평야에서 농사를 지었고, 불규칙적으로 일어나는 실트 섞인 홍수로부터 도시를 보호하기 위해 제방을 쌓았다. 하라파 도시들은 도로, 거주 단지, 탑, 곡물창고, 하수도 등을 비롯한 문명의 요소들이 엄격한 계획 아래 배치되어 있었고, 성벽으로 둘러싸여 있었으며, 이런 점에서 당시에 강력한 중앙정부가 있었음을 알 수 있다. 예를 들어 모헨조다로의 중심은 성벽으로 둘러싸여 있으며 내부에는 12미터 높이의 흙산mound이 있는 요새(크기 182×366미터)가 있다. 요새 안에는 길이 12미터, 폭 7미터, 깊이 3미터의 인공 탕을 갖춘 대형 목욕탕이 있으며, 성직자들의 거처와 집회장으로 보이는 것들이 고고학자들에 의해 발견되었다. 모헨조다로의 인구는 4만 명이었을 것으로 추정된다.

하라파의 야금공은 구리, 청동, 금, 은, 주석 등의 금속을 사용했고, 도공은 유약을 바른 도기를 생산했으며, 문자와 고급 교육이 발달했다. 증거가 빈약하기는 하지만, 모헨조다로 문명 초기에 이미 권위적인 정권과 강력한 사제-관료-군사 계급이 권력을 쥐고 있었음을 추측할 수 있다. 그러나 기원전 1750년 이후 원래의 인더스 도시 문명은 쇠퇴를 맞이하기 시작했다. 아마도 기후와 환경, 그리고 인더스 강 물길의 변화가 원인이었을 것이다.

중국에서도 유사한 양상의 발전이 황허를 따라서 일어났다. 기원전 2500년에 강을 따라 수천 곳의 후기 신석기 정착촌이 분산되어 있었고, 관개농업이 시작되면서 왕국들이 생겨났다. 신화에 가까운 최초의 왕조(하夏)를 세웠다는 황제 우禹는 중국에서 '물을 통제한 지배자'로 유명하다. 기록된 중국 문명으로는 최초인 상商(또는 은殷) 왕조는 광범위한 관개시설의 힘으로 황허 평야를 다스렸다.

좀더 나중에 기술자들이 관개 기술을 남쪽의 양쯔 강 유역으로 전했다. 벼농사와 그것과 관련된 물 관리 기술은 중국 남부에서 북쪽으로 확산되었다. 오랜 세월 동안 중국 정부는 급수시설을 건설하고 유지하는 데 힘을 쏟았고, 그 결과로 둑과 댐, 운하, 인공 호수(예컨대 퀘베이Quebei 호수) 등이 중국 전역에 건설되었다. 정부의 신중한 물 관리와 농업 진흥 정책은 배수시설에도 적용되었다. 이 모든 시설은 농민 중에서 차출된 강제 노역자들에 의해 건설되었다.

초기 중국인들은 성벽, 궁전, 의식 거행을 위한 중심 장소가 있는 도시를 건설했다. 그들의 사회는 고도로 계급화된 형태로 발전했다. 중국의 황제는 고위 성직자 역할을 했으며, 죽은 황제의 매장에 큰 의미가 부여되었다. 황제를 매장할 때는 수백 명의 신하를 함께 묻었다.

중국이 최초로 통일된 것은 기원전 221년이었다. 이로써 황제에게는 선례 없는 권력이 집중되었고, 왕실과 연합한 강력하고 정교한 관료체제가 그 권력을 행정적으로 뒷받침했다. 서기 원년에 황제의 통치를 받던 중국 인구는 6천만 명이었던 것으로 추정된다. 초기의 중국 국가는 곡물창고를 짓고 상비군을 유지했다. 정교한 청동 야금술이 행해졌으며, 청동 세발솥tripod은 관료들에게 부여된 행정권력을 상징했다. 관개시설 이외에 기념비적인 건축물로는 만리장성이 있다. 그것은 인류 역사에서 가장 큰 건축물로 추앙받고 있다. 만리장성 중 최초의 2,011킬로미터가 (경작 가능 지역과 초원 지역의 경계에) 건축되기 시작한 것은 기원전 4세기에서 3세기의 일이었고, 완성된 것은 기원전 221~207년이었다. 이 시기는 중국이 최초로 통일된 때와 일치한다(그런 뒤 역사에서 중국을 방어하는 만리장성의 총 길이는 4,827킬로미터 이상으로 늘어났다). 베이징에서 항저우까지 1,770킬로미터를 잇는 내륙 수로인 대운하(최초의 건설은 서기 581~618년에 시작되었다)

역시 중국 문명과 관련된 또 하나의 기념비적 건축물로 꼽힌다. 대운하 건설을 위해 550만 명 규모의 인력이 동원되었고, 그 중 200만 명이 목숨을 잃은 것으로 보인다. 한자, 수학, 천문학 역시 중국 문명의 중요한 특징으로 자리잡았다.

습지와 사막

구세계와 신세계에서 각각 독자적으로 문명이 발생한 것은 인류의 사회적·문화적 발전 속에서 어떤 큰 실험이 보편적으로 행해졌음을 반영한다. 신세계 문명에 약간의 차이가 있는 것은 사실이지만—잘 알려져 있듯이, 신세계에는 소, 바퀴, 쟁기가 없었다—서반구에서 문명이 독자적으로 발생했다는 사실, 그리고 물 관리가 필수적이었던 지역에 매우 유사한 모습의 원초문명이 발생했다는 사실은 수자원 가설에 힘을 실어주며, 역사의 규칙성이 인간 실존의 물질적·기술적 기반에서 비롯된다는 견해에 힘을 싣는다.

최근의 발견에 의해 입증된 바에 따르면, 선사시대에 아메리카 대륙으로 건너간 사람들은 그곳에서 사냥과 채집으로 살아가면서 서서히 남하하여 최소한 1만 2,500년 전에 칠레 남부에 도달했다. 중앙아메리카에서는 기원전 1500년경에 구석기 사냥-채집자들이 신석기 정착민들로 완전히 대체되었다. 또, 기원전 1000년까지 중앙아메리카의 해안 지역과 다습한 저지대에 신석기 주거지들이 증가했다. 기원전 1150년에서 600년까지 멕시코 만으로 흘러드는 강들을 끼고 내륙에서 번성한 올메카 문화는 때때로 최초의 아메리카 '문명'이라 일컬어진다. 그러나 사실상 올메카인들은 스톤헨지의 거석 문화에 비교되는 고도의 신석기 문화 수준에 도달했던 것으로 보인다. 올메카

'도시들'의 인구는 1천 명 이하였다. 그럼에도 그들은 흙무덤이 포함된 의식 중심지를 건설했으며, 그것들은 거대한 올메카 석조 두상들로 유명하다. 한 보고서에 따르면, 어떤 것은 무게가 20톤 이상이며 160킬로미터 떨어진 곳에서 운반되었다고 한다. 올메카인들은 달력을 개발했고, 참된 문명의 실마리를 보여주듯 상형문자를 개발했다. 올메카인들은 기원전 600년 이후 쇠퇴했지만, 훗날 더 완전한 아메리카 문명의 문화적 모범이 되었다.

기원전 500년경, 진정한 의미의 신세계 최초의 도시가 멕시코 중부의 건조한 오악사카 계곡을 굽어보는 몬테알반Monte Alban에 세워졌다. 소규모로 관개농업이 실행된 몬테알반은 계획 도시였다. 몬테알반은 세 개의 국지적인 세력이 연합 혹은 합병하여 사포텍Zapotec 문명을 형성한 것을 보여준다. 몬테알반의 기술자들은 산 정상을 평평하게 다듬어 천문학적으로 고려하여 방향을 잡은 성채와 석조 신전, 피라미드, 구희장球戲場 등을 만들었다. 몬테알반의 도시는 3.2킬로미터 길이의 석조 성벽으로 둘러싸여 있었다. 기원전 200년경에 이곳에서는 1만 5천 명이 살았고, 서기 8세기에는 2만 5천 명이 살았다. 그 후 몬테알반은 쇠퇴했지만, 그때까지 사포텍족 필기사들은 상형문자로 글을 썼고, 복잡한 달력을 사용했다.

몬테알반과 거의 같은 시대에, 그러나 훨씬 큰 규모로 테오티와칸Teotihuacan이 현대의 멕시코시티 근처의 건조한 테오티와칸 계곡에 건설되었다. 기원전 200년 이후의 일이다. 테오티와칸의 인구는 전성기인 서기 300~700년에 12만 5천 명에서 20만 명이었던 것으로 추정된다. 테오티와칸은 중앙아메리카에서 가장 크고 강력한 중심 도시로서, 서기 500년경에는 세계에서 다섯번째로 큰 도시였고, 수백 년 동안 세계에서 가장 큰 도시 가운데 하나였다. 천문학적으로 방향을 잡은 계획 도시인 테오티와칸의 면적은 12.9제곱킬로미터이고, 중

그림 3.1_ 테오티와칸. 도시와 기념비적인 건축물은 모든 문명의 결정적인 특징이다. 그림에 있는 거대한 태양신전은 고대 중앙아메리카의 도시, 테오티와칸의 풍경을 지배했다.

앙로의 길이는 4.8킬로미터 이상이었다. 가장 큰 건물은 거대한 태양신전인데, 계단식 피라미드로 높이가 거의 61미터, 부피가 1만 세제곱킬로미터이며, 신전은 꼭대기에 설치되어 있었다. 테오티와칸 안에는 다른 신전과 피라미드가 600개나 더 있었고, 수천 동의 아파트 단지가 있었다.

다른 초기 문명과 마찬가지로 테오티와칸을 가능케 한 것은 물 관리 시설과 관개농업이었다. 테오티와칸인들은 계절에 따라 범람하는 상류 계곡에서 농사를 지었고, 하류 계곡의 산후안San Juan 강을 따라 운하를 건설하였으며, 광범위하고 영구적인 관개시설을 마련했다.

도시 자체는 강과 운하와 저수지에서 공급되는 물이 풍부했다. 매우 발달된 흑요석 교역에 대한 통제도 도시의 번성에 기여했다. 고고학자들이 거대한 왕궁과 관료·행정 중심 시설로 해석한 유적들은 극단적인 사회적·경제적 계급화와 왕족·성직자로의 권력 집중을 말해준다. 전성기의 테오티와칸은 멕시코 계곡 전체를 지배했다.

멕시코 중부의 건조한 계곡에서 문명이 발생한 것과 같은 시기에 유카탄 반도의 습한 저지대에서 마야 문명이 일어나 기원전 100년에서 서기 9세기까지 1천 년 동안 번성했다. 1970년대까지 마야 문명에 대해 알려진 것들은 문명과 물 관리가 밀접하게 연관된다는 주장을 반박하는 것처럼 보였다. 그러나 벨리즈의 풀트라우저 습지Pulltrouser Swamp에서 마야 기술자들이 건설한 2,999제곱킬로미터 규모의 농지가 발견되면서 마야 연구에 혁명적인 변화가 일어났다. 저지대에서 이루어진 마야 농업이 해결해야 했던 문제는 물의 양이 너무 적은 것이 아니라 너무 많은 것이었다. 마야인은 그 문제를 풀기 위해 돋우어 올린 밭(풀트라우저 습지에 있는 밭들은 높이가 91센티미터, 폭이 4.6~9.1미터, 길이가 99미터이다)에서 농사를 지었다. 밭 사이에는 운하와 배수로가 있었는데, 그것들이 밭의 수분을 감소시켰고, 운하의 오물은 비료 역할을 했다. 이와 같은 시스템은 많은 인구를 지탱하기에 충분한 잉여를 산출할 수 있었는데, 그것을 건설하고 유지하기 위해서는 집단적인 노력이 요구되었다. 마야의 독특한 고밀도 습지 농업은 마야문명을 떠받친 수리학적 기둥이었던 것이다.

마야 도시 가운데 가장 큰 규모는 인구가 7만 7천 명에 이르렀고 서기 800년경에 멸망한 티칼Tikal이었다. 마야 고전기Maya Classic Period(서기 2세기에서 9세기까지 마야 문명의 전성기를 일컫는다―옮긴이)에 도시의 인구밀도는 중앙아메리카에 남아 있는 정글 지역의 현재 인구밀도보다 10배에서 15배 높았던 것으로 추정된다. 기념비적인 건물들이 마야 도시의 풍경을 지배했는데, 특히 지구라트와 유사한 대형 계단식 피라미드와 제단이 압도적인 위용을 자랑했다. 계단형 피라미드에는 꼭대기의 신전까지 이어지는 계단이 설치되어 있었다.

마야의 정치적 권력은 왕과 귀족에게 집중되었다. 또 마야인들은 아메리카의 문명 가운데 가장 정교한 수학, 달력, 천문학 체계를 발전시켰다.

남아메리카의 문명이 발생한 데에도 동일한 패턴이 반복되었다. 총 면적이 수백만 제곱킬로미터에 이르는 페루의 관개시설은 서반구의 고고학적 인공물 중에서 규모가 가장 크다. 안데스 산맥에서 건조한 해안 평야를 지나 태평양으로 흐르는 많은 짧은 강들은 오늘날의 관점에서 보면 나일 강과 생태학적으로 유사하다. 극도로 건조한 남아메리카의 해안 계곡에서 60개 이상의 초기 정착지가 발생했고, 그곳에서 발전된 문명을 지탱하기 위해서는 복잡하면서도 잘 통제되는 관개 시스템이 반드시 필요했다.

예를 들어 치무Chimu인들의 관개수로 하나는 길이가 71킬로미터였다. 찬찬Chan-Chan에 있던 그들의 수도는 넓이가 거의 11제곱킬로미터에 달했다. 기원전 100년 이후 모체Moche 강 유역을 거점으로 팽창한 모체 문명은 기존의 관개시설을 연결하여, 결국 거주지를 내륙으로 최대 80킬로미터, 해안선을 따라 402킬로미터까지 넓혔다. 팜파 그란데Pampa Grande에 있던 모체 문명의 중심 도시에는 1만 명의 인구가 모여 살았고, 1억 4,700만 개의 어도비 벽돌adobe brick(햇볕에 말려서 굳힌 벽돌—옮긴이)로 지어진 태양의 신전Huaca del Sol은 높이가 41미터에 달했다. 모체 문명은 9세기 동안 지속되었다.

페루 남부의 티티카카 호수 주위의 고지대에서도 또 하나의 문명이 발생했다. 그곳에서 마야의 습지 농토와 유사하게 돋우어 올리고 이랑을 만든 밭을 이용한 풍요로운 감자 농업에 기반을 둔 문명이 번성했다. 한 연구에 따르면, 고원 도시인 티아우아나코의 인구는 전성기인 서기 375년에서 675년 사이에 4만 명에서 12만 명에 이르렀다고 한다. 그들의 뒤를 이은 잉카인들은 관개시설을 설치하고 선조들보다 대규모로 물을 관리했다. 잉카인들은 해안의 평야와 산 속의 고지를 최초로 군사적으로 통일했다. 전성기인 서기 15세기에 잉카 제국의 영향력은 4,344킬로미터 떨어진 곳까지 미쳤고, 인구는 600만 명에서 800만 명에 이르렀다(어떤 학자들은 1천만 명이라고도 한다).

기념비적인 건축물로는 잉카의 수도였던 쿠스코Cuzco가 있다. 쿠스코는 돌을 다듬어 접합제 없이 연결하는 독특한 방법으로 건물을 지었으며, 급수와 배수 시스템을 갖추었다. 외딴 마추픽추Machu Picchu의 가파른 계단식 밭과 믿기 힘들 정도로 발달한, 잉카 제국을 통합한 도로망도 잉카의 대표적인 건축물이다. 두 개의 도로망―하나는 해안에, 다른 하나는 산악 지대에 있었다―은 길이가 각각 3,540킬로미터였다. 잉카인들은 총 3만 571킬로미터의 도로를 건설했다. 그것은 금속제 도구 없이 이루어진 엄청난 성취였다.

잉카는 곡물 저장과 재분배를 위해 고도의 시스템을 운영했다. 잉카의 황제는 절대주의적 국가의 신성한 중심으로서 고대 이집트의 파라오에 견줄 수 있는 독재권력을 휘둘렀다. 죽은 잉카 황제는 이집트의 파라오와 마찬가지로 미라로 처리되어 숭배되었다.

지금까지 살펴본 바와 같이, 도시혁명은 대규모 물 관리 기술에 의존한 문명을 낳았고, 신석기에 뿌리를 둔 인간의 삶을 여러 번에 걸쳐 반복해서 변화시켰다. 고대 아메리카 문명과 구세계 문명의 유사성은 자주 지적되었고, 구세계 문명이 신세계로 확산된 것에 그 원인이 있다는 주장이 제기되곤 한다. 그러나 그 유사성을 설명하기 위해 공간과 시간을 초월한 특별한 접촉에 호소하는 것보다, 유사한 물질적·역사적·문화적 조건이 유사한 문명을 낳았다고 말하는 것이 좀

더 자연스럽지 않을까?

금속과 인간

관개기술과 고밀도 농업에 기반을 둔 도시 문명의 전세계적 출현은 기술사와 인류 역사에서 돌이킬 수 없는 근본적 전환점이었다. 문명의 출현과 함께 수많은 부수적인 기술이 등장했다. 그 중 하나는 구세계의 청동 야금술이었다. 새로운 문명은 청동(구리와 주석의 합금)을 정복했다는 의미에서, 청동기 시대라는 새로운 시대를 열었다. 도구와 무기의 재료로서 돌에 비해 많은 장점을 지닌 금속은 장기적으로 돌을 대체했다.

금속 가공은 광석 채굴, 융해, 단조나 주조 등을 포함한 종합 기술이다. 또한 청동 야금은 온도를 섭씨 1,100도까지 올릴 수 있는 용광로를 필요로 한다. 신세계에서는 청동이 땅 파는 막대기, 돌망치, 돌끌, 흑요석 칼 등의 도구를 대체하지 못했지만, 장식과 장신구를 위한 금은金銀 야금술은 매우 전문적인 수준으로 발달했다. 콜럼버스가 발견하기 이전의 페루 인디언들이 지녔던 정교한 금세공술에 대한 찬사는 정당하다. 치무Chimu의 야금공들은 금을 화학적으로 전기 도금하는 기술이 있었던 것으로 보인다.

그에 따라 광물 자원을 지배하는 일이 초기 문명에서 점점 더 중요해졌다. 시나이 반도의 구리 광산은 이집트 파라오에게 매우 중요했다. 청동 제조에 필요한 주석은 근동 전체에서 먼 거리를 거쳐 운반해 와야 했다. 또 이미 언급했듯이, 중앙아메리카에서는 광범위한 흑요석 교역이 발달했다. 교역의 증가와 확대된 경제 활동은 초기 문명의 두드러진 특징이다. 또 직업의 분화와 명확한 노동 분업도 처음부터 문명화된 삶의 특징이었다. 수공업 생산은 이제 파트타임 노동이나 가사 노동에 전적으로 의지하지 않는, 전문화된 생산업이 되었고, 수공업 종사자들은 주로 생산의 대가를 받음으로써 생계를 꾸렸다. 특히 초기 도시들의 특정 '산업' 구역은 특정 기술자와 전문가들에게 할당되었던 것으로 보인다. 청동기 시대의 새로운 기술 중 하나로 빵을 재료로 하여 맥주를 빚는 기술을 들 수 있는데, 이것은 메소포타미아에서 주목할 만한 활동이 되었다. 유명한 함무라비 법전은 맥주 영업장에 대한 세부적인 규제를 담고 있다. 마찬가지로 페루의 잉카 문명에서는 의식과 관련된 술 소비가 국가가 소유한 식물성 단백질을 재분배하는 효과를 발휘했다.

  국가 수준에 도달한 문명의 특징 가운데 하나는 새로운 에너지원과 노동력을 이용하기 시작한 것이다. 소(거세한 수소)의 근력은 쟁기를 끄는 데 이용되었고, 말은 길들여져 인간의 활동에 이용되기 시작했다. 기원전 1000년 이전에 아나톨리아의 히타이트인들은 최초로 말과 나귀 등을 바퀴 달린 수레를 끄는 데 이용하여 전차를 개발했고, 이로써 근동 전체의 전쟁을 혁신하였다. 기원전 1000년 이후에는 낙타가 필수적인 운송 수단으로 등장하기 시작했다. 남아메리카의 라마, 인도와 남아시아의 코끼리도 마찬가지이다. 풍력은 문명의 발생과 함께 최초로 이용되기 시작한 새로운 에너지원이었다. 특히 강물은 북으로 흐르고 바람은 주로 남으로 부는 나일 강은 범선들의 고속도로로서, 고대 이집트가 통일되는 데 기여했다. 노 젓는 배들도 메소포타미아와 인더스 강 유역의 하천을 바삐 움직였다. 문명과 함께 노예제도가 등장했고, 노예보다 덜 가혹하긴 했지만 강제노역 역시 인간이 인간을 이용하는 제도로 정착했다.

피라미드

피라미드, 신전, 궁전 등과 같은 기념비적 건축물은 고도의 문명을 진단하게 해주는 증거이자, 기술사史에서 특별한 기술적 성취로서뿐 아니라 건축에 필요한 제도와 실행력과 관련 교역을 보여주는 지표로서도 중요한 의미를 지닌다. 이집트의 피라미드는 초기 문명의 기념비적 건축의 고전적인 예로, 그에 관한 기록들은 잘 보존되어 있으며, 그 속에는 이제까지 농업, 문명, 도시 혁명에 관해 논의된 내용들이 들어 있다.

먼저 기자에 있는 엄청난 대형 피라미드를 살펴보자. 피라미드 건설의 절정기인 기원전 2789~2767년(혹은 기원전 2589~2566년), 나일 강 서안에 제4왕조의 초대 파라오인 쿠푸(케옵스)에 의해 지어진 대형 피라미드는 인류 역사에서 가장 큰 석조 건축물이다. 그것은 부피가 2만 9천 세제곱킬로미터에 달하며, 평균 무게가 2.5톤에 달하는 230만 개의 돌로 이루어져 있으며, 전체 무게는 600만 톤이다. 돌은 210단으로 쌓여 있고, 전체 높이는 148미터, 바닥 면적은 54.6제곱킬로미터, 모서리 길이는 233미터이다. 피라미드 속에는 방과 버팀벽과 통로가 설치되어 있다. 다듬어진 돌로 표면을 덮은 이 피라미드는 완성 당시의 아름다움은 언급하지 않더라도, 크기만으로도 지어진 후 거의 5천 년이 지난 인류 역사에서 여전히 최고의 자리를 지키고 있다.

쿠푸 피라미드와 그 밖에 다른 피라미드를 지은 건축가와 기술자들은 기초적이거나 그보다 높은 수준의 수학을 이용했다. 피라미드를 건설하는 데에는 설계와 물질적 요구 사항뿐 아니라 매우 정확한 방향 설정을 위해서도 대단히 전문적 기술이 필요했다. 고대 이집트의 기술자와 건축가들은 수학을 알았고 완벽한 피라미드의 아름다움을 중시했다. 그러나 이집트 피라미드(또 기념비적 건축 일반)는 일차적으로 그 거대함으로 평가되어야 한다.

　기원전 5세기의 그리스 역사가인 헤로도토스Herodotos에 따르면 쿠푸 피라미드 건축을 위해 10만 명의 노동자가 20년 동안 일했다고 한다. 아마 4천 명에서 5천 명의 기술자가 건설 현장에서 1년 내내 일했을 것이다.

　오늘날의 우리가 피라미드를 건축하는 데 쓰인 기술을 살펴보자면, 외팔보(한쪽 끝은 고정되고 다른 끝은 받쳐지지 않은 상태로 되어 있는 보—옮긴이) 기계를 사용했을 것이라는 추정을 제외하고는, 신석기 시대의 건축 기술에서 더 나아간 근본적인 발전은 없었다. 단순한 도구와 실용적인 기술이 사용되었지만, 결정적인 것은 노동력이었다. 문명의 새로운 힘인 엄청난 규모의 노동력이 동원되어 신석기 시대의 유적보다 훨씬 빠른 기간에 건축을 완성했다.

　그런 어마어마한 기념비적 건축물은 이집트 사막에 갑자기 출현하지 않았다. 쿠푸 피라미드는 오히려 이집트 농업 국가의 성장과 확대에 발맞춰 발달한 피라미드 건축의 최고점에 위치한다.

　쿠푸 피라미드를 비롯한 많은 피라미드가 건축된 이유에 관하여 여러 재미있는 이론이 제시되었지만, 피라미드의 기능이 파라오의 무덤이라는 것에 대해서는 다른 의견이 없어 보인다. 물론 그것이 유일한 기능이 아닐 수도 있지만 말이다. 그러나 여기에는 한 가지 문제가 있다. 적어도 몇몇 특정 시기에는 새로운 피라미드의 수가 파라오의 수보다 많았다. 몇몇 피라미드는 한 파라오에 의해 동시에 지어졌다. 더 나아가 정말로 기념비적인 피라미드 대부분은 제3왕조 말에서 제4왕조 초까지 불과 100년 사이에 건설되었다. 어떤 설명에 따르면, 기원전 2834년에서 2722년까지 4세대 112년에 걸쳐 6명의 파라오가 13개의 피라미드를 지었다고 한다. 따라서 이집트 피라미드라는 엄청난 사회 문화적 현상에 대하여 죽은 파라오의 매장을 위해서라는

그림 3.2_기자의 쿠푸 피라미드. 기원전 2000년 이전의 공학적인 기적인 쿠푸 피라미드는 이집트 문명의 피라미드 건설 전통의 정점에 있다. 몇몇 현대 해석가들은 피라미드가 정치적인 '국가 건설'을 훈련하기 위한 기념비라고 본다. 그림의 오른쪽에 있는 것이 쿠푸 피라미드이다.

것 이상의 설명이 필요해 보인다.

기술적인 관점에서 피라미드 건축을 보는 학설 가운데 하나는 피라미드 건축 전성기에 나일 강 서안에 대체로 연속적으로 지어진 피라미드를 설명하려 한다. 그 설명에 따르면, 피라미드 건축은 그 자체로 국가의 기술을 훈련하기 위한 활동이었다.

초기 피라미드들은 농한기에 군중을 동원하여 국가가 존재한다는 생각을 강화하기 위해 벌인 거대 건축사업의 결과물이었으며, 하나 이상의 피라미드가 동시에 건축된 이유는, 노동력이―점차 증가하여―남아돌았고, 또 피라미드의 구조상 꼭대기로 갈수록 노동력 수

그림 3.3_메이둠 피라미드. 가파른 경사각으로 지어진 메이둠 피라미드의 표면을 덮은 돌들은 건축 도중 무너져내렸다.

요가 적어지므로 잉여 노동력을 새로운 건설에 투입할 수 있었기 때문이라는 것이다. 그러므로 기념비적 건축은 초기 이집트 국가의 제도적인 근육 운동이라 할 수 있다. 마치 오늘날의 무기 산업처럼 말이다.

이와 같은 주장을 떠받치는 기술적인 논증은 두 개의 특정 피라미드에서 나온다. 첫번째는 기원전 2837년에서 2814년까지 24년 동안 이집트를 통치한 파라오인 후니Huni(우니)가 착공하고, 그의 아들인 스네페루Sneferu가 완공한 메이둠Meidum 피라미드이다. 그것은 높이가 24.4미터, 모서리 길이가 39.6미터로, 눈에 띄는 계단 없이 매끈한 경사를 이룬 최초의 참된 피라미드였다. 그러나 메이둠 피라미드는 공학적인 재난이요, 기념비적인 실패작이 되었다. 표면을 덮은 돌들이 무너져내렸기 때문이다. 경사각을 54도로 과도하게 잡았던 메이둠 피라미드의 잔해는 오늘날에도 찾아볼 수 있다.

그림 3.4_다슈르의 굽은 피라미드. 이 피라미드의 하단은 경사각이 메이둠 피라미드와 같다. 그러나 고대 이집트 기술자들은 안전을 위해 상단의 경사각을 줄였다. 굽은 피라미드와 메이둠 피라미드는 동시에 지어진 것으로 보인다. 당시의 기술자들은 메이둠 피라미드의 붕괴에서 교훈을 얻어 굽은 피라미드의 경사각을 줄인 것으로 보인다.

두번째 피라미드는 좀더 나중에 역시 스네페루에 의해 다슈르 Dashur에 지어진 '굽은' 피라미드이다. 그것은 높이가 102미터, 모서리 길이가 189미터, 부피가 1만 5천 세제곱킬로미터에 달하는 거대한 피라미드인데, 하단은 메이둠 피라미드와 마찬가지로 경사각이 54도인 반면에 상단은 43도로 굽어 있다는 특징이 있다. 여기에 대해서는 메이둠 피라미드가 무너지자 당시 공사 중이던 다슈르 피라미드의 경사각을 줄였다는 추측이 있다. 더 나중에 스네페루가 지은 붉은 Red 피라미드는 경사각이 43도이다(쿠푸 피라미드와 그 뒤에 건축된 피라미드의 경사각은 다시 50도 이상으로 되돌아갔다. 하지만 내부 버팀벽 기술이 향상되어 더는 무너지는 일이 일어나지 않았다).

일반적인 주장을 수용하기 위해 세부사항을 모두 확인해야 하는 것은 아니다. 이집트 피라미드는 국가 주도의 대규모 건축 사업이었다.

1년 중 나일 강이 범람하는 3개월 동안 이용할 수 있는 잉여 농업 노동자들이 피라미드를 건축하는 데 필요한 노동력을 제공했다(따라서 피라미드 건축은 농업 생산성에 지장을 주지 않았다). 한때 지배적이었던 믿음과 달리, 피라미드를 지은 사람은 노예들이 아니라, (오늘날의 군대처럼) 징집되고 조직된 노동자 집단이었다. 노동자들은 국가에서 저장해 둔 식량을 받았고, 완성된 피라미드는 죽은 파라오의 무덤으로 쓰였다. 파라오의 매장과 관련해서 불가피하게 고도의 종교적 이론과 의식, 관련 기술(예컨대 미라 제작 기술) 등이 발전했다. 그러나 건축 당시 피라미드는 일차적으로 거대한 집단 작업으로서 나일 강 유역 관개농업 경제와 집중된 정치적·사회적 권력, 즉 국가를 유지하는 데 기여했다. 실제로 피라미드 건설이 절정에 이른 시기는 이집트 고왕국의 정치적 중앙집권화가 절정에 이른 시기와 일치한다. 피라미드 건설은 상징적으로뿐 아니라 그 자체로도 국가 건설이었던 것이다.

문자

이미 언급했지만, 최초 문명의 특징 가운데 하나는 고급 지식 — 문자, 기록 보존, 문학, 과학 — 의 개발과 제도화였다. 최초 문명들 모두에서 산술, 기하학, 천문학 등이 발생했다는 사실은 주목할 가치가 있다. 그것은 문명들에서 성장한 과학적 전통의 결정적인 특징으로 이어졌다.

최초 문명의 지식은 실용적인 목적을 위한 것들이었으며, 기록 보존, 정치적 행정, 경제적 교역, 정확한 달력, 건축과 토목 사업, 농업 관리, 의약품과 치료법, 종교, 천문학적 예언 등에 유용하게 쓰였다.

고급 교육은 실용적인 지식과 그것의 응용 쪽으로 많이 기울어졌다. 즉 이런 사회학적인 의미에서, 응용과학은 좀더 나중에 그리스에서 성장한 순수과학 혹은 추상적·이론적 연구보다 앞서 있었던 것이다.

국가 권력과 종교 권력은 교육을 받아 글을 아는 사람들이 지식을 획득하고 응용하는 것을 후원했다. 모든 초기 국가는 관료체제를 만들고 유지했으며, 관료들은 어느 정도까지 수학과 자연세계에 관한 지식을 다루었다. 메소포타미아의 도시국가에는 지식인 관료, 궁정 점성가astrologer, 전문적인 달력 관리자들로 이루어진 여러 기관이 있었다. 고대 이집트에서도 전문적인 지식은 '생명의 집House of Life'을 통해 제도화되었다. 생명의 집은 일차적으로 종교와 관련된 지식과 관례 등을 보존하면서 마술, 의술, 천문학, 수학 등의 지식도 다루는 교육기관 겸 기록실이었다. 그 밖에 이집트에는 문서 보관소와 신전 도서관 등이 있었으며, 기록에 따르면 학자와 여러 계급의 궁정 의사, 마술사, 지식인 성직자 등도 있었음을 알 수 있다.

국가와 종교 권력은 실용적인 유용성이 있는 고급 지식을 꾸준히 지원하고, 그것을 국가와 농업 경제를 유지하는 데 이용했다. 지식은 국가기관에 소속된 직업적인 전문가들의 관심사가 되었고, 전문가들의 노력은 개인적으로 발견의 열망을 좇는 쪽보다는 사회 유지에 기여하는 쪽으로 기울었다. 이와 같이 관료화된 과학의 추가적인 특징 가운데 하나는 글을 아는 전문가들이 익명이었다는 점이다. 최초 문명에서 수백 년 동안 과학에 기여한 개개인에 관한 기록은 전혀 전해지지 않는다.

최초의 과학적 전통의 또 다른 특징은 지식을 일반화된 정리theorem를 이용하여 분석적·체계적으로 기록하는 것이 아니라 단순 사실을 목록 형태로 기록하는 경향성을 보였다는 것이다. 최초 문명에서 과학은 추상성이나 일반성 없이, 또 지식 자체를 목표로 삼는다는 의식 없이 추구되었던 것이다. 지식 자체를 위한 지식이나 추상성, 일반성 같은 특징은 훗날 그리스인들에 의해 강조되었다.

글과 수학적 계산은 초기 문명의 실용적인 필요에서 기원한 가장 중요한 기술이다. 많은 잉여를 재분배해야 했던 중앙집권적인 권력과 관료체계는 언어적·수량적 정보를 기록할 필요가 있었다. 모든 초기 문명은 산술 체계와 영구적인 기록 보존 체계를 발전시켰다. 고고학자들이 발견한 메소포타미아의 장부들—점토판에 찍힌 표시들—은 글과 계산이 경제적·실용적 목적을 위해 개발되었음을 보여준다. 예컨대 우루크(기원전 3000년)에서 발굴된 설형문자판의 85퍼센트는 경제와 관련된 기록이며, 이집트의 신전과 궁전에서 발견된 기록들도 마찬가지이다.

마침내 문자는 구전과 인간의 기억력을 대체했다. 초기의 문자 기록의 거의 대부분은 경제, 법, 상업, 투표·종교, 행정 등과 관련된 내용이지만, 상당한 수준의 문학적 요소도 등장했다.

글쓰기 기술은 모든 곳에서 높이 평가되었으며, 그런 기술이 있는 사람은 높은 사회적 지위를 누렸다. 지식인 필기사scribe들은 특권적인 계급으로 궁전이나 신전의 후원을 받았으며, 글을 배우는 것은 권력에 오르는 통로 구실을 했다. 글을 익히면 다양한 분야에서 관료로 임명될 수 있었고, 정부 고위직에 오르는 일도 많았다. 관개 시스템에 기반을 둔 문명의 대규모 관료체계는 청년층과 중년층에게 공직에 종사할 기회를 제공했으며, 특수한 기관에서 회계사, 점성가·천문학자, 수학자, 의사, 기술자, 교사 등으로 일할 기회를 제공했다. 소수 특권층의 아들(때로는 딸)이 새로운 필기사가 되는 것은 놀라운 일이 아니었다.

문명과 더불어 최초의 학교, 즉 공식적으로 글을 가르치는 기관이 탄생했다. 메소포타미아에서는 에두바é-dubba, 즉 '서판원tablet

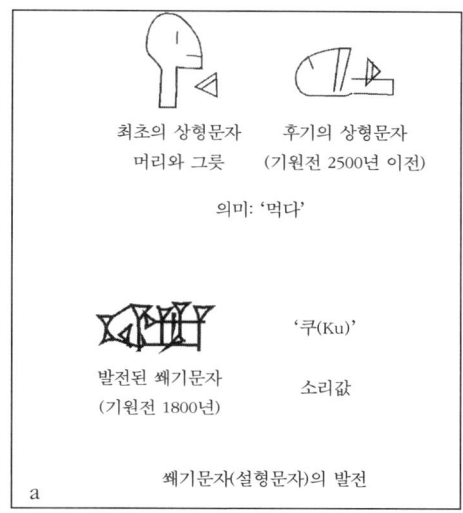 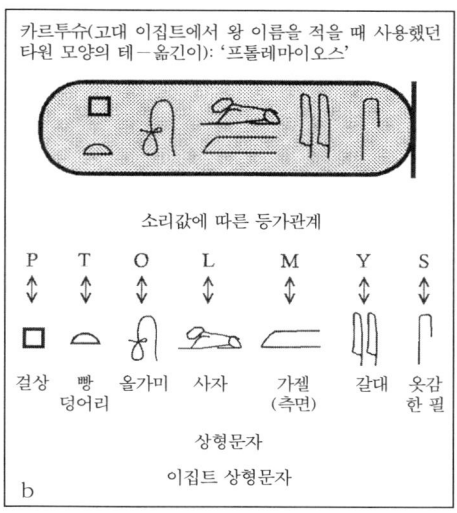

그림 3.5_a-b. 바빌로니아와 이집트의 문자. 문명들은 다양한 문자 체계를 발전시켰다. 대부분의 문자는 이른바 그림문자(상형문자pictograph)에서 출발했다. 좀더 훗날의 많은 문자 체계는 말소리를 나타내는 기호들을 사용했다.

house'이라는 글쓰기 학교가 글, 수학, 그리고 나중에는 신화와 전설 등을 가르쳤다. 메소포타미아 서판 기록들은 천 년 혹은 그 이상의 세월 동안 동일한 장소에서 동일한 교육 과정으로 운영된 학교에서 수많은 세대에 걸쳐 학생들이 글쓰기와 수학 연습을 했음을 보여주고 있다. 이집트에서는 글쓰기 학교와 그 밖의 기록실, 도서관이 딸린 기관에서 글을 가르쳤다. 현재 남아 있는 문서 기록의 상당 부분은 학생들의 연습용 기록들이다.

글과 기록 보존은 모든 문명에서 찾아볼 수 있는 특징이지만, 문자 체계는 매우 다양하였다. 최초의 문자는 점토판에 찍힌 설형문자로, 고대 메소포타미아의 수메르 문명과 함께 발생했다.

수천 년의 메소포타미아 문명 동안 무수한 점토판이 제작되고 보존되었으며, 대형 도서관과 문서 보관소에 색인과 함께 정리되어 저장되었고, 그 가운데 수만 개는 오늘날에도 남아 있다. 설형문자―혹은 쐐기문자―라는 명칭은 수메르 필기사들이 갈대로 만든 쐐기 모양의 도구를 써서 점토판에 글을 새겼기 때문에 붙여졌다.

수메르 필기사들은 기원전 2000년 이전에 600개에서 1천 개의 기호로 이루어진 복잡한 문자 체계를 발전시켰다. 그 기호들(표의문자 ideogram라고 불린다)은 'I♥you'에서 ♥처럼 행동이나 단어를 나타낸다. 수메르 문자의 개수는 나중에 줄어들었지만, 글쓰기 기술을 터득하기는 여전히 매우 어려웠고, 따라서 문자 해독 능력은 전문적인 필기사들에게만 국한되었다. 설형문자는 이른 시기에 소리값sound value을 얻었고 수메르어의 음절을 나타내게 되었다. 실제로 고대 바빌로니아어(아카드어)는 원래의 수메르어와 다름에도 불구하고 수메르의 표음문자로 표기되었다. 다시 말해서, 원래의 그림문자는 사물을 표현했지만, 나중에 개발된 기호들은 말소리를 나타내게 되었다.

수메르어는 사어死語가 된 기원전 18세기 이후에도, 마치 서기 19세기와 20세기에 유럽의 대학에서 라틴어를 가르쳤던 것처럼 에두바에서 여전히 교육되었다. 수메르어와 바빌로니아어에는 문법이 있었으며, 서판들에는 단어 목록, 두 언어를 비교한 사전, 두 언어로 된 글이 기록되어 있다.

선왕조시대의 이집트에도 그림문자가 있었다. 고대 이집트의 상형문자('hieroglyph = 성스러운 표식')는 기원전 3000년경 첫번째 왕조에서 사용되었다. 글쓰기는 메소포타미아에서 전해진 것인지도 모른다. 그러나 독특한 이집트의 글은 독자적으로 발전했다.

이집트 상형문자는 표의문자적인 특징을 가지고 있지만, 이른 시기부터 말소리를 표현하는 표음문자적인 요소를 함께 가지고 있었다. 이집트 상형문자는 공식적으로 6천 개가 확인되었지만, 파라오에게 소속된 조각가와 필기사들은 수천 년 동안 700~800개의 문자만 사용했다. 그들은 공식적인 상형문자(성직자용 문자)가 너무 어려워서 이집트 문명의 하루하루를 보존하기 위해 더 간단한 문자(통속문자)를 개발했던 것으로 보인다(파피루스의 제작 기술도 그와 같은 간단한 문자 체계 개발에 기여했다). 이집트 상형문자의 최후 기록은 서기 394년의 것이다. 그 후 고대 이집트의 글에 대한 지식은 사라졌다. 오직 나폴레옹의 군대가 1799년에 발견하고 샹폴리옹Jean François Champollion이 1824년에 해독해 낸, 유명한 로제타석에 새겨진 이집트 상형문자와 통속문자와 그리스문자로 된 글만이 고대 이집트의 필기사들이 남긴 문자를 해독할 수 있게 해주는 유일한 자료로 남아 있다.

순전히 소리값만 가진 알파벳, 즉 그리스어나 로마 알파벳처럼 오직 모음이나 자음만을 나타내기 위한 기호는 좀더 나중에 2차 문명에서 탄생했다. 그것들은 기원전 1100년 이후에 페니키아인과 함께 등장했다.

계산

수학적 기법은 글과 마찬가지로 실용적인 필요에서 발전했다. 고대 그리스의 역사학자인 헤로도토스는 기하학(geometry = '토지 측량')이 이집트의 나일 강이 범람한 뒤 토지를 재조사할 필요가 있었기 때문에 기원했다고 지적했다. 또 관개농업으로 인해 농산물 잉여가 발생하자 (고대 바빌로니아와 중국의 상왕조에서) 최초의 화폐가 등장했고, (고대 이집트, 인더스 강 유역, 고대 중국에서) 길이와 무게의 표준적인 단위도 등장했다. 순수 수학은 훗날 수학자들이 즐기는 추상적인 놀이가 되었지만, 최초의 수학이 실용적·경제적·기술적 뿌리를 가지고 있다는 사실은 간과할 수 없다.

초기 문명은 제각각 고유한 숫자 체계를 발전시켰다. 고대 수메르인과 바빌로니아인은 (우리의 10진법, 즉 10을 기본으로 하는 숫자 체계와 다른) 60진법을 발전시켰다. 비록 완벽하게 일관되지 못했고, 처음에는 '0'이 없었지만, 그들의 60진법은 각각의 자리에 값이 매겨진 최초의 체계였다. 각각의 자리는 60의 제곱들(제곱, 세제곱, 네제곱 등)을 나타냈다. 60진법의 잔재는 오늘날에도 한 시간이 60분인 것, 원주 전체의 중심각이 360도인 것에 남아 있다. 이와 대조적으로 이집트의 숫자는 훗날의 로마 숫자와 유사했다. 개별적인 기호들로 10진수를 나타냈으며 자리에 값을 부여하지 않았다. 그런 숫자 체계는 이집트 문명의 계산 요구를 충족시키기에 비효율적이고 불편했다.

수학적 계산과 관련해서, 바빌로니아의 수학자들은 수표―곱, 역수, 제곱수, 세제곱수, 피타고라스 삼중수(피타고라스 정리 $a^2+b^2=c^2$의 해가 되는 세 수이다―옮긴이) 등을 열거한 표―를 이용하여 복잡한 계산들을 할 수 있었다. 복리를 계산하거나 2차 방정식 또는 3차 방정식을 푸는 방법을 마치 요리법처럼 일러주는 지침도 있었다.

고대 이집트의 '중복법', 즉 수를 두 배로 만들고 다시 또 두 배로 만드는 식으로 곱셈을 하는 방법은 특히 로마 숫자 유형의 숫자 체계로 실행하기에 편리했다. 이집트 수학자들은 π의 값을 훌륭하게 계산했다(바빌로니아인들과 구약성경은 3이라는 대략적인 값을 사용한 반면에 이집트인들은 256÷81, 즉 3.16을 사용했다). 그들은 또 분수 계산을 돕는 표를 개발했다.

모든 초기 문명에서 수학자들은 실용적·실리적인 문제를 해결하는 데 관심을 두었다. 공학과 분배에 관한 문제가 대부분이며, 문제는 대개 추상적인 수의 이해를 거의 또는 전혀 포함하지 않은 수학적인 요리법에 의해 해결되었다. 해답은 일반적으로 요리법('설탕 2컵,

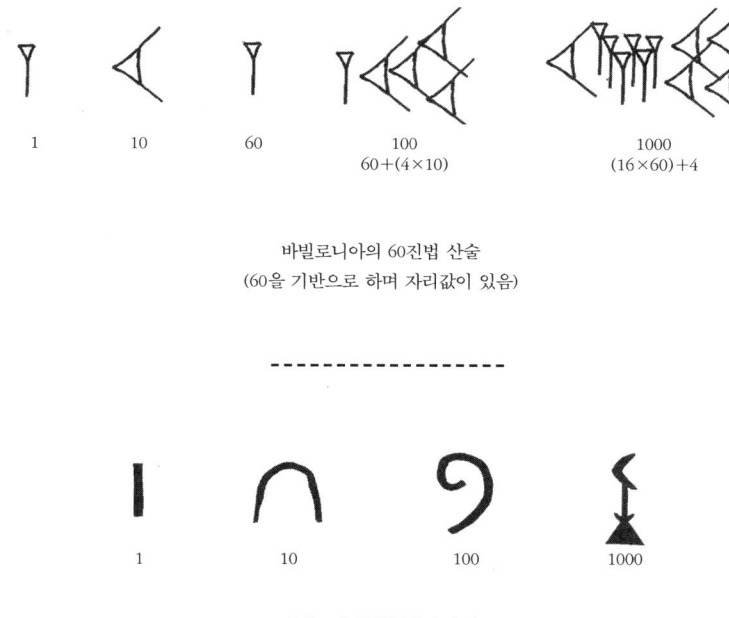

바빌로니아의 60진법 산술
(60을 기반으로 하며 자리값이 있음)

이집트의 상형문자적 숫자

그림 3.6_**바빌로니아와 이집트의 숫자 체계.** 문명들은 다양한 숫자 체계와 계산법을 발전시켰다. 바빌로니아의 체계는 60에 기초를 두고 자리마다 고유한 값을 부여했으며 1과 10을 나타내는 기호를 가지고 있었다. 10의 제곱들을 나타내는 이집트의 상형 숫자들은 훗날의 로마 숫자를 연상시킨다. 모든 문명에는 수적인 정보를 기록하는 체계가 있었다.

우유 1컵 등을 넣어라')과 유사한 방법('a를 제곱하라, a와 b를 곱하라, a의 제곱과 ab를 더하라')에 의해 얻어졌다. 그것은 오늘날의 컴퓨터 프로그램이 방정식을 푸는 방법과 아주 유사한 것이다. 우리는 그 요리법이 어떻게 개발되었는지 모르지만, 아무튼 그것들의 계산 방법은 타당했고, 옳은 답을 제공했다.

추상적인 수학은 그리스인들의 몫이었지만, 최초 문명의 기록에서도 비실용적이며 비교적秘敎的인 '놀이'의 흔적이 몇몇 발견된다. 예컨대 바빌로니아에서 수학자들은 2의 제곱근을 여섯 자리까지 계산했다. 그렇게 정밀한 계산이 실용적으로 필요했을 리가 없다. 이와 유사하게 중국 수학자들은 π의 값을 무려 일곱 자리까지 계산했다. 그런 정밀한 계산은 실용적인 관점에서 보면 불필요했을 것이 분명하다. 이런 흥미로운 사례들은 추상 수학으로 발전하게 되는 조짐을 보여준다. 그러나 그것들 역시 실용적인 목적을 지향한 광범위한 연구의 맥락에서 이루어진 성취이다. 고대 메소포타미아의 지수함수표는 지나치게 정확한 2의 제곱근 근사값만큼이나 추상적이어 보이지만, 실제로는 복리를 계산하는 데 쓰였고, '2차 방정식'은 다른 문제와의 연관성 속에서 다루어졌다. 연립 방정식linear equations은 유산과 토지의 분배를 위해 쓰였고, 건축 재료의 무게비율을 나열한 목록은 아마도 운반에 필요한 노동력을 빨리 계산하기 위해 쓰였을 것이다. 귀금속과 경제적 재화의 가치 비율 목록 역시 실용적인 목적에 쓰였을 것이다. 부피 계산은 한가한 기하학적 관심사가 아니라 운하를 비롯한 기반 설비를 건설하는 데 활용되었다.

시간, 신, 천체

모든 농업문명은 천문학적 관찰에 기반을 둔 달력 체계를 개발했고, 최초 문명의 일부에서는 고도의 천문학적 연구라고 부를 수밖에 없는 것이 확인된다. 농업사회에서 정확한 달력의 필요성과 효용은 너무나 분명해 보인다. 농업을 위해서뿐 아니라 의식儀式적인 행사를 위해서도 달력이 필수적이었을 것이다. 상업과 경제 활동에도, 예컨대 계약 날짜나 약속을 수행할 날짜를 정하기 위해서도 달력이 반드시 필요했을 것이다.

메소포타미아에는 기원전 1000년에 매우 정확한 달력이 있었으며, 기원전 300년에는 수백 년을 미리 예측할 수 있는, 수학적이면서 추상적인 달력이 만들어졌다. 메소포타미아인은 1년을 365¼일로 정하는 태양력太陽曆과 다르게 1년을 12달, 354일로 정하는 태음력太陰曆을 채택했기 때문에, (계절의 지표가 되는) 태양년日年과의 불일치를 해소하기 위해 간간이 윤년을 정해 한 달을 추가로 삽입해야 했다. 바빌로니아 천문학자들은 19년 동안 7개월을 추가로 삽입했다. 고대 이집트의 성직자·천문학자들은 두 가지 달력을 사용했는데, 이집트인들의 공식적인 삶을 지배하는 것은 또다른 태양·시민 달력이었다. 그것은 각각 30일인 12개월과 5일의 축제일로 이루어졌다. 따라서 365일로 된 시민 달력은 1년에 1/4일씩 태양년과 어긋난다. 그러므로 이집트의 오랜 역사 속에서 그 편차는 점차 증가할 수밖에 없었다. 시민 달력은 1,460년(4×365년)마다 한 번씩 태양년·농업년보다 정확히 1년씩 앞서갔다. 그리하여 시민 달력과 태양 달력은 기원전 2770년에 일치했고 1310년에 다시 일치했다. 이와 같은 불일치 문제는, 이집트에서 일어나는 가장 중요한 사건—매년 매우 규칙적으로 일어나는 나일 강 범람—을 달력과 상관없이 시리우스별이 최초로 출현한 것을 보고 예측할 수 있었기 때문에 해소될 수 있었다.

달력, 천문학, 점성술, 기상학, 마술 등은 메소포타미아, 이집트, 인도, 중국, 아메리카 등지에서 반복된 보편적인 패턴에 따라 발전했다. 우리의 현대적인 편견에도 불구하고, 초기 문명에서 천문학과 점성술, 혹은 천문학자와 점성술사, 마술사 등을 구분하는 일은 타당하지도, 가능하지도 않다. 천문학과 점성술은 분리할 수 없는 통일체였다. 점성술과 신비적인 지식은 농작물의 작황이나 군사행동의 결과, 왕의 미래 등을 예측하는 데 유용하다고 여겨졌다. 사실상 점성술과 마술은 달력을 위한 천문학(실은 이것도 계절을 예측하기 위한 지식이다)과 더불어 최초의 응용과학이었던 것이다.

모든 고대 과학의 전통 가운데 가장 발전된 것은 바빌로니아 천문학이었다. 그러므로 그것을 자세히 살펴볼 필요가 있다. 고대 바빌로니아에서는 동물의 내장으로 점을 치는 방법이 별로 점을 치는 방법으로 바뀌어가면서 천체 연구가 활발하게 이루어졌던 것으로 보인다. 이미 기원전 2000년에 천문학적 관찰이 시행되었으며, 기원전 747년에는 지속적인 관찰이 이루어졌다. 기원전 5세기의 바빌로니아 천문학자들은 주요 천체들의 운동에 대해 무한정 먼 미래의 변화까지도 예측할 수 있었다. 메소포타미아 천문학자들은 지점至點(하지와 동지)과 분점分點(춘분과 추분), 그리고 태양과 달의 주기를 완벽하게 이해했다. 특히 후기 바빌로니아 천문학자들은 일식과 월식이 언제, 얼마나 큰 규모로 일어날지를 예측할 수 있었다. 그들은 행성, 특히 새벽별이자 저녁별인 금성이 뜨고 지는 시각을 계산하고 추론할 수 있었다. 바빌로니아 천문학과 60진법의 막강한 영향력은 우리의 각도 측정법뿐 아니라 7일로 되어 있는 1주일, 그리고 행성에 대한 지식에도 남아 있다. 실제로 바빌로니아 천문학의 많은 기법은 훗날의 그리스와 헬레니즘 천문학자들에게 전수되었다.

이제 우리는 바빌로니아 천문학자들이 행한 연구 하나를 중점적으로 살펴볼 것이다. 그들은 관찰 장치를 써서 천체를 관측하고 정확하게 기록했음에 틀림없다. 그들은 또 매우 구체적인 천문학적 문제들을 풀기 위해 체계적인 연구를 시행했다.

우리가 논하려는 것은 '초승달new moon 문제'이다. 달력과 종교와 관련된 이유들 때문에 바빌로니아 천문학자들은 달을 기준으로 한 1개월의 날수를 정확히 알 필요가 있었다. 보름달과 보름달(혹은 초승달과 초승달) 사이의 간격은 29일과 30일 사이에서 유동적이다(평균은 29.53일이다). 특정하게 주어진 달에 보름달과 보름달 사이의 간격은

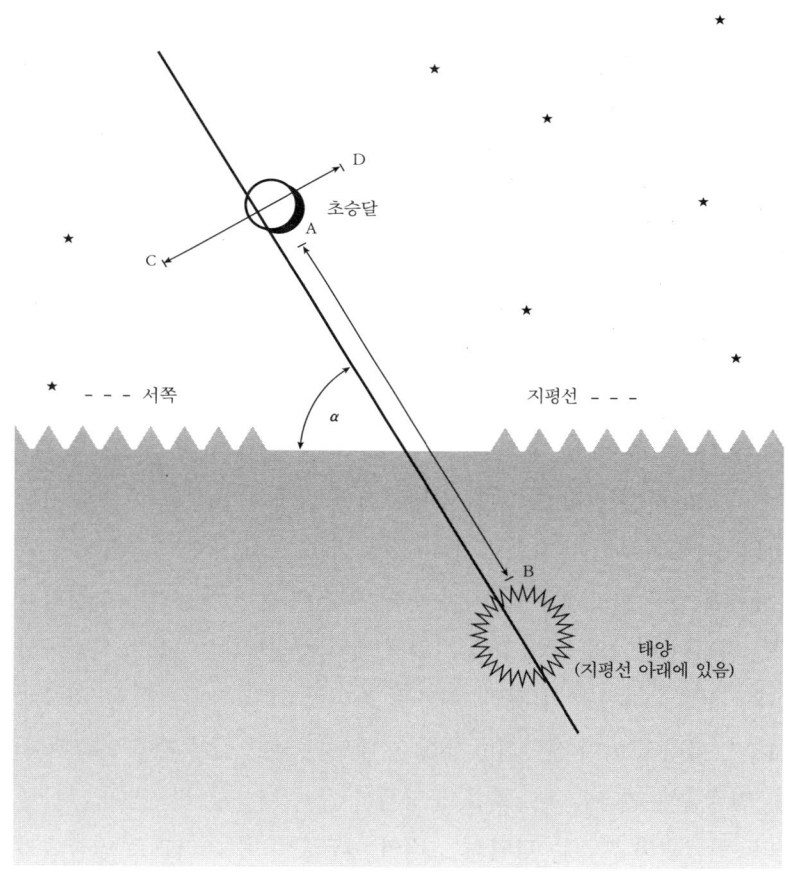

그림 3.7_최초의 과학적 연구. 고대 바빌로니아의 천문학자들은 매월 초승달이 언제 처음 출현할지를 결정하는 변수들을 체계적으로 연구했다. 그들은 단순히 현상을 관찰하는 것에서 더 나아가 변수들이 변하는 패턴을 연구했다. 이는 천문학의 성숙을 보여준다.

3장_파라오와 기술자

얼마일까? 대답은 여러 독립적인 변수의 영향을 받는다. 그 변수는 지구에서 보았을 때 태양과 달 사이의 거리(〈그림 3.7〉에서 AB), 현재 시점의 계절적 위치(α), 달의 장기적인 궤도(CD)이다. 이 독립적인 변수들 때문에 초승달의 재등장을 예측하는 것은 당연히 어려워진다. 바빌로니아 천문학자들은 연구를 통해 '초승달 문제'를 정복했고, 언제 초승달이 나타날지를 신뢰성 있게 예측해 낼 수 있는 정확한 천문학적 표를 만들어냈다.

이것은 고대 바빌로니아의 천문학자들이 매우 구체적인 문제(29일일까, 아니면 30일일까?)를 과학적으로 연구했음을 보여준다. 그들의 연구는 관찰, 수학적 분석, 현상의 모형화 등에 기반을 두었고, 하늘에서 일어나는 가시적인 현상보다 수학적인 원으로 이루어진 추상적인 모형에 좀더 주의를 기울였다는 점에서 이론적인 특성을 갖는다고 할 수 있다.

의술과 의술 관련 조직 역시 관료적인 국가가 유용한 지식을 지원했음을 보여주는 분명한 사례이다. 모든 초기 국가에서 공식적인 의사들이 등장했고, 해부학, 외과 수술, 약초에 관한 실용적이고 경험적인 지식이 국가의 의학 교육 지원 속에서 성장했다. 이집트 신왕국시대(기원전 1200년경)의 것인 '에드윈 스미스 의학 파피루스'는 의술에 대한 '합리적'이며 신학적이지 않은 태도를 담고 있어 자주 언급된다.

연금술과 연금술사도 최초 문명에서 일찍부터 지원을 받기 시작했다. 연금술의 뿌리는 당연히 고대의 야금술이다. 그러므로 연금술과 야금술의 관계는 기술이 과학을 낳은 사례라고 할 수 있다. 연금술은 점성술과 마찬가지로 효용을 약속했고, 국가가 연금술을 지원하는 풍토는 현대에 이르기까지 모든 문명에서 유지되었다.

오늘날처럼 합리적 과학과 사이비 과학을 구분하는 일은 없었다. 언급한 모든 연구가 유용한 지식의 분야로 여겨졌다.

최초 문명의 우주론과 세계관에 관하여 한마디 조심스럽게 덧붙일 것이 있다. 당시의 사회에서는 종교가 가장 중요한 역할을 했다고 전제하는 것이 타당할 것이다. 전반적으로 하늘은 신이 깃든 성스럽고 마술적인 존재였다. 천체는 흔히 성스러운 신과 연관되었으며, 하늘은 신화와 전설의 무대였다. 예컨대 이집트에서는 여신 누트Nut가 하늘을 들고 있었으며, 죽은 파라오는 별이 되었다. 바빌로니아에서는 행성의 움직임이 천상의 신의 움직임을 나타냈다. 고대 중앙아메리카의 마야인은 지구가 연못 위에 떠 있는 거대한 뱀이라고 믿었다. 중국인들은 더 유기론적이면서 덜 범신론적인 우주관을 가지고 있었다.

그러나 최초 문명은 우주 전체에 관한 이론적 모형을 발전시키지 못해 추상적이거나 기계적이거나 자연주의적인 모형은 없었다. 그들의 문화 속에는 자연세계에 대한 독립적·자연주의적 탐구 또는 추상적으로 연구할 대상으로서의 '자연'이라는 개념은 거의 없었다.

최초 문명은 백과사전적인 표를 만들고 단어, 수, 신, 식물, 동물, 광물, 도시, 지배자, 직업, 서판들의 목록을 때로 난삽하게 만듦으로써 지식을 외연적으로 다루었다. 이런 식으로 지식을 기록하고 보존하는—'목록의 과학'이라 표현되기도 하는— 방법은 형식적인 논리와 분석적인 사고가 미처 개발되지 않은 사회에서 일반적으로 선호되었을 것이다. 당시 사람들이 개인으로서 지적인 만족을 전혀 얻지 못하면서도 그처럼 수많은 목록을 만드는 데 매달린 것은 국가가 수많은 필기사를 공직자로 고용했기 때문에 가능했다.

다시 말하자면, 실용적인 필요에서 출발한 과학은 문명과 함께 문명의 일부로 반복해서 발생했다. 글쓰기와 수학적 계산은 많은 실용적인 문제를 푸는 데 적용된 새로운 기술이었다. 국가에 고용된 특수한 전문가들과 그들의 조직 역시 동일한 실용적인 목적을 위해 종사했다. 발전된 달력, 고도의 천문학적 문제 풀이, 드물게 있는 수학적

'놀이'의 증거들은 최초 문명의 과학적 성취가 매우 수준 높은 것이었음을 보여준다. 부족한 것은 우리가 과학의 또 다른 핵심이라 여기는 추상적 이론이었다. 그러므로 이제 우리가 설명해야 할 것은 과학적 이론의 기원, 그리고 그 자체가 목적인 자연 탐구의 기원이다. 그런 탐구는 훗날 자연철학이라 불리게 된다. 수학과 천문학 형태의 과학이 최초 문명들 모두에서 독립적으로 여러 번 발생했다면, 자연철학은 오직 그리스에서만 기원했다.

천재적인 그리스인

고대사에는 놀라운 특이점이 하나 있다. 그것은 때로 '그리스의 기적'이라는 말로 표현된다. 근동 문명의 서쪽, 에게 해의 해안에 둘러싸인 곳에서 그리스어를 쓰는 사람들은 고유한 문명을 창조했다.

이집트와 메소포타미아 인근에 위치한 그리스 문명은 일부 특징을 더 오래 된 이웃에서 도입했다. 그러나 그 특징은 이집트와 메소포타미아의 반건조 범람원과 전혀 다른 토양에 적응했다. 그리스 문명은 중앙집권적인 왕국이 아니라 분산된 도시국가의 집단 형태로 발생했고, 알렉산더 대왕(기원전 356~323)이 기원전 4세기에 그리스를 통일할 때까지 느슨한 구조를 유지했다. 그리스의 선先제국기, 즉 기원전 600년에서 300년까지의 시기는 헬레나 시대Hellenic era라 불리며, 알렉산더의 정복 이후의 시기는 헬레니즘 시대Hellenistic era라 불린다. 헬레나 시대에 그리스 과학은 국가의 지원을 받지 않았으며 유용한 지식에 매달리지 않았던 자연철학자들이 자연세계에 관한 일련의 추상적 사변을 발전시키면서 전례 없는 전환을 맞았다. 그 후 알렉산더가 동방의 부유한 지역을 정복하면서 그리스 과학은 이론적인 정신과 관료적·제도적 지원의 결합 속에서 황금기를 맞았다.

헬레나 과학은 몇 가지 특징을 가지고 있다. 가장 두드러진 특징은 과학적 이론, 즉 '자연철학'의 발명이다. 우주에 관한 초기 그리스인의 사변과 헬레나 시대의 실용적 욕심 없는 추상적인 지식 탐구는 전례가 없는 것들이다. 그리스인은 과학의 정의에 근본적으로 새로운 요소를 추가했으며, 과학사의 진로를 바꾸어놓았다. 새로운 지적인 모험을 시작한 초기 그리스의 자연철학자들은 매우 중요한 것으로 판명되었으며 오늘날에도 여전히 탐구되고 있는 근본적인 질문들을 제기했다.

헬레나 과학의 두번째 중요한 특징은 제도적인 지위에 관한 것이다. 적어도 알렉산더 대왕 이전에는 그리스 과학에 대한 국가적인 지원이 없었으며, 근동에서와 달리 과학을 위한 제도적인 기관도 없었다. 몇몇 비공식적인—지성사史에서 매우 중요한—'학파들'이 고전 그리스 문화에서 출현하긴 했지만, 그것들은 교육기관보다는 사적인 모임이나 동아리에 가까웠다. 고등교육이나 도서관, 혹은 관측소를 위한 공적인 지원이나 자금은 없었고, 과학자나 자연철학자들이 공직에 고용되는 일도 없었다. 국가의 지원을 받은 근동의 과학자들과 달리 그리스 자연철학자들은 독립적인 개인이었다. 우리가 그들의 사적인 삶에 대해 아는 것은 거의 없지만, 초기의 자연철학자들은 사유재산을 소유했거나 개인교사나 의사 또는 기술자 등으로 생계를 유지했던 것 같지 않다. 순수한 자연철학자나 과학자에게 주어지는 사회적 역할이 없었던 것이다. 그러므로 헬레나 과학은 사회적 공백 속에 떠 있었고, 과학자들의 비실용적이며 무의미해 보이는 사적인 탐구는 때로 조롱과 반감의 대상일 뿐이었다.

동방의 지식은 실용적인 목표와 목적을 향했다. 그러나 헬레나 시대의 그리스에서는 특이한 이데올로기가 지식이 철학적 차원과 사회적·경제적 목적에서 분리되기를 강조했다. 예컨대 플라톤은 『국가』(기원전 약 390년)에서 농업, 군사 활동, 항해, 달력 등을 위해 기하학이나 천문학을 연구해야 한다는 생각을 조롱했다. 플라톤은 자연에 관한 지식의 추구를 생산이나 기술 같은 하찮은 활동에서 분리할 것을 주장했다. 이런 점에서 그리스인들은 자연철학을 놀이나 유희로, 또는 이성의 삶이나 철학적 성찰과 관련된 더 높은 목표를 위해 수행했다고 말할 수 있다. 이와 대조적으로 고대 농업 문명의 과학 문화 속에는 그런 식의 사심 없는 지적인 노력이 명확하게 드러나지 않는다. 실용적인 패턴의 과학은 원초문명 모두에서 발생했지만, 헬레나의 자연철학은 오직 그리스에서 단 한 번만, 독특한 역사적 조건의 귀결로서 발생했다. 다시 말해, 헬레나의 자연철학은 새로운 유형의 과학, 의도적인 이론적 자연 탐구였던 것이다.

최근의 연구들은 초기 그리스 자연철학의 영광을 부정하지 않으면서도 그리스인의 과학 탐구를 더 크고 다원적인 문화적 맥락 속에 포함하려는 경향을 보였다. 예컨대 과거의 연구자들은 과학과 합리성이 헬레나 시대 이전 시기를 지배하던 종교와 신화의 어둠으로부터 거의 기적적으로 출현했다고 생각했다. 그러나 오늘날의 역사가들은 고대 그리스가 동방이나 그리스 너머의 '야만barbarian' 세계로부터 문화적으로 단절되지 않았다는 점을 강조한다. 최근의 해석은 특히 이집트 문화가 에게 해 주변의 헬레나 문화 발전에 영향을 미쳤음을 강조한다. 헬레나 세계의 내부에서도 다양한 마술과 민간 전승, 연금술, 점성술, 종교적 신비주의 등이 민중 속에서 여전히 유행했다는 사실은 이들과 과학지식이 경쟁했음을 시사한다.

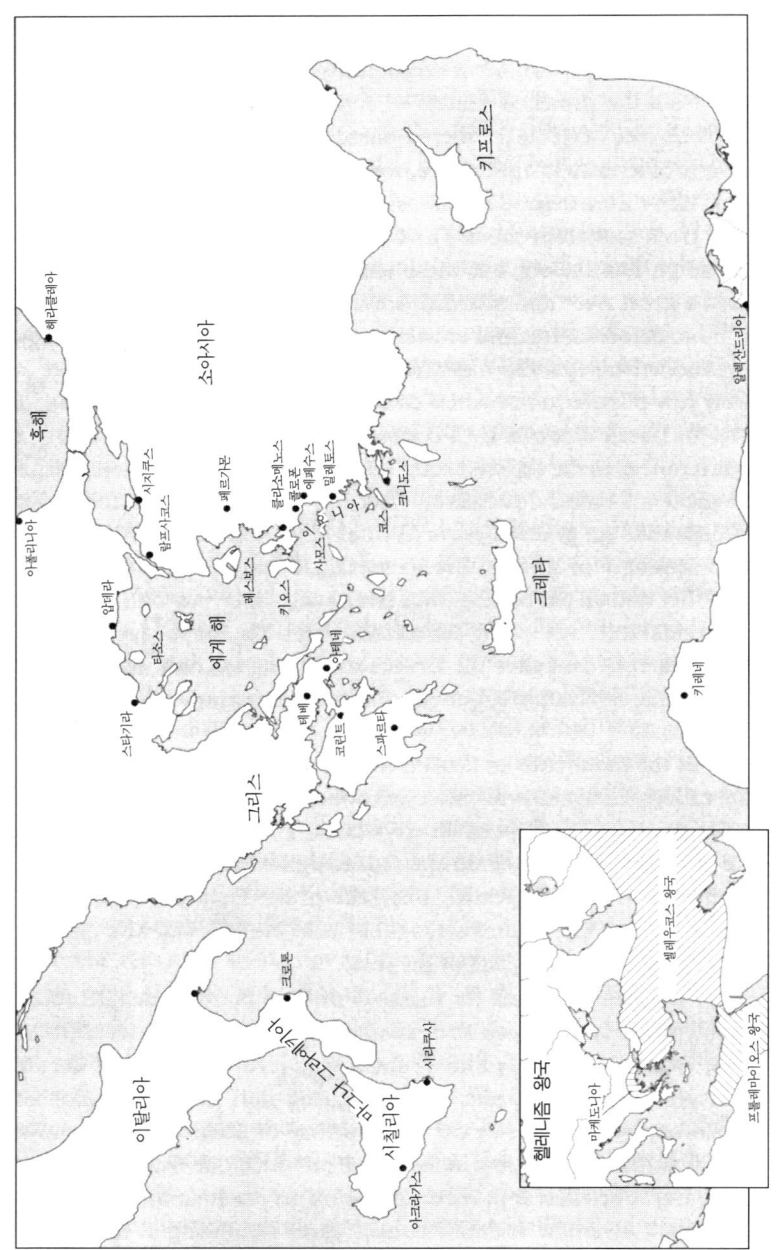

지도 4.1_고대 그리스 세계. 그리스 문명은 에게 해 주변의 작은 도시국가의 집단 형태로 발생했다. 그리스 과학은 소아시아의 이오니아 해안을 따라 분포한 도시들에서 최초로 출현했다. 기원전 4세기에 알렉산더 대왕의 정복이 있은 후 그리스 세계는 이집트에서 중국 국경까지 확대되어 고대 세계 최대의 제국을 형성했다. 기원전 323년에 알렉산더가 죽은 뒤에 그의 제국은 세 조각으로 분괴했다. 마케도니아 그리스, 프톨레마이오스 이집트, 그리고 메소포타미아의 셀레우코스Seleucid 왕국이 그것이다.

유인원에서 알렉산더까지

뿌리

　그리스 과학과 자연철학의 출현은 과거보다는 덜 놀라운 현상으로 받아들여지고 있는 듯하다. 그러나 고대 그리스에서 자연철학이 발생한 것을 어떻게 설명할 것인가 하는 문제는 여전히 남아 있다. 그리스는 이집트와 메소포타미아 변방에서 일어난 이른바 '2차 문명'이었지만, 근동을 비롯한 지역의 중심 문명과 생태학적·경제적으로 매우 달랐다(〈지도 4.1〉 참조). 원초문명은 관개농업과 식량 생산에 기반을 두고 발생했지만, 그리스 도시국가의 농업은 거의 전적으로 계절적인 강수와 산악 지대의 눈이 녹은 물에 의존했다. 연구를 통해 드러났듯이, 그리스인들은 물 관리를 게을리하지 않았다. 그러나 그리스에는 큰 강과 광활하고 비옥한 범람원이 없었기 때문에 그리스인들의 물 관리 시설은 소규모에 머물렀다. 더 나아가 신석기 시대의 산림 감소와 침식으로 인해 그리스의 생태계와 생산력은 적은 인구만 겨우 지탱할 수 있을 정도로 퇴화된 상태였다. 그리스인들이 기원전 8세기에서 6세기에 걸쳐 지중해 연안에 20여 곳의 식민지를 만든 것도 그리스의 생태적·문화적 조건이 열악했음을 보여주는 증거이다. 고전 시대의 그리스는 식량을 자급할 수 없어 수입하는 곡물에 의존했다. 상대적으로 열악했던 고대 그리스 농업 경제는 양과 염소의 목축, 그리고 올리브와 포도의 재배 등으로 연명했다. 올리브와 포도의 재배는 자투리땅에서 지하수에 의존하여 이루어졌다. 포도의 2차 산물과 올리브유는 그리스인들의 주요 교역 품목이었다. 결과적으로 헬레나 문명은 상업적이고 외향적인 해상문명의 성격을 띠었다.

　그리스의 산들이 지역을 여러 계곡으로 나눈 것과 마찬가지로 헬레나 문명은 정치적으로 분산적이었으며, 작고 독립적인 도시국가로 나뉘어 있었다. 농업 기반이 제한되고 척박한 도시국가의 정부는 이집트의 파라오처럼 모든 사회적·문화적 활동을 국가로 집중시키는 완벽한 관료체제를 형성할 만큼의 엄청난 부를 축적하는 것이 불가능했다.

그리스인은 법과 정의에 관하여 상당한 수준의 정치적 토론을 했다는 것과 왕정王政, 귀족정, 민주정, 폭군정 등을 분석해 낸 것으로 유명하다. 정치의 구조에 관한 합리적 토론과 자연의 구조에 관한 탐구는, 훗날의 과학사가 증명하듯이 종이 한 장 차이다. 실제로 정치적 토론은 그리스 과학의 기원에 이르는 한 경로를 제공했을 것이다.

오직 그리스에서만 새로운 과학 문화가 발생한 이유를 정확히 이해하는 것은 아마도 불가능할 것이다. (이를테면 코린트나 스파르타에 과학이 없었듯이, 이오니아와 아테네에도 과학이 없었다면, 그것은 놀라운 일일까? 그렇지 않을 것이다.) 어쨌든 고대 그리스에서 과학 문화가 발생한 이후, 그것은 과학적 연구나 가르침에 사회적 가치를 결부시키지 않으며 고등교육을 위한 학교를 공적으로 지원하지 않는 사회 속에서 나름대로의 독특한 모양을 갖추어갔다.

그리스 과학은 그리스에서 기원한 것이 아니라 당시에는 비옥했던 소아시아의 지중해 연안(오늘날의 터키)에서 기원했다. 특히, 처음에는 밀레투스라는 도시에서 시작하여 이오니아라 불리는 지역의 여러 다른 도시로 퍼져나갔다. 기원전 7세기경 그리스 문명의 중심은 이오니아였으며, 그리스 본토는 확실히 변방이었다. 이오니아는 2세기 동안 그리스 본토보다 도시화나 경제적인 면에서 우월했다. 최초의 자연철학자 대부분이 이오니아 출신인 것은 놀라운 일이 아니다.

이오니아 학파를 비롯한 초기 그리스 자연철학자는 모두 '소크라테스 이전 철학자'라 불린다. 이 명칭은 그들이 소크라테스(기원전 470?~399) 이전에 그리스 철학과 과학이 형성되는 시기에 활동한 사상가들임을 의미한다(〈표 4.1〉 참조). 일반적으로 그리스 자연철학은 밀레

표 4.1 _ 소크라테스 이전 자연철학자

밀레토스 학파	
탈레스	전성기 기원전 585
아낙시만드로스	전성기 기원전 555
아낙시메네스	전성기 기원전 535
아크라가스의 엠페도클레스	전성기 기원전 445
피타고라스 학파	
사모스의 피타고라스	전성기 기원전 525
변화의 철학자들	
에페수스의 헤라클레이토스	전성기 기원전 500
엘레아의 파르메니데스	전성기 기원전 480
원자론자	
밀레토스의 레우키포스	전성기 기원전 435
압데라의 데모크리토스	전성기 기원전 410
아테네의 소크라테스	기원전 470?~399
아테네의 플라톤	기원전 428~347
스타기라의 아리스토텔레스	기원전 384~322

투스의 탈레스Thales of Miletus에서 시작되었다고 이야기한다. 탈레스는 기원전 625년에서 545년 무렵까지 살았던 인물로, 역사 해석의 시험무대 같은 존재이다. 탈레스가 직접 쓴 글이 남아 있지 않으므로, 그에 대해 알려면 오직 2차적인 기록에만 의존해야 하기 때문이다. 그러므로 탈레스에 대한 우리의 견해는 모두 고대 주석가들의 편견과 우리 자신의 해석틀에 의해 왜곡되어 있다.

탈레스는 소아시아의 이오니아 해안에 위치한 활발한 상업도시인 밀레투스 출신이며, 훗날 동시대인이자 입법가인 솔론Solon과 더불어 고대 그리스의 '7대 현자' 가운데 한 명이 되었다. 그는 부유했던 것으로 보이며, 이집트를 여행했다. 탈레스는 기하학을 이집트에서 그리스어권 세계로 들여왔다고 한다. 플라톤에 따르면(어쩌면 악의가 섞인 증언인지도 모른다), 탈레스와 그의 철학은 세상에 무관심하다는 평판을 얻었다고 한다. 한 하녀가 탈레스를 조롱하기를, '그는 하늘에 있는 것들을 알고 싶다며 별을 관찰하려고 위만 보다가 정작 자기 뒤에 있는 우물은 보지 못했다'고 한다. 그러나 아리스토텔레스에 따르면, 탈레스는 자연 지식을 활용한 예리한 과학적 관찰을 통해 올리브의 수확량을 예측하고 올리브유를 매점함으로써 철학자도 원한다면 부유하고 유용할 수 있음을 증명해 보였으며, 또한 명민한 과학 지식을 전쟁에도 이용하여 기원전 547년에 크리서스Croesus 왕이 강을 건너는 것을 도왔다고 한다. 결론적으로 탈레스는 현대적인 사회적 역할 모델로서 이야기되는 과학자의 의미에서 봤을 때, '최초의 과학자'라고 하기보다는 현자 또는 박사magus(마구스magus는 지식이 많은 사람을 뜻하며 마술사로 번역할 수도 있다. 성경에 나오는, 예수가 태어났을 때 찾아왔다는 동방박사들이 바로 동방의 마구스magus이다)에 가까웠던 것 같다.

우리가 아는 탈레스의 삶에 관한 세부사항은 뜻밖에도 그의 자연철학과 이후 과학의 발전에 관해 중요한 정보를 제공한다. 자연에 관한 탈레스의 주장들은 (남들이 지지하든 안 하든) 그 자신이 책임지는 자신의 것들이었다. 즉, 그리스 과학에서 시작된 전통 속에서 사상이란, 그것에 대한 책임과 명예를 (때로 법칙의 명칭에 그것을 주장한 개인의 이름이 붙는다) 짊어지는 개인의 (혹은 드물지만 집단의) 지적인 재산인 것이다. 이와 같은 면은 고대의 관료적인 왕국들, 아니 사실상 그리스 이전의 모든 문명에서 과학자가 익명이었다는 사실과 큰 대조를 이룬다.

자연에 관한 탈레스의 주장 가운데에는 남쪽으로 부는 계절풍인 에티지언Etesian(지중해 동부에서 매년 약 40일간 부는 건조한 북서풍이다—옮긴이)이 나일 강의 범람을 유발한다는 것도 있었다. 그는 지구가 물 위에 나무토막이나 배처럼 떠 있으며, 지진은 물의 움직임 때문에 발생한다는 이론도 내놓았다. 그와 같은 생각은 탈레스의 시대로부터

100년이 지난 후에야 헤로도토스에 의해 비판받았다. 현대의 과학적인 정신의 눈에는 탈레스의 생각들이 기괴할 만큼 원시적으로 보일지도 모른다. 그러나 그의 생각들은 여러 중요한 측면에서 특별하다. 첫째, 탈레스가 제시한 설명들은 모두 일반적이다. 그것들은 어떤 한 경우만이 아니라 모든 지진과 나일 강의 모든 범람을 해명하려 한다. 또 탈레스는 신이나 초자연적인 존재에 호소하지 않는다. 흔히 회자되는 표현을 쓴다면, 그는 '신들을 몰아냈다'. 그러니까 '우박이 내 올리브 농사를 망친 것'은 내가 어떤 특수한 이유로 제우스나 헤라의 노여움을 사서 자초한 벌이 아니라, 대기 속의 물이 얼어붙는 등의 자연적 과정이 일어날 경우 항상 발생하는 우박에 불운하게도 내 올리브가 피해를 입은 것이다. 그리스 자연철학 – '자연의 발견' – 의 특징 중 하나가 자연에 대한 탈신비화와 객관화의 요구라는 점에 주목하라. 먼저 그런 요구가 충족되어야만 자연에 관한 이론이 제기될 수 있는 것이다. 다시 말해서, '자연'이 우선 연구할 수 있는 대상으로 정의되어야 한다. 우리에게 이것은 당연한 일일지도 모르지만, 우리의 과학적 선조들에게는 반드시 그렇지 않았다. '자연주의적' 설명은 먼저 현상을 우리의 정신 밖에 있는 자연의 정상적인 부분으로, 즉 자연 현상으로 규정하며, 이어서 그 현상을 자연을 통해 설명한다. 예컨대 나일 강의 범람에 대해서는, 자연적으로 일어나는 바람을 통해서 범람이라는 자연 현상을 설명한다. 지진의 경우에는, 흥미롭게도 탈레스 자신이 세계 속에서 본 것(물 위에 떠 있는 배나 나무토막)을 바탕으로 유추하여 설명을 만들어냈다. 그러나 탈레스나 그의 후계자들이 무신론자이거나 비종교적이었던 것은 아니다. 실제로 탈레스는 세계가 신성하며 '신들로 가득 차 있다'고, 또 자석은 '영혼'을 가지고 있다고 가르쳤다. 그러나 그의 입장은 내적으로 모순되지 않는다. 비록 신들을 매우 경외했지만, 탈레스는 자연세계를 신들로부터 분리하여 인간의 이성의 힘으로 이해할 수 있다고 여겼던 것이다.

탈레스는 세계의 원초적인 바탕이 물이라고 주장한 것으로 유명하다. 매우 단순해 보이는 이 주장은 우리 주변의 세계를 구성하는 물질적인 '질료'에 관해 진술하려는 최초의 시도이다. 이 주장은 물질이론의 출발점, 즉 일상적인 지각의 수준 밑에 있는 물리적 세계의 구조에 관한 과학적 이론의 출발점이다. 기원전 6세기에 사물의 물질적 기초에 관한 질문을 던짐으로써 탈레스는 앞에서 언급한 그리스 자연철학 '학파들' 중 최초인 밀레투스 학파의 창시자가 되었다. 밀레투스 학파와 그들의 물질이론 전통은 소크라테스 이전 철학에서 중요한 부분을 이룬다. 그러나 밀레투스 학파의 지적인 역동을 살펴보면, 초기 그리스 과학의 또다른 특징이 드러난다. 즉, 그것은 합리적인 논쟁이다. 다시 말해, 밀레투스 학파의 철학자들은 타인의 생각에 동의하지 않았으며, 이성과 논리와 관찰을 통해 타인의 생각을 공격하고 자신의 주장을 뒷받침했다.

물이 세상을 이루는 근원적인 물질이라는 탈레스의 생각에는 문제가 있었다. 가장 큰 문제는 물에서 완전히 반대의 성질인 불이 나올 수 있는지를 설명하는 것이었다. 물과 불은 서로를 파괴한다. 불은 물을 끓여 없애버리고, 물은 불을 꺼버린다. 탈레스보다 한 세대 뒤의 인물이자 밀레투스 학파인 아낙시만드로스Anaximander(전성기 기원전 555년)는 이 문제를 해결하기 위해 물이 세상을 이루는 근원적인 물질이라는 생각을 버리고, 훨씬 더 막연한 '무한boundless'으로부터, 또는 무형의 초기 상태(아페이론apeiron)로부터 이원성duality이 나오고 세계가 나왔다고 주장했다. 일원성에서 이원성이 나온다고 설정함으로써, 아낙시만드로스의 '무한'은 탈레스가 설명하지 못한 뜨거움과 차가움을 설명할 수 있었지만, '무한'이라는 개념은 가까이하기엔 너무 추상적이고 형이상학적일 수밖에 없었다. 밀레투스 학파의 다음

주자인 아낙시메네스Anaximenes는 기원전 535년 무렵에 그와 같은 문제를 비롯한 일반적인 질문들에 대한 답을 제시했다. 그는 원초적인 원소가 공기(혹은 '프네우마pneuma')(프네우마는 '숨결', 즉 '목숨, 영혼'을 의미한다-옮긴이)라고 했다. 좀더 현실적이긴 하지만 아낙시메네스의 주장 역시 탈레스의 이론과 마찬가지로 서로 대립하는 것들을 설명하지 못한다는 문제를 안고 있는 듯하다. 물론 아낙시메네스는 우주 속에 서로 대립하는 두 힘, 즉 농축화와 희박화의 힘이 존재하므로, 공기가 다양한 밀도로 농축되어 액체와 고체가 되기도 하고 희박해져서 불이 되기도 한다고 설명했지만 말이다. 밀레투스 학파는 이로부터 1세기 후 엠페도클레스Empedocles(전성기 기원전 445년) 때에 절정에 이르렀다. 성인이 된 후 이탈리아의 그리스 식민지에 자리를 잡은 엠페도클레스는 2천 년 동안이나 영향력을 발휘한 이론을 제시했다. 엠페도클레스의 이론은 세상은 네 개의 원소-물, 불, 흙, 공기-로 이루어져 있으며, 사랑과 싸움, 즉 인력과 척력이 존재한다고 전제했다.

초기 그리스인들이 가진 자연 지식의 특징인 다원성과 추상성을 분명하게 드러내는 또다른 소크라테스 이전 '학파'는 피타고라스 학파이다. 피타고라스 학파의 중심지는 이탈리아였으며, 조직적인 종교 집단을 형성했다. 주로 발명가이자 장인인 개인들이 집단에 기여하였으며, 교주인 피타고라스Pythagoras(전성기 기원전 525년)에게 충성했다. 피타고라스는 원래 이오니아 해안에서 약간 떨어진 사모스Samos 섬 출신이다. 피타고라스 학파는 교주와 동시대인으로서, 기원전 6세기의 페르시아인인 조로아스터Zoroaster를 연상시키는 '오리엔탈리즘'의 색채를 띠었다.

피타고라스 학파는 자연철학에 수학을 도입한 것으로 유명하다. 그들의 수학은 시장에서 쓰이는 초보적인 산술이나 감독관과 건축가들이 이용하는 실용적인 기하학, 또는 심지어 바빌로니아 천문학자들의 정확한 수학적 기법과도 달랐다. 오히려 피타고라스 학파는 수학을 추상과 이론의 수준으로 끌어올렸고, 수 개념을 자연관의 중심으로 삼았다. 피타고라스 학파에게 수는 밀레투스 학파가 제기한 근원적인 물질적 질료에 대한 질문에 답하는 나름의 해답이었던 것이다. 수에 초점을 맞춤으로써 피타고라스 학파는 자연철학과 과학에 이상주의idealism—관찰되는 현상 세계의 기반에 이성적인 이해를 통해 접근할 수 있는 더 완벽한 실재가 있다는 생각—를 도입했다. 간단하게 설명하자면, 실제 세계에는 완벽한 삼각형도, 절대적으로 곧은 선도, 추상적인 수도 존재하지 않는다. 그런 것들은 오직 순수 수학의 영역에만 존재한다. 그런 수학적 완벽함이 어떤 식으로든 세계를 구성한다는 (혹은 그렇다고 생각하는 것이 유용하다는) 피타고라스 학파와 그들의 정신적인 후계자들의 믿음은 자연에 관한 전혀 새로운 사고방식의 출발점이었으며, 이후 과학적 사유의 흐름 속에서 막강한 힘을 발휘한 수학적 이상주의의 전통이 시작된 진원지였다.

피타고라스는 악기의 현과 그것이 내는 음을 연구함으로써 우주의 수학적 질서에 대한 심오한 통찰을 얻었다고 한다. 현의 길이를 반으로 줄이면 음이 한 옥타브 올라가고, 3분의 1로 줄이면 그보다 5도 더 높은 음이 난다. 뜻밖에도 이렇게 간단한 정수와 실제 세계가 연관되어 있음을 발견한 피타고라스와 그의 추종자들은 수학적 연구를 더욱 확대했다. 그들이 얻은 결론 중 일부는—예컨대 홀수와 짝수의 분류 같은 것은—오늘날의 우리가 보기에도 훌륭하다. 반면에 1, 2, 3, 4의 합(=10)을 나타내는 성스러운 삼각형(테트라트키스Tetratkys), 혹은 여성은 2이고 남성은 3이므로 결혼은 5라는 결론 같은 것은 기괴한 수신비주의數神秘主義라고 부르기에 적당한 듯하다.

당연한 얘기지만, 피타고라스는 피타고라스 정리의 발견자로 알려

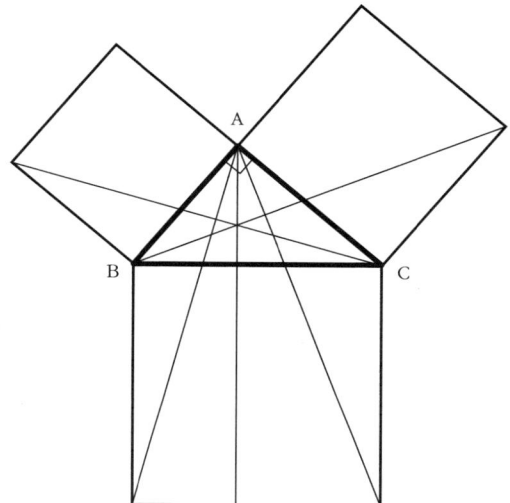

그림 4.1_피타고라스 정리. 바빌로니아의 필기사들도 피타고라스 삼중수(예컨대 3-4-5)를 기록했지만, 피타고라스 정리($AB^2 + AC^2 = BC^2$)는 유클리드의 『기하학 원론』에서 처음 증명되었다. 이 도안을 본 19세기의 철학자 쇼펜하우어는 "이건 증명이 아니라 쥐덫이구먼"이라고 말했다.

져 있다. 그것에 따르면, 임의의 직각삼각형에 대하여 (대수식을 쓰자면) $a^2 + b^2 = c^2$이 성립된다. 이때 c는 빗변, a와 b는 다른 두 변이다. 피타고라스 정리 속에는 모든 선분의 길이를 단위길이의 비율 혹은 분수로 표현할 수는 없다는 의미가 숨어 있다. 어떤 두 선분(예컨대 정사각형의 한 변과 대각선)은 같은 단위로 잴 수 없다. 즉, 그 두 선분의 비율比率을 어떤 정수쌍으로도 표현할 수 없다. 피타고라스 학파에게 2의 제곱근은 '알로곤alogon', 즉 말할 수 없는 것이었다. 그런 피타고라스 학파에게 무리수의 발견은 정수에 대한 신뢰와 세계 속의 수학적 조화를 연구하겠다는 계획을 완전히 뒤엎는 일이었다. 그리하여 무리수는 피타고라스 학파의 가장 큰 비밀이 되었다고 한다.

무리수의 발견은 수학에서 증명의 역할이 발견되었다는 의미를 갖는다. 아무리 의심 많은 상대라 해도 차례차례 단계를 거쳐 결국 필연적인 Q.E.D.('이로써 증명되었다'를 의미하는 라틴어 약자)에 도달하도록 끌고 가는 연역적 추론과 증명의 발견은 수학과 논리학과 과학의 역사에서 획기적인 혁신이었다. 이집트인은 피타고라스 삼중수(3-4-5처럼 피타고라스 정리를 만족시키는 세 수)를 알고 있었으며, 바빌로니아인은 피타고라스 삼중수들을 나열한 목록을 만들었다. 그러나 그들은 그 속에 증명할 수 있는 정리가 들어 있다는 사실은 깨닫지 못했다.

피타고라스 학파에 의해 엄밀한 수학적 증명이 완벽한 형태로 이루어졌던 것 같지는 않다. 공리적이며 연역적인 평면기하학의 발전은 유클리드가 기원전 300년경에 『기하학 원본 Elements』을 통해 당대의 기하학 지식을 총망라할 때까지 계속되었다. 그럼에도 수학을 자연철학으로 연구하고, 그리스 수학의 방향을 실용적인 산술에 순수한 산술과 기하학으로 돌려놓고, 주장을 정당화하는 수단이자 모범으로 증명을 발전시킨 공로는 피타고라스 학파에게 돌아가야 한다.

밀레투스 학파와 피타고라스 학파, 그리고 그들의 후계자들이 대변한 다양한 전통은 소크라테스 이전의 그리스 자연철학이 다양한 학파로 나뉘어 통일성 없이 전개되었음을 분명하게 보여준다. 이 점과 관련해서 또다른 소크라테스 이전 자연철학자 집단을 언급할 필요가 있다. 원자론자들과 이른바 변화의 철학자들이 그들이다. 밀레투스의 레우키포스Leucippus(전성기 기원전 435년)와 압데라의 데모크리토스Democritus of Abdera(전성기 기원전 410년)가 대표하는 자연철학자들은 이미 한 세기 전에 세계가 더는 분할할 수 없는 미세한 물질입자, 즉 원자로 이루어졌다는 자신들의 생각을 제시했다. 그들은 진공 속에 있는 원자의 모양, 위치, 운동, 배열 등의 차이가 우리 주변에서 관찰되는 대상들의 차이가 생기는 근본 원인이라고 주장했다.

하지만 고대의 원자론은 무작위한 원자들이 자연 속에서 일관적이며 지속적인 패턴을 형성하는 것은 우주적인 우연일 뿐이라고 생각하는 심각한 약점이 있었다. 따라서 원자론은 무신론이라는 평판을 얻었다. 몇몇 원자론자가 공기(물 속에 있는 병에 담긴 공기)의 물질성을 보여주기 위해 고안한 실연實演을 초기의 과학적 실험의 예로 간주할 수 도 있을 것이다. 물론 그들의 실연은 검증하는 것이 아니라 보여주는 것이 목적이었다.

원자론을 추종하는 세력은 소수였다. 로마의 시인인 루크레티우스 Lucretius 같은 유명한 추종자도 있었지만, 17세기에 유럽에서 부활하고 19세기에 현대적인 원자론이 탄생할 때까지 원자론은 소수의 사상으로 머물렀다. 사실 고대 원자론에 쏠리는 관심은 일반적으로 고대인의 관심이 아니라 우리의 관심을 반영한다.

소크라테스 이전 철학자들은 주변의 무생물 세계만 연구한 것이 아니라 생물 세계에 대한 자연철학적 탐구도 시작했다. 예컨대 크로톤의 알크마에온Alcmaeon of Croton(전성기 기원전 500년)은 오직 지식을 얻기 위해 해부를 하면서 해부학을 연구했다고 한다.

에페수스의 헤라클레이토스Heraclitus of Ephesus(전성기 기원전 500년)와 엘레아의 파르메니데스Parmenides of Elea(전성기 기원전 480년)는 '변화의 철학자'라고 불린다. 이 두 사람이 우리가 세계 속의 변화로서 경험하는 것의 본성에 대하여 거대한 논쟁을 시작했기 때문이다. 헤라클레이토스는 변화는 영원하며, 모든 것이 흐르고, 우리는 동일한 강을 두 번 건널 수 없다고 주장했다. 이에 대해 파르메니데스는 아무것도 변화하지 않으며, 변화는 우리의 감각이 제공하는 증거에도 불구하고 착각일 뿐이라고 맞섰다. 그들의 논쟁은 변화에 대한 설명을 자연철학의 중심 과제로 만들어놓았다.

이 문제에 대해 밀레투스 학파와 피타고라스 학파는 별다른 고민을 하지 않았던 것으로 보이지만, 파르메니데스 이후에는 피할 수 없는 문제가 되었다. 이제 자연철학은 단순히 세계만이 아니라, 세계 속의 외견적인 흐름까지도 설명해야 했다. 또, 헤라클레이토스-파르메니데스 논쟁은 감각에 대한, 그리고 인간이 사물을 인지하는 방식에 대한 근본적인 질문들을 불러일으켰다. 이 질문들은 부분적으로 지각의 심리학(예컨대 물 속의 막대기가 굽어 보이는 것, 빨간 사과의 빨간색)과, 그리고 감각 일반의 신뢰성과 관련이 있었다. 게다가 또다른 차원에서 그런 질문들은 앎이 감각에 기반을 둘 수 있는지, 만일 그렇다면 어떻게 그럴 수 있는지, 좀더 나아가 앎이 어떤 것에라도 기반을 둘 수 있는지 등의 문제들과 연결되었다. 이 논쟁의 귀결로 자연과학은 모든 주장을 내적인 증거와 추론을 통해 뒷받침할 뿐만 아니라, 그 증거와 추론을 유효하게 만드는 별개의 근거를 (명시적으로 혹은 함축적으로) 동반할 것을 요구받게 되었다.

고대 관료 왕국에서 과학은 국가의 지원을 받았고 따라서 유용성이 엄격한 표준으로 적용되었지만, 그리스 자연철학자들의 연구는 정반대였다. 즉, 이론적이고 추상적이며 제멋대로였다. 그러나 그리스 고급 지식의 분야 중 하나만큼은 고대 동방의 사회적 패턴과 유사했다. 그것은 헬레나 시대에 히포크라테스를 필두로 하여 발생한 의학 전통이다. 거의 대부분의 의학 문헌은 기원전 5세기에 활동한 위대한 의사인 코스의 히포크라테스Hippocrates of Cos(전성기 기원전 425년)가 의학의 창시자라고 전한다. 히포크라테스 전통은 이성과 세심한 관찰, 의학적 징후, 자연 치유 등을 강조했으며, 자연철학자들이 추구한 것과 유사한 과학적 사유와 자연 지식 등을 풍부하게 가지고 있었다. 예를 들어 히포크라테스 전통의 이론가들은-이 생각은 19세기까지도 영향력을 발휘했다-세상을 구성하는 4원소(흙, 공기, 불, 물)를 4종류의 체액(피, 점액, 황담즙, 흑담즙)과 연결시키고, 건강은 이 네 가지 체액 사이의 균형이라고 주장했다. 한편 히포크라테스 의학은 회의주의적인 태도-확실한 앎이 가능하다는 것에 대한 의심-를 가지고 있어서 자연철학의 사변 대부분을 멀리했다. 고대 의학은 자연철학보다 기술과 실행을 앞세웠으며, '과학적 의사들'은 많은 '유파流派'와 다양한 형태의 치료 기술—마술, 주문, 꿈 치료 등—을 상대로 경쟁해야 했다.

그리스 세계 전역에 분명한 형태의 의료기관들이 설립되었다. 유명한 의료기관은 나중에 아폴론의 아들로 신격화된 의사인 아스클레피오스Asclepius를 위한 신전과 숭배의 중심지에 주로 있었다. 코스Cos, 에피다우로스Epidauros, 아테네 등에 그 의료기관, 즉 아스클레피에이온Asclepieion이 있었다.

고대에는 의료 행위가 단속 대상이 아니었으며, 의사들이 이곳 저곳을 찾아다니는 일이 흔했다. 의약품은 매우 전문적인 교역 품목이었으며, 의약품 상인은 큰 부를 축적할 수 있었다. 도시국가는 전쟁 시기에 의사들과 계약을 맺었지만, 히포크라테스 전통의 의사를 비롯한 모든 의사들은 대체로 정치적 국가나 정부 관료체계와 상관없이 독자적으로 활동했다.

순수 사유의 세계

초기 그리스 자연철학자들은 비록 추상적인 자연 탐구를 시작했지만, 그들의 노력에는 통일성이 없었다. 또 그들의 전통에 지속적인 과학적 연구가 있었다는 증거는 없다. 이런 상황은 기원전 4세기, 위대한 종합가인 플라톤과 아리스토텔레스에 이르면서 바뀌었다.

플라톤 이전에는 그리스 우주론 또는 천문학 이론에 보편적인 합의가 없었다. 오히려 소크라테스 이전의 전통에는 다양한 모형이 있었던 것으로 유명하다. 기원전 6세기에 밀레투스 학파의 아낙시만드로스는 지구가 공간 속에 떠 있는 원반이며, 인간은 원반의 평평한 표면에서 산다는 가설을 내놓았다. 그에 따르면, 하늘에는 불의 바퀴들이 있으며, 우리가 보는 빛나는 천체는 불 바퀴에 뚫린 구멍이라는 것이다. 그 가운데 별들의 바퀴는 지구에 가장 가깝고, 태양의 바퀴는 가장 멀다. 또, 식蝕은 구멍이 막힐 때 일어난다. 그 밖에 천상의 바퀴들의 위치는 특정한 수학적 비례에 따라 정해져 있다. 이 우주론적 모형은 이미 그 자체로, 즉 모형—우리가 실제 대상을 단순화하여 구성한 유사물—이라는 점에서 주목할 만하다. 아낙시만드로스의 모형은 지구를 떠받치는 것이 무엇인지 설명할 수 있다는 점에서, 즉 지구가 허공에 떠 있다고 설명했다는 점에서 이집트와 메소포타미아의 우주론, 좀더 훗날에 제시된 아낙시메네스의 모형(그는 지구가 공기 속에 떠 있는 탁자라고 주장했다)보다 세련되다. 피타고라스 학파의 모형은 지구를 우주의 중심에서 밀어냈으며, 지구가 (또 아마도 태양도) 어떤 불분명한 중심의 불과 더더욱 불가사의한 반대-지구(counter-Earth) 주위를 돈다고 주장했다.

이상과 같은 모형들이 지닌 기계적이며 어렴풋이 수학적인 성격은 그리스인의 특징을 반영한다. 그러나 이 모형들은 세부적으로 완성되지 못했다.

소크라테스 이전의 형성기를 지나 기원전 4세기경에 고대 그리스에 도착하면 아테네의 플라톤(기원전 428~347)을 만날 수 있다. 플라톤은 '철학을 하늘에서 끌어내린' 바 있는, 기원전 5세기의 위대한 스승인 소크라테스의 제자였다. 소크라테스는 젊은 시절에 자연철학에 관심을 두었으나, 자연에 관한 연구에서는 확실히 알 수 있는 것이 없다는 결론을 내렸다. 그때부터 그는 인간의 경험과 좋은 삶을 탐구하는 쪽으로 관심을 돌렸다고 한다. 그러나 소크라테스는 정치세력의 미움을 샀고, 결국 사형을 선고받았다. 기원전 399년에 소크라테스가 처형된 뒤에 철학의 지휘봉은 플라톤에게 넘겨졌다. 플라톤은 자신이 스승과 달리 자연 세계에 관해 직접적인 진술을 할 준비가 되어 있다고 생각했던 것 같다. 그는 아테네에 사립학교 아카데메이아(800년 동안 유지되었다)를 세워 철학과 자연철학 연구를 공식화했다. 아카데메이아 정문 위에는 이런 경구가 붙어 있었다. '기하학을 모르는 자, 들어오지 말라.'

기하학은 플라톤에게 지적인 훈련으로서, 그리고 추상적이며 완벽한 모든 것의 모범으로서 중요한 의미를 지녔다. 또 기하학은 플라톤 물질이론의 열쇠였다. 그는 기본 원소인 흙, 공기, 불, 물, 에테르에 이른바 완벽한 입체를 대응시켰다. 완벽한 입체란 면이 동일한 정다각형으로 되어 있는 3차원 다면체로, 오직 5개만 존재한다는 것이 기하학자들에 의해 증명된 바 있었다. 그러나 플라톤은 진지한 기하학자나 수학자가 아니라 철학자였다. 게다가 천문학자도 아니었다. 그는 천체를 관찰하지 않았고, 오히려 그런 사람들을 경멸했다.

그럼에도 플라톤은 『티마이오스Timaeus』에서 상당히 복잡한 천체 모형을 제시한다. 그 모형에서 지구는 중심에 위치하는 한편, 회전하는 일련의 껍질 또는 구球들과 기계적으로 연결되어 있으며, 그 구들에는 다양한 천체가 있다. 플라톤 우주론의 신비주의적인 부분이었으며 이후 수백 년 동안 철학의 상식이 된 견해에 따르면, 천체는 신성하고 살아 있다.

플라톤의 우주론은 큰 영향력을 발휘했지만, 대부분의 측면에서 과거 소크라테스 이전의 모형들보다 발전한 것은 아니다. 그러나 결정적인 면에서 플라톤은 천문학과 과학사에 심층적이며 지속적인 영향을 남겼다―그는 그리스 천문학자들에게 구체적인 문제의 해결을 요구했다.

플라톤은 천체들이 멈춰 있는 지구 주위를 원을 그리며 돈다고 믿었다. 그의 이와 같은 믿음은 태양, 달, 행성, 항성들이 24시간에 한 바퀴씩 하늘을 가로지르는 것을 자신의 감각을 통해 관찰한 뒤에 생긴 것이 아니다. 또 천체들이 운동은 하지만 본질적으로 변하지는 않는다는 플라톤의 믿음 역시 과거 세대의 증언에 의지한 것이 아니다. 오히려 플라톤은 천체의 운동에 관한 자신의 견해를 제1원리들first principles에 의지하여 세웠다. 그는 장엄하고 사실상 신성한 지위를 가진 천체들이 영원하고 초월적이며 완벽한 순수 형상의 세계를 표현한다고 믿었다. 플라톤의 형상 세계는 변화하지 않는 이상적 실재이며, 우리의 시간적인 세계는 그것의 불완전하고 빛바랜 반영이다. 그러므로 천체에 적합한 운동은 오직 원운동뿐이다. 원은 곡률이 일정하며 시작도 끝도 없는 완벽한 도형이기 때문이다. 또 천체들은 형상 세계의 완벽함을 충실히 표현해야 하기 때문에 일정하게 운동해야 한다는 것이 플라톤의 결론이었다. 일정한 운동은 빨라지거나 느려짐으로써 불완전성을 드러내지 않으며, 항상 변함없이 진로와 속력을 유지한다. 플라톤 이후의 고대에는 천체들의 원운동이 지극히 당연한 일로 받아들여졌다.

하늘에서 일어나는 운동의 대부분이 원운동처럼 보이지만, 어떤 것은 원운동이라 할지라도 일정한 운동이 아니라는 것은 명백하다. 항성의 일일 운동, 천체들 사이에서 태양의 연중 운동, 달의 1개월 동안의 운동은 모두 원운동으로 보이지만, 다른 것들은 그렇지 않다. 특히 행성, 즉 '떠돌이별'들을 몇 개월 동안 지속적으로 관찰하면 그들의 운동이 원운동이 아님을 알 수 있다. 행성은 배경의 항성에 비해 상대적으로 속도가 느려지다가 멈추고 이어서 거꾸로 움직이다가 멈춘 후 다시 앞으로 나아가면서 원이 아닌 닫힌 경로를 그린다. 이것이 행성의 '정지와 역진'이다. 플라톤이 천문학자들에게 원으로 '현상을 구제하라'는 유명한 말을 할 때 가장 먼저 염두에 두었던 것이 바

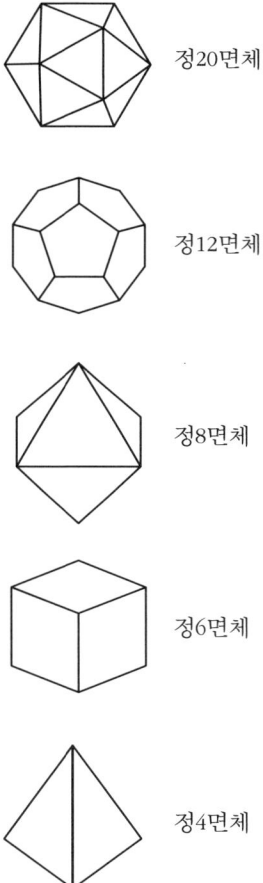

그림 4.2__플라톤 입체. 플라톤은 정다면체(모든 면이 동일한 정다각형인 다면체)가 다섯 개만 존재한다는 것을 알았고, 각각의 다면체를 원소에 대응시켰다.

로 이 문제였다. 행성의 정지와 역진에 대한 설명은 플라톤 이후 16세기의 코페르니쿠스에 이를 때까지 거의 2천 년 동안이나 천문학의 중심적인 과제였다.

행성의 운동은 곤란한 문제였다. 플라톤은 행성이 그런 식(원을 그리며)으로 움직인다고 믿었지만, 관찰의 결과는 행성이 다른 식(닫힌 고리를 그리며)으로 움직인다는 것을 보여주었다. 해결해야 할 대립과 연구해야 할 과제가 분명해 보였다. 그러나 다음과 같은 결정적인 반전에 주목해 볼 필요가 있다―플라톤과 그의 추종자들처럼 행성이 보이는 것과 무언가 다르게, 이를테면 일정하게 원을 그리며 움직여야 한다고 생각하지 않는다면, 관찰된 정지와 역진은 아무 문제가 되지 않는다. 그러므로 플라톤에서 시작된 천문학의 패러다임은 자명한 현상에 대한 단순한 '조사' 이상의 의미를 지녔다. 원과 형상에 대한 플라톤의 선행적인 철학적 (이론적) 신념이 탐구할 현상을 지정했다. 그렇게 플라톤은 과거에는 존재하지 않았던 자연철학의 문제를 던져놓았던 것이다.

그러나 플라톤 패러다임의 숨겨진 의미는 더 강력하다. 그는 행성 문제에 대한 적절하고 수용 가능한 해답이 무엇인지도 지정해 놓았다. 그 해답은 일정한 원운동을 이용하여 일정하지 않은 현상적 운동을 산출하는 모형이다. 다른 모형은 수수께끼의 해답으로 인정할 수 없다.

기원전 4세기의 천문학자들은 플라톤이 부여한 과제를 받아들여 천문학과 우주론 연구에 작지만 뚜렷한 전통을 형성했다. 플라톤의 제자인 크니도스의 에우독소스Eudoxus of Cnidus(전성기 기원전 365년)가 그 시작을 이루었다. 그는 지구를 중심으로 다양하게 회전하는 27개의 중첩된(중심이 같은) 천구들로 이루어진 우주 모형을 제시했다. 에우독소스 모형은 우주를 마치 거대한 양파처럼 만들어놓았다. 몇몇 천구는 항성과 태양, 달의 겉보기 운동을 설명하기 위해 도입되었고, 역진하는 행성 각각에는 네 개의 구가 할당되었다. 하나는 행성의 일일 운동을 설명하기 위해서, 또 하나는 천체 속에서의 주기적인 운동을 위해서 할당되었으며, 나머지 둘은 행성이 정지하고 역진하면서 8자 모양, 즉 이른바 '히포페데hippopede'를 그리는 것을 설명하기 위한 구였다. 그 모형은 '유효했지만', 문제점이 있었다. 관찰된

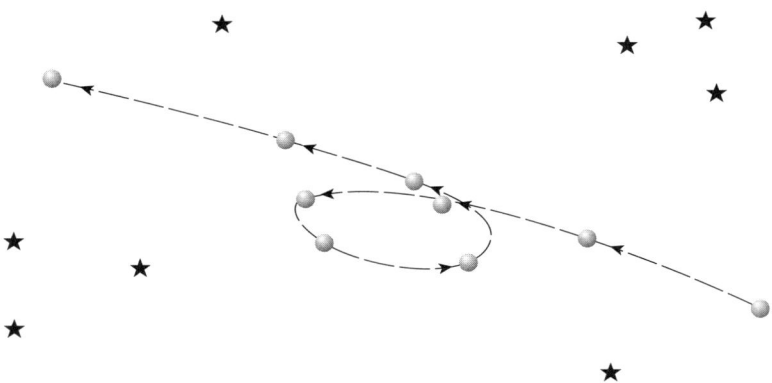

그림 4.3_화성의 역진 운동. 지구에 있는 관찰자에게는 화성이 항성을 기준으로 해서 볼 때 수개월에 걸쳐 운동 방향을 뒤집었다가 다시 뒤집어 원래로 돌아오는 것처럼 보인다. 이 닫힌 고리 궤도를 균일한 원운동으로 설명하는 것이 2천 년 동안이나 천문학자들이 고민한 핵심적인 과제였다.

계절 길이의 비동일성(사계절의 길이가 모두 같지 않다는 점)이 그 중 하나였다.

에우독소스와 동시대인이면서 그보다 젊은 시지쿠스의 칼리포스 Callipus of Cyzicus(전성기 기원전 330년)는 에우독소스 모형을 개량하여 태양을 위한 천구를 하나 추가하고 천구의 총수를 35개로 늘렸다. 그러나 칼리포스의 모형 역시 결함이 있었다. 특히 우주가 어떤 식으로 작동하기에 그렇게 많은 천구가 겹쳐서 서로 다른 속도와 각도로 회전할 수 있는지를 설명할 수 없었다. 다음 세대인 아리스토텔레스(기원전 384~322)는 서로 반대로 움직이는 천구 몇 개를 추가하여 천구의 총수를 55개, 또는 56개로 늘렸다.

에우독소스의 동심 천구 모형과 이와 관련한 작은 연구 전통은 헬레나 시대 이후 거의 사라졌다. 에우독소스의 접근법이 안고 있는 개념적 문제점이 치명적이라는 것이 최종적인 분석의 결론이었다. 계절의 길이가 왜 다른지, 금성의 밝기가 왜 변하는지, 금성과 수성과 태양이 항상 서로 가까이 있는 이유는 무엇인지를 설명할 수 없다는 것 등이 문제점으로 지적되었다. 기원전 2세기의 천문학자들은 동심천구 모형의 대안을 적극적으로 숙고하기 시작했다.

고대의 천문학은 클라우디오스 프톨레마이오스Claudius Ptolemy(전성기 서기 150년)에서 절정에 이르렀다. 프톨레마이오스의 모형은 500년 전의 플라톤과 에우독소스와 동료들이 구성한 모형과 비교했을 때 사뭇 다른 모양이었다.

그럼에도 이와 같은 연구 전통은 여러 중요한 측면에서 주목할 만하다. 첫째, 그것은 그리스의 과학 연구가 과학자들 사이의 합의에 어느 정도 의존했는가를 분명히 보여준다. 다시 말해서, 만일 에우독소스, 칼리포스, 아리스토텔레스 등이 플라톤의 발상이 기본적으로 옳다고 생각하지 않았다면, 그들은 그런 세부적인 연구를 수행하지 않았을 것이다. 이 사례는 관료체제 내에서뿐만 아니라 그리스에서도 과학 연구가 본질적으로 공동체에 기반을 두었다는 사실을 다시 한 번 명백하게 보여준다. 또, 에우독소스와 칼리포스, 아리스토텔레스 등은 무명의 바빌로니아 천문학자와 점성술사들처럼 자연을 단순하게 파악하고 조작하고 이론화한 것이 아니었다. 그들은 일반적인 철학적 · 형이상학적 · 이론적 신념을 세운 뒤에 그것을 지침으로 삼아 자연을 검토했다. 인간의 자연 탐구에 쓰이는 기술은 구석기 시대에 최초로 제작된 달 관찰 표식을 훨씬 능가할 만큼 폭발적으로 발달했다.

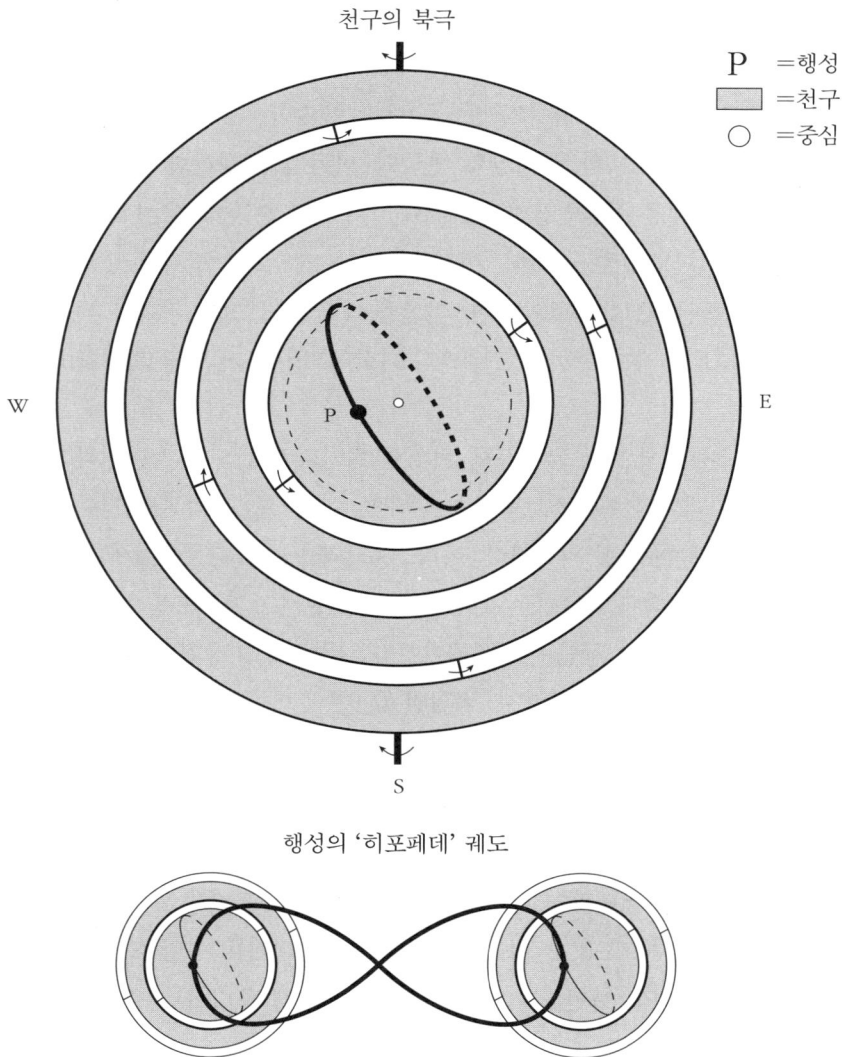

그림 4.4_에우독소스 동심 천구 체계. 에우독소스의 '양파' 체계에서는, 지구가 우주의 중심에 멈춰 있고, 각각의 행성은 여러 천구에 붙어 있으며, 천구들의 운동을 통해 천체의 일일 운동 및 다양한 주기적 운동을 설명한다. 지구의 관찰자가 보면, 행성이 속한 두 개의 천구가 만드는 움직임이 행성의 정지와 역진 운동과 유사한 '히포페데'(8자) 운동으로 보인다(http://faculty.fullerton.edu/cmcconnell/Planets.html 참조—옮긴이).

아리스토텔레스

아리스토텔레스는 과학사의 분수령이다. 논리학, 물리학, 우주론, 심리학, 자연사, 해부학, 형이상학, 윤리학, 미학 등을 망라한 그의 연구는 헬레나 계몽시대의 정점인 동시에 이후 2천 년 동안 유지된 과학과 고급 지식의 원천이었다. 아리스토텔레스는 고대 말기와 중세 이슬람 문화권, 근대 유럽의 과학 전통을 지배했다. 그의 과학과 세계관은 불과 몇 세기 전까지도 우리의 과학적 방법론과 연구 과제를 결정했다.

기원전 384년에 그리스 북부에 위치한 칼키디키 반도의 스타기라Stagira에서 태어난 아리스토텔레스는 귀족 출신으로, 그의 아버지는 마케도니아 왕의 왕실 의사였다. 아리스토텔레스는 플라톤에게서 교육받기 위해 10대에 아테네로 갔다. 거기서 기원전 347년에 플라톤이 사망할 때까지 20년 동안 아카데메이아의 일원으로 머물렀다. 그 후 그는 에게 해 주위를 여행했고, 기원전 343년에 마케도니아 왕인 필리포스 2세의 부름을 받아 그의 아들인 알렉산더(훗날의 알렉산더 대왕)의 개인교사가 되었다. 기원전 336년에 알렉산더가 왕위에 오르고, 이어서 세계 정복을 시작하자, 아리스토텔레스는 아테네로 돌아와 리케이온Lyceum이라는 학교를 세웠다. 기원전 323년에 알렉산더가 갑작스럽게 죽고 나자, 아리스토텔레스는 아테네를 떠나는 것이 정치적으로 옳다고 판단했다. 그는 이듬해에 62세의 나이로 세상을 떠났다.

일반적으로 우리가 아리스토텔레스의 것이라 여기는 방대한 저술 중 일부는 그가 살아 있는 동안에 정리된 것들이지만, 나머지는 그가 죽은 후 200년 동안 제자들에 의해 정리되었다. 어쨌든 더 이전의 자연철학자들이 남긴 자료들이 토막글로만 남아 있는 것과 달리, 아리스토텔레스는 완결된 형태의 책이 여러 권 전해진다. 실제로 우리가 아리스토텔레스 이전 철학자들에 대해 아는 것의 많은 부분은 아리스토텔레스의 글에서 언급된 것들이다.

사회학적인 관점에서 볼 때, 아리스토텔레스의 연구는 모든 헬레나 과학자들이 그렇듯이 국가권력의 지휘를 받지 않았다. 그는 제도적인 기관에 소속되지 않았다. 아리스토텔레스 자신이 세운 교육 장소인 리케이온―아테네 외곽의 작은 숲―은 그의 생전에는 공식적인 학교가 아니었다. 그러므로 그는 자유로운 선생에 가까웠고, 그 자신이 순수과학 발전의 공로자라고 추앙했던 여유로운 지식인들 가운데 한 명이었다.

아리스토텔레스의 연구 주제들은 그의 사회적 지위를 반영한다―주제들은 완전히 추상적이며 공학이나 의학, 혹은 정치 등에 유용성을 갖지 못했다. 그는 비록 순수연구와 응용연구의 구분, '사변적인 철학자'와 '실행자'의 구분을 인정했지만, 자연철학을 연구할 때는 개인적인 관심의 영역을 고수했다. 심지어 병의 치료에 유용할 수 있는 해부학과 생물학 연구를 대할 때도 아리스토텔레스는 이성적인 우주론 속에서 생물이 어떤 위치를 차지하는가에 초점을 맞추었다. 17세기까지 영향력을 발휘한 그의 운동 이론 역시 순전히 이론적인 연구 프로그램의 일부였고, 기술적으로나 경제적으로 응용될 수 있는 실용적인 성격은 갖지 못했다.

과학과 기술의 관계에 대한 아리스토텔레스의 입장은 분명하다. 그는 인류가 실용적으로 필요한 기술을 획득한 후에 여유로운 지식인들이 순수과학을 발전시켰다고 말한다. "모든 (실용적인) 것이 이미 마련된 후에 삶의 즐거움이나 필요를 다루지 않는 과학이 발견되었다. 그리고 그 발견은 인간이 여유롭게 사는 지역에서 가장 먼저 이루어졌다." 순수과학이 발전하게 되는 동기는 호기심이었다. "오늘날에도 그러하듯이 최초로 인간을 (자연)철학 연구로 이끈 것은 경탄 wonder이었다……. 그러므로 인간이 무지를 벗어나기 위해 철학을 택했다면, 과학 추구는 유용한 응용을 위해서가 아니라 지식 그 자체를 위해서였다는 것이 명백하다." 따라서 아리스토텔레스의 견해는 헬레나 과학자들이 순수과학과 응용과학을 지향한 비율이 대략 4 대 1이었다고 보는 현대 연구자들의 견해와 일치한다.

아리스토텔레스 이후의 자연철학자들에게 아리스토텔레스의 힘과 아름다움은 주로 그의 세계관이 지닌 통일성과 포괄성에서 비롯되었다. 아리스토텔레스는 자연 세계와 그 속에서 인간의 자리에 대한 포괄적이고 일관적이며 지적으로 만족스러운 그림을 제공했다. 그 그림은 규모와 야심에서 지금도 견줄 수 있는 상대가 없다.

아리스토텔레스의 물리학, 그리고 사실상 그의 자연철학 전체는 상식의 과학이라고 말하는 것이 적절하다. 초월주의자인 플라톤과 달리 아리스토텔레스는 감각과 관찰이 타당하다고 주장했다—심지어 그것들이 앎에 이르는 유일한 통로라고 주장했다. 아리스토텔레스의 주장들은 우리가 아는 세계에 관한 일상적인 관찰과 평범한 경험에 늘 일치한다(반면에 현대 과학은 명백한 관찰에 자주 대립하며 감각을 인정하기 전에 재교육할 것을 요구한다). 양률적이고 초월적인 피타고라스학파나 플라톤 추종자들의 접근법과 달리 아리스토텔레스는 사물의 감각적 질質을 강조했다. 따라서 아리스토텔레스의 자연철학은 더 상식적이었고 믿음직스러웠다.

아리스토텔레스의 물질이론은 그의 우주관 전체에 접근하기에 좋은 입구이다. 그는 엠페도클레스와 플라톤에 이어 4원소, 즉 물, 불, 흙, 공기를 주장했다. 그러나 원소들이 추상적인 정다면체로 되어 있다고 믿은 플라톤과 달리 아리스토텔레스는 좀더 근본적이며 서로 대립하는 성질의 쌍으로 이루어졌다고 보았다. 그는 뜨거움, 차가움,

젖음, 건조함이 그 자체로는 성질이 없는 제일질료prima materia 속으로 들어가 네 원소가 만들어진다고 믿었다. 그러니까 〈그림 4.5〉에서 보듯이, 젖음과 차가움은 물을 만들고, 뜨거움과 건조함은 불, 젖음과 뜨거움은 공기, 차가움과 건조함은 흙을 만든다. 평범한 흙을 비롯한 모든 복합적인 물체는 순수 원소들의 혼합물이며, 순수 원소는 분리된 상태로 발견되지 않는다. 또 초월적인 형상세계에만 실재성이 있다고 생각한 플라톤과 달리 아리스토텔레스는 우리가 경험하는 세계가 실재적이라고 주장했다. 세계 속의 대상들(예컨대 탁자와 나무)은 질료와 형상의 분리할 수 없는 결합이기 때문이다. 아리스토텔레스의 물질이론은 탁월하게 합리적이며, 예컨대 물이 끓는 것을 물이 차가움 대신에 뜨거움을 얻어 '공기'로 변환되는 것이라고 설명한다는 점에서 경험에 부합한다. 이 경우에 가열은 물의 차가움과 젖음을 공기의 뜨거움과 젖음으로 대체하는 효과를 가지는 것이다. 이런 질적인 원소이론이 연금술에 이론적 기반을 제공했다는 사실을 기억해 두자. 연금술은 이런 질적인 원소이론에 따라, 성질 없는 제일질료 속으로 여러 성질이 들어가 원소가 만들어진다면, 이를테면 납에서 고유의 성질을 제거하고 금의 성질을 집어넣는 것이 이론적으로 가능한 일이라고 믿는다. 이런 질적인 원소이론과 아리스토텔레스의 권위가 연금술에 정당성을 부여했던 것이다.

아리스토텔레스에게 물리적인 운동―위치의 변화―은 변화 또는 바뀜 일반의 특수한 경우에 불과하다. 성장, 발효, 부패 등이 모두 변화 일반에 속한다. 그는 운동을 원소의 본성과 연결시켰다. 흙과 물은 무겁기 때문에 본성적으로 우주의 중심을 향해(즉, 지구의 중심으로) 움직인다. 공기와 불은 가볍기 때문에 본성적으로 중심에서 멀어지는 방향으로 움직인다. 이런 본성적인 운동을 설명하는 데 더 필요한 것은 없다. 이는 현대 물리학에서 관성운동을 특별히 설명할 필

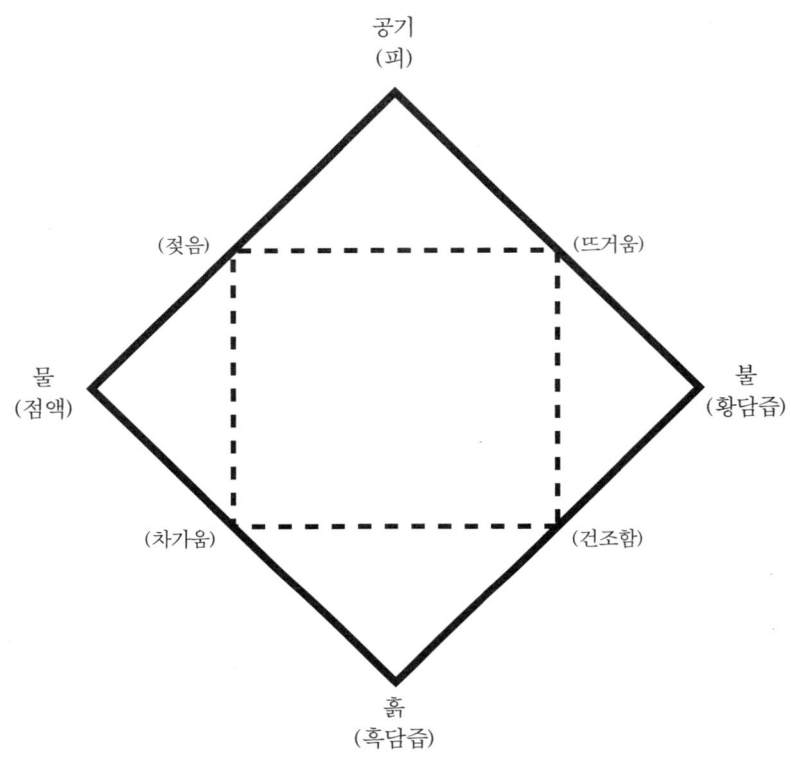

그림 4.5__아리스토텔레스의 원소들. 아리스토텔레스의 물질이론에서는 쌍을 이룬 성질(뜨거움-차가움, 젖음-건조함)이 네 원소, 즉 물, 불, 흙, 공기를 결정한다. 한 성질을 다른 성질로 교체하면 원소가 바뀐다. 또 각각의 원소는 '체액'과 연결된다. 따라서 아리스토텔레스의 물질이론은 생리학, 의학 등과 연결된다.

가 없는 것과 같다. 따라서 각각의 원소는 우주 속에서 이른바 자연적인 위치를 차지하려 한다. 흙은 중심에 있고, 그 주위를 물과 공기와 불의 층이 둘러싼다. 따라서 아리스토텔레스의 이론적 분석은 우리가 자연에서 관찰하는 것, 즉 호수와 바다가 흙 위에 있고, 공기 방울이 물 속에서 위로 올라가고, 공기가 흙과 물 위에 있으며, 불이 공기 속에서 위로 올라가고, 유성이 하늘에서 빛을 내는 것과 잘 맞아

떨어진다.

그러나 흙과 물, 공기, 불이 층을 이루어 우주의 중심을 둘러쌀 때 완벽한 구형이 이루어지지 않는다. 그것은 지상地上이 변화와 불완전성과 타락과 위반의 영역이기 때문이다. 지상에서 사물은 완전하고 불변하며 타락할 수 없는 천상天上의 영역에서와 달리 뒤죽박죽 상태가 된다. 이와 같은 생각을 뒷받침하기 위하여 아리스토텔레스는 경험적인 근거를 제시했다. 공기가 담긴 주머니를 물 속에 넣으려고 하면, 공기를 자연적인 위치에서 물의 영역 속으로 옮기는 것에 대한 저항을 느낄 수 있다. 또 공기 주머니를 강제로 물 속에 넣고 손을 떼면, 공기 주머니는 곧 자발적으로 공기의 영역으로 돌아온다.

아리스토텔레스의 세계관 속에서 지구는 본질적으로 구형이며 우주의 중심에 완전히 정지해 있다. 특이한 사고 실험이지만, 만일 우리가 지구를 중심에서 다른 곳으로 옮겨놓으면, 지구를 이루는 부분이 자연적으로 흩어져 우주의 중심으로 돌아간 후 다시 뭉칠 것이다. 이는 던져올린 돌이 공기와 물을 지나 자신의 자연적인 위치로 돌아가는 것과 같다. 따라서 아리스토텔레스의 지구 중심 우주론―구형의 지구가 우주의 중심에 멈추어 있다는 생각―은 물리학의 권위에 의해 뒷받침되며, 지구가 멈추어 있고 천체가 움직인다는 우리의 감각 경험과 일치한다. 아리스토텔레스는 지구가 구형이라는 것을 월식 때 지구가 달에 드리우는 그림자 등을 통해 입증했다. 또 그는 지구의 운동에 대한 상식적인 반론들을 제시했다. 예를 들자면, 똑바로 던져올린 공이 정확히 원래의 위치로 떨어진다는 관찰 사실을 지적했다.

자연적인 운동은 지상의 영역과 (상승운동과 하강운동) 천상의 영역에서 (원운동) 서로 다르므로, 아리스토텔레스의 우주론은 그 두 영역의 물리학을 엄밀히 구분한다. 지상의 물체는 자연적으로 운동할 때, 즉 그 운동이 살아 있는 운동자나 외적인 운동자에 의해 시작되거나 유지되지 않을 때, 가벼운가 또는 무거운가에 따라서 위로 또는 아래로, 즉 지구의 중심에서 멀어지거나 가까워지는 방향으로 운동한다. 지상의 영역 혹은 월하月下의 영역은 달 궤도 아래의 세계로서, 그곳에서는 네 원소가 자연적인 위치를 향해 움직인다. 달 위의 하늘은 제5원소, 즉 아리스토텔레스의 에테르ether가 있는 천상의 영역이다. 에테르는 다른 원소들과 결합하지 않으며, 부패하지도 않고 오직 순수한 상태로 자신의 독자적인 영역인 천상에만 존재한다.

아리스토텔레스는 에테르에도 자연적인 운동, 즉 중심에 다가가거나 멀어지는 직선운동이 아니라 중심 주위를 도는 완벽한 원운동을 부여했다. 천상의 영역이 완전하다는, 형이상학적이어 보이는 주장은 자연주의적인 관찰에 기반을 두고 있기도 하다. 실제로 천체는 구형으로 보이며, (적어도 일일 운동에서는) 완벽한 원을 그리며 지구 주위를 도는 것처럼 보인다. 흐름과 변화의 세계에 속한 우리가 바라보는 천체의 지속적이며 변함없는 모습은 에테르의 불변성과 관련이 있다. 천상 영역과 지상 영역에 별개의 운동법칙을 할당하는 이중적인 물리학은 일상 경험이나 관찰 결과와 일치했고, 17세기에 뉴턴의 운동법칙들과 보편적인 중력에 의해 우주 전체에 대해 단일한 물리학이 제시될 때까지 온전히 유지되었다.

우리는 물, 불, 흙, 공기 등으로 이루어진 물체들의 자연적인 상하운동 외에도 비자발적인 운동을 쉽게 관찰할 수 있다. 예를 들자면, 화살이 날아가는 운동 같은 것 말이다. 아리스토텔레스에 따르면, 그런 운동이 모두 (자연에 반하는) 강제적인 또는 억지스러운 운동이다. 그런 운동은 항상 외적인 운동자, 즉 외적인 힘을 공급하여 운동을 일으키는 어떤 것 혹은 어떤 사람이 필요하다. 게다가 그런 운동이 가능하기 위해서 운동자는 운동하는 물체와 지속적으로 접촉해야

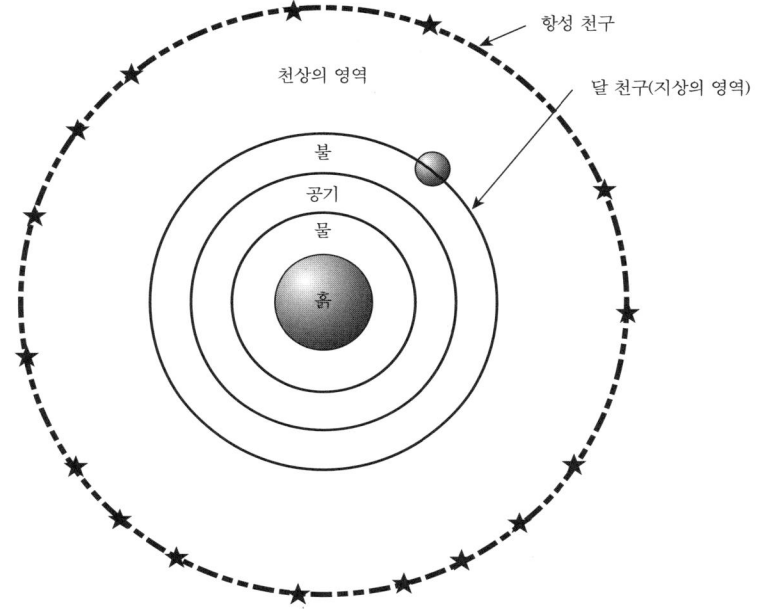

그림 4.6_아리스토텔레스의 우주. 아리스토텔레스에 따르면, 각각의 원소는 우주 속에 '자연적인 위치'를 가지고 있다. 지상의 영역(달 아래의 영역)에서 흙과 물은 '자연적으로 (본성적으로)' 직선을 그리며 우주의 중심(지구)을 향해 아래로 움직이고, 공기와 불은 '자연적으로' 직선을 그리며 중심에서 먼 곳을 향해 위로 움직인다. 달의 궤도는 네 원소가 (불타는 유성과 혜성도) 있는 지상 영역과 제5원소인 에테르가 있는 천상 영역의 경계이다. 에테르의 자연적 운동은 원운동이며, 항성과 행성은 천상 영역에 있으면서 원운동을 한다.

한다. 거의 모든 경우에 우리는 아리스토텔레스가 말하는 운동자를 쉽게 지적할 수 있으며, 그의 원리가 입증되는 듯하다. 수레를 끄는 것은 말이며, 돛을 부풀리는 것은 바람이며, 펜을 움직이는 것은 손이다. 그러나 역설적인 반례들이 존재한다. 화살이나 투창은 운동자와의 접촉이 끊긴 후에도 날아간다. 그때 이것들의 운동자는 무엇이란 말인가? (아리스토텔레스는 매질이 운동을 유지시킨다고 말했다.) 더 나아가 아리스토텔레스는 운동자 없이 일어나는 것처럼 보이는 식물과 동물의 운동은 그것들의 영혼—식물적 영혼과 동물적 영혼(인간의 경우에는 이성적 영혼)—에서 나온다고 설명했다.

던져진 물체의 운동이라는 까다로운 사례만 제외하면, 아리스토텔레스의 이론은 적어도 물리적인 세계에 대한 일상적인 관찰과 일치하는 것처럼 보인다. 아리스토텔레스는 이런 일반 원리에서 더 나아가 힘과 속도와 저항 사이에 양적인 관계를 설정했다. 이와 같은 아리스토텔레스의 주장은 완전히 잘못된 것은 아니었다. 그는 뭍으로 끌어당겨지는 배를 예로 들었다. 이때 배는 당연히 스스로 움직이는 것이 아니라 외적인 운동력을 필요로 한다. 그 힘이 충분히 강해서 배와 모래 사이의 마찰에 의한 저항을 극복해야만 배를 움직일 수 있다. 배가 끌리는 속도는 배에 가해지는 힘이 얼마나 큰지에 달려 있다. 세게 잡아끌수록 배의 속도는 빨라지며, 마찰이 클수록 배의 속도는 느려진다. 낙하하는 물체의 경우, 운동력은 물체의 무게에 비례하며, 따라서 무거운 물체는 가벼운 물체보다 빨리 낙하한다(흙을 많이 포함한 물체일수록 더 무겁기 때문에 좀더 쉽게 '공기를 뚫고' 자연적인 위치로 내려간다). 이런 생각은 아리스토텔레스의 원리들에서 도출되며 우리의 경험과 조화를 이룬다. 예컨대 무거운 책은 가벼운 종이보다 빨리 떨어진다. 또 동일한 물체는 공기 속에서보다 물 속에서 더 느리게 떨어지며, 꿀이나 융해된 납 속에서는 더욱 느리게 떨어지거나 심지어 뜰 수도 있다. 그 밖의 많은 사례에서 아리스토텔레스의 주장은 우리의 관찰과 경험에 일치한다. 아리스토텔레스의 자연철학이 그토록 오랜 세월 동안 세상을 지배한 이유를 쉽게 이해할 수 있는 대목이다.

아리스토텔레스의 운동법칙에서 도출되는 또다른 중요한 원리는, 운동이 일어나려면 최소한의 밀도를 지닌 매질이 있어야 한다는 것이다. 다시 말해서, 진공 속에서 운동은 불가능하다. 진공 속에서 운동은 저항이 없는 운동이라는 뜻을 지닌다. 그러나 만약 저항이 '0'이라면, 운동하는 물체의 속도는 무한히 커지고, 이는 그 물체가 동시에 두 위치에 있을 수 있음을 의미한다. 이는 모든 경험에 완전히 모순되는 명백한 부조리이다. 이와 같은 아리스토텔레스의 진공에 대한 거부에서 원자론에 대한 반박이 파생되었다. 아리스토텔레스는 원자들이 빈 공간 속을 움직인다는 생각을 반박했다. 아리스토텔레스에게 공간은 완전히 채워져 있어야 했다. 아리스토텔레스 운동이론의 힘과 포괄성은 간헐적으로 상당한 세력을 얻은 반론들을 극복했다. 그러나 결국 근본적인 과학혁명이 일어남으로써 운동이 매질 속에서 일어난다는 아리스토텔레스의 견해를 밀어내고 대안적인 이론이 등장하게 되었다. 세계의 재료, 위치의 개념, 운동의 원리에 대한 아리스토텔레스의 견해는 2천 년 동안이나 타당성을 유지했으며, 그리스 전통 속에서 자연철학의 연구자들은 그의 견해를 공유했다.

아리스토텔레스의 사상을 논하면서 물리학을 지나치게 강조하는 것은 오류일 것이다. 비록 물리학이 그의 세계관에서 근본적인 것은 사실이지만 말이다. 아리스토텔레스는 관찰 생물학—거의 실험 생물학이라 해도 좋다—과 분류학에 매우 뛰어났고, 엄청난 영향력을 발휘했다(그러나 생물학이라는 단어는 19세기에야 등장했다는 사실을 기억하자). 그는 닭의 배아 발달을 세심히 관찰하는 등의 경험적인 연구를 수행했다. 아리스토텔레스가 남긴 저술의 약 3분의 1이 생물학과 관련된 것들이다. 결정적으로, 무엇보다도 중요한 변화의 문제에 대한 아리스토텔레스의 설명은 물리학이 아닌 생물학에서 나왔다. 생물의 성장과 발달은 아리스토텔레스에게 변화의 모범이었고, 그에게 변화는 '됨becoming'의 과정, '잠재적인 것이 실현되는 과정'이었던 것이다. 도토리가 참나무가 되는 것을 전형적인 예로 들 수 있다. 성장 또는 변화는 이미 잠재적으로 존재하는 것들을 끄집어낼 뿐이다. 따라서 아리스토텔레스는 무에서 유를 창조해야만 하는 파르메니데스의 역설을 피할 수 있다. 더 나아가 아리스토텔레스에게 하나의 형상이 사라지는 것은 다른 형상이 되는 것을 의미한다. 따라서 우주는 무한히 반복되는 시간의 주기 속에서 영원해야 한다.

생물에 대한 상세한 연구 속에서 아리스토텔레스는 체계적인 분류학의 선구자가 되었다. 그는 거대한 생물들의 위계를 구성했다. 동물을 '피 없는' 무척추동물과 피 있는 척추동물로 분류했으며, 각각 식물과 동물과 고차원적인 인지 기능을 가진 인간에 대응하는 세 종류의 '영혼'(식물적 영혼, 감각적 영혼, 이성적 영혼)을 이야기함으로써 해부학과 생리학, 또는 신체의 작동에 관한 연구의 발판을 마련했다. 아리스토텔레스는 자연발생을 인정했고, 증식은 수컷이 '형상'을 제공하고 암컷이 '질료'를 제공하여 이루어진다고 믿었다.

긴 세월 동안 아리스토텔레스는 생물학에서도 물리학 못지않은 영향력을 발휘했다. 특히 후기 그리스 로마의 의사이며 중요한 이론가인 갈레노스는 아리스토텔레스를 기준틀로 삼아 연구를 시작했다. 아리스토텔레스의 뒤를 이어 아테네 리케이온의 지도자가 된 에레수스의 테오프라스토스Theophrastus of Eresus(기원전 371~286)는 스승의 연구를 식물학까지 확장했다. 그의 식물학은 18세기까지 표준적인 원전으로 남았다.

아리스토텔레스는 독단적인 철학자가 아니었고, 그의 말은 교리로서 떠받들지 않았다. 오히려 그의 기본적인 가르침은 유지되었지만, 그의 연구 전체는 수백 년에 걸쳐 전개된 탐구의 전통과 과학적 연구를 위한 디딤돌 역할을 했다. 예를 들어, 테오프라스토스는 불이 기본 원소 중 하나라는 아리스토텔레스의 가르침을 통렬하게 비판했다. 테오프라스토스의 뒤를 이어 기원전 286년에서 268년까지 리케이온을 지도한 람프사코스의 스트라토Strato of Lampsacus는 운동과 관련해서 가속 현상을 강조하며, 아리스토텔레스가 운동의 출발점과 끝점에서 물체의 운동이 빨라지거나 느려지는 것을 간과했다고 비판했다. 좀더 세월이 흐른 뒤에 비잔틴의 자연철학자인 요하네스 필로포누스Johannes Philoponus도 아리스토텔레스의 운동이론에 대한 논쟁에 가담했으며, 중세 유럽의 사상가들은 논쟁을 심화시켜 마침내 아리스토텔레스의 가르침을 근본적으로 수정하기에 이르렀다. 이런 비판의 전통은 2천 년 이상 발전적으로 지속되었다.

아리스토텔레스의 저술은 고대 후기, 이슬람, 중세 유럽 문화의 고급 지식을 위한 기반이 되었다. 그의 우주는 근본적으로 신학적이었다. 아리스토텔레스는 플라톤과 마찬가지로 하늘이 살아 있고 신성하며 부동자Unmoved 또는 제일운동자Prime Mover에 의해 움직인다고 주장했다. 이런 점에서 아리스토텔레스의 철학은 유대교와 기독교, 이슬람교의 신학과 조화될 수 있었다. 이 세 종교의 신학자들은 자신이 믿는 종교의 교설을 아리스토텔레스의 가르침과 일치시키기 위해 노력했다. 같은 맥락에서 비잔틴, 이슬람, 기독교 과학자들은 종교에서 영감을 얻어 자신들이 신의 작품이라고 믿은 자연을 이해하려 했다. 아리스토텔레스의 철학 가운데 다른 많은 부분도 존재의 위계를 설정한다는 점에서 좀더 훗날의 기독교와 정치권력의 동조를 얻을 수 있었다. 이 점 역시 아리스토텔레스의 자연철학이 긴 세월 동안 성공적이었던 원인 중 하나로 작용했을 것이다.

아리스토텔레스의 지적인 유산은 그리스를 계승한 문명의 과학 사상사를 지배했다. 그의 분석이 가지는 명료함과 시각의 우주적인 포괄성은 헬레나 계몽시대의 뒤를 이은 과학적 문화의 표준이 되었다.

아리스토텔레스와 그의 제자인 알렉산더 대왕이 1년 간격으로 (한 사람은 기원전 322년에, 다른 한 사람은 323년에) 비슷한 시기에 죽은 데에서 상징적인 의미가 느껴진다. 둘 다 각자의 방식으로 당대의 세계를 바꾸어놓은 인물이기 때문이다. 그들이 죽은 뒤에 곧바로 이어진 세계는 그들이 살았던 세계와—과학적·정치적으로—전혀 달랐다.

알렉산더 이후

그리스 도시국가들이 연합하기 시작한 것은 아리스토텔레스가 살아 있을 때의 일이다. 그리스 북부에 위치한 마케도니아에서는 국지적인 왕인 필리포스 2세가 세력을 규합했다. 기마 보병과 투석 포병을 거느린 그는 그리스 반도를 정복하고 통일하기 시작했다. 기원전 336년에 필리포스 2세가 암살되자, 그의 아들인 알렉산더가 아버지의 대업을 이어받아 고대 세계 최대의 제국을 건설했다. 알렉산더는 당대에 '승리자the Triumphant'라 불렸고, 오늘날에는 '대왕the Great'이라 불린다.

알렉산더 대왕의 제국은 페르시아 제국이 멸망한 기원전 334년부터 알렉산더가 33세로 요절한 기원전 323년까지 11년밖에 지속되지 못했다. 전성기의 알렉산더 제국은 이오니아와 마케도니아를 포함하여, 기원전 4세기의 헬레나 그리스 세계뿐 아니라 나일 강 유역의 이집트 문명에서 티그리스 강과 유프라테스 강의 범람원에 자리잡은 메소포타미아의 최초 문명, 또 동쪽의 인더스 강 유역까지 영향력을 미쳤다. 알렉산더가 죽은 후 인도는 다시 인도인의 지배 아래에 놓이게 되었고, 제국은 세 개의 왕국으로 붕괴했다. 마케도니아(그리스 반도 포함), 이집트, 메소포타미아의 셀레우코스 왕국Seleucid Empire이 그것이다(〈지도 4.1〉 참조). 확대된 그리스 세계는 알렉산더가 죽은 뒤에 크게 재편되었기 때문에, 그 시기는 제국 이전의 '헬레나' 문명과 구별하기 위해 '헬레니즘 시대'라고 부른다.

헬레니즘 시대의 개막은 고대 과학사의 단절을 의미하기도 한다. 독립적인 개인들이 주도한 헬레나 자연철학은 물러나고, 헬레니즘 시대-그리스 과학의 황금기-의 새로운 연구 조직과 사회적 지원이 시작되었다. 헬레니즘 과학과 그리스-로마 과학의 주요 특징은 최소한 부분적으로는 순수과학과 자연철학의 제도화에서 비롯되었다. 그 가운데 가장 유명한 것은 알렉산드리아의 박물관과 도서관이다. 달리 표현한다면, 헬레니즘 과학은 헬레나 자연철학, 그리고 동방 왕국들에서 기원한 국가 지원 과학 패턴의 역사적 융합 또는 잡종이다. 동방의 왕과 지배자들은 유용성을 지향하는 관료적인 과학을 지원했다. 반면에 헬레나 과학은 추상적인 사유를 추구한 독립적인 사상가들의 업적이었다. 이에 비해 고대 근동 지역의 헬레니즘 과학은 그 상반된 두 전통이 결합된 형태였다. 과학과 추상적인 지식에 대한 국가의 지원과 보호는 헬레니즘 문화의 새로운 강점이었고, 이후 그리스 전통을 계승한 모든 사회에서 과학사의 한 패턴으로 남았다.

알렉산드리아의 박물관과 부속 도서관은 동방과 서방의 과학적 전통이 융합된 모습을 보여주는 좋은 예이다. 발전된 헬레니즘 과학과 그리스-로마 과학의 가장 중요한 중심지는 이집트였다. 관개농업을 바탕으로 한 거대 문명으로, 수천 년 동안 과학을 지원해 온 이집트는 계속해서 헬레니즘 전통의 과학을 아낌없이 후원했다.

지리적으로 동방과 서방의 교차로에 있던 알렉산드리아는 알렉산더 대왕이 살아 있을 당시 나일 강 삼각주의 지중해 연안에 건설된 신도시였다. 헬레니즘 이집트의 첫번째 그리스 왕인 프톨레마이오스 소테르Ptolemaios Soter는 과학과 교육을 국가 차원에서 지원하는 전통을 세웠고, 그의 후계자인 프톨레마이오스 필라델푸스Philadelphus

는 기원전 280년경에 알렉산드리아 박물관을 설립했다. 박물관은 다양한 형태의 공식적인 지원과 보호 속에서 5세기까지 700년 동안 유지되었다. 700년이면 오늘날 전세계에서 가장 오래 된 대학과 거의 비슷한 나이다.

알렉산드리아 박물관은 본질적으로 연구기관—고대의 고등학술연구소—이었다. 오늘날의 박물관과 달리, 고대의 박물관은 소장품을 진열하는 곳이 아니었다(박물관이 소장품을 진열하는 것은 르네상스 시대에 유럽에서 처음 생긴 기능이다). 오히려 박물관museum은 신화 속에 등장하는 아홉 명의 뮤즈Muse—역사학의 뮤즈인 클리오Clio, 천문학의 뮤즈인 우라니아Urania 등—에게 헌정된 신전이었다. 알렉산드리아 박물관에서는 그리스와 동방의 전통을 결합시킨 연구원들이 충분한 국가적 지원을 받으며 자율적으로 연구를 수행했다. 이집트의 프톨레마이오스 왕조와 그 후계자들은 궁전 근처에 박물관과 거기에 딸린 부속 시설들로 이루어진 멋진 연구 단지를 조성하고 유지했다. 연구 단지에는 강의실, 강당, 해부실, 정원, 동물원, 천문대 등의 연구 시설이 포함되었다. 거기에 프톨레마이오스 왕조는 화려한 도서관을 추가했으며, 도서관은 오래지 않아 50만 개 이상의 파피루스 두루마리를 소장하게 되었다. 고대의 국가적 지원은 통치자 개인의 씀씀이에 따라 변덕스러웠지만, 알렉산드리아 박물관은 한때 100명 이상의 과학자와 문헌학자를 고용했으며, 그들은 국가에서 지원금을 받고 어떤 의무에도 얽매이지 않은 상태로 헬레나식으로 자유롭게 연구할 수 있었다.

마치 희귀조류를 사로잡아 황금 새장에서 키우듯이 학자들을 고용하고 지원했다는 기록이 남아 있는 것은 놀라운 일이 아니다. 순수학문에 대한 국가의 지원은 그렇게 문화적 이중성을 띠게 마련인 것이다. 훗날의 로마 황제들 역시 헬레니즘 시대의 왕들 못지않게 과학을 국가적으로 지원하는 특이한 전통을 유지함으로써 알렉산드리아를 헬레니즘과 그리스-로마 시대의 가장 중요한 과학 중심지로 만들었다.

프톨레마이오스 왕조와 그 밖의 헬레니즘과 그리스-로마의 지배자들이 어떤 동기로 과학과 지식을 후원했는지는 분명치 않다. 물론 그들은 실용적인 대가를 추구했고, 제도의 압력은 박물관 과학자들의 연구를 최소한 간접적으로는 실생활에 유용한 쪽으로 이끌었을 것이다. 박물관이 해부학·의학 연구를 지원했다는 사실은 이와 같은 추측에 힘을 실어준다. 마찬가지로 동물원은 전투용 코끼리를 키웠고, 도서관은 행정학과 현대의 '정치학'에 해당하는 서적들을 수집했으며, 학자들은 지리학과 지도 제작법을 연구했다. 아마 실용적인 군사학 연구도 박물관에서 이루어졌을 것이다. 남아 있는 자료들은 헬레니즘 과학자들이 과거의 헬레나 과학자들보다 실용성 쪽으로 더 기울어 있었음을 시사한다.

그러나 지배자들이 박물관에 둥지를 튼 '희귀한 새'들을 지원한 데에는 직접적인 효용보다는 지원자가 누릴 수 있는 명예와 영광과 위신에 더 큰 이유가 있었던 것으로 보인다. 프톨레마이오스 왕조나 로마의 황제들이 추상적 연구 결과와 실용적 산물의 상대적인 가치를 어떻게 평가했으며, 아울러 어떤 차이를 두고 지원했는지는 다른 문제로 치더라도 말이다.

헬레니즘 시대의 학문에 대한 지원은 알렉산드리아에만 국한되지 않았다. 고대 후기의 여러 도시가 박물관과 도서관을 자랑했다. 그 가운데 하나가 과학과 학문에 대한 국가적인 지원을 놓고 알렉산드리아와 경쟁한 페르가몬Pergamon의 도서관이다. 공식화된 플라톤 아카데메이아와 아리스토텔레스 리케이온의 지위는 아테네에도 학문에 대한 지원이 있었음을 시사하며, 이 학교들에도 헬레니즘의 특징이 있었다. 앞에서 살펴보았듯이, 이 학교들은 애초에 헬레나 시대에 비공식적이며 완전히 사적인 스승과 학생의 집단에서 출발하여 창립자의 사상을 연구하는 데 몰두했다. 또, 이 학교들은 합법적인 지위를 가지고 있었으며, 특히 종교 집단으로서 인정을 받았지만, 공적인 지원 없이 자족적인 학자들의 공동체로 유지되었다. 아카데메이아와 리케이온의 공식화된 제도적 성격은 알렉산드리아가 주도한 분위기 속에서 로마 황제인 안토니누스 피우스Antoninus Pius와 마르쿠스 아우렐리우스Marcus Aurelius가 서기 2세기에 아테네를 비롯한 여러 곳에 제국 교수직을 신설하면서 더욱 강화되었다. 아테네의 리케이온과 알렉산드리아 박물관은 서로 교류했고 연구원을 교환했다. 리케이온은 최소한 2세기 말까지 활발히 활동했고, 아카데메이아는 6세기까지, 즉 설립 후 거의 1천 년 동안 유지되었다. 하지만 리케이온과 아카데메이아는 교육이 핵심 활동인 학교였고 연구 자체는 부차적 활동이었다. 자유로운 연구를 위해 학자들을 지원했던 알렉산드리아 박물관과는 성격이 달랐던 것이다.

알렉산드리아에서는 주로 문헌학 연구가 이루어졌지만, 박물관 설립 후 처음 1세기 동안, 즉 기원전 3세기경에 과학 활동이 역사적으로 유례가 없을 만큼 번창한 곳도 그곳이었다. 추상적·형식적 수학의 전통은 알렉산드리아가 이룬 가장 위대하고 영구적인 성취였다.

유클리드 기하학으로 대표되는 헬레니즘 수학은 극도로 형식적이고 비非산술적이었다. 때문에 그것은 기술자들이 필요로 하는 내용과 거리가 멀었지만, 이후에 이루어진 수학 연구의 원조로 정당하게 인정받았다. 유클리드는 아테네의 아카데메이아에서 공부한 후 알렉산드리아로 이주하여 프톨레마이오스 왕조의 후원을 받는 학자가 된 것으로 보인다. 원추곡선에 대한 연구로 유명한 페르가Perga의 아폴로니우스Apollonius(전성기 기원전 220~190)도 알렉산드리아에서 자신의 연구 대부분을 수행했다(그의 연구는 1,800년 후 요하네스 케플러의 천문학 이론에서 처음으로 응용되었다).

고대에서 가장 위대한 수학적 천재라고 할 만한 시라쿠스의 아르키메데스Archimedes of Syracuse(기원전 287~212)도 이들의 전통에 속한다. 아르키메데스는 이탈리아의 시라쿠스 출신으로, 알렉산드리아를 한 번 방문했고 도서관장이던 시레네의 에라토스테네스Eratosthenes of Cyrene(전성기 기원전 225년)와 편지를 교환했다. 에라토스테네스는 많은 분야에 손을 댄 과학자로, 지구의 둘레를 측정하기 위해 관찰과 계산을 시행한 것으로 유명하다(그리스 전통 속에서 교육을 받은 사람들은 지구가 평평하다고 믿지 않았다). 또한 그는 지리학과 지도 제작술에 관해 연구를 시작했고, 그것은 알렉산드리아에서 계속 연구되었다. 400년 후, 천문학자인 프톨레마이오스도 지리학과 지도 제작술을 연구했다. 알렉산드리아 박물관에서는 혁신적인 해부학 연구도 이루어졌다. 칼케돈의 헤로필로스Herophilus of Chalcedon(전성기 기원전 270년)와 키오스의 에라시스트라토스Erasistratus of Chios(전성기 기원전 260년)의 업적에서 그와 같은 사실을 확인할 수 있다. 알렉산드리아 해부학자들은 사람의 몸에 대한 해부를 시행했던 것이 분명하며, 아마 살아 있는 사람의 몸도 해부했을 것이다. 다른 알렉산드리아 과학자들은 천문학, 광학, 화성학, 음향학, 역학 등을 연구했다.

에우독소스의 동심 천구 모형은 이미 헬레니즘 시대 초기부터 도전을 받았다. 앞에서 '현상을 구제하라'는 플라톤의 전설적인 지시에서 비롯된 연구 전통—특히 행성의 정지와 역진 문제를 다루는 연구 전통—과 우주를 마치 양파처럼 구성하고 한 방향과 반대 방향으로 도는 천구들을 동원한 에우독소스의 동심 천구 모형을 언급한 바 있다. 그러나 중첩된 동심 천구 모형은 아리스토텔레스에 의해 개량되었음에도 심각한 문제점들을 안고 있었다. 가장 중요한 문제점은 행성의 역진 운동을 정확히 재현할 수 없다는 것이었다. 또 태양이 지구와 일정한 거리를 유지하면서 움직인다면 계절의 길이가 서로 다른 것을 설명하기 어려운 점도 에우독소스 모형을 괴롭히는 문젯거리였다. 이미 기원전 4세기―플라톤과 아리스토텔레스 당대―에 폰투스의 헤라클리데스Heraclides of Pontus(전성기 기원전 330년)는 천체들이 정지해 있고 지구가 하루에 한 번 자전한다고 가정한다면 천체들의 겉보기 일일 운동을 설명할 수 있다고 주장했다. 그의 주장은 많은 호응을 받지 못했다. 지구가 자전한다는 주장이 감각적인 증거에 모순되는 듯이 보였기 때문이다.

천문학 이론과 우주론은 이후 수세기 동안 자연철학자들의 호기심을 자극한 문제들을 내놓았다. 그런 자연철학자 중 한 명이 천문학 전문가이자 수학자이며 아마도 알렉산드리아 박물관의 연구원이었던 것으로 보이는 사모스의 아리스타르코스Aristarchus of Samos(기원전 310~230)였다. 아르키메데스에 따르면, 아리스타르코스는 거의 2천 년 후의 코페르니쿠스처럼 태양 중심 우주론을 채택했다. 아리스타르코스는 태양을 중심에 놓고 지구에 두 가지 운동을 부여했다. 하나는 자신의 축을 도는 일일 운동(천체들의 겉보기 일일 운동의 원인)이고, 다른 하나는 1년 동안 태양 주위를 도는 운동(태양이 황도대黃道帶[zodiac]를 도는 겉보기 운동의 원인)이었다.

이와 같은 아리스타르코스의 태양 중심론은 고대에 대단한 반발을 불러일으켰다. 그것은 어떤 반反이성적인 편견 때문이 아니라, 본질적으로 납득하기 힘든 이론처럼 보였기 때문이었다. 오늘날의 우리가 채택한 것과 본질적으로 같은 아리스타르코스의 태양 중심론은 처음 제기되었을 당시에는 매우 많은 과학적 반박에 부딪혔기 때문에, 광신자가 아니라면 그 이론을 수용할 수 없을 정도였다. 만일 지구가 자전하는 동시에 태양 주위를 돈다면, 땅에 박혀 있지 않은 것들은 모두 순식간에 땅을 떠나 날아갈 것이다. 이는 새들이 어느 방향으로나 쉽게 날아가고, 위로 똑바로 던져올린 물체가 처음 위치로 떨어진다는 감각적 증거에 모순되는 주장이다. 뿐만 아니라, 아리스타르코스의 태양 중심론이 가정한 지구의 운동은 자연적인 운동에 관한 아리스토텔레스의 물리학을 정면으로 위반한다. 지구를 구성하는, 흙과 물로 구성된 사물들은 자연적으로 우주의 중심을 향한다. 그러므로 지구가 천상의 물질처럼 회전하거나 다른 방식으로 운동하기를 요구하는 것은 아리스토텔레스를 비롯한 모든 과학자들이 불가능하다고 선언한 것을 요구하는 셈이다. 만일 지구가 중심을 벗어난다면, 지구의 부분들이 중심으로 회귀하여 다시 뭉칠 것이다. 합리적인 과학자라면 모든 사람의 관찰에 정면으로 대립하며, 한창 진행 중인 생산적인 연구의 기반이 되는 유서 깊은 가르침을 위반하는 이론을 수용하려 하지 않을 것이다. 실제로 오늘날의 우리들도 일반적인 물리학법칙에 위배되는 이론들을 의심의 눈초리로 바라본다.

매우 전문적인 내용이긴 하지만, 과학적으로 중요한 또다른 점도 아리스타르코스와 그의 태양 중심론에 대한 반론으로 작용했다. 그것은 항성의 시차視差 문제였다. 간단히 설명하자면, 만일 지구가 태양 주위를 돈다면, 지구에 있는 관찰자의 눈에 비치는 항성의 상대적 위치는 1년을 주기로 변화해야 한다. 그러나 그런 변화는 적어도 19세기까지는 관찰되지 않았다(시차를 체험하려면, 코앞에 손가락을 세우고 왼쪽 눈과 오른쪽 눈으로 번갈아 보면서 손가락의 '움직임'을 느껴보면 된다). 아르키메데스에 따르면, 아리스타르코스는 지구 궤도의 크기를 모래알에 비유하면서, 항성까지의 거리에 비해 너무 작은 지구 궤도의 크기 때문에 항성 위치의 변화가 잘 관찰되지 않는다고 해명했다고 한다. 이것은 항성 시차가 관찰되지 않는 이유에 대한 훌륭한 대답이다(훗날 코페르니쿠스도 같은 대답을 했다).

그러나 아리스타르코스는, 그렇다면 우주가 (당시로서는) 믿을 수 없을 만큼 확대되어야 한다는 문제가 있다는 반론에 부딪혔다. 태양 중심 가설이 부딪힌 과학적 문제점들은 막강했고, 고대 천문학자들은 확실한 근거를 가지고 태양 중심 가설을 반박했다. 타락하고 변화하는 지구를 성스러우며 타락할 수 없는 천상에 위치시키는 것에 대한 종교적인 반발도 있었다. 아리스타르코스는 불경스럽다는 비난을 받았고, 그것은 놀라운 일이 아니다.

행성 운동을 설명하는 어려운 문제는 에우독소스와 아리스타르코스의 천문학에 대한 대안을 탄생시켰다. 앞에서 원추곡선 연구와 관련해서 언급한 바 있는, 알렉산드리아 과학자인 페르가의 아폴로니우스는 지구 중심론을 유지하면서 '현상을 구제하는' 대안적인 모형을 만드는 데 기여했다. 그는 관찰된 천체들의 운동을 모형화할 때 사용되는 두 가지의 강력한 수학적 기법을 개발해 냈다. 그것은 주전원epicycle과 이심원eccentric이다. 주전원 모형은 큰 원의 둘레를 회전하는 작은 원 위에 행성들을 위치시킨다. 한편 이심원 모형은 지구를 중심으로 하지 않는 원 위에 행성들을 위치시킨다. 이때 주전원 모형은 행성의 역진 운동과 계절의 다양한 길이를 정확하게 모형화할 수 있다. 주전원에 다양한 크기와 속도, 방향 등을 부여함으로써 헬레니즘 천문학자들은 천체의 운동 모형을 점점 더 정교하게 발전시켰다.

고대 천문학은 2세기의 클라우디우스 프톨레마이오스의 연구에서 절정에 도달했다. 프톨레마이오스는 로마가 지배하는 알렉산드리아에서 살면서 연구를 수행했다. 선배들이 사용한 주전원과 이심원에 기반을 둔 그는 방대하면서도 고도로 전문적인 천문학 교과서로 『수학적 집대성Mathematical Syntax』을 집필했다. 이 책은 '알마게스트Almagest'라는 제목으로 더 유명하다(훗날의 이슬람 학자들이 붙인 제목이다). 『알마게스트』는 지구 중심론과 천체들의 원운동을 기반으로

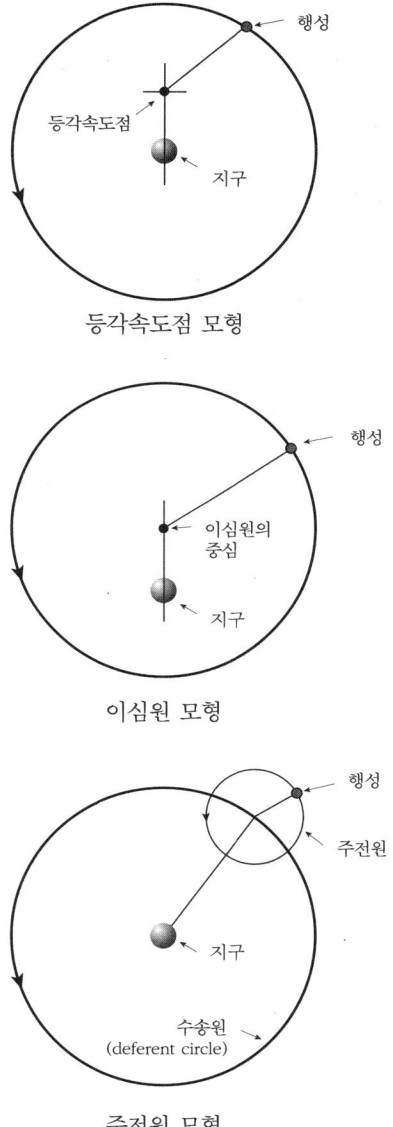

그림 4.7_프톨레마이오스의 천문학적 기법들. 관찰된 행성의 위치와 일정한 원운동 원리를 조화시키기 위하여 프톨레마이오스는 주전원과 이심원, 그리고 등각속도점을 사용했다. 주전원 모형은 원 위에 원을 위치시킨다. 이심원은 중심이 지구와 일치하지 않는 원이다. 한편 등각속도점은 우주 안에 설정된 가상의 점으로서, 그곳에서는 행성이 일정한 원운동을 하는 것처럼 관찰된다.

하며, 고도로 수학적이고 기하학적이다.

프톨레마이오스는 주전원과 이심원 이외에도 이른바 등각속도점等角速度點, equant point이라는 세번째 기법을 추가했다. 관찰과 행성 이론을 조화시키기 위한 조처였다. 만일 관찰자가 등각속도점에서 행성을 관찰한다면, 행성은 지구에 대해서는 속력이 변함에도 불구하고 일정하게 원운동을 하는 것처럼 보인다.(다시 말해서, 등각속도점을 기준으로 하면 행성의 각속도가 항상 일정하다. 이런 의미에서 '등각속도점'이라는 해설적인 번역어를 선택했다—옮긴이)

프톨레마이오스의 등각속도점 모형은 일정한 원운동을 써서 '현상을 구제하라'는 플라톤의 지시를 명백히 위반하지는 않더라도, 그 지시의 정신을 위반했다. 그러나 이 반론은 천문학자들조차 이해하기 어려운 내용이었고, 지구 중심론에 대한 신념에 전혀 위협이 되지 않았다. 등각속도점 모형은 매우 훌륭한 기법이었으며, 프톨레마이오스는 이 밖에도 여러 즉흥적인 수단을 동원하여 정교하고 추상적이며 수학적인 방식으로 천상의 '대회전식 관람차들Ferris Wheels'의 체계를 구성했다. 영원하며 변함없는 천상의 움직임은 그 거대한 바퀴들의 회전에서 비롯된다는 것이다. 이론적으로는 오늘날에도 적절한 주전원과 이심원, 등각속도점 등을 동원한 '프톨레마이오스' 모형을 만들어 임의의 관찰된 궤도와 일치시키는 것이 가능하다. 거대한 과학적 성취임에 분명한 프톨레마이오스의 『알마게스트』는 1,500년 동안 헬레니즘 전통 속의 모든 천문학자들에게 경전이나 다름없었다.

프톨레마이오스는 그리스의 기하학적 광학 전통에도 기여했다. 특히 그는 실험적인 자료들과 자신의 굴절—다른 매질로 진행할 때 광선이 꺾이는 현상—에 관한 연구를 통합했다. 또 프톨레마이오스는 지리학과 지도 제작술에 대한 연구에도 큰 영향력을 발휘했다. 그러나 프톨레마이오스에게 너무 현대적인 인상을 부여하는 것은 옳지

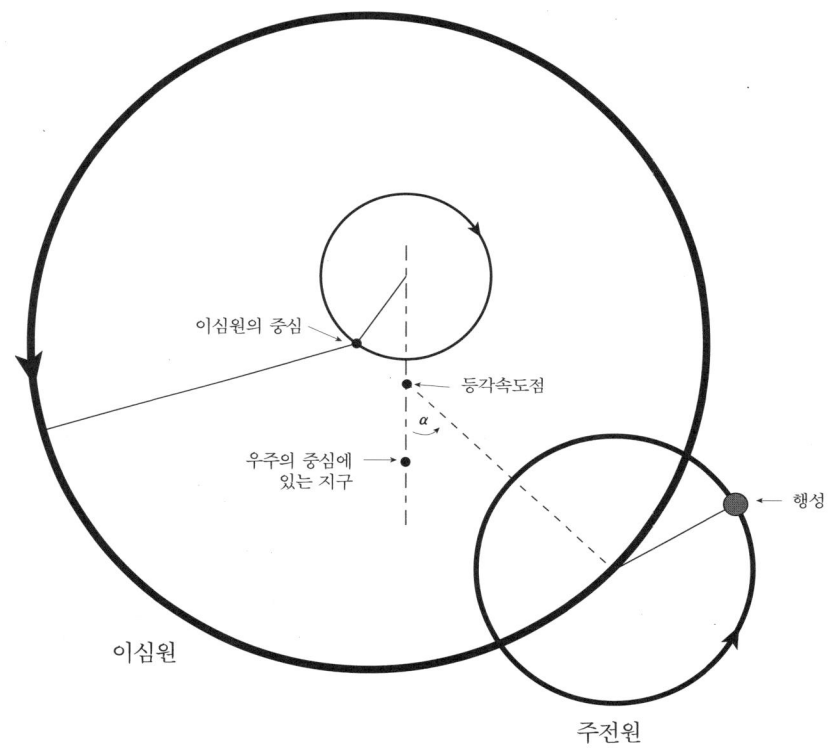

그림 4.8_프톨레마이오스의 수성 궤도 모형. 프톨레마이오스는 주전원, 이심원, 그리고 등각속도점을 동원한 정교하고 복잡한 체계를 구성하여 행성 운동 문제를 풀었다. 프톨레마이오스의 모형에서 수성은 주전원 위를 움직인다. 주전원의 중심은 더 큰 이심원 위를 회전하며, 이심원의 중심은 자신의 주전원 위를 움직인다. 행성 운동의 균일성은 각도 $α$가 일정하다는 것에서 보장된다. 등각속도점과 행성 주전원 중심을 잇는 선분이 단위 시간에 휩쓸고 지나가는 각도인 $α$는 항상 일정하다. 이 기법들을 사용하면 임의의 관찰된 궤도를 설명할 수 있다. 프톨레마이오스와 후계자들이 구성한 복잡한 해결책들은 천체들을 움직이는 거대한 '대회전식 관람차들'의 체계를 형성했다.

않다. 그에게 수학적인 과학은 일종의 철학이었으며, 본질적으로 윤리적이고 영적인 활동이었다. 그는 천체가 신성하며, 심지어 살아 있다고 믿었다. 프톨레마이오스는 천체의 운동이 당연히 달 아래 세계에 (예컨대 조수나 계절의 변화를 통해) 영향을 미친다고 믿었다. 따라서 그는 비록 점성술과 천문학을 구별했지만, 점성술과 미래를 예언하고자 하는 노력의 합법성을 인정했다. 실제로 그는 점성술에 관해 방대한 내용을 다루고 있는 『테트라비블로스*Tetrabiblos*』를 썼다. 사실상 프톨레마이오스는 고대의 가장 위대한 점성술사라 해도 좋은 인물이었다.

그 당시에 점성술과 함께 연금술도 급증했다. 비밀스러운 연금술 전통의 기본적인 원전들은 헬레니즘 시대의 알렉산드리아를 비롯한 여러 곳에 집결되었으며, '헤르메스학Hermetic'이라고 명명되었다. 수집된 원전들이 신화적인 연금술을 창시한 헤르메스 트리스메기스투스Hermes Trismegistus가 쓴 것이라고 여겨졌기 때문이다. 헤르메스 트리스메기스투스는 모세와 같은 시대에 살았던 전설적인 이집트 성직자라고 전해진다. 신비로운 연금술 원전들은 비밀스러우며 신성한 영감을 통해 얻었다고 주장되는, 우주 운행의 비밀에 관한 가르침을 담고 있었다. 값싼 금속들이 금이나 은으로 변환될 수 있다는 생각과 그런 생각에 근거한 기술은 고대에도 어느 정도 사기성을 띠는 게 당연한 일이겠지만, 이미 입증된 야금술에 뿌리를 둔 연금술은 청동기 시대와 철기 시대의 금속 관련 기술이 진화한 것이었다. 게다가 실용성을 장담한 연금술은 지배자들의 지원을 받을 정도로 공인된 응용과학이었다. 그러나 연금술을 진지한 입장에서 신봉하는 사람들에게 불사의 영약이나 금속을 변환시키는 철학자의 돌을 찾기 위한 연금술의 노력은 영적인 차원을 포함하게 마련이었다. 연금술사들은 천한 금속을 정화하기를 원하는 만큼 자기 자신을 정화하려 노력했다.

고대와 중세의 연금술을 사이비 과학으로만 간주하는 것은 섣부르다. 오히려 연금술은 신비주의적이고 영적인 요소를 상당히 포함하면서도 기술에 기반을 둔 응용과학으로 이해할 필요가 있다.

연금술의 영향력은 대단치 않았다. 그리고 알렉산드리아를 비롯한 여러 곳의 헬레니즘 과학 전체는 기술에 응용되지 않았고, 유용성을 추구하지도 않았다. 자연철학은 과거 헬레나 시대에 그랬던 것처럼 대체로 고립적이었으며, 그 당시의 주요 실용적 문제를 해결하는 데 직접적으로 응용되지 않았다. 뿐만 아니라 플라톤과 소크라테스 이전 철학자들이 그랬듯이, 육체노동을 우습게 여기고 과학의 실용적·경제적 효용성을 거부하는 이데올로기는 헬레니즘 시대에도 계속 유지되었다. 이와 같이 이데올로기가 이미 존재하는 이론과 실천의 분리를 다시 한 번 강화시켰다.

그러나 이론적인 역학, 역학기술 등과 관련해서 헬레니즘 과학자들이 남긴 저술은 기계를 다루었다. 아르키메데스는 지렛대, 쐐기, 스크루screw, 도르래, 양묘기windlass(닻을 바닷속으로 투하하거나 회수하기 위한 장치―옮긴이) 같은 단순한 기계의 역학적인 원리를 매우 탁월하게 이해했으며, 고대인들은 (유체 정역학적 균형도 포함해서) 균형에 대한 분석을 통해 이론적이며 수학적인 '무게의 과학'을 개발했다. 이런 역학 전통이 실용화될 가능성은 알렉산드리아의 크테시비오스Ctesibius(전성기 기원전 270년), 비잔티움의 필론Philon(전성기 기원전 200년), 알렉산드리아의 헤론Heron(전성기 기원전 60년) 등의 업적에서 확인할 수 있다. 그들은 무게와 기체역학에 관한 지식에 기초하여 천재적인 기계 장치들을 개발했다―'마술 같은 기계'의 범주에 드는 그 장치들은 자동으로 신전의 문을 열거나 제주祭酒를 따랐다. 그러나 그것들의 목적은 경제 발전에 기여하는 것이 아니라 경이로움과 두려움을 불러일으키는 데 있었다. 예컨대 헤론은 불과 증기를 이용하여 공을 회전시키는 장치를 제작했지만, 고대인들 가운데 아무도 실용적인 증기기관을 궁리하거나 제작하지 않았다. 한마디로 알렉산드리아에서 수행된 역학 연구는 다른 과학과 마찬가지로 기술의 세계와 아무런 관련이 없었다.

하지만 완전히 무관했던 것은 아니다. 예컨대 아르키메데스의 스크루는 물을 끌어올리는 기계였다. 역학 연구 전통의 산물인 스크루는 기원전 3세기에 아르키메데스가 발명하였다고 한다. 기원전 212년에 고향인 시라쿠스를 로마인들로부터 방어하다가 숨진 아르키메데스는 마치 마술사처럼 공성장비들siege engines과 무기를 만듦으로써 전설적인 인물이 되었다. 아르키메데스가 발표한 저술은 추상적이고 철학적이다. 그러나 그에 관한 전설의 많은 부분을 거짓으로 평가한다 하더라도, 아르키메데스가 자신의 지식을 기계 기술과 실용적인 성취에 응용했을 가능성은 충분하다. 아르키메데스는 자신의 역학 지식을 전쟁에 이용했다고 전해지며, 그것은 그가 고대의 기술자(아르키텍톤architecton)답게 행동했음을 알 수 있게 해준다. 고대 기술자의 주요한 활동 영역 중 하나는 군사기술이었다.

고대의 비틀림스프링torsion-spring 투석기는 많은 것을 시사하는데, 그 시대의 무기 발달은 이미 잘 알려진 사실이다. 실제로 기술자들과 그들의 지원자들 사이에는 노를 저어 움직이는 가장 큰 전함을 제작하려는 일종의 기술적 군비 경쟁이 있었다. 마케도니아의 필리포스 2세와 시라쿠스, 로데스Rhodes 등지의 그리스 왕들은 투석기를 비롯하여 다양한 투사投射 기계를 개발하고 개량하는 연구를 지원했다. 알렉산드리아에서는 투석기의 작동에 영향을 미치는 변수를 알아내고, 가장 효과적이고 효율적인 투석기를 만들기 위한 목적으로 체계적인 시험의 형태로 정교한 공학적 연구가 이루어졌다. 국가가 그 연구를 지원했고, 알렉산드리아 과학자들이 힘을 보탰다. 물론 알렉산

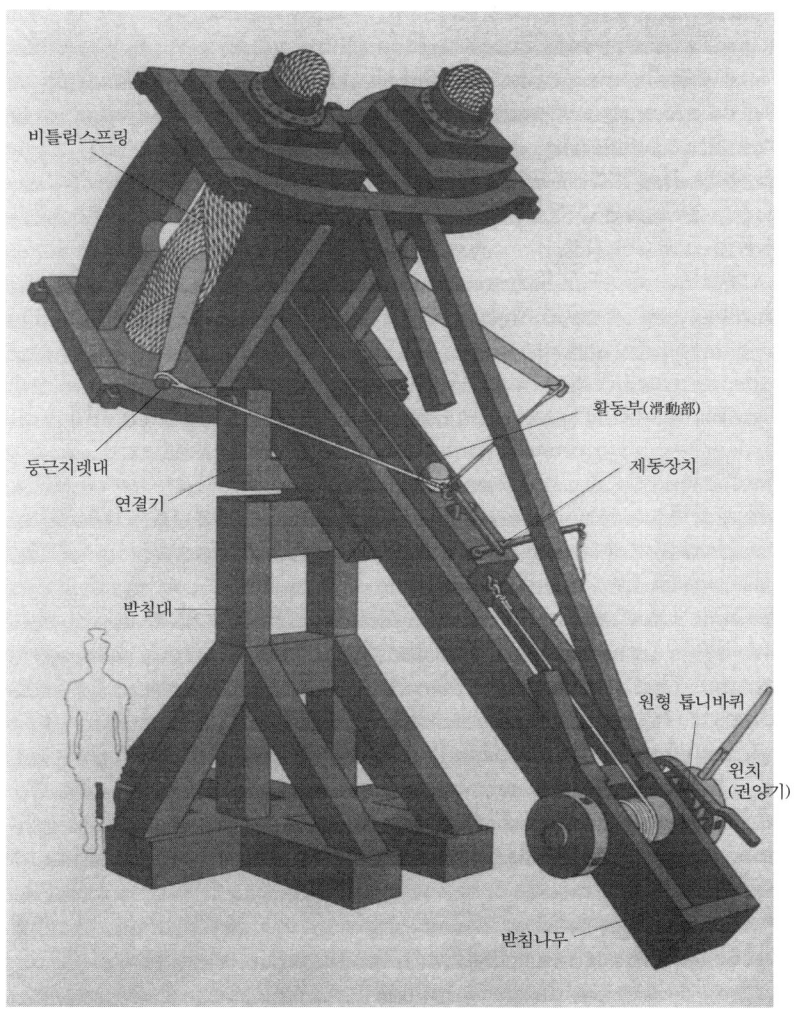

그림 4.9_ 비틀림스프링 투석기. 마케도니아의 필리포스 치하에서 그리스인들은 기계 형태의 투사 무기를 사용하기 시작했다. 그 기계들은 거대한 투사체를 적에게 발사할 수 있었다. 몇몇 기계는 탄성적인 물질로 된 밧줄 다발을 비틀었다가 갑자기 풀 때 생기는 힘으로 작동했으며, 그림에 있는 로마 투석기는 32킬로그램 무게의 돌을 발사했다. 헬레니즘 시대의 과학자·기술자들은 투석기를 개량하기 위해 실험을 하곤 했다.

드리아 역학 전통은 과거보다 덜 초월적이었다.

　그러나 투석기 연구를 고대의 응용과학으로 간주하는 데에는 몇 가지 제한이 필요하다. 투석기 시험은 대체로 경험적으로 시행되었던 것으로 보인다. 다시 말해서, 아마도 과학자·기술자들에 의해 과학적 이론의 적용이나 이론적 지식의 응용 없이 이루어졌던 것으로 보인다. 수십 년에 걸친 끈기 있는 노력과 기록을 통해 알렉산드리아의 과학자·기술자들은 실용성을 갖추었으며 수학적으로도 정확한 '투석기 공식'을 만들었다. 그 공식은 세제곱근을 포함하며, 투사기계와 투사체의 이상적인 크기를 명시하고 있다. 이 공식을 이용하여 아르키메데스는 사상 최대의 투석기를 제작했다고 한다. 그러나 그 공식은 단순한 주먹구구를 수학적 용어로 표현한 것에 지나지 않으며, 투석기 개발은 응용기술 연구였다고 보는 것이 더 타당하다.

　고대에도 과학적인 장치들이 몇 가지 존재했다. 가장 유명한 것은 정교하게 제작되어 태엽으로 움직이는 천문학적 모형과 관찰장치들이다. 이들은 과학과 기술의 결합을 보여주지만, 그 결합은 전쟁이나 대규모 경제를 위한 것이 아니라 과학 탐구 자체를 위한 것이었다. 역사학적으로 중요한 흥미로운 사실은, 이와 같은 예들이 보여주듯이, 고대의 과학은 일반적으로 실용적인 영향력이 거의 없었으며, 대체로 실용적인 목적을 지향하지도, 고대의 기술 전체에 영향을 미칠 만한 의미도 없었다는 것이다.

　고대의 기술은 과학과 별개인 영역으로 볼 필요가 있다. 고대의 기술은 농사와 방직, 도기 제작, 건축, 운반, 치료, 행정, 그 밖에 헬레니즘과 그리스-로마 문명을 지탱한 수많은 크고 작은 솜씨와 재주로 이루어진 튼튼한 세계였다. 800년 동안 지속된 헬레니즘과 그리스-로마 시대에 수백 가지의 작은 기술이 (예컨대 도기를 제작하는 데 쓰이는 발로 돌리는 물레가) 개발되고 발달되었지만, 생산의 기술적인 토대는 근본적으로 바뀌지 않았다. 광업과 같은 소수의 분야에서는 산업적인 생산 양식이 등장했고, 정기적으로 재화와 사람이 오가는 장거리 교역이 있었다. 그러나 대부분의 생산은 수공업에 기반을 둔 국지적인 것이었고, 전통적으로 자신의 기술에 대한 지식을 감추는 장인들은 글이나 과학, 자연철학의 혜택과 무관하게 기술을 독점하곤 했다.

고대의 과학은 도시의 문명화된 삶의 일부였던 반면에, 기술은 고대 세계 어느 곳에나 있었다. 기술은 큰 도시에서 더 활발하고 전문적으로 발달하곤 했지만 과학이나 자연철학 같은 것을 전혀 찾아볼 수 없는 시골에도 존재했다. 기술자(아르키텍톤)의 사회적 역할은 확실히 정착된 것이었다. 고대 기술의 위계에서 소수의 개인이 최고의 위치를 차지했다. 예컨대 로마의 비트루비우스Vitruvius는 서기 원년 무렵에 첫번째 황제인 아우구스투스 밑에서 건축가/기술자로 일하면서 기술 서적을 집필했다. 그러나 대부분의 기술자와 장인들은 알렉산드리아의 과학 세계에서 사회적·지적·실천적으로 멀리 떨어진 채 부지런히 생업에 종사하는 익명의 실행가들이었다.

로마인들은 고대 세계 최고의 기술자이며 공학자였다. 로마 문명 자체가 거대한 기술적 성취라 해도 과언이 아니다. 기원전 1세기와 서기 1세기에 로마의 군대와 정치적인 힘은 지중해 전체와 동방 헬레니즘 세계의 많은 부분을 지배하게 되었다(메소포타미아는 로마의 권력 밖에 있었다). 로마 제국은 여러 기술을 중심으로 성장했다. 군사와 항해 기술은 로마의 정예 육군과 해군을 탄생시켰다. 로마의 방대한 도로망과 수로망은 필수적인 기반 설비였다. 법에 관한 전문성과 발전된 지식도 로마 제국 경영에 적지 않은 힘을 실어준 사회적 기술로 볼 수 있을 것이다. 보잘것없어 보이지만 로마 문명의 여느 구성 요소 못지않게 중요한 것이 접합제(시멘트)의 발명이었다. 로마인들이 개발한 결정적인 신기술인 시멘트 덕분에 석조 건물을 훨씬 더 저렴

그림 4.10a-b__로마의 건축 기술. 로마 기술자들은 쐐기 모양의 돌을 이용한 아치 건축에 매우 능했다. 아치는 건물, 교량, 교량식 수로에 쓰였다. 그림의 로마 수로는 에스파냐 세고비아에 있는 것이다. 시멘트의 발명은 로마의 건축 기술을 크게 향상시켰다.

하고 쉽게 만들었으며, 확장된 로마 제국을 말 그대로 시멘트답게 공고히 다지는 역할을 했다. 로마가 유명한 기술자들을 양산했고, 그들 중 소수—이를테면 비트루비우스와 프론티누스Frontinus(35~103)—는 책을 썼다는 사실 (기술자가 책을 쓰는 것은 아주 드문 일이다) 역시 로마 문명에 기술과 공학이 얼마나 중요했는지, 그리고 기술과 공학에 로마 문명이 얼마나 중요했는지 증언한다.

로마의 기술은 번창했지만, 로마의 과학은 거의 없다. 심지어 라틴어로 번역된 그리스 과학조차 극히 드물다. 로마 황제들은 전통을 지키기 위해 멀리 떨어진 알렉산드리아의 박물관을 지원했지만, 로마인들은 과학과 수학을 비롯한 그리스 학문 일반을 폄하했고, 사실상 경멸했다. 로마의 일부 특권층 젊은이들은 그리스어를 배우고 그리스에서 공부했다. 그러나 로마는 일류 혹은 심지어 이류의 과학자나 자연철학자조차 배출하지 못했다. 과학과 기술이 항상 필연적으로 연결된다고 믿는 역사학자들은 이러한 사정에 당황할 수밖에 없었고, 그들은 과학에 관한 글을 남긴 예외적인 개인들을 지나치게 강조하곤 했다. 〈사물의 본성에 관하여〉라는 장시長詩에서 원자론을 옹호한 유명한 로마 시인 루크레티우스Lucretius(기원전 55년 사망)를 예로 들 수 있다. 여러 권으로 된 『박물지Natural History』를 통해 자신이 확인할 수 있는 모든 자연 지식을 요약한 로마의 위대한 편집자 플리니우스Pliny the Elder(서기 24~79)도 또 하나의 예이다. 결과가 좋았든 나빴든, 플리니우스의 책은 16세기까지 자연사 연구의 출발점이 되었다. 그가 동물의 실용적 이용에 상당한 분량을 할애했다는 사실, 그리고 그가 『박물지』를 티투스Titus 황제에게 헌정했다는 사실은 로마 과학도 우리가 익히 아는 사회적 힘의 영향을 받았음을 시사한다. 물론 로마 과학이라는 것이 존재했다는 전제하에서 말이다.

그리스 학자들이 로마에서 강의했다. 특히 그리스 의사들이 로마에

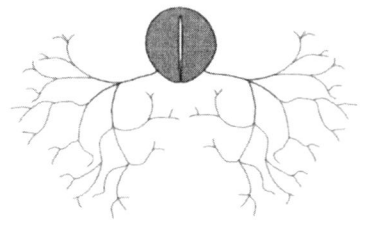

뇌/신경
'영혼 정령'을 분배함

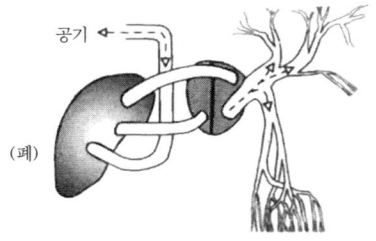

심장/동맥
'생동 정령'을 분배함

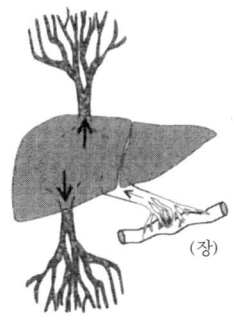

간/정맥
'영양 정령'을 분배함

그림 4.11_갈레노스의 생리학. 고대의 의사들과 해부학도들은 장기를 인체 속에서 작동하는 세 가지 '정령spirit'에 의해 지배되는 세 개의 계로 구분했다. 영양분을 운반하는 정맥 정령은 간에서 나오며, 생동하게 하는 동맥 정령은 심장에서 나오고, 정신적인 에센스essence는 뇌와 신경에 퍼져 있다.

많이 고용되었는데, 그것은 치료 기술보다 그들의 이론적인 지식 때문이었다. 유명한 과학자이자 의사인 페르가몬의 갈레노스(약 130~200)는 소아시아와 알렉산드리아에서 태어나 자라고 공부했지만, 로마에서 검투사들과 왕족을 상대하면서 차츰 성공의 계단을 밟아 결국 마르쿠스 아우렐리우스 황제의 주치의가 되었다. 갈레노스는 해부학과 생리학, 그리고 우리가 오늘날 생물학이라 부르는 분야에서 방대하며 영향력이 큰 업적을 남겼다. 그는 아리스토텔레스와 히포크라테스의 의학을 발전시키고 상세한 해부학적 분석에 기초하여 인체의 작용을 합리적이고 광범위하게 설명했다.

갈레노스의 해부학과 생리학은 오늘날의 것이나 르네상스 유럽의 것과 많이 다르다. 그럼에도 우리는 인체의 구조에 대하여 그가 가졌던 이해의 힘과 설득력을 간과해서는 안 된다. 갈레노스와 그의 후계자들은 세 종류의 필수적인 계system와 역시 세 종류의 프네우마가 인체 속에서 작동한다고 믿었다. 갈레노스는 간과 정맥의 계가 영양분을 흡수하고 피를 몸 전체로 운반한다고 주장했다. 뇌와 신경은 사고를 가능케 하는 영혼의 액체를 분배한다. 심장은 타고난 열이 있는 자리이며 세번째 필수 액체를 동맥을 통해 분배하여 운동을 가능케 하고, 폐는 호흡을 조절하고 심장의 타고난 열을 식힌다. 피의 순환은 갈레노스와 추종자들에게 개념적으로 불가능했다. 왜냐하면 그들은 영양분이 함유된 피가 동맥에 물질을 전달하는 장소인 심장에 작은 통로가 있는 것 외에는 동맥과 정맥이 전혀 별개의 계라고 믿었기 때문이다.

갈레노스는 왕성한 작가였다. 그는 500편 가량의 논문을 썼다고 전해지며, 그 중 83편은 고대 이후에도 남아 있었다. 또 그는 근대까지도 해부학과 생리학에서 이론의 여지가 없는 권위자였다. 갈레노스는 헬레니즘과 그리스-로마 시대에 이루어진 의학과 철학의 끊임없는 교류를 증언한다. 그러나 그는 그리스인이었고, 그가 참여하고 기여한 전통은 로마 전통이 아니라 헬레니즘 전통이었다. 로마에 수학이나 자연과학의 전통이 전무하다는 사실은 로마의 기술뿐 아니라 시와 연극, 문학, 역사학, 미술을 통한 상당한 수준의 문학적·예술적 성취와 비교해도 놀라운 대조를 이룬다. 키케로Cicero, 베르길리우스Vergilius, 호라티우스Horatius, 수에토니우스Suetonius 등의 이름만으로도 로마 문명에서 문학과 지식이 얼마나 높이 평가되었는지 확인하기에 충분하다. 로마는 고도의 사회적·기술적 수준을 지닌 문명이 수백 년 동안 사실상 이론적 과학이나 자연철학 없이 번영할 수 있었음을 보여주는 실례이다.

쇠퇴와 종말

그리스-로마 시대 말기에 과학과 자연철학이 명백히 쇠퇴한 원인에 대해서 과학사가들은 오래 전부터 논쟁을 벌여왔다. 사실 자체에 대해서조차 완전한 동의가 이루어지지 않았다. 어떤 이들은 헬레니즘 시대인 기원전 200년부터 쇠퇴가 시작되었다고 주장하며, 또 어떤 이들은 그리스-로마 시대인 서기 200년부터 쇠퇴가 일어났다고 말한다. 물론 서기 2세기 이후 모든 과학적·자연철학적 활동이 중단된 것은 아니다. 하지만 고대 말기에 과학은 활력을 잃었던 것으로 보인다. 대략적으로 말해서, 과학적 활동이 전반적으로 줄어들었고, 시간이 지남에 따라 과학적 독창성의 수준도 낮아졌다. 지적인 노동은 새로운 지식의 발견보다는 옛 지식의 보존 쪽으로 점점 더 기울었다. 이와 같은 상황 속에서 여러 세대의 편집자와 주석가들이 등장했다. 예컨대 오리바시우스Oribasius는 콘스탄티노플에서 4세기 중반에 70권짜리 의학서를 썼다(의학은 고대 과학이나 자연철학보다 더 분명하게 역사적 연속성을 유지했으므로, 오리바시우스의 업적은 물론 주목할 만하지만 그다지 놀라운 것은 아니다). 결국엔 과학 연구에 힘을 불어넣어주던 그 무언가가 사라졌던 것처럼 보이면서 옛 지식의 보존 욕구조차 흐지부지되었다. 심지어 확실한 지식의 가능성에 대한 회의가 증가했고, 마술과 대중적인 미신이 호응을 얻었다. 헬레나와 헬레니즘 그리스 과학의 실체와 정신은 고대 말기에 점차 퇴색되어 갔다.

왜 그랬는지에 대하여 여러 해석이 제시되었다. 우선 과학과 과학자에게 분명한 사회적 역할이 없었다는 점이 지적되었다. 고대 세계에서 과학은 사회화와 제도화의 수준이 빈약했고, 이데올로기적·물질적 지지 기반이 없는 편에 속했다. 개인이 과학자나 자연철학자로서의 능력을 발휘할 직업이 없었고, 헬레니즘적인 과학 및 자연철학과 철학 자체의 분리는 과학이 사회적 역할을 담당할 입지를 더욱 좁혔다.

유사한 또다른 해석은 고대의 경제, 그리고 과학과 기술의 분리에 주목한다. 상대적으로 저렴한 노동력인 노예가 있고, 자연 지식을 실용적인 목적에 응용하지 않는다는 이데올로기가 있는 상황에서, 과학자를 고용하거나 응용과학에 투자할 의욕은 줄어들 수밖에 없었다. 다시 말해서, 자연 지식을 응용할 가능성이 배제되는 분위기 속에서 과학의 사회적 역할과 과학에 대한 사회적 지원은 약화되지 않을 수 없었다.

역사가들은 또 고대 말기의 다양한 종교와 교파가 고대 과학 전통의 권위와 활기를 크게 약화시켰다는 주장도 내놓았다. 고대 말기의 다양한 숭배 문화는 정도는 제각각이지만 일반적으로 반反이성적이었고, 전통적인 자연 지식과 지적으로 정신적으로 경쟁했다. 다산을 상징하는 그리스 여신 데메테르Demeter와 이집트 여신 이시스Isis에 대한 숭배 문화는 폭넓은 추종자를 얻었다. 로마 제국의 관료들 사이에서는 페르시아의 빛의 신 미트라스를 섬기는 밀교密敎 미트라이즘 Mithraism이 유행하여 신비롭고 은밀한 점성술과 천문학이 퍼졌다. 그리고 유대교 메시아주의로부터 가장 성공적인 새 종파가 성장했으니, 바로 기독교였다.

기독교에 대한 공식적인 신앙의 자유는 313년에 선포되었고, 콘스탄티누스 황제는 337년에 기독교로 개종했으며, 391년에 기독교가 로마 제국의 공식 국교로 선언된 일은 기독교가 사회적·제도적으로 얼마나 성공적이었는가를 여실히 보여준다. 기독교가 고대 과학에 미친 영향에 대해서는 전문가들의 의견이 엇갈린다. 그러나 신학에 크게 기울고 종교적인 삶을 열정적으로 추구하며 계시와 사후 세계와 그리스도의 재림을 강조한 초기 기독교와 그 지도자들은 과학과 자연탐구를 비롯한 이교도 문화 전체에 대하여 다소 적대적·회의적·양면적兩面的, 그리고/혹은 무관심적 태도를 보였다. 한 가지 예만 들어보면 성 아우구스티누스(354~430)는 자연철학과 '그리스인들이 자연학자physicist라고 부르는 자들'에게 욕을 퍼부었다. 기독교는 세속적인 차원에서도 고대 문명 속에 확고히 자리를 잡았고, 사회의 모든 층위에서 막강한 제도로 현존했다. 교회의 조직체계와 행정은 일자리와 직업을 제공했고, 과거라면 알렉산드리아 박물관에 고용되거나 과학 일반에 종사했을지도 모르는 유능한 사람들과 지식인들을 끌어들였다.

기술사가들은 왜 고대에 산업혁명이 일어나지 않았는가, 라는 질문을 던졌다. 그럴 필요가 없었다는 것이 간단한 대답이 될 수 있을 것이다. 당대의 생산 양식과 노예 경제는 기존의 상태를 유지하기에 충분했다. 이익이 바람직한 가치라는 자본주의적인 생각은 당대의 사고방식에서는 전혀 낯선 것이었다. 따라서 대규모 기술을 동원하여 이익을 산출할 수 있다, 혹은 산출해야 한다는 생각 역시 전혀 낯설었다. 산업혁명 따위는 고대에 정말 말 그대로 생각할 수조차 없는 것이었다.

알렉산드리아와 그곳의 지적인 기반 시설은 3세기 후반부터 여러 차례 타격을 받았다. 도시의 대부분은 시리아인과 아랍인이 도시를 잠시 점령한 후 로마인이 재탈환하기 위해 벌인 270~275년의 전투에서 파괴되었다. 4세기에 기독교도들이 도서관의 책들을 불태웠다고 전해지며, 최초의 여성 수학자이자 최후의 박물관 연구원으로 알려진 히파티아Hypatia가 415년에 기독교 광신자들에게 살해되면서 수백 년을 이어온 박물관은 종말을 맞았다. 그 후 최초의 이슬람 정복자들이 알렉산드리아 도서관에 그나마 남아 있던 것들마저 파괴했다. 다른 곳에서도 사정은 비슷했다. 기독교 비잔틴 제국의 황제 유스티니아누스는 529년에 아테네의 플라톤 아카데메이아 폐쇄를 명령했다.

로마 제국은 4세기에 서로마와 동로마로 분열되었다(〈지도 5.1〉의 비잔틴 제국 참조). 콘스탄티누스 대제는 330년에 제국의 수도를 로마에서 콘스탄티노플, 즉 오늘날의 이스탄불로 옮겼다. 유럽에서 밀려드는 야만족들의 물결이 제국의 서쪽을 압박하였기 때문이다. 서고트족Visigoth 침입자들은 410년에 최초로 로마를 약탈했다. 다른 게르만족들은 476년에 이탈리아에서 최후의 로마 황제를 폐위시켰다. 그날이 바로 전통적으로 얘기되는 로마 제국 멸망의 날이다. 라틴화된 서로마 제국은 멸망했지만, 헬레니즘화된 동로마 제국―그리스어를 쓰는 비잔틴 제국―은 살아남았고, 심지어 번창했다. 그러나 비잔틴 제국도 7세기에 이르러 떠오르는 이슬람 아랍인들의 무력 앞에서 부와 영광을 잃고 쇠퇴했다. 632년 이후 아라비아 반도 밖으로 세력을 뻗은, 선지자 모하메드의 추종자들은 시리아와 메소포타미아를 점령했다. 그들은 642년에 이집트와 알렉산드리아를 접수했고 7세기 말에는 콘스탄티노플을 압박했다. 과학과 문명은 이후에도 이슬람 에스파냐와 동쪽 지역들과 이슬람 세계 전체에서 계속 발달했지만, 7세기는 고대 그리스 과학의 시대가 확실히 막을 내린 시기로 평가된다.

유럽의 많은 부분이 포함된 로마 서부는 동부보다 항상 뒤처졌다. 지적인 측면을 비롯한 여러 측면의 쇠퇴는 동부보다 서부에서 더 강하게 나타난 반면에 동부에서는 비교적 분명한 연속성이 유지되었다. 실제로 그리스-로마 고대문명 말기의 '서양 문명'을 표현하는 적절한 단어는 붕괴와 단절이다. 예를 들어 이탈리아 인구는 200년과 600년 사이에 50퍼센트 격감했다. 한 시대가 마감되었고, 당연히 당대 사람들에게는 부활이 다가오고 있다는 보장이 없었다. 후기 로마의 작가이며 원로원 의원인 보에티우스Boethius(480~524)는 자신이 역사적 갈림길에 서 있다는 것을 알았다. 그의 경우는 가슴에 사무친다. 보에티우스는 매우 훌륭한 교육을 받았으며 천 년을 거슬러 플라톤과 아리스토텔레스, 소크라테스 이전 철학자들로 이어지는 그리스와 라틴 고대 전통을 완벽하게 계승한 인물이었다. 그럼에도 그는 로마 황제를 위해 일한 것이 아니라 로마에 입성한 동고트족의 왕 테오도리쿠스Theodoric를 위해 일했다. 보에티우스는 테오도리쿠스 치하에서 수년간 감금된 채, 고대가 축적한 지식을 다음 시대에 전하기 위해 모든 노력을 바쳤다. 그는 산술, 기하학, 천문학, 역학, 물리학, 음악에 관한 짧은 입문서들을 썼다. 뿐만 아니라 그는 아리스토텔레스의 논리학 저술 일부, 유클리드 일부, 그리고 어쩌면 아르키메데스와 프톨레마이오스도 번역했다. 역시 감옥에서 그는 불멸의 명상록 『철학의 위안On the Consolation of Philosophy』을 썼는데, 그다지 위안을 받았을 것 같지 않다. 그는 524년에 처형되었다.

중세 유럽과 당시의 과학사에 관심이 있는 역사가들은 고대의 지식이 유럽의 역사와 문화에 어느 정도 직접 전달되었음을 보에티우스 같은 인물이 보여준다고 지적하곤 한다. 보에티우스와 유사한 로마인인 카시오도루스Cassiodorus(488~575)는 초기의 수도원 운동에 영향을 미쳤다. 이 점과 관련해서 그는 더 나중의 지식인 성직자 세비야의 이시도루스Isidore of Sevilla(560~636), 그리고 존경스러운 비드Venerable Bede(735년 사망)와 함께 자주 언급된다. 이 세 인물에게 흥미로운 점들이 있는 것은 사실이다. 그러나 라틴화된 서방은 그리스 과학의 부스러기 정도밖에 계승하지 못했다. 세계사적인 시각에서 강조해야 할 사실은 중세 초기 유럽의 기독교 야만인들과 라틴화된 서방의 지식이 비참한 수준이었다는 것이다. 로마 제국 멸망 후 문자 해독 인구는 거의 사라졌고, 그리스어에 대한 지식은 어느 모로 보나 자취를 감추었다. 세비야의 이시도루스는 태양이 별들을 비춘다고 생각했던 것 같다. 11세기 유럽의 두 학자, 쾰른의 레김볼트Regimbold of Cologne와 리에주의 라돌프Radolf of Liège는 '삼각형의 내각의 합은 두 직각이다'라는 기본적인 기하학 명제의 뜻을 해독할 수 없었다. 그들에게는 '피트', '제곱피트', '세제곱피트'가 무의미한 단어였다.

그로부터 수백 년 후에 고대 그리스의 과학적 전통이 서유럽에서 왜, 어떻게 세력을 얻었는지 이해하려면 세계사의 무대로 눈을 돌려 다른 설명을 찾아볼 필요가 있다.

2

고대 근동의 제도화 패턴과 헬레나 그리스의 추상적·이성적 접근법이 헬레니즘에 의해 융합된 후 여러 과학 전통이 고대 후기와 중세에 근동에서 일어난 여러 제국에 뿌리를 두고 발전했다. 비잔틴 제국, 사산 왕조 페르시아, 그리고 이슬람이 정복한 광활한 지역에서 과학이 발달했다. 이와 동시에 중국, 인도, 중앙아메리카와 남아메리카에서도 독자적인 과학 연구 전통

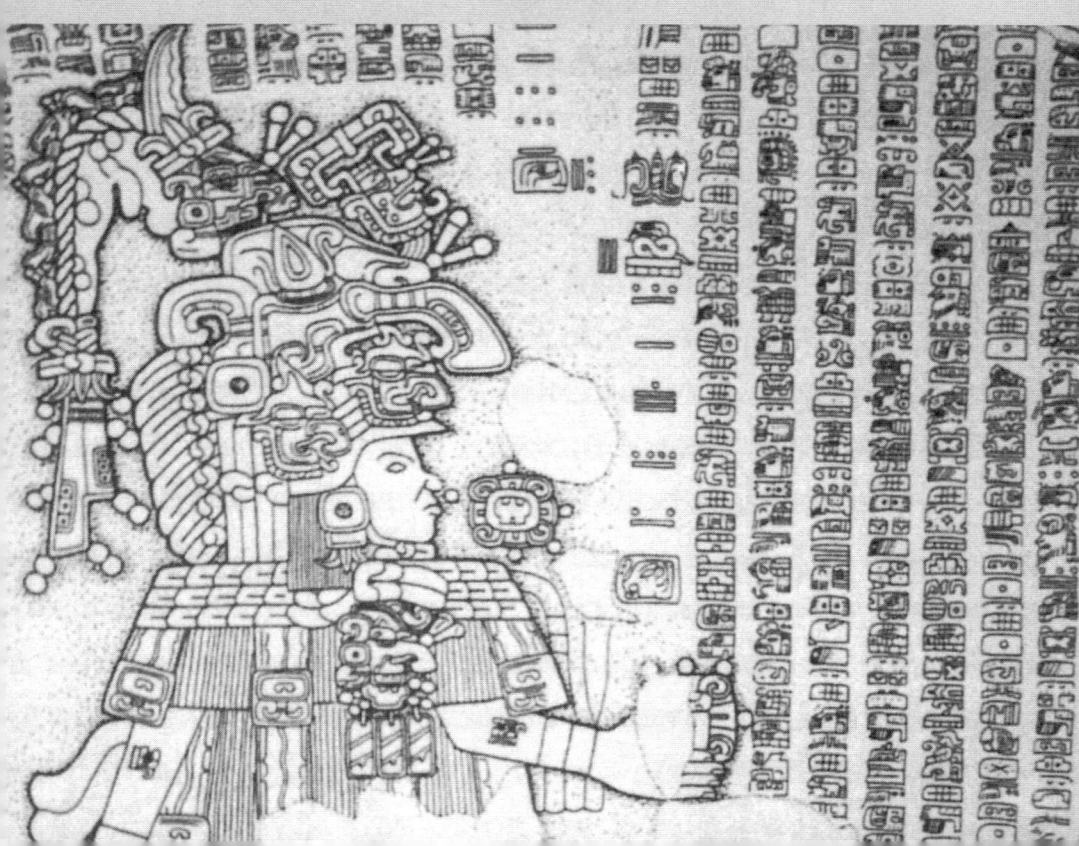

세계인들의
사상과 행동

이 발전했다. 풍부한 농토를 확보한 지배자들이 달력 제작을 위한 천문학, 점성술, 수학, 의학의 전문가들을 지원했고, 그들이 유용한 지식을 산출할 것을 기대했다. 모든 곳에서 과학과 전통적인 기술은 여전히 본질적으로 별개의 영역이었다. 2부는 이 발전의 과정을 다룬다.

5장

꺼지지 않은 동방의 빛

비잔틴 제국

476년 로마가 멸망한 후 제국의 동부는 콘스탄티노플에 수도를 두고 점차 그리스어를 쓰는 비잔틴 제국으로 변신했다(〈지도 5.1〉 참조). 황제가 군림하면서 복잡하고 정교한 ('비잔틴byzantine'은 미로처럼 복잡하고 정교하다는 뜻이다) 관료체제가 다스린 비잔틴 제국은 1453년 오스만 투르크에 정복될 때까지 1천년 동안 유지되었다. 이집트 곡창지대와 부유한 황제들을 보유한 비잔틴 제국은 많은 학문 기관을 계속해서 지원했다.

비잔틴 제국의 과학은 역사가들이 아직 상세히 연구하지 못한 주제이다. 흔히 비잔틴 문명은 반이성적이었으며 국교로 강요된 신비주의적인 기독교에 짓눌려 있었다는 비판을 받는다. 유스티니아누스

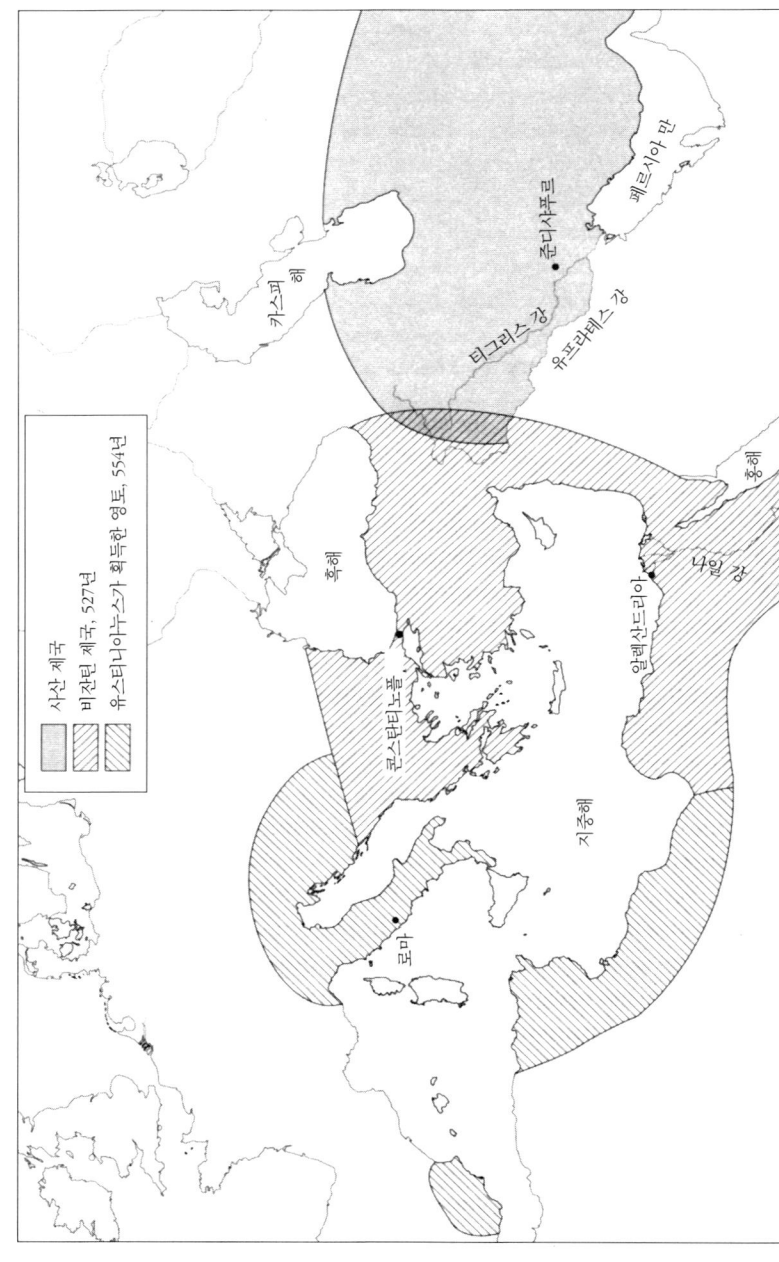

지도 5.1_비잔틴 제국과 사산 왕조 페르시아. 고대 후기 중동의 두 파생 문명. 콘스탄티노플을 중심으로 한 비잔틴 제국과 고대 메소포타미아의 중심지 사산 왕조 페르시아가 뿌리를 내렸다. 두 문명은 고대 그리스의 과학을 흡수하여 학문의 중심지가 되었다.

세계인들의 사상과 행동

황제(재위 527~565)가 529년에 아테네의 플라톤 아카데메이아를 비롯한 여러 학교를 폐쇄한 사실은 흔히 국가가 과학에 대해 억압적인 태도를 취했음을 보여주는 증거로 거론된다. 그러나 과학사에서 비잔틴 제국을 퇴출시키는 것은 헬레니즘 전통의 연속성을, 그리고 동방 관료 문명 특유의 제도화된 과학과 실용적 지식의 전통을 간과하는 것을 의미한다.

유스티니아누스의 학교 폐쇄 이후에도 국가 학교와 교회 학교는 수학적인 과학[4과(quadrivium): 산술, 기하학, 천문학, 음악]과 물리과학과 의학을 가르쳤으며, 학문의 중심으로 도서관이 존재했다. 입원 환자를 돌보는 (그리고 기독교의 자비를 실천하는) 진정한 의미의 병원은 비잔틴의 발명품이다. 비잔틴의 병원은 오늘날의 병원과 마찬가지로 일차적으로 과학이 아니라 의료기술의 중심이었다. 정부와 교회, 그리고 귀족 후원자들의 지원으로 비잔틴 제국 전역에 병원이 들어서면서, 병원은 어느 정도 의학 연구의 중심 역할도 하게 되었다. 비잔틴 의학은 갈레노스와 히포크라테스의 의학적·생리학적 가르침을 완전히 소화했으며, 몇몇 병원에는 도서관과 교육 프로그램이 있었고 심지어 독창적인 연구와 혁신적인 기술을 육성했다. 비잔틴의 지식인 의사들은, 비록 많은 부분 그리스의 지식을 답습하는 것들이지만 큰 영향력을 발휘한 의학 및 약학 저술을 남겼다. 수의학은 비잔틴 문명의 과학적·의학적 활동의 중요한 부분이었다. 비잔틴 군대와 전술의 기초는 기병대와 기병 돌격이었으므로, 전투용 말의 안위를 염려한 지배자들은 수의학을 후하게 지원했다. 그 결과 비잔틴 수의사들은 많은 수의학 교과서를 썼고, 그 중 일부는 수준 높은 독창성을 지니고 있다.

그리스어를 쓴 비잔틴 학자들은 정밀과학exact science 분야에서 고대 그리스 지식의 많은 부분을 계승했다. 그들은 아리스토텔레스, 유클리드, 프톨레마이오스를 알고 있었고, 비잔틴 천문학자와 수학자들은 때때로 과거의 그리스 원전이나 동시대의 페르시아 원전에 기초하여 수준 높은 논문을 썼다. 달력 제작과 함께 비잔틴 천문학을 특징짓는 것은 강력한 점성술적 요소이다. 그것은 미래를 알아내겠다는 억누를 수 없는 오랜 욕구를 반영했다. 전문가들은 음악과 수학적 음악 이론도 어쩌면 종교와 관련한 목적으로 연구했을 것이다. 마지막으로 비잔틴 연금술과 연금술적 광물학을 빼놓을 수 없다. 이 두 분야는 실용적인 효용이 있다고 믿어졌으며 상당히 활발하게 연구되었다.

초기 비잔틴 시대의 가장 중요한 자연철학자는 요하네스 필로포누스Johannes Philoponus이다. 필로포누스는 6세기 중반에 비잔틴 지배하의 알렉산드리아에서 활동했으며, 유럽의 과학혁명 이전으로서는 가장 강력하게 아리스토텔레스의 물리학을 공격했다. 그는 여러 주석서를 통하여 아리스토텔레스와 그의 물리학의 여러 측면을 통렬하게 비판했다. 투사체의 운동에 대한 독창적인 분석에서—아리스토텔레스는 주변의 공기가 운동자로서 투사체를 움직인다는 어설픈 설명을 제시했었다—필로포누스는 투사자가 투사체에 모종의 운동력을 건네준다고 주장했다. 다른 주석가들은 필로포누스의 주장을 격렬하게 비판했다. 그는 논쟁의 초점을 아리스토텔레스가 남긴 자연철학적인 저술 속의 특수한 문제들에 맞추었고, 훗날 아리스토텔레스를 재검토한 이슬람과 유럽의 자연철학자들 사이에서 큰 영향력을 발휘했다. 필로포누스는 비록 그리스의 과학을 공부했고 라틴어로 글을 썼지만, 그의 활동과 성취는 비잔틴 과학 전통의 뚜렷한 이정표이다.

비잔틴 과학은 독창성과 순수 이론을 강조하는 지성사의 맥락에서만 볼 것이 아니라 사회사적인 시각에서 충분히 연구할 때 더욱 우호적인 평가를 받을 수 있을 것이다. 비잔틴 과학에 대한 사회사적 연구는 지적인 야심이 없는 의술, 지배자가 고용한 수의사들이 발표한 논문들, 정부의 주도하에 만들어진 많은 농업 지침서와 식물 관련 저술, 그리고 점성술과 연금술에 주목해야 한다. 관료적인 중앙집권이 극도로 강한 사회 속에서 경제적 지원은 백과사전 저술가, 번역가, 유용하고 세속적인 주제에 관한 지침서 저자들에게 집중되었다.

7세기에 아랍인들에게 이집트와 나일 강 유역의 풍부한 자원을 빼앗긴 것은 비잔틴 경제와 사회에 심각한 타격을 주었다. 하지만 축소된 비잔틴 문명과 도시와 학문기관과 과학은 수백 년 동안 살아남았다. 그러나 비잔틴 제국은 1000년 이후 투르크인과 베네치아인, 그리고 우호적이거나 적대적이었던 유럽 기독교 십자군의 위협에 직면하면서 불가피하게 쇠퇴하기 시작했다. 1204년에 십자군이 콘스탄티노플을 약탈했고 1261년에 점령했다. 결국 1453년에 콘스탄티노플과 제국 전체는 투르크인의 손에 떨어졌다.

비잔틴 제국은 독창적인 과학의 중심이 되지 못했다. 비잔틴 학자들은 세속적인 그리스 학문 전통을 배척하지 않았다. 사실상 비잔틴 문명은 공식적인 국교인 기독교와 더불어 그리스 전통을 관용했고, 심지어 보호했다.

다시 등장한 메소포타미아

고대 메소포타미아의 중심지에서는 사산 왕조가 과거의 관개시설을 보수하고 관리하면서 전형적인 근동 관개농업 경제에 바탕을 두고 근동식의 제도화된 과학체계를 만들었다. 사산 왕조는 224년에 창건되었고, 강력한 중앙집권적 정부와 필기사, 점성술사, 의사, 시인, 음악가 등을 포함한 계급적인 관료체제를 특징으로 했다. 오늘날의 이라크 바스라Basra 북동쪽이며 왕궁이 있던 곳인 준디샤푸르 Jundishapur는 6세기에 많은 학문 전통이 모이는 문화적 교차로가 되었다. 페르시아, 기독교, 그리스, 인도, 유대, 시리아 전통이 그곳으로 모여들었다. 페르시아의 문화적 삶은 네스토리우스파 기독교도들이 시리아 에데사Edessa에 있던 중심지가 489년에 폐쇄된 이후 비잔틴 제국에서―그리스의 지식을 가지고서―망명해 옴으로써 더욱 풍부해졌다. 준디샤푸르에 중심을 두고 중요한 번역 작업이 이루어져 그리스 원전들을 그 지역의 언어인 고대 시리아어로 번역했다. 일반적으로 유용한 지식을 담고 있다고 여겨지는 책들이 선택적으로 번역되었는데, 주로 의술 관련 서적들이었지만 아리스토텔레스의 논리학, 수학, 천문학을 비롯한 과학 서적들도 있었다. 준디샤푸르에는 또 병원과 의학교가 세워졌고, 인도의 의사들도 그곳에 참여했다. 훗날 아랍―이슬람 칼리프들에게 넘어간 준디샤푸르 의학교는 11세기까지 번창했다. 사산 왕조 페르시아의 정부는 천문학과 점성술 연구도 지원했다. 최근의 재평가에 의해 그 중요성이 약화되긴 했지만, 그럼에도 준디샤푸르는 642년에 페르시아가 이슬람 세력에게 멸망할 때까지 수백 년 동안 과학 지원과 학문의 국제적 중심지였다.

사산 문명은 관개농업 경제를 통제하는 중앙집권적인 권력이 과학 기관을 육성했음을 다시 한 번 보여준다. 사산의 문화는 고대 근동 왕국들의 제도적 전통과 고전 헬레나 그리스의 이성적 전통의 잡종이라 할 수 있다. 그 문화는 국가가 주도하는 기관들을 양산했으며, 일부 기관은 그리스의 순수과학 전통의 보금자리였다. 역시 고밀도 관개농업으로 생산된 잉여 농산물 형태의 엄청난 부가 그런 제도적인 지원을 가능케 했다. 사산 문명의 사례는 서유럽에서 근대 과학이 발생하기 이전에 주로 동방에서 그리스 과학의 영향력이 꽃을 피웠음을 또 한번 입증한다.

이슬람의 깃발 아래

중동은 이슬람의 보호 아래 또다른 과학 문명을 낳았다. 622년 선지자 모하메드가 메카를 떠나 도피한 일은 전통적으로 이슬람 시대의 개막이라 여겨진다. '이슬람'이라는 단어는 신의 뜻에 복종함을 의미하며, 무슬림(혹은 모슬렘)은 신의 뜻에 복종하는 사람을 가리킨다. 아랍인은 아라비아 반도의 사람이고, 이슬람교는 7세기에 아라비아 반도의 사막과 초원의 유목 사회에서 시작되어 동쪽과 서쪽의 다양한 민족에게 전파되었다. 이슬람 군대는 불과 30년 만에 아라비아 반도, 이집트, 메소포타미아를 정복했다—페르시아의 권력을 교체했고, 비잔틴 제국을 축소시켰다. 결국 이슬람 군대는 100년 남짓의 기간에 포르투갈에서 중앙아시아까지 미치는 이슬람 공동체를 건설했다. 이슬람은 통일된 사회 문화적 영역으로서 거대한 세계 문명을 이끌었고, 이슬람의 과학 문화는 적어도 500년 동안 번창했다.

이슬람의 성공은 신앙심이 투철한 농부들뿐 아니라 군대의 공로이기도 했다. 농부들은 메소포타미아와 이집트의 범람원을 접수했고, 농업혁명이라 할 만한 혁신을 이루어 지중해 생태계에 새롭고 다양한 작물들을 도입했다. 쌀, 사탕수수, 목화, 멜론, 감귤류citrus, 과일 등을 도입했다. 이슬람 농업은 관개 시스템을 재건하고 확장함으로써 경작 가능 기간과 생산성을 증가시켰다. 이슬람 과학자들이 끊임없이 농업 및 관개에 관한 논문들을 썼다는 사실은 그 분야가 얼마나 중요했는지를 잘 보여준다. 낙타, 말, 꿀벌, 매를 비롯해서 이슬람 농부와 지배자에게 중요한 모든 동물에 대한 논문도 풍부하다.

농업 생산성 향상으로 인한 결과는 전형적인 것들이었다. 전례 없는 인구 팽창, 도시화, 사회의 계급화, 정치적 중앙집권화, 고급 지식에 대한 국가적 후원 등이다. 762년에 티그리스 강 유역에 건설된 바

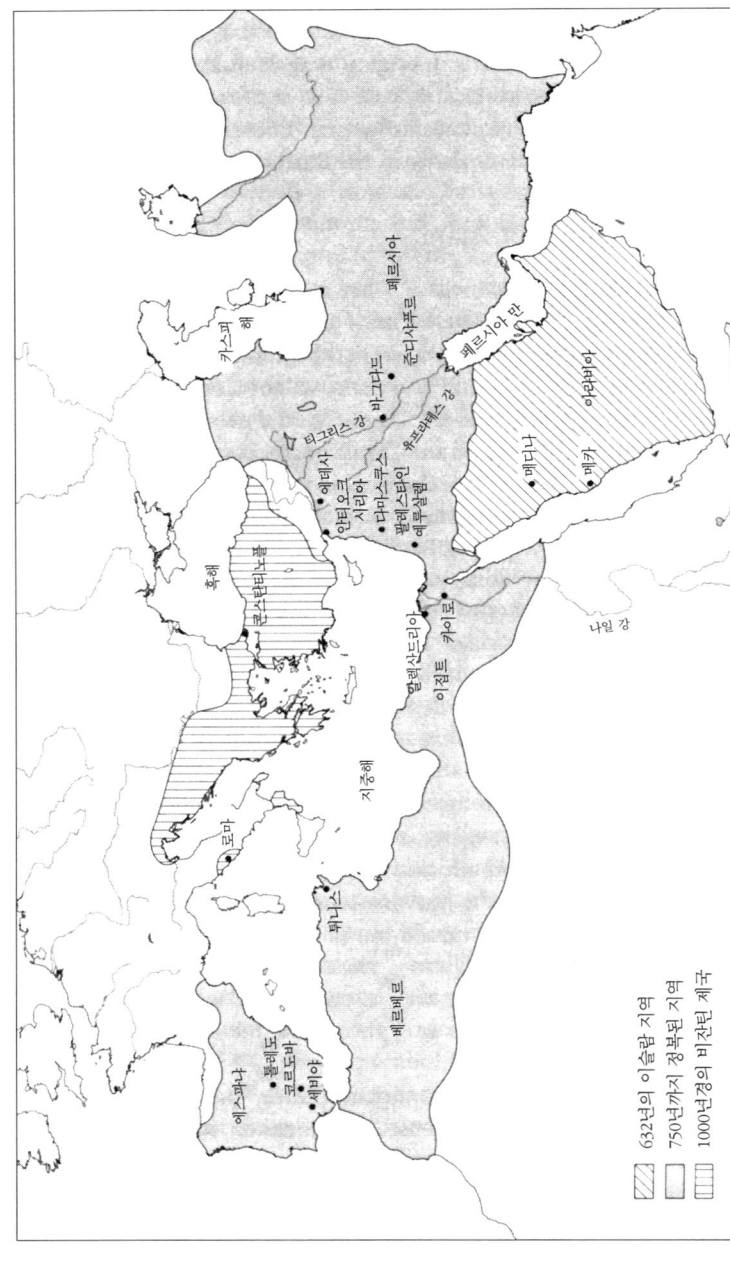

지도 5.2_이슬람. 모하메드교가 7세기에 탄생한 후 이슬람의 정복지는 대서양에서 거의 중국 국경까지 확장되었다. 이슬람 세력은 이집트와 나일 강의 자원을 점령함으로써 비잔틴 문명에 심각한 타격을 주었다.

168 세계인들의 사상과 행동

그다드Baghdad는 930년에 인구 110만을 자랑하는 당대 세계 최대의 도시가 되었다. 에스파냐 남서부의 코르도바Córdoba는 이슬람 치하에 인구가 거의 100만에 도달했고, 여러 이슬람 도시가 10만에서 50만의 인구를 거느렸다. 참고로 당대 유럽 도시들의 인구는 5만 이하였다.

이슬람은 예나 지금이나 코란이라는 경전과 문서에 기반을 둔다. 정치적으로 흔들림을 보이기도 했지만, 이슬람교도는 기독교도와 유대교도에 대해 관용적이었으며 '책의 사람들'이었다. 따라서 선진 문명을 약탈하고 파괴한 유럽의 야만 농업 민족과 달리 아랍 유목민들은 선진 문명을 동화하고 유지함으로써 제국을 건설했다. 초기 이슬람 지배자들은 그리스의 철학과 과학을 비롯한 외국 문화 전통에 대한 학습을 장려했다. 그것은 아마도 고도로 발전된 다른 종교들과 비판적·지성적 전통에 맞서 새로운 이슬람교의 논리적·수사적 지위를 강화하기 위해서였을 것이다. 결과적으로 또 하나의 혼혈 사회가 형성되었다. 이슬람은 문화적으로 '헬레니즘화'되었고, 헬레니즘 특유의 관료체제가 자연철학이 가미된 유용한 지식을 장려하는 부유한 지배자들 밑에서 발전했다.

중세 이슬람은 그리스 과학의 주요 계승자가 되었고, 이슬람 문명은 적어도 800년에서 1300년까지 사실상 과학의 전 분야에서 세계 최고였다. 모하메드 이후 4세기에 걸쳐 활동한 이슬람 과학자의 수가 탈레스 이후 4세기 동안 활동한 그리스 과학자의 수와 맞먹는다는 단순한 사실에서 이미 이슬람 과학의 활력을 분명히 알 수 있다. 이슬람 과학자들은 이베리아 반도에서 중앙아시아에 이르는 진정한 의미의 국제적인 과학 공동체를 최초로 건설했다. 그러나 꽤 많은 학자들이 주목했음에도 불구하고 여전히 중세 이슬람 과학은 고대 그리스 과학을 중세 유럽으로 수동적으로 '전달한' 통로 정도로 폄하된다. 그러나 잠깐만 생각해 보아도 이슬람 과학의 역사를 오로지 혹은 주로 유럽 과학으로 이어지는 중간 연결자로 보는 시각이, 심지어 이슬람 과학을 '서양 전통'에 포섭시키는 시각이 얼마나 비역사적인지 알 수 있다. 중세 이슬람 문명과 과학은 그 자체로 평가되어야 한다. 이슬람은 서양적인 만큼 또한 동양적이었음을 잊지 말아야 할 것이다.

이슬람 과학 저술은 일부만 출간되었다. 대부분의 저술은 연구되지 않은 초고 상태로 남아 있다. 지금까지 학자들의 관심이 집중된 분야는 고전적인 원전들, 과학 사상의 '내적인' 역사, 인물사에 대한 연구, 그리고 훗날의 유럽 과학자들의 선구자라 할 만한 아라비아 과학자를 찾아내려 애쓰는 '선구자 연구' 등이었다. 이슬람 과학의 제도적 측면에 대한 학문적 연구는 이제 막 시작된 단계이고, 이슬람에 대한 포괄적인 역사학적 연구는 아직 없다.

뿐만 아니라 이슬람 과학에 대한 연구는 두 학파로 양분되어 있다. 하나는 '주변성'을 내세운다. 이 학파는 그리스 문명으로부터 물려받은 세속적·합리적 과학—이슬람 문명은 이를 '외래aw'il 과학이라 불렀다—은 이슬람 문화에 동화되지 못했고, 다만 기껏해야 관용을 받는 주변 문화로 유지되었을 뿐 이슬람 사회의 근본적인 부분은 아니었다고 주장한다. 반면에 '동화론' 학파는 외래 과학이 이슬람의 삶 속에 녹아들어갔다고 주장한다. 어느 쪽 주장도 사실과 정확히 일치하지 않는다. 그러나 이 책이 선호하는 것은 동화론이다. 특히 이슬람 과학의 제도적 기반을 추적하고 이슬람과 기타 동방 문명에서 과학이 유사한 기능을 했음을 확인하는 과정에서 우리의 동화론적 입장의 타당성이 드러날 것이다.

이슬람 과학 문화는 더 발달된 문명의 지식을 흡수하려는 노력 속에서 발생했다. 그 노력의 첫 단계는 문서들을 아라비아어로 번역하는 것이었다. 일찍이 준디샤푸르를 정복했기 때문에, 이슬람 문명 초기에는 그리스보다 페르시아와 인도의 영향력이 더 컸다. 예컨대 이미 760년대에 인도 선교사가 바그다드에 도착하여 인도 과학과 철학을 가르치고 인도의 천문학 및 수학 서적을 산스크리트어에서 아랍어로 번역하는 일을 도왔다. 더 나중에는 무슬림 과학자들이 인도에 가서 인도 스승들에게 배웠다.

그러나 다음 세기에 번역의 초점은 그리스 과학 저술에 맞추어졌다. 바그다드의 칼리프 알마문Al-Ma'mun은 832년에 '지혜의 집'(바이트 알히크마Bayt al-Hikma)을 설립하고 주로 세속적인 외래 과학 연구와 번역의 중심지로 삼았다. 알마문은 비잔틴 제국으로 사람을 보내 그리스 과학 저술을 수집했고, 지혜의 집에서는 이스하크 이븐 후나인 Ishāq ibn Hunayn의 가문을 비롯한 학자·번역가 가문이 그리스 철학과 과학을 아랍어로 옮기는 거대한 임무를 맡았다. 그 결과 그리스 자연과학, 수학, 의학이 사실상 전부 아랍어로 번역되었고, 아랍어는 문명과 과학의 국제어가 되었다. 예컨대 프톨레마이오스의 『알마게스트』—이 제목 '알마게스테al-Mageste'는 아랍어로 '가장 위대한'을 뜻한다—는 9세기 초 바그다드에 여러 번역본이 있었고, 유클리드의 『기하학 원본』과 아르키메데스의 여러 저술, 그리고 아리스토텔레스의 논리학을 비롯한 많은 저술도 번역되었다. 아리스토텔레스는 이슬람 이론과학의 지성적인 대부가 되었고, 누대에 걸쳐 주석가와 비판가들을 양산했다. 이슬람의 그리스 원전 번역 노력이 어느 정도였는지는 심지어 오늘날에도 아리스토텔레스 관련 저술—아리스토텔레스의 글과 그리스의 아리스토텔레스 주석가들의 글—이 유럽 언어로 된 것보다 아랍어로 된 것이 더 구하기 쉽다는 사실에서 알 수 있다.

알마문은 번역자들과 지혜의 집을 단지 지식에 대한 사랑 때문에 지원한 것이 아니라, 지배자에게 직접적으로 유용하다고 여겨진 지식, 특히 의학, 응용수학, 천문학, 점성술, 연금술, 논리학의 실용성 때문에 지원했다(아리스토텔레스는 일차적으로 그의 논리학이 법과 행정에 유용했기 때문에 수용되었고, 그의 과학적·철학적 저술 전체가 아랍어로 번역된 것은 더 나중이었다). 의학은 이슬람 번역자들의 노력이 집중된 주요 분야였다. 이스하크 이븐 후나인은 갈레노스와 히포크라테스의 저작 150편을 혼자서 번역했다고 한다. 900년에 유럽은 갈레노스의 저술을 외톨이 학자들의 번역을 통해 3편밖에 보유하지 못했던 반면에, 이슬람은 정부의 지원하에 129편을 보유하였다. 거대한 과학 문명의 초석이 마련되어 있었던 것이다.

이슬람 세계에서 세속적인 과학은 일반적으로 그 자체로 인정되기보다 효용 때문에 가치를 인정받았다. 세속적 학문을 추구한 것은 대개 헬레나 그리스나 훗날의 기독교 유럽에서처럼 학문 그 자체를 목적으로 삼은 개인적인 자연철학자들이 아니었다. 이 점에서 '주변성' 주장은 이슬람 사회에서 순수과학의 지위와 관련하여 어느 정도 타당하다. 그러나 그런 시각은 과학이 이슬람 문화의 여러 방면에서 제도화되고 지원된 사실을 간과한다. 사회사의 시각에서 본다면, '동화론'이 이슬람의 제도화된 과학과 자연철학을 더 올바르게 파악한다고 할 수 있다.

예컨대 각 지역의 모스크(이슬람교 사원)는 비록 종교적인 색채가 짙긴 했지만 학문과 지식의 중심이었다. 모스크에는 공식적으로 기도 시간을 알리는 시간 계시원muwaqqit이 있었다. 그 난해하고도 정확해야 하는 임무는 유능한 천문학자나, 최소한 훈련을 받은 전문가에 의해서만 이루어질 수 있었을 것이다. 예컨대 오후 기도는 물체의 그림자가 정오 때의 그림자 길이에 그 물체의 길이를 더한 만큼 길어졌을 때 행해진다. 그 시각은 다양한 계절적 요인과 비밀스러운 지리학적 요인들에 의해 결정된다. 시간 계시원은 복잡한 시간 계시표―어떤 것은 항목이 3만 개에 달한다―를 사용했고, 천체관측의astrolabe

와 해시계를 이용하여 기도 시각을 확인했다(천체관측의는 300가지 이상의 천문학, 지리학, 삼각법 문제를 풀 수 있는 장치로 발전됐다). 게다가 신도들은 메카를 향해 기도했으므로 각 지역에서는 방향을 찾기 위해 지리학적 지식을 이용해야 했다. 천문학자들은 한 달 동안 지속되는 주간晝間 금식 기간인 라마단의 시작과 매일의 일출 시각을 결정했다. 이런 일들과 관련해서 각 지역의 이슬람 사회는 수학과 법에 능통한 전문가―'파라디faradi'―를 두어 각각의 임무를 할당하고 관리하게 했다.

이슬람의 합법적 고등교육기관인 '마드라사madrasa'는 '외래 과학'도 일부 포함된 고급 지식을 배우는 곳이었다. 마드라사는 이슬람 세계 전역에 퍼져 있었으며 일차적으로 법을 가르치는 학교였다. 이슬람에서 가장 중요한 학문은 신학이 아니라 법학이었던 것이다. 마드라사를 훗날의 유럽 대학과 동일시할 수는 없다. 마드라사는 자치적인 기관이 아니었기 때문이다(이슬람은 자치를 허용하지 않았다). 마드라사는 표준적인 교과과정이 없었고 학위를 수여하지도 않았다. 설립자의 기부에 크게 의존하고 이슬람의 근본적인 교리에 반하는 교육이 금지된 가운데 마드라사는 독립적인 학자들과 학생들로 이루어진 사적인 집단에 가깝게 운영되었다. 교육은 권위 있는 원전의 암기와 낭송을 강조했으며, 학생들의 숙식비, 수업료, 강사들에 대한 보수, 건물 유지비 등은 기부금으로 충당되었다.

세속적인 과학은 마드라사에 둥지를 틀었다. 예컨대 논리학이 그리스 전통에서 건너왔고, 산술은 파라디를 훈련시키기 위해 연구되었다. 마찬가지로 비록 강력하게 통제되긴 했지만 기하학, 삼각법, 천문학도 정확한 기도 시간과 메카의 방향을 알아낼 필요가 있었기 때문에 이슬람 과학에 편입되었다. 과학 전문가들은 비록 공개적인 강의는 할 수 없었지만, 공식적인 마드라사 외부에서 '외래 과학'을 사

그림 5.1_천체관측의. 이 다목적 장치는 이슬람 문명에서 천체 관측을 돕고 시간 확인, 지리학, 천문학과 관련된 문제들을 풀기 위해 발명되었다.

적으로 가르쳤다. 세속적인 과학·철학 서적들은 마드라사와 모스크에 딸린 공공 도서관에서 구할 수 있었다. 그러므로 한마디로 말해서, 자연과학을 배우고자 하는 학생은 마드라사 안팎에서 얼마든지 수준 높게 배울 수 있었다.

도서관은 이슬람 문명의 자연과학을 육성한 또다른 주요 기관이었다. 흔히 마드라사나 모스크에 딸려 있었고 사서들이 관리했으며 대중에게 개방된 도서관이 이슬람 세계 전체에 수천 개까지는 아닐지 몰라도 수백 개 설립되었다. 코르도바에만 70곳의 도서관이 있었고, 그 중 하나는 구비된 장서가 40만~50만 권이었다. 바그다드에는 13세기에 30곳의 마드라사와 부속 도서관이 있었으며, 1500년의 다마스쿠스Damascus에는 150곳의 마드라사와 도서관이 있었다. 마라가Maraghah 관측소 부속 도서관은 40만 권의 장서를 보유하고 있었다고 한다. 10세기 카이로에 있던 또다른 지혜의 집Dār al-'ilm은 200만 권을 소장했고, 그 중 18,000권이 과학 서적이었던 것으로 추정된다. 어느 소장가는 자신의 장서를 운반하려면 낙타 400마리가 필요하다고 자랑했다. 또다른 소장가는 두 사람이 운반해야 하는 상자 600개 분량의 책을 가지고 있었다. 10세기의 의사 이븐 시나Ibn Sīnā(980~1037년. 서양에 알려진 이름은 아비센나Avicenna)는 이슬람의 아시아 변방인 부하라Bukhara에 있던 왕립 도서관의 위용을 이렇게 전한다.

거기에서 나는 주제별로 분류된 책이 겹겹이 쌓여 있는 수많은 방을 보았다. 아랍 문헌과 시詩에 할당된 방과 법학에 할당된 방이 있었고, 각각의 특수한 과학도 방 하나씩을 차지했다. 나는 그리스 저자 목록을 뒤져 내가 원하는 책을 찾아보았다. 나는 그 제목을 들어본 사람조차 극히 드문 책들과 나 자신이 그 전에도 후에도 보지 못한 책들을 보았다.

중세 유럽의 도서관들은 대조적으로 장서가 수백 권에 불과했고, 14세기 파리 대학 도서관조차도 장서가 2,000권이었으며, 1세기 후의 바티칸 도서관 장서도 그보다 몇백 권 더 많은 수준이었다. 그러나 이슬람 도서관을 학문에 대한 사랑만으로 설명할 수는 없다. 거대한 장서 수집은 비용을 충당한 칼리프와 부유한 후원자들의 뜻에 따른 일이었음이 분명하다. 그리고 8세기에 중국에서 종이 제작 기술이 도입되어 종이가 대량 생산되고 책의 가격이 훨씬 저렴해진 것도 도서관 번창에 기여했다. 751년 이후 사마르칸트Samarkand, 793년 바그다드, 900년경 카이로, 1100년 모로코, 1150년 에스파냐에 종이공장이 등장해서 종이책을 파는 서점이 바그다드에만 100개가 있었다. 역설적인 일이지만, 15세기에 인쇄술이 등장하자 이슬람 지배자들은 신의 이름을 더럽힐 것을 염려하여 인쇄술을 금지하고 바람직하지 않은 책들이 급증하는 것을 막았다.

과거에도 천체 관찰이 이루어졌지만, 이슬람 문명은 새롭고 정체가 분명한 과학기관을 설립했다. 그것은 공식적인 천문관측소였다. 칼리프와 술탄이 지원한 관측소와 장비와 천문학자들은 여러 실용적인 기능을 수행했다. 천문학자들은 달력 제작과 종교를 위해 점점 더 정확하게 발전된 천문학 요약서zij를 만들어 기도 시간과 라마단 같은 종교적 계율을 지키는 데 기여했다. 이슬람의 달력은 고대 바빌로니아의 것처럼 태음력이었고, 한 달은 29일이나 30일, 1년은 12개월이었으며, 30년을 주기로 반복되었다. 새 달이 시작되는 시점은 훈련을 받은 천문 관측자에 의해 결정되었다. 지리학 역시 프톨레마이오스의 지리학 이래로 천문학과 밀접하게 관련되어 있었다. 이슬람 천문학자들은 사막 여행자들과 항해자들에게 도움을 주는 항해술과 지리학 기술을 개발했다.

이슬람 지배자들은 천체에 관한 연구인 천문학과 천체가 인간사에 미치는 영향을 탐구하는 점성술을 공식적으로 구분했다. 그리고 그것은 천문학이 사회 속에 자리잡는 데 기여했을 것이다. 그러나 지배자들이 천문학을 지원한 가장 큰 이유는 여전히 점성술의 예언력에 대한 믿음이었다. 때때로 신이 아닌 별을 경배한다는 이유로 종교적 비난을 받기도 했지만, 점성술은 세속적 과학 가운데 가장 인기 있는 분야로서 특히 왕실에서 번창했다. 점성술사의 자격과 의무와 보수는 공식적인 시험과 법규에 의해 정해졌다. 왕실 밖의 곳에서는 지역의 치안 책임자가 시장 경제 활동으로서의 점성술을 규제했다. 이슬람 천문학자·점성술사들은 프톨레마이오스의 『알마게스트』뿐 아니라 그의 점성술 서적 『테트라비블로스』도 가지고 있었으며, 많은 경우에 그 책과 기타 유사한 책들을 이용하여 별점을 치고 왕실 점성술사로서 지원을 받았다.

 이슬람 세계 전역에 관측소들이 설립되었으며, 알마문은 828년경 바그다드에 최초의 관측소를 세웠다. 가장 유명한 것은 1259년 카스피 해 인근의 비옥한 지역인 마라가Maraghah에 세워진 관측소이다. 관측소의 설립 목적은 부분적으로 점성술의 예언력을 향상시키는 것이었다. 관측소에는 상당한 규모의 도서관이 딸려 있었고, 정부의 지원하에 과학 교육도 이루어졌다. 전문 천문학자들이 말하자면 마라가 학파를 형성했으며, 알투시al-Tūsī(1274년 사망), 알슐라즈al-Shīrāzī(1311년 사망), 그리고 그들의 후계자 이븐 알샤티르Ibn al-Shātir(1375년 사망) 같은 인물은 고대의 천문학을 훨씬 능가하는 비非프톨레마이오스 모형(그러나 여전히 지구 중심 모형)을 만들어 행성 운동을 설명하고 고도로 정확한 관측을 통해 검증했다. 그러나 마라가 관측소도 다른 많은 관측소들처럼 단명했다. 기껏해야 60년을 넘기지 못했던 것이다. 몽골 지배자들도 마라가 관측소를 비롯한 여러 이슬람 관측소들을 보호했지만, 결국 불경스러운 점성술 연구를 자행한다는 이유로 폐쇄시켰다.

북동쪽으로 더 떨어진 곳인 사마르칸트에는 관개시설을 이용한 과일과 곡물과 채소 농업에 기반을 두고 세력을 키운 유명한 이슬람 학자이자 통치자 울루그 베그Ulugh Beg(1393~1449)에 의해 마드라사와 중요한 관측소가 설립되었다. 이슬람 천문학자들은 정확한 관측을 중시했기 때문에 엄청나게 큰 장치를 필요로 했다. 그 중 하나가 사마르칸트에 있는, 반지름 40미터의 3층짜리 육분의sextant이다. 이 거대한 장치와 관측소 건물, 고용된 천문학자들과 지원 인력, 그리고 부속된 도서관에 드는 비용은 오직 정부만이 감당할 수 있었다. 그런 관측소 덕분에 중세 이슬람 문명은 16세기와 17세기 유럽 과학의 성취가 있기까지 필적할 상대가 없었던, 관찰 및 이론 천문학 전통을 확립했다.

이슬람 수학은 정당한 찬사를 받기에 충분하지만, 그리스의 형식적·이론적 기하학보다 산술과 대수학을 중시하는 실용적 경향성을 뚜렷하게 나타냈다. 중세 이슬람 수학자들이 천문학에서 각과 원호를 다루는 작업에 큰 도움을 준 삼각법을 개발하고, 인도에서 다루기 쉬운 '아라비아숫자'를 도입한 것도 그런 실용적 경향성을 반영한다. 이슬람 수학자들은 사실상 고차방정식을 풀었지만, 대부분은 세금, 구호금, 유산 분배 등의 실용적인 문제에 뿌리를 두고 있었다. 예컨대 9세기의 수학자 알크와리즈미al-Khwarizmi는 인도에서 '아라비아숫자'를 최초로 도입하고 실용적인 수학 지침서 『알자브르al-Jabr』를 썼다. 그 책은 서양에 '대수학Algebra'이라는 이름으로 알려져 있으며, 알크와리즈미가 알마문의 궁정에서 일했던 것은 우연이 아니다.

이슬람의 의학과 그 제도적 성격은 특별한 관심을 받을 만하다. 아랍인들은 독자적인 의술이 있었으며, 코란에는 식생활, 위생, 다양한 질병과 치료법에 관한 모하메드의 언급이 많이 들어 있다. 아랍어 번역 사업 덕분에 의사들은 히포크라테스와 갈레노스의 저술을 모두 접할 수 있었으며, 특히 알렉산드리아에 보관된 고대 그리스 의학 문헌들이 많이 번역되었다. 이슬람 의학은 또 페르시아와 인도 전통을 흡수했다. 준디샤푸르 의학교를 접수한 것, 그리고 약물과 향료 교역을 통해 인도와 직접 교류한 것이 주효했다. 그 결과로 탄생한 종합적인 의학은 완전히 자연주의적이었으며 이슬람 사회 속에 확고히 자리를 잡았다.

몇몇 마드라사는 의학 교육을 전문으로 했지만, 이슬람 의학의 일차적인 중심은 병원이었다. 정부가 지원하는 병원들이 이슬람 세계 전역에 있었다. 특히 유명한 병원이 있던 곳은 준디샤푸르를 능가한 바그다드, 13세기에서 15세기에 걸쳐 여섯 곳의 병원이 설립된 다마스쿠스, 그리고 카이로였다. 병원들은 정성스러운 의료진, 전문 간병인, 의학 도서관, 강의실majlis을 거느리고 있었다. 그렇게 이슬람 병원들은 의료 시술소를 넘어서 교육과 연구—의학적 점성술도 연구하였다—의 중심으로 발전했다. 이슬람 사회에서는 길드나 협회 같은 것들의 존재가 확인되지 않는다. 대신에 정부가 지역의 치안 책임자를 통해 의사들에게 자격증을 주었다. 알라즈al-Rāzī(라제스Rhazes, 854~925), 알마주시al-Majūsī(할리 압바스Haly Abbas, 995년 사망), 이븐 시나(아비센나) 같은 이슬람 의사들은 병과 치료법에 관하여 과거의 그 누구보다 뛰어난 지식을 갖고 있었다.

이슬람 과학이 광학에서 특별히 강점을 보인다는 사실도 의학과 관련지을 수 있을지 모른다. 특히 사막 기후 때문에 눈에 무리가 생기기 쉬운 이집트에서 안과학 문헌이 많이 쓰어졌으며, 이슬람 의사들은 눈 치료법과 시각의 해부학 및 생리학에 전문가가 되었다. 위대한 이슬람 물리학자 이븐 알 하이삼Ibn al-Haytham(알하젠Alhazen, 965~1040)은 의사가 아니었지만 이집트에서 활동하면서 눈병에 관한 글을 썼다. 그의 『광학』은 시각, 굴절, 암실camera obscura, 불을 붙이는 거울, 렌즈, 무지개, 기타 광학 현상들에 관한 수많은 이슬람 과학 문헌 중에서 가장 잘 알려져 있고 가장 영향력이 있는 사례이다.

의사는 대중적 존경을 받았으며, 과학적·철학적 업적을 남긴 이슬람인들은 왕실 의사나 왕실이 임명한 법관 혹은 행정관으로서 생계를 유지했다. 예컨대 대표적인 아리스토텔레스 주석가로 유명한 아베로에스Averroës(이븐 루시드Ibn Rushd, 1126~1198)는 에스파냐에서 왕실 의사 겸 종교 재판관으로 일했다. '이슬람의 갈레노스'라 불린 박식가 아비센나(이븐 시나)는 여러 왕실로부터 의사로서 지원을 받아 철학과 과학을 연구했으며, 유명한 유대인 철학자 모세스 마이모니데스Moses Maimonides(무사 이븐 마이문Musa ibn Maymun, 1135~1204)는 카이로의 술탄을 위해 의사로 활동했다. 한마디로 말해서 왕실의 지원은 의사·과학자들에게 세속적인 과학을 연구하고 전파할 수 있는 제도적인 지위를 주었고, 그 지위는 이슬람 사회 전반을 지배하는 종교적 계율의 권위와 지배적인 종교기관으로부터 의사·과학자들을 어느 정도 보호해 주었다.

이슬람 연금술은 왕실과의 밀접한 관계 속에서 지배자들의 후원을 받으며 과학자들에 의해 고도로 발전된 전통을 형성했다. 연금술은 아리스토텔레스의 물질이론에서 파생된 과학의 한 분야였다. 이슬람 연금술은 불사不死의 영약을 추구하는 과정에서 중국 연금술의 영향을 받은 것으로 보이며, 인도와 페르시아의 영향을 드러내는 광물학도 포섭했다. 연금술은 비밀스러운 기술이었으며, 연금술 종사자들은 3,000권 가량의 연금술 서적의 저자로 이슬람 연금술의 창시자인 9세기의 인물 자비르 이븐 하이얀Jābir ibn Hayyān―서양 라틴어권에 알려진 이름은 게버Geber―을 지목했다. 연금술의 목표 중 하나는 당연히 후원자들이 가장 소망하는 것, 즉 값싼 금속을 금으로 바꾸고 생명을 주는 영약을 창조하는 것이었다. 그러나 이슬람 연금술사들은 연금술을 개인의 영적인 정화와 연관된 고도로 지성적인 노력으로 생각했다. 그들은 새로운 장치를 개발했고 증류법을 비롯한 기술을 발명했다. 이슬람 연금술의 흔적은 '연금술alchemy', '알콜', '알칼리', '증류기alembic'처럼 아랍어에서 기원한 단어들에 남아 있다. 사실 현재의 과학에서 쓰이는 대수학algebra, 방위각azimuth, 알고리즘algorithm을 비롯한 무수한 단어들에 아랍어와 이슬람 과학사의 지문이 남아 있다.

이슬람 과학의 제도화 정도가 이미 그것의 성취와 특징을 어느 정도 설명한다. 학자와 과학자들은 학교, 도서관, 모스크, 병원, 그리고 특히 관측소에 천문학자와 수학자로 이루어진 연구진과 함께 소속되었다. 이 기관들이 제공한 기회와 후원은 과학 활동의 급증을 가져왔다. 1100년 이전의 이슬람 과학자는 당대의 보잘것없는 유럽 과학자보다 10배 이상 많았다. 제도화의 또다른 결과는 연구 주제의 특징으로 나타났다. 고대 관료 왕국에서와 마찬가지로 효용과 공적인 공헌과 국익을 위한 연구가 이루어졌다.

중세 이슬람의 기술과 산업은 그리스-로마 세계의 기술이나 공학과 거의 아무것도 주고받지 않았다. 우리가 보았듯이 이슬람 과학은 고대 그리스 지식을 많이 흡수했지만, 이슬람 기술은 로마와 동방 왕국들과 유사한 상태를 유지했다. 이슬람인들은 건축에서 그리스식 기둥과 상인방lintel 시스템보다는 로마식 아치를 선호했다. 농업은 로마 식민지와 근동의 모든 문명처럼 관개기술에 크게 의존했다. 실제로 이슬람 정복지는 고밀도 관개농업이 가능한 지역과 거의 일치한다. 인공적인 관개시설이 그다지 중요하지 않은 그리스와 이탈리아는 이슬람화되지 않은 반면에 에스파냐는 이슬람 치하에서 관개기술이 극적으로 발달했다. 대규모 댐과 수차, 지하 수도qanat(지하수를 끌어올리는 토관이 포함된 지하 수로)의 건설은 이슬람 공학의 전형적인 과제였다. 이란에서는 관개농업과 도시생활에 필요한 용수 전체의 절반을 지하 수도가 공급했다. 책으로 이루어진 신학과 과학의 세계와 담을 쌓은 기술자와 장인들의 솜씨가 그 정도였다.

이슬람 세계의 과학 활동이 언제부터 활기를 잃기 시작했는지에 대해서는 학자들의 견해가 서로 엇갈린다. 어떤 이들은 12세기 이후, 특히 서부에서 쇠퇴가 시작되었다고 말하고, 또 어떤 이들은 중요한 새로운 과학이 동부에서 15세기와 16세기까지 연구되었다고 말한다. 그러나 이슬람 과학과 의학이 1000년 전후에 역사적 황금기를 맞았고 그 후에 창조적 독창성의 수준이 쇠퇴하기 시작했다는 것에 대해서는 이론이 없다. 하지만 이런 일치된 견해에 가려 이슬람 사회의 마드라사와 모스크에서 학문이 ─ 독창성 문제는 접어두고 ─ 수백 년 동안 더 연구되었다는 사실이 간과되는 경향이 있음을 지적하자. 어쨌든 이슬람 과학 전통의 쇠퇴를 설명하기 위해 다양한 주장이 제기되었다. 그것들은 모두 외적이며 사회학적인 설명을 시도하는데, 왜냐하면 과학 사상의 내적인 논리로는 이슬람 과학의 활력 상실을 설명할 수 없기 때문이다.

가장 중요한 주장은 종교적 보수주의자들이 최종적으로 승리한 것에 초점을 맞춘다. 종교로서의 이슬람은 신/알라의 신성하고 불가해한 본성 앞에 복종할 것을 강조한다. 따라서 '주변성' 학파에 따르면, 이슬람의 문화적 가치관과 합법적 신념은 세속적 철학과 학문이 항상 의심을 받고 이슬람 사회의 주류에서 벗어난 변방에 머물도록 만들었다. 예컨대 법률가와 종교 지도자들은 세속 과학에 지나치게 뛰어난 자들을 불경죄fatwas로 다스릴 수 있었다. '주변성' 주장자들은 이슬람 분파들 사이에서 인간 이성과 합리성의 가치는 다양하게 평가되었지만, 궁극적으로 종교적 보수주의자들이 득세했고, 증가하는 불관용 속에서 이슬람 과학의 창조성이 사라졌다고 말한다. 그러나

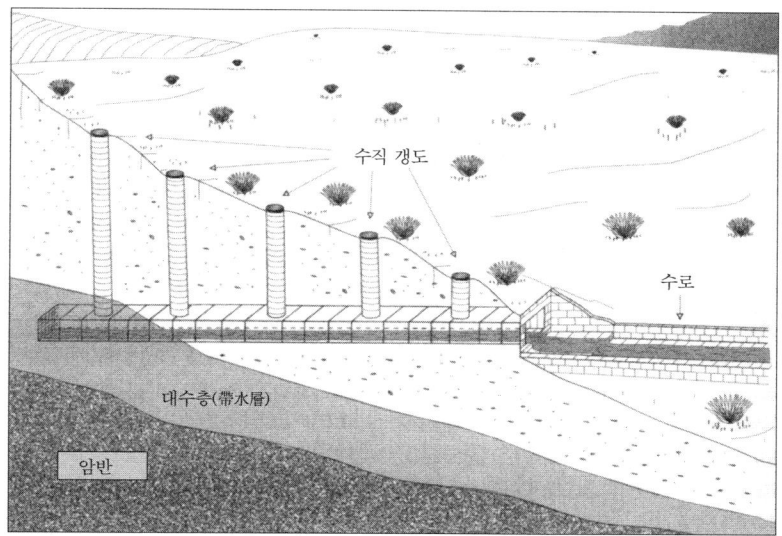

그림 5.2_지하 수도 기술. 이슬람 농업과 문명을 지탱한 것은 인공적인 관개기술이었다. 이슬람 기술자들은 고도의 관개기술을 발달시켰다. 지하수를 끌어올리는 지하 수도도 그 중 하나였다.

그들은 이슬람 과학이 왜 번창했고, 실제로 왜 그 시점에 쇠퇴했는지 설명하지 못한다.

유사한 또다른 주장은 이슬람 문명이 처음에는 다원적이었으나 이슬람 세계가 문화적으로 균일해지면서 과학이 쇠퇴했다고 말한다. 초기에 많은 정복지에서 이슬람 신도는 소수였다. 이슬람은 식민지 지배 권력으로 출발했고, 특히 이슬람 제국의 변방에서는 처음에 페르시아, 인도, 아랍, 아프리카, 그리스, 중국, 유대, 기독교 등의 다양한 종교와 문화가 혼합된 다원적인 사회가 번창했다. 시간이 지나면서 개종이 늘어났고 이슬람은 종교적으로 더 엄격해졌으며 문화는 다원성을 잃었다. 많은 지역에서는 이슬람화가 14세기까지도 진행되었다. 결과적으로 창조적 과학자들이 설 문화적 '공간'이 줄어들었고,

따라서 이슬람의 과학적 활력은 그만큼 줄어들었다. 그러나 이 설명은 이슬람 과학이 전성기에 흔히 바그다드 같은 가장 이슬람화된 지역에서 번창했다는 엄연한 사실에 정면으로 부딪힌다.

전쟁과 그로 인한 사회 문화적 분열에서 이슬람 과학 쇠퇴의 원인을 찾는 시도도 있다. 이슬람 세계는 11세기에 에스파냐에서 기독교 유럽으로부터 압박을 받기 시작했다. 1085년에 톨레도, 1248년에 세비야가 함락당했고, 국토회복운동reconquista(711~1492년까지 780년 동안 에스파냐의 기독교도가 이슬람교도에 대하여 벌인 실지失地 회복운동 — 옮긴이)이 완성된 것은 1492년이었다. 동쪽에서는 아시아의 초원에서 온 몽골군이 이슬람 칼리프 영토를 공격했고 1258년에 바그다드를 점령했다. 티무르Timur(타메를란Tamerlane)가 이끄는 몽골군은 15세기 초에 중동으로 돌아와 1402년 다마스쿠스를 파괴했다. 동방의 이슬람 문화와 제도는 이 침략의 상처에서 곧바로 벗어났지만, 결과적으로 종교적 보수주의가 힘을 얻고 과학 연구에 필수적인 조건들이 와해되었다 — 혹은 그렇다고 주장한다.

다른 전문가들은 1492년 이후에 일어난 이슬람 문명의 경제적 쇠퇴가 과학 쇠퇴의 주원인이었다고 주장한다. 1497년 유럽의 상선들이 인도양을 횡단한 이후 이슬람 세계는 값비싼 동아시아 양념과 일용품에 대한 독점권을 잃었다. 이렇게 경제적 환경이 축소되는 가운데 과학은 — 특히 정부의 지원에 크게 의존하는 과학은 — 당연히 번창할 수 없었다고 그들은 주장한다.

이 모든 해석은 당연히 부분적인 진실을 포함하고 있으며, 더 심화된 역사적 연구는 이슬람 과학의 쇠퇴를 더 잘 이해하게 해줄 것이다. 그러나 해석가들은 이슬람 과학의 쇠퇴를 설명하려 했을 뿐 아니라, 왜 이슬람 문명에서 근대적인 과학이 탄생하지 않았는가, 라는 전혀 다른 질문도 제기했다. 이슬람 과학은 높은 수준에 도달했음에도 불구하고 왜 과학혁명을 성취하지 못했는가, 이슬람 과학자들은 왜 고대의 지구 중심 우주론을 반박하며 근대적인 태양 중심론을 채택하고 천상과 지상의 운동을 동일하게 설명하는 뉴턴의 관성 물리학을 개발하지 못했는가, 라는 질문이 흔히 제기된다.

이슬람이 근대 과학으로 도약하지 못하고 '실패'한 것을 설명하기 위해 많은 지적인 노력이 있었다. 그러나 과거에 실제로 일어나지 않은 무수한 사건들을 현시점에서 되짚어 설명하려는 시도는 진지한 역사학자들을 당혹케 한다. 역사학자들은 실제로 일어난 사건을 설명하기에도 시간이 부족하다. 이 장에서 분명히 보았듯이, 이슬람 과학은 수백 년 동안 번창했고 관측소와 도서관과 마드라사와 모스크와 병원과 궁정에 안정적으로 자리잡았다. 그것이 이슬람 과학의 긍정적인 성취였다. 이슬람 과학자는 모두 이슬람의 울타리 안에서 일했으며, 이슬람 과학의 전성기 이후에도 수백 년 동안 변함없이 활동했다. 과학이 서양과 똑같은 방식으로 발전'해야 한다'고 생각하는 것은 역사를 오독하게 만드는 짓이며, 활기 넘쳤던 중세 이슬람 문명에 시대적·문화적으로 이질적인 잣대를 들이대는 짓이다.

6장

중앙의 왕국

중국의 황제들은 국경과 정치적 통일성은 비록 유동적이었지만 거의 유럽과 크기가 같으며 인구밀도가 높은 거대한 영토를 지배했다. 중국의 고유한 영토(만주, 몽골, 티베트, 그리고 서부 지역 제외)만 해도 유럽의 절반 정도이며 프랑스의 7배였다(〈지도 6.1〉 참조). 기원전 221년 최초로 통일된 이후 중국은 세계에서 가장 인구가 많은 국가였으며 로마 제국에 의해 잠시 동안 2위의 자리로 물러난 일을 제외하면 세계에서 가장 큰 정치적 통일체였다. 중국 고유 영토의 인구는 1200년에 1억 1천5백만으로 당대 유럽 인구의 2배였고, 인구밀도는 유럽의 5배에 육박했다.

중국은 구세계의 문명 중에서 지리적으로 가장 고립되었다. 북쪽과 서쪽의 유목 민족들이 중국사에 큰 영향을 미친 것은 분명한 사실이지만, 중국의 남서쪽, 서쪽, 북쪽을 둘러싼 산맥과 사막과 척박한 초

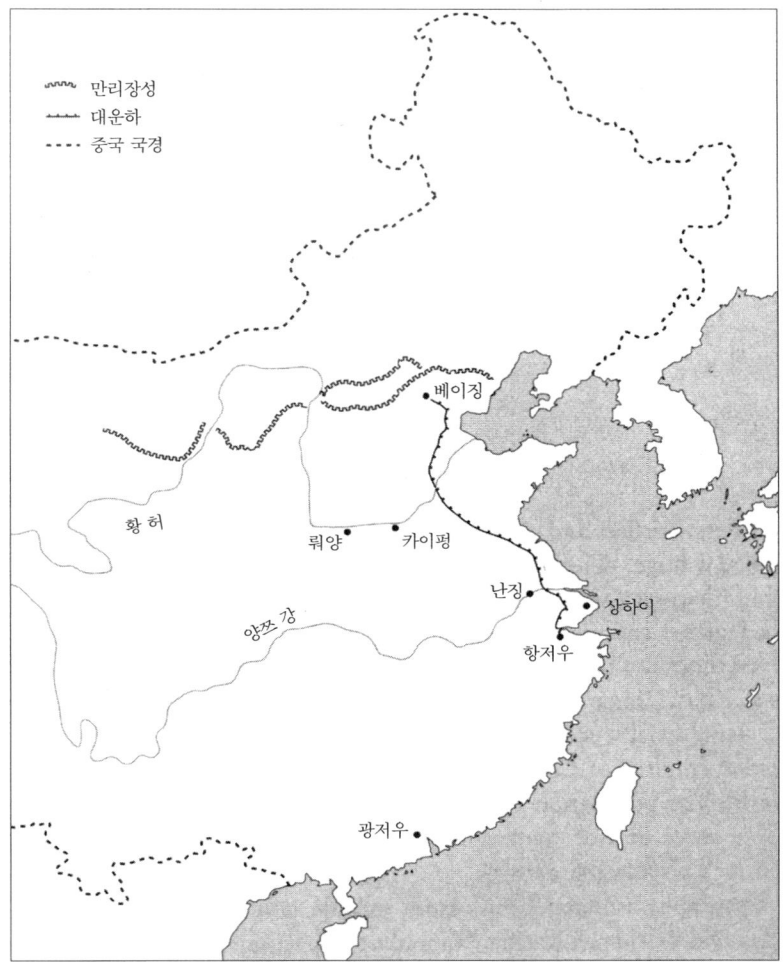

지도 6.1_중국. 중국 문명은 황허 유역에서 기원전 1000년 이전에 발생했다. 북쪽과 서쪽의 산맥과 사막과 초원은 중국을 아시아의 나머지 부분으로부터 고립시켰다. 최초의 중국 통일은 기원전 3세기에 이루어졌고, 그 결과 세계에서 가장 크고 인구가 많은 정치적 통일체가 등장했다. 지도는 중국 문명의 거대한 공학적 작품 두 가지를 보여준다. 만리장성과 대운하가 그것이다.

원은 중국과 서아시아 및 유럽의 접촉을 막았다. 최초의 중국 문명은 황허 유역에서 발생했으며, 더 나중에야 양쯔 강 유역과 범람원으로 전파되었다. 중국은 전형적인 관개 문명이었고, 경작지는 언급한 두 강을 비롯한 강과 호수를 따라서 동쪽으로 확장되었다.

중국의 문자는 독자적으로 개발되었다. 복잡한 표의문자로 된 글을 상 왕조(기원전 1520~1030) 시대의 '갑골문'에서 볼 수 있다. 갑골문자는 기원전 9세기에 5,000개 이상으로 늘어났고, 중국 통일기에 표준화되었다. 수백 개의 기초적인 기호를 조합하여 수천 개(아니, 수만 개)의 문자를 만들 수 있었다. 이런 복잡성 때문에, 게다가 각각의 문자가 표음문자와 상형문자의 요소를 모두 가지고 있기 때문에, 중국 문자는 배우기 어려웠고, 지금도 그렇다. 중국의 문자는 고대 이집트와 수메르, 고대 바빌로니아 문자처럼 표음문자로 간소화되지 않고 표의 방식을 고수했지만, 그것은 기원전 1000년 이전부터 이어온 중국의 놀라운 문학적·과학적 기록과 단절 없는 중국 문학의 전통에 '장애'가 되지 않았다.

중국은 비록 다양한 제국이 흥망했지만 정말 복잡한 사회적·정치적 변화는 찾아볼 수 없고, 수천 년을 아우르는 문화적 연속성을 가지고 있다(〈표 6.1〉참조). 그럼에도 송宋 왕조(960~1279)와 그 시기의 '르네상스'는 주목할 필요가 있다. 송대代는 여러 면에서 전통적인 중국의 전성기라 할 수 있는데, 송 왕조 수백 년 동안 중국의 과학과 기술은 황금기를 맞았다. 당시 중국은 과학과 기술에서 세계의 다른 곳들과 크게 달랐다.

송대 중국의 번영은 농업의 변화에서 비롯되었다. 8세기부터 중국 남부와 양쯔 강 유역의 쌀 경작이 급증했다. 논에서 이루어진 벼농사는 단위면적당 생산량이 다른 어떤 작물보다 많았으므로, 단지 벼를 도입하는 것만으로도 중요한 사회적·문화적 변화가 일어날 수밖에

그림 6.1_중국의 상형문자. 중국의 문자는 상형문자에서 발전되었으며, 다양한 문자를 조합하여 새로운 문자를 만들 수 있다. 어떤 경우에는 문자의 한 부분이 소리를 나타내거나 그 문자가 가리키는 사물이 속한 일반 범주를 나타낸다. 상형문자에서 출발한 다른 문자들과 달리 중국 문자는 표음문자로 간소화되지 않았다. 지금도 중국의 글을 읽으려면 수백 개의 개별적인 문자를 외워야 한다. 이런 난점에도 불구하고 중국어는 고도의 기술적·과학적 어휘를 발전시킬 수 있었다.

표 6.1_간단한 중국 왕조 역사

첫번째 통일	
진(秦)	221 B.C.~207 B.C.
한(漢)	209 B.C~A.D. 220
세번째 통일	
당(唐)	A.D. 613~903
세번째 분열	
5왕조(오대십국) 시대	907~960
네번째 통일	
북송(北宋)(수도 카이펑)	960~1126
금(金)에 멸망	
남송(南宋)(수도 항저우)	1127~1279
몽골에 멸망	
금(金)(여진족)	1115~1234
화북 점령, 1126	
몽골에 멸망, 1234	
원(元)(몽골)	1260/1271~1368
금 합병, 1234	
남송 정복 1276~79	
명(明)	1368~1644
청(淸)(만주족)	1644~1911

없었다. 정부는 1012년에 인도차이나 반도에서 일찍 여물거나 겨울에 여무는 새로운 벼 품종들을 체계적으로 도입했다. 어떤 품종은 60일이면 여물어 환경이 좋은 지역에서는 연간 2모작이나 심지어 3모작이 가능했다. 또 어떤 품종은 물 공급이 덜 필요했고, 따라서 경작지가 확장될 수 있었다. 송 왕조는 정부의 지휘하에 계단식 논을 만들고 관개시설을 향상시켜 습지와 호반을 쌀 경작지로 만드는 데 주력했다. 새로운 모내기 기술로 인해 농지를 놀릴 필요가 없어졌고, 벼농사에 필요한 새로운 도구들, 예컨대 논을 가는 쟁기와 여러 개의 노를 사슬로 엮은 형태의 양수기가 개발된 것도 효율성과 생산성이 증가하여 점점 더 많은 잉여 생산물이 발생하게 된 원인이었다.

그 결과는 극적이었다. 중국 인구는 800년의 5천만에서 1200년의 1

억 1천5백만으로(다른 연구에 따르면 1억 2천3백만) 두 배 이상 늘어났다. 중국 문명의 중심은 남쪽으로 이동했고, 1080년에는 중국 남부의 인구가 북부의 인구보다 두 배 이상 많아졌다. 도시화도 급격히 진행되었다. 한 연구는 송대 중국에 인구 100만 이상의 도시가 다섯 군데 있었다고 전하며, 다른 연구는 당시의 도시 인구가 전체의 20퍼센트였다고 추정한다. 그 정도의 비율은 농업사회로서는 놀랄 만큼 높은 것이다. 유럽의 도시 인구가 그만큼 증가하는 것은 19세기에 이르러서였다. 확대된 생산과 교역, 농업용품 거래와 함께 여유로운 중산층이 등장했다.

황제의 중앙집권력과 정부 관료의 통제력은 송대에 새로운 차원에 도달했다. '천자天子'라는 칭호는 황제가 중국 전체를 지배한다는 것을 의미했고, 향상된 공무 집행력은 천자를 호위하며 중국인의 삶 구석구석까지 스며들었다. 관료체제는 거대했고 완전한 통일체였다. 더 나중인 명明대의 기록을 보면, 당시 공무원의 수가 군인을 제외하고 10만에 달했다고 한다. 그런 거대한 관료 조직 덕분에 황제는 작은 마을 단위까지 직접 통치할 수 있었다. 황제와 관료의 권력에 도전할 중간 조직이나 독립적인 조직은 없었다. 지역마다 전통과 언어가 다르다는 점은 중앙집권을 약간 방해했지만, 황제 외에 다른 공식적인 권력 중심은 존재하지 않았다. 도시와 마을은 자치적이거나 분리된 행정 구역이 아니었다. 이와 같이 극도로 중앙집권화된 행정체제는 대학이나 길드 같은 독립적인 조직이 발생하는 것을 막았다. 도처에 있는 중국 관료들은 공식적인 경로 외부의 공간에서 과학이나 기술을 연구하는 것을, 심지어 사회적으로 중립적이라 해도 제약했던 것으로 보인다.

중국의 현자인 공자(기원전 551~479)의 가르침은 특히 송대의 주석가들에 의해 만들어져 국가의 공식적인 이데올로기로 자리잡은 '신유학(성리학)'의 형태로 중국의 고급 문화를 강력하게 지배했다. 공자의 철학인 유학은 자연이나 인간사 외부의 세계가 아니라 가족, 인성人性, 사회에 초점을 맞추었다. 유학은 인간 행위와 정치의 도덕적 측면과 정의롭고 조화로운 사회의 유지를 강조하는 실천적인 철학이었다. 그러므로 관습, 예절, 덕 있는 행동, 신의, 노인 공경, 권력에 대한 복종, 도덕적 모범인 현자들, (법이 아닌) 정의正義 등이 송대 유학의 핵심 단어가 되었다. 그런 식으로 유학은 기존의 체제와 당대 사회의 가부장주의를 지탱했다.

제국 관료체제의 힘과 매력은 과학으로 흘러들 수도 있었을 인재들을 끌어들였다. 관료체제는 인문학과 유학에 지원을 집중시켜 지식인 문화와 기술 사이에 깊은 분열이 생기는 결과를 초래했다. 송대의 제국 관료체제는 진정한 의미에서 인재에게 열려 있는 능력주의 체제였다. 국가는 정치적·세습적인 인맥을 통해서가 아니라 국가 공무원 시험에서 나타난 능력과 실적에 근거하여 공무원을 선발했으며, 시험은 사실상 정치권력으로 통하는 유일한 길이었다. 중국은 이미 한漢 시대(기원전 206~서기 220)에 국가시험을 시작했고, 그로 인해 얻은 효과 중 하나는 귀족의 정치권력을 제한한 것이었다. 송 왕조가 개혁하여 절정에 도달한 중국의 국가시험은 사실상 1904년까지 유지되었다.

시험 담당 관청은 2년이나 3년마다 세 등급의 시험(국지적, 지역적, 국가적 시험)을 실시했다. 운이 없는 학생들은 평생 동안 반복해서 시험에 응하기도 했으며, 가장 낮은 등급의 시험에만 합격해도 특권을 누릴 수 있었다. 예컨대 강제노역에서 제외될 수 있었다. 고등 시험에 합격하면 의무적으로 관료가 되어야 했다. 시험은 표준화된 문제들에 기초하여 유학의 경전과 문학, 인문학 연구서에 초점을 맞추었고, 송대에는 행정 관련 문제도 출제되었다. 낭송과 시작詩作, 서예와 함께 암기가 높이 평가되었다. 도덕 교육에 중점을 두고 국가를 다스리는 학자를 배출하는 것을 목표로 삼는 분위기 속에서 국가시험은 거의 2,000년 동안 중국 인재들의 가치관과 노력을 지배했다. 과학과 기술은 몇몇 예외를 제외하면 국가시험에 등장하지 않았다.

관료체제 이외의 다른 사회적 요소들은 과학적 전통의 독립적인 원천이 될 만한 자율성과 힘이 없었다. 국가시험은 귀족의 지배를 효과적으로 방지했고, 관료 권력은 군인과 상인 계급을 종속시킬 수 있었다. 중국은 기원전 3세기부터 대규모 군대―병력 100만 정도―를 거느렸다(송의 병력은 1045년에 125만 9천 명이었다). 그러나 군대는 관료의 통제하에 머물렀다. 군사권력은 분산되었고, 군대는 분할되었으며, 지휘 계통은 일원적이지 않았다. 상업활동 역시 엄격히 통제되었기 때문에 유럽에서와 달리 중국 상인들은 중요한 사회적·제도적 지위에 오르지 못했다. 유학은 상업과 이익 추구와 사유재산 축적을 반사회적인 악덕으로 매도했다. 상인들은 때때로 번창했고 큰 부를 축적했지만, 정기적인 고발과 몰수 때문에 낮고 천한 계급으로 머물 수밖에 없었다. 그리고 불교가 중요한 사회적 현상으로 돌출한 후인 842년에서 845년까지 일어난 종교기관 탄압 역시 성직자가 관료의 권력에 도전할 수 없음을 의미했다.

중국 기술의 발전

중국의 전통적인 지식인 문화는 대체로 기술과 분리되어 있었다. 달력 제작을 위한 천문학이 국가와 사회에 기여했고 수학은 실용적인 문제를 해결하는 데 공헌했지만, 경제적·군사적·의학적 활동은 일반적으로 이론적인 지식이나 연구와 아무 상관이 없는 전통적인 기술의 힘에 의해 수행되었다. 기술자들은 대개 문맹이었고 사회적 지위가 낮았다. 그들은 도제 생활과 현장 경험을 통해 기술을 배워 과학 이론의 도움 없이 직업을 수행했다. 다른 한편 학자와 '과학자들'은 글을 읽고 썼으며 오랜 교육을 거쳤고 높은 사회적 지위를 누렸다. 그들은 기술의 세계에서 사회적으로 분리되어 있었다. 국가시험과 관료체제는 학자·관료를 장인이나 기술자로부터 제도적으로 격리했고 과학과 기술의 분리를 강화했다. 중국의 전통적인 가치관은 헬레나 그리스에서처럼 기술을 천시했다. 학자와 지식인들은 손수 일하는 것을 거부한 채, 시작詩作이나 서예, 음악, 문학 등의 고귀한 활동을 선호했다.

중국사를 다룰 때는 중국이 이런저런 발명품을 다른 문명보다 먼저 개발했다는 흥미 위주의 주장들을 경계해야 한다. 흔히 외바퀴수레, 남향전차 south-pointing chariot(말이 끄는 마차로, 인형이 달려 있는데, 인형의 손은 마차가 어디로 달리든 항상 남쪽을 가리킨다-옮긴이), 옻칠, 화약, 자기磁器, 우산, 릴 낚시, 현수교 등이 중국의 발명품으로 거론된다. 이런 '최초' 발명품들은 흥미로울 수 있겠지만 역사 연구와 관련한 분석적 가치는 제한적이다. 오히려 중국 기술 연구의 출발점은 독창성이나 선행성 문제와 관계없이 중국의 기술이 송대와 그 이후까지도 세계 최고 수준이었다는 인식이 되어야 할 것이다.

산업에 대한 정부의 통제는 중국 기술의 중요한 특징 가운데 하나였다. 정부는 명목상 모든 자원을 소유했고, 정부 관리 작업장과 공장을 만들어 생산을 독점했다. 예를 들어 광업, 철 생산, 소금 공급, 비단, 도자기, 종이, 술을 독점했다. 중국 정부는 그 자체로 이런 독점적인 사업을 하는 생산 및 상업의 주체였고, 거기에서 나오는 이익으로 엄청난 군사 비용을 충당했다. 정부는 수많은 전문 기술자를 고용했고, 기술이 있는 사람은 국가를 위해 일해야 했다. 예컨대 원의 황제들은 26만 명의 기술자를 고용했으며, 명은 2만 7천 명의 장인과 그들에게 딸린 조수들을 고용했다. 1342년에는 국가가 지휘하는 소금 생산 노동자 1만 7천 명이 양쯔 강 하류에서 일했다.

기술과 경제에 대한 국가의 통제는 정부가 상업과 일용품 세금에서 거두는 이익이 농업에서 거두는 세금보다 더 많아진 송대에 절정에 이르렀다. 그 결과 중 하나로 화폐 경제가 확산되었다. 정부 조폐국에서 만든 동전은 997년에 27만 줄(한 줄에 1,000개)에서 1073년에 6백만 줄로 급증했다. 송은 1024년에 지폐를 발행하기 시작했고, 지폐는 12세기와 13세기 중국에서 주요 통화가 되었다. 중국의 지폐 제작 기술은 세계 '최초'라서 중요한 것이 아니라, 중국 문명의 기능과 성장에 기여했기 때문에 중요하다.

관개기술은 중국 문명의 또다른 기술적 기둥이었다. 앞에서 우리는 기원전 1000년 이전에 황허를 따라 문명이 처음 발생할 때 관개농업이 결정적인 역할을 했음을 보았다. 중국에는 아직도 초기의 운하와 제방이 많이 남아 있지만, 제국 전역에 걸친 운하체계가 등장한 것은 서기 70년경이었다. 기술자들은 608년에 베이징에서 뤄양洛陽까지 거의 640킬로미터에 달하는 운하를 완성했다. 12세기 중국의 운항 가능한 수로와 운하의 총 길이는 약 5만 킬로미터였다. 1327년에 완성된 대운하는 길이가 1,760킬로미터로 남쪽의 항저우와 북쪽의 베이징을 연결하며, 뉴욕과 플로리다를 잇는 운하와 같은 규모이다. 명은 권력을 잡은 후 저수지 40,987개를 보수했고 토양 침식을 막고 선박용 목재를 공급하기 위해 어마어마한 녹화사업을 벌여 수십억 그루의 나무를 심었다. 당연한 말이지만, 그런 거대한 사업은 건설을 지휘하고 세금을 거두며 잉여 농산물을 재분배한 중앙집권적인 국가가 있었기 때문에 가능했다. 운하는 남부의 농업 중심지에서 북부의 정치 중심지로 쌀을 운반할 수 있게 해주었다. 한 연구에 따르면 11세기에 매년 40만 톤의 곡물이 운반되었다고 한다. 명대에 내륙 운항에 참여한 인원은 12만 명, 선박은 11,770척이었다. 운하의 유지와 준설을 위해 당연히 많은 노동력이 필요했고, 노동력은 전적으로 강제노역으로 충당되었으며, 관개시설을 소홀히 하면 어김없이 기근과 정치적 불안이 발생했다.

중국의 도자기 제작술은 11세기 이후 선례 없는 예술적 성취를 이루었다. 제국 정부는 산업 규모의 가마와 제작장을 소유하고 수천 명의 기술자를 고용하여 고급 도자기와 일용 도자기를 대량생산했다. 중국인들은 한漢대 말에 최초로 자기―고운 진흙과 광물을 도기보다 높은 온도로 구워 만든 그릇―를 만들었고 12세기에 완벽하게 발전시켰다. 중국 자기의 영원한 기술적·예술적 가치는 송대와 명대 중국의 위대한 문화적 성취를 대변한다. 중국 자기는 당대의 사회가 문화 수준이 높았고 부유했음을 증언한다. 실제로 도자기는 국내 및 국제 교역과 세금 징수의 주요 품목이 되었다. 중국 도자기는 이슬람 세계를 거쳐 아프리카까지 들어갔다. 유럽인들은 중세 이후 중국의 자기를 선망하기 시작했고, 18세기 산업혁명기의 유럽 도자기 산업에 박차를 가한 것은 중국 자기 기술을 모방하려는 노력이었다.

전통적인 중국의 또다른 주요 산업은 직물 생산이었다. 예컨대 12세기의 송나라 어느 황제는 세금으로 거둔 비단 117만 필을 소유했다. 중국의 방직 산업은 기계화되어 있었다는 점에서 특히 주목을 끈다. 자료에는 1035년부터 중국에 물레가 있었다고 기록되어 있다. 중국 기술자들은 또 수력으로 작동하며 누에고치를 풀어 비단실을 얼레에 감는 복잡한 기계를 개발했다. 아마도 방직 산업에서 진화했을 것으로 보이는 종이 제작은 제국의 행정에 기여했다. 종이의 존재를 입증하는 확고한 증거는 이미 한대 말기인 서기 2세기부터 나오지만, 종이 제작 기술은 그보다 몇 세기 뒤에 개발되었을 것으로 보인다.

중국의 관료체제는 글과 문헌 전통과 도서관에 의존했다. 도서관은 기원전 1000년 이전인 상 왕조에도 있었다. 종이는 일찍부터 중국 사회에 등장했지만, 돌에 새긴 글을 탁본으로 뜨는 기술이 있었기 때문에 인쇄술은 7세기 초에 이르러서야 개발된 것으로 보인다. 최초의 인쇄술-목판인쇄술-은 단순히 종교적인 의미가 담긴 문장紋章을 만드는 데 이용되었다. 페이지 전체를 목판에 새겨 인쇄한 책이 처음 만들어진 것은 868년이었다. 인쇄술은 곧 정부 관료들에게 선택되어 지폐, 공식 포고령, 의학 및 약학 관련 지침서를 만드는 데 이용되었다. 공식적인 인쇄소는 국가시험을 위한 공부에 필요한 고전들을 공급했고, 중국 전역에서 관료 행정에 도움을 주는 인쇄물이 대량으로 만들어졌다. 예컨대 송 왕조의 첫번째 황제는 불교 경전을 종합할 것을 명했고, 지체없이 2쪽짜리 목판 13만 개로 인쇄한 5,048권의 책이 만들어졌다. 1403년에 만들어진 중국의 공식 백과사전은 937권으로 되어 있었고, 1609년에 만들어진 또다른 백과사전은 2,000명의 저자가 쓴 2만 2,000권으로 되어 있었다.

중국인들은 이동식 활자를 1040년경에 처음 발명했다. 최초의 활자는 도자기로 되어 있었다. 활판인쇄술은 한국에서 더욱 발달했다. 한국 정부는 1403년에 중국 문자 10만 개를 주조했다(조선 태종 3년에 주자소를 설치하여 구리활자인 계미자癸未字를 주조했다. 뿐만 아니라 더 이전인 고려 고종高宗 12년(1234)에 『상정고금예문詳定古今禮文』이 금속활자로 간행되었다는 기록이 이규보의 『동국이상국집』에 나오며, 1377년에 인쇄된 『직지심체요절直指心體要節』은 현존하는 최고最古의 금속활자본이다-옮긴이). 그러나 중국 문자는 표의문자이며 따라서 서로 다른 문자를 수천 개 사용했으므로, 이동식 활판인쇄는 목판인쇄보다 비효율적이었다. 목판인쇄는 더 저렴하고 효율적이었을 뿐 아니라 그림 삽입도 가능했으며, 흔히 여러 가지 색이 들어간 그림이 삽입되었다. 중국의 그림 인쇄 기술은 구텐베르크가 이동식 활자를 개발한 후에도 유럽을 크게 앞질렀다.

중국의 탁월한 철 생산 기술도 중국 문명의 활력을 증언한다. 아마도 청동을 만들 구리와 주석이 부족했기 때문에, 중국의 야금기술자들은 일찍부터 철로 눈을 돌렸다. 기원전 117년에 철 생산은 국가가 각각 수천 명의 노동자를 고용한 48곳의 제철소를 두고 관리하는 산업이 되었다. 철 생산량은 806년의 1만 3,500톤에서 송대인 1078년에는 12만 5,000톤으로 급증했다. 의심의 여지 없이 군사적인 수요 때문이었을 것이다(참고로 유럽에서 산업혁명이 진행된 1788년에 영국의 철 생산량은 불과 6만 8,000톤이었다). 기술적으로 발달되고 혁신된 중국의 제철산업은 유럽보다 700년 앞선 11세기에 수력 풀무를 이용했고 철 광석을 코크스cokes로 녹였다. 이렇듯 발달된 기술 덕분에 송의 군대는 한 해에 갑옷 3만 2,000벌과 화살촉 1,600만 개를 생산했으며, 철제 농기구도 풍부하게 생산하였다.

9세기 중반에 중국에서 이루어진 화약 발명, 그리고 더 중요하게는 12세기부터 시작된 화약의 군사적 이용은 중국의 행로와 세계사를 바꾸어놓았다. 화약은 중국의 연금술 전통에서 나온 것으로 보이며, 처음에는 무기가 아니라 악귀를 쫓기 위한 도구로 불꽃놀이에 사용되었다. 송의 군사 기술자들은 외세의 침략을 받게 되자 비로소 화약을 개량하여 로켓, 유탄榴彈(grenade), 폭탄, 구포臼砲(mortar), 총에 이용했다.

종이와 달리 나침반은 중국 문명에 필수적이지 않았다. 하지만 나침반의 발명은 전통적인 중국의 과학과 기술이 거의 무관했음을 보여주는 사례이다. 천연 자석의 신비로운 성질―자철광의 자연적인 자기력―은 기원전 300년에도 알려져 있었고, 처음에는 점술가의 도구로 사용되었다. 자석 바늘이 남북 방향을 가리킨다는 사실은 기원

그림 6.2_중국의 풍수. 새 도시를 건설하기에 앞서 풍수 전문가가 나침반과 유사한 장치로 그 지역의 에너지(기氣)의 흐름을 확인했다. 풍수 전문가는 확인한 바를 토대로 건물의 위치를 자연환경에 맞게 결정했다.

전 100년경에 알려졌고, 그 후 자석 바늘은 주택이나 사원, 무덤, 길, 그밖의 시설의 이상적인 위치를 정하는 기술인 풍수風水에 이용되었다. 나침반 바늘이 지구 내부와 주위에 흐르는 에너지 흐름에 반응하여 움직인다는 발전된 자연주의적 이론은 더 나중에 등장했다. 이것은 오늘날의 통상적인 생각과 달리 때로는 기술이 자연에 관한 사변을 촉진시킨다는 것을 보여주는 좋은 예이다.

송대인 12세기 초까지는 나침반을 항해 도구로 사용하였음을 보여주는 증거가 없다. 중국은 뒤늦게 주요 해상 세력으로 등장하였는데, 남송 시대부터 명 왕조 초기까지, 그러니까 12세기부터 15세기 초까지 최대의 해군을 거느린 세계 최강의 해상 세력으로 군림했다. 송의 해군은 수백 척의 배와 수천 명의 병력으로 이루어졌다. 원 왕조를 창시한 몽골인인 쿠빌라이 칸은 1281년에 4,400척의 배를 이끌고 일본 침공을 시도했다. 명 해군은 1420년에 3,800척의 배를 보유했고, 그 중 1,300척이 전함이었다. 명은 1403년에서 1419년까지 정부 조선소들에서 공식적인 선박 제작 사업을 벌여 2,100척을 제작했다. 나침반이 내장되고 방수 처리된 선실을 갖추었으며 최대 4층에 4개에서 6개의 돛대가 있고 신발명품인 선미방향타가 장착되었던 그 배들은, 세계에서 가장 크고 항해력이 뛰어나며 기술적으로 발달된 선박이었다. 가장 큰 배는 길이 91미터, 무게 1,500톤에 육박했다. 그러니까 당대 유럽 선박의 다섯 배였다. 대포로 무장하고 최대 1,000명의 선원을 태운 그 배들은 또한 가장 위력적이었다.

명은 그 강력한 해군을 남아시아와 인도양에서 중국의 존재를 확고히 하는 데 활용했다. 1405년에서 1433년까지 명 해군은 정화鄭和 제독의 지휘하에 일곱 차례에 걸쳐 해상 원정을 했다. 매번 수십 척의 배와 2만 명 이상의 선원으로 이루어진 그 원정에서 정화는 베트남, 타이, 자바, 수마트라를 거쳐 스리랑카, 인도, 페르시아 만, 홍해(제다

그림 6.3_유럽의 배와 중국의 배. 중국 문명은 15세기에 해외 원정을 포기하고 인도양을 떠났다. 그것은 유럽 항해자들이 그 지역으로 들어가기 불과 몇십 년 전의 일이었다. 중국 제독 정화의 배들은 유럽의 배보다 훨씬 컸다.

Jedda와 메카)까지, 그리고 동아프리카 해안을 따라 아마도 모잠비크까지 항해했다. 이 국가적인 원정의 목적은 정치적인 것이었던 듯하다. 즉 명 왕조의 권위와 힘을 확고히 하는 것이었다. 그리고 정화는 적어도 한 번은 권위를 확립하기 위한 목적으로 무력을 사용했다. 명은 이 원정 덕분에 여러 속국을 얻게 되었고, 최소한 두 명의 이집트 외교 사절이 중국으로 향했다.

명의 매우 강력한 해상 활동은 그 후 갑자기 중단되었다. 국가적인 선박 제작은 1419년에 중단되었고, 1433년의 칙령은 해외 원정의 종결을 선언했다. 만약 중국인들이 계속해서 인도양 지배권을 유지하면서 15세기 말에 보잘것없는 배를 타고 도착한 포르투갈인들을 몰아냈다면 세계사가 어떻게 근본적으로 달라졌을지는 아무도 말할 수 없다. 중국 정책의 급선회를 설명하기 위하여 다양한 이론이 제시되었다. 한 이론은 중국이 해외 원정을 거부한 것은 정화가 이슬람교도인데다가 환관이었기 때문이라고 주장한다. 환관은 몽골·원 시대의 잔재로 민족주의적인 명에서는 큰 반감의 대상이었다는 것이다. 또 다른 이론은 정화의 원정이 중국 사회와 경제로부터 유기적으로 성장한 결과물이 아니라 두 황제의 유별난 취미에서 비롯되었을 뿐이라고 말한다.

기술적인 논증도 강력하게 제시되었다. 대운하 보수 작업이 1411~1415년에 시작되었고, 1417년에 새로운 수문들이 건설되어 황허와 양쯔 강 사이의 운항이 연중 가능해졌다. 이에 따라 명은 수도를 남쪽의 난징南京에서 북쪽의 베이징으로 옮겼고, 따라서 강력한 해군이나 해외 원정의 필요성이 사라졌다는 것이다.

명은 이런저런 방식으로 내부를 향해 눈을 돌렸고 기술적인 정체停滯가 시작되었다. 중국은 여전히 거대하고 강력한 문명이었지만, 송대의 역동성과 혁신성은 이제 존재하지 않았다. 17세기에 서양과 만나기 시작할 때에야 비로소 기술적인 혁신이 다시 한 번 중국을 움직이게 된다.

유기체로서의 세계

전통적인 중국의 자연과학을 논할 때 우리는 앞에서 중국 기술과 관련해서 언급한 것과 유사한 경향성을, 즉 어떤 과학적 발견을 '최초로' 이루었다는 식의 명예를 부적절하게 강조하는 경향성을 경계해야 한다. 최초로 화석의 정체를 파악했고, 최초로 메르카토르 투사법을 적용한 지도를 만들었고, 최초로 파스칼 삼각형과 이항식의 수학

[$(a+b)^n$을 전개했을 때 얻어지는 다항식에 관한 이론—옮긴이]을 발견했으며, 최초로 평균율 음계의 기초를 마련했다는 주장, 심지어 음양陰陽의 교차가 현대 양자물리학의 '파동이론'을 예견했다는 주장이 제기되었다. 이런 주장들은 앞뒤가 막힌 판정주의judgementalism를, 그리고 다문화적 상대주의의 미명 아래 중국 과학의 성취를 부풀리고 서양의 성취를 깎아내리려는 욕구를 반영한다. 이 절에서 우리는 발견의 연대기가 아니라 중국 과학의 사회사에 초점을 맞출 것이며, 전통적인 중국에서 과학과 사회 사이의 관계가 구세계의 다른 원초문명에서와 같았다는 점을 입증하려 노력할 것이다. 중국에서도 유용한 지식은 국가로부터 후원을 받았으며 국가와 문명 전체의 지원 속에 발전했다.

중국 과학에 대한 역사적인 평가를 시도할 때 극복해야 할 장애물이 몇 개 더 있다. 서양식의 과학이나 자연철학 개념은 전통적인 중국의 지성에게 낯선 것이었다. 어느 저자가 지적했듯이, '중국에는 과학들이 있었지만, 과학은 없었다'. 다시 말해서, 지식인들은 다양한 과학적 활동—천문학, 점성술, 수학, 기상학, 지도 제작술, 지진학, 연금술, 의학 등—을 추구했지만, 그 개별적인 활동을 통일된 자연에 관한 비판적인 연구로 묶어내지 못했다. 실제로 중국어에는 '과학'을 의미하는 단일한 단어가 없었다. 중국은 이집트나 그 밖에 관료 문명처럼 헬레나적인 의미의 자연철학이 없었다. 중국의 사상가들은 순수과학을 목적으로 삼아 연구한다는 생각 자체를 이해하기 어려웠을 것이라고 능히 짐작할 수 있다. 중국 사회는 연구 과학자에게 사회적 역할을 제공하지 않았으며, 과학을 위한 별개의 일터나 뚜렷한 직업이 존재하지 않았다. 오히려 특권층의 아마추어와 박식가들이 과학적 관심을 추구했다. 그들은 흔히 관료체제 속에서 유용한 지식을 수집하고 응용하는 임무를 맡아 일하면서 은밀히 과학적 관심을 추구했다.

　전통적인 중국의 세계관은 자연을 서양보다 더 전체적이고 유기론적인 방식으로 파악했다. 이미 한대에 우주는 거대한 단일 유기체이며 그 속에서 자연세계와 인간의 사회적 세계가 완전한 통일체를 이룬다는 생각이 등장했다. 하늘과 땅은 인간과 자연과 함께 조화롭게 공존했으며, 하늘과 인간은 황제를 통해 연결되었다. 중국의 철학에 따르면, 두 개의 상보적相補的인 힘인 음과 양이 자연과 인간사의 변화를 지배한다. 더 나아가 5개의 '국면phase'인 수水, 화火, 목木, 금金, 토土가 있어 역동적으로 세계를 구성한다. 이러한 중국의 세계관은 정성定性적이며, 음과 양, 그리고 여러 '국면' 가운데 어느 하나가 다른 것들보다 우세하여 일어나고 반복되는 순환을 강조한다. 따라서 우리는 중국의 지식인들이 서양으로부터 지리적인 거리 이상으로 멀리 떨어져 있었음을 인정하지 않을 수 없다.

　중국에는 학교가 충분히 있었지만, 중국의 교육 제도는 과학을 포함하지 않았다. 8세기에 수도에 세워진 국자감Imperial Academy은 매우 복잡한 교육 구조를 갖추었고, 중앙 정부의 교육장관은 제국 전체에서 통용되는 표준화된 유학 교과 과정을 감독했다. 사립학교도 표준 교과 과정을 가르치며 무수히 번창했다. 사립학교들은 유럽의 대학과 달리 영구적이며 독립적인 존속을 허가하는 법적인 인증서를 가지고 있지 않았다. 이들 모두는 전통과 황제의 뜻에 의존하여 존속했으며, 칙령 하나로 간단히 폐교될 수 있었고, 실제로 그런 일들이 있었다. 더 나아가—공립이든, 사립이든—학교는 전적으로 직업 교육에 목표를 두었고, 국가 공무원 시험에 대비하여 학생들을 가르쳤으며, 학위를 수여하는 학교는 없었다. 심지어 국자감도 학자 관료들이 한시적으로 교육의 직무에 종사하는 일종의 관청이었으며, 중국 전체에 하나밖에 없었다. 몇백 년 후에 수많은 자율적인 대학을 보유

그림 6.4_중국의 (십진법) 숫자. 중국 문명은 일찍부터 자리값이 있는 십진법 체계를 발전시켰다. 주판 같은 계산 도구들의 도움 속에서, 중국의 숫자 체계는 중국 문명의 복잡한 계산을 처리하는 융통성을 훌륭하게 발휘했다.

하게 된 유럽과는 크게 달랐던 것이다. 비록 1100년경에 권력자들이 별개의 법학교, 의학교, 수학교 등을 설립하긴 했지만, 어느 것도 오래 존속하지 못했다. 과학은 중국의 교육과 교육 제도에 등장하지 않았다고 간단히 결론지을 수 있다.

이런 문화적·제도적 장애에도 불구하고 중국은 처음부터 제국의 통치를 위해 유용한 지식을 관료적으로 발전시키고 기술 전문가들을 고용하지 않을 수 없었다. 원초문명의 전형적인 패턴대로 글쓰기와 더불어 응용수학이 중국 문명의 일부가 되었다. 중국인들은 기원전 4세기에 자리값이 있는 십진법 숫자 체계를 개발했다. 초기의 중국 수학은 계산용 막대기들을 사용했고, 기원전 2세기부터는 주판이 산술 계산을 도왔다. 기원전 3세기의 중국 수학자들은 피타고라스 정리를 알고 있었고, 큰 수를 10의 거듭제곱을 써서 다루었다. 산술 연산과 제곱, 세제곱을 완벽하게 이해했으며, 바빌로니아인들처럼 오늘날 우리가 2차방정식으로 푸는 문제들을 다루었고, 13세기에 중국인들은 세계에서 가장 뛰어난 대수학 지식을 갖추게 되었다.

중국 수학자들이 놀이의 성격이 다분한 연구를 했음을 보여주는 증거들이 종종 나타난다. 예컨대 조충지祖沖之(429~500)는 π값을 일곱 자리까지 계산했다. 그러나 중국 수학이 압도적으로 추구한 것은 실용성과 효용이었다. 예를 들어 1세기의 책인 『구장 산술九章算術』은 토지 측량, 곡물 가격, 건축과 분배를 다루는 246개의 문제와 해법으로 이루어져 있다. 중국 수학자들은 그 문제들을 풀기 위해 '연립방정식'과 제곱근과 세제곱근이 포함된 산술과 대수학의 기법들을 사용했다. 8세기의 중국 수학에서는 더 나중의 이슬람 수학에서처럼 인도의 영향이 느껴진다. 특이하게도 중국 수학자들은 형식적인 기하학이나 논리적인 증명, 혹은 유클리드 기하학과 같은 연역적인 수학 체계를 발전시키지 않았다. 관료 체제에 편입된 수학자들을 위한 보상 체계가 있었다는 증거는 중국 사회사에서 발견할 수 없다. 수학자들은 대부분 분산된 하급 관료들이었고, 그들의 전문 지식은 예외적인 것이었다. 일부 전문가들은 제도적인 소속 없이 떠돌아다녔다. 예컨대 송나라 동시대인이었던 위대한 수학자 세 사람(진구소秦九韶, 이야李冶, 양휘楊輝)은 각자 책을 출간했지만 서로를 알지 못했고 스승이 달랐으며 다른 기법을 사용했다. 중국 수학의 사회적 역할을 얘기하려면, 수학적 비전秘傳의 전통과 수신비주의도 반드시 감안해야 한다. 이것들은 수학자 사회를 분열시키고 지적인 연속성을 방해하는 경향이 있었다.

중앙집권적인 사회의 특징인 유용한 지식의 국가적 지원이 가장 분명하게 드러나는 사례는 중국의 천문학이다. 공식적인 달력(연호年號)을 선포하는 것은 황제만의 특권이었으며, 그 특권은 이미 하夏 왕조(기원전 2000~1520)에도 행사되었던 것으로 보인다. 중국의 달력 관리자들은 메소포타미아에서와 마찬가지로 태음력과 태양력을—둘 다 매우 정확했다—사용했고, 그 둘을 일치시키기 위해 바빌로니아인들처럼 간간이 윤달을 추가하여 19년을 235태음월로 하는 이른바 메톤 주기Metonic cycle를 만들었다. 메톤 주기는 12개월로 된 해 12년과 13개월로 된 해 7년으로 이루어진다.

중국인들은 천체의 부조화가 황제 지배의 부조화를 의미한다고 믿었기 때문에, 천문학은 일찍부터 국가의 중대사가 되어 공식적인 지원을 받았다. 이미 기원전 221년의 중국 통일 이전에도 직업적인 전문가들이 천문 관측과 달력 제작을 감독했으며, 곧이어 제국 천문학 관청이 설치되었다. 황제에게 전달되는 천문학 보고서는 국가 기밀이었다. 거기에는 정치적·종교적 사안에 관한 예언과 불길한 징조 등이 들어 있었기 때문에, 공식 천문학자들은 황제의 최측근으로서 관료체제 전체에서 특별한 지위를 누렸다. 중국 천문학자들은 그처럼 미묘한 역할을 했기 때문에 때로 관찰된 사실을 정치적인 이유에서 바꾸기도 했다. 정치적인 개입을 방지하기 위하여 천문학 활동은 엄격하게 통제되었고, 새로운 장치나 기술은 황제의 명시적인 동의 없이는 허용되지 않았다. 그리고 황제의 칙령은 개인이 사적으로 천문학 장치를 소유하거나 천문학이나 예언 관련 서적을 읽는 것을 금지했다.

이탈리아의 탐험가로 몽골·원 왕조에서 17년 동안 관료로 일한 마르코 폴로Marco Polo(1254~1324)는 당시의 국가가 5,000명의 점성술사와 점술가를 고용하고 있었다고 전했다. 특별 국가시험—정규 시험과 별도로 부정기적으로 실시되었다—은 기술직에 종사할 수학자와 천문학자를 선발했다. 다른 관직과 달리 수학·천문학 관련 직책은 일부 가문이 독점하여 대를 물려 차지하는 경향이 있었다. 천문학자의 자녀가 다른 직업에 종사하는 것은 법으로 금지되어 있었으며, 일단 천문학 관직에 임명된 개인은 다른 관직으로 옮길 수 없었다.

중국인들은 다양한 우주론을 개발했다. 그 중 하나는 천체가 무한한 빈 공간을 '강풍強風'에 휩쓸려 떠다닌다고 주장했다. 6세기부터 중심에 멈춰 있는 지구와 거대한 천구로 이루어진 공식적인 우주론이 등장했다. 천구는 '28수宿(lunar mansions)'로 분할되어 있었고, 달은 그 위에서 1개월 동안 하루에 한 수씩 옮겨갔다. 이 천구는 남북극을 통과하는 축을 중심으로 회전하며 하늘과 땅을 연결했다. 이 우주론의 중심점은 '하늘의 아들天子'인 황제였고, 중국은 동서남북의 중심에 위치한 '중앙의 왕국'이었다.

중국인들은 천문학 이론에는 비록 약했지만, 하늘의 전조를 발견하려는 노력 속에서 정확한 관찰자가 되었다. 기원전 8세기의 것이며 아마도 상 왕조의 것으로 보이는 신뢰할 수 있는 기록들은 중국인의 관찰적 성취가 대단한 수준이었음을 증언한다. 풍부한 문서자료에서 알 수 있듯이, 중국 천문학자들은 이미 기원전 4세기에 태양년의 길이를 $365\frac{1}{4}$일로 측정했다. 밤하늘에서 항상 볼 수 있는 북극성과 그 인근의 별들은 특별한 주목을 받았고, 중국 천문학자들은 체계적인 별자리 지도와 목록을 만들었다. 또 그들은 기원전 720년 이후에 일어난 일식과 월식을 1,600회 기록했고 부족하게나마 미래의 일식과 월식을 예측할 수 있었다. 그들은 기원전 352년에서 서기 1604년 사이에 관찰된 신성과 초신성('손님' 별) 75개를 기록했다. 그 중 하나는 1054년에 폭발한 초신성(그 잔재가 오늘날 게성운으로 남아 있다)인데, 그 별은 낮에도 볼 수 있었다. 이슬람이나 유럽의 천문학자들은 그

초신성을 의식하지 못했던 것으로 보인다. 혜성은 재앙의 전조로 여겨졌으므로, 중국 천문학자들은 기원전 613년부터 서기 1621년까지 2,200년 동안 혜성을 세심히 관찰하고 기록했다. 기록에는 기원전 240년부터 76년마다 찾아온 헬리 혜성도 들어 있다. 태양의 흑점 관찰(모래바람 속에서 관찰했다) 기록은 기원전 28년까지 거슬러 올라간다. 중국 천문학자들은 분점分點이 2만 6천 년 주기로 세차 운동을 한다는 것을 알고 있었다. 그들은 다른 동방 문명의 천문학자들처럼, 그러나 그리스인들과는 다르게 행성 운동에 관한 설명 모형을 개발하지 않았다. 그들은 궤도에 관한 사변 없이 행성들의 주기를 파악했다.

정부 관료들은 날씨 자료도 체계적으로 수집했다. 최초의 기록은 기원전 1216년의 것이다. 그들은 관개시설의 저수량이 회복되는 시기를 예측하기 위하여 비, 바람, 눈, 오로라('북극광'), 유성우에 관한 자료를 수집했다. 그들은 또 유성의 성분을 연구했고 9세기부터 조수潮水에 관한 표를 작성했다. 이런 작업들이 어떤 사회적 효용성을 가졌을지는 자명하다.

중국 과학은 세 차례에 걸쳐 외래 영향의 물결과 맞닥뜨렸다. 첫번째 물결은 당唐 시대인 600~750년에 불교를 비롯한 인도 사상과 함께 밀려왔다. 중국의 불교도들은 5세기 초부터 경전을 구하기 위해 인도를 향한 순례를 감행했다. 곧 대대적인 경전 번역 활동이 일어나 한동안 거의 200개에 달한 번역가 집단이 약 1,700권의 산스크리트어 문헌을 중국어로 옮겼다. 이 번역 활동에 편승하여 수학, 점성술, 천문학, 의학을 비롯한 인도의 세속 과학이 중국으로 들어왔다.

두번째 (이슬람 세계로부터 들어온) 외래 물결은 몽골의 쿠빌라이 칸에 의한 중국 정복 시기부터 시작하여 13세기에 강력한 영향을 미쳤다. 몽골 지배자들은 이슬람교도가 아니었지만 베이징의 천문학

그림 6.5_소송의 천문학적 시계. 1090년에 제작된 소송의 시계는 기계 기술의 대단한 성취였으며 당대의 가장 복잡한 시계 장치였다. 12미터 높이의 탑 형태인 소송의 시계는 수차에서 동력을 얻었고 복잡한 톱니바퀴들로 제어되었으며 천체의 움직임과 동일하게 천구의celestial globe와 혼천의를 돌려 시간을 표시했다.

관청에 이슬람 천문학자들을 고용했고 심지어 전통적인 중국 천문학을 위한 관청과 별개로 이슬람 천문학 관청을 설치했다. 훗날의 명 황제들도 이슬람 천문학 관청을 두는 전통을 유지했다. 몽골에 고용된 이슬람 천문학자들은 12미터 높이의 그노몬gnomon(해시계 역할을 하도록 땅 위에 세운 기둥—옮긴이), 관측용 관簪, 중국에서 본 천구의 북극을 향해 맞춰진 혼천의armillary spheres(천문학 관측이나 교육에 쓰인 천구 모형으로, 여러 개의 원형 고리로 이루어진 것이 특징이다—옮긴이) 등의 발전된 천문학 장치들을 만들었다. 중국과 페르시아는 원대(1264~1368)에 거대한 몽골 제국을 가로질러 서로 교류했다. 중국인들은 마라가 관측소의 이슬람 천문학자들을 만나기도 했다. 중국인들은 그 교류를 통해 유클리드와 프톨레마이오스를 접했지만 늘 그랬듯이 추상적인 과학에 무관심했으므로, 17세기에 세번째 외래 물결이 밀려오고 유럽인들이 들어올 때까지 서양 과학의 거목인 그 두 인물의 저술을 번역하지 않았다.

몽골 시대 이전과 이후에 중국인들은 복잡한 천문학적인 시계와 태양계의orrery라 불리는 태양계 모형을 사용했다. 725년경에 이르러 중국인 기술자·장인 양영찬梁令瓚이 모든 기계적인 시계의 핵심적인 제어 장치인 탈진기脫進機(escapement. 톱니바퀴의 회전 속도를 고르게 하는 장치—옮긴이)를 발명했다. 그 후 탈진기를 이용한 시계와 태양계 모형의 제작 전통이 중국에서 형성되었다. 이 전통은 11세기 말에 송 왕조의 외교관이자 관료인 소송蘇頌(1020~1101)이 정부의 지시로 천구의 움직임을 재현하여 당시 공식적으로 사용되던 달력의 결점을 보완할 수 있는 기계를 제작함으로써 절정에 도달했다. 여진족은 송의 카이펑開封을 점령한 후 1129년에 소송의 기계를 베이징으로 가져갔다. 결국 소송의 기계는 1195년에 벼락을 맞았고, 수리할 기술자가 없어 방치되었다가 몇 년 후에 완전히 파손되었다. 이 시점을 고비로

하여 중국의 기계 시계 기술은 쇠퇴했고, 중국 관료들은 17세기에 중국으로 들어온 서양 시계들을 보았을 때 경탄을 금치 못했다. 소송의 시계를 비롯한 여러 유사한 장치들은 중국 천문학 관청의 전통적인 활동에 큰 영향을 미치지 못했다. 그러나 소송의 시계는 과학을 응용한 산물로서 기술이 개발된 것이 아니라 기술이 먼저 발생하여 과학 연구에 기여한 경우가 있음을 보여주는 또 하나의 역사적 실례이다.

지진은 중국에 지대한 영향을 미쳤다—기록에 따르면 1303년의 대지진으로 80만 명이 사망했다고 한다. 정부로서는 변방 지역을 안정시키는 것이 중요했으므로 지진 연구는 국가의 실용적인 관심사가 되었다. 최초의 지진 기록은 기원전 780년까지 거슬러 올라가며, 한대부터 천문학 관청의 천문학자들이 의무적으로 지진을 기록했다. 서기 2세기의 장형張衡은 지진 관측을 위한 독창적인 장치인 '지동의 地動儀'를 발명했다. 전통적인 중국에는 그와 유사한 장치들이 많이 있었다. 그것들은 훗날 몽골 시대에 이슬람 세계와 마라가 관측소로 전해졌다.

중국의 과학 전문가들은 지도 제작술을 발전시켜 국가 통치에 기여했다. 지도 제작자들은 오늘날 서양에서 메르카토르 투사법이라 불리며 위선의 간격을 일정하지 않게 나타내는 투사법을 비롯한 다양한 방법을 사용하여 매우 정확한 중국 제국 지도를 만들었다. 그들은 지형의 굴곡이 표현된 지도를 만들었으며, 1027년에는 북송北宋에서 거리 측정을 위한 마차도 개발했으며, 명의 지도 제작자들은 정화의 인도양 원정 후에 여러 지도책을 만들었다.

고도로 중앙집권화된 사회답게 중국의 의학은 국가에 의해 철저히 통제되었고, 의료 행위는 일종의 공무 집행으로 간주되었다. 당대(7세기~10세기)에 제국의학교가 만들어졌고, 의사들은 엄격한 시험에 합격해야 했다. 왕실 의사들은 보수가 후한 직위를 차지했으며, 의학

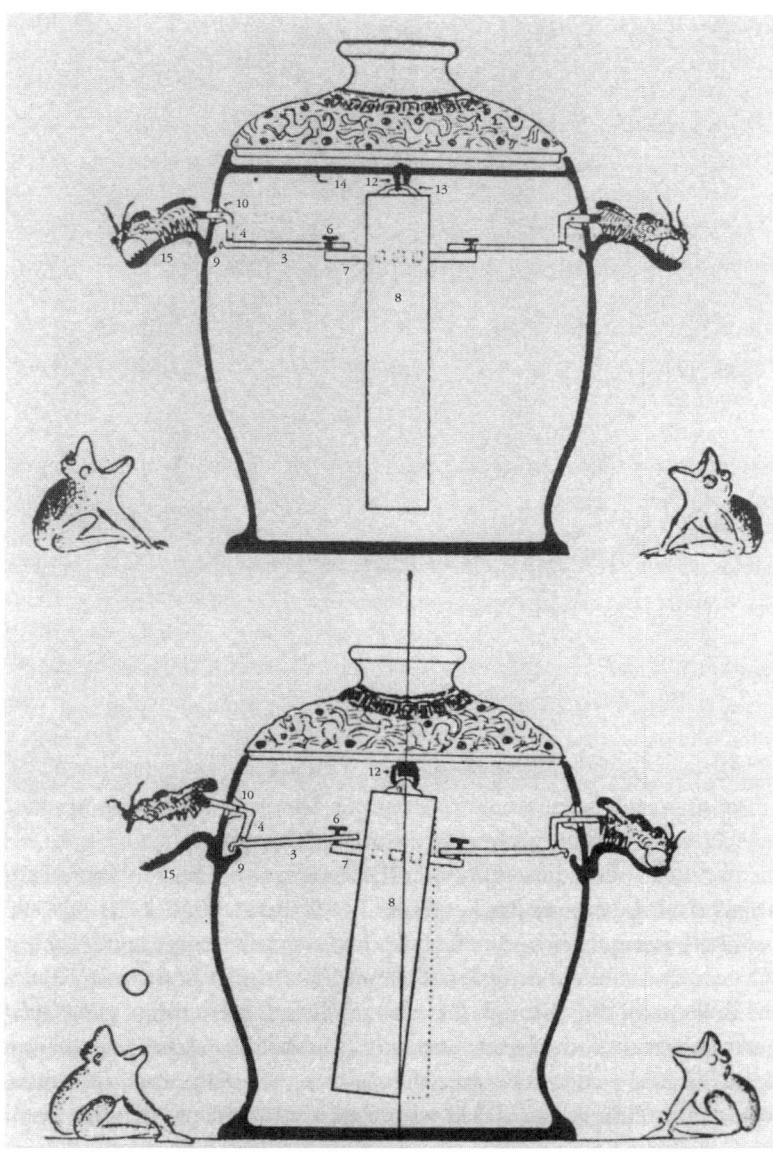

그림 6.6_중국의 지진계. 중국에서는 자주 지진이 발생했고, 중앙집권적인 국가는 지진 피해를 줄이려 노력하지 않을 수 없었다. 이미 기원전 2세기에 중국 기술자들은 그림에 있는 장치를 개발했다. 지진이 일어나면 커다란 청동 단지 속에 매달려 있는 추가 흔들려 여러 구슬 중 하나가 떨어지게 된다. 그러면 그 구슬을 보고 지진이 일어난 곳의 방향을 알 수 있다.

6장_중앙의 왕국

자는 천문학자와 마찬가지로 가문 전체의 직업이었다. 불교와 도교의 박애주의를 발판으로 병원 혹은 최소한 호스피스와 유사한 기관들이 발생했다. 그러나 그것들은 845년의 종교단체 탄압 이후 국가기관화되었다. 중앙 정부는 의사들을 지도하기 위하여 일반 의학, 약학, 소아 의학, 법의학, 여성 의학 등에 관한 공식 교과서들을 편찬했다. 990년경에 만들어진 송의 약학 문헌에는 1만 6,835가지의 치료법이 들어 있다. 부분적으로 의학과 관련이 있는 다양한 식물학·동물학 백과사전도 언급할 필요가 있다. 명 정부의 관료였던 이시진李時珍은 약으로 쓰이는 1,892가지 뿌리와 풀을 소개하는 52권 분량의 『본초강목本草綱目』을 편찬했다. 중국의 자연사 연구가 곤충, 특히 누에에 특별한 관심을 기울인 듯이 보인다는 사실, 혹은 누에 사육이 중국사 초기부터 시작되었다는 사실은 국가가 유용한 지식을 폭넓게 활용했음을 다시 한 번 보여준다.

마지막으로 마술, 연금술, 그리고 전통적인 중국의 비밀스러운 과학들을 빼놓을 수 없다. 마술과 점술의 요소는 중국의 의학, 천문학, 지리학, 수학 속에 스며들어 있었다. 특히 수학에서는 행운의 수와 관련해서 그런 요소들이 드러난다. 중국의 연금술은 도교와 밀접한 관련이 있었으며, 비밀스러운 지식 가운데 가장 발달된 분야였다. 한대부터 널리 행해진 동양의 연금술은 서양에서와 마찬가지로 불사의 영약을 만들고 값싼 금속을 금과 은으로 변환시키는 것에 관심을 둔 실용적인 과학이었다. 그러나 중국 연금술사들은 금전적인 이익을 추구하기보다 명상적이고 영적인 초월을 목표로 삼았다. 최소한 몇몇 사례는 연금술이 공식적인 지원을 받았음을 말해 준다. 예컨대 북위北魏의 황제는 389년에서 404년까지 연금술 연구소를 지원했다. 연금술사들은 땅 속에서 일어나는 자연적인 과정을 재현하려 노력했다. 그들은 정교한 용광로를 제작했고 복잡한 연금술적 공정을 실행했다.

우리가 이미 언급했듯이, 화약은 연금술 실험의 뜻하지 않은 부산물로 발명되었다.

중국사의 다른 요소들이 그러했듯이, 중국의 과학과 의학과 기술은 14세기와 15세기의 명 왕조부터 유연성을 잃고 쇠퇴하기 시작했다. 쇠퇴의 원인은 정치적인 것이었던 듯하다. 혁신적이고 개방적이었던 송이나 국제적으로 열려 있던 몽골과 달리 명은 내향적이었으며 고립주의적이고 보수적인 정책을 폈다. 예컨대 중국의 대수학이 송대에 절정에 이른 후 200년이 지났을 때, 중국 수학자들은 과거의 대수학 문헌들을 이해할 수 없었다. 이미 언급했듯이, 위대한 시계 제작자 소송이 죽고 100년이 지난 후에는 아무도 그의 시계를 다시 만들기는커녕 수리할 수조차 없었다. 17세기 초에 유럽인들이 중국에 들어갔을 때는 찬란했던 송대 이후, 문명의 정체가 수백 년 누적된 상태였다.

중국 과학에 밀려든 세번째 외래 물결은 서유럽에서 온 것이었다. 예수회 선교사이며 과학자인 마테오리치Matteo Ricci(1552~1610)는 1582년 중국 해안의 마카오에 상륙했고 마침내 1601년 베이징 입성을 허가받았다. 명의 황제와 왕실과 중국 사회는 마테오리치의 종교와 선교 노력에 대하여 적대적인 태도를 고수했지만, 그가 전한 서양수학, 천문학, 달력, 관개기술, 회화, 지도, 시계, 포砲에 대해서, 그리고 서양의 기술적인 문헌들을 중국어로 번역하는 그의 능력에 대해서는 특별한 관심을 보였다. 실제로 마테오리치는 왕실 천문학자 겸 수학자가 되었고, 중국 시계 제작자들에게 신적인 존재가 되었다. 마테오리치의 뒤를 이어 예수회 선교사들이 무엇보다도 달력과 천문학에 관한 전문 지식을 가졌던 덕분에 중국에서 성공적으로 활동했다. 황제는 심지어 천문학 관청의 지휘권을 예수회 선교사들에게 넘기기까지 했다. 공교롭게도 마테오리치가 가져간 것은 코페르니쿠스, 케플러, 갈릴레오의 새로운 태양 중심 천문학이 아니라 유럽인들이 고대와 이슬람으로부터 배워 더욱 개량한 프톨레마이오스 천문학이었다. 그러므로 돌이켜보건대 마테오리치가 중국에 가져온 유럽 과학이 당대 중국 과학보다 더 '옳았다'고 찬양할 수는 없다. 중국인들은 오직 한 가지 이유 때문에, 즉 마테오리치의 과학이 정확하고 중국 상황에서 유용했기 때문에 높이 평가했던 것이다.

마테오리치의 상륙 이후 중국 과학사는 크게 볼 때 세계 과학으로 통합된 역사라 할 수 있다.

부당한 질문들

지난 수십 년 동안 중국 과학 전통의 다양성과 높은 수준에 대한 인식이 더욱 분명해지면서 학자들 사이에 다음과 같은 근본적인 질문이 제기되었다. 왜 중국에서는 과학혁명이 일어나지 않았는가? 3부에서 자세히 논하겠지만, '과학혁명'이라는 포괄적인 개념은 16세기와 17세기 유럽에서 근대적인 과학과 과학적 세계관이 탄생한 것을 의미한다. 태양 중심 행성 체계로 이행, 천상과 지상의 운동을 한꺼번에 설명하는 보편 원리의 등장, 과학적 지식을 얻는 새로운 방법의 발전, 명백한 과학 기관들을 통한 과학의 제도화 등이 과학혁명의 요소이다. 중세의 중국은 많은 분야에서 유럽보다 과학적으로 기술적으로 앞서 있었으므로 과학혁명이 중국이 아닌 유럽에서 일어난 것은 정말 놀라운 일처럼 보인다. 그리하여 중국에서는 무엇이 '잘못된 것일까', 무엇이 중국 과학을 '제약했을까', 혹은 무엇이 중국에서 과학혁명이 일어나는 것을 '막았을까', 라는 질문이 제기된다.

오늘날의 역사가들은 왜 중국에서 과학혁명이 일어나지 못했는가에 대해 여러 설명을 제시했다. 중국어는 말과 글이 아주 복잡하기 때문에 과학을 표현하고 소통하기에 이상적인 매체가 아니었다는 설명이 있다. 표준 중국어와 기타 관련 언어들은 단음절로 이루어지며 상형문자로 표기되기 때문에 과학을 위한 정확한 전문 언어가 되기에 부적합하고 모호하다는 것이다. 그러나 이와 같은 주장을 반박하면서 중국어에 엄연히 있는 전문적인 용어들을 지적하는 학자들도 있다.

중국인의 '사고방식'은 서양에서 발전한 종류의 논리적·객관적·과학적 추론에 불리했을지도 모른다. 역사가들은 중국인의 사고방식에서 지속적으로 나타나는 패턴을 유비추리나 연합적 혹은 '연상적' 사고 등의 다양한 개념을 동원하여 규정했다. 그런 유형의 사고는 근본적인 두 힘인 음과 양, 그리고 금, 목, 수, 화, 토라는 5개의 '국면'에 기초하여 다양한 사물(덕德, 색깔, 방향, 음音, 수數, 장기臟器, 행성 등)을 짝짓는 유비와 은유의 체계를 통해 세계를 해석하려 한다고 학자들은 말한다. 이를테면 음과 양은 여성과 남성, 밤과 낮, 젖음과 건조함, 황제와 하늘에 대응한다. '목木'은 '봄'과 '동쪽'에 대응한다. 이와 관련해서, 유명한 점술서 『역경易經』이 분석적인 범주들을 엄격히 제한하고 유비추리를 장려하면서 지식인들의 관심을 부당하게 지배하여 중국인의 사고방식에 악영향을 끼쳤다는 주장도 있다.

그리고 역사가들은 중국에 과학적 방법론이 없었기 때문에 중국 과학이 정체되었다고 주장했다. 그들은 서양의 과학적 방법과 유사한 성향을 지녔던 중국 초기의 두 학파, 묵가墨家와 법가法家에 대한 탄압을 지적한다. 그 두 학파의 방법은 서양식 과학으로 이어지고 중국 과학혁명으로 귀결될 수 있었을 것이라고 그들은 주장한다. 묵자(기원전 5세기)의 사상에 기초한 묵가의 주요 관심사는 정치였지만, 묵가의 학자들과 또다른 유사한 학파인 명가名家의 학자들은 논리학, 경험, 앎을 얻는 방편으로서의 연역과 귀납을 강조했고, 따라서 서양에서 발전한 것과 유사한 과학적 전통을 발생시킬 수 있었다는 것이다. 기원전 4세기와 3세기에 번창했던 또다른 학파인 법가는 보편적인 법전을 만들고자 했다. 만약 법가가 정치적으로 성공을 거두었다면, 분류와 수량화의 노력을 통하여 근대과학의 기초를 마련했을지도 모른다. 그러나 법가는 너무 가혹했기 때문에 세를 얻지 못했다. 기원전 202년에 한 왕조가 들어서면서 묵가와 법가는 배척되었고, 과학적으로 덜 엄밀한 주류 철학인 도교와 유학이 그 자리를 차지했다.

전통적인 중국 사상에는 '자연법칙'이라는 개념이 없었다. 이슬람이나 기독교 서양과 달리 중국 문명은 인간과 자연에게 절대적 명령을 내리는, 전능하며 신성한 입법자를 거론하지 않았다. 특히 법가의 실패 이후 중국 사회는 엄밀하게 정의된 실정법이나 법전에 의해 통치되지 않았다. 의義나 예禮 같은 더 유연한 개념들이 일반적으로 중국의 법질서를 지배했던 것이다. 그 결과 중국 지식인에게는 자연의 법칙을 탐구하거나 신의 작품에 깃든 질서를 발견하려는 노력이 무의미했다.

또다른 설명은 중국 과학의 '실패' 원인을 중국인의 문화적 자만심에서 찾는다. 중국은 거대한 고대문명이었고 문화적으로 균질했으며 내향적이었고 오래된 문헌 전통과 전통적인 지혜를 매우 강조했다. 따라서 중국으로서는 전통적인 세계관을 뒤엎거나 중국 밖에 사는 '야만인들'의 과학적 지식을 흡수하고 연구할 이유가 없었다.

지배적인 철학이었던 유학과 도교도 전통적인 중국의 과학 연구를 망쳐버렸다는 비난을 받는다. 유학적 세계관의 몇 가지 측면은 실제로 서양식 과학과 양립할 수 없었다는 것이다. (독립적인 '자연'이 아니라) 사회와 인간관계에 중심을 두는 것, 실용적인 기술에 대한 멸시, '인위적인' 행위(예컨대 실험)에 대한 거부감이 그런 측면들이다. 도道—'길'—와 우주적인 조화의 개념에 기초한 도교적 세계관은 자연에 반하거나 대립하는 행위를 하지 말라고 가르쳤다. 자연을 실험적으로 자극하고 캐묻는 것은 고사하고 특별히 연구하는 것조차도 도교에게는 낯선 행위였다. 이런 세계관의 지배하에 있던 중국인들은 서양의 자연 개념과 과학 연구에 어울리지 않았다.

마지막 설명은 중국 문명에서 상인 계급이 대체로 주변에 머물렀기 때문에 근대과학이 탄생할 수 없었다고 주장한다. 중국에서 사업가들과 자유시장경제가 일원적인 관료체제의 통제에 굴복하지 않고 성장했다면, 아마 더 자유로운 사상 시장이 형성되었을 것이며, 대학과 유사한 독립적인 기관들이 등장하고 근대과학이 탄생했으리라는 것이다.

지금까지 살펴본, 중국에서 왜 과학혁명이 일어나지 않았는가에 대한 설명들 각각은 저마다 의심의 여지 없이 유럽인이 도래하기 이전의 중국 상황에 대한 어느 정도 타당한 견해를 담고 있다. 그러나 앞서 이슬람 과학과 관련해서 지적했듯이, 왜 중국에서 과학혁명이 일어나지 않았는가, 라는 부정적인 의문은 역사학적 분석의 주제가 아니라는 점을 다시 한 번 강조하자. 이런 부정적인 의문들은 당연히 무수하게 많고 중국이 과학혁명을 일으켜야 했지만 장애물 때문에 혹은 어떤 필수적인 조건을 충족시키지 못했기 때문에 그렇게 하지 못했다고, 현재의 입장에서 돌이켜보면서 전제하는 오류를 범한다. 중국 과학을 유럽의 기준으로 판단하는 것은 커다란 오류이다. 중국이 유럽과 같은 길을 걸을 수 있었고 또 걸어야 했다는 요구는 훗날의 유럽사를 통해 중국 과학사를 소급하여 투영할 때만 나올 수 있다. 진실은 정반대이다. 전통적인 중국의 과학은 상대적으로 한계가 있었지만 중국의 관료체제와 국가의 맥락 안에서 전혀 문제 없이 작동했다. 이것은 수준 높고 오래 된 중국 문명에 대한 가치 판단이 아니라 다만 충실한 역사학적 판단이다.

그러므로 우리가 던져야 할 질문은 왜 다른 곳에서 과학혁명이 일어나지 않았는가 하는 것이 아니라 왜 유럽에서 과학혁명이 일어났는가 하는 것이다. 정부의 지원이나 통제가 덜 강한 환경이 마련되었을 때 개인적인 사상가들이 더 많은 자유를 누리며 추상적인 의문에 비판적인 능력을 기울일 수 있다는 주장을 지금 이 자리에서 제기하는 것이 그다지 성급한 일일 것 같지는 않다.

7장

인더스, 갠지스, 그리고 그 너머

다르마와 카르마

(다르마Dharma는 '법法'으로 번역되며 본성 혹은 덕을 의미하는 불교의 중심 개념이다. 역시 불교의 중심 개념인 카르마Karma는 '업業'으로 번역되며 몸과 입과 마음으로 짓는 선하거나 악한 소행을 의미한다―옮긴이)

인도 대륙에서는 유럽 최초의 대학이 탄생하기 최소한 1,500년 전부터 지속적으로 도시문명이 번창했다. 쉽게 예상할 수 있듯이, 인도의 전문가들은 수학, 천문학, 의학, 그리고 다른 많은 과학 분야에서 전문적이며 고도로 정확한 연구를 수행했다.

지난 수십 년 동안 이루어진 중국 과학과 문명에 관한 연구는 인도의 과학 기술사를 연구하는 학자들에게 자극을 주었다. 그러나 안타깝게도 중국 연구에 버금가는 인도 연구는 아직 이루어지지 않았다.

역사가들은 인도 천문학자, 수학자, 의사의 글을 연구했고, 초기 인도 과학에 때때로 온갖 '최초'를 돌리는, 이제 더는 낯설지 않은 태도를 취하기도 했다. 비록 상황이 변하는 중이지만, 인도를 이해하기에는 아직 많은 연구가 부족한 실정이다. 우리는 이 책에서 인도라는 전형적인 관료 문명의 주요 특징을 다시 한 번 지적하는 것으로 만족할 수밖에 없다. 관개농업, 정치적 중앙집권, 사회의 계급화, 도시문명, 기념비적 건축, 그리고 실용성을 지향하는 고급 지식이 거론될 것이다.

인도의 자연과학 연구 전통은 중국이나 이슬람 세계에 비해 덜 활발했다. 적어도 부분적으로는 인도 종교의 초월적이고 내세적인 성격이 자연에 대한 직접적인 연구에 부정적인 영향을 미친 것이 그 원인이었다. 주요 종교였던 힌두교, 불교, 자이나교Jainism는 일상 세계를 거대한 미망迷妄으로 보았고 덧없는 현상 세계의 기반에 초월적이고 신학적인 실재가 있다고 믿었다. 이 철학들에서는 플라톤 전통이나 훗날의 기독교 전통과 달리 우리가 보는 세계와 더 큰 실재성을 가진 추상적 세계 사이에 대응성이 없다. 따라서 진리는 전적으로 형이상학적이고 내세적이며, 앎의 목표는 우리 주위의 일상 세계를 이해하는 것이 아니라 초월하는 것, 우리를 무력화시키는 이 세계의 카르마를 벗어나는 것, 더 높은 곳으로 올라가는 것이었다. 영적으로 매우 풍부한 그런 철학들 속에서 전통적인 인도 사상가들은 자연세계 자체나 자연의 기반에 있는 규칙성 혹은 자연법칙에 초점을 맞추지 않았다.

인더스 강 유역의 문명은 기원전 2000년 이전에 발생했지만(3장 참조) 기원전 1800년 이후 쇠퇴했다. 쇠퇴의 원인은 아직 명확히 밝혀지지 않았지만, 아마도 생태환경의 변화가 아닌가 추측된다. 뒤를 이은 사회는 도시문명이 아니었고 분산된 농업 공동체로 구성되었다. 공동체들은 왕과 성직자가 정점에 있는 부족적인 조직체였다. 시간이 흐르면서 인더스 강에서 동쪽의 갠지스 강 유역으로 정착지들이 확산되었다. 초기 인도 사회는 네 계급으로 구성되었는데, 성직자, 군인 귀족, 농민과 상인, 그리고 노예가 그것이다. 이로부터 훗날의 매우 복잡한 인도 카스트 제도가 나왔다. 인도 사회는 '계급' 정체성을 위해 지역적 정체성을 희생시키는 경향이 있었다. 성직자 계급(브라만)은 전승 지식과 종교 의식을 관장했으며, 사람들은 종교 의식이 없으면 우주가 붕괴한다고 믿었다. 브라만은 교육을 독점했고, 예식을 결정했으며, 왕에게 조언했고, 국정에 참여했으며, '소마soma'라는 환각성 음료를 마셨다.

기원전 6세기까지의 인도사는 불분명하며 전적으로 기원전 1500~1000년에 만들어진 『베다Veda』라는 종교적인 책과 그 후 500년 동안 축적된 브라만 주석가들의 글에서 얻은 증거에 의지한다. 원래 구전되었던 그 내용들은 기원전 6세기 인도에 글이 등장하면서 비로소 책으로 정리되었다. 일부 불분명한 대목들이 있긴 하지만, 초기의 글들은 사회와 우주의 질서를 유지하는 것을 목표로 삼은 과학적 지식이 존재했음을 보여준다.

성스러운 산스크리트어 문장이 중심적인 역할을 하고 구술 낭독이 '마술적인' 힘을 발휘했던 인도에서는 언어학과 문법 연구가 첫번째 '과학'으로 발전했다. 산스크리트어와 베다는 모든 학문의 기초였으며, 문법 및 언어학 지침서들이 전문가와 초심자를 위해 씌어졌다. 예를 들어 파니니Panini가 기원전 5세기에 쓴 산스크리트어 문법책은 문법, 발음, 운율, 어원 관련 규칙들을 3,873개의 경구를 통해 제시했다. 베다를 구술 낭독하는 일의 중요성은 전통적인 음향학 연구와 음音에 대한 분석으로도 이어졌다.

베다와 브라만 문헌의 일부는 천문학과 수학에 관한 것들이다. 그것들은 직업적인 성직자, 점성술사, 천체 관찰자, 계산자calculator가

베다 사회 안에서 활동했음을 분명히 보여준다. 전문가들은 특정한 날짜에 행해야 하는 브라만 예식과 제사를 규제하기 위해 달력을 만들고 보존했다. 그들은 태양년을 개월로 나누고 종교적인 달력과 태양년을 일치시키기 위해 윤달을 추가하는 방법을 여럿 가지고 있었다. 달은 점성술적인 의미가 있었으며, 초기의 인도 점성술사들은 중국인들처럼 달의 1개월간의 움직임을 27(때로는 28)개의 '수宿(나크샤트라naksatra)'로 나누었다. 이렇게 베다·브라만 달력은 태양과 달의 주기를 종합했다. 제단의 건설과 방향 설정은 매우 중요한 사안이었고, 이를 위해 뛰어난 수학자가 필수적이었다. 인도 역사 초기에 수학자들은 힌두교와 불교의 거대한 윤회 사상에 발맞추어 엄청나게 큰 수들을 탐구하기도 했다. 그들은 10^{140}에까지 고유한 이름을 붙였다.

인도 대륙은 중국보다 외세의 영향에 더 많이 열려 있었고, 따라서 인도 과학과 기술의 전통 역시 열려 있었다. 기원전 6세기에 페르시아인이 인도를 침략하여 200년 동안 점령했고, 바빌로니아 천문학이 인도로 전해졌다. 마찬가지로 기원전 327~326년에 있었던 알렉산더 대왕의 침공은 그리스 과학이 인도에 들어오는 계기가 되었다. 반대로 인도의 과학적·기술적 성취는 이슬람 세계, 중국, 유럽의 발전에 영향을 미쳤다.

기원전 4세기 인도에 비교적 강력한 왕국이 적어도 하나(마가다Magadha 왕국) 발생했다. 그때까지 인도에는 통일된 국가가 없었지만, 알렉산더 대왕의 침공에 자극을 받은 마가다 왕국의 찬드라굽타 마우리아Chandragupta Maurya가 최초의 통일 제국을 세우고 마우리아 왕조의 초대 왕으로서 기원전 321년에서 297년까지 제국을 다스렸다(〈지도 7.1〉 참조). 찬드라굽타의 손자인 아소카Asoka는 기원전 272년에서 232년까지 다스리면서 제국의 영토를 확장했다. 어떤 연구자는 갠지스 강에 중심을 두었던 아소카의 마우리아 제국이 당대 세계 최

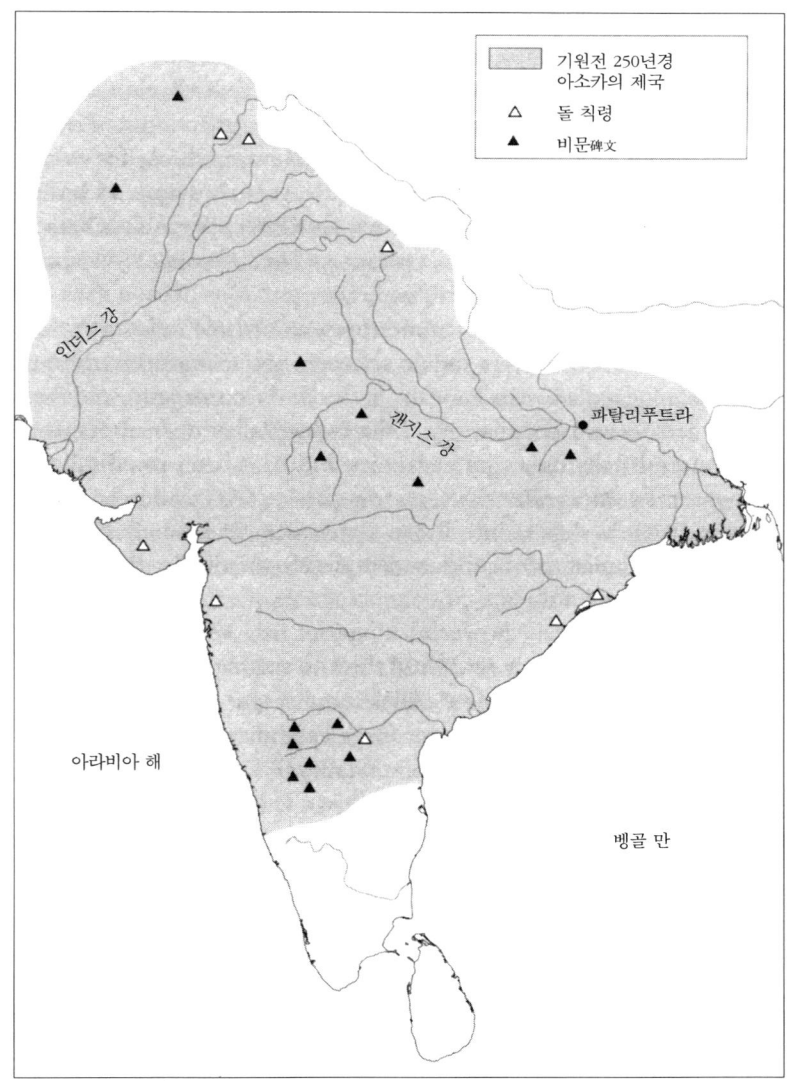

지도 7.1_인도. 주요 문명 중 하나인 인도 문명은 인더스 강 유역에서 출발하여 동쪽의 갠지스 강과 남쪽의 인도 대륙으로 확산되었다. 기원전 3세기에 인도는 찬드라굽타 마우리아에 의해 통일되었다. 이 지도는 그의 손자 아소카 치하의 마우리아 제국 영토를 보여준다.

대의 제국이었다고 주장한다.

　마우리아 제국의 성립을 기점으로 하여 역사적인 기록은 더 분명해진다. 마우리아 제국은 거대한 관개농업 문명이었다. 기원전 300년경 찬드라굽타의 궁정에 머물렀던 그리스 여행가 메가스테네스Megasthenes는 경작지의 절반 이상에 관개시설이 있었으며 그로 인해 2모작이 가능했다고 전한다. 광범위한 운하와 수문을 비롯한 발달된 관개시설을 건설하고 유지하는 일을 특수한 국가기관이 감독했고, 그 기관은 개간되지 않은 지역으로 농민을 이주하도록 계획하고 지휘했다. 땅과 물은 왕의 소유물로 여겨졌고, 마우리아 왕들은 관개용수에 대하여 세금을 징수했다. 세금 징수관과 농민 사이에 끼어드는 중개자는 없었고, 농민은 농토를 일종의 소작지로 보유했다. 따라서 인도사에서 국가의 가장 큰 수입원은 소작료였다. 그렇게 관개농업은 식량 생산과 국가 수입을 위해 필수적이었으며, 정치적 중앙집권화를 촉진하는 역할을 했다. 고대 인도 관개시설의 유적은 잘 드러나지 않는다. 왜냐하면 역사시대의 개막 이후 인도의 강들이 물길을 크게 바꾸었기 때문이다. 그러나 문헌 증거들은 관개 기반 설비의 중요성을 알려준다—마우리아 왕조에서 가장 큰 죄는 댐이나 저수지를 파괴하는 것이었고, 그에 대한 형벌은 물에 빠뜨려 죽이는 것이었다.

　마우리아 제국은 관개문명에 수반되는 다른 특징도 가지고 있었다. 제국은 고도의 관료체제에 의해 통치되었다. 강, '채굴', 관개시설을 관리하는 기관 외에도 수많은 감독관—모두 왕에게 급여를 받는 관료였다—이 있어 도시와 지방의 상업, 무게와 길이 척도, 물품세, 화폐, 출생 및 사망 신고, 외국인, 방직·제염製鹽·광업·제철 등의 국가산업을 관리했다. 경제에 대한 국가의 통제는 마우리아 사회의 주요 특징이며, 기술자들은 왕을 위해 일할 의무가 있었다. 마우리아 왕조의 정치적인 성공은 군사력과 복잡한 전쟁 관청에서 비롯되었다.

전쟁 관청은 6개의 하위 부서를 거느렸고, 70만의 병력과 수천 마리의 코끼리로 이루어진 상비군을 관리했다. 왕의 첩보원들로 이루어진 관청이 발달했다는 사실도 마우리아 정부의 독재적인 성격을 뚜렷하게 보여준다.

마우리아 시대에 도시들이 확대되고 부유해진 것도 문명의 발달을 반영하는 중요한 증거이다. 갠지스 강과 손Son 강의 합류점에 있던 수도 파탈리푸트라(Pataliputra, 현재의 파트나Patna)는 64개의 성문, 570개의 탑, 40킬로미터의 성벽으로 방어되었다. 마우리아 왕조는 도시 안의 2층 혹은 3층 건물들 중간에 기념비적인 목조 궁전을 지었다. 궁전 안에는 금박을 입힌 기둥이 수없이 많았고 연못과 정원도 딸려 있었다. 마우리아 왕조는 다른 공공사업도 벌였다. 그 중 하나는 세 개의 주요 도로망과 공공 우물과 휴게소로 제국 전체를 연결하는 교통망과 우편망이었다.

세부사항은 아직 윤곽밖에 드러나지 않은 상태이지만, 마우리아 왕조 시대에도 전문적인 지식이 계속 활용되었다는 점은 분명해 보인다. 성직자로서의 전문성을 지닌 브라만의 사회적 지위는 아소카가 불교로 개종했음에도 불구하고 크게 침해당하지 않았다. 마우리아 도시는 예술, 기술, 문학, 교육의 중심이 되었다. 제국을 통치하기 위해 글과 계산이 필요했을 것은 자명하다. 우리는 예컨대 농업 감독관이 날씨 통계자료를 수집하고 강우량 측정기를 사용했다는 것을 안다. 아소카의 돌 칙령rock-edicts—제국 전역에 세워진, 돌에 새긴 글—중 하나에는 그가 사람과 동물을 위한 병원을 설립했다는 내용이 있다. 아소카 시대의 인도에서는 특히 점성술과 관련해서 바빌로니아와 헬레니즘의 영향이 느껴지기 시작한다. 예컨대 각각 30도씩을 차지하는 12궁宮으로 이루어진 그리스·바빌로니아 전통의 황도대가 인도 천문학에 들어와 점성술이 확립되는 데 기여했다. 연구가 더 이루어지면, 마우리아 천문학자들과 점성술사들의 연구와 강력한 지원자에 대한 의존성이 더욱 분명하게 드러날 것이다.

마우리아 제국은 아소카의 죽음 이후 쇠퇴했고, 인도는 수많은 작은 왕국과 영토로 분열되었다. 인도는 그로부터 500년이 지난 후인 서기 4세기에야 굽타 왕조에 의해 다시 통일되었다. 굽타 왕조의 창시자 찬드라굽타(찬드라굽타 마우리아와 다른 인물이다)는 320년에서 330년까지 통치했고, 그보다 더 유명한 그의 손자 찬드라굽타 2세(찬드라굽타 비크람디티아Chandragupta Vikramditya)는 375년에서 415년까지 다스렸다. 굽타 시대는 약간의 불연속성이 있었지만 대체로 650년까지 유지되었으며 고전 인도 문명의 황금기로 평가된다. 굽타 제국은 강력한 중앙집권, 공공사업, 상업 통제, 소작료를 통한 국가 수입에서 마우리아 제국과 유사했다. 굽타 시대는 힌두 미술과 문학의 번성, 왕의 자유주의적인 후원 전통, 체계적인 천문학·수학·의학·언어학 육성으로 유명하며, 고전 인도 과학의 정점이었다.

굽타 시대의 인도 천문학은 과거와 마찬가지로 실용적인 활동이었다. 훈련을 받은 직업적인 전문가들이 달력을 만들고, 종교 의식의 시기를 결정하고, 별점을 치고, 점성술적인 예언을 했으며, 개인의 운명뿐 아니라 농사를 위한 '길일吉日'을 알려주었다. 인도 천문학은 특별히 관찰에 치중하거나 이론에 치우치지 않았고 천체 운동의 물리학을 고민하지 않았다. 전적으로 점성술적 예언과 전문적인 계산 능력을 중시했다. 뿐만 아니라 천문학의 뿌리가 고대의 베다에 있다고 믿어졌기 때문에, 인도 천문학은 보수적이었고 이론적 혁신을 전혀 높이 평가하지 않는 수구적인 성격이 짙었다. 천문학자들은 인도 지성계의 다른 영역에서 고립된 채 특수한 성직자에 가깝게 활동했다. 전문적인 천문학 지식은 한 가문 내에서 대대로 전승되었다. 여러 전통이 합의에 의해 통합된 중국과 이슬람 세계와 유럽의 천문학과 달리 인도의 천문학·점성술에서는 대략 여섯 개의 지역적인 학파가 지적인 추종자와 물질적 지원을 놓고 경쟁했다.

여러 한계와 분열에도 불구하고 인도 천문학은 굽타 시대에 고도로 전문적이고 수학적인 형태로 발전했다. 4세기에서 7세기까지 여러 인도 천문학자가 천문학의 기초를 다루는 수준 높은 교과서('싯단타 siddhānta', 즉 '해답')들을 썼다. 교과서는 태양년, 분점分點, 지점至點, 달의 주기, 메톤 주기, 식蝕, 행성의 운동(그리스의 이론이 사용되었다), 계절별 별자리 지도, 분점의 세차 운동을 다루었다. 아리아바타 Aryabhata 1세(476년 출생)는 파탈리푸트라에 살았고, 한 권의 싯단타를 썼으며, 학생들을 가르쳤다. 그는 (프톨레마이오스의 『알마게스트』를 알고 있었음에도) 지구가 매일 한 바퀴씩 자전한다는, 정통에서 벗어난 주장을 했다. 다음 세기에 천문학자 브라마굽타 Brahmagupta(598년 출생)는 자신이 쓴 싯단타에서 지구가 움직인다는 아리아바타의 생각을, 만일 그렇다면 새들이 모든 방향으로 자유롭게 날아갈 수 없을 것이라며, 상식에 어긋난다는 이유로 반박했다. 브라마굽타가 추정한 지구 둘레의 길이는 고대 천문학자의 추정치 가운데 가장 정확한 것에 속한다.

인도 천문학은 정확한 산술 계산에 의지했으며, 아리아바타와 브라마굽타는 천문학자로서뿐 아니라 수학자로서도 명성을 얻었다. 대수학적이며 수를 위주로 하는 특징을 지닌 인도 수학은 대체로 실용적인 관심사를 반영했으며 일반해보다 구체적인 '요리법' 같은 해답을 선호했다. 아리아바타는 자신의 저술 속에서 아홉 가지 '아라비아숫자'와 0을 쓰는 십진법과 자리값 체계를 사용했다(0이 인도 수학에서 등장한 것은 종교철학적인 '무無'의 개념과 관련이 있을 수 있다). 그는 π값을 네 자리까지 계산했고, 훗날의 인도 수학자들은 그 값을 아홉 자리까지 확장했다. 브라마굽타는 자신의 싯단타에서 측정, 대수학, 삼각법, 음수陰數, π를 비롯한 무리수에 관한 이론을 펼쳤다. 인도 수학이 서양에 알려진 것은 주로 11세기의 이슬람 과학자 알비루니Al-Bīrūnī가 쓴 『인도사History of India』를 통해서였다.

다른 문명에서와 마찬가지로 의사와 의학의 세계는 견고하게 제도화되었다. 부자와 귀족 가문들은 의사를 후원했고, 왕실 의사는 특히 높은 지위를 누렸다. 그것은 부분적으로 의사들이 독과 뱀에 관한 전문 지식을 지녔기 때문이었다. 최고 수준의 의사들은 훈련과 자격증을 통하여 자신들을 돌팔이 의사와 차별화했던 것으로 보인다. 예컨대 전통적인 의학서 『차라카 삼히타Charaka Samhitā』에는 의사인 스승 밑에서 도제 훈련을 받는 과정과 의료 활동에 앞서 왕실의 허가를 받는 것에 관해 언급되어 있다. 날란다Nalanda에 있던 종교시설은 6세기부터 9세기까지 의학교로 번성했다. 수천 명의(연구자에 따라 4천에서 1만 명까지 견해가 다양하다) 학생과 수백 명의 선생이 넓이가 1.5제곱킬로미터 이상이고 강의실 300개와 대형 도서관이 딸린 장대한 사원에서 연구하고 가르쳤다. 왕과 부자들의 지원을 받았으므로 수업료는 따로 없었다. 언급했듯이 마우리아 왕조의 아소카는 병원을 설립했고, 굽타 시대에도 자선 의료기관이 존재했다. 전투용 말과 코끼리를 위한 수의학 역시 기원전 4세기부터 높은 수준에 도달했다.

의학 이론과 실행은 이미 인도사 초기에 상당히 발전했다. 구전되는 베다는 실제 해부에 기초한 해부학적 정보—특히 제물로 쓰이는 말에 관한 정보—와 식물에 관한 정보, 그리고 질병의 증상에 관한 정보를 담고 있었다. '아유르베다Ayurveda'—'생명의 과학'—라 불리는 구전 내용은 기원전 6세기에 기록되기 시작했고, 고도의 의학 및 생리학 이론과 다양한 체액의 균형을 유지하는 방법을 비롯한 여러 치료법을 포함하게 되었다. 아유르베다 의학은 병과 치료에 대하여 합리적인 태도를 취한다는 점에서 유명하다. 실제로 그 의학은 인식론적인 차원을 자각하면서 의학적 추리와 판단을 평가했다. 차라카라는 의사가 쓴 표준 의학서(『차라카 삼히타』)는 서기 1세기경에 등장했다. 힌두교의 명명과 목록에 대한 애호를 반영하듯, 『차라카 삼히타』에는 300개의 뼈, 500개의 근육, 210개의 관절, 70개의 '통로' 즉 혈관이 명시되어 있다. 질병 분류 역시 그에 못지않은 수준이다. 의사 수스루타가 쓴 '자료집'(『수스루타 삼히타Susruta Samhita』)은 인도 외과 의학의 경전이 되었다. 전성기의 인도 의술과 외과 의학은 아마도 당대의 어느 문명보다 뛰어났을 것이다.

유용하다고 믿어진 또 하나의 과학인 연금술 역시 인도에서 번성했는데, 연금술은 중국에서 들어왔을지도 모른다. 의학 및 탄트라 불교와 밀접하게 연관된 인도 연금술 서적들은 수은의 여러 형태, 건강 유지법, 불멸의 육체를 만드는 법에 초점을 맞추었다. 연금술사들은 고도의 화학 지식을 터득했고, 그것을 신비의 약이나 최음제, 혹은 독약의 형태로 의학에 이용했다.

이런 과학적 발전과 별개로 전통적인 인도는 기술문명이 매우 발달되었다. 사실 인도는 비록 많이 기계화되지는 않았지만, 유럽의 제국주의와 산업혁명이 인도 대륙에 들어가기 이전에 이미 '산업화된 사회'였다고 평가된다. 인도의 가장 큰 산업은 방직이었고, 당시 인도는 세계 최대의 직물 생산국이었다. 방직자 카스트에 속한 사람의 수는 농민 카스트 다음으로 많았으며, 직물 생산에 기대어 화학 산업과 염색업, 의류 생산업 같은 보조 산업이 발생했다. 인도양 교역을 위한 선박을 제공한 조선업 역시 전통적인 인도의 주요 산업이었다. 인도의 조선공들은 인도양의 몬순 기후에 적합한 조선 기술을 특별히 개발하였다. 심지어 인도 조선 산업의 중요성은 유럽인들이 인도양에 들어간 후에 더욱 증가했다. 인도의 철 생산은 기원전 1000년까지 거슬러 올라가지만 이슬람 무굴 제국Mughul empire 시대까지는 비교적 소규모로 행해졌고, 총포 생산은 16세기에 시작되었다. 인도의 주조 기술을 가장 잘 보여주는 것은 4세기 찬드라굽타 2세 시절에 델리에 세운 7.3미터 높이의 기념비적인 철기둥이다(그 기둥은 현재까지도 녹이 슬지 않았다고 한다). 인도 기술자들은 도기와 유리 제작을 비롯해서 거대 문명을 떠받치는 여러 가지 실용적인 활동에 종사했다. 이와 같은 기술적인 성취도를 감안한다면, 사실상 인도는 19세기에 영국의 지배가 공식적으로 시작된 후에 놀라운 탈산업화 과정을 겪었다고 해야 옳다.

카스트 제도는 굽타 시대에 더욱 견고해져서 그 시대에 3,000개의 세습적인 카스트가 정해졌다. 인도 기술사에서 카스트 제도가 발휘한 힘은 아마도 과거의 학자들이 생각했던 것보다 작은 듯하다. 그러나 그 제도는 다양한 기술과 기술적 전통이 다양한 카스트와 길드 유형의 단체로 분배되어 사회적으로 분리되도록 만들었다는 점에서 여전히 중요하게 거론할 필요가 있다. 자신의 카스트 외부의 일에 종사하는 것은 금지되어 있었다. 카스트의 장벽이 깨지는 일도 간혹 있었지만, 기술과 과학의 분리는 중국이나 고대 그리스와 마찬가지로 인도에서도 분명하게 확인된다.

455년에 일어난 훈족Hun의 굽타 제국 침공은 상당히 파괴적이었고 제국은 480년에서 490년까지 10년 동안 부분적으로 와해되었다. 이어진 6세기의 인도 왕들이 제국을 재건했지만, 고전 인도 문명의 통일성은 하르샤Harsha 왕이 647년에 후손 없이 죽은 후 완전히 붕괴했다. 작은 힌두교 국가들이 그 뒤를 이었고, 서기 1000년 이후 이슬람의 침입이 시작되었다. 이슬람교는 폭넓은 호응을 받았다. 부분적으로 그것은 이슬람교가 카스트를 부정하기 때문이었다. 독립적인 델리 술탄이 북인도의 인더스 강과 갠지스 강 유역을 1206년에서 1526년까지 통치했고, 우월한 대포 기술을 앞세운 이슬람 무굴 제국이

1526년에서 1857년까지 북인도를 지배했다. 이슬람 지배자들은 북인도 농업에 더 향상된 관개기술을 들여왔다. 예컨대 인공 호수를 이용하는 기술이 도입되었다. 위대한 무굴 황제 악바르Akbar(1556~1605)는 수로를 전담하는 관청을 만들었으며, 무굴 제국 전성기에는 관개 농업에 쓰이는 물 전체의 3분의 1이 인공 수로를 통해 조달되었다. 인도는 이슬람 제국의 일부로서 이슬람 과학을 적극적으로 흡수했다. 가장 눈에 띄는 것은 곳곳에 퍼진 이슬람 천문학 관측소들이다. 이슬람의 문화적·제도적 성공은 전통적인 힌두교 과학과 지식의 종말을 의미했다.

전통적인 인도의 문화는 이슬람화되지 않은 제국 남부와 고밀도 농업에 의지하여 부를 축적한 도시들에서 유지되었다. 예컨대 남인도의 촐라 왕국Chola kingdom은 800년에서 1300년까지 번창했다. 촐라 기술자들은 강을 막는 댐과 길이 25.7킬로미터의 인공 호수를 비롯한 대규모 관개시설을 건설했다. 관개용수를 관리하는 전담 요원이 있었다는 점에서 정부의 감독을 분명하게 확인할 수 있다. 남인도의 마이소르Mysore에는 18세기에 저수지 3만 8천 개가 남아 있었고, 마드라스Madras에는 19세기에 5만 개가 남아 있었다. 이렇게 관심을 끄는 증거들이 있긴 하지만, 인도 대륙 자체에서는 중앙집권적인 농업, 과학, 국가의 지원을 증언하는 핵심적인 증거들이 좀처럼 발견되지 않는다. 오히려 바다 건너 스리랑카와 동남아시아에서 그 증거들을 발견할 수 있다.

더 큰 인도

스리랑카(과거의 실론Ceylon)에서는 관개농업과 과학의 연관성이 분

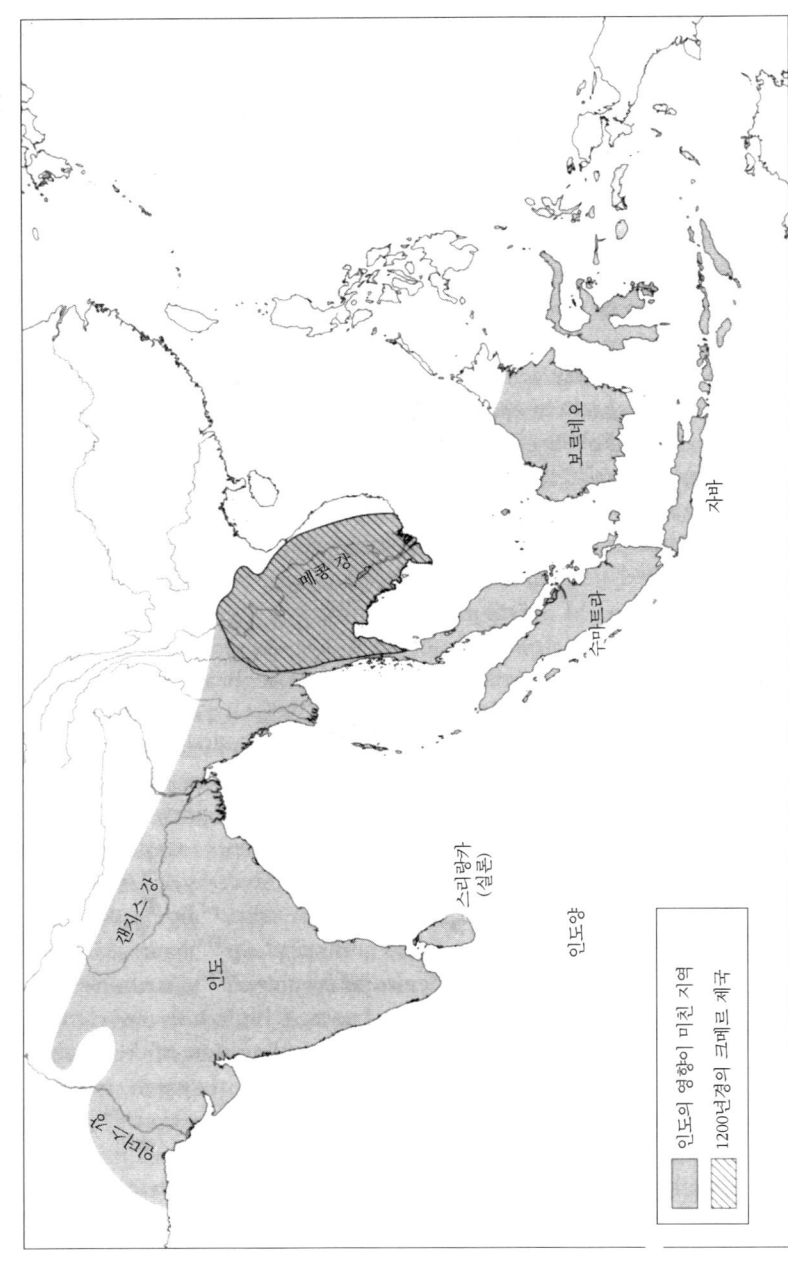

지도 7.2_ 더 큰 인도. 스리랑카(실론) 섬에서는 인도에서 파생된 문명이 발생했고, 동남아시아에서도 인도에 기초한 문명이 발달했다. 그 중 가장 중요한 크메르 제국은 9세기에 메콩 강을 따라서 발생했다.

명하게 드러난다. 기원전 6세기에 스리랑카 섬이 인도 본토의 침공을 받은 후 전설적인 '물의 왕들'에 의해 관개농업 문명이 발생했고, 독특한 신할리즈Sinhalese 문명이 1,500년 동안 유지되었다. 수천 곳의 집수 시설과 저수지로 불규칙적인 빗물을 모아 이용하는 관개농업과 곡물 생산이 섬 북부의 건조 지역에 확산되었다. 중앙집권적인 권력, 관개를 담당하는 관청, 강제 노역, 잉여 농산물, 수백만 세제곱미터 분량의 벽돌로 지어 이집트 피라미드와 규모가 맞먹는 궁전, 사원, 무덤을 비롯한 기념비적 건축 등, 관개농업 문명의 다른 특징들 역시 생겨났다. 필연적으로 도시 인구가 팽창했으며, 중심 도시였던 폴로나루와Polonnaruwa는 12세기에 세계에서 인구가 가장 많은 도시로 손꼽혔다고 한다.

세부사항들은 윤곽만 알려져 있지만, 고대 스리랑카의 왕들이 천문학, 점성술, 산술, 의학, 연금술, 지질학, 음향학의 전문 지식을 육성했음을 자료를 통해 알 수 있다. 사원 소속 학자들을 중심으로 한 관료 카스트가 존재했고 왕실 의사의 우두머리는 정부의 주요 인사였던 것으로 보인다. 아소카가 확립한 인도의 패턴을 따라서 국가는 상당한 자원을 병원, 조산소, 시약소(약을 나누어 주는 곳), 공중 식당, 진료소 등 건강과 의료를 위한 공공기관에 투자했다. 이 모든 면에서 스리랑카는 국가의 지원을 받아 발달한 유용한 과학의 전형적인 패턴을 드러낸다.

서기 원년에서 1000년 사이의 이른 시기부터 인도 상인들은 인도양을 건너 동쪽으로 항해했다. 광범위한 교역과 인도네시아의 수마트라, 자바, 발리까지 연결된 뱃길 덕분에, 그리고 스리랑카에서 온 불교 선교사들과의 문화적 접촉을 통하여 말레이시아와 동남아시아에서 범汎인도pan-Indian 문명이 발생했다. 어느 중국인 여행자가 3세기에 남긴 기록에 따르면, 현대 베트남 지역의 푸난Funan 왕국에는 인도 문자에 기초를 둔 문자와 도서관과 문서 보관소가 있었다고 한다. 그 지역에 미친 인도의 영향력은 4세기와 5세기에 강화되었다. 인도에서 온 브라만은 환영을 받으며 국지적인 지배자가 되어 인도의 법과 행정체계를 도입했다. 산스크리트어가 정부와 종교와 학문의 언어가 되었으며, 힌두교와 불교가 지배적인 종교로서 공존했다.

인도의 문화적 영향을 가장 인상적으로 보여주는 실례는 거대한 캄보디아 제국(혹은 크메르 제국)이다. 802년에서 1431년까지 600년 이상 독립과 번영을 유지한 크메르 제국은 자야바르만 7세Jayavarman VII(재위 1181~1215) 때에 전성기에 도달했으며 현대의 캄보디아, 타이, 라오스, 미얀마, 베트남, 말레이 반도를 아우르는 동남아시아 최대의 정치적 통일체였다.

크메르 제국은 메콩 강 하류의 충적토가 풍부한 평원을 따라서 발생했고, 크메르 사회의 거대한 부는 동남아시아사에서 가장 중요한 관개 기반 설비에서 비롯되었다. 메콩 강은 우기에 해마다 범람했고, 강의 지류들은 캄보디아 대호수(톤레사프Tônlé Sap 호)와 함께 자연적인 저수지로 변했다. 크메르 기술자들은 인공 호수, 운하, 수로, 긴 제방이 있는 얕은 저수지(바레이baray라 불린다)로 이루어진 엄청난 규모의 관개 시스템을 구축하여 강물을 통제하고 건기에 배급할 물을 저장했다. 1150년경에 162만 제곱킬로미터의 농지에 인공적인 관개용수가 공급되었다. 앙코르와트에 있는 동東 바레이는 길이 6킬로미터, 폭 2킬로미터이다. 메콩 강 인근의 수자원 조건은 쌀농사에 최적이었다. 쌀은 우리가 중국을 논하면서 이미 보았듯이 도입된 곳에서는 어디에서나 극적인 효과를 산출한, 예외적으로 생산적인 작물이다. 이와 같이 높은 생산력은 높은 인구밀도와 풍부한 노동력, 그리고 부유한 지배계급을 지탱했다.

크메르 제국에서도 역시 사회와 과학은 관개농업과 밀접하게 연관

지도 7.3__크메르 제국. 쌀 생산과 메콩 강 및 그 지류들의 수자원에 기반을 두고 인도 문명에 기초한 크메르 제국은 12세기와 13세기에 찬란하게 번성했다. 관개기술과 저수貯水 기술로 지탱된 제국은 동남아시아의 역사상 가장 큰 정치적 통일체였다. 크메르 제국은 기념비적 건축, 글, 계산, 천문학 지식, 유용한 과학에 대한 국가의 지원 등, 고도 문명의 전형적인 특징을 가지고 있었다. 크메르 문명은 15세기 초에 관개 기반 구조가 무너지면서 사라졌다.

되었다. 크메르 왕들은 이집트 파라오처럼 살아 있는 신이었으며 강력한 중앙집권적 권력을 휘둘렀다. 지식인 브라만들과 군인으로 이루어진 소수 권력층을 정점으로 한 복잡한 관료체제가 제국의 일상을 움직였다. 어떤 연구자는 이런 관료체제가 움직인 크메르 제국이 복지국가였다고 기술한다. 아마도 자야바르만 7세가 100군데의 공공 병원을 설립했다는 주장에 근거한 기술일 것이다. 여러 도서관과 문서 보관소도 국가와 고급 지식의 관료적 성격을 증언한다.

크메르 왕들은 관개시설과 제국의 여러 지역을 연결하는 고속도로망(휴게소도 있었다)을 건설했을 뿐 아니라 거대한 건축도 지휘했다. 가장 유명한 것은 300년 이상에 걸쳐 앙코르 지역에 건설된 수도首都이다. 그 도시의 면적은 97제곱킬로미터이며 길이 31킬로미터의 동서 축과 19킬로미터의 남북 축을 기준으로 한 좌표를 따라 질서 있게 자리잡은 수많은 구역으로 이루어졌다. 각각 독자적으로 실용적 의미와 상징적 의미를 지닌 저수지와 운하를 보유한 200개의 사원 중에서 앙코르와트는 세계 최대의 사원 복합 단지이다. 폭이 200미터에 육박하는 해자(성 둘레에 도랑처럼 판 못-옮긴이)로 둘러싸인 그 단지는 케옵스 피라미드에 쓰인 것만큼 많은 돌로 이루어졌으며 사실상 모든 표면에 부조가 새겨져 있다. 앙코르와트는 40년이 채 안 되는 공사 기간을 거쳐 1150년에 완공되었다. 면적이 거의 1.6제곱킬로미터인 앙코르와트 내부에는 12개의 주요 사원이 있으며 중심 사원의 탑은 높이가 60미터에 육박한다. 이보다 더 엄청난 것은 관청 및 사원 복합단지 앙코르톰Angkor Thom이다. 1187년에 완공된 앙코르톰은 면적이 거의 6.4제곱킬로미터이며 성벽으로 둘러싸여 있다. 이 거대한 사원들의 용도 중 하나는 크메르 왕들의 무덤 역할을 하는 것이었다.

크메르 왕실은 과학과 유용한 지식을 지원했다. 왕실은 인도의 학자, 기술자, 힌두교 지도자(구루guru)를 끌어들였고, 이들을 통해 캄보디아와 동남아시아에 인도 천문학과 연금술이 들어왔다. 지배계급인 브라만과 군인 외에 선생과 성직자로 이루어진 또다른 카스트가 있

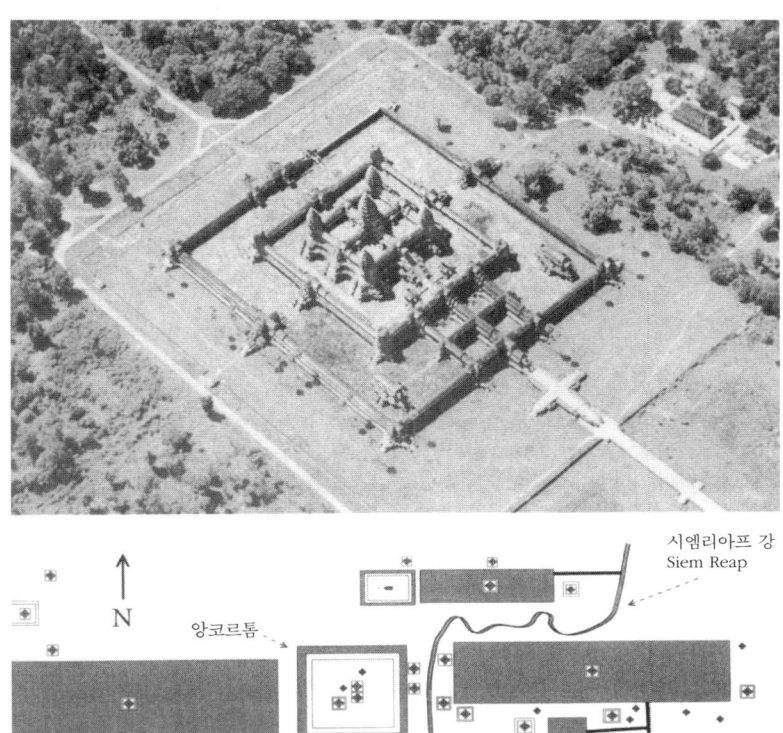

그림 7.1 a-b_앙코르와트. 각각 독자적인 저수지와 운하가 있는 200개의 사원 가운데 앙코르와트는 세계 최대의 사원 복합 단지이다. 폭이 200미터에 육박하는 해자로 둘러싸인 복합 단지는 케옵스 피라미드에 쓰인 것만큼 많은 돌로 이루어졌고 사실상 모든 표면이 부조로 장식되어 있다. 앙코르와트는 40년이 채 안 되는 공사 기간을 거쳐 1150년에 완공되었다.

어 산스크리트어 원전을 가르치고 다음 세대의 점성술사와 왕실 의식 집행자들을 훈련시켰다. 크메르 '병원'의 존재는 제국 내에 수준 높은 의학 교육 및 실행 조직이 있었음을 시사한다. 앙코르와트의 구조를 보면 천문학, 달력 계산, 점성술, 수신비주의, 건축이 하나로 통일되어 있었음을 분명히 알 수 있다. 앙코르와트는 인도 우주론에 맞게 방향이 설정되어 있으며, 특별한 해자와 인공적인 성산聖山이 있다. 건물에 새겨진 수천 점의 부조 가운데 몇몇 작품은 불사의 영약에 대한 관심을 드러낸다. 또 앙코르와트에는 지평선상에서 태양과 달의 움직임을 관찰하기 위한 천문학적인 시선視線들이 설정되어 있고, 한 해의 시작인 춘분은 특별히 강조되었다. 이렇게 천문학적 시선들이 건물에 내장되어 있기 때문에, 앙코르와트에서는 식蝕을 예측하는 것이 가능하다. 그러나 크메르 천문학자들이 실제로 식을 예측했는지는 알 수 없는 일이다.

어쩌면 과도한 건축 사업이 국가를 소진시키고 크메르 문명의 활력을 약화시켰는지도 모른다. 크메르 제국은 14세기부터 인근의 타이족과 참족(베트남인)으로부터 반복해서 침공을 받았다. 그로 인해 크메르 문명을 지탱하던 관개 기반 설비가 파괴되었다. 정비를 위한 노력이 중단되고, 전쟁의 피해가 누적되고, 군사력 수요 때문에 강제 노역자가 줄어들었다. 그 결과 인구가 급감했고, 크메르 제국은 붕괴했다. 타이족이 제국을 정복했고, 산스크리트어는 동남아시아의 지식인 언어에서 사라졌으며, 덜 세련된 양태의 불교가 번성했다. 앙코르는 1444년에 버려져 정글 속에 묻혔다가 1861년에야 프랑스인이 그 유적을 '발견하여' 세계의 관심을 앙코르와 크메르 문명에 집중시켰다. 비록 4세기 동안 망각의 늪에 버려져 있었지만, 크메르 문명은 이제 우리에게 익숙해진 고밀도 농업, 관료적 중앙집권화, 유용한 지식에 대한 지원의 패턴을 증언한다.

신세계

 구세계의 이슬람, 중국, 인도 과학 문명과 거의 동시대에 신세계에서 일련의 문명이 발생했다. 마야, 아스테크, 잉카가 그것이다. 구세계 문명의 유사성은 아메리카에서 전개된 발전들이 쟁기, 견인용 가축, 청동 혹은 철 야금술이 없는 별개의 기술적 궤적을 그렸다는 점을 생각할 때 더욱 인상적으로 다가온다. 그러나 지구 반대편의 구세계 고대 문명과 마찬가지로 아메리카 문명도 국가를 운영하기 위해 과학 전문가들과 전문 지식을 활용했다. 그리고 그들은 헬레나 전통의 산물인 초연한 자연철학의 요소 없이 과학을 연구했다.

재규어의 땅

마야 문명이 이전의 아메리카 문화와 습지의 생산력을 이용한 고밀도 농업에 기반을 두고 기원전 100년 이후에 현재의 중앙아메리카 벨리즈를 중심으로 한 지역에서 본격적으로 성장하여 천 년 동안 번성했다(〈지도 8.1〉 참조). 다른 아메리카 문명도 그랬지만 마야 문명은 더욱 강력하게 지식을 제도화하여 사회 유지에 활용했다.

에스파냐 정복자들의 야만 행위 탓에 우리가 중앙아메리카 '그림문자'에 관해서 아는 것은 제한적이다. 에스파냐인들은 수천 점의 문서—나무껍질과 사슴가죽으로 된 페이지를 번갈아 끼워 만든 책—를 파괴했다. 남아 있는 것은 오직 네 권의 책뿐이다. 우리의 지식이 의지하는 주요 근거는 석판이나 건물에 새겨진 마야인들의 글 5,000점이다. 몇몇 글은 수백 개의 그림문자 혹은 기호로 이루어져 있다. 최근에 마야어 연구가 크게 발전하여 마야의 글이 점점 더 빠른 속도로 번역되고 있으며, 현재 약 85퍼센트가 해독되었다. 마야의 글은 올메카 문화에 뿌리를 두며 표음적 요소와 상형적 요소를 모두 가지고서 독특한 마야어를 표기했다는 사실이 밝혀졌다. 현재 상형문자 287개가 해독되었는데, 그 중 140개가 표음적인 의미를 지니고 있다. 그리고 의식儀式적인 글쓰기를 통해 주로 역사적 사건들—왕과 왕조와 지배 가문의 통치 기간과 행적—이 기록되었다는 사실이 분명히 드러났다.

대중을 위해 새겨놓은 왕조의 전설에 관한 기록들은 과장되었을 것이 당연하다. 만일 수백 년에 걸쳐 만들어진 문서 기록들이 파괴되지 않았다면, 마야 사회에 관한 우리의 이해는 더 차분할 수 있었을 것이다. 마야 글의 본성적인 난해성은 특수한 필기사 계급이 존재했고, 필기사가 되기 위해서는 집중적인 훈련이 필요했음을 시사한다. 다

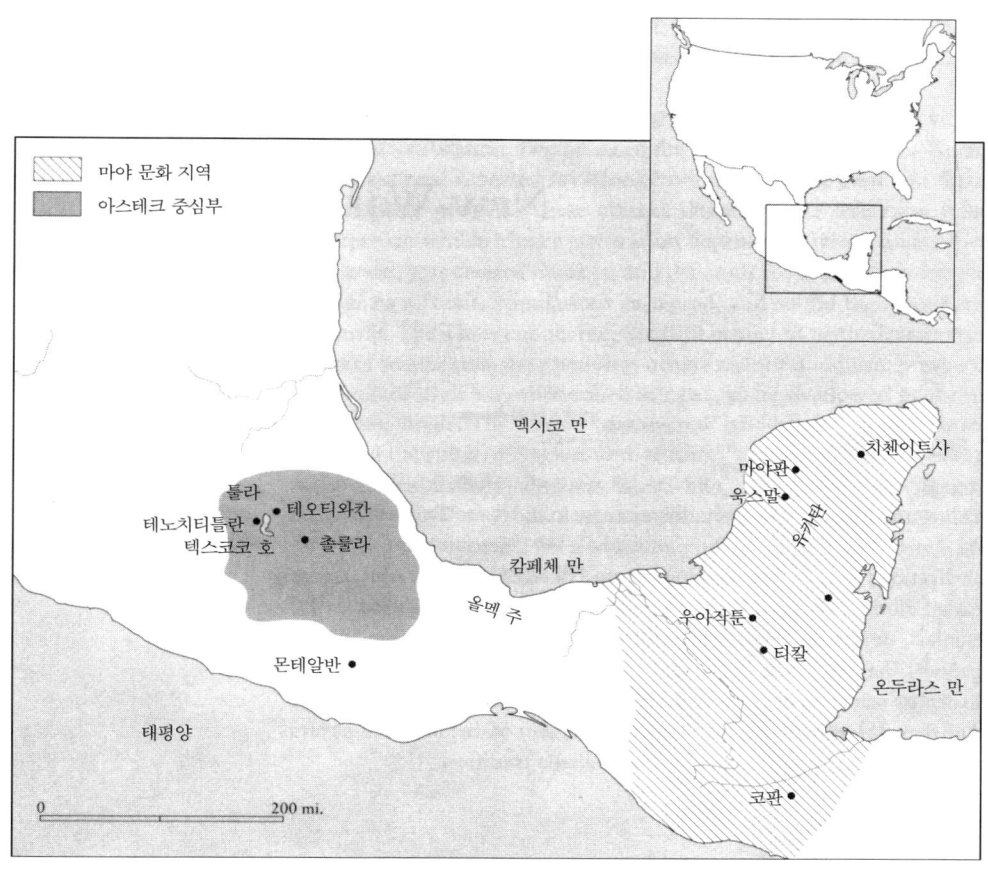

지도 8.1_중앙아메리카 문명. 중앙아메리카에서 독자적으로 고도의 문명이 발생했다. 마야 문명은 온두라스 만 주위의 습한 저지대에 중심을 두었고, 더 나중의 아스테크 제국은 오늘날의 멕시코시티 자리에 있던 호수 주변의 더 건조한 지역에서 발생했다.

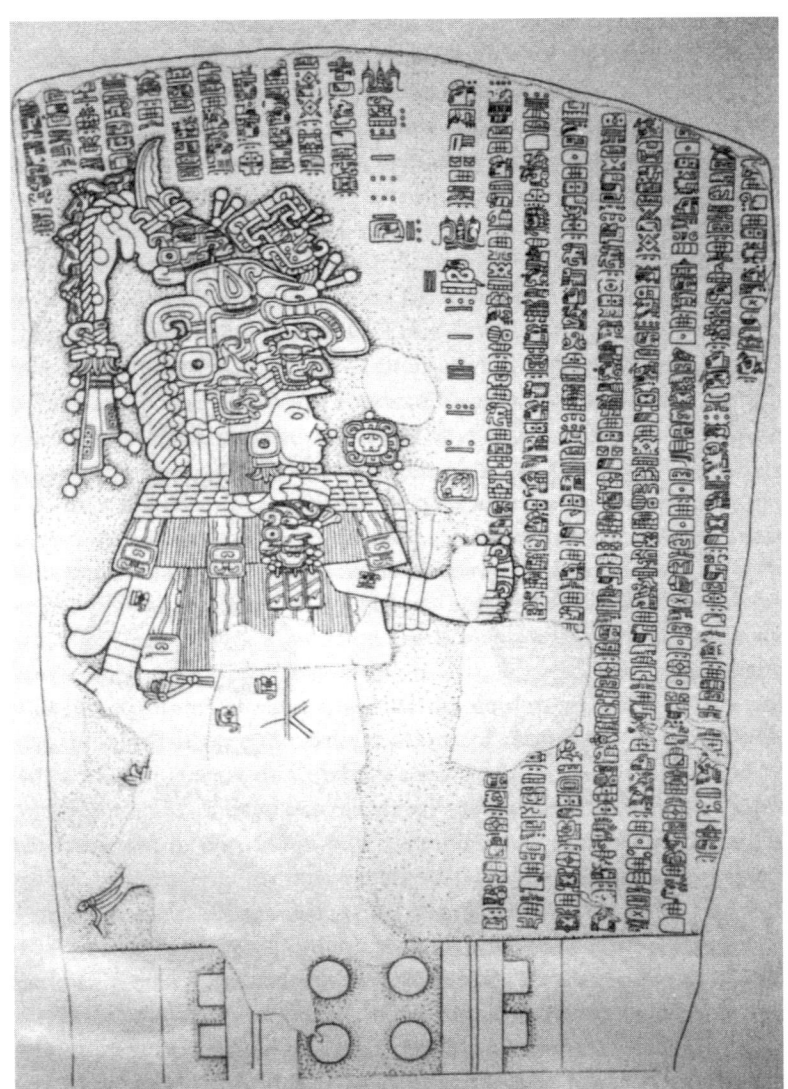

그림 8.1_마야 선先고전기의 석판. 마야 문명이 사용한 복잡한 문자체계는 오늘날 대부분 해독되었다. 그림에 있는 2세기의 석판과 같은 선례들에 기초한 마야의 글은 표음적 의미, 즉 소리값도 지닌 상형문자를 사용했다. 돌에 새긴 마야의 글은 공적인 성격을 지녔다. 흔히 정치적 지배자, 전쟁, 중요한 기념일을 회고하는 내용들이다.

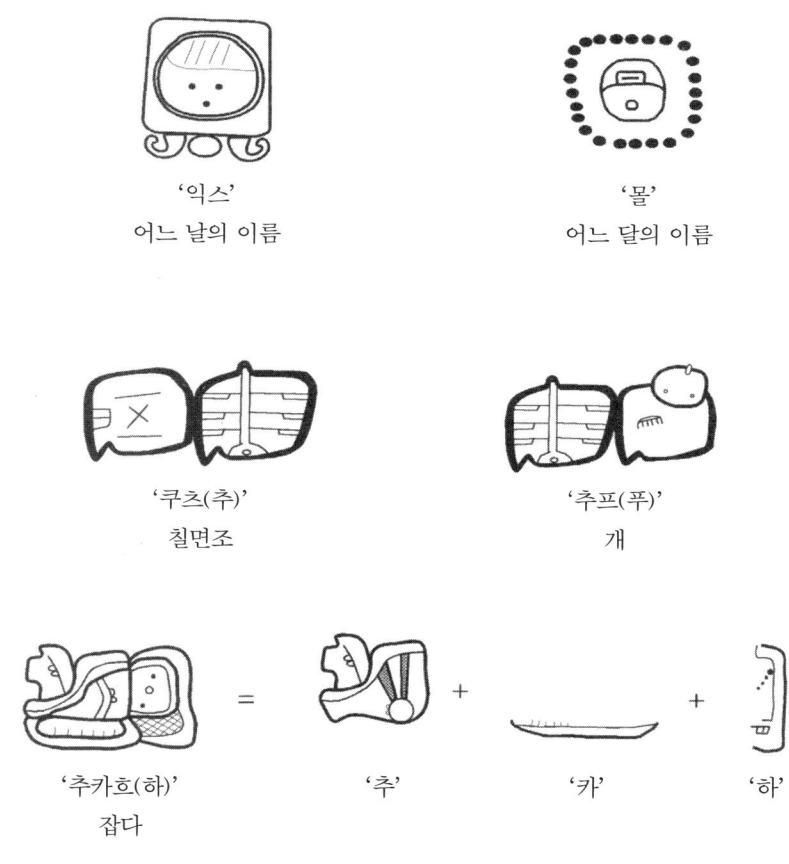

그림 8.2_마야 문자. 마야 이전 시대와 마야 시대의 문자는 원래 상형적이었으나 나중에 소리값을 얻게 되었다. 이 기호들을 조합하면 다른 단어와 개념을 나타낼 수 있었다.

른 증거들은 필기사라는 직업이 전문적이고 배타적이었으며 고도로 계급화된 사회 속에서 최상위의 지위와 특권을 보장받았다는 것을 보여준다. 필기사들은 마야의 상류 귀족 출신이었고 흔히 왕의 둘째 아들이었다. 필기사 지위는 아마도 세습되었던 것 같다. 필기사들은 고위 관료이며 왕의 측근이었고, 때때로 권력을 놓고 경쟁했던 것으로 보인다. 적어도 후기 마야의 중심지인 마야판Mayapán을 비롯한 몇몇 곳에는 성직자와 필기사를 교육하는 '아카데미'가 따로 있었다. 필기사 카스트는 글의 창조자이며 학문의 수호신인 이트잠나Itzamná를 섬겼다. 필기사들은 직업의 상징으로 특별한 머리 장식을 했으며 특별한 도구들을 사용했다. 그 도구들은 때때로 문서와 함께 발굴되어 화려한 자태를 뽐낸다. 마야 필기사들의 업적과 그들에 대한 우리의 지식을 종합한다면, 그들이 마야 지식인 계급이었다는 판단이 적절할 것이다.

마야인은 20진법을 사용했으며 점으로 1을, 선으로 5를 나타냈다. 5를 단위로 선택하고 20진법을 채택한 것은 한 손의 손가락이 다섯 개이고 손가락과 발가락을 전부 합치면 20개인 것에서 유래했다는 주장이 제기되었다. 어쨌든, 마야인은 0을 나타내는 기호와 자리값이 있는 숫자 체계를 발전시켰고, 그것을 엄청나게 큰 수들을 계산하는 데 이용했다.

마야인은 분수分數를 개발하지 못했지만, 수천 년 전의 바빌로니아인처럼 계산을 돕는 곱셈표를 만들었다. 마야 수학 전문가는 주로 수 신비주의, 종교적 천문학, 정교한 달력 체계와 관련된 역할을 했다. 오악사카Oaxaca(사포테크 문화와 믹스테크 문화의 중심지 – 옮긴이) 달력에 기초한 마야 달력은 매우 복잡하게 발전하여 아메리카에서, 그리고 아마도 세계사 전체를 통틀어 가장 복잡한 수준에 도달했다. 마야 문명은 4개 혹은 5개의 시간 계측 체계를 함께 사용했다. 마야인들이 시간의 주기에 강박적으로 집착했다는 과거 학자들의 견해는 최근에 마야 글을 해독한 결과와도 크게 어긋나지 않는다.

마야 달력에서 가장 중요한 것은 이른바 촐킨tzolkin이었다. 촐킨은 260일로 된 성스러운 주기로, 20일로 된 기간 13개로 이루어진다.

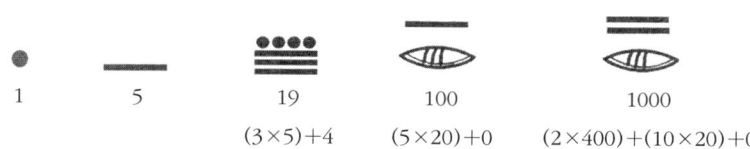

그림 8.3_ 마야의 20진법 숫자 체계. 마야 숫자 체계는 20을 기초로 하며 자리값이 있고 0, 1, 5를 나타내는 기호들을 사용했다. 기호 위에 기호를 쌓아서 '자리'를 표현했다는 점을 주목하라.

260일 주기는 마야 역사에서 기원전 200년부터 분명히 나타나는데, 어쩌면 인간의 임신 기간과 관련이 있을지도 모른다. 더 나중의 마야인들은 260의 배수에 기초하여 더 복잡한 주기들을 만들어냈다. 마야인은 촐킨과 함께 '불명확년Vague Year'도 계승했다. 불명확년은 20일로 된 달 18개와 불길한 기간 5일, 따라서 전체 365일로 이루어진다. 마야인은 불명확년과 실제 태양년의 차이인 4분의 1일을 보정하지 않았고, 그 결과 마야의 불명확년은 고대 이집트의 것처럼 점점 더 계절과 불일치하게 되었다(1,460년이 지나면 태양년과 불명확년이 다시 일치하게 된다). 마야인은 촐킨과 불명확년을 조합하여 이른바 '달력 순환Calendar Round' 체계를 만들었다. 달력 순환 체계는 365일 주기와 260일 주기가 마치 두 개의 톱니바퀴처럼 맞물려 돌아가면서 52년 주기로 반복되도록 되어 있다. 달력 순환 체계는 정교한 예언 장치의 기능을 했다. 달력 순환 체계 속의 모든 날은 고유명칭이 있었으며 다양한 징조와 연결되었고, 특수한 성직자들이 달력 순환을 이용하여 점성술적인 예언과 연구와 점술을 행했다.

마야의 달력 계시자와 천문학자들은 태음력도 사용했으며, 네번째 시간 표시 체계로 이른바 '장기長期 계산Long Count' 체계를 사용했다.

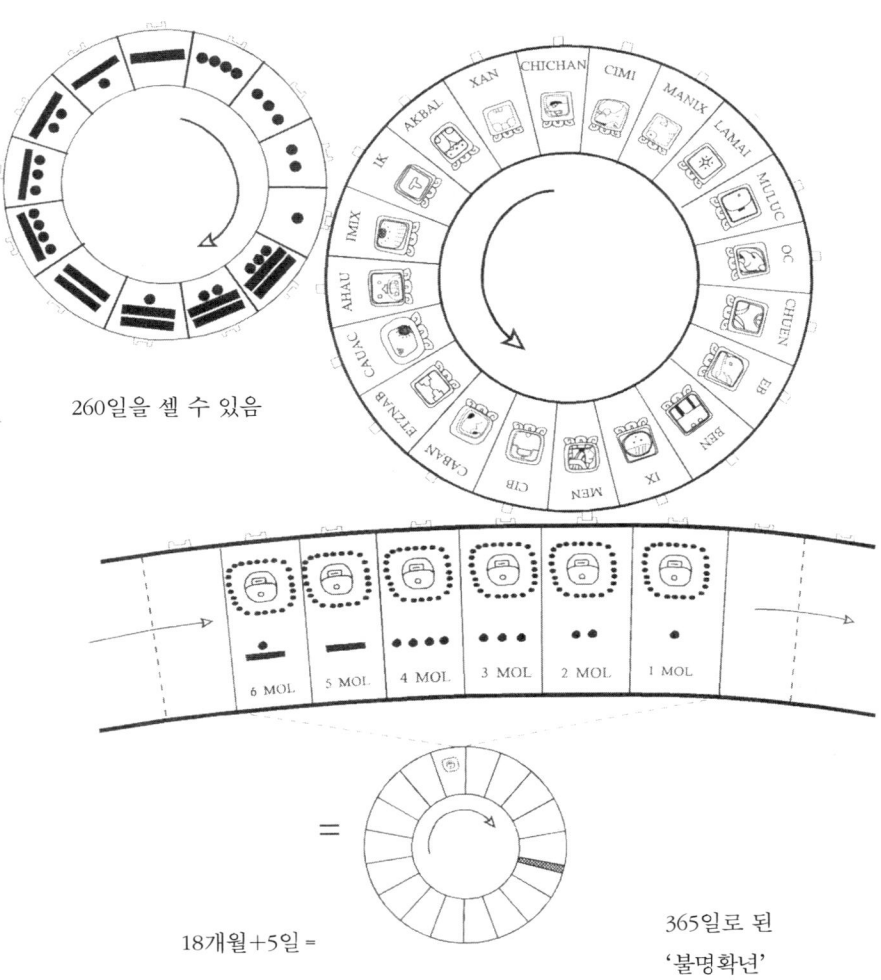

그림 8.4_마야의 달력 순환 체계. 다른 모든 문명에서와 마찬가지로 마야 천문학자들은 복잡하고 신뢰할 수 있는 달력을 개발했다. 마야 달력은 날과 달과 해로 이루어진 정교한 주기들에 기초한다. 마야의 달력 순환이 완결되려면 52년이 걸린다.

'장기 계산' 체계는 날짜의 경과를 1일에서부터 거의 400년에 가까운 것까지 그 길이가 다양한 단위를 6개 사용하여 표시했다. 마야 장기 계산 달력의 출발점은 기원전 1314년(혹은 기원전 1313년) 8월 13일이었음이 밝혀졌다. 또 그 달력이 예언하는 세계의 종말은 서기 2012년 12월 23일이다. 그러나 마야 달력 계시자들이 구성한 다른 체계들은 수백만 년에 달하는 긴 시간을 거론한다.

마야 천문학은 달력과 밀접히 연관되어 있었으며 종교적인 목적에 바쳐진 점성술의 한 부분이었다. 익명의 마야 왕실 천문학자들은 치첸이트사Chichén Itzá에 있는 천문대 '카라콜Caracol'과 같은 국가기관에서 천체를 관찰했다. 카라콜은 서기 1000년에 금성이 뜨고 질 때 수평선과 만난 점들 중 양극단에 있는 점에 방향이 맞추어져 있으며, 태양의 분점과 하지점, 월몰점, 그리고 정남향과 정서향을 정확히 바라볼 수 있도록 설계되어 있다. 우아작툰Uaxactún, 코판Copán, 욱스말Uxmal에 있는 다른 천문대들도 그와 유사한 방향을 바라볼 수 있도록 되어 있다. 사실상 천문학적 정향定向은 마야의 모든 공공 건축과 도시 계획에서 가장 중요한 요소였던 것으로 보인다. 약간 기운 듯이 보이는 마야 건물과 도시들의 축은 금성의 출몰과 분점과 지점을 반영한다. 천정天頂의 이동, 즉 태양이 정오에 가장 높이 뜬 지점의 이동을 표시하는 것도 마찬가지로 중요했다. 그 표시는 농사 일정을 관리하는 데 이용되었을 것이다.

남아 있는 몇 안 되는 문서들은 마야 천문학이 고도로 발달했다는 것을 명백히 알려준다. 마야 천문학자들은 태양년의 길이를 $365\frac{1}{4}$일보다 더 정밀하게 계산했으며 달력 제작을 위해 365일로 된 1년을 사용했다.

팔렝케Palenque에 있는 기둥을 보고 판단할 때, 마야 천문학자들은 서기 7세기에 태음월의 길이를 소수점 아래 셋째 자리까지 정확한

그림 8.5_치첸이트사에 있는 마야 '천문대'. 고대 마야의 카라콜 평원에서 천문학자들은 나무들 위로 환한 시야를 확보할 수 있었다. 이 건물의 창들은 금성의 출몰, 그리고 다른 천체들의 수평선상 위치에 맞게 배치되어 있다.

29.530일로 계산했다(8세기의 코판에서도 태음월의 길이를 거의 완벽하게 계산하였다). 태양과 달의 주기 운동에 관한 마야인들의 놀라운 이해를 감안할 때, 그들은 앞에서 우리가 논한 바빌로니아의 '초승달 문제'를 해결했을 것이라고 확신할 수 있다. 마야인은 바빌로니아인과 마찬가지로 식蝕을 정확히 예측할 수 있었고, 식이 일어날 가능성이 있는 날들을 열거한 표를 만들었다.

금성은 마야 문화에서 특별한 숭배와 관찰의 대상이었다. 마야 천문학자들은 금성 달력을 따로 만들었고, 481년 동안에 두 시간 이내의 오차만 생길 정도로 정확도를 향상시켰다. 바빌로니아인과 마찬가지로 마야인도 금성년과 태양년을 조화시켰고, 더 복잡한 주기들을 만들었다. 어떤 주기는 104태양년, 즉 성스러운 촐킨 주기 146회, 금성년으로는 65년으로 이루어졌다. 전문가들은 화성과 수성에 관한 표도 작성했을 것으로 추측된다. 몇몇 글은 목성에 점성술적인 의미가 있었음을 증언한다. 특정 항성들도 특별한 의미를 가지고 있었다. 마야 천문학자들은 고도로 전문적이며 정확한 연구를 했음에 틀림없다.

천문학적 연구는 다양한 실용적 동기를 가지고 있었다. 가장 단순한 차원에서 달력 이해는 마야 지배자들에게 계절과 농사의 주기에 대한 지식을 주었다. 더 복잡한 차원에서는 마야 달력이 종교 활동을 지배했으며, 매우 복잡한 마야 점성술은 마법의 수들을 산출하고 개인의 운명을 점치고 온갖 행위를 하기에 적절하거나 그렇지 않은 시기를 예언했다. 예컨대 금성의 주기는 군사 행동의 시기를 결정하는 데 쓰였다. 이는 지식이 정치적으로 활용되었으며, 마야 천문학과 점성술이 마야 사회의 지배 이데올로기의 한 부분을 이루었음을 보여주는 증거이다.

마야의 문화는 800년경에 엄청난 시련에 처했고, 마야 문명 중앙부의 주요 중심지들은 900년경에 완전히 몰락했다. 그 후 1200년까지 유카탄 반도—특히 치첸이트사—에서 마야 세력의 부활이 있었지만, 장기 계산 체계는 11세기부터 사용되지 않았고, 성직자와 필기사 훈련도 쇠퇴한 것을 기록을 통해 알 수 있다. 이후 고도로 발달된 마야 문명은 역사 속에 묻혔다. 학자들은 수많은 원인을 제시했고, 느리게 진행된 마야 문명의 죽음을 설명하기 위해 논쟁을 벌였다. 도시국가의 연합체들이 벌인 국지적인 전쟁이 문명의 종말에 기여했고, 빈약한 식량 생산 체계 때문에 급격한 인구 변동이 자주 일어났을 것이라고 추측되었다. 이런 문제들과 함께 8,000년 만에 찾아와 2세기 동안 지속된 최악의 가뭄이 800년에서 1000년 사이에 마야 저지대에 큰 타격을 주었을 것이 분명하다. 최근에 연구자들은 마야의 기념비적 건축물들을 치장한 벽토에 들어가는 석회를 생산하기 위해 다량의 목재가 필요했고, 이 때문에 숲이 황폐화되었다는 점을 강조했다. 숲의 황폐화로 인해 적어도 국지적으로 강수 패턴이 바뀌었을 것이며, 토양이 침식되고 농경지가 척박해졌을 것이다. 마야 문명은 점차 기울어갔고, 그와 함께 마야의 멋진 자연 이해 체계도 사라져갔다.

선인장과 독수리

중앙아메리카는 톨텍Toltec 문명과 아스테크Aztec 문명도 발생시켰다. 톨텍 문명의 도시 툴라Tula는 관개농업에 기반을 두었고, 900년과 1100년 사이에 인구 3만 5천에서 6만을 거느렸다. 톨텍인들은 세계 최대의 피라미드를 건설했다. 촐룰라Cholula에 있는 그 피라미드는 부피 4만 세제곱킬로미터의 인공 산으로, 변의 길이 304미터, 높이 51미터, 밑면적 182제곱킬로미터이다.

아스테크인들은 원래 반半유목민이었으나 14세기와 15세기에 중앙아메리카 최강 제국을 건설했다. 그들은 1325년에 오늘날의 멕시코 시티 자리에 있던 호숫가에 테노치티틀란Tenochtitlán이라는 도시를 건설했다. 전설에 따르면, 어떤 신비로운 징조―선인장 꼭대기에 앉은 독수리―가 그들을 호수로 이끌었다고 한다. 아스테크인들은 뛰어난 관개 기술자가 되었다. 그들이 정착한 호수인 텍스코코Texcoco는 담수호가 아니었다. 그러나 아스테크 기술자들은 거대한 제방을 쌓아 호수를 담수 구역(봄에 그곳으로 물이 흘러든다)과 해수 구역으로 분할했다. 또 그들은 수량 조절을 위해 수문을 설치했고 호수로 담수를 더 끌어들이기 위해 수로를 건설했다. 매년 수백만 마리의 물고기와 오리를 사냥한 것도 호수에 영양분이 풍부한 조류가 번식하는 데 기여했다. 아스테크인들은 호수·습지를 이용한 고밀도 농업(호상湖上 농업)을 발전시켰다. 국가의 관리하에 공공사업으로 제방과 댐과 배수로가 건설되었으며 간척 사업이 벌어졌다. 농업 생산은 '치남파 chinampa'라 불리는, 물 위에 있는 논에 기반을 두고 있었다. 치남파는 길이 100미터, 폭 5~10미터였으며, 인간과 박쥐의 배설물을 뿌려 비옥하게 만들었고 생산력이 매우 높아서 연간 7모작까지 가능했다. 치남파에서 나오는 잉여 농산물이 도시화된 아스테크 문명을 지탱했던 것이다. 에스파냐의 정복이 있기 전에 아스테크 농부들은 12만 제곱킬로미터 이상의 치남파를 경작했다.

중심 도시였던 테노치티틀란은 면적이 8제곱킬로미터였고 강제 노역으로 건설된 기념비적인 피라미드, 궁전, 종교 시설, 구희장球戱場(공놀이를 하는 운동장-옮긴이), 시장, 도로들로 가득했다. 수로를 통해 신선한 물이 공급되었고, 1,000명의 공공 근로자가 매일 거리를 쓸고 닦았다. 유럽인의 정복이 있기 전날에 테노치티틀란의 인구는 20만에서 30만 명이었던 것으로 추정된다. 테노치티틀란은 당시까지 아메리카 최대 도시였던 것이다.

쉽게 예상할 수 있듯이, 아스테크 왕들과 전업 성직자 계급, 관료, 군인이 콜럼버스 이전 중앙아메리카에서 가장 강력했던 그 국가를 통치했다. 그들은 인구 500만의 제국을 다스렸다. 500만 명은 고대 이집트 인구의 두 배일 것으로 추정된다. 관료들은 제국과 지방의 행정을 담당했고 세금과 공물을 거두었으며 사법 임무를 수행했다. 관료직은 소수 혈통 안에서 세습되었고, 평민을 위한 학교와 귀족 및 성직자를 위한 학교가 따로 있었다. 아스테크인들은 희생 제의와, 아마도 식인 풍습에 강하게 의존한 군사적인 사회를 형성했다. 아스테크 성직자들은 매년 수만 명을 제물로 바쳤다. 그러나 다른 한편 아스테크인들은 교역과 상업을 발달시켰고, 따라서 다른 문명에서와 마찬가지로 수학과 기록이 필요했다. 코코아 열매가 교환의 단위로 쓰였다.

아스테크인들은 더 먼저 있었던 중앙아메리카 사회의 것과 동일한 문자 및 숫자 체계, 천문학, 신학을 가지고 있었으며, 아스테크 문자 체계는 마야 문자보다 덜 발달되었다. 일부 문자는 표음적 요소가 있었지만, 전체적으로 상형적인 요소가 마야 문자보다 더 강했다. 현존하는 아스테크의 책과 문서들의 주제는 종교, 역사, 족보, 지리학, 그리고 부족部族 목록·인구 통계·토지 측량 자료 등의 행정 기록이다. 몇몇 책은 성직자를 위한 지침서이다. 아스테크 숫자 체계는 단순히 점들로 이루어졌다. 아스테크인들은 마야의 52년으로 된 달력 순환 체계와 260일 주기 및 365일 주기를 계승했다. 건축가·천문학자들은 테노치티틀란 중앙 사원의 방향을 일몰 방향에 맞추었고, 다른 건물들은 천구의 적도선에 따라 배치했다. 수많은 축제와 행사의 시기는 달력에 의거해 결정했고, 다양한 형태로 나타나는 아스테크의 태양신 테스카틀리포카Tezcatlipoca를 위한 제사가 중심적인 역할을 했다. 실제로 아스테크 신학은 태양이 제 궤도를 유지하고 땅이 풍요롭기 위해서는 피를 제물로 바치는 의식이 필요하다고 가르쳤다. 아스테크인들은 고도의 식물학 및 의학 지식도 가지고 있었고, 성직자들이 의사 역할을 했으며, 의학 지식은 아버지에게서 아들로 전수되었다. 아스테크 의사들은 경험적인 연구에 의지하여 복잡하고 효과적인 약학을 발전시켰다. 그들의 약학 지식은 최소한 에스파냐 정복자들의 지식과 대등했다(아스테크인의 평균 수명은 유럽인의 평균 수명보다 10년 혹은 그 이상 높았다). 아스테크 의학과 천문학은 천체와 인체가 서로 연결되어 있다는 믿음을 통해 연계되었다. 아스테크 황제 몬테수마Montezuma 1세는 1467년에 동물원과 식물원을 만들어 전문 지식의 연구와 교육을 지원했다. 붉은색 곤충인 연지벌레cochineal(중앙·남아메리카산의 선인장에 기생하는 곤충—옮긴이)가 사육되어 멕시코와 중앙아메리카 전역, 그리고 에스파냐의 정복 후에는 유럽에서 염료 생산에 사용되었다는 것도 언급해 둘 만하다.

에스파냐 탐험가 에르난 코르테스Hernán Cortés가 동료 500명과 함께 멕시코 해안에 상륙한 것은 1519년이었다. 그들은 거대한 아스테크 문명을 2년 만에 정복했다.

구름 속의 머리

남아메리카에서도 이와 유사한 문화적·과학적 발전이 전개되었다. 지구 전역의 문화 패턴을 반영하는 일련의 독자적인 문명이 남아메리카에서 발생했다. 남아메리카의 문화적 발전은 13세기와 14세기에 대륙 서부의 안데스 산맥과 태평양 사이의 해안에 남북으로 3,200킬로미터 이상 뻗어 있던 잉카 문명에서 절정에 도달했다. 앞에서 우리는 잉카제국이 관개농업에 기반을 두었고 고도로 계급적이고 관료적인 사회였으며 기념비적인 건축물들을 남겼다는 것을 언급한 바 있다.

콜럼버스 이전 남아메리카의 과학과 기술에 대해서는 다른 원초문명보다 알려진 바가 적지만, 과학과 전문 지식이 국가를 위해 활용되었음을 모든 증거가 입증한다. 고대 잉카는 글이나 형식적인 수학 체계를 발전시키지 못했지만, 복잡한 매듭을 이용한 정보 기록 방법(결승문자, 키푸quipu)을 개발했다. 그러므로 잉카는 수학과 기록 체계를

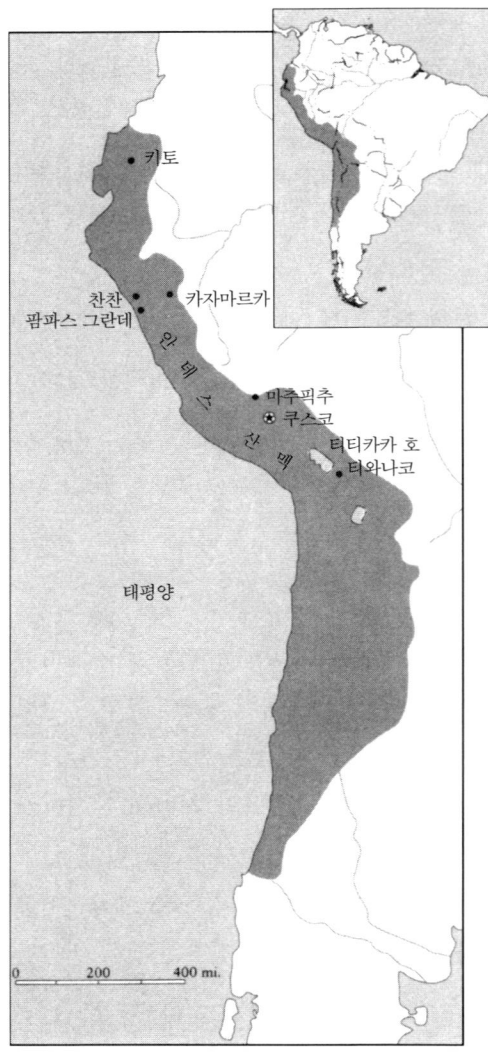

지도 8.2_잉카 제국. 남아메리카 서해안에서 잉카인들은 먼저 있었던 1,000년의 문화적 발전을 토대로 하여 안데스 산맥과 태평양 사이에 고도의 문명을 창조했다. 잉카 기술자들은 산비탈을 개간하여 계단식 경작지를 만들었고 수많은 짧은 강의 물을 끌어들여 고밀도 농업에 이용하는 관개설비를 건설했다.

개발한 원초문명 공통의 패턴에서 예외라 할 수 없다. 잉카 제국은 십진법 체계로 조직되어 있었다. 10명에서 1만 명까지를 한 단위로 조직했으며, 표준적인 무게와 길이의 단위도 있었다. 키푸는 세금, 인구 통계, 제국의 역사 따위의 정보를 기록했으며, 세습적인 기록 관리자 계급이 거대한 제국 관료체제의 일부로서 키푸에 담긴 정보를 보존했다.

잉카의 천문학자·성직자들은 남쪽 하늘을 가로지르는 은하수의 계절적인 각도 변화에 따라서 하늘을 네 부분으로 나누었다. 안데스 산맥의 산들은 자연적인 기준점이 되었고, 잉카인들은 그 기준점들을 토대로 태양, 달, 행성, 별자리들, 그리고 심지어 '검은 구름'이라 불린 빈 공간의 주기 운동을 추적할 수 있었다. 또 잉카인은 지점至點을 표시하기 위하여 인공적인 돌기둥을 세웠다. 쿠스코Cuzco의 장대한 종교 시설인 코리칸차Coricancha 사원에서 보면 모든 방향으로 41개의 시선視線(세케ceque)이 뻗어 있으며, 달의 위치, 수원지水源池, 잉카 제국의 정치적 하부 단위를 나타내는 표시도 있다. 다시 말해서 잉카인은 달력과 지도를 쿠스코 설계에 집어넣어, 그 도시를 건축적인 키푸로 만든 것이다. 다른 잉카 유적들도 천문학적으로 방향이 설정되어 있다. 예컨대 마추픽추에는 하지점을 나타내는 표시가 있다.

잉카인들은 태음력과 태양력을 사용했다고 한다. 그러나 달력에 관한 지식이 글로 씌어지지 않았기 때문에, 각 지역의 지배자마다 다른 시간 계측 체계를 사용했다. 잉카의 수도 쿠스코에서는 한 달이 30일(일주일은 10일)인 열두 달과 5일의 축제 기간으로 이루어진 365일짜리 태양력을 사용했다. 태양년과의 편차 4분의 1일을 보정하기 위해 하지(남반구이므로 12월이다)에 달력을 재설정했다. 또한 잉카인들은 태양의 천정天頂 운동을 관찰했으며, 몇몇 연구자는 잉카의 천문대와 점성술 관청을 언급한다. 그들은 일주일이 8일, 1년이 41주이며 12개

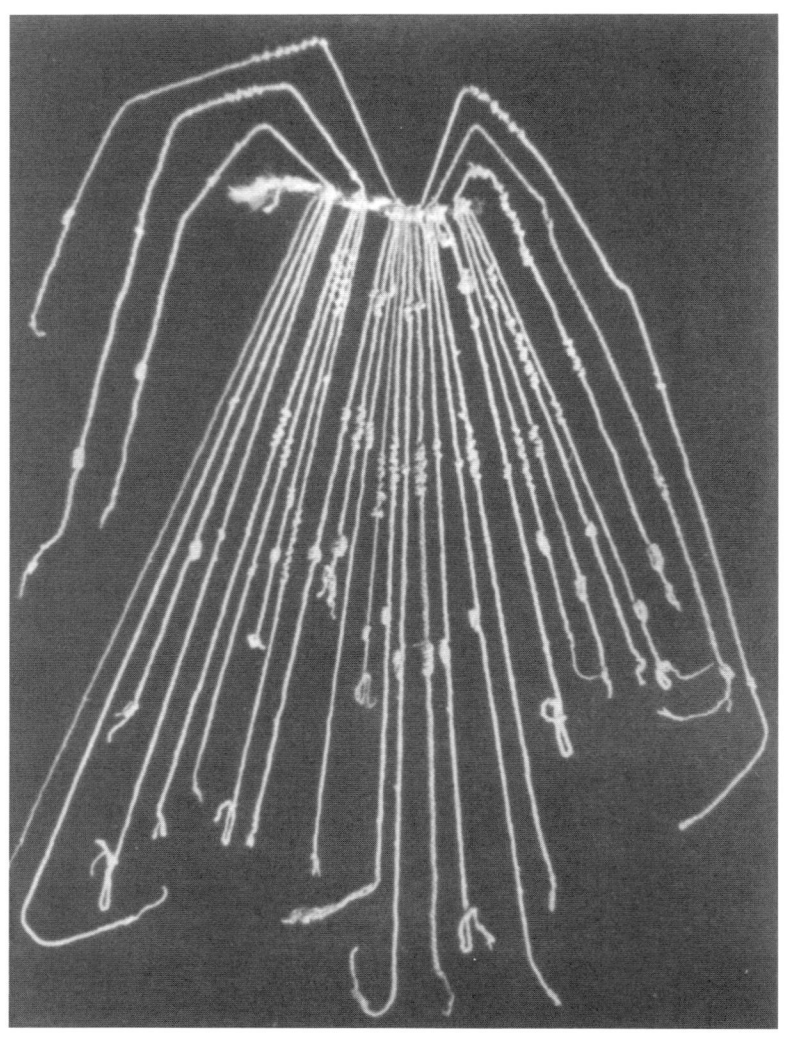

그림 8.6_잉카의 기록. 모든 고도 문명은 대부분 글의 형태를 띤 기록 체계를 발전시켰다. 잉카인들은 이른바 키푸라는, 매듭을 지은 끈을 이용하여 언어 정보와 수량 정보를 기록했다.

월, 즉 328일인 태음력도 사용했다(다른 연구자들은 잉카의 태음력이 12개월로 된 해와 13개월로 된 해로 이루어져 있었다고 말한다). 328일로 된 태음년과 실제 태양년 사이의 편차는 매년 플레이아데스 성단Pleiades이 밤하늘에 처음 출현하는 시점을 기준으로 하여 보정했다. 플레이아데스 성단의 첫 출현은 다른 일들의 시점도 결정했다. 강제 노역 동원도 그 중 하나였는데, 이는 플레이아데스 성단의 출현이 8월의 우기와 일치했기 때문일 것이다.

아스테크 문명에서와 마찬가지로 잉카의 의학과 식물학 지식은 매우 발전된 수준이었다. '의사'와 외과 의사 계급이 있었고, 국가가 고용한 약초 채집자들도 있었다. 잉카 의료진은 절단수술을 했으며, 응급상황에서는 두개골에 구멍을 뚫는 수술도 감행했다. 두개골 수술은 아마도 뇌가 부풀어오르는 치명적인 증상에 대한 처방이었던 것으로 보인다. 고대 이집트인과 마찬가지로 잉카인은 미라 제작술을 완벽하게 터득하였다.

잉카 문명은 정복자 프란시스코 피사로Francisco Pizarro가 이끈 에스파냐군의 침공을 받아 1532년에 멸망했다. 아스테크 제국이 멸망하고 10년 뒤에 잉카 제국 역시 멸망한 것이다. 이 사건 이후 아메리카의 역사와 과학 기술사는 유럽과 떼려야 뗄 수 없이 얽히게 되었다.

태양 단검

중앙아메리카나 남아메리카와 대조적으로 콜럼버스 이전 북아메리카에서는 거대한 고도 문명이 발생하지 않았다. 북아메리카 대륙에는 큰 강들이 있었지만, 대륙 전체의 3분의 2를 차지하는 동부 영역에서 강들은 광활하고 제약이 없으며 온화한 숲과 평원 사이로 흘렀다. 인구밀도는 문명 발생이 불가피해지는 한계치를 넘지 못했고, 관료적으로 중앙집권화된 사회가 발생하지 않았다. 처음에는 구석기 경제가 북아메리카 수렵·채집자들의 삶을 보편적으로 지배했다. 특정 지역에서는 구석기 생활 방식이 발전하여 사슴, 가금류, 야생 곡류, 견과류를 체계적으로 이용하는 수준에 도달했다. 그 후 대략 기원전 500년부터 일부 집단이 콩을 경작하기 시작했고, 옥수수를 경작하고 으깨는 활동이 중앙아메리카에서 전파되면서 북아메리카에 전형적인 신석기 사회가 등장했다. 예상할 수 있듯이, 신석기 생산 방식이 가져다준 부는 더 계급화된 사회를 낳았다. 영구 정착지와 마을과 종교 시설이 생겼고, 교역망과 대규모 건축물도 생겼다. '둔덕을 쌓은 자들Mound Builders'이라는 통칭으로 불리는 신석기인들은 호프웰Hopewell 문화와 아데나Adena 문화를 비롯한 여러 문화를 건설하고 수백 년 동안 유지했다. 이들은 흙을 재료로 한 대규모 구조물들을 남긴 것이 특징이다. 잘 알려진 예로 현대의 오하이오에 있는 큰 뱀 둔덕The Great Serpent Mound을 들 수 있다. 큰 뱀 둔덕을 비롯해서 많은 유사한 둔덕은 묘지의 역할을 했고, 어쩌면 재분배를 위한 중심시설이었을지도 모른다. 그런 구조물과 그것을 만든 문화는 사회적 복잡성의 측면에서 신석기 스톤헨지 문화를 강하게 연상시킨다. 750년에서 1600년대까지 미국 중서부에서 번영한 이른바 미시시피 문화는 콜럼버스 이전 북아메리카의 사회적 발전이 도달한 최고점이었다. 더 발달된 농업 체계를 통한 옥수수 생산에 기초한 미시시피 유역 집단은 현대의 일리노이인 카호키아Cahokia를 건설했다. 카호키아는 진정한 의미의 도시였다. 면적이 9.7제곱킬로미터였으며, 수백 개의 둔덕과 사원이 있었고, 1200년의 인구는 3만에서 4만이었다. 그렇게 북아메리카의 문화도 전세계의 다른 지역에서와 마찬가지로 구석기, 강화된 구석기, 신석기, 강화된 신석기 생산 단계를 거치는

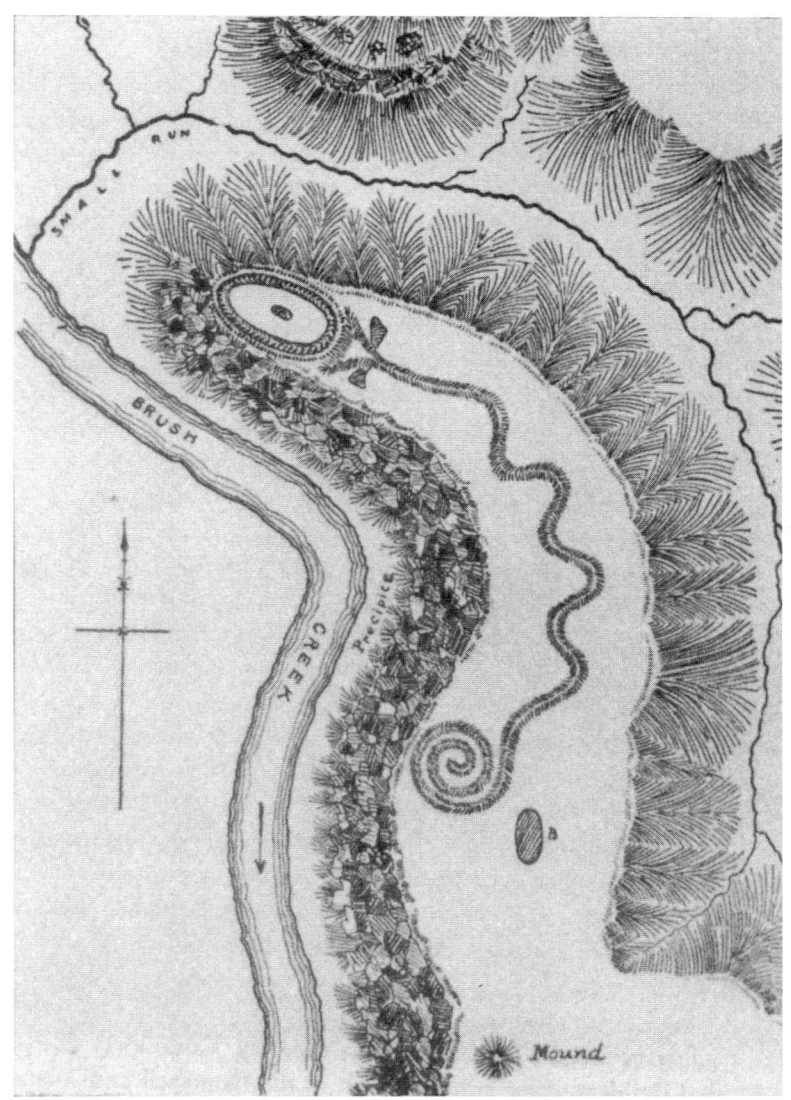

그림 8.7_큰 뱀 둔덕. 전세계의 다른 신석기 사회와 마찬가지로 북아메리카 토착 집단도 흔히 천문학적으로 정향된 중요한 구조물을 건설했다. 오래 전에 그려진 이 그림은 큰 뱀 둔덕(애덤스 카운티, 오하이오)이라 불리는 고고학적 유적을 보여준다. 이 유적은 기원전 100년에서 서기 700년 사이에 아데나 문화에 의해 건설되고 사용된 것으로 추정된다. 브러시크리크Brush Creek를 굽어보는 절벽 위에 1.2미터 높이로 쌓은 둔덕은 길이가 402미터에 달한다. 둔덕의 모양은 알을 삼키는 뱀을 표현한다. 이 유적은 여러 신석기 집단이 교역이나 행사를 위해 모이던 중심지였던 것으로 추정된다.

전형적인 패턴으로 발전했던 것이다.

각각의 단계에서 해당 규모의 인구를 지탱하기에 적합한 문화 양식, 지식, 기술이 개발되었고, 그것들은 흔히 오랫동안 존속했다. 어렵지 않게 예상할 수 있듯이, 아메리칸 인디언 집단도 고유한 실용적 천문학을 발전시켰다. 둔덕을 쌓은 자들이 만든 구조물들이 지점至點을 향해 있다는 사실, 1054년의 게성운 폭발 기록이라고 추정되는 것을 비롯한 풍부한 천문학적 암석 조각 기록들, 평원 인디언들Plains Indians이 만든 '의술 바퀴들medicine wheels'(돌을 원형으로 배치한 구조물)과 그에 딸린 지점至點 표시물, 이것들은 모두 채집자, 목축자, 신석기 농업자들이 주변의 자연세계가 부과한 문제를 풀기 위해 강구한 다양하면서도 전형적인 대응책들을 증언한다.

미국 남서부의 사막 지역에서도 다른 초기 문명에서와 마찬가지로 환경과 기술과 과학의 부분적이지만 중요한 상호작용을 보여주는 사회적 발전이 일어났다. 호호캄Hohokam이나 아나사지Anasazi 같은 아메리칸 인디언 집단은 관개기술을 농업에 이용하기 시작하면서 신석기와 고도 문명의 중간 단계에 해당하는 발전 수준에 도달했다. '초기 관개 사회'라 부를 수 있는 그 집단은 중간 단계의 정치적 중앙집권화, 중간 단계의 사회적 계급화, 중간 단계의 인구밀도, 중간 단계의 기념비적 건축, 중간 단계의 과학적 발전을 성취했다. 이들 역시 전세계의 원초문명과 기타 고도 문명의 발생과 특징에 관련된 요소들을 드러낸다.

호호캄 인디언들은 기원전 300년경에 멕시코에서 애리조나로 이주하면서 관개기술을 가져왔다. 호호캄 기술자들은 힐라 강Gila River을 개발했고, 800년에는 운하 50킬로미터(어떤 이들은 '수백 킬로미터'라고 주장한다)를 포함한 대규모 관개시설을 완성했다. 주요 급수 운하는 폭이 몇 미터, 길이가 16킬로미터였다. 그와 같은 관개시설을 건설하고 유지하려면 당연히 협동이 필요했다. 호호캄 관개기술은 12만 제곱킬로미터에 물을 공급했고 연간 2모작을 가능케 했다. 농업 생산성 향상으로 인해 인구 증가, 정치적 중앙집권화, 공공 건축물, 영토 확장 등 짐작할 수 있는 사회적 변화들이 일어났다.

아나사지 문화 집단은 호호캄과 수백 년 동안 교류한 후 700년에 연합하여 950년에서 1150년까지 미국 남서부의 '포 코너스Four Corners' 지역(아리조나, 뉴멕시코, 콜로라도, 유타 주가 만나는 지역 – 옮긴이)에서 번영했다. 그 지역은 연평균 강수량이 23센티미터에 불과한 사막이며 지독하게 더운 여름과 추운 겨울이 있는 극단적인 환경이다. 그러나 아나사지 집단은 그곳에 정착하여 활기 있고 개방적인 사회를 건설했다. 전성기의 아나사지 문화는 4만 제곱킬로미터의 영역에 대체로 골고루 분산된 75개의 집단으로 이루어졌다. 전체 인구는 수만 명이었으며, 독특한 절벽 '도시'에 거주했다. 아나사지 건축가들은 문화의 중심지인 차코 캐니언Chaco Canyon에 돌이나 벽돌로 되어 있으며 4층 혹은 5층이고 구획된 공간 800개로 이루어진 건축물을 만들었다(그들은 목재를 80킬로미터 떨어진 곳에서 가져왔다). 대규모 의식 시설도 여럿 갖춰진 차코 캐니언 건축물은 임시 혹은 영구 거주자 7천 명을 수용할 수 있었다. 아나사지 정착촌들은 수백 마일 길이의 도로들로 연결되었다. 도로는 폭이 넓었고 – 최대 9미터 – 노면이 잘 다듬어져 있었다. 농업 생산은 관개기술에 의해서만 가능했다. 운하와 물막이 둑, 산비탈의 계단식 경작지를 갖추고 산후안 강San Juan River과 인근 하천을 이용하는 농업을 통하여 아나사지 인디언들은 현재의 생산량에 맞먹는 옥수수를 생산할 수 있었다. 날씨와 수확량이 항상 불안정적이었기 때문에 아나사지 인디언들은 인구와 생산을 분산시켜 한 지역의 흉년을 다른 지역의 풍년으로 메움으로써 전체 집단을 유지하는 방식을 택했던 것으로 보인다. 상당한 규모의 거주

그림 8.8_차코 캐니언의 푸에블로 보니토Pueblo Bonito에 있는 대大키바. 아나사지 인디언들은 8세기에 미국 남서부에 정착했다. 사막의 불안정한 환경 속에서 그들의 사회는 물 관리 기술에 기반을 두고 번영했다. 그들은 인구의 대부분을 수용하는 절벽 거주지와 키바Kiva라 불리는 의식 시설을 건설하여 잉여 농산물을 저장하고 종교 행사를 치렀다. 이것을 비롯한 여러 아나사지 건축물들이 천문학적인 지식을 구현하고 있는 것은 놀라운 일이 아니다.

지와 종교적인 시설, 그리고 관개 및 교통 시스템은 개인이나 소규모 집단의 작품일 수 없다.

그렇다면 아나사지 '과학'은 어떠할까? 생태학적 변방에서 관개농업에 의존하여 살아간 그 작은 아메리칸 인디언 집단도 다른 곳의 풍요로운 문명이 가졌던 과학과 전문 지식의 특징들을 나타낼까? 1977년에 이루어진 중요한 고고학적 발견은 그렇다는 것을 입증했다. 고고학자들은 하지와 동지, 춘분, 추분을 정확하게 확인할 수 있는 아나사지 관측설비를 발견했다. 그 설비의 작동 원리는 이러하다. 태양이 계절에 따라 움직이며 언급한 4개의 시점에 도달하면 바위에 인공적으로 만든 구조물에 의해 생긴 광선이 맞은편 암벽에 새긴 나선형 도안에 닿게 된다. 차코 캐니언의 바닥에서 137미터 위로 솟은 파야다버트Fajada Butte에 있는 그 아나사지 '태양 단검Sun Dagger'은 동·하지와 춘추분을 태양이 지평선에 있을 때의 위치가 아니라 천정에 있을 때의 위치로 판별한다는 점에서 여러 고고학적·천문학적 인공물 가운데 독특하다. 파야다버트 구조물은 달의 18.6년 주기(달의 궤도면과 황도면의 교차선은 18.6년 주기로 역행한다—옮긴이)에서의 최대점과 최하점도 표시한다. 차코 캐니언의 다른 곳에서 이루어진 연구는 아나사지 키바들도 천문학적으로 정향되어 있다는 것을 입증했다. 차코 대大키바Great Kiva의 정문은 하늘을 표현하는 원형이며 북극성 방향으로 맞추어져 있다. 하지가 되면 태양의 광선이 창을 지나 특정 지점에 닿도록 되어 있다. 이전의 많은 집단과 마찬가지로 아나사지 집단도 시간을 통제할 필요가 있었고, 전문가들을 키웠고, 그들 중 일부는 관찰 천문학의 대가가 되었던 것이 분명하다.

아나사지의 고밀도 농업 생산, 인구밀도, 기념비적 건축물, 정치적 중앙집권화, 과학의 제도화는 환경의 제약 때문에 다른 곳의 만개한 문명의 수준에 도달하지 못했다. 그럼에도 불구하고 아나사지 역시

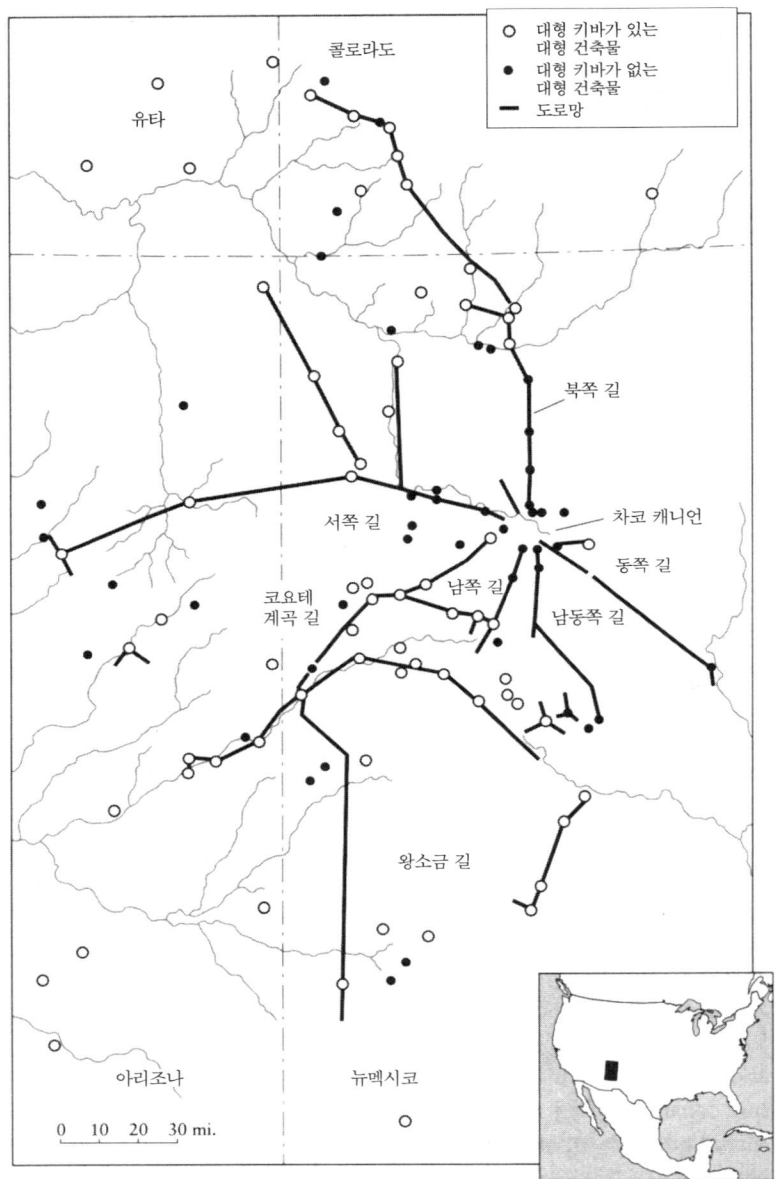

지도 8.3_미국 남서부 문명. 약 1,500년 전에 멕시코 북부에서 문명이 발생하기 시작했다. 아나사지 인디언들은 미국 남서부에서 1050년을 전후하여 200년 동안 번영했다. 강화된 농업 덕분에 곳곳에 인구 밀집 지역이 생겼고, 광역적인 도로망도 만들어졌다.

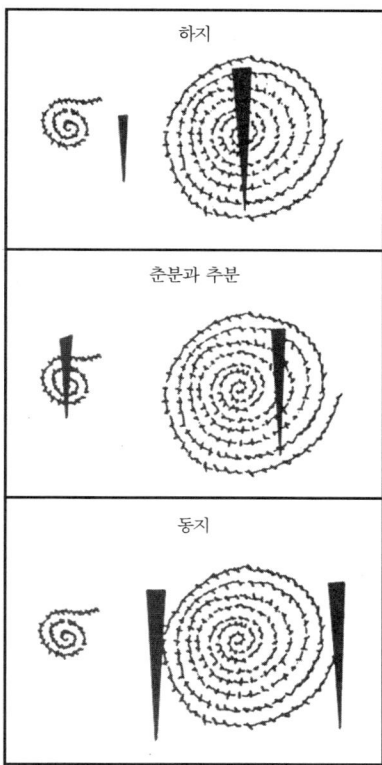

그림 8.9_아나사지 천문학. 모든 농업 문명이 그러하듯이 아나사지 인디언들은 신뢰할 수 있는 달력 계산 체계를 발전시켰다. 고고학자들은 뉴멕시코 파야다버트에서 독특한 표시 장치를 발견했다. 정오의 태양이 나선 위로 떨어뜨리는 '단검' 모양의 빛을 보고 동·하지와 춘추분을 알 수 있다.

유사한 패턴을 보여준다는 사실은 문화적 발전과 과학 사이의 연관성에 대하여 많은 것을 말해 준다. 불행히도 아나사지 인디언들은 1276~1299년에 심각한 가뭄을 맞았다. 무엇보다도 그들의 생활 양식이 생태학적 변방에 머물러 있었기 때문에 그 가뭄은 아나사지 문화의 종말을 의미했다.

간주곡

이제 잠시 뒤로 돌아가서 1000년경의 과학과 자연 지식 체계의 상태를 세계적인 차원에서 간략하게 살펴보자. 당연한 말이지만, 자연 세계에 관한 지식을 가지지 않았던 문화적 집단은 없었다. 이 점은 여전히 구석기 시대의 규칙을 따르면서 식량을 찾아 옮겨다닌 적지 않은 사람들과 크고 작은 유목 민족, 신석기 시대 조상들의 발자취를 따라 단순한 농업에 종사한 사람들, 이슬람 세계의 도시문명 중심지, 고전 인도, 송대의 중국, 중앙아메리카, 페루에 공히 타당하다. 나중에 언급한 문명들의 과학 문화가 가진 특별한 점은 더 복잡해진 문명을 구성하는 거대한 사회적·정치적·경제적 체계를 관리하기 위해 지식을 제도화하고 과학과 과학자를 지원했다는 점이다.

서기 1000년의 사람들은 어느 곳의 누구나 지구가 우주의 중심에 있다고 믿었다. 그리고 이슬람 세계를 제외하면—이슬람 세계에 대해서도 논쟁이 점점 더 복잡해지고 있다—그 어디에서도 학자들은 오직 고대 헬레나 그리스에만 있었던, 지적인 놀이로서의 이론적 연구를 하지 않았다.

1000년경의 기술의 특징과 분포는 전세계적으로 일정한 패턴을 나타낸다. 기술 없는 사회라는 개념 자체가 불합리할 정도로 기술을 가지지 못한 사회는 없었다. '구석기' 집단은 '구석기' 기술을 사용하며 살았고, '신석기' 집단은 '신석기' 기술을 사용하며 살았다. 또 더 다채롭고 복잡한 도시문명은 도시와 문명을 움직인 무수한 전문 기술과 교역에 의존했다.

오직 전문적인 지식—점성술·천문학, 글, 계산, 의술을 비롯한 여러 가지 기술—을 필요로 했고, 그래서 지원한 몇 안 되는 지역에서만 응용과학이 제한적으로 존재했다고 할 수 있다. 그 외의 모든 곳에서 기술의 세계와 과학의 세계는 사회적으로 제도적으로 남극과 북극처럼 떨어져 있었다. 방대한 기술은 응용과학이 아니었고, 과학과는 사회학적으로 별개인 기술 전통에 따라 발달했다.

이슬람 세계, 중국, 인도, 범汎인도, 그리고 당대 아메리카의 관개농업 문명을 움직인 역사적인 힘을 이해하고 그 문명들에 수반된 과학 문화를 올바로 평가하려면, 그 거대한 문명을 빗물에 의존한 유럽의 2차 문명과 비교할 필요가 있다. 유럽의 환경적 조건에서는 정부의 행정이나 기초적인 농업경제에 대한 통제가 필요치 않았다.

3

1000년경의 기독교 유럽은 동방이나 중세 이슬람과 비교하면 그야말로 '공백'이었다. 라틴 기독교도의 인구는 1000년에 2천2백만 명이었다. 참고로 당시 중국 중심부의 인구는 6천만 명, 인도 대륙의 인구는 7천9백만 명, 이슬람 치하의 인구는 아마도 4천만 명이었다. 고대에 최대 45만 명이었던 로마의 인구는 1000년에 3만 5천 명으로 떨어졌고, 파리 인구는 2만 명, 런던 인구는 1만 5천 명에 불과했다. 이와 대조적으로 이슬람 에스파냐의 코르도바 인구는 45만 명(어떤 이들은 1백만 명이었다고 추정한다), 콘스탄티노플 인구는 30만 명, 중국 카

유럽

이펑 인구는 40만 명, 바그다드—당대 세계 최대 도시—인구는 거의 1백만 명이었다. 당대 유럽은 이슬람, 비잔틴, 인도, 중국, 중앙아메리카, 남아메리카의 활발한 문명 중심지들 앞에서 한없이 왜소해지는 문화적·지성적·경제적·기술적·인구통계적 낙후 지역이었다.

기원후 첫번째 천 년 내내 기독교 유럽인은 농촌적인 정착지들에 분산되어 있었고, 글을 읽고 쓰는 문화는 천박한 수준에 머물렀다. 중세 초기의 서유럽은 사실상 신석기 경제를 꾸리는 부족 집단으로 이루어져 있었고, 9세기 이후 거듭된 바이킹의 침입은 그나마 유지해 나가던 약한 사회적·제도적 결합력마저 위협했다. '12세기의 르네상스'가 있기 이전의 알프스 이북 유럽의 지식 수준은 비참했다. 대도시, 중요한 항구, 후원자가 될 왕이나 귀족, 고도로 발전된 문화적 기관이 없는 상태에서 유럽은 당대와 과거의 다른 문명과 현격한 대조를 이루었다.

문명은 독특한 과정을 거쳐 유럽에 뿌리내렸고 독특한 물리적·사회적 조건하에서 발전했다. 동방의 최초 문명은 강 인근의 반(半)건조 지역에 형성되었고, 중앙집권적인 정부가 기초적인 농업 경제를 관리했다. 봄과 여름에 비가 내리는 유럽에서는 정부의 개입이 확립되지 않았고, 도시화된 문명은 독특한 고밀도 농업 방식이 발견되어 유럽이 도시 문명으로 변신하기 시작하는 10세기까지 사실상 발생하지 않았다. 새로운 고밀도 농업의 발견으로 유럽은 전혀 달라졌다. 인구는 인도와 중국에 맞먹는 수준으로 급증했고, 기술적·경제적·정치적으로도 유럽이 세계 무대의 주역으로 등장했다. 유럽인은 15세기부터 화약무기 기술과 대양 항해 기술에 기반을 두고 밖으로 진출하여 세계를 변화시킨 해외 제국을 건설하기 시작했다. 서유럽은 또 과학 지식과 연구의 세계적 중심이 되었다. 실제로 근대 과학은 16세기와 17세기에 유럽에서 일어난 과학혁명에서 비롯되었다.

이 놀라운 역사의 발전 과정은 여러 의문을 불러일으킨다. 첫째, 유럽이라는 열악한 '공백'이 어떻게 그토록 근본적이고 역사적으로 의미가 큰 방식으로 물질적·지성적 변신을 할 수 있었는가? 유럽 과학자들은 어떻게 태양 중심론을 수용하고 지구가 우주 속을 회전하는 행성이라는 생각을 받아들였는가? 유럽 사회는 그 새로운 지식을 어떻게 이용하여 결국 실용적인 문제에 대한 해결책들을 얻었는가?

쟁기, 등자, 총포, 페스트

서로 연관된 일련의 기술적 혁신―농업혁명, 새로운 군사 기술, 바람과 물을 이용한 에너지 생산―이 중세 유럽의 역사를 만들었다. 이런 기술적 관점에서 바라보면, 유럽이 전통적인 신석기 사회보다 거의 발전하지 않은 경제에 기반을 둔 문화적 낙후 지역에서 어떻게 이후 과학과 산업의 발전에서 세계를 선도한, 활력 있고 독특한―비록 공격적이지만―문명으로 발전했는지 이해하는 데 도움을 얻을 수 있다.

'귀리와 완두, 콩과 보리가 자라네'

중세의 농업혁명은 인구 증가와 농토 부족으로 인한 문제들에 대한 대응책이었다. 유럽 전체의 인구는 600년에서 1000년 사이에 38퍼센트 증가했다. 프랑스의 인구 증가는 45퍼센트에 육박했고, 몇몇 지리적인 고립 지역에서는 더 큰 인구 증가가 있었을 것이 분명하다. 중세 유럽의 토지는 다양한 용도로 사용되었다. 식량과 섬유를 생산하기 위한 경작지로 사용되었을 뿐 아니라 고기를 제공하는 가축들, 견인력을 제공하는 소와 말, 털을 제공하는 양을 위한 목초지로도 사용되었다. 그러나 도시가 팽창하면서 농업 생산을 위한 토지의 면적은 줄어들었다. 뿐만 아니라 산림 지역은 건축과 선박 제작의 재료, 그리고 난방 및 생산업을 위한 연료로 쓰이는 목재를 제공했다. 예컨대 철 생산업에 목재를 연료로 사용했는데, 그로 인해 엄청난 양의 통나무가 소모되었다. 유럽인들은 9세기 무렵 수천 년 전 동방의 강 유역에 정착한 신석기인들로 하여금 농업을 고밀도화하고 문명으로 이행하도록 유도한 것과 같은 종류의 환경적 위기에 직면하기 시작했다.

유럽의 농업 발전은 인공적인 관개작업이 기술적인 해결책이 될 수 있었던 고대 동방과는 다른 패턴을 따를 수밖에 없었다. 유럽은 봄과 여름에 내리는 충분한 비 덕분에 이미 자연적으로 관개가 이루어진 상태였던 것이다. 대신에 유럽 농부들은 땅 표면을 긁는 수준인 지중해권의 가벼운 쟁기로는 일굴 수 없었던 지역의 척박한 토양을 깊게 쟁기질함으로써 생산을 증가시킬 수 있었다. 북유럽의 환경 조건에 알맞은 독특한 기술적 혁신이 유럽의 농업혁명을 낳았다.

첫번째 혁신은 무거운 쟁기(심경深耕 쟁기)의 도입이었다. 목재와 철로 이루어진 그 거대한 도구는 바퀴를 달아 움직였고 땅을 깊이 갈아엎는 철제 보습이 달려 있었다. 무거운 쟁기는 밭에 고랑을 만들었고, 가로세로 이중으로 밭을 갈 필요가 없어졌다. 무거운 쟁기는 엄청난 저항력을 받으므로 여덟 마리의 소가 끌어야 했다. 이와 대조적으로 지중해 지역의 쟁기는 사실상 한두 마리의 소가 끌고 다니는 괭이 정도에 불과했기 때문에 밭을 두 번 갈아야 했다. 로마인들의 발명품이었지만 거의 사용되지 않은 무거운 쟁기는 유럽의 습한 저지대에서 경작을 가능케 함으로써 농업 생산을 증가시켰다.

농업 생산 증가에 기여한 두번째 혁신은 견인 동물로 소 대신에 속도와 지구력이 더 뛰어난 말을 이용하기 시작한 것이다. 소의 짧은 목에 거는 전통적인 멍에는 말에 적당하지 않았다. 유럽인들은 말에 적합한 가슴걸이horse collar를 아마도 중국에서 도입했을 것이다. 가슴걸이는 압력이 가해지는 지점을 기도氣道에서 어깨로 옮겨주므로 말의 견인력을 네 배에서 다섯 배 향상시킨다. 가슴걸이는 또다른 혁신인 편자와 더불어 주요 견인 동물이 소에서 말로 바뀌는 데 결정적으로 기여했다.

중세 농업혁명을 촉발한 또 하나의 요소는 3단계 윤작 체계의 도입이었다. 고대 지중해 지역의 2단계 경작 체계는 하나의 밭을 경작하면서 다른 밭을 묵히는 방식이었다. 반면에 유럽의 평원 지역에서 개발된 새로운 3단계 패턴은 경작지를 세 부분으로 나누어 3년 주기로 돌아가면서 용도를 바꾸었다. 첫번째 부분에는 가을에 뿌리는 밀(겨울밀)을 심었고, 두번째 부분에는 봄에 거두는 귀리, 완두, 콩, 보리, 편두를 심었으며, 세번째 부분은 묵혔다.

새로운 기술은 다양한 사회적 결과를 낳았다. 진보적인 결과가 있는가 하면 문제가 있는 결과도 있었다. 심경深耕 쟁기는 새로운 농토를 만들 수 있게 해주었다. 특히 유럽 평원의 비옥한 충적토를 경작할 수 있게 해줌으로써, 중세 유럽의 농업이 북쪽으로 확산되는 데 기여했다. 하지만 무거운 쟁기와 여러 마리의 소는 농부 개인이 마련할 수 없는 비싼 도구였으므로, 공동 소유와 공동 경작, 공동 가축 사육의 패턴이 등장했고, 따라서 중세 마을의 단결력을 강화했다. 이로 인해 정착된 장원莊園 체계는 유럽 사회의 기반이 되어 최소한 프랑스 대혁명 시기까지 유지되었다.

또 말이 주요 견인 동물이 되면서 마을의 규모가 커졌고, 따라서 사회적으로 더 다양하고 만족스러운 삶이 가능해졌을 것으로 보인다. 말은 운송 비용도 낮추었으므로 더 많은 마을이 지역적·국가적·국제적 경제에 참여할 수 있게 되었다.

3단계 윤작 체계는 중요한 장점이 많았다. 봄에 수확하는 귀리와 채소류는 평범한 유럽인의 식생활을 크게 향상시켰다. 게다가 유럽 농업의 생산성을 33퍼센트에서 50퍼센트까지 향상시켰고, 이로 인해 발생한 예외적인 식량 잉여는 중세 전성기High Middle Ages의 유럽과 유럽 도시의 성장의 발판이 되었다.

중세 농업혁명은 더 부유하고 생산적이며 도시화된 유럽을, 근대 과학을 창조하고 기술적 진보에서 세계를 이끌 소임을 맡을 유럽을 낳았다. 그러나 새로운 유럽은 많은 문제의 씨앗도 가지고 있었다. 토지 부족, 목재 기근, 인구 압력, 가혹한 제국주의, 파괴적인 전염병, 세계 대전, 그리고 기술적 성취의 결과로 찾아온 전 지구적인 환경 파괴의 씨앗 말이다.

우랄 산맥 서쪽 유럽의 인구는 600년의 2천6백만 명에서 1300년경의 7천9백만 명으로 치솟았다. 파리 인구는 10배 이상 증가하여 1300년에 22만 8천 명이 되었고 1400년에 28만 명이 되었다. 이러한 인구 증가와 도시화에 발맞추어 교회 건축(1175년 캔터베리 대성당 착공, 1194년 샤르트르 대성당 착공)과 대학 설립(1088년 볼로냐 대학, 1160년 파리 대학)이 줄을 이었고, 우울한 아가씨와 성배를 찾는 기사 등이 등장하는 시적인 이야기와 기사도 정신으로 대표되는 중세 전성기 문화가 완성되었다.

중세 유럽의 발전에 기여한 기술이 적용된 분야는 농업에 국한되지 않았다. 군사 분야에서 기술적 혁신은 유럽 봉건체제의 독특한 특징을 낳았다. 그것은 훗날 유럽이 세계를 지배하게 된 원인이라고 할 수 있다. 유럽 봉건체제의 결정적인 특징 중 하나인, 장갑裝甲을 갖춘 말을 탄 갑옷 입은 기사는 등자鐙子(stirrup)라는 핵심적인 장치가 만들어낸 작품이었다. 8세기 이전의 유럽에서 전사는 전투 장소에 도착할 때까지만 말을 탔고, 정작 도착한 후에는 말에서 내려 싸웠다. 등자가 없는 한, 오직 최고의 솜씨를 지닌 전사만이 참된 기마병답게 말 위에서 중심을 잃지 않으면서 칼을 휘두르고 활시위를 당길 수 있었다. 등자는 5세기에 중국에서 발명되어 서쪽으로 전파되었다. 구동 부분이 전혀 없는 등자는 비록 단순한 장치처럼 보이지만 전사가 말 위에서 싸울 수 있게 해준다. 등자를 갖춘 후, 말을 타고 갑옷과 연결된 창을 앞으로 뻗어 고정시킨 전사는 근육 대신 운동량을 이용하여 공격하는 새로운 전술―'기마 돌격전'―의 주역이 되었다. 유럽의 기사는 말하자면 중세의 탱크로 진화했다. 점점 더 무거워진 갑옷을 입은 기사와 말은 전쟁터에서 가장 막강한 무기였다.

 기마 돌격전이라는 새로운 기술은 농업혁명이 낳은 장원 체계와 쉽게 융합했다. 기사는 초기 중세에 흔히 있던 농노-군인을 대체했고, 기사의 일은 전업이 되었다. 빛나는 갑옷을 입은 전통적인 기사를 고용하기 위해 필요한 비용은 상당했지만 지역의 영주가 감당할 수 있는 수준이었다. 기사는 봉신vassal으로서 영주에게 충성하고 그 대가로 장원의 일부를 영주의 이름으로 관리하며 소작료를 챙기는 참된 봉건적 관계가 형성되었다. 이런 지역적인 관계는 중세 유럽 사회의 지방 분권적 성격에 특히 적합했다. 관개 기반 설비가 불필요한 농업 경제에서는 관료 문명에 비길 만한 강력한 중앙 정부는 필요치 않았다. 장원 체계는 유럽의 환경과 잘 어울렸다. 더 나아가 기사와 유럽 봉건체제의 등장은 마을과 기사와 영주 사이의 관계를 더 적절하게 강화시켰다. 기사와 마을의 관계는 유럽 봉건체제와 장원 체계의 중요한 특징으로 발전했다. 마을은 교회와 기사가 사는 장원 저택에 '세금dues'을 내야 했다. 농업혁명을 통해 변화한 마을은 기사들을 지탱할 잉여를 생산했고, 기사들은 지역 수준에서 치안과 사법과 세금 공출을 맡았다.

봉건 영지를 맏아들에게 상속하는 장자 상속제가 있었기에 영지가 없는 기사의 수가 증가했고, 결국엔 유럽이 수용할 수 있는 수보다 많은 기사가 생겨났다. 그 결과로 첫번째 유럽 팽창의 물결이 십자군의 형태로 일어났다. 1096년 최초의 십자군 원정을 시작한 인물은 교황 우르반Urban 2세였다. 이후 십자군 원정의 물결은 거의 200년 동안 제멋대로 쏟아져나왔다. 최후의 원정은 1270년에 시작되었다. 유럽의 침입자들이 맞닥뜨린 것은 기술적으로 자신들과 대등하고 문화적으로 우월한 문명―비잔틴 문명과 이슬람 문명―이었으므로 승리할 가능성은 희박했다.

이런 변화에 발맞추어 유럽 기술자들은 새로운 기계와 새로운 동력원을 연구하기 시작했고, 동력을 산출하고 이용하는 새로운 방법을 개발하고 채택했다. 실제로 중세 유럽은 인간의 근력을 주요 동력으로 하지 않은 최초의 거대 문명이 되었다. 가장 두드러진 예는 수력을 이용하는 기계들이 마을의 삶과 유럽 사회 전반에 자리잡은 것이다. 수차는 유럽 각지의 하천에서 에너지를 얻기 위해 광범위하게 이용되었으며 제재製材기, 제분기, 수력 망치 등의 기계에 동력을 제공했다. 일부 지역에서는 풍차를 이용하여 바닷물을 퍼내고 경작지를 늘리기도 했다. 수력 방앗간이 필요했던 이유는 아마도 잉여 노동력이 부족했고 농업혁명에 의해 생산 수준이 향상되었기 때문일 것이다. 다시 말해서, 갈아야 할 곡물이 증가했으므로 수력이나 풍력을 이용하는 제분 기계들이 널리 확산될 수밖에 없었을 것이다. 방앗간은 고대에도 있었지만, 아마도 노예와 인간의 근력으로 충분히 제분 작업을 감당할 수 있었기 때문에, 제한적으로만 사용되었다. 그러므로 서유럽에서 노동력을 대신하는 기계들이 등장한 것과 동시에 노예제도가 쇠퇴한 것은 우연의 일치가 아니다.

익명의 중세 기술자들은 또 바람을 이용하는 풍차와 조수의 흐름을 이용하는 조수차tidal mill를 사용했다. 그 과정에서 그들은 기존의 기계적 톱니바퀴 장치와 연결 장치를 완전히 이해했고 새로운 것들을 발명했다. 유럽인들은 수차와 풍차, 스프링 투석기trebuchet를 비롯한 장치들을 완벽하게 개량했고 새로운 동력원을 이용했다. 중세 유럽 문명은 세계 어느 곳에서보다 많은 에너지를 공급한 바람과 물이라는 강력한 '엔진'에 의해 움직였다. 중세 유럽인은 '지나칠 정도로 에너지에 대한 의식이 강했다'고 얘기된다. 거기에 기계에 대한 중세의 환상이 추가되어 유럽 문명은 자연을 인류를 위해 기술적으로 이용할 에너지의 원천으로 보는 세계관을 다른 문명보다 강하게 발전시켰다. 자연에 대한 이와 같은 독특한 태도는 강력하며 점차 비참해진 결과를 낳았다.

유럽 사회와 문화를 변화시킨 일련의 인상적인 기술적 혁신은 이론적인 과학에 아무것도 빚지지 않았다. 그것은 과학이 제공할 것이 거의 없었기 때문이라고 해도 과언이 아니다. 고대 세계와 중세 이슬람으로부터 물려받은 과학은 과거의 문명들에서보다 중세 유럽에서 실용적 가치가 더 적었다. 몇몇 기하학 지식(증명은 제외하고)과 달력 계산은 유용했지만, 이것들도 중세 유럽이 정당하게 자랑할 수 있는 기계와 기술의 개발에는 아무런 도움이 되지 않았다.

그러나 유럽 문명의 발달은 과학과 자연철학을 위한 새로운 외적인 환경을 마련했고, 근본적으로 새로운 학문과 교육의 문화가 유럽에서 발생할 터전을 닦았다. 이른바 '12세기 르네상스' 속에서 유럽 학자들은 고대와 이슬람의 철학 및 과학 전통을 접하고 발전시키기 시작했다. 유럽은 농업 발전 방식과 기계 이용에서 독특했던 것과 마찬가

그림 9.1_수력. 유럽인은 전례 없는 규모로 풍력과 수력을 이용하기 시작했다. 유럽의 풍부한 하천을 따라 여러 곳에 하사식(下射式) 수차들이 설치되었다.

지로 고급 지식을 위한 기관을 만드는 데서도 독특했다. 대학이라는 유럽 특유의 기관이 발생한 것이다.

책과 예복

12세기 이전의 알프스 이북 유럽은 고급 지식의 장이었던 적이 없다. 그러므로 유럽이 중세에 '암흑시대'로 떨어졌다는 표현은 옳지 않다. 로마 시대 이래 본질적으로 신석기 시대에 머문 북유럽 마을의 중심에는 수도원 학교와 비전문적인 학자의 형태로 얄팍한 지식 문화가 있었을 뿐이었다. 수도원은 500년 이후 유럽 전역으로 퍼졌고, 필사실(문헌을 베껴 쓰는 일을 하는 방)과 도서실을 갖추었지만 지식의 중심으로서는 미미한 역할에 머물렀다. 가톨릭 사제들은 최소한의 문자 해독력을 갖추어야 했고, 프랑크의 왕이며 훗날 신성 로마 제국의 황제가 된 샤를마뉴는 789년에 문자 해독력을 갖춘 사제 공급을 확고히 하기 위하여 모든 주교구bishopric에 '주교좌 학교cathedral schools'를 설치하라는 칙령을 내렸다. 초기 중세의 주교좌 학교와 수도원의 교육 수준은 낮을 수밖에 없었고, 대체로 고대에서 계승한 '자유 7과Seven Liberal Arts(문법, 수사학, 논리학, 산술, 기하학, 음악, 천문학)'의 기초를 가르치는 데 중점을 두었다. 일부 천문학 지식은 점성술과 달력 제작을 위해 필요했다. 특히 부활절 날짜를 정하는 데 유용했는다. 그러나 고급 지식에 대한 이 같은 기초적인 교육을 제외하면, 초기 중세 지식인들은 과학이 아니라 신학과 종교에 초점을 두어 독창적인 과학 연구는 거의 없었다.

역설적이게도 유럽의 끄트머리에 있는 아일랜드의 수도원들이 고도의 신학과 일반 지식과 그리스어 지식으로 명성을 날렸다. 당시 유럽의 다른 곳에서는 그리스어가 거의 잊힌 상태였다. 그리고 가끔씩 오릴락의 제르베르Gerbert of Aurillac(945~1003) 같은 정말로 뛰어난 지식인들이 등장했다. 999년에 교황 실베스터 2세가 된 오릴락의 제르베르는 성경과 교부들의 글, 그리고 유럽에 전해진 약간의 고전 이교도 지식에 통달했을 뿐 아니라 이슬람 지식이 스며든 에스파냐 북부의 수도원에서 수학적 과학을 공부하고 천체 관찰과 단순한 천문학 계산을 돕는 편리한 장치인 천체관측의와 주판에 관한 지식을 프랑스로 가져왔다. 제르베르의 종합적이지만 여전히 제한된, 수학적 과학에 대한 지식이 있었음에도 불구하고 초기 중세 유럽의 지성적인 삶은 여전히 기초적이고 사회적으로 미미한 상태에 머물렀다.

그렇게 초기 중세의 지식은 미약한 수준으로 조직화되었지만, 12세기에 등장하여 유럽 전역으로 빠르게 확산된 유럽 대학들은 과학과 지식 제도화의 역사에서 결정적인 분수령을 이룬다. 의학 교육은 9세기에 이탈리아의 독립 공국 살레르노Salerno에서 시작되었지만, 일반적으로 볼로냐에서 발생한 학생과 선생의 집단이 최초의 유럽 대학으로 평가된다. 1200년에 파리 대학이 그 뒤를 이었고, 1220년에 옥스퍼드 대학, 그리고 1500년까지 아마도 80개의 대학이 더 설립되었다. 유럽 대학의 발생은 농업혁명으로 인한 부의 증가와 도시의 성장과 시기가 일치한다. 그것은 대학이 수도원처럼 농촌적인 기관이 아니라 도시적인 기관이며 교육비를 지불할 능력이 있고 교육을 정당화할 직업적 전망이 있는 여유 있는 학생들에 의존했기(또 지금도 의존하기) 때문이다.

가끔 반대 주장이 제기되기도 하지만, 유럽 대학은 다른 곳이나 다른 시기에는 없었던 유일무이한 기관이었다. 중세 유럽의 수공업자 길드를 모범으로 삼은 대학은 학생과 선생의 세속적인 공동체로서, 학생들이 길드를 이루어 교수를 고용하는 형태로(볼로냐 대학), 또는 선생들이 길드를 이루어 학생들에게 수업료를 받는 형태로(파리 대학) 발전했다. 뿐만 아니라 대학들은 고대의 필기사 학교나 이슬람의 마드라사처럼 국가나 개인의 후원에 의존하지 않았다. 대학은 국가 기관이 아니라 독립을 유지하는 전형적인 봉건적 기관이었다―교회와 국가의 권위에 약하게 지배받는, 합법적 특권을 지닌 집단이었다. 대학의 특권 중에는 학위를 수여할 권리와 도시 행정에서 자유로울 권리도 있었다. 그러므로 대학은 대체로 자율적이며 자치적인 기관으로서, 거대 제국의 전형적인 관료체제를 통한 전면적인 통제와 헬레나 과학의 전면적인 개인적 성격 사이에 위치했던 것이다.

초기의 대학들은 후기 중세 유럽의 활기 있는 사회에 봉사한 활력 넘치는 기관이었다. 대학은 국가 운영과 교회와 민간 부문에서 점점 더 수요가 증가한 성직자, 의사, 법률가, 행정가, 교사를 양성하는 역할을 주로 담당했다. 신학부, 법학부, 의학부는 선별된 학생들에게 고급 지식을 가르치고 훈련시켰으며, 교양 학부는 시작 단계에 있는 모든 학생들에게 교양 지식을 가르쳤다. 자연과학은 교양 학부에 확고히 자리잡았다. 핵심 교과에 논리학이 있었고, 자유 7과 가운데 마지막 네 과목(4과quadrivium)이 산술, 기하학, 천문학, 음악이었으니 말이다. 교양 학부 졸업자로서 신학이나 법학, 또는 의학을 더 공부하는 학생은 대개 석사 학위를 취득했는데, 이때 자연철학이 학위 취득에 가장 중요한 과목이었다. 석사 과정 학생은 흔히 자신의 학업과 병행하여 교양 학부에서 가르치는 일을 했다. 이런 식으로 자연과학은 대학 안에서 전문 직업 훈련의 예비 단계로 일부 학생들이 집중적으로 공부해야 하는 과목이 되었다. 오늘날의 대학과 달리 중세의 대학은 일차적으로 연구 기관이 아니었으며, 과학은 그 자체로 목적이 아니었다.

그리스와 이슬람의 과학 지식을 대학의 과학 과목의 기초로 삼기에 앞서 그것을 라틴어로 번역하는 대규모 사업이 이루어져야 했다. 이슬람의 대도시 톨레도Toledo는 1085년에 기독교도에게 점령되어(이는 유럽 문명의 새로운 확장력을 보여주는 또 하나의 사례이다) 번역 활동의 중심지가 되었다. 번역자들이 팀을 이루어 고전적인 과학 및 철학 문헌을 아랍어에서 라틴어로 번역했다. 그 번역 활동에서 에스파냐의 유대인들이 중요한 역할을 했다. 그들은 아랍어를 스스로를 위해 히브리어로, 또한 기독교도 동료들과 후원자들을 위해 에스파냐어로 번역했고, 에스파냐어는 다시 라틴어로 번역되었다. 번역 활동은 이탈리아 남부와 (11세기 후반기에 노르만Norman 기사들에 의해 '해방된') 시칠리아에서도 이루어졌다. 그곳에서 그리스어와 아랍어 원전들이 라틴어로 번역되었다. 이 주목할 만한 번역 활동의 동기가 전적으로 지식에 대한 추상적 사랑에 있었던 것은 아님을 분명히 해두자. 주로 번역 대상이 된 것은 의학, 천문학, 점성술, 연금술 같은 유용해 보이는 과학들이었다.

그 결과 1200년경 유럽인들은 고대 과학 대부분을 회복했을 뿐 아니라 이슬람 세계에서 수백 년에 걸쳐 축적된 과학적·철학적 성과를 확보했다. 바스의 애덜라드Adelard of Bath(전성기 1116~1142)는 1120년대에 유클리드의 『기하학 원본』을 (아랍어에서) 번역했고 다른 아랍어 수학 문헌들도 번역했다. 가장 유명한 번역가인 크레모나의 제라르드Gerard of Cremona(1114~1187)는 1140년경에 에스파냐에 들어가 프톨레마이오스의 『알마게스트』를 발견했고, 그곳에 40년 동안 머물면서 1175년에 『알마게스트』를 번역했을 뿐 아니라—번역자들의 팀을 이끌며—총 70권에서 80권의 아랍어 원전들을 번역했다. 그 중에는 이슬람의 주요 논문과 아르키메데스, 갈레노스, 히포크라테스, 아리스토텔레스의 작품, 그리고 아리스토텔레스에 대한 이슬람 학자들의 주석도 있었다. 과거에 유럽에 알려진 아리스토텔레스는 논리학에 관한 중요하지 않은 작품 몇 편뿐이었다. 그러나 1200년 이후 아리스토텔레스는 유럽에서 '철학자the Philosopher'라는 한 마디 명칭으로 통할 만큼 막강한 영향력을 지닌 존재로 떠오른다. 훗날 르네상스 시대에 더 확실한 그리스어 원전을 통해 더 나은 번역이 이루어지지만, 서유럽이 번역의 도움으로 '서양' 전통을 확립한 것은 1200년경의 일이었다.

12세기가 번역의 시대였다면, 13세기는 유럽 지식인들이 고대와 중세 이슬람의 과학적·철학적 전통을 흡수한 동화同化의 시대였다. 동화 과정의 많은 부분은 전통적인 기독교 세계관과 아리스토텔레스를 비롯한 그리스 이교도 전통을 조화시키는 노력으로 이루어졌다. 위대한 지적 종합가 토마스 아퀴나스Thomas Aquinas(1224~1274)는 그 동화 과정을 상당 부분 완성했다. 아퀴나스가 아리스토텔레스를 기독교화한 것인지 아니면 기독교를 아리스토텔레스화한 것인지, 혹은 둘 다인지는 중요한 문제가 아니다. 어찌 되었든, 아리스토텔레스는 완벽한 지적 체계를 제공했고, 중세 스콜라 철학은 그 체계에 기초하여 신과 인간과 자연에 관한 합리적 사고를 구성했다. 아리스토텔레스의 논리학과 분석적 범주는 모든 분야의 탐구에서 사실상 유일한 개념적 수단이 되었다. 아리스토텔레스의 업적을 방어하고 발전시키는 것은 대학의 사명이 되었고, 그런 노력 속에서 탄생한 기독교 신학과 아리스토텔레스 과학의 합성체는 세계와 그 속에서 인간의 자리에 관한 일관적이고 통일적인 시각을 산출했다.

예컨대 중세 이탈리아 시인 알리기에리 단테Alighieri Dante(1265~1321)의 『신곡The Divine Comedy』에서 드러나는 우주관을 살펴보자. 지구는 세계의 중심에 움직임 없이 고정되어 있다. 달 아래 흐름의 영역—네 개의 원소와 그것들의 자연적이거나 강제적인 운동이 있는 지구—은 인간의 드라마가 펼쳐지는 무대이다. 천상에는 천구들이 있어 행성과 항성을 싣고 움직인다. 지옥이 중심에, 연옥이 중간에 있고, 저 너머에 천국이 있다. 거대한 존재 위계의 사슬이 가장 낮은 벌레에서 가장 고귀한 왕이나 교황까지, 그리고 천사들과 천사장archangel을 거쳐 신까지, 모든 존재를 서열에 맞추어 통합한다. 물리법칙은 아리스토텔레스에 따르며, 신적인 법칙은 신에 따른다. 전체 질서는 한시적이다. 그것은 과거의 특정 시점에 창조되었고 시간의 끝에 사라진다. 이처럼 강력하고 통일적인 세계관은 일반인과 지식인 모두에게 상당한 지적·영적 만족감을 주었을 것이 분명하다.

중세 학자들은 세계를 일차적으로 신학적 관점에서 해석했지만, 인간이 신적인 것을 이해하는 데 이성이 역할을 할 수 있다고 믿었으며,

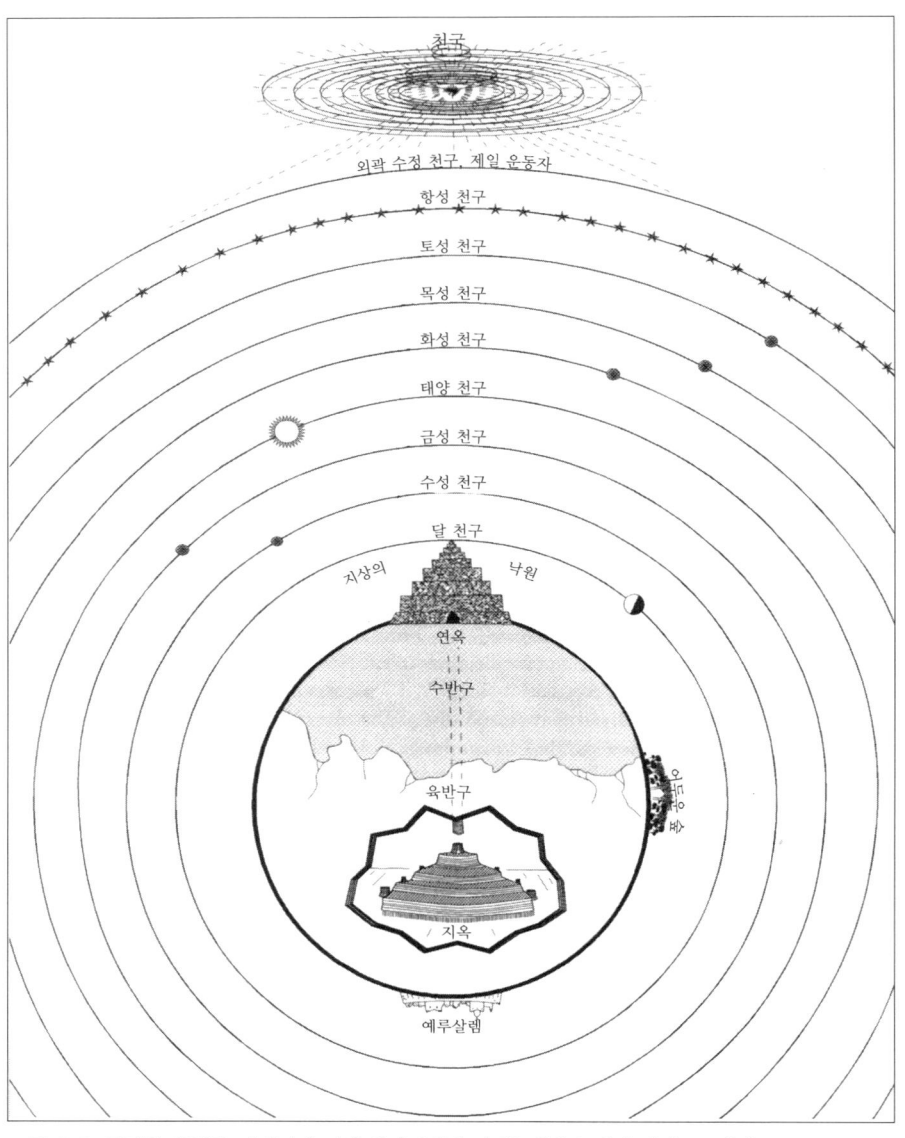

그림 9.2_단테의 우주관. 이탈리아 시인 알리기에리 단테는 『신곡』에서 아리스토텔레스 우주관의 기독교적 변양태인 중세 우주관의 전형을 보여주었다.

신의 작품과 말을 통해서, 즉 자연과 성경을 연구함으로써 우리가 신의 존재와 본성을 알 수 있다고 믿었다. 그러나 중세 세계관에서 자연과학은 아리스토텔레스 자연철학이 전통적인 기독교 신학과 충돌할 때마다 항상 뒷자리로 밀려났다.

18세기의 계몽 이후 서양 민주주의에서는 교회와 학교의 분리와 종교적 자유에 대한 강조가 상식이 되었다. 그러나 중세 유럽에서는 오히려 교회와 학교의—분리가 아니라—통합이 필요했다. 13세기에 아리스토텔레스의 가르침이 유럽과 새로운 유럽 대학들에 스며들기 시작하면서 신앙과 이성을 조화시키는 문제가 대두되었다. 아리스토텔레스의 몇몇 측면은 전통적인 가톨릭 교리와 분명히 충돌했다. 예컨대 세계는 영원하고 창조는 없었으며 인간의 영혼이 반드시 불멸하는 것은 아니라는 가르침, 신의 능력에 한계가 있다는 가르침에서 아리스토텔레스는 가톨릭과 확실히 달랐다.

아리스토텔레스를 정통 신학 속으로 동화시키는 문제는 순수하게 지적인 차원을 넘어서 제도적인 차원으로까지 비화했다. 교양 학부의 선생들이 철학과 이성이 진리에 이르는 길로서 독립적이며 대등한 지위를 지닌다고 주장하면서, 세속적인 철학과 자연과학이 경쟁력을 갖춘 지식 체계로 등장하는 것에 저항하는 신학부와의 대립이 불가피해진 것이다. 13세기 내내 신학자들과 철학자들 사이에 일련의 지적인 충돌이 있었다. 충돌의 절정은 1277년에 내려진 판결이었다. 교황을 등에 업은 파리 주교는 몇몇 아리스토텔레스주의자가 범한 219개의 '저주스러운 오류'에 대해 유죄 판결을 내리고 그 같은 오류를 주장하거나 가르친 자는 누구나 파문했다.

표면적으로는 그 판결이 보수적인 신학의 결정적인 승리이고, 자유롭고 독립적인 철학과 과학에 대한 억압이며, 대학의 교양 학부가 신학부에 제도적으로 굴복한 사건처럼 보인다. 그러나 다른 해석자들은 1277년의 유죄 판결이 결국엔 조화로 귀결된 사소한 적대감의 표출에 불과하다고 본다. 그들은 특히 유죄 판결이 파리 대학에서 수십 년 동안만 유효했다는 점, 옥스퍼드 대학에서는 규제가 덜한 조치가 시행되었다는 점, 그 외의 곳에서는 아무 조치도 없었다는 점을 지적한다. 또다른 연구자들은 한 걸음 더 나아가, 1277년의 유죄 판결은 중세 사상가들을 아리스토텔레스를 엄격히 따를 것을 요구하는 굴레에서 해방시킴으로써 아리스토텔레스 과학과 자연철학의 오랜 문제를 해결할 대안을 강구하도록 만들었다고 주장한다. 이런 시각에서 본다면, 과학혁명은 일반적으로 얘기되듯이 16세기의 코페르니쿠스에서 시작된 것이 아니라 그보다 250년 먼저 1277년의 유죄 판결에 대한 가톨릭 지식인들의 대응에서 시작되었다고 할 수 있다.

중세 후기와 근대 사이의 연속성 혹은 불연속성에 관한 질문들은 오래 전부터 논쟁거리였으며 오늘날에도 학자들 사이에 일치하는 견해를 거의 찾아보기 어렵다. 중세 후기 과학의 근대적 성격을 부각시키는 주장은 지금도 중요한 논쟁적 관심사가 되고 있다. 우리는 일단 1277년의 유죄 판결을 전적으로 과학 탐구에 대한 억압으로 보거나 확실히 과학혁명의 시작으로 보지 않는 중립적인 해석을 살펴볼 것이다. 1277년의 유죄 판결은 철학을 신학에 종속시키고, 전능한 신이 얼마든지 세계를 다르게 창조할 수 있었음을 인정하도록 강요함으로써 교양 학부의 선생들에게 모든 과학적 가능성을 살펴볼 길을 열어주는 역설적인 결과를 가져왔다. 신학을 건드리지 않는 한, 자신들의 지적인 놀이가 신의 작품인 세계와 필연적인 관련이 있다고 주장하지 않는 한, 교양 학부의 선생들은 자유로울 수 있었다. 그 결과 '온실' 과학이라 부를 만한 연구가, 즉 모든 다양한 과학적 가능성을 가설로 '가정'으로, 혹은 사고 실험에 기초한 독창적인 상상의 산물로 거론하는, 신학적으로 공격성이 없는 연구가 예외적으로 번창했다.

예컨대 장 뷔리당Jean Buridan(1297~1358)과 니콜 오렘Nicole Oresme (1320~1382) 등은 지구가 자전할 가능성을 검토했고, 그런 일이 실제로 일어나고 있음을 인정하게 만들기에 충분해 보이는 논증을 제시했다. 뷔리당과 오렘은 과학이 독자적으로 그런 결론에 도달할 수 있다고 믿었다. 그러나 두 사람 모두 지구가 운동할 가능성을 반박하는 것으로 논의를 마쳤다. 오렘은 과학적인 근거를 가지고 자신의 가설을 반박한 것이 아니라 그 가설이 성경의 구절들과 충돌하기 때문에, 그리고 그가 진리에 이르는 수단으로서 신학이 본질적으로 더 우월하다고 생각했기 때문에 반박했다.

14세기에 유럽 중세 지식인들이 직면한 가장 중요한 과제는 새로운 원전을 찾아내거나 아리스토텔레스의 자연철학을 성경에 동화시키는 일, 혹은 아리스토텔레스의 반기독교적 요소들을 제거하는 일이 아니라, 아리스토텔레스의 패러다임 위에 발전된 구조물을 지어 새로운 장을 여는 것이었다. 아리스토텔레스가 제공한 일반적인 개념틀 아래에서 스콜라 자연철학자들은 광범위한 과학적 연구를 창조적으로 활발하게 수행했다. 예를 들어 1175년에 프톨레마이오스의 『알마게스트』 번역본이 두 권 나왔고, 서유럽에서 고유한 관찰적·수학적 천문학 전통이 형성되었다. 그 같은 전통의 산물로 대학 외부의 환경에서 카스티야Castille 왕에게 소속된 천문학자들에 의해 (약 1275년에) 만들어진 알폰소 표Alfonsine Tables를 언급할 수 있다. 알폰소 표는 달력 개정을 요구하는 획기적인 의미를 담고 있었지만 영향력을 발휘하지 못했다. 14세기의 천문학적 저술 속에는 제프리 초서 Geoffrey Chaucer의 천체관측의에 관한 논문도 들어 있다. 물론 초서는 문학으로 더 유명한 인물이다. 프톨레마이오스의 위대한 점성술 서적 『테트라비블로스』는 1130년대에 번역되었는데, 그것은 그의 순수 천문학 서적이 번역된 것보다 반 세기 앞선 것이다. 중세 천문학과 더불어 진지하고 지속적인 점성술 연구가 의학과 의료 행위와의 관련 속에서 이루어졌다. 뿐만 아니라 강력한 이슬람 전통에 기초하고 '빛'에 관한 종교적 상상에서 힘을 얻어 광학 연구가 이루어졌다. 예컨대 시각과 무지개에 대한 지식이 발달되었다. 수학의 영역에서는 피사의 레오나르도Leonardo of Pisa(약 1170~1240)—피보나치라는 이름으로 더 유명하다—가 1228년에 출간한『계산서 Liber abaci』에서 '아라비아'(실제로는 인도) 숫자를 유럽에 최초로 도입하고 고도의 대수학 문제들을 다루었다. 저자가 요르다누스 드 네모레Jordanus de Nemore(약 1220)라고 알려진 몇 권의 책은 13세기의 정역학statics과 '무게의 과학'을 다루는 수학적 문제들을 담고 있다. 고대 후기 로마의 위대한 의사 갈레노스의 의학 저술이 번역되고 동화됨으로써 의학 이론과 실행은 1200년 이후 새로운 활력을 얻었다. 대학에 설치되어 교양 학부와 함께 과학의 중심이 된 의학부도 의학의 재활성화에 기여했다. 중세 의학의 발전과 아리스토텔레스의 생물학과 자연철학 전통에 크게 의지하여 몇 권의 세부적인 생명과학 저술이 출간되었다. 가장 유명한 것은 알베르투스 마그누스Albertus Magnus(1200~1280)의『식물과 동물에 관하여』이다. 그리고 당시에는 합리적인 지식과 신비주의적인 지식이 거의 구별되지 않았으므로, 중세의 연금술사와 철학적 마술사, 그리고 의사들이 연금술과 마술에 기울인 노력도 간과할 수 없다. 말할 필요도 없겠지만, 여성은 중세 대학의 일원이 아니었다. 그러나 빙엔의 힐데가르트Hildegard of Bingen(1098~1179) 같은 몇몇 여성은 대수녀원장의 지위에 올라 유용한 자연지식을 수집했다.

중세에 자연을 탐구한 사람들은 아리스토텔레스를 맹목적으로 따랐다거나 시각이 획일적이었다고 보기 어렵다. 오히려 기록들은 다양한 관점과 이론이 종종 대립했다는 것을 보여준다. 예컨대 도미니크 수도회가 지배한 파리 대학은 순수하게 아리스토텔레스적이고 자연주의적인 관점을 취하는 경향이 있었던 반면, 옥스퍼드 대학의 프란체스코회 신부들은 플라톤적이고 추상적인 색채가 강했다. 따라서 자연을 해석할 때 수학이 하는 역할에 대하여 두 대학은 서로 입장이 달랐다. 스콜라 철학 역시 새로운 지식을 발견하기 위해 실험하고 직접 확인하는 작업의 역할에 관하여 다양한 입장을 가지고 있었다. 전통적인 '스콜라 철학'이 책에 의존했다는 선입견과 달리, 옥스퍼드 대학의 초대 총장이었던 로버트 그로스테스트Robert Grossetest(1168~1253)는 사실적인 연구를 옹호했고, 그로 인해 때때로 실험적 과학의 아버지라고 추앙받는다. 그로스테스트에게 큰 영향을 받은 로저 베이컨Roger Bacon(약 1215~1292. 17세기의 과학 옹호자 프랜시스 베이컨 Francis Bacon(1561~1626)과 혼동하지 말라)은 자가 추진 선박과 수레 따위의 유용한 기계를 창조하는 데 인간의 재능을 활용해야 한다고 주장했다. 이와 유사하게 페트루스 페레그리누스Petrus Peregrinus는 1269년에 출간된 『자석에 관하여Letter on the Magnet』에서 자연에 관한 새로운 사실을 발견할 때 실험이 지닌 가치를 강조했다. 돌이켜보면, 이 두 사람의 생각은 오늘날의 우리에게 의미심장하게 다가온다. 그들이 훗날의 실험적 과학을 예견한 듯이 보이기 때문이다. 그러나 중세의 학자들 속에서 그들은 소수의 목소리를 대변할 뿐이었다. 예컨대 프란체스코 수도회의 권력자들은 로저 베이컨의 실험적 연구가 거론되는 것을 제한했다. 그것은 아마도 그의 연구가 마술과 관련이 있었기 때문인 것으로 보인다. 중세의 급진적인 실험주의자들 중 그 누구도 당대의 신학적 세계관 일반을 의문시하거나 자연과학이 신학의 하녀 이상의 어떤 것이라고 주장하지 않았다.

역사적으로 중요한 두 사례를 들어 중세 과학의 성격과 성취를 알아보자. 첫번째 사례는 14세기 파리 대학의 유명한 교양 학부 학장 뷔리당이 옹호한 투사체의 운동에 대한 설명이다. 독자도 기억하겠지만, 아리스토텔레스의 물리학은 모든 강제적인(비자연적인) 운동의 경우에 운동자가 운동하는 물체와 접촉할 것을 요구했다. 던져진 후 계속 날아가는 물체(예컨대 화살, 투창, 학생을 향해 던진 분필)의 경우에 운동자가 무엇인가 하는 문제는 아리스토텔레스적인 패러다임 일색의 분위기 속에서 작은 연구 전통이 형성되는 계기가 되었다. 뷔리당은 앞선 중세 주석가들과 6세기 비잔틴의 자연철학자 요하네스 필로포누스의 연구에 기초하여, 이른바 '임페투스impetus'가 최초의 운동자에서 투사체로 옮겨간 후 내적인 운동인으로 작용하여 투사체가 운동자와의 접촉을 잃은 후에도 운동을 유지하도록 만든다고 주장했다. 뷔리당은 자신의 임페투스 이론이 투사체뿐 아니라 자유낙하하는 물체와 천구의 영원한 회전에도 적용된다고 생각했다. 일종의 자가 추진성이라 할 수 있는 뷔리당의 임페투스는 언뜻 보면 뉴턴의 관성과 유사하다. 뉴턴의 관성 원리에 따르면, 물체는 외적인 힘이 가해지지 않는 한 운동(혹은 정지)을 유지한다. 그러나 이 같은 피상적 유사성은 뷔리당의 임페투스, 아니 중세 물리학 전반과 뉴턴 및 과학혁명 사이에 놓인 거대한 개념적 심연을 은폐한다. 곧 보게 되겠지만, 근대의 물리학에서 투사체는 명시할 필요가 있는 원인 없이 그냥 그 자체로 날아간다. 뉴턴에 따르면, 설명이 필요한 것은 운동 그 자체가 아니라 운동의 변화이다. 즉, 왜 투사체가 출발하고 멈추는가, 왜 방향이나 속력을 바꾸는가, 이다. 그러나 뷔리당은 정반대의 관점에서 투사체의 운동에 접근했다. 그는 매우 전통적인 입장에 서서 새로운 아리스토텔레스적 운동자를, 투사체의 운동을 유지시키는 작용인을 찾으려 했다. 다시 말해서 뷔리당은, 현재의 입장에서 돌이켜보며 임페투스와 관성을 동일시하는 사람들이 오해하는 것처럼 근본적인 단절을 감행한 것이 아니라, 아리스토텔레스 과학과 연구과제의 전통

속에 자신의 설명을 확실히 위치시켰던 것이다.

중세 과학의 성취를 보여주는 두번째 사례는 파리의 위대한 철학자이며 성직자인 니콜 오렘Nicole Oresme이다. 그는 중세 유럽의 독보적인 과학자였다. 1350년경에 쓴 『질의 배치에 관하여On the Configuration of Qualities』에서 오렘은 질과 질적인 변화를 기하학적으로 나타내는 시각적 구성물—그래프—을 창조했다. 〈그림 9.3〉에 있는 다소 현대화된 도안은 오렘이 등가속도 운동—이른바 '일정한 변화uniformly difform'—을, 그러니까 우리가 자유낙하하는 물체에서 보는 운동을 어떻게 표현했는지 보여준다. 수평축은 시간을 나타내고 수직축은 일정하게 가속하는 물체의 속도를 나타낸다. 직선 AB 아래의 면적(삼각형 ABC)은 물체가 이동한 거리를 나타낸다. 이 도안에는 오렘과 동료들이 완벽하게 이해한 운동에 관한 수학적 법칙이 여럿 들어 있다. 예컨대 등가속도 운동을 하는 물체의 이동 거리는 그 물체의 최종 속도의 절반으로 등속 운동하는 물체가 이동하는 거리와 같다는 법칙이 들어 있다. (등속 운동을 수평선 DE로 나타낼 수 있을 것이다. 이때 삼각형 ADF는 삼각형 FBE와 면적이 같으므로, DE 아래의 면적은 AB 아래의 면적과 같다. 따라서 등속 운동에 의한 이동 거리와 가속 운동에 의한 이동 거리는 같다.) 이 그래프 속에는 또 등가속도 운동을 하는 물체의 이동 거리는 시간의 제곱에 비례한다($s \propto t^2$)는 법칙도 숨어 있다.

공식 $s \propto t^2$은 갈릴레오의 자유낙하법칙이다. 갈릴레오는 그 법칙을 오렘보다 250년 후에 정립했다. 그러므로 이 근본적인 자연법칙을 발견한 명예가 왜 오렘이 아닌 갈릴레오에게 돌아가느냐는 질문이 자연스럽게 제기된다. 이에 대한 대답은 의미심장하다. 오렘은 1277년 이후 가속 운동에 관한 추상적 연구를 실제 세계에서의 운동과 연관시키지 않았다. 그의 관심은 가속 운동을 비롯한 여러 운동과 질質을

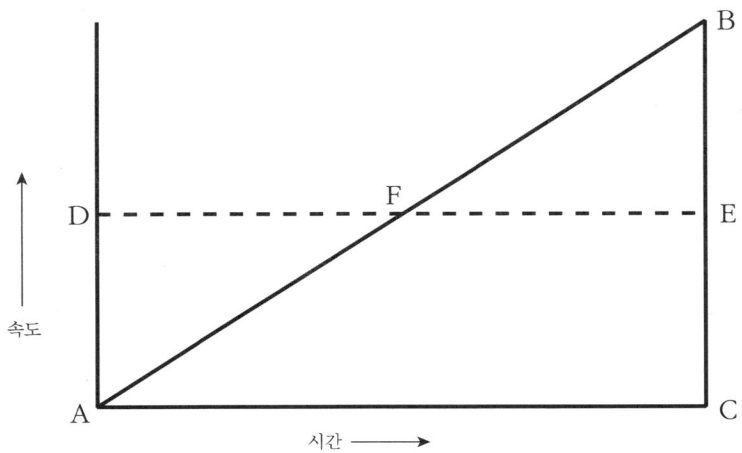

그림 9.3__일정하게 변하는 운동. 중세 스콜라 학자 니콜 오렘(1320~1382)은 다양한 유형의 운동을 분류하는 과정에서 시간에 따라 일정하게 빨라지는 운동을 기술했다. 그는 이를 일정하게 변하는 운동이라 칭했다. 우리는 이를 등가속도 운동이라 부른다. 도안에는 가속하는 물체의 이동 거리가 경과 시간의 제곱에 비례한다는 것이 함축되어 있다. 훗날 갈릴레오는 오렘의 추상적 규칙들을 자유낙하는 물체에 적용되는 운동법칙으로 변형시켰다.

그 자체로 철저히 추상적으로, 순전히 이론적이고 지적인 훈련 삼아 이해하는 것에 있었다. 다시 말해서 '일정하게 변하는' 운동이 실제 세계에서 자유낙하는 물체의 운동이라는 생각을 그와 그의 동시대인들은 하지 못했던 것으로 보인다. 오렘의 성취는 놀라운 과학적 상상력이 빚어낸 경이로운 지적 성취였다. 그러나 그 성취는 갈릴레오와 과학혁명으로 직접 이어지지 못한 채 너무 일찍 시들고 말았다.

중세 초기 유럽의 척박한 제도적·지적 환경에서 발생했음을 생각할 때, 중세 후기의 과학은 경이로운 생산성으로 자연을 합리적으로 연구하고 아리스토텔레스 자연철학의 한계를 탐험했다고 할 수 있다. 중세 유럽은 대학이라는 새로운 제도적 토대를 창조했으며 아리스토텔레스 과학에 대한 비판적 검토를 시작함으로써 지적인 기반을 마련했다. 그러나 중세의 과학적 성취가 가진 의미는 중세 당대에는 왜소했고, 오히려 16세기와 17세기의 과학혁명 속에서 일어난 발전의 제도적·지적 토대를 마련했다는 점에서 커다란 의미가 있다고 할 수 있다.

14세기에 일련의 혼란이 유럽 대부분을 휩쓸었고, 중세 후기에 수백 년 동안 번창한 유럽은 환경적으로나 인구적으로 단절을 맞았다. 유럽의 기후는 더 춥고 습해져 농업 생산성과 수확량에 치명적인 타격을 주었다. 1315~17년에 전례 없는 기근이 유럽 전역을 강타했고, 뒤이은 경제 침체는 1345년의 국제적인 금융 위기에 의해 더욱 심각하게 악화되어 다음 세기까지 지속되었다. 선腺페스트bubonic plague와 폐肺페스트pneumonic plague―흑사병―가 1347~48년에 유럽을 휩쓸며 인구의 4분의 1 또는 3분의 1을 없애버렸다. 수만 개의 마을이 사라졌으며, 치명적인 페스트의 발생은 18세기까지 이어졌다. 어떤 전문가들은 사망자의 비율이 40퍼센트에 달했으며 1600년이 되어서야 원래 인구가 회복되었다고 주장한다. 그보다는 충격이 덜했지만 역시 부정적인 영향을 끼친 것은 교황청이 거의 14세기 내내 로마를 떠나 아비뇽에 있는 동안 기독교의 통일성이 깨지고 가톨릭이 여러 유파로 분열된 것이었다. 1338년에 발발한 영국과 프랑스 사이의 백년전쟁 역시 1450년대까지 프랑스의 중심부를 거듭 초토화했다. 1400년을 전후한 수십 년 동안 농노 반란과 사회적 불안의 위협이 지속된 것도 혼란의 전형적인 현상이었다. 이런 음울한 전개 과정 속에서 가장 큰 타격을 입은 것은 하층민이었으며, 과학은 과학자들의 죽음으로 인해 직접적으로, 그리고 제도적인 기관의 폐쇄와 교육의 와해로 인해 간접적으로 피해를 입었다. 전체적으로 볼 때 이 음울한 시대는 유럽 문화 발전에서 분수령을 이루며, 중세사와 근대사 사이

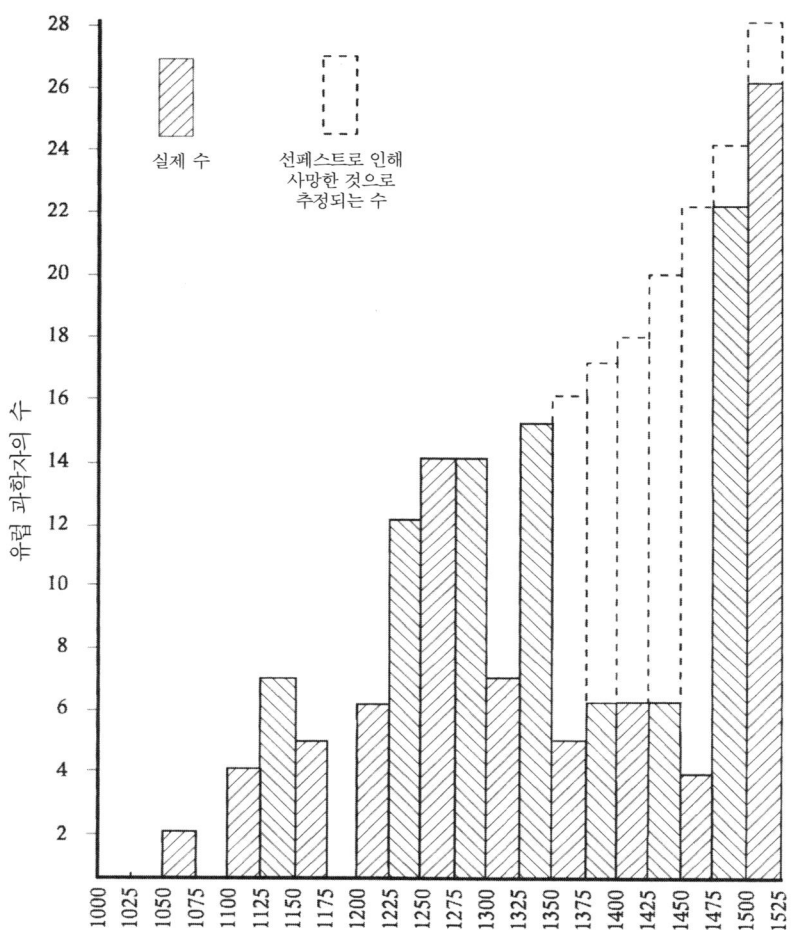

그림 9.4_페스트. 흑사병이라고도 불리는 페스트는 1347년에 유럽을 강타하여 과학 활동을 침체시켰다. 유럽과 유럽 과학은 100년 이상이 지난 후에야 원상태를 회복했다.

의 불연속성을 주장하는 이들에게 힘을 실어준다.

중세 후기가 와해된 후에도 견고한 생산 체계에 기반을 둔 유럽 농업과 봉건사회의 본질적인 특징은 살아남았다. 대학들은 다시 성장하기 시작했다. 과학을 연구하는 학자들의 수는 1350년 이후 잠깐 줄어들었지만 마치 14세기의 인구 공황이 전혀 없었던 듯이 곧 원래의 수를 회복하고 더욱 급증했다(〈그림 9.4〉 참조). 어쩌면 우리는 유럽 르네상스의 예술적 성취에 매혹되어 중세 말의 단절을 실제 이상으로 강조하고 있는지도 모른다.

대포와 범선

14세기에 유럽은 앞선 문명들의 특징을 일부 가지게 되었다. 농업은 강화되었으며, 인구가 증가했고, 도시화가 이루어지고 건축물은 (높이 치솟은 교회의 형태로) 점점 더 기념비적으로 발전했으며, 고급 지식이 제도화되었다. 그러나 관개농업 시스템을 건설하고 유지하기 위한 공동 노동이 필요 없는 강수 환경에 있었으므로 중앙집권적인 권력이나 보편적인 강제 노역은 등장하지 않았다. 이런 요소들이 유럽에 나타나는 것은 더 나중인 16세기부터였다. 이런 요소들을 산출한 역사적인 동력은 군사혁명이었다. 유럽의 농업체계, 교회, 대학과 마찬가지로 군사혁명 역시 유럽 특유의 발전이었다.

화약 기술은 아시아에서 기원했다. 중국인은 9세기에 화약을 발명했고, 1150년 이전에 불꽃놀이와 로켓을 개발했다. 1200년대 중반에 중국군은 '화창火槍'(불을 뿜는 창. 불과 함께 작은 발사체나 독을 뿜기도 했다—옮긴이)과 투석기로 던지는 폭탄을 사용했고, 1288년에는 금속제 총열을 갖춘 포를 만들었다. 몽골인들은 이른 시기에 기술 교류를 통해 중국에서 화약 기술을 얻었고, 아마도 몽골에서 중앙아시아의 초원을 거쳐 유럽으로 그 기술이 전파된 것으로 보인다. 어쩌면 중국 기술자들과의 접촉을 통해 이슬람 세계에 화약 기술이 전파되었는지도 모른다. 이슬람은 1249년에 유럽 십자군에 대항하여 화약을 사용했다. 혹은 1275년에서 1292년까지 중국의 몽골 황제 밑에서 일한 마르코 폴로 같은 여행자들을 통해서 유럽인에게 화약 기술이 전해졌을 수도 있다.

화약과 최초의 화기火器들은 중국에서 기원했지만, 대포는 1310~20년에 유럽에서 탄생한 것으로 보인다. 그 후 대포 기술은 중동과 아시아로 급격히 확산되었다. 1330년대에 이슬람에, 1356년에 중국에 대포가 등장했다. 1500년에 이르면 중국, 인도의 무굴 제국, 오스만 제국, 유럽을 중심으로 구세계 전체가 총포 생산 기술을 보유하게 되었고, 이 강대 세력들은 속국에 대포 기술을 전파했다.

초기의 대포와 사석포射石砲(bombard)는 거대했다. 예컨대 투르크인이 1453년에 콘스탄티노플을 공격할 때 사용한 대포는 워낙 커서 현장에서 주조하여 사용했으며 옮길 수 없었다. 부르고뉴 공작을 위해 1449년에 제작된 대포 '몬스멕Mons Meg'은 길이가 거의 3미터, 무게가 7,711킬로그램이었으며 지름이 60센티미터에 육박하는 돌덩이를 쏘았다. 유럽의 무기 기술자와 주조공들은 아마도 강력한 경쟁에 휘말려 활발하게 대포 제작 기술을 발전시켰고, 유럽인들은 곧 대포 제작에서 화기 기술의 원조인 아시아인을 능가했다. 거대한 대포—기존 요새의 벽을 무너뜨리는 데 적당하다—는 점차 더 작고 비교적 이동성이 있는 청동제 대포로, 이어서 값이 훨씬 저렴한 철제 주조 대포로 대체되었다. 특히 영국이 헨리 8세의 주도하에 철제 대포 주조 기술을 터득한 1541년 이후 그런 변화가 확실해졌다. 작은 대포는 육상에서 이동성을 발휘했을 뿐 아니라, 배에 탑재할 경우 전투 상황을 크게 변화시켰다.

이미 15세기에 화약과 화기들은 유럽의 전장에서 결정적인 역할을 하기 시작했고 15세기 말에는 전쟁의 정치학, 사회학, 경제학을 바꾸어놓았다. '화약혁명'은 봉건적인 기사와 영주의 군사적 역할을 침식

그림 9.5_제식훈련. 소총은 활보다 사격 속도가 훨씬 느렸지만 파괴력이 훨씬 강했다. 복잡한 소총 사격 동작 때문에 제식훈련이 발전했다. 화기로 무장한 대규모 군대를 조직하고 훈련하고 유지할 필요성 때문에 정치적 중앙집권화의 추세가 강화되었다.

했고 그들을 중앙 정부의 엄청난 비용으로 운영되는 화약 육군과 해군으로 대체했다. 기사들은 활과 창으로 무장한 군인들을 대동하며 계속해서 역할을 수행했지만, 새로운 무기는 기사를 무용하게 만들었다. 그러나 기사나 귀족은 전투혁명의 경제적 규모를 감당할 수 없었다. 새로운 대포는 영주나 지역의 우두머리로는 감당할 수 없었고 오직 왕만이 그 비용을 댈 수 있었기 때문이다. 백년전쟁(1337~1453)이 발발할 당시 주요 전투 수단은 여전히 큰 활longbow, 석궁crossbow, 창, 갑옷을 입고 장갑을 갖춘 말에 탄 기사였다. 그러나 전쟁이 끝나던 시점에는 화약 포병이 대세를 장악하고 있었다.

 잔 다르크Joan of Arc(1412~1431)의 활약은 전쟁 기술의 역사가 새로운 국면을 맞았음을 보여주는 좋은 예이다. 17세의 문맹인 농노 소녀 잔 다르크가 노련한 영국 장군들을 물리칠 수 있었던 것은 부분적으로 대포라는 신기술이 워낙 새로워서 과거의 군사적 경험이 큰 도움이 되지 않았기 때문이다. 사실 축적된 지식에서 나온 것이 아닌 신기술과 관련해서 늘 그런 일이 발생하곤 한다. 실제로 잔 다르크의 동료들은 그녀가 전장에 포를 설치하는 능력이 특히 뛰어났다고 칭찬했다. (신기술이 등장하면 젊은이가 늙은이를 제치고 중요한 업적을 남기는 일이 종종 발생하는데, 이를 '잔 다르크 신드롬'이라 부른다.)

 15세기에 유럽에 등장한 신무기들은 유럽 정부의 재정이 대폭 증가하는 원인이 되었다. 예컨대 군사혁명이 진행 중이던 15세기 후반기에 서유럽의 세금은 두 배로 늘어났다. 프랑스 포병의 연간 화약 소비량은 1440년대에서 1550년대까지 9,071킬로그램에서 226,795킬로그램으로 증가했으며, 프랑스 포병 사수射手의 수는 40명에서 275명으로 늘어났다. 에스파냐의 군사 비용은 1556년의 2백만 금화ducats 이하에서 1590년대의 1천3백만 금화로 증가했다. 이처럼 증가하는 비용을 감당하기 위하여 에스파냐의 필립 2세는 카스티야 지방의 세

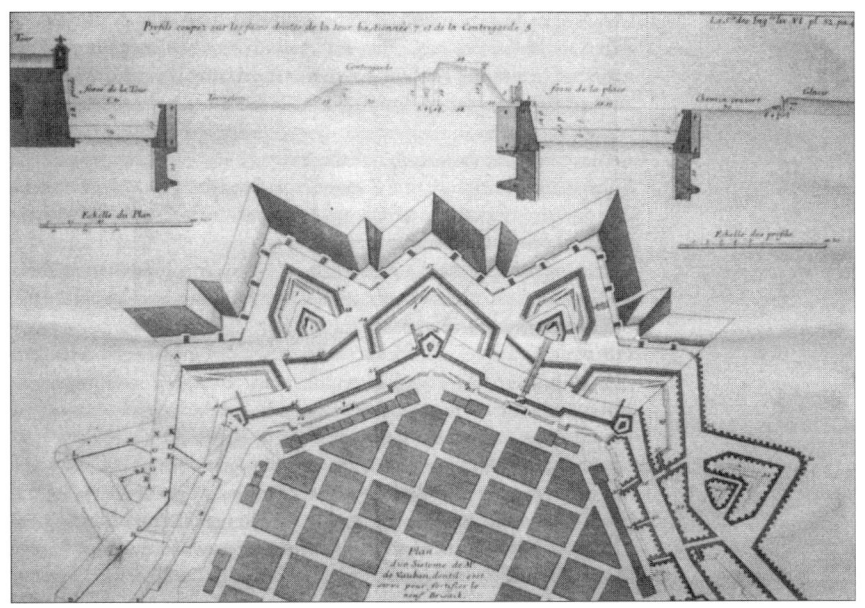

그림 9.6__요새. 대포에 무력한 성은 이탈리아 성채라 불리는 돌출부가 있는 복잡한 요새로 대체되었다. 그런 요새는 효과적인 방어 수단이었지만 비용이 엄청나게 많이 들었다.

금을 세 배로 늘렸고, 국채 상환을 거듭 거부했으며, 군사 비용을 제때에 지급한 적이 한 번도 없었다.

소총은 1550년대에 도입되었고, 나사우Nassau의 모리스Maurice 루이스와 윌리엄 루이스William Louis는 표준화된 소총을 들고 일렬로 늘어선 소총수들이 일제히 장전하고 사격하는 일제 사격 전술을 개발했다. 이 전술과 표준화된 포병 부대는 1600년부터 새롭고 강력한 군대의 주축이 되었다. 소총과 대포 앞에서 큰 활과 석궁과 칼과 기마병과 창병은 역할이 줄어들거나 완전히 사라졌다. 이제는 소총을 앞세운 보병이 다시 한 번 전장의 주역이 되었다. 그 결과로 이후 2세기 동안 유럽 여러 국가의 상비군 규모는 1만 명 수준에서 10만 명 수준으로 극적으로 증가했다. 17세기의 마지막 70년 동안에만도 프랑스군은 태양왕 루이 14세 치하에서 15만에서 아마도 40만으로 증가했다.

대포는 중세의 성과 구식 성벽을 비교적 쉽게 무력화시킬 수 있었으므로, 새롭고 비용이 더 많이 드는 방어 수단이 필요했다. 이탈리아 성채 trace italienne라 불리는 능보稜堡가 설치되었으며 전체적으로 별 모양인 요새가 만들어졌다. 대포로 무장한 요새들은 방어자들이 공격자를 관측하고 반격하는 것을 용이하게 했다. 유럽 정부는 새로운 요새들을 만들기 위해 막대한 비용을 쏟아부었고, 그 비용은 유럽에서 가장 부유한 국가들의 재정마저도 압박했다. 공격과 방어는 도발과 대응이 반복되며 점점 격해지는 방식으로 진행되었다. 비용은 가차없이 상승했고 전쟁은 중앙집권적인 국가들의 전유물이 되었다.

오직 규모가 큰 정치적 통일체만이, 특히 세금 조달력이나 기타 상업적 부를 확보한 중앙집권적인 민족국가들만이 새로운 무기와 요새를 감당할 수 있었다. 그러므로 군사혁명은 권력을 지역의 봉건적 권력자들에게서 중앙집권적인 왕국과 민족국가들로 이동시켰다. 예컨대 프랑스 왕국―근대 유럽에서 가장 강력한 국가였다―은 15세기의 백년전쟁 이후에 통일체의 모습을 갖추었다. 1550년대 이후의 소총과 상비군의 발전은 그런 추세를 더욱 강화했다. 상비군을 감당할 비용과 그들을 조직하고 훈련하고 유지할 관료체제를 가진 것은 오직 중앙집권적인 정부뿐이었으므로 그런 추세는 불가피했다.

역사적으로 독특한 이 같은 군사 기술은 정부의 개입과 지원을 요구했으므로 유럽 사회는 중앙집권화를 향해 나아갔다. 군사혁명은 국가 간 경쟁과 끊임없는 기술 개발을 선호하는 사회적 역동을 일으켰다. 사회적·정치적·경제적 중앙집권화의 효과는 우리가 앞에서 살펴본 거대 관개문명에서 관개농업에 의해 발생한 효과와 유사했다.

다시 말해서 유럽은 수천 년 전의 이집트와 중국처럼 문명화된 제도 전체를 갖추게 되었다. 15세기 이후 거국적인 군대와 왕립 해군의 창설은 고대와 중세 이슬람에서 관개사업이 그랬듯이 정치적 중앙집권화를 불가피하게 만들었다. 무기 제작소와 조선소와 요새들은 마치 관개농업 사회의 운하와 댐처럼 국가가 소유하고 통제하는 공공 시설로 유지되었다. 또 17세기에 스웨덴 왕 아돌프 구스타브Adolphus Gustavus가 처음 시작하고 나중에 프랑스 대혁명에 의해 국가 원리로 정착된 국민개병제는 고대의 강제 노역에 해당한다고 할 수 있다.

유럽은 군사혁명의 결과로 점점 더 중앙집권화되었지만, 지리적·환경적 조건 때문에 중국이나 인도나 이슬람 세계에서처럼 제국이 형성될 수는 없었다. 동방의 광범위한 영역―나일 강 유역과 유프라테스·티그리스 범람원―전체를 포괄하는 대규모 관개시설과 달리 빗물에 의존하는 농업에 기반을 둔 유럽의 전형적인 군사·정치적 체제는 국지적인 성격이 강했고, 그 속에서 다양한 인종적·언어적·지리적 요소가 종합되어 민족국가가 형성되었다. 그리하여 군사혁명의 일차적인 산물로 비교적 중앙집권적이며 서로 경쟁하는 민족국가 집단이 출현했다. 민족국가들은 정치적·군사적·경제적 경쟁을 벌였으며, 어떤 국가도 전체를 지배하기에 충분한 힘을 얻지 못했다. 에스파냐, 포르투갈, 프랑스, 영국, 그리고 약소국인 프로이센, 스웨덴, 러시아 사이의 상호 견제는 유럽을 분쟁의 온상으로 만들었으며, 또 기술적으로 세계사를 이끌 역량을 갖추게 만들었다.

유럽의 중앙집권화가 제한적이었던 것에 대한 다른 설명들도 있다. 먼저 군사혁명 이전 유럽 봉건체제의 분산적인 성격을 지적할 수 있다. 다른 한편, 새로운 군사 기술은 관개문명의 전통적인 특징을 완전히 뒤엎는 혁신적인 것이었기에 변화에 실패한 국가들이 처한 위험은 매우 컸다. 군사혁명을 받아들이지 않았거나 받아들일 수 없었던 작은 국가나 정치적 통일체들(예컨대 폴란드)은 주변의 강한 세력들에 의해 완전히 사라졌다. 이와 관련해서 매우 의미심장한 것은 통일된 유럽 제국을 낳을 만한 범유럽적인 주체가 부재했다는 점이다. 가장 강력한 주체는 교황과 신성 로마 제국—명목상 서로마 제국의 계승자로 800년에 탄생하여 1806년에 해체되었다—이었다. 만약 유럽의 환경이 중앙집권적인 권력을 요구했다면, 교황이나 신성 로마 제국이 초민족적인 지배체제로 성장했을지도 모른다. 그러나 그 두 주체는 통일 유럽을 낳지 못했고 신흥 민족국가들에 비해 약한 세력으로 머물렀다. 심지어 인위적으로 형성된 거대 권력도 단명하고 말았다. 예컨대 나폴레옹 제국은 겨우 10년 정도 존속한 후 1812년에 무너졌다.

군사혁명이 정치적 중앙집권화와 더불어 산출한 또 하나의 결과는 유럽인의 식민지 정복 물결이었다. 육상 군사 기술의 변화와 함께 일어난 해전海戰혁명은 유럽의 세계 정복 과정의 기술적인 토대였다. 해전혁명의 한 부분은 새로운 유형의 전함과 전투 기술의 개발이었다. 바람을 이용하여 움직이며 비교적 적은 인원이 탑승하는 포르투갈의 캐러벨caravel(소형 범선)과 더 나중에 개발된 갤리언galleon(대형 범선)은 많은 인원을 태우고 인력으로 노를 저어 지중해 전장을 누비던 갤리galley선을 대체했다. 또 예컨대 투르크인들과 기독교도들이 1571년에 레판토Lepanto 해전에서 썼던 것과 같은 해전 전술, 즉 충돌과 적선에 옮겨타기를 포함한 전술도 대포로 중무장한 선박의 측면에 장착된 포로 먼 거리의 적을 공격하며 적의 승선을 예방하는 전술로 바뀌었다. 전문가들은 에스파냐 무적함대가 1588년에 영국 해군에 패한 것은 부분적으로 영국군이 '전열戰列을 맞춘' 배들의 측면에서 대포를 쏘는 전술을 채택한 반면, 에스파냐군은 지중해에서 효과적이었던 충돌 및 승선 전술을 고집했기 때문이라고 말한다.

캐러벨·갤리언의 개발은 기술적 변화가 일반적으로 얼마나 복잡한가를 보여준다. 개발자들은 결과를 미리 예측하지 못한다는 점을 명심하자. 몇몇 조선공이 명시적으로 대양 항해를 위한 무장 선박을 만들고자 했던 것이 아니라 오히려 기술적·사회 문화적·지리적 요인들이 함께 작용하여 새로운 선박이 탄생한 것이다. 예를 들어 돛과 선상 장비를 개량하고 포구를 뚫고 포대를 개발하고 설치해야 했으며, 선장은 나침반(중국에서 발명되었다)을 익혀 바다에서 위도를 확인할 수 있어야 했다. 그 같은 항해 기술은 1480년대에 적도 이남으로의 항해가 이루어질 때에야 비로소 완전히 터득되었다. 아프리카, 인도양, 혹은 아메리카로 항해하는 것만으로는 당연히 부족했다. 중요한 일은 유럽으로 돌아오는 것이었다. 그러기 위해 바스코 다가마Vasco da Gama와 콜럼버스는 이른바 '볼타volta'라는 기술을 익혀 서쪽으로 기운 아프리카 서안을 따라 북으로 항해하여 대서양으로 나간 다음 동쪽의 이베리아 반도로 부는 바람을 타야 했다. 기술적 변화는 복잡한 사회적 과정이며, 그 속에서 전적으로 기술적인 사안들(이를테면 선박 제작)은 온갖 종류의 사회적 요소와 상호작용하여 예기치 못한 기술적·사회적 결과들을 산출한다. 무장 선박의 경우에도 우리가 독립적인 '기술'을 고립시킨 후 그것이 사회에 미친 영향을 탐구한다는 것이 불가능함을 분명히 보여준다.

무장 선박이라는 새로운 기술이 전세계에 미친 영향은 대단한 것이었다. 포르투갈인들은 1443년에 사하라 이남 아프리카 해안에 처음 닿았고 1488년에 아프리카 최남단의 희망봉에 도달했다. 바스코 다가마가 170명의 선원과 20정의 대포, 그리고 4척의 작은 배로 희망봉을 경유하여 인도양으로 처음 항해한 것은 1497~98년이었다. 그는 이슬람과 인도의 상인들에게서 무력으로 빼앗은 향신료를 가득 싣고 포르투갈로 돌아왔다. 콜럼버스Christopher Columbus(1451~1506)는 3척의 작은 캐러벨을 이끌고 서인도 제도에 도달했다. 에르난 코르테스는 1518년과 1519년에 600명의 탐험대와 17필의 말과 10정의 대포로 멕시코를 정복했다. 더 나중의 유럽인 여행자들은 더 크고 무거운 무장 함대를 이용했지만, 콜럼버스와 다가마와 코르테스의 작은 배들도 성공적인 항해를 위해 충분했다. 그들은 이후 300년 동안 지속된 유럽의 중상주의와 식민지 정복의 선구자였다.

첫번째 주자는 포르투갈과 에스파냐였고, 더 나중에 프랑스, 네덜란드, 영국 등이 합세했다. 그들의 식민주의와 식민지 쟁탈전과 상업 활동은 18세기 내내 유럽 안팎에서 일어난 분쟁의 주원인이었다. 1797년에 프랑스의 식민주의 역사가 모로 드 생메리Moreau de Saint-Méry는 아프리카 노예들을 식민지로 나르고 식민지의 산물을 유럽으로 운반하는 엄청난 대형 선박들이 '인간의 천재성이 낳은 가장 놀라운 기계'라고 썼다. 서양이 더 큰 세계로 나아가도록 해준 것은 유럽 해군이었다. 전문가들은 1800년에 유럽 세력이 지구 전체의 땅과 인구와 자원의 35퍼센트를 지배했다고 말한다.

이처럼 엄청난 결과를 가져온 유럽의 발전에서 과학은 어떤 역할을 했을까? 본질적으로 아무 역할이 없었다는 것이 정답이다. 우리가 이미 보았듯이 몇몇 기초적인 발명품(예컨대 화약과 나침반)은 중국에서 기원하여 그곳에서 이론적 관심과 상관없이 발달했다. 유럽에서는 아리스토텔레스, 유클리드, 프톨레마이오스의 전통이 확립되어 있었지만 당대의 어떤 자연철학도 새로운 무기나 포격술에 응용할 만한 것이 없었다. 돌이켜보면 이론적인 탄도학ballistics이 유용할 수 있었겠지만, 당시에 탄도학은 아직 정립되지 않은 상태였다. 갈릴레오의 낙하법칙이 있어야 했고, 설령 그것이 있었다 하더라도 17세기에 그 같은 이론을 실천에 응용할 수 있었을지 의문이다. 주조공에게는 금속 화학이 유용할 수 있었겠지만, 19세기 이전의 화학 이론은 한계가 명백했고, 연금술은 아무 도움이 안 되었던 것으로 보인다. 선박 설계에 응용할 수 있는 유체역학 역시 당시에는 없었다. 훗날 결정적인 공학이 된 재료역학mechanics of materials은 갈릴레오에 의해 처음 연구되었고, 19세기에 이르러서야 응용되었다. 과학적 지도 제작술은 아마도 유럽인의 초기 대양 항해를 돕는 역할을 했을 것이다. 그러나 항해술은 과학이 아니라 솜씨였다. 사수射手, 주조공, 대장장이, 조선공, 기술자, 항해사는 모두 경험과 솜씨와 직관과 어림짐작과 모험에만 의지하여 과제를 해결했다.

실제로 인과의 화살은 유럽 정부가 ― 동방의 정부처럼 ― 기술적 · 경제적 이득을 위해 과학을 지원하기 시작하면서, 기술의 세계에서 과학의 세계로 날아갔다. 그러므로 유럽에서 과학의 제도화와 관료화가 근대의 포르투갈과 에스파냐에서 처음 일어난 것은 우연이 아니다. 포르투갈의 항해왕자 엔리케prince Henry the Navigator(1394~1460)는 오늘날 비록 위대한 인본주의적 탐험 후원자보다는 중세 말기의 십자군으로 더 유명하지만 15세기 포르투갈의 거듭된 아프리카 서안 탐험을 주도한 장본인이었다. 그는 항해술을 진흥하고 포르투갈 해상 제국을 건설하는 데 큰 역할을 했다. 리스본은 곧 향신료 교역에 힘입어 항해와 지도 제작의 세계적 중심지가 되었다. 포르투갈 왕실은 다양한 수학자, 우주학자, 수학 및 천문학 교수를 고용했고, 교역을 관리하는 관청과 지도를 만드는 관청을 설립했다. 포르투갈의 지도 전문가들은 국제적으로 고용되었다. 신성 로마 제국의 황제 샤를 5세Charles V와 그의 아들 필립 2세Philip II는 1516년에서 1598년까지 에스파냐에서 당대 유럽 최대의 제국을 다스렸다. 이웃인 포르투갈과의 식민지 쟁탈전과 지구 반대편의 제국 영토 확정과 관련된 사안들 때문에 에스파냐는 16세기에 포르투갈을 밀어내고 과학적 항해술과 지도 제작술의 선두주자가 되었다. 세비야에서는 정부가 지원하는 무역관(교역을 위한 관청)이 지도를 관리하고 지속적으로 개정했다. 무역관 소속의 수석 항해사Pilot-Major는 항해사 교육을 감독했고 (1508), 왕실 우주학자는 항해 장치와 해도를 담당했다(1523). 필립 2세는 1552년에 무역관에 항해 및 지도 제작을 담당하는 왕립 교수직을 신설했다. 무역관을 보조하기 위하여 1523년에 설치된 정부 기관인 인도 회의Council of the Indies도 왕실 우주학자들과 에스파냐 제국 확장과 관련한 다양한 과학적·실용적 임무에 종사하는 행정관들을 두게 되었다. 에스파냐의 지도 제작술과 항해술 지원은 1582년에 필립 2세에 의해 마드리드에 수학 아카데미가 설립되면서 절정에 이르렀다. 수학 아카데미는 지도 제작술, 항해술, 군사 기술, 그리고 신비주의적인 과학들을 가르쳤다. 당대의 사정을 상징적으로 보여주는 사례로, 요새 건설 기술을 가르치는 교수의 수입이 대학의 일류 철학 교수 수입의 두 배였다는 것을 들 수 있다.

  에스파냐 정부는 에스파냐와 인도의 지리학과 자연사에 대한 체계적·포괄적 연구도 지원했다. 인도 회의에 소속된 관리들은 설문지를 돌리며 전례 없는 규모로 정보를 수집했고, 필립 2세는 1570년대에 프란시스코 에르난데스Francisco Hernández가 지휘하는 역사적인 과학 탐험대를 신세계에 보내 지리학적·식물학적·의학적 정보를 수집했다. 에스파냐와 포르투갈은 과학 전문가를 고용하여 식민지 개척에 이용한 최초의 유럽 세력이었다. 뒤를 이은 유럽의 세력, 즉 네덜란드, 프랑스, 영국, 러시아는 에스파냐과 포르투갈이 확립한 과학 지원과 식민지 개척의 패턴을 그대로 따랐다. 그렇게 군사혁명의 여파 속에서 근대 유럽의 과학 제도화는 다른 거대 문명들에서 일어났던 패턴과 유사해지기 시작했다.

코페르니쿠스, 혁명을 시작하다

니콜라스 코페르니쿠스Nicholas Copernicus는 1543년 임종을 맞는 자리에서 자신이 쓴 『천구의 회전에 관하여De revolutionibus orbium coelestium』 초판본을 받았다. 그 위대한 작품에서 코페르니쿠스는 지구가 매일 한 바퀴씩 자전하고 매년 한 바퀴씩 태양 주위를 공전한다는 태양 중심 우주론을 주장했다. 1543년에 세상의 모든 문명은 우주의 중심에 지구를 두고 있었다. 전통적인 천문학적 지혜이며 성경이 보증하는 전통인 지구 중심론과 그렇게 완전히 결별함으로써 코페르니쿠스는 과학혁명에 불을 댕기고 근대적인 과학적 세계관의 형성을 향한 첫발을 내디뎠다.

과학혁명은 세계사의 전환점을 이룬다. 1700년경 유럽 과학자들은 아리스토텔레스와 프톨레마이오스의 과학과 세계관을 뒤엎었다. 1700년의 유럽인들—그리고 얼마 지나지 않아 전세계의 모든 사람—

은 선조들, 그러니까 이를테면 1500년의 사람들이 경험한 것과 크게 다른 지적인 세계에서 살았다. 세계를 이해하는 방식으로서, 그리고 세계를 바꿀 잠재력을 지닌 활동으로서 과학의 힘과 역할 역시 과학혁명 속에서 근본적인 재구성을 겪었다.

  16세기와 17세기의 과학혁명 개념은 20세기에야 등장했다. 처음에 과학혁명은 우리의 자연 이해와 관련된 지적인 전환으로, 닫힌 세계에서 무한한 우주로의 움직임이라는 멋진 표현으로 대변되는 우주 개념의 개편으로 생각되었다. 그러나 학자들의 연구가 심화되면서 의문시되지 않았던 과학혁명의 실재성과 통일성이 무너지기 시작했다. 단순히 과학사상사의 한 사건을 의미하는 과학혁명은 이미 오래전에 폐기된 개념이다. 예컨대 과학혁명에 관한 오늘날의 논문은 성공적인 천문학이나 역학만 다루는 것이 아니라 마술, 연금술, 점성술 같은 '신비주의적인' 과학도 다루어야 한다. 과학의 사회적 효용을 강조하는 이데올로기가 과학혁명의 근본적인 요소 중 하나였다는 것이 밝혀졌으며, 새로운 과학적 방법―특히 실험적 과학―의 발생 역시 16세기와 17세기의 '새로운 과학'의 핵심적인 특징이었던 것으로 보인다. 오늘날에는 과학의 사회적·제도적 조직화와 관련한 변화들 역시 과학혁명의 본질적인 요소로 간주된다. 이제 진행될 우리의 해석은 시간적·개념적 경계가 명확히 정의되어 있는 단일한 사건으로서의 과학혁명 개념을 거부한다. 오늘날의 역사가들은 과학혁명을 유용한 개념적 도구로만 취급하면서, 실제로 일어난 사건들을 큰 역사적 맥락에 넣어 더 복잡하고 다면적인 현상으로서 다양한 방법으로 연구한다.

유럽 르네상스의 새로운 세계

16세기와 17세기 유럽 과학의 사회적 맥락은 여러 면에서 중세에 비해 극적으로 달라졌다. 군사혁명, 유럽인들의 탐험 항해, 신세계의 발견은 과학혁명이 전개되는 맥락을 바꾸어놓았다. 아메리카의 발견은 중세 말기의 폐쇄적인 유럽 중심적 세계관 전체를 흔들어놓았고, 과학적 지리학은 그 자체로 과학혁명의 계기를 제공했다. 관찰 보고와 실질적인 경험에 대한 강조와 함께 새로운 지리학적 발견들은 기존의 권위를 위협했다. 지도 제작술은 세계에 관한 지식의 새로운 모범이 되었고, 그것은 당연히 먼지 앉은 책을 통해 과거의 가르침을 배우는 것보다 우월했다. 과학혁명기의 많은 과학자가 이런저런 방식으로 지리학이나 지도 제작술을 다루었던 것으로 보인다.

1430년대 말에 요하네스 구텐베르크Johannes Gutenberg는, 아시아의 인쇄술에 의지하지 않고, 이동식 활자를 이용하는 인쇄술을 발명했다. 이 강력한 신기술의 확산 역시 1450년 이후 근대 유럽의 문화적 지형을 바꾸어놓았다. 새로운 매체는 '의사소통 혁명'을 일으켜 가용한 정보의 양과 정확도가 향상되는 한편, 책을 필사하는 일은 과거의 잔재가 되어버렸다. 1500년에 1만 3천 권의 책을 만든 인쇄술은 유럽 전역으로 신속하게 확산되어 지식에 대한 대학의 독점권이 무너지고 새로운 아마추어 지식인들이 등장하는 데 기여했다. 실제로 최초의 서점들은 저자와 출판인과 노동자들이 전례 없는 방식으로 교류하며 새로운 지식을 산출하는 일종의 지적인 중심 역할을 했다. 인간의 가치와 고전 그리스 및 라틴 문헌에 대한 직접적인 연구를 강조하는 철학적·문학적 사조인 르네상스 인본주의humanism는 지식인 인본주의자들의 노력을 지탱한 인쇄술 없이는 생각하기 힘들다. 인쇄술과 인본주의 학자들의 등장은 과학과 관련해서 또 한 번 고대 문헌들의 부활을 가져왔다. 유럽인들은 12세기에 아랍어 번역본을 재번역함으로써 처음으로 고대 그리스 과학을 배웠지만, 15세기 말의 학자들은 그리스 원전을 직접 번역한 새로운 판본들을 산출하기 시작했고 아르키메데스를 비롯한 중요한 원전들을 추가로 발견했다. 게다가 인쇄술은 과거에 잘 알려지지 않았던, 철학적·마술적 '비법'을 담은 지침서들을 널리 퍼뜨림으로써 과학혁명의 전개에 큰 역할을 했다. 또 한 번 강조하지만, 인쇄술은 당대의 과학에서 얻은 바가 없지만, 반대로 당대의 과학에 엄청난 영향을 미쳤다.

특히 이탈리아에서 14세기와 15세기에 일어난 문화적 삶과 예술의 부활을 일반적으로 르네상스라 부른다. 그 부활 역시 근대의 변화된 상황을 이루는 한 요소로 간주되어야 한다. 이탈리아 르네상스는 도시적이고 비교적 세속적인 현상이었으며, 왕실이나 왕실의 후원자들과 (또는 고위 성직자들과) 손을 잡았지만 대학과 손을 잡지는 않았다. 르네상스기의 위대한 예술 활동을 언급하면, 거의 누구나 도나텔로Donatello(1386~1466), 레오나르도 다 빈치(1452~1519), 라파엘로(1483~1520), 미켈란젤로(1475~1564) 같은 위대한 천재들을 연상한다. 중세 예술과 달리 르네상스 회화의 전형적인 특징은 원근법—3차원 공간을 2차원 화폭에 사실적으로 옮기는 투사법—의 사용에 있다. 레온 바티스타 알베르티Leon Battista Alberti(1404~1472), 알브레히트 뒤러Albrecht Dürer(1471~1528) 등의 연구 덕분에 예술가들은 원근법을 지배하는 수학적 법칙들을 활용하는 법을 배웠다. 이 같은 발전은 매우 중요하기 때문에, 역사가들은 르네상스 예술가들을 15세기와 16세기에 이루어진 새로운 자연 지식 발견의 선봉으로 여기는 경향이 있다. 그러한 경향을 어떻게 평가하든 간에, 근대의 예술가들은 생동감 있는 재현을 위해 인체 근육의 해부학을 정확히 알 필요가 있었으며, 르네상스기에 폭발적으로 증가한 해부학 연구는 예술가들의 요구에 그 원인이 있다고 할 수 있을 것이다.

이러한 시대적 변화를 증언하기라도 하듯이, 해부학자 안드레아스 베살리우스Andreas Vesalius(1514~1564)는 중요한 해부학 서적 『인체의 구조에 관하여De humani corporis fabrica』를 코페르니쿠스의 『천구의 회전에 관하여』가 출간된 해와 같은 1543년에 출간했다. 베살리우스는 군의관이었다. 그러므로 그의 해부학 전문 지식은 아마도 르네상스 예술의 요구뿐만 아니라 군사혁명과 화기에 의한 새로운 종류의 부상에서도 많은 도움을 얻었을 것이다. 다른 이탈리아 해부학자들도 각자의 기술을 발전시키고 해부학적 발견을 했다. 바르톨롬메오 유스타키오Bartolommeo Eustachio(1574년 사망)와 가브리엘 팔로피우스Gabriel Fallopius(1523~1562)는 새로 발견한 관管에 자신들의 이름을 붙였고(유스타키오관과 나팔관Fallopian Tube—옮긴이), 레알도 콜롬보Realdo Colombo(1520~1560)는 1559년에 혈액의 폐순환, 즉 심장과 폐 사이에서의 순환을 주장했다. 이러한 해부학 발전은 영국의 의사 윌리엄 하비William Harvey(1578~1657)가 혈액의 순환을 발견하면서 절정에 도달했다. 하비는 이탈리아에서 공부했고 런던 왕립 의학 칼리지Royal College of Physicians in London의 특별 연구원으로 선출되어 해부학을 강의했다. 죽어가는 동물의 느린 심장 박동을 자세히 관찰하고 심장을 떠나는 혈액의 양을 측정함으로써 하비는 동맥과 정맥이 연결된 순환계를 이룬다는 결론에 도달했다. 1628년에 발표된 그의 발견은 르네상스 해부학의 생산적인 전통에서 나온 혁명적인 산물이었다. 사실상 갈레노스와 아리스토텔레스에서 유래한 가르침이 하비에 의해 수정될 수 있었던 것은 16세기와 17세기 유럽의 과학혁명이 매우 포괄적이었음을 보여준다.

마술과 신비주의적 과학도 르네상스 과학과 자연철학에서 핵심적인 요소를 이룬다. 르네상스기의 신비주의적 과학에는 점성술, 연금

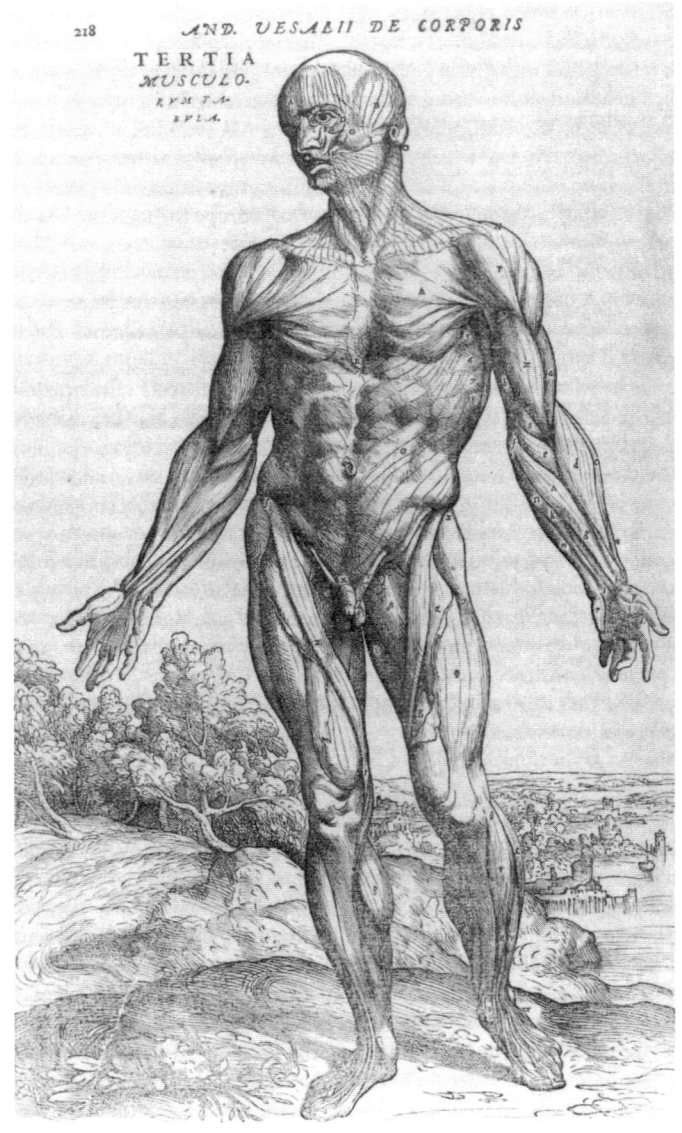

그림 10.1_새로운 해부학. 화기가 탄생하면서 의사들은 더 심각한 부상과 화상을 다루게 되었다. 군의관이었던 안드레아스 베살리우스는 1543년에 최초의 근대적인 인체 해부학 지침서를 출간했다. 그 해는 코페르니쿠스가 태양 중심 천문학에 관한 책을 출간한 것과 같은 해였다.

술, 악령학惡靈學(demonology), 점술, 마술, 신플라톤주의, 장미십자회(십자가와 유사한 신비주의적 상징으로 대표되는 비밀 집단), 카발라(성경의 비밀스러운 수수께끼를 연구하는 학문) 등이 포함된다. 근대의 마술적 활동은 검은마술black magic을 통해 사악한 힘들과 접촉하는 금지된 활동으로부터 경이로운 기계나 기술적 과정(예컨대 불을 붙이는 거울이나 자석)과 관련된 '자연적' 혹은 '수학적' 마술까지 다양했다. 마술과 신비주의가 비합리적인 미망이며 사기라는 우리의 선입견과 달리, 최고 수준의 르네상스 마술과 관련 지식 체계는 진지한 영적·지적 활동으로서 나름대로 자연세계에 대한 지식을 산출했다. 신비주의라는 개념 자체가 이중적인 의미를 지니고 있다. 신비주의가 말하는 신비는 한편으로 전문가들만 공유하는 비밀을 의미하기도 하지만, 다른 한편으로 자연 속에 감춰진 비밀을 의미하기도 한다.

 신비주의적 과학은 15세기 중반에 이른바 '헤르메스 전집Hermetic corpus'이 재발견되고 번역되면서 합법성과 힘을 얻었다. 헤르메스학의 근본 원리는 소우주인 인체와 대우주인 우주 전체를 '호감'과 '반감'으로 구성된 신비적인('감춰진') 대응과 관계의 체계를 통해 연결했다. 그러므로 상징적으로 이해한 세계는 감춰진 의미와 연관과 신비로운 상징으로 가득 차 있었다. 헤르메스학은 점성술적 믿음뿐 아니라 마술사가 자연의 행로를 바꾸는 능력도 긍정했다. (우주가 마술사들이 조종할 수 있는 '힘들'로 박동하고 있다는 르네상스 마술의 원리는 근대의 뉴턴이 주장한 만유인력 개념으로 흘러들기도 했다.) 그러므로 헤르메스학은 자연에 수학적으로 짜인 초월적이고 신적인 질서가 있다고 보았으며, 인간은 자연을 이해할 수 있을 뿐 아니라 마술을 이용하여 자연을 조작할 수 있다는 낙관적인 입장을 제시했다. 이런 특징 때문에 르네상스 마술은 과학혁명을 일으킨 개인이나 역사적 힘과 어깨를 나란히 할 수 있었다. 이런 활동들이 반反아리스토텔레스적이었으며 대학 외부에서 일어났다는 점, 그리고 후원자들을 끌어들일 수 있었다는 점도 간과하지 말아야 한다. 더 나중인 17세기에 마술이 상대적으로 쇠퇴하고 더 '개방적인' 지식 체계로 이행한 것은 과학혁명 속에서 일어난 중요한 전환이었다. 그러나 그때까지 르네상스 마술은 유용하고 실질적이라고 믿어진 힘을 제공했다.

거대한 역사적 혼란인 종교개혁은 16세기 서양 가톨릭 교회의 영적·정치적 통일성을 무너뜨렸다. 종교개혁은 기존의 종교적 권위를, 특히 바티칸의 권위를 문제시했다. 돌이켜보면, 종교개혁은 근대 사회의 지배권이 교회에서 세속 권력에게로 이행하는 것에서 가장 중요한 한 걸음이었다. 종교개혁은 1517년 마르틴 루터Martin Luther가 비텐베르크Wittenberg 교회의 정문에 '95개의 논제Ninety-Five Theses'를 내걸면서 시작되었다. 95개의 논제는 논쟁적인 종교적 명제들이었고, 이를 출발점으로 하여 1648년에 막을 내린 30년전쟁까지 이어지며 유럽을 뒤흔든 피비린내 나는 종교적 분쟁이 시작되었다. 과학혁명은 종교개혁과 함께 진행되었으며, 과학혁명에 기여한 주요 인물들―요하네스 케플러, 갈릴레오 갈릴레이, 르네 데카르트, 아이작 뉴턴 등―은 신학적 논쟁에서 불거진 종교적 주제들에서 깊은 영향을 받았다.

지금까지 우리는 과학혁명의 시기에 과학자들이 직면해야 했던 변화된 상황들을 열거했다. 이제 이들보다는 덜 중요하지만 점점 더 까다롭게 발전한 문제 하나를 추가할 필요가 있다. 그 문제는 달력 개정이다. 기원전 45년에 율리우스 카이사르에 의해 공포된 율리우스력은 1년을 실제 태양년보다 대략 10분 긴 $365\frac{1}{4}$일로 정했다(4년마다 2월에 하루를 추가했다). 16세기에 이르자 율리우스력과 실제 태양년 사이의 편차는 10일 정도로 늘어났다. 천체 시간과 공식 시간 사이의 이 같은 불편한 불일치는 가뜩이나 까다로운 부활절 결정 문제를 악화시켰다. 교황 섹스투스 4세는 1475년에 달력 개정을 시도했지만 아무 성과도 거두지 못했다. 1512년에 교황 레오 10세가 그 문제를 다시 제기하였다. 자문을 부탁받은 니콜라스 코페르니쿠스는 실질적인 달력 개정이 가능하려면 먼저 천문학 이론을 검토해야 한다는 입장을 밝혔다.

겁 많은 혁명가

폴란드 태생의 코페르니쿠스(1473~1543)는 생애 대부분을 당대 과학 문명의 변방에서 인맥을 통해 얻은 직책인 교회 행정가(대성당 참사회 의원canon)로 일하며 보냈다. 겁 많은 인물이며 권위에 복종적이었던 것이 분명한 코페르니쿠스는 혁명을 시작할 만한 인물로 보이지 않는다. 그는 1491년에 크라쿠프Cracow 대학에 입학했고, 1500년을 전후한 10년 동안을 이탈리아의 여러 대학에서 보냈다. 이탈리아에서 그는 공식적으로 법학과 의학을 공부하면서 천문학에 대한 관심을 키웠으며 이탈리아 르네상스의 문화적 분위기에 흠뻑 빠져들었다. 당시의 전형적인 인문학 연습 방법이 번역이었으므로, 코페르니쿠스는 유명하지 않으며 논란의 여지가 없는 그리스 시인 테오필락투스Theophylactus를 번역하기도 했다.

코페르니쿠스와 그의 업적에 관하여 핵심적으로 지적할 사항은 그가 최초의 근대 천문학자라기보다 최후의 고대 천문학자였다는 점이다. 보수적이었던 그는 일부에서 형성되던 새로운 전통을 바라본 것이 아니라 고대 그리스 천문학을 돌아보았다. 그는 케플러와 뉴턴의 선구자로서가 아니라 프톨레마이오스의 후계자로서 연구했다. 그는 아무리 높게 평가해도 절반만 혁명가였다고 보아야 옳다. 그의 목표는 그리스 천문학을 뒤엎는 것이 아니라 그것의 원래 순수성을 회복하는 것이었다. 그는 특히 거의 2,000년 전에 나온 '현상을 구제하라'는 명령을, 즉 일정한 원운동을 통해 천체의 움직임을 설명하라는 명령을 진지하게 받아들였다. 코페르니쿠스가 보기에 프톨레마이오스 천문학은 행성의 정지와 역진을 만족스럽게 설명하는 데 실패했다. 복잡한 기하학적인 구성물로 가득한 그 체계는 천문학적인 '괴물'이었다. 그는 특히 프톨레마이오스의 등각속도점equant point―그곳에서 측정을 하면 천체가 일정한 원운동을 하는 듯이 보이게 되는 공간 속의 가상적인 점―을 반박했다. 등각속도점을 근거로 해서 운동이 일정하다고 말하는 것은 허구에 불과했다. 등각속도점을 도입한다는 것은 사실상 행성의 운동이 일정하지 않음을 인정하는 것이었다. 더 나은 방식, 일정한 원운동과 고대의 전통에 더 적합한 방식이 있어야 했다.

코페르니쿠스가 보기에 더 좋은 방식은 태양 중심론, 즉 태양을 태양계의 중심에 (혹은 최소한 중심 근처에) 놓고 지구를 행성으로 만드는 것이었다. 그는 처음에 태양 중심론을 저자를 밝히지 않은 '짧은 논평Commentariolus'이라는 제목의 논문에서 주장했고, 1514년 이후 그 논문을 전문 천문학자들에게 돌렸다. 그러나 그는 자신의 대작 『천구의 회전에 관하여』의 출간을 뒤로 미루었다. 그것은 아마도 코페르니쿠스 자신이 그런 비밀스러운 지식은 드러나지 않아야 한다고 느꼈기 때문일 것이다. 또 교황에게 바친 헌사에서 그가 밝혔듯이, 그런 '터무니없는' 이론으로 인해 '야유를 받으며 무대에서 쫓겨나는 것'을 두려워했기 때문임에 분명하다. 코페르니쿠스보다 젊은 독일 천문학자 레티쿠스Rheticus는 코페르니쿠스의 원고를 보았고 1540년에 그에 관한 '첫번째 논평'을 출간했다. 이제 멍석이 깔린 것이 확실했으므로 코페르니쿠스는 출간에 동의했고, 그의 『천구의 회전에 관하여』는 1543년 그가 죽기 직전에 출간되었다.

코페르니쿠스는 어떤 새로운 관찰에 의거하여 자신의 천문학을 구성하지 않았다. 그는 『천구의 회전에 관하여』에서 태양 중심론을 증명하지도 않았다. 오히려 그는 태양 중심론을 다만 가설로 제시했고 그 가설에 근거하여 자신의 천문학을 구성했다. 코페르니쿠스는 유클리드의 기하학에서처럼 몇 개의 공리 형태로 태양 중심론을 제시하고 그로부터 행성 운동에 관한 명제들을 도출했다. 그가 그처럼 과감한 전제들을 채택한 것은 본질적으로 미학적이고 이데올로기적인 이유 때문이었다. 코페르니쿠스가 보기에 태양 중심 체계는 비율적으로 더 단순하고 조화로웠다. 그 체계는 아름답지 않은 프톨레마이오스 체계보다 지적으로 더 세련되고 — '마음에 들고' — 경제적이었다.

태양 중심론의 우월한 단순성은 주로 지구 중심론으로 설명하기에 매우 까다로운 행성의 정지와 역진을 설명하는 방식에서 드러났다. 코페르니쿠스 체계에서 그런 복잡한 행성 운동은 항성에 대하여 지구와 행성들이 상대적으로 움직이기 때문에 발생하는 착시 현상이다. 다시 말해서 지구가 움직일 경우, 움직이는 행성이 멈추고 거꾸로 움직이고 다시 앞으로 움직이는 듯이 보일 수 있다. 그러나 실제로는 관찰된 행성과 지구의 관찰자가 모두 역진 운동 없이 원을 그리며 태양을 도는 것이다. 태양 중심론에서도 행성의 정지와 역진은 여전히 현상으로 남아 있지만, 문제는 사라진다. '역진' 운동은 태양 중심론 가설에서 자동적으로 도출되는 귀결이다. 코페르니쿠스 업적의 혁명적 성격을 가장 잘 드러내는 것은 그가 태양 중심론을 채택함으로써 2,000년 동안 유지된 천문학의 핵심적인 이론적 문제가 사라지게 만들었다는 사실이다.

코페르니쿠스의 가설은 다른 면에서도 단순하고 미학적으로 매력적이었다. 그의 가설은 왜 수성과 금성이 태양에서 각각 28도와 48도보다 더 멀어지지 않는가를 설명했다. 그 설명을 위해 프톨레마이오스 체계는 불만족스러운 임시방편을 추가로 동원했지만, 코페르니쿠스 체계에서는 수성과 금성의 궤도가 지구 궤도 내부에 들어 있기 때문에 그 행성들이 태양 근처에 있는 것으로 보일 수밖에 없다는 설명이 가능했다. 코페르니쿠스 체계는 또 프톨레마이오스 천문학에서는 불분명했던 행성의 순서(수성, 금성, 지구, 화성, 목성, 토성)를 정확히 제시했다. 코페르니쿠스가 제시한 행성의 순서와 관찰된 행성의 위치, 그리고 간단한 기하학을 이용하여 천문학자들은 행성과 태양 사이의 거리와 태양계의 크기를 상대적으로 계산할 수 있었다.

코페르니쿠스와 그를 따르는 천문학자들에게 태양의 위치는 매우 중요했다. 『천구의 회전에 관하여』에 나오며 자주 인용되는 한 구절에서 코페르니쿠스는 태양 숭배까지는 아니더라도 신플라톤주의의 향기를 물씬 풍기는 다음과 같은 말을 했다.

> 모든 것의 중앙에 놓인 권좌에 태양이 당당하게 앉아 있다. 너무나 아름다운 이 신전에서 우리가 찬란한 태양을 놓을 자리는 태양이 전체를 한꺼번에 비출 수 있는 자리가 가장 좋지 않겠는가! 태양이 우주의 지배자이며 정신이며 등불이라는 말은 옳다. 헤르메스 트리스메기스투스는 태양을 보이는 신이라 칭했고, 소포클레스의 엘렉트라는 모든 것을 보는 자라 칭했다. 그렇게 태양은 왕좌에 앉아 자신의 주위를 도는 자녀들인 행성들을 다스린다……. 한편 지구는 태양에 의해 잉태되어 매년 새로 태어난다.

코페르니쿠스는 지구가 매일 자전한다고 말함으로써 모든 천체의 겉보기 일일 운동을 설명했고, 지구가 일 년에 한 번 태양 주위를 회전한다고 말함으로써 태양의 겉보기 연중 운동을 설명했다. 그러나

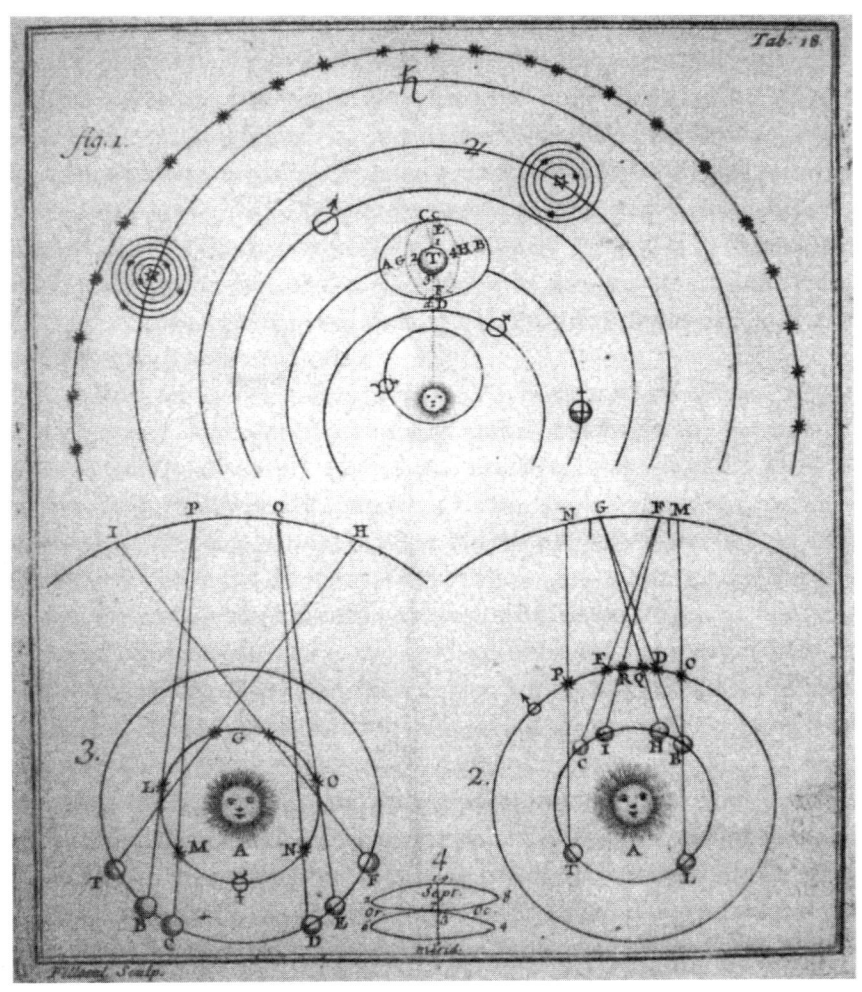

그림 10.2_태양 중심 체계에서 행성의 역진. 코페르니쿠스는 행성의 정지와 역진 문제에 대해 간단한 설명을 제시했다. 태양 중심 체계에서는 행성의 고리 운동을 지구와 행성의 상대적인 운동에서 비롯된 겉보기 운동으로 설명할 수 있다. 그림에 있는 18세기 판화에서 2는 외행성(이 경우에는 화성)이 역진하는 듯이 보이는 이유를 보여주며, 3은 내행성(이 경우에는 금성)의 겉보기 역진을 설명한다.

코페르니쿠스는 지구에 두 개가 아니라 세 개의 운동을 부여했다. 코페르니쿠스가 부여한 '세번째 운동'을 살펴보면 그의 세계관의 핵심을 알게 된다. 간단히 말해서 코페르니쿠스는 행성이 빈 공간 속에서 태양 주위를 도는 것이 아니라 전통적인 천문학이 말한 수정구에 박혀서 돈다고 주장했다. 그러니까 그의 대작의 제목 '천구의 회전에 관하여'에 나오는 구는 행성—지구, 화성, 금성 등—을 가리키는 것이 아니라 행성이 박혀 있는 수정구를 가리킨다!

사정이 이렇다면, 코페르니쿠스는 심각한 문제에 직면하게 된다. 만일 지구가 단단한 수정구에 박혀 태양 주위를 돈다면 지구의 자전축은 23.5도 기운 상태를 유지할 수 없고, 따라서 계절의 변화는 일어나지 않을 것이다. 따라서 코페르니쿠스는 지구 자전축의 '원추圓錐' 운동을 추가로 도입하여 지구의 자전축이 천상의 동일한 지점을 계속 가리키도록 만듦으로써 지구가 천구에 박혀 있음에도 불구하고 계절의 변화가 일어나는 것을 설명했다. 더 나아가 그는 지구의 이 같은 세번째 연중 운동의 주기를 지구의 공전 운동 주기보다 약간 길게 만듦으로써 또 하나의 까다로운 현상인 춘분의 세차 운동, 즉 항성 천구가 2만 6천 년 주기로 움직이는 것을 설명했다.

당연히 코페르니쿠스는 과거의 아리스타르코스와 마찬가지로 지구가 움직인다는 것에 대한 전통적인 반론에 대응해야 했고, 정통 아리스토텔레스 물리학의 변양태를 제시함으로써 반례들을 설명했다. 코페르니쿠스가 보기에 원운동은 구의 자연적인 운동이다. 따라서 지구는 자신의 본성에 따라 자전하고 다른 행성들과 마찬가지로 수정구의 자연적인 운동에 의해 태양 주위를 회전한다. 물질 입자들은 자연적으로 뭉쳐 구를 형성한다.

그러므로 물체들은 우주의 중심으로 떨어지는 것이 아니라 다만 지구의 중심으로 떨어지는 것이다. 지구가 일일 운동과 연중 운동을 한

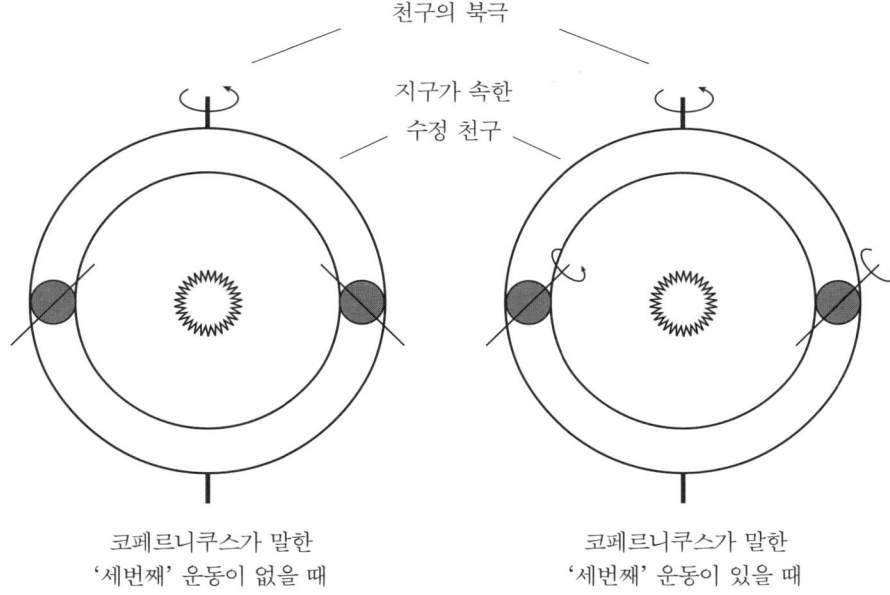

그림 10.3_ 코페르니쿠스가 지구에 부여한 세번째 ('원추') 운동. 지구의 자전축이 항상 동일한 방향을 가리킨다는 것을 설명하기 위하여 코페르니쿠스는 지구에 일일 운동과 연중 운동 외에 또 하나의 운동을 부여했다.

다 해도 물체들은 지구를 벗어나 날아가지 않는다. 왜냐하면 물체들은 '어머니'의 원운동에 동참하고 있기 때문이다. 코페르니쿠스의 모든 설명은 질적으로 매우 훌륭하고, 체계의 일반적 개요를 제시한 『천구의 회전에 관하여』의 첫 24쪽은 미학적으로 탁월하다.

그러나 『천구의 회전에 관하여』의 나머지 5권 390쪽은 사정이 전혀 다르다. 그 부분에는 프톨레마이오스의 『알마게스트』 못지않게 난해하고 엄밀한 수학적 천문학의 고도로 전문적인 내용이 들어 있다. 실제로 대충 훑어보면 코페르니쿠스와 프톨레마이오스의 작품을 구별하기 어렵다. 코페르니쿠스는 자신의 작품을 대중을 위해 쓰지 않았다. 그가 원한 것은 오직 다른 전문 천문학자들의 판정을 받는 것이었다. 실제로 그는 한 청중에게 "수학은 수학자들을 위해 씌어졌다"고 말했으며, 자신의 작품의 표지 뒷면에 "기하학을 모르는 자, 들어오지 마라"는 플라톤의 경구를 집어넣었다.

그러므로 『천구의 회전에 관하여』를 전문 천문학자를 위한 학술서로 고찰한다면, 이 책이 지닌 미적인 매력은 많은 부분 상실된다. 실제로 엄밀한 논증을 보면 태양이 있는 자리는 태양계의 중심이 아니라 그 근처이다. 코페르니쿠스는 등각속도점을 몹시 꺼려서 제거했지만, 원운동에 집착했기 때문에 어쩔 수 없이 복잡한 주전원과 이심원을 동원하여 행성의 겉보기 속도의 불규칙성을 설명해야 했다. 전문적인 세부사항까지 종합해 볼 때 최종적인 결론은 코페르니쿠스의 천문학이 프톨레마이오스의 것보다 더 정확하거나 단순하지 않다는 것이다. 코페르니쿠스는 비록 커다란 주전원들을 제거했지만 어떤 주전원을 계산에 넣느냐에 따라서 어쩌면 당대의 프톨레마이오스 체계보다 더 많은 주전원을 동원했다고 할 수도 있다.

코페르니쿠스의 천문학은 또 자신의 매력을 상당히 감소시키는 여러 가지 전문적인 문제들을 가지고 있었다. 가장 심각한 것은 항성의 시차 문제였다. 그 문제는 고대 그리스의 아리스타르코스와 태양 중심론을 무너뜨린 문제였다. 아리스타르코스의 주장을 논하면서 이미 언급했듯이, 지구가 태양 주위를 돈다면, 항성들의 상대적인 겉보기 위치는 변해야 한다. 그러나 천문학자들은 그런 변화, 즉 항성의 시차를 관찰하지 못했다.

항성 시차 현상은 실제로 매우 미세한 것이어서 육안에 의존하는 천문학으로는 관찰할 수 없으며, 실제로 1838년이 되어서야 입증되었다. 지구의 연중 운동은 1729년에 영국의 왕실 천문학자 제임스 브래들리James Bradley가 항성 광행차stellar aberration(지구가 운동하기 때문에 별의 위치가 어긋나 보이는 현상 – 옮긴이)를 발견하면서 처음으로 입증되었지만, 놀랍게도 지구의 일일 운동은 1851년에 이르러 물리학자 푸코J. B. L. Foucault가 거대한 진자를 이용하여 증명한 것이 최초의 확실한 입증이었다. 프톨레마이오스 천문학은 천문학자들이 지구의 일일 운동과 태양 중심론을 보편적으로 받아들인 18세기와 19세기에도 전혀 사라지지 않았다. 어떻게 그런 결정적인 증명들조차도 새로운 과학으로의 개종을 이끌어내지 못했던 것일까?

어쨌든, 항성 시차가 관찰되지 않는 것에 대한 코페르니쿠스의 설명은 아리스타르코스의 설명과 유사했다. 코페르니쿠스는 항성들이 아주 멀리 있어서 시차가 너무 작아 관찰되지 않는다고 주장했다. 그러나 이 가설은 또다른 문제들을 야기했다. 가장 중요한 것은 우주의 크기가 믿을 수 없을 만큼 커지고 항성들의 크기도 어마어마해진다는 문제였다. 프톨레마이오스 천문학에 따르면, 항성 천구까지의 거리는 지구 반지름의 2만 배였다. 코페르니쿠스에 따르면, 항성 천구까지의 거리는 최소한 지구 반지름의 40만 배이어야 했다. 그 거리는 16세기 천문학의 맥락에서 볼 때 터무니없는 거리가 아닐 수 없었다.

물체가 떨어질 때 지구의 운동 때문에 좀 더 뒤로 떨어지는 일이 일어나지 않는다는 사실도 태양 중심론의 수용을 막는 강력한 장애물이었다. 이런 문제들 외에도 여러 전문적인 문제가 있었기 때문에 코페르니쿠스의 태양 중심론은 즉각적으로 자명하게 옳은 천문학 체계로, 혹은 더 우월한 체계로 받아들여지지 않았다. 또 태양 중심론이 성경과 충돌한다는 종교적인 반발을 비롯한 다른 문제들도 있었다. 코페르니쿠스는 아마도 그런 반박을 피하기 위해 『천구의 회전에 관하여』를 교황 파울루스 3세에게 헌정했다. 교황 클레멘트 7세는 일찍이 1530년대에 코페르니쿠스의 견해를 전해 들었지만 그것을 반박하지 않았고, 가톨릭 천문학자와 성직자들도 16세기 후반기에 코페르니쿠스의 가설을 종교적인 이유로 문제삼지 않았다. 반면에 루터와 덴마크 천문학자 튀코 브라헤를 비롯한 몇몇 개신교 지도자들은 코페르니쿠스의 가설을 반박했다. 하지만 이런 종교적 반발은 갈릴레오가 신학적 논쟁에 불을 붙인 17세기에 이르러서야 강력하게 제기되었다.

왜 코페르니쿠스 천문학이 더 강력한 신학적 반발을 불러일으키지 않았는가에 대해서는 『천구의 회전에 관하여』에 덧붙인 가식적인 서문에서 그 이유를 발견할 수 있다. 루터교 성직자 안드레아스 오시안더Andreas Osiander는 코페르니쿠스의 책이 출간될 때 익명으로 '이 책의 가설에 관심을 갖는 독자들에게'라는 제목의 서문을 덧붙였다. 오시안더는 태양 중심론이 참이거나 심지어 참일 개연성이 있을 필요가 없다고 썼다. 그는 태양 중심론은 다만 천문학자들이 더 정확한 계산을 할 수 있도록 돕는 편리한 수학적 도구라고 말했다. 코페르니쿠스 자신은 태양 중심론이 물리적 세계에 대한 참된 진술이라고 여겼지만, 오시안더의 서문에 따른다면, 코페르니쿠스는 다만 유용한 허구를 창조한 인물에 불과했다. 역설적이게도 오시안더는 코페르니쿠스의 이론을 모든 사람의 입맛에 맞게 포장함으로써 그 이론의 수용에 기여했을 수도 있다.

태양 중심론은 코페르니쿠스 이후의 천문학자들 사이에서 서서히 확산되었다. 새로운 천문학 표―천문학자 에라스무스 라인홀트Erasmus Reinhold가 1551년에 발표한, 코페르니쿠스의 원리에 입각하여 계산한 이른바 프루테닉 표Prutenic Tables―는 코페르니쿠스의 업적이 낳은 실용적인 결과물을 대표한다. 권력자들은 1582년에 이 표를 근거로 하여 마침내 달력을 개정하고 오늘날 우리가 사용하는 그레고리우스력을 선포했다(교황 그레고리우스 13세의 이름을 따서 명명한 그레고리우스력은 연수가 4로 나누어지는 해를 윤년, 100으로는 나누어지나 400으로는 나누어지지 않는 해를 평년으로 한다). 코페르니쿠스의 책은 1566년과 1617년에 재출간되었지만, 그 책을 읽은 전문 천문학자는 소수에 불과했다. 천문학의 혁명은 16세기 후반기에도 거의 감지할 수 없는 수준이었던 것이다. 코페르니쿠스의 혁명은 당대의 천문학이나 세계관을 단번에 바꾸어놓지 않았다. 그의 혁명은 기껏해야 점진적인 혁명이었다.

튀코의 체계

덴마크의 위대한 천문학자 튀코 브라헤Tycho Brahe(1546~1601)는 코페르니쿠스가 조용히 시작한 혁명에 힘을 보탰다. 도도하고 거만한 귀족이었던 튀코는 1570년대 중반부터 1590년대 중반까지 20년 동안 덴마크 왕 프레데릭 2세에게 받은 영지인 벤Hveen 섬을 다스렸다. 그는 그 섬에 두 개의 거대한 천문학적 성—우라니보르크Uraniborg, 즉 하늘의 성과 스테르네보르크Stjerneborg, 즉 별의 성—을 건축했다. 그 두 성은 당대의 가장 훌륭한 과학 시설이었다. 또 그는 인쇄소와 종이공장, 도서관, 그리고 여러 개의 연금술 실험실도 만들었다. 스스로 연금술과 점성술을 행했던 그는 친구와 후원자들을 위해 별점을 치고 연금술적 의학을 보급하기도 했으며, 결투에서 코의 일부를 잃자 인공 코를 제작하여 달고 다니기도 했다. 광대와 애완동물과 사교계 인사들을 거느렸던 우라니보르크의 성주 튀코는 르네상스 마술사의 패러디에 가까웠던 것 같다. 튀코는 새로운 왕이 집권하자 권력을 잃고 1597년에 덴마크를 떠나 프라하의 신성 로마 제국 황제 루돌프 2세의 궁정에 제국 수학자로서 둥지를 틀었다. 그의 죽음에 관한 일설에 따르면, 그는 연회장에서 너무 많은 음료를 마셨지만 예의상 자리를 뜨지 못하여 비뇨기에 문제가 생겼고, 그로부터 며칠 후 사망했다고 한다.

그러나 튀코는 한낱 기인에 불과하지 않았다. 그는 천문학의 필요성을 잘 알았던 유능한 천문학자이기도 했다. 그는 일찍이 천문학의 완성은 정확하고 지속적인 천체 관찰에 의존한다는 확신을 가지게 되었고, 천문학적 관찰을 일생의 과업으로 삼았다. 이를 위하여 그는 거대하고 정교하게 고안된 육안 관찰 장비들을 제작했다. 우라니보르크와 스테르네보르크에는 벽면사분의mural quadrants와 혼천의armillary sphere를 비롯해서 중요한 것만 20가지나 되는 관측 장비가 설치되어 있었다. 그의 기획이 '거대과학big science'의 성격을 띠고 있었음을 증명하기라도 하듯이, 그는 정부에서 왕실 수입의 1퍼센트 정도에 해당하는 지원을 받았으며, 자신이 설치한 장치들 각각이 최고 수입을 올리는 대학 교수의 연봉보다 비싸다는 것을 자랑했다(코페르니쿠스와 마찬가지로 튀코도 대학 외부에서 활동했다). 그처럼 거대하고 값비싼 장치들을 이용하고 바람의 영향을 막으며 온도 변화를 최소화하고 내적인 오차를 검사하고 수정하며 대기에 의한 굴절을 보정하여 튀코는 역사상 가장 정확한 육안 관찰 자료를 얻었다. 그의 자료는 어떤 경우에는 5초나 10초 각도까지, 때로는 1분이나 2분 각도까지, 그리고 모든 경우에 4분 각도까지 신뢰할 수 있었다(각도에서 1분은 1/60도이며 1초는 1/60분이다). 이 정도의 오차는 튀코의 관찰이 고대의 천문학 관찰보다 2배는 정확했다는 것을 의미한다. 그의 관찰 정확도는 다음 세기에 망원경 관찰이 시작될 때까지 최고의 자리를 지켰다. 그러나 튀코의 관찰 자료가 지닌 아름다움은 정확성에만 있는 것이 아니라 체계성에도 있다. 튀코와 그의 조수들은 몇 년에 걸쳐 매일 밤 체계적으로 자료를 수집했다.

그림 10.4_ **튀코 브라헤와 벽면사분의.** 16세기의 덴마크 천문학자 튀코 브라헤와 그의 조수들이 육안 관찰을 통해 놀랍도록 정확한 자료를 모을 수 있었던 것은 그림에 있는 벽면사분의를 비롯한 거대한 장치들 덕분이었다. 이 유명한 판화는 튀코가 만든 다른 연구 시설들도 보여준다. 그 중 하나는 연금술 실험실이다. 당대의 대학은 튀코의 활동을 위한 재정을 충당할 수 없었을 것이다. 그는 덴마크 왕실에서 나오는 막대한 지원금에 의존하여 연구했다.

10장 _ 코페르니쿠스, 혁명을 시작하다

튀코의 천문학에 큰 영향을 미친 두 가지 천문학적 사건이 있었다. 1572년 11월 11일 밤에 그는 연금술 실험실을 나서다가 '새로운 별'(오늘날의 명칭은 초신성supernova)이 카시오페이아자리에서 금성만큼 밝게 빛나는 것을 보았다. 그 새로운 별은 3개월 동안 빛났고, 튀코는 정확한 시차視差 관찰을 수행하여 그 별이 지구의 대기권 안이나 달 아래의 영역에 있는 것이 아니라 토성 천구보다 먼 하늘에 있음을 증명했다. 다시 말해서 그 '새로운 별'은 비록 일시적으로 빛을 발했지만 정말로 새로운 별이었던 것이다. 이로써 튀코는 천상의 가변성을 입증했고, 따라서 서양 우주론의 전통적인 핵심 교설에 강력한 의문을 제기했다.

1577년에 이루어진 튀코의 혜성 관찰 역시 전통적인 천문학 이론으로는 풀 수 없는 문제였다. 튀코는 이번에도 시차 관찰에 의거하여 혜성이 달 위의 영역에 있음을 증명했을 뿐 아니라, 혜성이 행성들의 천구를 관통할 가능성을 제기했다. 다시 말해서, 천구가—적어도 기원전 4세기부터 서양의 우주론과 천체 역학 이론에서 주춧돌 역할을 해온 그것이—허구일 수 있다는 것이었다. 튀코 이후 하늘의 구는 오직 관찰할 수 있는 태양과 달과 지구와 행성들만 남게 되었다.

튀코의 연구는 비록 기존의 학설을 반박했지만, 튀코 자신은 강력한 경험적 근거에 의지하여 코페르니쿠스와 태양 중심론을 거부했다. 특히 중요한 근거는 항성 시차가 관찰되지 않는다는 것이었다. 튀코 자신의 계산에 따르면, 태양 중심론을 받아들일 경우 항성은 지구 반지름의 785만 배보다 먼 곳에 있어야 했다. 태양 중심론에서 말하는 지구의 일일 운동 역시 터무니없어 보였다. 튀코는 군사혁명에서 유래한 새로운 상상력에 의지한 듯한 다음과 같은 반론을 제시했다. 만일 지구가 자전한다면, 서쪽으로 발사한 포탄이 동쪽으로 발사한 포탄보다 더 멀리 날아가야 하는데, 경험은 그렇지 않음을 가르쳐준다.

게다가 개신교도인 튀코는 태양 중심론에 대한 종교적 반박도 내놓았다.

프톨레마이오스와 코페르니쿠스 천문학이 가진 심각한 문제들에 대한 대응으로 튀코는 1588년에 자신의 체계를 내놓았다. 튀코의 지구 태양 중심 체계geoheliocentric system에서는 지구가 우주의 중심에 멈춰 있고 행성들은 태양 주위를 돌며 태양은 지구 주위를 돈다. 이 체계는 몇 가지 장점을 가지고 있었다. 이 체계는 행성의 정지와 역진을 주전원 없이 설명했고, 터무니없는 지구의 운동을 제거했으며, 전통적으로 믿어진 우주의 크기를 유지했으며, 천구를 제거했고, 경쟁하는 다른 체계들 못지않게 수학적으로 정확했다. 움직이지 않는 지구를 중심에 놓은 튀코의 체계는 코페르니쿠스의 체계와 대등하면서 그것이 지닌 약점들에서 자유로웠다. 튀코의 체계는 비록 보수적이지만 훌륭한 과학이었던 것이다. 그러나 세 가지 경쟁 이론과 연구 과제—프톨레마이오스, 코페르니쿠스, 튀코의 체계—가 있었던 1600년경에 천문학의 위기가 다가오기 시작했다.

천구들의 음악

요하네스 케플러Johannes Kepler(1571~1630)는 과학적 발견의 내적인 논리만으로 과학적 변화를 충분히 설명할 수 있다는 생각이 착각임을 보여준다. 케플러는 학자로서의 생애에서 일찍이 점성술과 수 신비주의에 매료되었으며, 그의 과학적 성취를 가능케 하고 과학혁명의 진로를 바꾼 것은 다른 무엇보다도 그런 신비주의였다. 가난하고 문제가 많은 가정—아버지는 떠돌이 용병이었고, 어머니는 말년에 마녀로 재판을 받았다—에서 태어난 케플러는 우수한 장학생으로 루

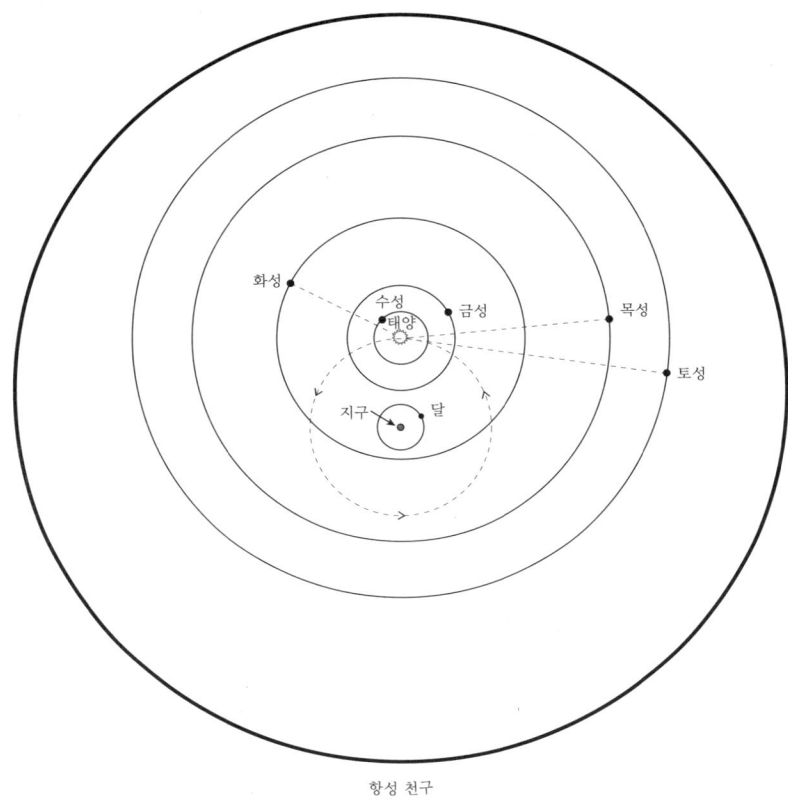

항성 천구

그림 10.5_**튀코의 체계.** 튀코가 개발한 우주 모형에서는 지구가 우주의 중심에 멈춰 있다. 태양은 지구 주위를 돌고 다른 행성들은 태양 주위를 돈다. 튀코의 체계는 당대 천문학의 많은 난해한 문제를 해결한다는 점에서 훌륭한 과학이었지만 널리 수용되지 않았다.

터교 학교와 튀빙겐 대학을 다녔다. 시력이 나쁜데다 그 밖에도 여러 가지 신체적 결함을 지닌 불행한 인물이었던 케플러는 자신을 비루먹은 개에 비유했다. 그는 비록 점성술의 몇몇 측면을 경멸했지만 점성술이 유서 깊고 타당한 과학이라고 믿었으며 일생 동안 별점을 치고 (농부들의 달력처럼) 예언이 기록된 달력을 제작하여 정기적으로 수입을 올렸다. 그는 코페르니쿠스의 체계를 처음 접하자마자 코페르니쿠스가 그랬던 것처럼 그것이 '마음에 들고' 자연 속에서 신이 행하는 일을 보여준다는 이유로 그 체계를 받아들였다.

케플러는 천문학자가 될 뜻이 없었고, 오히려 신학을 공부하려 했다. 그러나 튀빙겐 당국은 케플러에게 학위를 수여하기도 전에 그를 지역의 달력 제작자 및 오스트리아 그라츠 개신교 고등학교 수학 교사로 임명했고, 그는 그 직책을 받아들였다.

그는 유능하지 못한 교사였고, 학교가 그에게 역사와 윤리를 가르치라고 배정한 소수의 학생들에게 수학을 가르쳤다. 어느 날―그는 그것이 1595년 7월 19일의 지루한 기하학 수업에서였다고 전한다―케플러는 계시를 받았다. 그는 정육면체, 정사면체, 정팔면체, 정이십면체, 정십이면체를 논하고 있었다. 그것들은 모든 면이 동일하며 모든 두 면 사이의 각이 동일한 다섯 개의 정다면체이다(그리스인들은 오직 다섯 개의 정다면체만 존재한다는 것을 증명했다). 케플러의 신비주의적 통찰은 이 정다면체들이 모종의 방식으로 우주의 틀을 구성한다는, 다시 말해서 태양에서 각각의 행성 궤도까지 거리의 비율을 확정한다는 상상이었다. 케플러는 이 같은 통찰에 기초하여 우주의 기하학적 구조에 관한 이론을 개발했고, 이를 1596년에 『우주의 신비 Mysterium cosmographicum』라는 책으로 발표했다. 케플러의 『우주의 신비』는 반 세기 이상 전에 나온 『천구의 회전에 관하여』 이후 공개적으로 코페르니쿠스를 따른 최초의 책이었으며, 또 교사에 의해 씌어졌다는 점에서 중요한 과학적 업적은 절대로 교실에서 나오지 않는다는 역사적 규칙을 깬 드문 사례였다.

우주의 신성한 수학적 조화를 파헤치는 일에 몰두해 있던 케플러는 가톨릭 반反종교개혁에 맞서 가톨릭으로 개종하는 것을 거부한 대가로 1600년에 그라츠에서 쫓겨났다. 그는 다행히도 프라하에 도착하

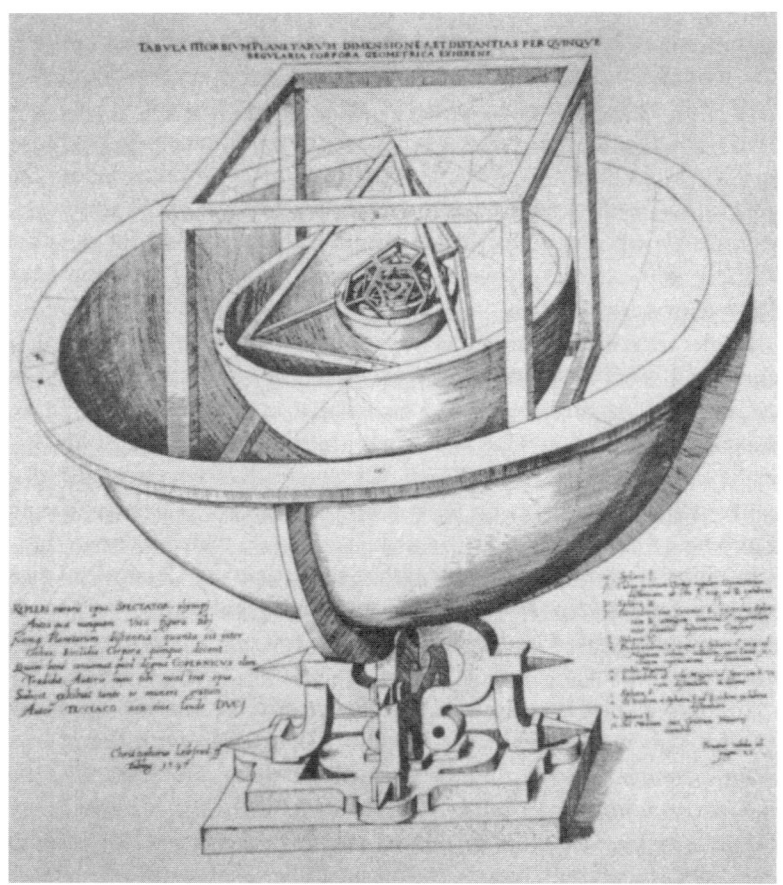

그림 10.6_우주의 신비. 요하네스 케플러는 『우주의 신비』(1596)에서 당시에 알려진 여섯 개의 행성 궤도를 중첩된 정다면체 다섯 개를 이용하여 설명할 수 있을 것이라고 추측했다.

여 튀코의 생애 마지막 2년 동안 그의 조수로 일했다. 고귀하고 연로한 덴마크인은 가련하고 젊은 케플러에게 화성에 관한 관찰 자료를 넘겨주었다. 튀코는 케플러가 그 정확한 관찰 자료를 튀코 자신의 이론과 조화시키기를 바랐다. 화성을 선택한 것은 정말 기막힌 우연이었다. 왜냐하면 화성의 궤도는 모든 행성의 궤도 가운데 가장 찌그러진 타원이기 때문이다. 케플러는 곧바로 과제를 받아들였다. 그러나 그것은 오직 화성에 관한 코페르니쿠스의 이론과 케플러 자신의 천상의 조화에 대한 직관을 구제하기 위해서였다. 케플러는 6년 동안 어마어마한 규모의 자료와 싸우면서 미친 듯이 일했다. 그는 900쪽 분량의 계산 원고를 남겼다. 그 원고는 그가 영웅적인 노력을 쏟아부었다는 사실과, 적절한 곡선을 찾는 그의 작업이 기계식 계산기나 전자계산기 없이 이루어졌다는 사실을 증언한다. 출간된 책에서 케플러는 독자들을 모든 복잡한 계산과 연구의 단계로 일일이 안내한다. 어느 단계에서 행성 궤도를 원으로 하는 모형은 관찰 자료와 8분 이내로 일치하는 엄청난 성취에 도달했다. 그러나 튀코의 자료가 4분까지 유효하다는 것을 아는 케플러는 그 성취를 거부했다. 그는 계산에서 오류를 범했고, 이어서 그 오류를 수정하기 위해 다른 오류를 범했다. 그는 '옳은' 해답을 얻었지만 그 사실을 알아채지 못했다. 그 후 각의 분할과 관련된 어떤 모호한 수학적 관계를 깨달으면서 케플러는 또 하나의 통찰을 얻었다. "마치 내가 잠에서 깨어나고, 새로운 빛이 내게 비춰는 것 같았다"라고 케플러는 썼다. 그리고 그는 정말로 새로운 세계에서 깨어났다.

케플러는 행성들이 원이 아니라 타원을 그리며 태양 주위를 돈다는 결론을 내렸다. 말할 것도 없지만 이 발견은 경이로운 전환점을 이룬다. 왜냐하면 적어도 플라톤 이후 2,000년 동안 천체 운동의 물리학과 형이상학을 지배해 온 것은 원이었기 때문이다. 1609년에 출간된 『새로운 천문학Astronomia Nova』에서 케플러는 행성 운동에 관한 세 가지 법칙 중 두 가지를 발표했다. 그 둘은 다음과 같다. 1) 행성들은 태양을 하나의 초점으로 하는 타원 궤도를 그리며 운동한다. 2) 행성과 태양을 잇는 선분은 동일한 시간 동안 동일한 면적을 휩쓸고 지나간다. 케플러의 제2법칙 역시 행성들이 일정하게 움직이지 않음을 함축

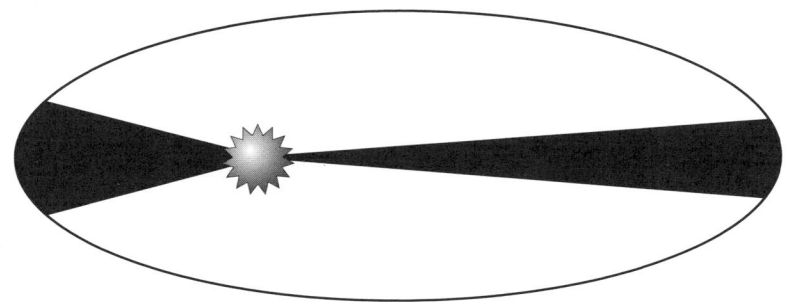

그림 10.7_케플러가 밝혀낸 행성의 타원 운동. 요하네스 케플러는 튀코 브라헤의 관찰 자료에 의거하여 천체들이 원을 그리며 운동한다는 해묵은 생각을 깨뜨렸다. 케플러는 행성의 운동을 오늘날 케플러의 법칙이라 알려진 다음과 같은 규칙들을 통해 새롭게 설명했다. 1) 행성들은 태양을 하나의 초점으로 하는 타원 궤도를 움직인다. 2) 행성이 동일한 시간에 휩쓸고 지나가는 면적은 동일하다. 3) 행성 주기의 제곱은 태양에서의 평균 거리의 세제곱에 비례한다, 즉 $t^2 \propto r^3$이다. 케플러는 행성들이 왜 그렇게 운동하는가에 대한 물리적인 설명 없이 오직 천문학적 관찰 자료와 기하학적 모형에만 의지해서 이런 결론들에 도달했다.

하므로 제1법칙 못지않게 혁명적이다. 밝혀진 바에 따르면, 케플러는 제2법칙을 제1법칙보다 먼저 발견했다. 그러나 그는 자신이 발견한 법칙들 자체에는 관심을 두지 않았다. 그럼에도 케플러의 『새로운 천문학』은 행성들의 운동을 새롭게 기술하고 태양을 이론의 여지 없이 중앙에 놓았다는 의미에서 진정한 의미의 '새로운 천문학'이었다.

케플러는 루돌프 2세가 물러나는 1612년까지 제국 수학자로 프라하에 머물렀다. 그 후 그는 오스트리아 린츠에서 지역 수학자 직책을 얻어 1626년까지 머물렀고, 이어서 울름Ulm과 자간Sagan으로 이주했다. 말년에 그는 독일을 휩쓴 30년전쟁의 저주 속에서 여러 차례 고비를 넘기면서 『코페르니쿠스 천문학 요약Epitome of Copernican Astronomy』(1618~21)을 썼다. 그 책에 들어 있는 것은 코페르니쿠스 체계라기보다 케플러 자신의 타원 운동 체계이며, 튀코의 자료와 코페르니쿠스·케플러의 태양 중심론에 의거하여 만든 고도로 정확한 천문학 표인 루돌프 표Rudolphine Tables도 들어 있다.

1619년 케플러는 『세계의 조화Harmonice mundi』를 출간했다. 이 책은 『우주의 신비』에서 시작된, 우주 구조의 기반에 놓인 수학적 질서를 연구하고 성찰하는 케플러의 노력이 도달한 최고의 경지이다. 『세계의 조화』에서 케플러는 점성술적인 관계들, 행성과 물질의 대응관계, 천구들의 음악—아무도 듣지 못했지만 행성들의 운동에 의해 발생한다고 케플러가 믿은 소리—등을 계산했다. 『세계의 조화』에는 케플러의 제3법칙, 즉 행성 주기의 제곱은 태양에서의 평균 거리의 세제곱에 비례한다—$t^2 \propto r^3$—는 법칙도 들어 있다. 당시에 이것은 경험적인 법칙이었다.

케플러 이전의 천문학자와 물리학자들은—심지어 태양 중심론을 주장한 소수조차도—천체의 운동에 관한 전통적인 동역학을 신뢰했다. 그것은 행성들이 자체의 내적인 본성에 의해, 혹은 천구에 실려 원을 그리며 일정하게 운동한다고 가르쳤다. 그러나 일정한 원운동을 제거한 케플러는 새로운 동역학을 제시하여 행성들이 왜 그렇게 타원으로 공간 속을 움직이는가 설명해야 하는 문제에 직면했다. 케플러는 이 문제를 의식하고 있었기에 1609년의 『새로운 천문학』에 부제를 덧붙여 전체 제목을 '새로운 천문학, 원인들에 기초하여, 혹은 천체의 물리학The New Astronomy, Based on Causes, or Celestial Physics'으로 정했다. 초기에 케플러는 태양이 성령聖靈과 유사한 '움직이는 영혼anima motrix'을 가지고 있어서 행성들을 움직인다고 믿었다. 더 완숙한 시기에 그는 움직이는 영혼을 더 물질적인 '움직이는 힘vis motrix'으로 대체했고 그것이 일종의 자기력이라고 생각했다. 케플러는 움직이는 힘의 개념을 1600년에 출간된 윌리엄 길버트의 중요한 책 『자석에 관하여De Magnete』에서 얻었다. 『자석에 관하여』는 지구가 거대한 자석이라는 것을 보여주었던 것이다. 케플러는 행성들이 원운동을 벗어나는 것은 태양의 자석과 행성의 자석이 서로 당기기도 하고 밀어내기도 하기 때문이라고 생각했다. 케플러의 천체 물리학은 행성 운동에 대한 그럴듯한 설명을 제공했지만, 확실한 설득력을 발휘할 수는 없었다. 왜냐하면 남아 있는 문제들이 있었기 때문이다. 예컨대 케플러는 태양에서 나오는 힘이 어떻게 접선 방향으로 작용할 수 있는지, 즉 어떻게 태양과 행성을 잇는 선분에 직각인 방향으로 작용하여 마치 '빗자루'처럼 행성을 쓸어갈 수 있는지 설명하지 않았다. 게다가 역설적이게도 그는 이 운동력을 다룰 때 행성 궤도를 계산할 때처럼 엄밀하고 정확한 수학을 사용하지 않았다. 케플러 이후 천체 운동의 동역학은 미해결 문제가 되었다.

케플러는 1630년, 빌려준 돈을 받기 위해 나선 여행길에서 열병으로 사망했다. 그는 비록 과학혁명에 크게 기여했지만 과학혁명의 정점에 서지는 못했다. 우리는 케플러의 방대한 업적 속에서 그의 세 가지 법칙을 쉽게 찾아낸다. 그것은 우리가 그 법칙들이 훗날의 과학에서 어떤 의미와 역할로 작용했는지 알고 있기 때문이다. 그러나 그의 동시대인들은 그 법칙들을 찾아낼 수 없었다. 케플러의 책을 읽은 천문학자는 극소수에 불과했고, 케플러는 대체로 추종자를 얻지 못했다. 사실상 케플러의 연구를 접한 대부분의 과학자들은 그의 견해를 거부했다. 케플러와 동시대를 살았던 위대한 과학자 갈릴레오가 바로 그런 인물 중 하나였다. 오히려 기이한 신비주의자였던 케플러는 위대하지만 약간 미친 천문학자로 명성을 누렸다.

갈릴레오의 죄와 벌

갈릴레오 갈릴레이Galileo Galilei(1564~1642)는 과학혁명과 근대 과학의 역사에서 결정적인 역할을 한 인물로 우뚝 서 있다. 그의 위대한 명성과 중요성은 여러 원인과 성취에서 나온다. 그의 망원경 개량, 천문학적 발견들, 그리고 운동 및 낙하하는 물체에 관한 연구는 그에게 국제적인 명성과 과학사 속의 불멸을 안겨주었다. 르네상스 과학자로서 갈릴레오의 생애 역시 파란만장했으며, 16세기와 17세기에 일어난 과학의 사회적 성격 변화를 반영한다. 그리고 가톨릭 종교 재판관에 의해 이루어진 그에 대한 불미스러운 재판과 그의 코페르니쿠스주의 철회는 신앙과 이성의 관계에 관련한 역사 속에서 악명 높은 일화로 남아 지적인 자유의 가치에 대한 인식이 서서히 싹트는 데 기여했다.

갈릴레오, 궁정, 그리고 망원경

갈릴레오의 생애와 경력은 분명하게 구분되는 단계들로 이루어진다. 피사에서 태어나 피렌체에서 성장한 갈릴레오는 일생 내내 토스카나인의 정체성을 유지했다. 그의 아버지는 메디치 궁정에서 일하는 전문 음악가였다. 갈릴레오는 의학부 학생으로 피사 대학에 다녔지만 은밀하게 수학을 공부했고, 그의 아버지는 결국 사회적으로 공허한 직업인 수학자를 추구하는 아들에게 동의할 수밖에 없었다. 짧은 수련 기간이 지난 후 25세의 갈릴레오는 인맥을 통하여 1589년에 피사 대학에 계약직으로 일자리를 구할 수 있었다.

이 단계에서 갈릴레오는 대학 내에서 중세적인 수학자 및 자연철학자의 길을 걸었다. 그는 3년 동안 피사에서, 그 후에는 역시 인맥을 통해 얻은 직장인 베네치아 공화국의 파두아 대학에서 수학 교수로서 성실하게 일했다. 갈릴레오는 파두아 대학의 수학 교수로서 대학 내에서의 낮은 지위를 참아내며 신학 교수 수입의 8분의 1에 불과한 수입으로 버텼다. 그는 학기 중에 매일 온갖 과목-천문학, 수학, 축성술, 측량술-을 강의했고, 가르치는 일이 연구를 향한 그의 야망을 방해한다는 것을 느꼈다. "이것은 나의 일에 도움이 되기는커녕 방해가 된다." 생계를 위해 갈릴레오는 외국인 학생들을 집에 들여 하숙을 시키거나 과외 교습을 했다. 그는 기술자를 고용하여 '기하학적·군사적 컴퍼스'를 제작했다. 그것은 비례를 맞춘 분할을 가능케 하는 도구였는데, 갈릴레오 자신의 발명품이었다. 갈릴레오는 컴퍼스를 기술자와 건축가들에게 판매했다. 그는 파두아에서 오랫동안 관계를 유지하게 될 연인 마리나 감바Marina Gamba를 만났다. 그는 그녀와의 사이에서 세 명의 아이를 낳았다. 갈릴레오는 헌신적인 아버지였다. 그는 붉은 머리였고, 다혈질이었으며, 언어에 재능이 뛰어났고,

논쟁 상대를 비꼬는 재주가 있었으며, 포도주를 좋아했다. 전체적으로 볼 때, 갈릴레오가 우연히 망원경을 만날 때까지, 아니 더 정확히는 망원경이 우연히 갈릴레오를 만날 때까지, 그는 수입이 적고 시무룩하고 열심히 일하며 별 볼일 없는 이류 대학교수였다. 1609년에 갑자기 명성과 불멸을 얻었을 때 그의 나이는 이미 45세였다.

한스 리페르헤이Hans Lipperhey라는 네덜란드인이 1608년에 망원경을 발명했다. 갈릴레오는 파두아에서 그 '장난감'에 관한 소식을 들었고, 그 소식만으로 망원경의 원리를 이해하여 스스로 제작할 수 있었다. 갈릴레오는 베네치아의 유리를 갈아 자신의 렌즈를 만들었다. 그가 최초로 시도한 망원경은 배율이 8배였지만, 곧이어 배율이 20배 혹은 30배인 제품들을 만들었다. 갈릴레오의 명성은 자신이 개량한 망원경을 감히 하늘로 돌려 신비로운 천상의 세계를 발견한 것에서 비롯되었다. 그는 1610년에 40쪽짜리 소책자 『별들의 소식 Sidereus nuncius』을 서둘러 출간했고, 구직자의 본능에 따라 그 소책자를 토스카나의 대공인 메디치 가문의 코시모 2세Cosimo II에게 헌정했다. 『별들의 소식』에서 갈릴레오는 지금껏 아무도 보지 못한 무수한 별들이 은하수 속에 있다고 선언했다. 그는 달이 완벽한 구이기는커녕 거대한 산과 분화구와 계곡으로 뒤덮여 있고 대기atmosphere도 있을 수 있음을 보여주었다. 무엇보다도 놀라운 것은 갈릴레오가 발견한 목성의 위성 네 개였다. 새롭게 발견된 목성의 위성들은 다른 천체들이 운동의 중심으로 삼는 것이 지구와 태양뿐이 아님을 시사했다. 그 위성들의 중요성과 자신의 직업적 경력에 대한 함축을 간파한 갈릴레오는 뻔뻔스럽게도 네 개의 위성에 메디치의 별이라는 이름을 붙였다.

망원경을 이용한 최초의 발견은 단순히 망원경을 하늘에 들이대는 것만으로 이루어지지 않았다. 우리는 망원경이 선사하는 시각적 영상의 해석을 둘러싸고 벌어진 초기의 논쟁과 문제들을 과소평가하지

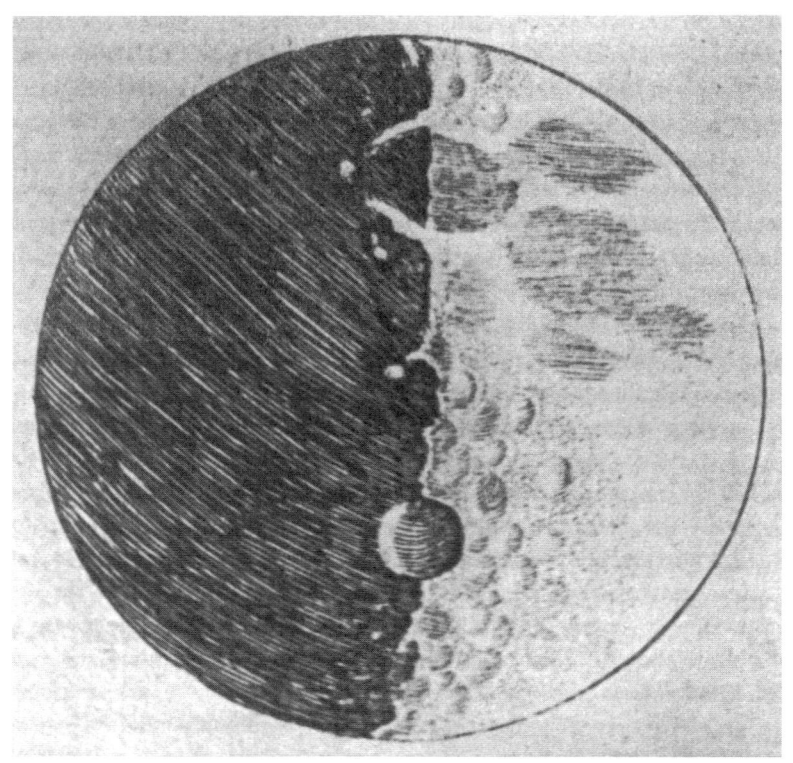

그림 11.1_ 갈릴레오의 『별들의 소식』. 1610년에 출간된 유명한 소책자에서 갈릴레오는 자신이 망원경을 통해 관찰한 결과들을 발표했다. 그는 기존의 학설과 달리 달이 완전한 구가 아니며 산이 있음을 보여주었다.

말아야 한다. 새로운 천문학적 대상들을 개념화하고 망원경을 천문학의 합법적인 도구로 인정하는 것은 결코 쉬운 일이 아니었다. 갈릴레오가 달에 있는 산을 '볼' 수 있었던 것은 그것들이 몇 주에 걸쳐 달 표면에 드리우는 그림자의 변화를 옳게 해석할 수 있었기 때문이다. 그리고 그가 목성의 위성들을 '볼' 수 있었던 것은 세심한 장기적 관찰을 통해 위성들의 위치 변화를 관찰할 수 있었기 때문이다. 결과적으로 갈릴레오의 경이로운 발견들은 머지않아 확고한 진실로 굳어졌고 세계의 참모습에 대한 의문을 불러일으켰다.

갈릴레오는 새롭게 얻은 명성을 이용한 협상을 성공적으로 이끌어 국제적인 명사답게 파두아 대학을 떠나 그의 고향인 토스카나 피렌체에 있는 메디치 궁정의 수석 수학자 및 철학자 직위에 올랐다(풍족한 수입도 보장받았다). 그는 오래 전부터 메디치 가문에 구애하며 수년 간 여름이면 왕위 계승자(그가 이제 코시모 2세 대공이 된 것이다)를 가르쳤다. 피후원자와 후원자 사이의 격식을 갖춘 협상 끝에 결국 임명이 성사되었다. 갈릴레오는 베네치아 상원Senate에 망원경을 선물하고 파두아 대학에서 급료 인상과 종신직을 제안받은 상태였지만 과감히 베네치아와의 관계를 끊고 메디치 궁정의 직책을 수락했다. 그는 더 명예로운 지위를 원했고, 학생을 가르치는 의무에서 벗어나 자기 자신의 연구를 할 시간을 원했던 것이다. 메디치 궁정으로서는 가문의 명예를 빛낼 또 하나의 별을 얻은 셈이었고, 유용한 일을 할 수 있는 기술 전문가를 얻은 셈이었다. 갈릴레오가 얻은 철학자라는 직함은 그를 대학의 철학 교수들과 동등한 지위로 올려놓았고 그의 수학적 자연철학의 지위를 격상시켰다. 파두아에서 피렌체의 궁정으로 이주함으로써 갈릴레오는 궁정 과학자가 되었다.

갈릴레오의 경력은 17세기 벽두에 발생한 과학 연구와 조직화의 패턴을 반영한다. 비록 늦둥이이긴 했지만 갈릴레오는 르네상스 과학자였고, 과학계의 미켈란젤로로서 르네상스 시대 다른 위인들과 마찬가지로 오늘날 성이 아닌 이름으로 널리 알려져 있다. 갈릴레오가 전통적인 대학을 떠났다는 사실은 이 새로운 '르네상스' 양식이 대학에 기반을 둔 중세의 과학 양식과 얼마나 달랐는지를 대변한다. 갈릴레오에 맞선 아리스토텔레스주의자들은 여전히 지적으로 제도적으로 대학에 뿌리를 두고 있었던 반면에, 갈릴레오의 과학은 대중들 사이에, 그리고 권력자의 궁정 안에 둥지를 틀었던 것이다.

대학은 과학혁명기에 주도적인 변화의 온상이 아니었고, 과학을 위한 결정적인 무대를 제공한 것은 르네상스 궁정과 그 안에서의 삶이었다. 우리는 지배자와 가신家臣들이 활동하는 궁정과 더 나중에 발생한 복잡한 관료체제로서의 성숙한 국가를 구분할 수 있다. 성숙한 국가에서 궁정은 한 부분에 불과했다. 과학혁명기에 특히 르네상스 이탈리아 궁정들에서 전폭적인 후원 체계가 발생했고, 그것이 새롭고 역사적으로 의미심장한 과학에 대한 사회적 지원의 수단이 되었다. 메디치 궁정의 후원은 갈릴레오의 경력과 과학을 형성하였다. 한편 프라하에서 튀코와 케플러를 제국 수학자로서 후원한 것은 신성 로마제국황제 루돌프 2세였다. 유럽의 궁정들은 다양한 전문가를 고용했다. 예술가, 의사, 외과 의사, 연금술사, 천문학자, 점성술사, 수학자, 기술자, 건축가, 설계사, 측량사, 지도 제작 기술자 등을 고용했다. 궁정에 기반을 둔 후원과 지원을 제공하면서 후원자들은 유용한 연구를 유도했을 것이며, 후원의 동기는 주로 실용적인 산물을 얻겠다는 바람에 있었을 것이 분명하다. 그러나 르네상스 후원 체계는 후원자들이 유용한 인력을 '사들이는' 것보다 훨씬 많은 것을 포함하는 사회적·문화적 체계였다. 그런 매매 관계는, 귀족 문화 속에서 만개했으며 피후원자와 후원자의 위계를 포함하는 복잡한 후원 체계의 작은 부분일 뿐이었다. 예컨대 후원자들은 유명한 인물을 지원함으로써 명예를 얻고 명성을 강화했다. 후원자들은 논쟁을 선동했다. 실제로 갈릴레오는 궁정에서 시작된 논쟁에 여러 번 휘말렸다. 궁정 후원 체계는 하나의 사회적 제도로서 17세기 과학과 과학자의 사회적 역할을 정의하고 합법화하는 데 기여했다. 갈릴레오의 경력에서 확인할 수 있는 르네상스 궁정 후원과 궁정-과학의 패턴은 18세기까지 사라지지 않았다. 심지어 아이작 뉴턴도 하노버 공주 카롤리네 Caroline의 신하였기 때문에 (역사적 연대기에 관한) 논쟁에 휘말린

적이 있다.

궁정을 보조한 새로운 과학 기관으로 르네상스 아카데미가 있었다. 15세기에 인본주의 운동과 인쇄술 확산의 산물로 등장하기 시작한 후 3세기에 걸쳐 수백 개 심지어 수천 개로 늘어난 문학 및 예술 단체가 유럽 전역의 지식인 중심지마다 있었다. 그런 사교적인 살롱과 비공식적인 아마추어들의 집단은 대학의 아리스토텔레스주의에 대한 반발로 번성했을 뿐 아니라 대학의 일자리가 제한되어 있었기 때문에도 번성했다. 르네상스 아카데미들은 형식적인 규약이 있었지만 대개 국가가 인정한 공식적인 강령은 없었다. 대체적으로 후원자가 핵심적인 역할을 했다. 르네상스 아카데미는 후원자의 적극적인 지원이 없으면 살아남을 수 없었다.

르네상스 과학 아카데미들은 인본주의 아카데미 운동의 말기적인 표현이다. 각각 1550년과 1560년에 설립된 초기의 두 반코페르니쿠스 아카데미—둘 다 명칭은 '부동자不動者 아카데미Accademia degli Immobili'였다—는 직접적으로 과학이나 자연철학에 관여한 최초의 아카데미였던 것으로 보인다. 나폴리는 신비주의적 지식의 중심지였고, 나폴리의 마술사 잠바티스타 델라 포르타Giambattista Della Porta(1535~1615)는 실험을 행하는 단체인 '자연의 비밀에 관한 아카데미Academia Secretorum Naturae or Accademia dei Secreti'를 1560년대에 나폴리에서 조직했다. 델라 포르타에 의해 1558년과 1589년에 출간된, 진기한 것과 경이로운 것을 모은 책 『자연의 마술Magia naturalis』은 아마도 그의 아카데미가 가졌던 관심과 활동했던 바를 반영할 것이다(이 책은 16세기와 17세기에 50종이 넘는 판본과 번역본으로 출간되었다). 델라 포르타의 마술은 종교 재판관들의 의심을 샀고 그로 인해 그의 아카데미는 해산되었지만, 그는 지식인으로서 대단한 명성을 누렸고 여러 궁정에서 후원 제안을 받았다.

뒤를 이어 과학에 관여한 르네상스 아카데미는 아카데미아 데이 린체이Accademia dei Lincei(스라소니의 눈 아카데미, 1603~30)였다. 린체이 아카데미는 1603년에 로마에서 결성되었으며 로마 귀족 페데리코 체시Federico Cesi의 후원을 받았다. 초기에는 델라 포르타도 회원이었지만, 1610년 이후 린체이 아카데미는 체시의 지휘하에 더 개방적인 갈릴레오의 과학으로 선회했다. 갈릴레오는 1611년에 로마를 여행하면서 린체이 아카데미의 회원이 되었으며, 훗날 린체이 아카데미 회원이라는 직함을 소중히 여겨 출판물에 자랑스럽게 인쇄하곤 했다. 체시와 아카데미 편에서도 『태양의 흑점에 관한 편지Letters on Sunspots』(1613)와 『시금자試金者(Assayer)』(1623)를 비롯한 갈릴레오의 여러 작품을 출간했다. 린체이 아카데미는 갈릴레오가 르네상스 가신 겸 과학자로 우뚝 서는 데 핵심적인 버팀목이 되어주었다. 결국 1630년에 체시가 사망하고 린체이 아카데미가 붕괴하자 1633년에 재판장에 선 갈릴레오에게는 중요한 후원자가 아무도 없었다. 갈릴레오의 경력이 잘 보여주는 르네상스 과학 지원 패턴은 장기적으로 민족국가와 국립 과학 아카데미에 중심을 둔 패턴으로 바뀌어갔다. 다른 한편 르네상스 궁정은 특히 이탈리아에서 과학자들에게 중요한 보금자리를 제공했다.

갈릴레오, 코페르니쿠스, 그리고 교회

갈릴레오는 논쟁을 즐기는 성격이었으며, 대학을 떠나 궁정으로 터전을 옮기자마자 피렌체의 적수들을 상대로 한 논쟁에 휘말렸다. 그의 곁에는 망원경과 그것을 통해 관찰한 바에 관한 논쟁이 따라다녔고, 그는 아리스토텔레스주의자들과 물에 뜬 물체의 물리학에 관하여 즉각적으로 언쟁을 벌였다. 논쟁에서 갈릴레오의 주요 적수는 대학의 학자들이었고, 논쟁의 주제는 과학과 아리스토텔레스의 자연철학이었다. 망원경을 통해 발견한 내용들은 곧 코페르니쿠스 체계에 관한 질문을 논쟁의 중심이 되도록 만들었다. 따라서 순식간에 신학적 반론이 제기되었고, 갈릴레오는 전혀 새로운 종류의 적수들―신학자들―을 맞이하게 되었다. 이미 1611년에 갈릴레오의 이름은 종교 재판소 회의록에 등장했다. 몇몇 도미니크 성직자들은 1614년에 갈릴레오를 비난하는 설교를 공식적으로 했고, 1615년에는 질투를 느낀 사람들이 갈릴레오를 종교 재판소에 적극적으로 고발했다. 이 첫번째 고발은 아무 일 없이 지나갔지만, 종교 재판소 관료들은 갈릴레오의 이름으로 서류철을 만들었다. 재판과 유죄 판결이 있기 훨씬 전인 이때, 어떤 의미에서 갈릴레오는 이미 종교 재판소의 죄수였던 것이다.

메디치 궁정에서 자신의 별이 더 밝게 빛나기 시작하자 갈릴레오는 더욱 강력하게 코페르니쿠스주의를 가르쳤다. 『별들의 소식』에는 곧이어 출간될 세계 체계에 관한 책에서 '지구가 떠도는 천체임을 증명할 것'이라는 약속이 들어 있었다. 1613년에 나온 『태양의 흑점에 관한 편지』는 태양의 표면 혹은 그 근처에 있는 점들, 금성의 궤도 운동 중 모양 변화, 토성에 관한 신기한 소식 등 새로운 망원경 관찰 내용이 들어 있었다. 특히 흑점의 발견은 태양이 청렴결백하다는 믿음에 정면으로 부딪혔다. 금성의 모양 변화 역시 훗날 갈릴레오에 의해 프톨레마이오스 체계를 반박하는 결정적인 증거로 사용된다. 『태양의 흑점에 관한 편지』에서 갈릴레오는 자신의 관찰이 코페르니쿠스의 『천구의 회전에 관하여』를 '입증'했다고 선언했다. 1613년 말에 메디치 궁정의 저녁 만찬에서 코페르니쿠스주의의 종교적 함축과 성경의 대립에 관한 논쟁이 벌어졌다. 이 논쟁을 계기로 갈릴레오는 정중하지만 도발적인 글 「대공녀 크리스티나에게 보내는 편지: 과학의 사안과 관련하여 성경을 인용하는 것에 대하여」(1615)(크리스티나는 갈릴레오의 후원자의 어머니이다)를 썼다. 이 글에서 갈릴레오는 성경은 신의 말이요 자연은 신의 작품이므로 신앙과 이성은 대립할 수 없다는 견해를 밝혔다. 그러나 대립이 있는 듯이 보일 경우, 과학은 자연에 관한 문제에서 신학보다 우월하다고 말했다. 왜냐하면 성경은 일반인의 이해를 위해 씌어졌고 쉽게 재해석할 수 있지만, 자연은 변경할 수 없는 실재성을 가지고 있기 때문이다. 갈릴레오에 따르면, 만일 과학자들이 성경에 있는 문장과 모순되는 듯이 보이는 자연에 관한 진실을 증명하면, 신학자들은 그 문장의 의미를 재해석하여 명확히 해야 한다(이것이 본질적으로 오늘날의 가톨릭 교회의 입장이다). 과학과 자연에 관한 인간의 탐구가 전통적인 신학에 선행해야 한다는 갈릴레오의 요구는 혁명적인 도약이다. 과학이 신학의 시녀 역할을 했던 중세에서 너무나도 멀리 떨어져 있는 이 요구는 거의 신학자들의 적의를 불러일으키기 위해 의도된 것이 아닐까 하는 생각마저 들게 한다. 특히 도발적이었던 것은 신학자들의 임무 수행에 관한 조언을 던지면서 갈릴레오가 보인 오만함이었다.

갈릴레오는 코페르니쿠스주의를 적극적으로 옹호했고, 교회 권위자들에게 오랜 세월 동안 종교적·과학적 사유가 기대어온 아리스토텔레스·프톨레마이오스 세계관을 버리고 코페르니쿠스의 태양 중심론을 받아들이도록 열정적으로 설득했다. 1616년 종교 재판소가 코페르니쿠스의 견해가 오류이며 공식적으로 이단이라 못박고 금서 판정 회의에서 코페르니쿠스의 『천구의 회전에 관하여』를 금서 목록에 올리자 갈릴레오는 입지를 잃었다. 종교 재판소의 고위직 인사이자 추기경이며 연로한 신앙의 대변자인 로베르트 벨라르민Robert Bellarmine(1542~1621)은 코페르니쿠스가 태양 중심론을 그저 천문학 계산을 돕기 위한 수학적 허구로 만들었다는 것을 (오시안더의 서문을 통해) 알고 있다고 썼다. 전능한 신은 자신이 원하는 대로 수천 가지 방식으로 천체들을 움직일 수 있으므로, 성경이 틀렸다는 분명한 증명 없이 신의 능력과 명확하게 씌어진 성경의 언어보다 인간의 이성을 높게 두는 것은 위험하다고 그는 말했다.

표면적으로 볼 때 갈릴레오는 1616년 코페르니쿠스주의에 대한 유죄 판결에서 화를 면할 수 있었으며, 실제로 벨라르민과 종교 재판소는 영광스럽게도 갈릴레오에게 가장 먼저 판결 내용을 통지했다. 벨라르민이 직접 갈릴레오를 만났다. 1616년 2월 26일에 있었던 갈릴레오와 벨라르민의 만남에서 실제로 무슨 일이 벌어졌는가에 대해서는 여러 가지 설이 있다. 종교 재판소는 갈릴레오가 코페르니쿠스의 견해를 변호하거나 주장하지 말라는 교회 권위자들의 권고를 거부할 경우에 대비하여 (구속까지 포함해서) 필요한 절차를 비밀리에 밟고 있었다. 갈릴레오가 그 권고를 즉각 묵묵히 따랐을 것은 거의 확실해 보인다. 그러나 그럼에도 불구하고—1616년이나 그 이후에—종교 재판소의 갈릴레오 항목 서류철에는 "(코페르니쿠스주의를) 어떤 식으로든, 말로든 글로든 주장하거나 가르치거나 변호하지 말라"는 내용의 특별한 개인적 금지 명령서가 갈릴레오에게 전달되었음을 명기한 이례적인 공증 서류—어쩌면 위조되었을지도 모르는 그 서류는 훗날 갈릴레오를 괴롭히게 된다—가 첨부되었다. 갈릴레오는 만남이 있은 후 1616년에 벨라르민에게서 코페르니쿠스주의를 '주장하거나 변호하는 것'을 금한다는 내용이 담긴 증명서를 받았다. 증명서에는 '가르치지 말라'는 조항이 빠져 있었으므로, 갈릴레오는 코페르니쿠스주의를 노골적으로 주장하거나 옹호하는 것은 안 되지만 '가르치는 것'은 허용되는 것으로 알았다.

1616년 갈릴레오는 패배했지만 삶은 계속되었다. 그는 50이 넘은 나이였지만 여전히 유명했고 메디치 궁정의 주요 가신이었다. 코페르니쿠스주의는 금지되었지만 갈릴레오는 다른 과학적 주제들에 뛰어들었고, 다른 분쟁들이 발생했다. 1618년 그 해에 관찰된 3개의 혜성에 관한 논쟁이 불거졌다. 갈릴레오는 막강한 예수회 성직자 오라치오 그라시Orazio Grassi와 치열한 지적인 논쟁을 벌였다. 두 사람의 논문 전쟁은 1623년 갈릴레오의 『시금자』에서 절정에 도달했다. 그 해는 갈릴레오가 새로운 과학을 선언한 시점이라고 평가되기도 한다. 『시금자』는 적절한 시기에 출간되었다고 할 수 있다. 왜냐하면 1623년에 교황 그레고리 15세가 죽고 새로운 교황 우르반 8세가 선출되었기 때문이다. 원래 이름이 마페오 바르베리니Maffeo Barberini인 우르반 8세는 피렌체 출신이었고 갈릴레오의 오랜 친구였다. 전망은 밝아 보였고, 『시금자』는 갈릴레오가 로마 최고위층의 후원을 받게 해줄 완벽한 매개물처럼 보였다. 린체이 아카데미는 『시금자』를 교황에게 바치는 과장된 헌사와 함께 출간했고, 교황은 식사 시간마다 수행원을 시켜 그 책을 낭독하게 했다. 새 교황은 기뻐했고, 1624년에 6주 동안 로마에 머문 갈릴레오에게 수많은 선물을 주었고, 그를 바티칸의 정원으로 초대하여 산책과 토론을 했다. 이때 갈릴레오는 다시 코페르니쿠스주의를 다룰 수 있게 해줄 것을 부탁했고 허가를 받은 것으로 보인다. 그러나 우르반 8세는 프톨레마이오스 체계와 코페르니쿠스 체계를 공평하게 다룰 것을 요구했고, 신은 천체들을 현상과 상관없이 무수한 방식으로 움직일 수 있으므로 인간은 관찰된 사건들의 참된 원인을 알 수 없다는 점을 강조했다. 우르반 8세의 입김은 몇 년 후 출간된 갈릴레오의 책의 제목에서도 드러난다. 갈릴레오는 제목을 '조수에 관하여On the Tides'로 하고자 했다. 그 제목을 통해 지구의 운동이 조수의 원인이며 따라서 조수가 지구의 운동을 입증한다는 자신의 이론을 강조하고 싶었던 것이다. 우르반 8세는 그 책에 '두 개의 주요 세계 체계에 관한 대화Dialogue on the Two Chief World Systems'

라는 불멸의 제목을 붙였다. 이 제목은 두 개의 행성 이론을 공평하게 검토한다는 의미를 시사한다.

『두 개의 주요 세계 체계에 관한 대화』는 8년 후인 1632년에 출간되었고, 당시 60대였던 갈릴레오는 책을 쓰는 기간 대부분 아픈 상태였다. 출간은 필요한 승인과 허가를 받아야 했기 때문에 늦어졌다. 로마와 피렌체의 검열관과 관료들이 원고를 세심히 검토했다. 마침내 1632년 2월 말에 피렌체에서 출간된 갈릴레오의 책은 여러 이유에서 그야말로 폭탄이었다.

가장 중요한 첫번째 이유는 『두 개의 주요 세계 체계에 관한 대화』가 그때까지 있었던 것 중에 가장 명쾌하고 완벽하고 설득력 있는 논변으로 코페르니쿠스주의를 옹호하고 전통적인 아리스토텔레스·프톨레마이오스 천문학과 자연철학을 반박했다는 점에 있었다. 갈릴레오는 최대한 많은 독자가 읽을 수 있도록 이탈리아어로 책을 썼고, 세 명의 등장 인물, 즉 살비아티(갈릴레오의 대변자), 세그레도(관심과 지적인 능력이 있는 아마추어), 심플리치오(완고하게 아리스토텔레스의 입장을 반복하는 멍청이)의 대화 형식으로 꾸몄다. 이해하기 쉽고 흥미로운 문학 형식으로 되어 있는 갈릴레오의 책은 4일 동안 벌어진 대화를 내용으로 한다. 첫째 날, 갈릴레오는 달에 관한 증거와 다른 새로운 망원경 발견들을 이용하여 전통적인 아리스토텔레스의 위치, 운동, 위아래의 개념, 그리고 고색창연한 천상 세계와 지구의 구분을 처참하게 뭉개버린다. 둘째 날, 갈릴레오는 지구의 일일 운동을 다루고, 왜 자전하는 지구에서 물체들이 날아가버리지 않는지, 왜 우리가 지구의 자전에도 불구하고 끊임없는 동풍을 경험하지 않는지, 왜 새나 나비가 서쪽만큼 쉽게 동쪽으로 날 수 있는지, 왜 떨어뜨린 공이 탑의 바닥에 곧바로 떨어지는지, 왜 포탄이 동쪽으로나 서쪽으로나 동일한 거리만큼 날아가는지 설명한다. 그의 설명의 기반은 지구에 있는 물

그림 11.2_갈릴레오의 죄. 『두 개의 주요 세계 체계에 관한 대화』(1632)에서 갈릴레오는 코페르니쿠스주의를 입증하는 강력한 논변을 제시했다. 구어체 이탈리아어 대화 형식으로 쓰어진 이 책은 천문학을 배우지 않은 사람도 읽을 수 있었고, 지금도 그러하다. 갈릴레오는 이 책 때문에 로마 종교 재판소에 체포되었고 이어서 감금되었다.

체들이 지구의 운동을 모두 공유하며, 오직 서로에 대해 상대적으로 움직일 때만 움직이는 것으로 보인다는 생각이었다. 셋째 날, 갈릴레오는 태양 중심 체계와 지구의 연중 운동으로 화제를 바꾼다. 그는 코페르니쿠스주의와 태양 중심론을 옹호하는 여러 논변 중 하나로 금성의 위상 변화를 증거로 하는 논변을 도입한다. 그는 이 논변을 프톨레마이오스 천문학을 향해 '연기를 내뿜는 대포'라고 표현했다. 망원경으로 보면 금성이 달처럼 모양이 변하는 것을 알 수 있다. 초승달처럼 초승금성이 있고 1/4 금성이 있고, '뿔 모양의' 금성도 있다. 갈릴레오 논변의 요지는 관찰된 금성의 위상 변화가 프톨레마이오스의 지구 중심 체계와 양립할 수 없다는 것이다. 그러나 금성의 위상 변화가 코페르니쿠스주의를 증명하는 것은 아니다. 관찰된 위상 변화는 튀코의 체계와도 일치하지만, 갈릴레오는 튀코를 그냥 제쳐둔다. 마지막으로 넷째 날, 갈릴레오는 코페르니쿠스 체계에 대한 직접적인 증명이라고 스스로 생각하는 논변을 제시한다. 그 논변은 조수에 관한 그의 특이한 설명이다. 회전하는 지구에 의해 바다와 대양에 휘젓는 움직임이 생기고 그로 인해 조수가 생긴다는 것이 그의 설명이다. 그는 계절에 따른 조수의 변화를 수학적으로 멋지게 설명하고, 지구를 거대한 자석으로 보는 윌리엄 길버트의 견해도 언급한다.

프톨레마이오스와 코페르니쿠스의 천문학 체계를 평가할 때 갈릴레오는 적어도 표면적으로는 우르반 8세가 요구한 공평한 태도를 취하고 '이번에는 이쪽의 근거들을, 다음번에는 저쪽의 근거들을' 편견 없이 다루는 듯이 굴었다. 그는 글 곳곳에 공평무사한 태도를 공언하는 언급을 적절하게 배치했다. 이곳 저곳에서 그는 자신이 '결정한 바가 없으며' 단지 코페르니쿠스의 '가면'을 쓰고 있을 뿐이라고 말했다. 그러나 그의 글이 대단히 편파적이라는 것을 부정할 수는 없다. 매번 코페르니쿠스의 우월성이 주장될 뿐 아니라, 갈릴레오는 아리스토텔레스를 거듭 반박하고 심플리치오를 완전히 무식하고 멍청한 인물로 만들어버린다. 더욱 심각한 문제는, 갈릴레오가 교황이 지시한 신의 전능함과 인간 이성의 한계에 관한 언급을 작품의 맨 끝에, 그것도 매우 도발적으로 심플리치오의 대사로 "가장 고귀하고 학식 있는 사람에게서 들었는데"라는 단서와 함께 집어넣었다는 점이었다. 만일 우르반 8세가 1624년에 코페르니쿠스주의와 프톨레마이오스 체계를 공평하게 다룰 것을 갈릴레오에게 충고하면서 갈릴레오를 향해 살짝 눈을 감아준 것이라면, 갈릴레오는 적절히 격식을 차렸다고 할 수 있을 것이다. 그러나 만일 우르반 8세가 공평한 취급을 진지하게 생각했거나 나중에 진지하게 생각하게 되었다면, 갈릴레오는 교황을 조롱했고 심각한 문제를 일으킨 것이었다.

갈릴레오의 책이 유포되기 시작하자, 즉각적이고도 격렬한 반응이 나타났다. 1632년 여름 교황의 명령에 의해 판매가 중지되고 유포된 책들이 회수되었으며 인쇄소의 조판은 몰수되었다. 갈릴레오를 보호하려 했는지 아니면 파멸시키려 했는지, 우르반 8세는 사태를 평가하기 위해 고위 성직자들로 구성된 특별 위원회를 이례적으로 소집했다. 곧이어 사안은 공식적으로 종교 재판소로 넘어갔고, 종교 재판소는 1632년 가을에 갈릴레오를 로마로 소환했다. 당시 68세였던 갈릴레오는 처음에 소환에 불응했다. 그는 심지어 자신이 여행할 능력이 없음을 증명하는 '의사의 소견서'를 보내는 애처로운 행동까지 했다. 그러나 종교 재판소는 완강했다. 필요할 경우 묶어서 끌고 가겠다는 연락이 왔다. 다행히 그런 일은 일어나지 않았다. 갈릴레오는 들것에 실려 로마로 갔다.

갈릴레오의 재판에 관한 기초 사실들은 이미 100년 전부터 잘 알려져 있다. 그러나 그 재판에 대한 설명과 해석들은 지금도 극단적으로 엇갈린다. 초기의 — 오늘날엔 폐기된 — 견해는 그 사건이 과학과 종교

사이의 한판 대결이었다고 해석했다. 갈릴레오를 과학적 진리를 발견했기 때문에 신학적 반동 세력에게 짓밟힌 영웅적인 과학자로 묘사한 것이다. 또다른 해석은 20세기의 전체주의 정권에 대한 의식을 반영하며 갈릴레오 재판의 핵심 쟁점을 관료적인 국가의 기구로서의 종교 재판소에서 찾았다. 또다른 시각에 따르면 갈릴레오는 단지 교회가 종교개혁의 불길에 압박을 받고 있던 시점에 반항적으로 행동하고 성경의 권위를 의문시했을 뿐이다. 역시 자료에 근거하지만 더 음모론적인 해석에 의하면, 갈릴레오가 공식적으로 코페르니쿠스주의 때문에 기소된 것은 교회 권위자들의 책략이다. 그들은 갈릴레오 재판을 이용하여 예수회와의 쓰라린 분쟁을 은폐하고, 가톨릭 미사에서 행하는 성찬 예식의 기적과 양립하기 어려운 원자론과 관련한 갈릴레오의 더 큰 죄를 은폐하려 했다는 것이다. 또다른 해석자들은 1632년 당시 교황 우르반 8세가 세력이 많이 약화되었고 정치적인 곤란을 겪고 있었다고 주장하며, 최근의 설명은 갈릴레오가 후원이 끊길 위험에 처해 있었고 궁정의 가신으로서 몰락하고 있었음을 지적한다. 갈릴레오의 재판은 마치 법학자들이 과거의 판례를 돌아보면서 토론하듯이 역사가들이 쓰고 또 고쳐 쓰면서 점점 더 개선된 해석을 써나가는 칠판과 같다.

갈릴레오의 재판은 일사천리로 진행되지 않았다. 처음에 갈릴레오는 로마 주재 메디치 대사관에 머물렀고, 그 후 특별대우를 받긴 했지만 심문을 앞둔 모든 사람이 그러하듯이 종교 재판소 감옥으로 들어갔다. 그는 1633년 4월 12일에 처음으로 종교 재판관 앞에 섰지만 어떤 추궁도 받지 않았다. 오히려 그는 자신이 프톨레마이오스에 맞서 코페르니쿠스의 편을 든 것이 아니라 코페르니쿠스의 추론이 '결정적이지 않고 부당하다는 것'을 보였다는 패기만만한 주장으로 자신의 책을 변호했다. 종교 재판관들은 1616년의 빛바랜 공증 문서를 가지고 있었다. 따라서 그들은 코페르니쿠스주의를 어떤 식으로도 다루지 말라는 개인적인 금지 명령을 위반한 죄목으로 갈릴레오를 엮을 수 있다고 생각했다. 그 문서를 대면했을 때 갈릴레오는 코페르니쿠스주의에 대한 '주장과 변호'를 금한다는 내용이 있을 뿐 가르치거나 다루는 것을 모조리 금한다는 내용은 없는, 추기경 벨라르민에게 받은 증명서를 제시했다.

종교 재판소는 갈릴레오가 자신의 책에서 코페르니쿠스주의를 변호하고 주장했다는 전문가들의 의견을 확보했지만, 갈릴레오가 제시한 벨라르민의 증명서는 종교 재판소가 처음에 계획한 깔끔한 판결에 걸림돌로 여전히 남아 있었다. 발생할 수도 있는 난처한 결과를 피하기 위하여 종교 재판소의 관료 하나가 갈릴레오의 감방으로 찾아와 타협을 논했다. 갈릴레오는 오류를 범했음을 시인하도록 종용받을 것이며, 오류의 대가로 손목을 몇 대 맞는 벌이 부과될 것이라고 전했다. 다시 종교 재판관 앞에 섰을 때 갈릴레오는 지체없이 자신의 부주의와 '허황된 야심'을 자백했다. 감방으로 돌아온 갈릴레오는 부끄럽게도 사태를 확실히 수습하기 위해 자신의 책에 덧붙일 또 하나의 '날'을 썼다.

그러나 유감스럽게도 타협은 실현되지 않았다. 갈릴레오의 자백을 확보한 교황 우르반 8세는 종교 재판소의 타협책을 거부하고 갈릴레오에게 공식적인 이단의 죄를 씌울 것을 강요했다. 다시 종교 재판관 앞에 끌려나온 갈릴레오는 아무 할 말이 없었다. 고문의 위협에 질린 그는 다만 자신이 코페르니쿠스주의자가 아니며 1616년에 코페르니쿠스주의를 버렸다고 말했다. "나머지 모든 것에 대해서는, 자 여기 제가 당신들의 손안에 있사오니 원하는 대로 하시옵소서."

종교 재판소는 갈릴레오에게 '매우 강한 이단 혐의'가 있다는 판결을 내렸다. 그것은 즉각적인 화형이 형벌로 주어지는 확고한 이단 혐의 판결보다 아주 조금 약한 판결이었다. 갈릴레오의 『두 개의 주요 세계 체계에 관한 대화』는 금서 목록에 올랐고, 1633년 6월 22일, 한때 이탈리아 과학의 자랑스러운 미켈란젤로였던 69세의 늙은이는 공개 석상에서 참회를 상징하는 흰 가운을 입고 손에 촛불을 든 채 꿇어앉아 코페르니쿠스의 이단적인 주장을 '맹세코 버리고, 저주하고, 혐오해야' 했고 그런 이단 전부를 매도할 것을 선서해야 했다. 갈릴레오는 죽을 때까지 공식적으로 종교 재판소의 수인囚人 신분으로서 가택 연금 상태로 지내야 했다. 신화에 따르면, 갈릴레오는 1633년 7월 연금 생활을 위해 시에나Siena에 도착했을 때 마차에서 내리며 손가락으로 땅을 짚고 이렇게 말했다고 한다. "그래도 이것은 움직인다 Eppur si muove." 피렌체 과학사 박물관에는 갈릴레오의 가운뎃손가락 유골이 전시되어 있다. 그것은 오늘날의 우리를 향해 무례하게 내뻗은 과학적 유물이다.

갈릴레오의 재판과 처벌은 때때로 과학은 민주주의 속에서 가장 잘 기능한다는 주장을 뒷받침하는 근거로 제시된다. 이 주장은 명백한 오류이다. 가장 민주적이지 않은 몇몇 사회는 성공적으로 과학과 기술을 발달시켰고, 지금도 여전히 그러하다. 오히려 중요한 사안은 과학자 사회의 독립성이다. 정치적인 맥락은 아무 상관이 없다. 정치적 권력―가톨릭 교회든 공산당이든―의 개입은 과학의 발달을 방해했다. 다행스럽게도 정치적 권력이 추상적인 이론과학에 관심을 기울이는 경우는 극히 드물다. 기독교 전통에서는 오직 지구의 운동과 종의 기원만이 자연철학과 성경의 권위가 충돌한 사례로 남았다. 과학이 민주 사회에서 연구되는가 아니면 반민주적인 사회에서 연구되는가는 과학의 발달과 거의 상관이 없다.

갈릴레오, 낙하하는 물체, 그리고 실험

갈릴레오는 피렌체 외곽의 유형지로 이송되어 딸 비르기니아 Virginia의 수발을 받으며 1633년 12월에 70번째 생일을 맞았다. 신념을 포기하는 치욕을 겪었고 여전히 종교 재판소의 수인 신분인 그는 이미 반쯤 실명한 상태였다. 하지만 놀랍게도 그는 자신의 혼을 쉽게 포기하지 않았다. 오히려 갈릴레오는 많은 이들이 그의 최고 걸작이라 평가하는 『두 개의 새로운 과학에 관한 논의 Discourses on Two New Sciences』(1638)를 쓰기 시작했다. 줄여서 『두 과학』이라고도 불리는 그 책에서 갈릴레오는 두 가지 놀라운 발견을 발표했다. 하중이 실린 들보 혹은 외팔보 cantilever에 대한 수학적 분석과 낙하하는 물체에 관한 법칙이 그것이었다. 이 두 발견은 갈릴레오가 16세기와 17세기에 진행된 과학혁명과 물리학에 남긴 가장 큰 업적이다. 『두 개의 새로운 과학에 관한 논의』는 전문 수학자 및 실험가로서 갈릴레오의 천재성을 드러내는 또다른 측면도 있다.

갈릴레오가 『두 과학』을 쓰기 위해 새로운 연구 프로그램을 갑자기 시작한 것은 아니었다. 어렵지 않게 추측할 수 있듯이, 그는 1610년 이전에 써놓은 노트와 과학적인 글들을 다시 검토했다. 스스로 망원경을 만들기 전에, 국제적으로 유명한 과학자가 되기 전에, 천문학과 논쟁과 유죄 판결에 휘말리기 전에 썼던 글들을 말이다. 갈릴레오가 『두 과학』에서 다루는 전문적이고 차분한 주제들―들보가 어떻게 부러지는가, 공이 어떻게 경사면을 굴러 내려오는가―은 정치적으로 안전하고 신학적으로 논란의 소지가 없다.

『두 개의 새로운 과학에 관한 논의』는 1638년 다소 은밀하게 개신교 지역인 네덜란드의 엘세비어 출판사 Elsevier press에서 출간되었다. 또다른 걸작 『두 개의 주요 세계 체계에 관한 대화』와 마찬가지로

『두 과학』도 대화 형식이며 네 개의 '날'로 구분되어 있다. 대화하는 인물들 역시 살비아티, 세그레도, 심플리치오이다. 물론 이번에는 이 세 인물이 서로에 대해 덜 적대적이고 역할도 과거와 약간 다르다. 과거에 살비아티는 확실히 갈릴레오를 대변했고, 심플리치오는 아리스토텔레스를 대변했으며, 세그레도는 아마추어였다. 반면에 『두 과학』에 등장하는 세 인물은 갈릴레오 자신이 역학에 대한 완숙한 견해에 도달할 때까지 거친 연대기적 단계들을 나타낸다고 하는 편이 더 그럴듯하다. 심플리치오는 갈릴레오의 첫번째 단계, 즉 아리스토텔레스 단계를, 세그레도는 중간 단계인 아르키메데스 단계를, 살비아티는 말년에 갈릴레오가 도달한 견해를 상징한다. 특히 아리스토텔레스주의자인 심플리치오는 『두 과학』에서 과거보다 훨씬 유연한 모습을 보인다. 그는 심지어 이렇게 고백한다. "만일 내가 나의 연구를 다시 시작한다면, 나는 플라톤의 조언에 따라 수학을 출발점으로 삼겠네."

『두 개의 새로운 과학에 관한 논의』는 『두 개의 주요 세계 체계에 관한 대화』보다 훨씬 더 수학적이다. 한 장면에서 살비아티는 '우리의 저자', 즉 갈릴레오 자신이 라틴어로 쓴 수학적인 글을 읽는다. 작품은 살비아티와 두 친구가 베네치아 무기 공장에서 나누는 대화로 막을 연다. 베네치아 무기 공장은 유명한 기술의 중심지이며, 유럽에서 가장 크고 발달된 공업 시설로 그곳에서 기술자와 장인들이 베네치아 공화국을 위해 배를 만들고 대포를 주조하고 밧줄을 꼬고 타르tar를 붓고 유리를 녹이고, 기타 100여 종에 달하는 기술적·공업적 활동을 했다. 갈릴레오가 작품의 무대를 베네치아 무기 공장으로 설정한 것은 오늘날 우리가 과학이라 부르는 활동과 기술이라 부르는 활동을 의도적으로 그리고 웅변적으로 병치시키기 위해서였다. 무기 공장은 갈릴레오에게 대학 외부의 기관으로서 중요한 의미를 가졌을 것이 분명하다. 그러나 갈릴레오가 무기 공장에서 배우거나 가르친

적이 있는가에 대해서는 전문가들의 의견이 엇갈린다.

사상사 연구자들은 『두 과학』의 처음 두 '날'을, 그러니까 갈릴레오가 세속적인 주제인 물질의 강도를 다루는 부분을 건너뛰는 경향이 있다. 그들은 셋째 날과 넷째 날에, 즉 더 추상적인 운동과 관련한 갈릴레오의 독창적인 발견들이 제시되는 부분에 집중하곤 한다. 실제로 이 부분은 뉴턴과 과학혁명에 너무나도 중요한 역할을 했다. 그러나 물질의 강도는 공학과, 그리고 과학과 기술의 연결과 직접적으로 관련된다.

『두 개의 새로운 과학에 관한 논의』의 첫째 날과 둘째 날에 갈릴레오는 물체의 응집력cohesion과 여러 재질의 막대를 부러뜨리는 데 드는 힘에 관한 일반적인 논의를 펼친다. 첫째 날 그는 수많은 기술적·이론적 문제들을 고찰한다. 어떤 문제는 새롭고 어떤 문제는 해묵은 것이다. 예컨대 그는 규모의 효과(비례이론)에 대하여, 왜 무게가 100만 톤인 목재 선박을 제작할 수 없는가에 대하여 고찰한다. 그는 대리석 기둥이 제 형태를 유지하도록 해주는 것이 무엇인가 묻는다. 그는 특이한 (무한소infinitesimal가 등장하는) 물질이론을 제시하고, 독창적인 방식으로 물체의 응집력, 표면장력, 유체의 성질, 응축과 희석, 도금, 화약의 폭발, 공기의 무게, 빛의 전파, 원기둥에 관한 기하학적 명제들, 무한에 관한 수학적 역설들, 진자 진동의 불변성에 관한 발견들을 논한다〔갈릴레오는 진자의 등시성(길이가 동일한 진자의 진동 주기는 항상 같다는 법칙—옮긴이)을 1580년대에 피사에서 발견한 것으로 보인다〕. 각각의 논의가 다 재미있고 기발하다.

『두 과학』의 둘째 날 갈릴레오는 하중을 받는 외팔보에 관한 고대의 역학을 확장한다. 그는 외적인 하중과 외팔보 자체의 무게 때문에 발생하는 내적인 변형력stress을 수학적으로 계산한다. 이 문제는 과거에 건축가, 석공, 목수, 조선공, 풍차 제작자, 기술자에게는 관심의

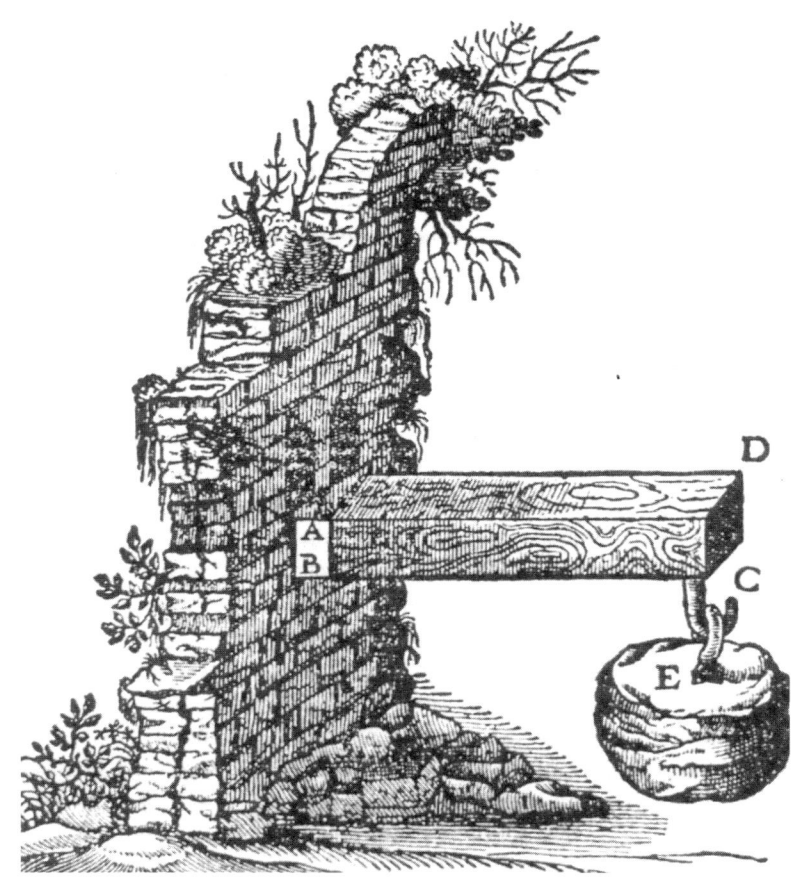

그림 11.3_물질의 강도. 갈릴레오는 가택 연금 상태였던 1638년에 74세의 나이로 『두 개의 새로운 과학에 관한 논의』를 출간했다. 이 책에서 그는 낙하하는 물체에 관한 법칙을 정립하고, 하중을 받는 외팔보의 강도는 단면 깊이의 제곱에 비례한다는 사실을 도출했다.

대상이었겠지만 이론적인 주목을 거의 받지 못했다. 갈릴레오는 실험을 수행하지 않았다. 대신에 그는 문제에 이론적인 정역학statics을 적용했고, 외팔보 내부에서 변형력이 분배되는 방식에 관하여 잘못된 전제를 했음에도 불구하고, 외팔보의 강도(휨 강도)는 단면 깊이(그림에서 AB)의 제곱에 비례한다는 근본적으로 옳은 결론에 도달했다. 그러나 기술자와 장인들은 갈릴레오의 결론에 무관심했다. 당대의 기술자들은 과학이 제공할 수 있는 빈약한 이론적인 원리가 없어도, 오랜 세월에 걸쳐 어렵게 얻은 전통적인 주먹구구를 이용하여 문제를 완벽하게 풀 수 있었던 것이다.

역사가들이 더 많이 연구한 셋째 날과 넷째 날에 갈릴레오는 책의 제목에서 언급한 두 개의 새로운 과학 중 두번째 것을 논한다. 그것은 국지적인 운동에 관한 연구, 즉 지구 근처에서의 운동에 관한 연구인데, 간단히 말해서 갈릴레오는 당대의 거의 모든 과학자가 믿었던 전통적인 아리스토텔레스의 생각, 즉 물체가 낙하하는 속도는 물체의 무게에 비례한다는 생각을 뒤엎었다. 물체가 떨어지면서 통과하는 매질은 아리스토텔레스 해석자들이 믿었던 것처럼 필수적인 추진력을 제공하기는커녕 진공에서 일어날 수 있는 이상적인 낙하를 방해하는 우연적인 '장애물'일 뿐이다. 운동과 낙하의 개념을 이렇게 바꾸는 것은 아리스토텔레스 물리학의 핵에 직격탄을 날리는 것이었다. 실제로 낙하에 관한 갈릴레오의 연구는 아리스토텔레스적인 세계관을 무너뜨리는 데 중심적인 역할을 했다.

갈릴레오의 생각이 발전해 간 역사를 이해하려면, 그가 운동과 낙하에 관련된 수많은 요소의 미로 속을 헤매며 일종의 '발견의 과정'을 거쳤음을 명심해야 한다. 그 요소들을 어떻게 이해해야 할지, 더 나아가 그것들을 어떻게 서로 연결해야 할지, 갈릴레오는 처음에 전혀 몰랐다. 학생 시절에 그는 아리스토텔레스의 견해에 매달렸다. 그는 낙하에 대한 엄격한 아리스토텔레스적 해석이 틀렸다는 것을 일찍이 확신하게 되었고, 그 같은 의심은 그가 피사의 사탑에서 낙하하는 물체에 관한 실연實演을 하게 만들었을지도 모른다. 자신의 생각을 완성해 가는 길고 복잡한 과정 속의 어느 한 시점에 갈릴레오는 물체가 떨어지며 통과하는 매질(예컨대 공기)의 밀도가 낙하 속도를 결정하는 핵심 요소라고 생각하게 되었다. 1604년에 그는 진공 속에서는 모든 물체가 동일한 속도로 떨어질 것이며, 자유낙하하는 물체의 이동 거리는 시간의 제곱에 비례한다는 믿음을 가지게 되었다. 그러나 1604년에 그는 그릇된 추론을 통해서 옳은 법칙에 도달한 것이었다. 즉, 그는 낙하 속도가 (그의 최종 결론에서처럼) 시간에 비례하는 것이 아니라 이동 거리에 비례한다고 (그릇되게) 생각했다. 1633년에 다시 과거의 연구를 검토할 때 비로소 갈릴레오는 속도가 이동 거리가 아니라 경과 시간에 비례한다는 최종적인 견해에 도달했다. 최종 견해에서도 자유낙하하는 물체의 이동 거리는 낙하 시간의 제곱에 비례한다(거리 $s \propto t^2$). 이것이 갈릴레오의 낙하 법칙이다. 갈릴레오에 따르면, 모든 물체는 (무게에 상관없이) 진공 속에서 동일한 가속도로 낙하한다.

우리는 '옳은' 답을 학교에서 배워 알고 있기 때문에, 갈릴레오의 지적인 성취를 제대로 평가하지 못할 가능성이 있다. 무거운 물체는 아리스토텔레스의 이론이 예측하듯이 가벼운 물체보다 빨리 낙하하는 것처럼 보인다. 예컨대 무거운 책은 가벼운 종이보다 바닥에 빨리 도달한다. 낙하와 관련된 요소들은 다양하다. 예컨대 물체의 무게, 혹은 오늘날의 용어를 쓴다면 '질량', '운동량', 물체가 통과하는 매질, 물체의 밀도 혹은 비중, 매질의 부력, 물체의 모양, 매질의 저항력, 이동 거리, 경과 시간, 처음 속도(혹은 속력), 평균 속도, 최종 속도, 다양한 가속도 등의 요소들을 언급할 수 있다. 어떤 요소가 핵심적일까? 갈릴레오는 자유낙하를 연구하기 위해 어마어마한 개념적 문제들에 직면해야 했다.

이론적인 역학에 대한 갈릴레오의 근본적인 기여와 관련하여 두 가지 점을 더 지적할 필요가 있다. 첫째, 그의 법칙은 운동학적kinematical 법칙이다. 즉, 운동을 기술하지만 운동의 원인을 설명하지 않는다. 갈릴레오의 법칙은 물체가 어떻게 낙하하는지 기술한다. 그러나 왜 물체가 낙하하는지 설명하지 않는다. 이렇게 갈릴레오는 의도적으로 원인에 대한 논의를 피했던 것이다. 그의 연구는 원인을 묻지 않으면서 오직 운동학에서만 힘과 아름다움을 얻는 전략을 선택했다. 사실상 갈릴레오는, 우리가 현상의 원인을 논하면서 사태를 복잡하게 만들지 않고 현상의 수학적 기술에만 집중할 때 무엇을 성취할 수 있는지 한번 보라고 말하는 것이다.

두번째 점은 빛나는 보석 같은 낙하 법칙을 비롯해서 갈릴레오가 『두 과학』에서 제시한 모든 운동학적 법칙들은 9장에서 언급했듯이 300년 전에 니콜 오렘과 이른바 계산학파Mertonians, Calculators라 불리는 옥스퍼드 대학의 스콜라 철학자들에 의해 발견되고 공표된 것들이라는 사실이다. 그러나 차이가 있다. 가장 중요한 차이는, 갈릴레오 자신이 지적했듯이, 계산학파는 운동의 추상적인 가능성들을 성찰했던 것인 데 반해서 갈릴레오는 자신의 발견이 실재 세계에, 즉 물체들이 여기 지구 위에서 실제로 떨어지는 방식에 적용된다고 믿었다는 점이다.

『두 과학』의 셋째 날과 넷째 날은 또 갈릴레오의 과학에서 실험이 하는 역할에 대하여 말해 주며, 운동에 관한 수학적 공식들이 자연에 적용된다는 사실을 갈릴레오 자신이 어떻게 생각했는가에 대하여 말해 준다. 흔히 갈릴레오는 '실험과학의 아버지'라 일컬어진다. 실제로 곳곳에서 볼 수 있는 상투적인 초상화 속의 갈릴레오는 피사의 사탑에서 공을 떨어뜨리는 '실험을 하고 있지 않은가'! 그러나 안타깝게도 갈릴레오를 '실험적 방법' 혹은 '과학적 방법'의 아버지로 보는 것은 성급한 판단이라는 사실이 밝혀졌다. 실험과학이 등장한 것은 17세기 과학사의 중요한 사건이었고, 갈릴레오는 그 사건에 크게 기여했다. 그러나 갈릴레오의 업적을 단순하게 그리고 무비판적으로 해석할 경우, 그의 과학에서 실험이 하는 역할에 대하여 오해할 가능성이 높으며, 따라서 과학 일반의 작동에 관한 신화를 재강화하는 오류를 범하기 쉽다. 갈릴레오는 결코 '과학적 방법'이라는 다소 진부한 표현이 가리키는 방식으로 연구하지 않았다. 과학자가 가설을 세우고, 실험을 통해 가설을 검증하고, 오직 실험 결과를 토대로 가설의 진위를 판단한다는 식의 '과학적 방법'은 갈릴레오와 전혀 거리가 멀었다. 갈릴레오의 실험의 진실은 더 흥미롭고, 더 복잡하고, 역사학적으로 더 중요하다.

갈릴레오가 피사의 사탑에서 행했다는 실험을 살펴보자. 1589년에서 1592년까지 피사 대학의 교수로 재직할 당시에 갈릴레오는 학생과 교수들을 모아놓고 탑 위에서 공을 떨어뜨려 무거운 물체가 가벼운 물체보다 빨리 떨어진다는 아리스토텔레스의 이론이 거짓임을 증명했다고 한다. 우리는 그런 실험이 실제로 행해졌는지 의심할 수 있다. 왜냐하면 갈릴레오가 피사에서 실험을 했다고 전하는 최초의 문헌 기록은 갈릴레오의 사망 15년 후인 1657년에 쓰어진 것이기 때문이다. 갈릴레오가 자신의 낙하 법칙을 실험적으로 검증하려 했다는 대중적인 상상은 확실히 거짓이다. 우리가 알듯이, 갈릴레오는 1604년에야 낙하 법칙을 정립했고, 따라서 그보다 10년 이상 전에 피사에서 낙하 법칙을 '검증'했다는 것은 있을 수 없는 일이다. 그러나 그가 아리스토텔레스의 낙하 이론에 문제가 있음을 보여주기 위해 어떤 실연實演을 했을 가능성은 남아 있다.

갈릴레오의 과학에서 실험이 한 정확한 역할, 그리고 갈릴레오가 아리스토텔레스를 무시했다는 추측의 진실은 갈릴레오가 피사의 사탑에서 공을 떨어뜨렸다는 진부한 이야기가 암시하는 것보다 훨씬 더 복잡하고 미묘하다. 갈릴레오가 낙하 법칙과 기타 운동학적 법칙들에 도달한 방식에는 실제로 상당한 정도로 실험이 개입되어 있다. 그는 현상을 파악하기 위해 온갖 종류의 시험과 시도를 했다. 그는 그런 실험들을 기록한 방대한 원고를 남겼다. 갈릴레오는 유능한 실험가였다. 그가 망원경을 제작한 것에서 알 수 있듯이, 손기술이 대단했고, 장치의 전문가였다. 이런 의미의 실험은 갈릴레오의 연구 방법 속에 확실하게 들어 있다. 그러나 현대의 우리가 쉽게 추측하는 것과 달리 갈릴레오는 자신이 주장하는 명제를 '검증'하기 위해 실험을 한 것이 아니라 자신의 원리들이 옳음을 '예증'하기 위해 실험을 했다. 간단히 말해서 갈릴레오의 실험은 가설을 입증하지 않는다. 그의 실험은 이미 분석적인 추론을 통해 얻은 결론을 예증한다.

『두 과학』에 나오는—운동에 관한 법칙들이 제시된 다음에 나온다—한 핵심적인 구절에서 갈릴레오는 심플리치오의 입을 통해 이렇게 요구한다. "하지만 난 이게 자연이 낙하하는 무거운 물체들의 운동에 부여한 가속도인지 여전히 의심스러워. (그래서 네게 부탁하는데) 뭔가 실험을…… 네가 보여준 결론들이 다양한 사례에서 (자연과) 일치한다는 것을……." 이에 대해 살비아티는 이렇게 대답한다. "너 진짜 과학자처럼 아주 합리적인 요구를 하는구나. 사실 수학적인 증명을 물리적인 결론에 적용하는 과학에서는 그게 일반적이고 필수적이지. 광학자, 천문학자, 역학자, 음악학자, 또 원리를 감각 경험을 통해 입증하는 다른 과학자들을 보면 알 수 있듯이."

이어서 갈릴레오는 그 유명하고도 유명한 경사면 실험을 얘기한다. 먼저 그는 실험 장치를 묘사한다. 길이가 7.3미터, 두께가 7.6센티미터이며 한 면에 직선으로 길게 홈을 판 후에 표면을 매끄럽게 다듬고 양피지를 씌운 나무판이 있다. 이제 판의 한끝을 60센티미터에서 1.2미터까지 올리고 둥근 구리공이 홈을 따라 굴러 내려가게 만든다. 두 단락 다음에 시간 측정 방법이 묘사된다. 그에 따르면, 갈릴레오는 물통에서 새어나오는 물을 모아 무게를 측정함으로써 시간 간격을 계산했다. 거의 지적할 필요조차 없지만, 완벽한 구형이 아니거나 완벽하게 균질적이지 않은 구리공이 양피지가 덮인 홈 위로 덜컹거리며 구르면, 표면이 아무리 매끄러워도 예측된 결과를 정확히 산출할 수 없다. 실험에 관여하는 '장애물들'이 너무 많은 것이다. 인간의 눈과 손으로 조절하는 갈릴레오의 멋진 물시계는 당연히 여기저기에 한두 방울의 물을 흘릴 것이고, 저울이 아무리 좋다 해도 측정 오차 때문에 결과는 더욱더 예측을 벗어날 것이다. 그럼에도 갈릴레오는 뻔뻔스럽게 다음 주장으로 넘어간다. "실험을 꼬박 백 번 반복했더니, 둘 사이의 거리가 항상 시간의 제곱이었어……. 시시때때로 다시 해봤는데 큰 차이 없이 늘 그대로더군." 그러나 갈릴레오는 데이터를 제시하지 않으며, '큰 차이'가 얼마만큼인지 말해 주지 않는다. 훗날 프랑스의 과학자들은 위의 진술에 기초하여 갈릴레오의 실험을 재현했고 그가 주장한 결과의 타당성을 정당하게 의심했다. 그러나 갈릴레오는 자기 자신의 실험 보고가 이미 참이라고 증명된 수학적 분석을 뒷받침하기에 충분한 증거라고 여겼다. 경사면 실험은 갈릴레오의 과학에서 실험이 하는 특이한 역할을 보여줄 뿐 아니라, 실험 일반이 '과학적 방법'에 관한 추상적인 이론들이 얘기하는 것보다 훨씬 더 복잡하게 작동한다는 것을 보여준다.

마지막으로 『두 과학』의 넷째 날, 갈릴레오는 던져진 물체(투사체)의 운동으로 연구를 확장시킨다. 〈그림 11.4〉는 갈릴레오가 투사체의 운동을 분석하기 위해 사용한 개념적인 모형이다. 갈릴레오에 따르면, 던져진 혹은 발사된 물체의 운동은 두 가지 서로 다른 운동의 복합이다. 한편으로, 투사된 물체는 셋째 날 제시한 낙하 법칙에 따라 아래로 떨어진다. 다른 한편으로, 투사된 물체는 수평선과 나란하게 '관성적으로' 운동한다. 즉 어떤 별개의 운동자도 없이 그 자체로 운

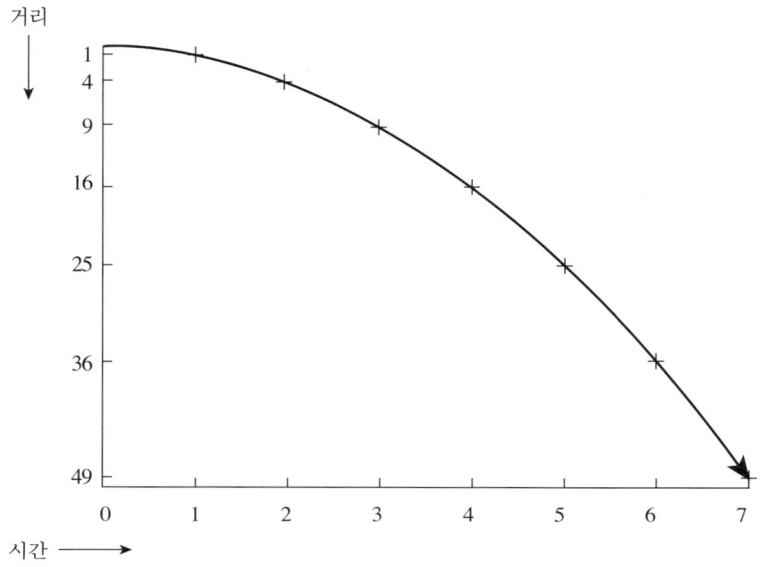

그림 11.4_투사체의 포물선 운동. 투사체의 운동을 두 성분으로 분석함으로써 갈릴레오는 투사체가 포물선 궤도를 그린다는 것을 보일 수 있었다. 투사체는 수직축을 따라서 등가속도 운동을 하며 떨어진다. 한편 수평축을 따라서는 일정한 속도로 관성적인 운동을 한다. 이 두 운동이 결합되면, 투사체는 포물선을 그리게 된다. 이렇게 갈릴레오는 수백 년 묵은 투사체의 운동 문제를 근대적인 형태에 가깝게 재구성했다.

동한다. 1613년에 출간된『태양의 흑점에 관한 편지』에서 처음 등장한 갈릴레오의 관성 개념은 더 깊이 분석할 필요가 있지만, 그것의 혁명적 함축은 이미 명백하다. 우리가 기억하듯이, 아리스토텔레스는 '강제적인' 운동을 설명하기 위하여 운동자를 요구했다. 투사자를 떠나 분리된 투사체의 경우 그런 운동자를 어디에서 찾을 것인가 하는 문제는 2,000년 동안 아리스토텔레스 역학의 골칫거리였다. 갈릴레오는 문제 자체를 제거해 버리는 혁명적인 처방을 내놓았다. 갈릴레오에 따르면, 그리고 훗날의 데카르트와 뉴턴에 따르면, 운동자는 필요치 않다. 왜냐하면 자연적인 관성적 운동에 대해서는 설명할 것이 없기 때문이다. 과학혁명의 솜씨는 가히 대단한 수준이었다.

그러나 갈릴레오의 관성 개념과 훗날 데카르트와 뉴턴의 관성 개념 사이에는 결정적이며 의미심장한 차이가 있다. 데카르트와 뉴턴(그리고 근대 과학 일반)은 직선 관성을 채택한 반면에, 갈릴레오는 수평선 관성 혹은 이른바 원 관성을 주장했다. 그는 물체들이 관성적으로 움직이면 직선으로 이동하는 것이 아니라 수평선을 따라 곡선으로, 그러니까 사실상 지구를 감는 원을 그리며 이동할 것이라고 믿었다. 갈릴레오에게 수평선은 직선이 아니라 지구의 중심을 둘러싼 원의 일부였다. 갈릴레오의 혁명적인 관성 '발견'('발명'이라 해도 좋다)은 코페르니쿠스주의에 대한 최대 반론을 제거했다. 만일 물체들이 관성적으로 운동한다면, 지구가 움직일 때 물체들이 뒤로 처지지 않을 것이니까 말이다. 또 관성 개념은 아리스토텔레스의 세계관이 뒤집히는 데 크게 기여했다. 갈릴레오가 원 관성을 주장한 것은 역사 속의 사소한 우연이라 해야 할 것 같다. 다만 17세기까지도 과학자들의 상상 속에서 원이 여전히 강력한 힘을 발휘했다는 사실을 그 우연이 보여준다는 점은 지적할 만하다.

갈릴레오는 투사체의 복합적인 운동에 대한 분석에서 운동 궤도가 적어도 이론적으로는 포물선이라는 결론을 내렸다(역설적인 일이지만, 투사체의 궤도는 오직 지구가 평평할 때만 포물선이다). 투사체의 궤도가 포물선이라는 발견은 또 하나의 커다란 성취이다. 이 성취는 당연히 포격 기술에 이용될 수 있다. 갈릴레오는 이를 알고 있었고, 넷째 날의 논의 속에 전적으로 이론에 의거하여 사각射角(elevation)과 사거리射距離를 열거한 표를 삽입했다. 그 표는 이론과학이 실용적인 목적에 응용되기 시작했음을 알리는 획기적인 사례처럼 보일 수 있을 것이다. 그러나 안타깝게도 갈릴레오의 이론적인 지식은 실제 포병 부대에 아무 영향도 미치지 못했다. 갈릴레오가 그 표를 발표할 당시, 대포와 포병은 이미 300년 전부터 유럽의 지형을 바꾸고 있는 중이었다. 숙련된 사수와 군사 기술자들은 이미 오래 전에 포격 '규칙'과 표와 목표물을 명중시키는 절차들을 만들어놓았다. 갈릴레오의 과학이 포격 기술에 미친 영향보다 포격 기술이 갈릴레오의 과학에 미친 영향이 더 크다고 해야 옳을 것이다.

갈릴레오는 역학의 영역에 아직 문제들이 남아 있음을 알았다. 예컨대 그는 솜뭉치가 납공과 다르게 행동한다는 것을 잘 알고 있었고, 오늘날 우리가 '힘'과 '운동량'이라 부르는 개념들을 향한 길을 모색했다. 그러나 갈릴레오는 이 문제들에 대한 생각을 발전시키지 못했다.

『두 과학』의 넷째 날 속의 한 대목에서 그는 거의 동경을 토로하듯이 이렇게 말한다. "난 여전히 이 힘과 충격을 측정하는 길을 찾고 싶어." 그 일 — 힘의 측정 — 은 갈릴레오 이후 아이작 뉴턴에 의해 이루어지게 된다. 갈릴레오는 완전히 실명했고, 의사들은 포도주를 마시지 말라고 권고했다. 그는 1642년에 사망했는데, 공교롭게도 그 해에 뉴턴이 태어났다. 한때 갈릴레오의 친구였던 교황 우르반 8세는 갈릴레오를 기리는 기념물을 종류를 막론하고 모두 금지했다.

갈릴레오 이후

갈릴레오의 재판과 처벌은 17세기 후반기 이탈리아의 과학 활동을 중단시키지는 않았지만 과학의 수준과 질에 큰 지장을 초래했다. 이탈리아의 분위기는 계속해서 억압적이었고 교회 권력은 감시의 눈길을 거두지 않았다. 코페르니쿠스주의를 비롯한 거대 우주론적 이론은 금지되었고, 이탈리아 과학자들은 그 같은 이론을 회피하는 대신에 철저히 관찰적인 천문학을 비롯한 좀더 안전한 활동을 선택했다. 갈릴레오에 대한 관용은 그의 사망 100년 후에야 자유주의적인 교황 베네딕트 14세에 의해 그의 작품들의 이탈리아어 판본이 허가되면서 이루어졌다. 가톨릭 교회는 코페르니쿠스에 대한 교육을 1822년에야 허가했고, 코페르니쿠스의 작품은 1835년 마침내 금서 목록에서 제외되었다. 갈릴레오 자신은 1990년대까지도 완전히 복권되지 않았다.

갈릴레오 학파가 이탈리아에 뿌리내리지 못한 것에는 갈릴레오 자신과 후원 체계도 부분적으로 책임이 있다. 특히 1610년대에 일어난 최초의 논쟁 당시 갈릴레오에게는 추종자들이 있었다. 갈릴레오는 베네데토 카스텔리Benedetto Castelli(1578~1643)를 비롯한 여러 추종자를 피사 대학의 수학 교수로 앉히는 데 성공했다. 그러나 갈릴레오 자신은 메디치 궁정의 가신이었기 때문에 학생을 가르치지 않았다. 그의 대표적인 제자로 알려진 빈센치오 비비아니Vincenzio Viviani(1622~1703)와 에반젤리스타 토리첼리Evangelista Torricelli(1608~1647)가 필사자 겸 조수로서 스승과 합류한 것은 갈릴레오 생애의 마지막 몇 년뿐이었다. 더 어린 수학자 프란체스코 보나벤투라 카발리에리Francesco Bonaventura Cavalieri(1598~1647)는 진정한 의미에서 갈릴레오의 제자였고, 갈릴레오의 아들인 빈센치오 갈릴레이Vincenzio Galilei(1606~1649) 역시 아버지의 연구를 계승했다. 빈센치오는 특히 추시계 개발에 매진했다. 그러나 몇 안 되는 갈릴레오의 과학적 직계 후손들은 비비아니만 제외하고 1650년 이전에 과학계에서 사라졌다. 후원 체계가 그의 후손들을 앗아간 것이다.

1633년 이후 이탈리아 과학이 쇠퇴하는 가운데 찾아온 과학혁명기의 중요한 특징 하나는 과학 활동이 이탈리아를 벗어나 북쪽의 대서양 국가들―프랑스, 네덜란드, 영국―로 옮겨간 것이었다. 프랑스에서 독립적이고 활동적인 아마추어 과학자 집단이 발생했다. 피에르

가상디Pierre Gassendi(1592~1655), 피에르 페르마Pierre Fermat(1601~1665), 블레즈 파스칼Blaise Pascal(1623~1662), 르네 데카르트René Descartes(1596~1650) 같은 유명 인사들을 언급할 수 있다. 그들은 로마 교회의 손아귀에서 직접적으로는 벗어나 있었지만, 갈릴레오의 재판 소식은 프랑스 과학자들에게 찬물을 끼얹는 효과를 발휘했다. 예컨대 데카르트는 1633년에 코페르니쿠스주의를 다룬 작품 『세계Le Monde』의 출간을 뒤로 미루었다.

르네 데카르트는 새로운 과학의 선구자 역할을 계승한 인물이었다. 예수회에서 교육을 받은 데카르트는 박식한 천재였으며, 용병 생활을 하다가 철학과 과학에 헌신하는 명상적인 삶을 살기 위해 32세에 은퇴했다. 데카르트의 명성은 부분적으로 대수학과 해석기하학에 관련된 그의 업적에서 나온다. 그는 '데카르트Cartesian' 좌표계를 도입한 인물이다. 데카르트는 또 광학과 기상학에서 독창적인 업적을 남겼고 역사적인 걸작 『방법에 관한 논의Discourse on Method』(1627)를 통해 과학 지식이 어떻게 만들어지는가에 대한 관심을 표현했다. 신학과 형이상학에 관한 글도 남긴 데카르트는 흔히 근대 철학의 아버지라는 칭송을 받는다. 하지만 우리가 이 책에서 데카르트를 중시하는 이유는, 그가 완전한 우주론과 세계 체계를 개발하여 아리스토텔레스 천문학과 17세기 초에 있었던 기타 경쟁 이론들을 밀어냈기 때문이다.

데카르트는 당대의 과학과 철학에 맞서 철저히 기계적인 세계관을 주창했다. 그가 추구한 우주의 기계화는 전통으로부터의 극단적인 단절이었다. 데카르트에 따르면, 세계와 그 속의 모든 것은 역학과 충돌의 법칙에 의해 지배되고 연결되어 거대한 기계로서 작동한다. 그는 우주적인 규모의 거대한 에테르 소용돌이 속에서 위성이 행성 주위를 돌고 행성이 태양 주위를 돈다고 상상했다. 이 태양 중심적 소용돌이vortex 이론은 그의 작품인 『철학의 원리Principles of Philosophy』

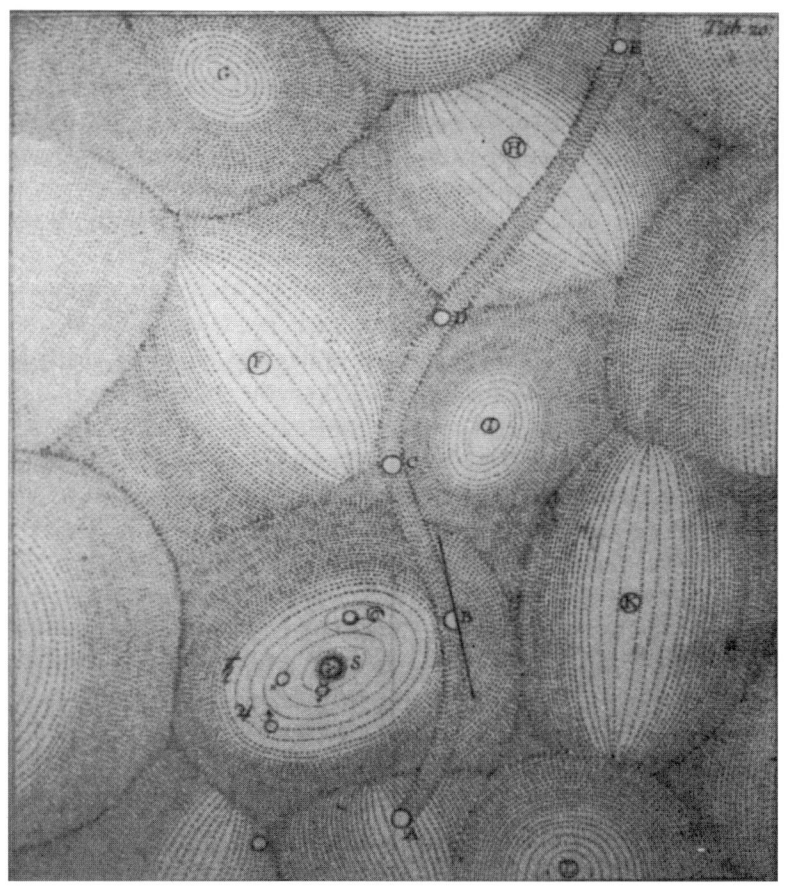

그림 11.5_데카르트의 세계 체계. 우주의 구조는 미해결 문제였다. 프랑스의 위대한 철학자 겸 수학자 르네 데카르트는 우주가 에테르로 차 있고, 에테르가 흐르며 행성과 기타 천체들을 소용돌이 속으로 휩쓸어들인다는 상상으로 그 문제에 답했다. 그림은 혜성이 우리 태양계의 소용돌이를 통과하는 모습을 표현한다.

(1644)에서 전개된다. 생리학과 의학 분야에서 데카르트는 전통적인 아리스토텔레스·갈레노스 이론에 대한 대안으로 합리적이고 기계적인 이론을 제안했다. 그의 체계는 비록 수학적으로 모호하고 많은 비판에 노출되어 있지만, 데카르트는 과학혁명에 쐐기를 박은 인물이

라 부를 만하다. 왜냐하면 그의 자연철학은 코페르니쿠스 이후 100년 동안 제기된 모든 논쟁을 망라했고 새로운 과학의 모든 발견을 종합했기 때문이다. 더 나아가 데카르트는 아리스토텔레스와 다른 모든 경쟁 체계를 밀어내는 포괄적인 설명을 제시했다. 데카르트가 옳은가 그른가의 문제는 1650년 그가 사망한 후에 비로소 과학자들의 관심사가 되었다.

데카르트는 20년 동안 네덜란드에 살면서 연구했다. 네덜란드는 사회적·지적 관용으로 유명한 개신교 공화국이었으며 과학혁명이 북쪽으로 이동하는 데 결정적으로 기여한 인물들을 배출했다. 수학자 겸 기술자 시몬 스테빈Simon Stevin(1548~1620), 원자론자 아이작 베크만Isaac Beeckman(1588~1637), 그리고 가장 중요하게는 크리스티안 호이겐스Christiaan Huygens(1629~1695)를 언급할 수 있다. 호이겐스는 아마도 17세기 후반기의 가장 뛰어난 데카르트주의자이자 새로운 기계적 과학의 대변자였다.

저지대 국가들Low Countries(오늘날의 벨기에, 네덜란드, 룩셈부르크─옮긴이)은 현미경을 이용한 연구에서도 선구적인 중심지가 되었다. 직물상인이었다가 과학자가 된 안톤 반 레벤후크Anton van Leeuwenhoek(1632~1723)는 당시까지 아무도 보지 못한 '매우 작은 것들의 세계'를 발견하여 국제적인 명성을 얻었다. 레벤후크는 혈구, 정자, 그리고 아주 작은 '극미동물들animalcules'을 최초로 관찰했다. 역시 네덜란드 사람이며, 특히 식물과 곤충의 해부로 유명한 얀 스왐메르담Jan Swammerdam(1637~1680)은 현미경을 새로운 한계까지 끌고 갔다. 이처럼 선구적인 네덜란드 현미경 사용자들에 이탈리아인 마르첼로 말피기Marcello Malpighi(1628~1694)와 영국인 로버트 훅Robert Hooke(1635~1703)이 합세했다. 훅은 1665년 런던에서 『미크로그라피아Micrographia』를 출간했다. 초기의 연구자들은 모두 현미경에 렌즈를 한 개만 사용했기 때문에 성공적인 관찰을 위해서는 관찰 솜씨가 결정적으로 중요했다. 그러나 현미경은, 보편적으로 받아들여지고 천문학의 필수 도구가 된 망원경과 달리 17세기의 관찰자와 이론가들에게 더 많은 의심을 샀다. 관찰자가 현미경을 통해 '보는' 것이 무엇인지는 관념과 상像의 복잡한 상호작용에 의해 결정된다. 관찰된 상에 대한 합의, 그리고 관찰된 상이 예컨대 곤충 해부학, 모세혈관 순환, 태아 발생학에 관하여 무엇을 말해 주는가에 대한 합의는 곧바로 이루어지지 않았다. 이렇게 17세기에 현미경과 망원경이 서로 다른 운명을 맞은 것은, 연구 전통을 확립하려면 도구 그 자체가 아니라 지적인 틀의 공유가 필요하다는 사실을 시사한다. 상황이 달라진 19세기에 이르러서야 현미경은 표준적인 실험실 장비의 하나로 자리 잡았다.

영국은 갈릴레오 이후 과학을 추구한 사람들의 집단을 탄생시킨 또 다른 해양 국가였다. 우리는 이미 왕실 의사 윌리엄 길버트William Gilbert(1544~1603)와 그의 자석에 관한 책을 언급한 바 있다. 우리는 또 영국 의사 윌리엄 하비William Harvey(1578~1657)가 1618년에 혈액의 순환을 발견하는 혁명적인 성과를 거두었음을 알고 있다. 영국의 대법관 프랜시스 베이컨Francis Bacon(1561~1626)도 언급할 만하다. 그는 새로운 과학을 위하여 매우 설득력 있는 대변자 역할을 했다. 귀족이며 실험화학자였던 로버트 보일Robert Boyle(1627~1691), 그리고 당연히 아이작 뉴턴Isaac Newton(1642~1727) 역시 17세기 영국 과학의 유명 인사 중에서 빼놓을 수 없다. 당대 영국의 과학은 특히 왕립 의학 칼리지(1518), 그레섬 칼리지Gresham College(1598년에 설립되었으며 급여를 주며 교수를 고용한 새로운 교육기관), 그리고 17세기 후반의 런던 왕립 학회(1662)와 왕립 그리니치 천문대(1675)에 의해 제도적으로 육성되었다. 옥스퍼드 대학—더 나중에는(1663) 케임브리지 대학—의 과학 교수직(1619년에 기하학·천문학 교수직, 1621년에 자연철학 교수직)의 재정을 왕실에서 지원한 것도 17세기 영국의 과학 육성을 보여주는 한 증거이다.

이데올로기와 유용성

물론 전적으로 새로운 것은 아니었지만, 과학의 사회적 효용을 주장하는 목소리들이 17세기에 널리 받아들여지기 시작했다. 과학과 과학 활동이 인간의 행복을 증진시킬 수 있고, 따라서 장려되어야 한다는 목소리이다. 이 이데올로기는 매우 활발했고, 자연철학이 실용성과 무관하다는 헬레나 시대의 입장이나 과학이 신학의 하녀라는 중세의 입장과 현저한 대조를 이루었다.

과학의 사회적 효용을 옹호하는 이데올로기는 여러 원천에서 발생했다. 우주에 충만한 힘들을 제어할 수 있다는 믿음을 가졌던 르네상스 마술과 신비주의는 지식을 응용할 수 있고 응용해야 한다는 교설이 탄생한 모태 가운데 하나라 할 수 있다. 의학적인 형태와 광물학적인 형태의 연금술도 또 하나의 모태이다. 예컨대 신플라톤주의자이며 인본주의자였던 피코 델라 미란돌라Pico della Mirandola(1463~1494)는 마술이 자연과학의 실용적인 부분이라고 생각했다. 비록 줄타기를 하듯 애매한 입장을 취했지만 잠바티스타 델라 포르타 역시 자연 마술이 지배자와 정부에 유용한 힘을 발휘한다는 생각을 선호했다. 점성술과 초자연적인 비술秘術은 후원자들을 끌어들인 중요한 요소였다. 튀코는 점성술적인 예언을 했고, 케플러는 궁정 점성술사 생활을 했다. 1556년에서 1598년까지 에스파냐와 에스파냐 제국을 지배한 필립 2세는 비술에 깊이 빠져 수많은 연금술사를 후원했고 연금술적인 의약품을 대량으로 생산할 수 있는 연금술 실험실을 설립했다. 영국의 찰스 2세는 자기 소유의 연금술 실험실을 가지고 있었다. 1600년대 내내 연금술을 써서 금을 만들었다는 소문이 성행했고 비술 연구의 유용성이 널리 받아들여졌다.

과학이 유용한 지식이라는 이데올로기를 가장 강력하게 내세운 인물은 프랜시스 베이컨이었다. 그는 화약, 나침반, 비단, 인쇄술을 체계적인 연구와 발견에서 산출된 유용한 발명품의 예로 들었다. (베이컨은 이 기술들이 자연철학과 상관없이 독자적으로 발생했다는 말을 하지 않았고, 다만 미래의 과학 연구가 그와 유사한 유용한 장치와 기술들을 산출할 것이라는 말만 강조했다.) 그는 과학적 유토피아를 꿈꿨고, 그 유토피아의 노동자 계급 가운데 '천부적인 인간들'이라고 명명된 한 집단을 선별하여 실용성이 있는 연구를 하도록 만드는 것을 상상했다. 다양한 실험을 분류하면서 베이컨은 '열매의 실험'을 '빛의 실험'과 결합하여 실용적인 산물을 산출해야 한다고 강조했다. 그의 주장은 주로 사후에 과학계에 영향을 미쳤다. 그러나 그렇다고 해서 그 영향이 작았던 것은 아니다.

데카르트도 이른바 '실용철학'을, 그리고 지식이 '만인의 보편적인 이익을 위해' 응용되어야 한다는 생각을 옹호함으로써 큰 영향력을 발휘했다. 데카르트는 이론이 유용하게 발전하고 실용적으로 응용될 수 있는 주요 무대가 의학이라고 생각했다. 훗날 17세기에 로버트 보일은 새로운 의술의 목표를 실험적인 철학에서 도출했다. 당대의 과학적 이론과 효과적인 의술 사이의 연관성은 미미했으며 20세기까지 거의 그런 상태가 유지되었다는 엄연한 사실에도 불구하고 17세기의 신과학 이데올로기는 의술이라는 말보다 앞서 달리는 마차에 타고 있었던 것이다.

심지어 아이작 뉴턴도 『프린키피아』 2권에서 과학의 유용성을 주장했다. 유체역학과 저항을 최소화하는 물체의 모양에 관한 복잡한 논증을 마친 후에 그는 다음과 같이 태연하게 덧붙였다. "이 명제는 선박 제작에 유용할 것이라고 나는 생각한다." 뉴턴의 이론―순수과학의 산물―은 경제적 현실이나 실용성에서 아주 멀리 떨어져 있었다. 위의 인용문은 새로운 이데올로기가 주장한 것과 새로운 이데올로기가 제공할 수 있었던 것 사이의 간극을 일깨워준다.

17세기의 사상가들도 자연과 자연에 대한 착취에 대하여 새로운 태도를 보이기 시작했다. 베이컨과 데카르트는 인간이 자연의 주인이며 소유자가 되어야 한다고, 자연과 세계의 천연자원은 인류의―즉, 지식을 소유하고 통제하는 이들의―이익을 위해 가차없이 착취되어야 한다고 주장했다. 자연이 인간의 지배하에 있다는 생각은 이미 중세에도 성경의 권위와 연합하여 세력을 확보하고 있었다. 그러나 자연을 강제로 약탈하고 고문하는 모양새가 과학적 활동의 한 측면으로 뚜렷하게 부각되는 것은 17세기의 사상에서였다. 예컨대 베이컨은 "자연은 빠져나가지 못하게 단단히 틀어쥐어야 한다"고 당연한 듯이 말했다.

과학이 유용하다는 생각, 과학이 공공의 재산이라는 생각, 지식이 힘이라는 생각은 17세기 이후 서양에서, 그리고 19세기 이후 모든 곳에서 지배적인 원리가 되었다. 이 원리의 귀결은 두 가지이다. 첫째, 과학과 과학자는 지원을 받을 자격이 있다. 둘째, 과학과 과학이 산출하는 힘은 공익을 위해 사용되어야 한다. 자연철학이 자연철학자들을 위한 활동이거나 신학의 시녀라는 옛날의 생각은 쇠퇴했다. 과학의 유용성을 부르짖는 새로운 이데올로기가 유럽의 새로운 중앙집권적인 국가와 상업적 자본주의의 발전에 더 적합했다는 것은 말할 필요도 없을 것이다.

"신께서 말씀하시길, '뉴턴이 있으라' 하시니"

과학혁명은 몇몇 개인의 과학적 전기를 나열하는 것으로는 결코 설명할 수 없는 복잡한 사회적·지적 사건이었다. 그럼에도 불구하고 아이작 뉴턴Isaac Newton(1642~1727)은 17세기 후반과 18세기 초반의 지성계에서 너무나 중요한 역할을 했고, 따라서 그의 삶과 업적을 상세히 논하지 않을 수 없다. 뉴턴의 생애는 한 시대의 종말과 또 한 시대의 시작에 관하여 많은 것을 말해 준다. 우리는 이제부터 뉴턴의 일생을 추적하면서 앞서 제기한 과학혁명 관련 논제들을 살펴볼 것이다.

뉴턴의 『자연철학의 수학적 원리Mathematica Philosophia Naturalis』(1687)는 데카르트, 갈릴레오, 케플러, 코페르니쿠스를 거쳐 궁극적으로 아리스토텔레스까지 거슬러 올라가는, 우주론과 세계의 기반에 놓인 물리학에 관한 이론적 탐구의 전통을 사실상 완성했다. 보편적 중력과 운동 법칙들을 앞세운 뉴턴의 물리학은 아리스토텔레스 이래로 분리되었던 천상과 지상을 마침내 통일했다. 뉴턴은 빈사 상태의 아리스토텔레스적 세계관을 매장했을 뿐 아니라 데카르트가 구성한 기계적인 대안도 매장했다. 뉴턴은 또 수학자로, 그리고 (라이프니츠와 함께) 미적분학의 공동 발명자로 칭송된다. 그는 광학에서도 근본적인 업적을 남겼다. 많은 분야에서 업적을 남겼을 뿐 아니라 각각의 업적이 매우 심오하기 때문에 뉴턴은 천재라는 칭송을 받는다.

그러나 뉴턴이 근대 과학사에서 탁월한 중요성을 가지는 것은 단지 당대 과학에 대한 그의 기여 때문만이 아니라 그가 이후의 과학적 전통의 형성에 결정적인 역할을 했기 때문이기도 하다. 뉴턴은 과학혁명의 절정에 있었을 뿐 아니라 천문학, 역학, 광학, 기타 다양한 과학의 미래 연구 과제를 제시했다. 그렇게 그는 그의 사후 도래한 200년 동안의 과학사에 지울 수 없는 발자취를 남겼다. 뉴턴의 직업적인 경력도 중요한 의미를 가지며 탐구할 필요가 있다. 그가 초연한 케임브리지 대학 루카스 수학 교수에서 왕립 조폐국의 관료로, 런던 왕립 학회장으로, 결국엔 아이작 뉴턴 경으로 변신한 것은 17세기 유럽 과학의 사회적·제도적 변화의 패턴을 반영하며 과학의 사회사에 관하여 많은 것을 말해 준다.

뉴턴은 또 우리에게 대중적인 우상으로 다가온다. 뉴턴이 떨어지는 사과를 머리에 맞고 불현듯 중력을 발견했다는 얘기에 빠져든 적이 없는 자 누구인가? 당대와 사후에 뉴턴과 뉴턴 과학은 신화적인 각색과 정치적인 착취의 대상이었다. 18세기에 만들어져 특히 강한 영향력을 발휘한 이미지는 뉴턴을 이성적인 과학자의 전형으로 묘사했다. 그러나 최근의 연구―엄청난 학문적 노력의 산물이다―는 그 위대한 인물을 천재적인 자연과학자로 묘사할 뿐 아니라 연금술과 종교적 광신주의에 깊이 빠져 있었으며 자연과 역사 속에서 작용하는 비밀스러운 힘들을 탐구한 마술사로도 묘사한다. 역사적인 기록 속에 등장하는 여러 얼굴의 뉴턴은 역사적 진실에 대한 끝없는 의문을 불러일으킨다. 뉴턴 과학의 문화적 의미, 그리고 당대에 또 사후에 뉴턴 과학에 대하여 주장되었던 사회적 효용에 관한 질문 역시 결코 간과할 수 없다.

링컨셔에서 케임브리지까지

아이작 뉴턴은 잉글랜드 링컨셔 울스소프Woolsthorpe의 가족 농장에서 1642년 성탄절에 유복자로 태어났다. (아버지의 부재와 생일이 성탄절이라는 점은 뉴턴으로 하여금 자신이 신과 특별한 관계를 맺고 있다는 느낌을 갖게 만들었을지도 모른다.) 뉴턴의 부계는 적당한 형편의 소지주 계급이었다. 뉴턴은 더 부유하며 교육 수준이 높고 여러 성직자를 배출한 농촌 상류층 가문이었던 모계와 더 강하게 연결되어 있었다. 왜소한 미숙아 아이작은 살아남을 것 같지 않았다. 그는 쿼트(1.14리터—옮긴이) 용기에 들어갈 정도로 작았고 머리를 들어 젖을 물 힘이 없었다고 한다.

뉴턴은 어색하고 침울한 유년기를 보냈다. 어머니는 뉴턴이 세 살때 재혼하면서 그를 울스소프의 조부모에게 맡겼다. 오늘날 쓰여지는 뉴턴에 관한 모든 글은 그가 소외와 고통으로 인한 신경장애neurotic를 가지고 있었고 이른 나이에 정서적으로 비뚤어졌다는 점을 인정한다. 뉴턴의 어머니는 아들이 열 살이 되었을 때 또다시 과부가 되어 다른 자녀들과 함께 돌아왔고, 뉴턴은 12세에 그랜섬Grantham 근처의 문법학교에 입학했다. 17세에 문법학교를 졸업한 뉴턴의 앞길에는 농부이자 농장 관리인으로서의 불행한 삶이 기다리고 있는 듯했다. 그러나 영리한 것이 분명한 청년 뉴턴은 농사에 아주 무능했고, 그리하여 운명에 반기를 들었고, 유일한 대안은 대학에 몸을 싣는 것이었다. 가족의 인맥을 동원하고 그랜삼 문법학교에서 약간의 복습을 한 후 뉴턴은 1661년 케임브리지로 향했다.

당시 영국은 20년 동안의 종교적·사회적 분쟁을 끝내고 1660년에 찰스 2세를 우두머리로 왕정을 복구하여 새로운 시대로 들어서고 있었다. 비록 혼란의 직접적인 영향을 받진 않았지만 뉴턴의 링컨셔 유년 시절은 군주와 영국 국교를 뒤엎은 영국내전(청교도 혁명, 1642~49) 및 이후의 영국 공익English Commonwealth 공화정 시대(1649~60)와 시기가 일치한다. 1660년 영국 국교도인 찰스 2세가 평화롭게 왕으로 즉위함으로써 군주정과 국교가 재건되었지만 상당한 정도의 종교적·정치적 관용이 인정되었고 체제는 더 합헌적인 성격을 띠게 되었다. 뉴턴이 케임브리지로 향하던 당시, 왕정복고 시대의 영국Restoration England(1660~88)은 더 많은 변화와 갈등을 앞두고 있었다.

뉴턴은 트리니티 칼리지에 장학생으로 등록했고, 처음 몇 해 동안 상급생들의 시중을 드는 수모를 겪었다(뉴턴은 자신이 시골 출신이라는 점을 항상 의식하며 자책했다). 케임브리지 대학은 1660년대까지도 아리스토텔레스에 매달리고 있던 지적인 낙후 지역이었다. 뉴턴에게는 고맙게도 대학은 규율이 느슨하며 감독이 없었고, 그는 자유롭게 나름대로의 공부를 할 수 있었다. 뉴턴은 곧 당대의 수학, 역학, 자연철학의 최첨단까지 나아갔다. 17세기 후반기의 변화를 반영하기라도 하듯, 뉴턴은 유클리드를 공부하기도 전에 데카르트를 숙달했다. 1665년 학사학위B.A.를 받은 뉴턴은 트리니티를 떠나지 않았고 곧 칼리지의 종신 펠로permanent fellow로 선출되었다. 1669년 아이작 배로Isaac Barrow(뉴턴의 스승)가 퇴임하자 아이작 뉴턴 석사M.A.는―26세의 나이로―제2대 루카스 수학 교수가 되었다. 루카스 수학 교수직은 대학에 활력을 불어넣기 위하여 1663년에 새롭게 마련된 과학 교수를 위한 직위였다. 뉴턴은 불과 8년 만에, 400년을 이어온 중세적인 학자의 길을 걸어 대학에 안착한 것이다.

1665년 뉴턴이 아직 학생일 때 케임브리지에 페스트가 퍼졌다. 대학은 거의 2년 동안 폐교되었고, 뉴턴은 울스소프로 돌아갔다. 그리고 찾아온 1666년, 이른바 '기적의 해Miracle Year'를 초기의 뉴턴 전기들은 숱하게 거론했다. 그 해에 뉴턴이 중력을 발견했고, 미적분학을 발명했고, 빛과 색에 관한 이론을 개발했다고 전기 작가들은 주장했다. 오늘날 역사가들은 이 시기에 뉴턴이 이룬 발전에 대하여 더 미묘한 입장을 취한다. 역사가들은 1666년을 뉴턴이 과학과 수학을 집중적으로 공부했던 이전의 시기와 나름대로의 문제들을 천착할 기회를 제공한 울스소프에서의 여가와 함께 큰 맥락 속에 넣어서 고찰한다. 세상에는 알려지지 않았지만 1666년 당시 뉴턴은 실제로 세계 최고 수준의 수학자였으며 (옛것이든 새것이든) 과학 혹은 자연철학에 관하여 누구 못지않게 박식했다. 그는 중력에 대해 생각했고, 달에 미치는 중력의 효과를 대략적으로 계산했다. 그는 프리즘을 써서 빛과 색을 연구했고, 새로운 현상들을 발견했으며, 새로운 설명들을 고안해 보았다. 그리고 그는 곡선의 접선과 곡선 아래의 면적(도함수와 적분함수) 사이의 관계를 깨달음으로써 미적분학을 향한 근본적인 통찰을 얻었다. 1666년에 산출된 것은 전설이 얘기하는 것처럼 완벽하게 정립되거나 완성된 업적이 아니었다. 오히려 뉴턴이 역학, 광학, 수학에 관하여 처음에 가졌던 통찰들은 그가 1667년에 케임브리지로 돌아온 후에 더욱 발전했고, 사실상 그것들은 그의 일생의 과제로 남았다.

뉴턴이 출간한 첫번째 글은 광학에 관한 것이었다. 1672년에 발표한 그 논문에서 그는 빛이 광선들로 이루어지며, 광선들은 렌즈나 프리즘을 통과하면서 서로 다른 각도로 굴절되고, 각각의 광선은 서로 다른 색에 대응하며, 백색광은 모든 광선이 합쳐진 것이라는 주장을 제시했다. 뉴턴은 이 같은 주장들을 세심하게 제어한 여러 실험을 통해 예증했다. 예컨대 유명한 '결정적 실험'에서 뉴턴은 빛이 프리즘을 통과하여 스펙트럼을 만들도록 했다. 그 스펙트럼의 한 부분을 다시 두번째 프리즘에 통과시키니 새로운 스펙트럼이 생기지 않았다. 따라서 색은 굴절의 산물이 아니라 빛 자체의 속성이라는 뉴턴의 주장이 만족스럽게 증명되었다. 뉴턴이 내린 결론들은 빛과 색의 본성에 관하여 근본적으로 새로운 개념을 함축했다. 그것들은 아리스토텔레스의 이론이나 데카르트의 이론과 달랐다. 그러나 뉴턴은 자신이 자연에 관한 명약관화한 사실들을 보여주고 있을 뿐이라고 소박하게 믿었다. 뉴턴은 자신의 발견에 담긴 실용적·기술적 함축을 알고 있었다. 빛이 렌즈에서 굴절될 때 생기는 색수차chromatic aberration를 피하기 위하여 그는 거울을 써서 빛을 모으는 반사망원경을 고안했다. 뉴턴은 자신이 만든 반사망원경을 런던 왕립 학회에 기증했고, 1672년에 왕립 학회 회원으로 선출되었다.

뉴턴이 1672년에 발표한 빛에 관한 논문은 대단한 걸작이었지만 곧 논쟁이 일어났다. 아리스토텔레스주의자와 데카르트주의자들은 뉴턴의 발견을 반박했고, 뉴턴은 세부적인 실험 과정과 결과의 해석을 둘러싸고 수십 년 동안 끈질기게 계속된 논쟁에 휘말렸다. 이 사건은 뉴턴으로 하여금 공적인 삶을 기피하도록 만들었다. 그의 몇몇 수학적 저술은 사적인 차원에서 원고 상태로 배포된 상태였지만, 더 많은 사람에게 자신이 알려지자 뉴턴은 최대한 케임브리지의 사적인 세계로 몸을 숨겼다. 교수는 영국 국교의 성직자가 되어야 할 의무가 있었으므로 뉴턴은 케임브리지에서 1670년대와 1680년대 초에 신학과 성경의 예언을 진지하게 공부했다. 종교는 일생 내내 뉴턴을 강렬하게 사로잡았다. 그러나 뉴턴은 기독교 정통 교리를 거부했다. 예컨대 그는 기독교의 삼위일체설이 초기 교회의 혼란 속에서 날조된 교설이라고 생각했다. 그는 다른 이단적인 견해를 (이른바 아리우스주의 Arianism라는 철저한 유일신론을) 발전시켰고, 그로 인해 주변의 영국인 사회에서 따돌림을 받는 위험에 처했다. 뉴턴의 광신주의는 신이 노아에게 전달한 후 모세와 피타고라스를 거쳐 뉴턴의 시대에까지 자연과 성경 속에 숨겨진 암호를 읽을 수 있는 예언자들과 자신과 같은 극소수의 선택받은 자들 사이에서 비밀스럽게 구전된 은밀하고 원초적이고 불가사의한 지식이 존재한다는 믿음으로까지 나아갔다. 뉴턴은 훗날 에드먼드 핼리Edmond Halley가 쓴 다음과 같은 시적인 문장을 진지하게 받아들였던 것 같다. "(뉴턴은) 그 어떤 인간보다 신에게 더 가까이 다가갔다." 그러나 뉴턴은 이런 이단적인 견해를 매우 사적인 차원에만 국한시켰고, 1675년에 어쩌면 기적적으로 루카스 교수직에서 물러나야 하는 화를 면할 수 있었다. 교수는 종교적 지시에 따라야 한다는 요구가 그 해에 폐지되었던 것이다.

신비로운 지식을 추구한 뉴턴은 1670년대 중반부터 1680년대 중반까지 가장 많은 관심과 시간을 연금술에 투자했다. 그의 연금술 연구는 역학, 광학, 수학에 관한 자연철학적 연구의 연장선상에 있었다. 뉴턴은 진지하게 실천하는 연금술사였다—화학의 선구자로 볼 수는 없다. 그는 연금술을 위한 용광로에 한 번에 몇 주 동안 불을 지폈고 난해한 비술적인 문헌들을 섭렵했다. 그는 납을 금으로 만드는 노력을 하지 않았다. 대신에 그는 자연에서 작용하는 힘들을 연금술을 이용하여 최선을 다해 연구했다. 그는 연금술사들의 지하조직과 교류했으며 로버트 보일이나 존 로크John Locke와 연금술적인 비법에 관해 대화했다. 뉴턴이 남긴 원고의 가장 많은 부분은 연금술에 관한 것이며, 연금술의 영향은 출간된 작품에서도 드러난다. 이는 계몽 시대의 과학자 뉴턴답지 않은 면모라 할 수 있다.

과학의 재조직화

뉴턴의 빛에 관한 1672년의 논문은 왕립 학회의 간사 헨리 올덴버그Henry Oldenburg에게 보내는 편지 형식으로 왕립 학회의 기관지 『철학적 교류Philosophical Transactions』에 발표되었다. 왕립 학회Royal Society, 즉 '자연 지식의 발전을 위한 런던 왕립 학회'는 당시 영국에 있던 새로운 과학 기관이었다. 1660년에 설립되어 1662년에 찰스 2세에게 공식적인 허가장을 받은 왕립 학회는 회원들의 회비로 유지되는 국립 과학 학회였다.

왕립 학회(1662)와 파리 과학 아카데미(1666)는 17세기 과학의 제도적 혁명의 쌍두마차였다. 두 기관은 과학과 과학자에게 새로운 제도적 기반을 제공했고, 이후의 새로운 아카데미 시대와 제도화된 과학을 선도했다. 뒤를 이어 프로이센, 러시아, 스웨덴이 국립 과학 아카데미를 설립했고, 국립 아카데미나 과학 학회를 본뜬 기관이 유럽 전역과 전세계의 유럽 식민지로 퍼져나갔다. 과학 아카데미와 학회들은 여러 층위에서 다양한 과학 활동을 조직했다. 이 기관들은 급여가 있는 일자리를 제공했고, 상을 수여하고 현장 답사를 지원했으며, 출판 프로그램을 운영했고, 탐험과 답사를 감독했으며, 국가와 사회를 위한 다양한 특수 기능을 수행했다. 이 기관들은 과학에 대한 폭넓은 대중의 관심을 등에 업고 19세기에 대학의 과학 활동이 부활하고 특수화된 과학 학회들이 등장할 때까지 조직화된 과학을 지배했다.

르네상스 궁정 과학 기관을 계승한 17세기와 18세기의 이 새로운 기관들은 민족국가와 정부의 작품이었다. 국가가 지원하는 과학 학회들은 르네상스 시대의 기관보다 더 영속적인 성격을 가졌다. 이들은 합법적인 기관이었으며 영속적인 단체임을 공식적으로 증명하는 허가장을 정부에서 받았다. 정부의 기능과 왕실의 일이 점점 더 분리되어 가는 가운데, 국립 과학 학회들은 왕실의 활동에서 떨어져 나와 정부 관료체제 속으로 흡수되었다. 학회의 회원들은 과학자 가신의 역할을 벗어나 국가에 봉사하는 전문 요원의 성격을 획득하게 되었다. 국립 아카데미와 학회는 또 특별히 자연과학에 주력하는 기관이었다. 이들은 다른 임무를 수행하지 않았고, 대체로 자율적이었으며, 대학과 달리 교육을 담당하지 않았다. 18세기에 국립 과학 아카데미와 학회가 성장하고 성숙한 것은 과학혁명 이후 과학이 사회에 흡수된 것을 보여주는 인상적인 증거이다.

17세기와 18세기에 문학적·지적 살롱을 지배한 것은 상류층 여성들이었지만, 과학계와 지식인 사회는 여전히 대부분 남성들의 세계였다. 프랑스의 후작 부인 마담 드 샤틀레Madame de Châtelet(1706~1749)는 잘 알려진 예외이다. 그녀는 여러 아카데미의 회원이었고, 독창적인 과학적 업적을 남겼으며, 뉴턴을 프랑스어로 훌륭하게 번역했다. 대학과 아카데미가 있던 이탈리아의 도시들도 유명한 여성 과학자들을 배출했다. 예컨대 뉴턴을 추종한 실험가 라우라 바시Laura Bassi(1778년 사망)가 있다. 바시를 비롯한 여성 과학자들은 여성과 도시와 당대 지성계의 자랑거리였다.

17세기에 과학의 조직화와 소통을 위하여 대학 외에 다른 대안과 패턴도 등장했다. 당시까지 과학적 소통의 주요 수단은 직접적인 여행과 사적인 서신 교환, 그리고 인쇄된 책이었다. 과학혁명이 전개되면서 비공식적인 서신 교환이 새로운 과학에 관심을 가진 사람들 사이의 소통 수단으로 자리잡기 시작했다. 이어서 17세기 후반기에 새로운 국가 지원 학회들과 함께 정기간행물이 등장했다. 정기간행물

그림 12.1_파리 아카데미를 방문한 루이 14세. 이 멋진 17세기의 판화는 프랑스 왕 루이 14세가 파리 과학 아카데미를 방문한 모습을 보여준다. 17세기 유럽에서 과학에 대한 국가적인 지원의 역할이 증가했음을 이 그림에서 상징적으로 알 수 있다.

은 그때 이후 지금까지 과학 연구 발표의 주요 통로를 이룬다. 1666년에 런던 왕립 학회의 『철학적 교류』와 프랑스의 『지식인 저널 Journal des Sçavans』이 창간되었고, 뒤를 이어 여러 유력한 과학 정기 간행물이 등장했다. 정기간행물은 과학적 지식과 연구를 보급하고 소통하는 새로운 창구 역할을 했다. 그리고 비교적 신속한 발표를 가능케 했고, 과학계의 생산 단위가 된 논문이라는 양식을 만들어냈다.

국내외 상업 활동을 효과적으로 관리하기 위하여 유럽 국가들은 과거의 이슬람을 본받아 왕립 및 국립 천문대를 설립했다. 프랑스(1667), 영국(1675), 프로이센(1700), 러시아(1724), 스웨덴(1747)에 천문대가 설립되었다. 또 국립 식물원을 지원하고 운영하기 시작했다. 1635년에 파리 왕립 식물원Jardin du Roi, 1753년에 큐 왕립 식물원 Royal Gardens at Kew이 탄생했다. 이들을 비롯한 수백 곳의 국립 식물원이 신설되거나 대학의 약초원을 징발하여 조성되었다. 유럽의 국립 식물원은 과학 연구의 중심이 되었으며, 중상주의 정책 속에서 식물원은 네덜란드, 영국, 프랑스에 의해 전세계로 퍼져나갔다.

16세기 이래 유럽의 궁정과 정부는 과학을 제도화했고, 유럽 전역의 과학 전문가들은 식물원과 천문대, 과학 학회, 특별한 교수직, 그리고 관료체제 속의 갖가지 직위에서 정부를 도왔다. 예컨대 메디치 피렌체 강江 위원회는 15명의 전문 인력을 두었고, 궁정은 기술적인 사안과 관련하여 갈릴레오의 조언을 구했다. 뉴턴은 말년에 조폐국에서 영국 왕실을 위해 일했다. 과거 관개문명의 과학자들이 그랬듯이 유럽 과학자들은 점점 더 국가 공무원화 되었다. 과학 전문가와 기관들은 국가를 위해 유용한 일을 했다. 예컨대 파리 과학 아카데미는 프랑스 정부의 일원으로서 특허 업무를 담당했으며, 중국의 천문학 관청처럼 공식적인 천문학 표의 출판을 통제했다.

근대 유럽에서 유용성 이데올로기는 과학과 정부 사이에 형성된 새로운 관계를 강화했다. 유럽 정부는 사상 최초로 과학 및 자연철학과 굳은 계약을 했고, 과학자들로부터 유용한 봉사와 힘을 받는 대가로 인정과 지원과 자율을 제공했다. 과학자는 자신을 적극적으로 정부에 팔았고, 정부는—처음엔 절대군주의 궁정이, 나중엔 민족국가의 관료체제가—최소한 어느 정도는 과학자를 사들이기 시작했다. 근대 유럽에서 과학과 정부가 맺은 새로운 계약의 역사적 의미는 유럽 정부들이 과학 전문가를 고용하면서 고대의 관개문명을 닮아가기 시작했다는 것이다.

우리는 과학혁명 말기에 등장한 유럽 정부들의 과학 지원을 과대평가하지 말아야 한다. 일반적으로 수학자, 과학자, 기술 전문가들이 높은 사회적 지위를 누렸던 것은 아니다. 잘 알려진 일화에 따르면, 찰스 2세는 왕립 학회가 공기펌프 실험을 통해 '공기의 무게나 재는' 쓸데없는 짓을 하고 있다고 조롱했다. 기술적인 봉사의 대가를 받거나 약속된 지원금을 수령하는 것은 궁정이나 국가에 고용된 과학자나 기술자들에게 흔히 쉽지 않은 일이었다. 심지어 대규모의 파리 과학 아카데미조차도 초기의 수십 년 동안은 지원금이 자매기관인 예술 아카데미에 훨씬 못 미치는 빈약한 수준이었다. 루이 14세는 과학 아카데미를 단 한 번 자진해서 방문했고, 그 후에는 마지못해 방문했다. 유럽 정부는 과학이 유용하면서도 저렴하길 원했다. 20세기까지도 정부는 저렴한 비용으로 과학이 연구되도록 유도했다. 게다가 과학은 유용성의 측면에서도 부분적으로만 성공적이었다.

우주를 다시 짜다

1684년 에드먼드 핼리는 케임브리지를 방문하여 아이작 뉴턴에게 질문을 던졌다. 1년 전 런던 왕립 학회에서 핼리와 로버트 훅, 크리스토퍼 렌Christopher Wren은 케플러의 타원운동 법칙과 태양에서 나오는 인력—확실히 그런 인력에 대한 논의가 이미 이루어지고 있었다—의 관계에 관한 토론을 벌였다. 왕립 학회의 실험 감독인 훅과 뉴턴은 1679년과 1680년에 그 문제에 관해 서신을 교환한 적이 있었다. 심지어 렌은 그 관계를 수학적으로 증명하는 사람에게 상을 수여하자고 제안했다. 핼리는 은둔해 있던 뉴턴을 찾아와 $1/r^2$에 비례하는 인력하에서 태양 주위를 도는 행성의 운동에 관해 물었다. 뉴턴은 1666년의 연구를 회고하며 행성의 궤도는 타원이 되며 자신이 그 같은 사실을 계산해 놓았다고 즉각 대답했다. 문서를 이리저리 뒤지던 뉴턴은 경탄에 빠진 핼리에게 그 계산을 곧 보내주겠다고 약속했다. 3개월 후 핼리는 9쪽 분량의 원고 '궤도를 도는 천체의 운동에 관하여'를 받았다. 원고에는 천체역학의 기본 원리들이 들어 있었다. 원고를 본 사람은 누구나 예외 없이 뉴턴의 그 짧은 논문이 지닌 중요성을 즉각적으로 깨달았다.

그러나 『프린키피아』는 아직 씌어지지 않은 상태였다. 1666년의 계산을 재검토한 뉴턴은 불명료한 개념과 오류들을 발견했다. 뉴턴이 1684년에 핼리에게 보낸 원고는 새로운 물리학의 스케치에 불과했고, 뉴턴의 통찰이 엄밀하고 완전한 논증으로 발전하기 위해서는 2년에 걸쳐 개념적·수학적·표현적 장애물들을 극복하는 힘든 과정이 필요했다. 핼리는 뉴턴의 위대한 작품이 왕립 학회의 공식적인 후원 속에 출간되도록 힘썼다. 『프린키피아』는 1687년 왕립 학회의 승인하에 출간되었다.

『프린키피아』는 고도로 수학적이다. 아니 더 정확히 말해서 기하학적이다. 뉴턴은 정의와 공리를 제시하는 것으로 논의를 시작한다. 그는 용어들(예컨대 질량, 힘)을 정의하고 다음과 같은 세 가지 운동 법칙을 진술한다. 1) 관성 법칙, 즉 외적인 힘이 가해지지 않는 한, 물체는 멈춰 있거나 직선으로 운동한다는 법칙. 2) 힘은 운동의 변화로 측정된다는 법칙(뉴턴은 F=ma라는 등식을 제시하지 않았다). 3) 모든 작용에 대하여 크기가 같고 방향이 반대인 반작용이 있다는 법칙. 뉴턴은 책의 본문에 앞서 절대공간과 절대시간의 개념을 도입하며, 갈릴레오의 낙하 법칙($s \propto t^2$)은 자신의 법칙들에서 귀결되는 예증으로—한낱 주석으로—처리한다. 힘을 통해 운동을 설명하는 뉴턴의 역학이 갈릴레오의 운동학을 포섭한다는 것은 처음부터 명백하다.

『프린키피아』는 세 권으로 구성되어 있다. 제1권은 빈 공간에서 물체의 운동을 추상적으로 다룬다. 뉴턴은 본문에 앞서 『프린키피아』 전체에서 사용되는 미적분학 기법(미분과 적분)을 설명하는데, 본문 제1권 1절은 사실상 그 설명의 연장이다. 뉴턴은 잠재적인 독자들이 기하학만을 이해할 수 있고 미적분학을 아는 것은 자기 혼자뿐이라 해도 과언이 아니므로 기하학의 언어로 미적분학 기법을 논한다.

제1권 2절에서 뉴턴은 구체적인 주제로 내려와 '구심력의 측정'을 논한다. 거기에서 그는 끌어당기는 중심력central force(힘의 원천과 힘을 받는 대상을 연결하는 직선 방향으로만 작용하는 힘—옮긴이)을 받으며 궤도 운동을 하는 물체는 케플러의 제2법칙대로 동일한 시간에 동일한 면적을 휩쓸고 지나간다는 것을 증명한다. 즉, 만일 (〈그림 12.2〉에서) A에 있는 물체가 S 주위를 돌며 구심력 혹은 중력에 의해 S 쪽으로 끌어당겨진다면, 선분 AS는 동일한 시간에 동일한 면적을 휩쓸고 지나간다. 뉴턴은 이 명제의 역도 증명한다. 즉, 만일 궤도 운동하는 물체가 케플러의 제2법칙을 따른다면, 모종의 인력 혹은 중력이 작용한다고 볼 수 있다.

이어서 뉴턴은 정리 4로 넘어간다. 이 명제에서 그는 다음과 같은 단순화된 상황을 고찰한다. 구심력(인력)을 받는 물체는 원호를 그리

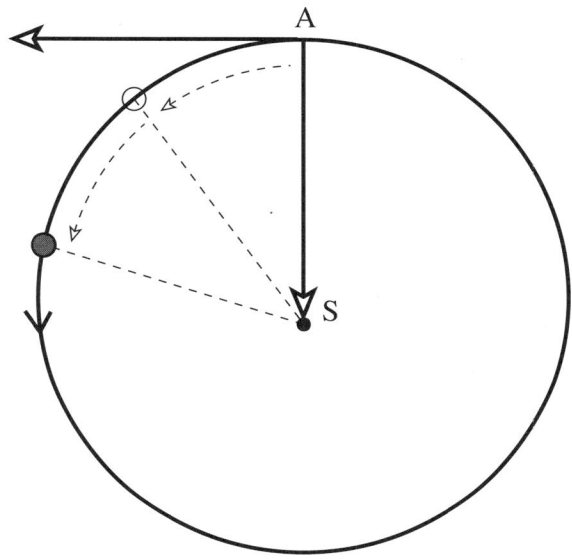

그림 12.2_뉴턴의 『프린키피아』. 『자연철학의 수학적 원리』 제1권에서 아이작 뉴턴은 중력과 케플러의 행성운동 법칙들을 연결했다. 그림이 표현하는 명제에서 뉴턴은 중력을 받으며 운동하는 물체는 케플러의 제2법칙대로 동일한 시간에 동일한 면적을 휩쓸고 지나감을 증명했다. 즉, 케플러의 제2법칙이 옳다면, 궤도 운동하는 물체는 모종의 중력하에서 운동한다고 추론할 수 있다.

며 운동한다. 〈그림 12.3〉은 물체(b)가 일정한 속도(v)로 A에서 A′까지 특정 시간(t) 동안 인력의 중심 F에서 거리 r만큼 떨어진 원호(a)를 그리며 운동하는 것을 보여준다. 뉴턴은 언급된 변수들, 즉 a, r, F, t, v 사이의 수학적 관계에 관심을 기울인다. 정리 4와 이후의 따름정리 corollary에서 그는 그 같은 관계를 이야기한다. 따름정리 6에서 뉴턴은 슬그머니 다음과 같은 주장을 한다. 만일 $t^2 \propto r^3$이라면, $F \propto 1/r^2$이다. 별것 아닌 듯이 보이는 이 명제는 실제로 자연에 대한 심오한 통찰을 담고 있다. 이 명제는 만일 케플러의 제3법칙이 참이라면 천체

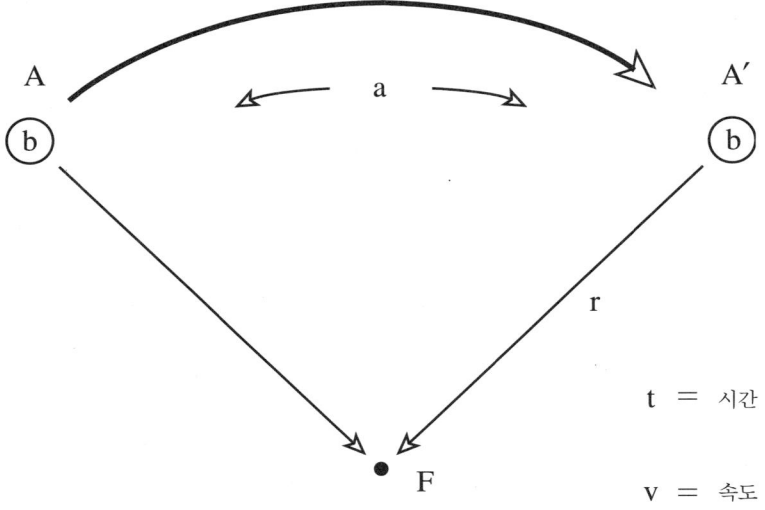

그림 12.3_중력과 케플러의 제3법칙을 연결하는 명제. 『프린키피아』 제1권에 나오는 이 명제에서 뉴턴은 물체 b가 F의 중력적 인력을 받으며 원호 a를 따라서 A부터 A′까지 운동하는 것과 관련된 다양한 요소를 분석한다. 만일 중력이 거리의 제곱에 비례하여 감소한다면, $t^2 \propto r^3$, 즉 케플러의 제3법칙이 성립하고, 그 역도 마찬가지라는 것을 뉴턴은 증명할 수 있었다. 다시 말해서 만일 케플러의 제3법칙이 참이라면 뉴턴의 $1/r^2$ 중력 법칙도 반드시 참이며, 만일 뉴턴의 중력 법칙이 참이라면 케플러의 제3법칙도 반드시 참이다. 이로써 뉴턴은 천체의 운동을 설명하는 새로운 물리학을 제시했다.

들은 거리의 제곱에 반비례하는 중력에 의해 궤도를 유지한다는 주장을, 즉 뉴턴의 중력 법칙이 참이라는 주장을 담고 있기 때문이다. 또 역으로 뉴턴은 $1/r^2$에 비례하는 중력 법칙하에서 궤도 운동하는 천체는 케플러의 제3법칙을 따라야 함을 주장한 것이다. 다시 말해서 케플러의 제3법칙은 뉴턴의 중력 법칙을 증명하며, 그 역도 마찬가지이다. 뉴턴은 각주에서 이 같은 주장의 폭발적인 의미를 스스로 밝힌다. "따름정리 6은 천체들에 적용된다."

제1권의 나머지 부분은 이 처음 명제들에 함축된 역학을 전개하는 데 할애된다. 뉴턴은 분석을 모든 원추곡선으로 확장한다. 그는 부피가 있는 고체(예컨대 지구)의 인력은 수학적으로 그 고체의 무게중심의 인력으로 환원할 수 있음을 증명한다. 그는 진자에 관한 논의에서 탁월한 추론 능력을 뽐낸다. 또 보편적 중력의 추상적인 수학을 탐험하며, 관찰 자료에서 궤도를, 혹은 궤도에서 관찰 자료를 도출하는 수학적 기법을 제공한다.

『프린키피아』제2권은 제1권의 천문학적 함축을 곧바로 제시하는 대신에 마치 3막극의 제2막처럼, 혹은 협주곡의 느린 2악장처럼 잠시 여유를 가지며 빈 공간 속에서가 아니라 저항을 발휘하는 매질 속에서 물체의 운동을 고찰한다. 전체적으로 제2권은 유체 동역학과 정역학에 관한 수학적 논문이다. 이렇게 천체의 중력 및 역학을 다루는 중심 논의에서 벗어난 주제를 논하는 것은 이상해 보일 수도 있지만, 데카르트의 체계를 상기하면 수긍할 수 있는 행보이다. 데카르트 체계에서는 걸쭉한 에테르가 우주를 가득 채우며, 행성은 사실상 유체 동역학적 체계인 소용돌이 속에서 움직인다. 뉴턴은 이 체계의 물리학을 검토함으로써 데카르트 체계를 깨뜨리려 하는 것이다. 제2권은 다음과 같은 치명적인 언급으로 종결된다. "따라서 행성들은 물질적인 소용돌이에 실려 움직이는 것이 아님이 명백하다……. 어떻게 (케플러의 제3법칙을) 소용돌이로 설명할 수 있는지 철학자들로 하여금 탐구하게 하자."

『프린키피아』의 위대한 결론은 제3권 '세계 체계'에서 내려진다. 뉴턴은 먼저 '현상'에서 드러나는 태양 중심 체계를 제시한다. 현상 속에서 천체들은 케플러의 제3법칙을 따른다. 뉴턴은 지구 주위에서 달의 운동, 태양 주위에서 행성들의 운동, 목성과 토성 주위에서 위성들의 운동이 케플러의 제3법칙과 일치함을 보여주는 믿을 만한 관찰

자료를 제시한다. 지구 중심론은 불합리하고 알려진 사실과 일치하지 않음을 볼 수 있다. 이어서 뉴턴은 케플러의 제3법칙과 『프린키피아』 제1권을 이용하여, 행성과 위성을 궤도에 묶어두는 힘은 $1/r^2$에 비례하는 인력이며, 특히 "달은 지구의 중력에 끌린다"고 주장한다.

뉴턴 천체역학의 운명은 달에 달려 있었다. 달과 1680년의 혜성은 뉴턴이 자신의 천체역학을 뒷받침하기 위해 제시한 유일한 사례였다. 이들은 뉴턴이 적절한 자료를 확보할 수 있는 유일한 사례였던 것이다. 달과 관련해서 뉴턴은 달과 지구 사이의 대략적인 거리(지구 반지름의 60배)와 달의 공전 주기(1개월)를 알고 있었다. 이를 토대로 뉴턴은 달을 궤도에 묶어두는 힘을 계산할 수 있었다. 갈릴레오의 낙하 법칙을 이용한 말끔한 계산을 통해 뉴턴은 지표면 근처에서 물체를 낙하시키는 힘―지구의 중력―이 달을 궤도에 묶어두는 힘과 동일하며, 중력은 지구 중심에서의 거리의 제곱에 반비례한다는 것을 증명했다. 달의 경우를 증명함으로써 뉴턴은 천상과 지상을 통일했고 코페르니쿠스와 아리스토텔레스로 거슬러 올라가는 해묵은 우주론적 논쟁을 종결시켰다. 달과 혜성에 관한 증명을 통해 뉴턴은 또한 새로운 문제들을 향한 문을 열었다.

제3권의 나머지 부분은 『프린키피아』 이후 전개될 새로운 시대의 연구 과제들을 제시한다. 달의 정확한 궤도, 천체들의 요동, 지구의 모양, 중력과 조수의 관계, 그리고 특히 혜성이 연구 과제로 제시된다. 뉴턴은 혜성과 관련하여 또 하나의 결정적인 논변을 제시했다. 그는 1680년에 나타난 혜성에 관한 관찰 자료와 계산을 통하여 그것이 태양의 $1/r^2$ 중력을 받으며 케플러의 행성운동 법칙에 따라 태양 주위를 돈다는 것을 증명했다.

1687년에 나온 『프린키피아』 초판은 혜성의 증기가 '느린 열slow heat'에 의해 지상의 물질로 변환된다는 것을 암시하는 연금술적인 내용으로 막을 내렸다. 25년 뒤인 1713년 생애의 전혀 다른 단계에 있던 저자는 『프린키피아』 2판에 일반 주석General Scholium을 추가했다. 『프린키피아』가 다루는 거대한 주제에 걸맞게 일반 주석은 '너무나 아름다운 태양과 행성들과 혜성들의 체계' 속에서 분명하게 드러나는 '지적이고 강력한 존재', 즉 신에 관한 논의를 담고 있다. 뉴턴의 자연철학은 그를 자연신학으로, 자연을 통해 신을 알 수 있다는 결론으로 이끌었다. 뉴턴의 신은 자신이 만든 거대한 기계가 미리 설정된 자연법칙에 따라 움직이는 것을 지켜보는 위대한 시계 제작자가 된다. 일반 주석에서 뉴턴은 또 중력을 원인에 대한 탐구 없이 수학적으로 연구하는 자신의 방법론을 해명한다. 중력의 원인과 관련해서 뉴턴은, "나는 가설을 꾸며내지 않는다hypotheses non fingo"라는 유명한 말을 남겼다. 일반 주석은 빛, 열, 응집, 전기, 생리학, 감각과 관련된 '미묘한 정령'을 다루는, 약간은 어색한 단락으로 마감된다. 뉴턴 자신이 밝혔듯이, 사실 이 같은 주제는 '몇 마디 말로 설명할 수 없는' 것들이었다.

 『프린키피아』는 44세의 뉴턴을 거의 하룻밤 사이에 유명 인사로 만들었다. 그러나 뉴턴의 케임브리지 은둔 생활은 단기적으로 큰 변화를 겪지 않았다. 『프린키피아』 이후 뉴턴은 사적인 명상과 연금술 용광로로 복귀했다. 그는 1693년에 심각한 신경쇠약을 겪었고 4개월간 의사소통이 불가능했다. 그는 며칠씩 잠을 자지 못했고, 친지들에게 횡설수설하는 편지를 썼다. 예컨대 그는 존 로크에게 "(당신이) 나를 여자들과 엮으려 한다"고 비난하는 편지를 썼다. 뉴턴 자신도 훗날 당시에 그를 사로잡았던 '이상증세distemper'에 관해 언급했다. 뉴턴은 오늘날 우리가 병적인 우울증이라 판정할 수 있는 상태에 18개월 동안 머물렀다. 1693년은 뉴턴의 과학적 창조력이 소진된 해이기도 하다.

뉴턴의 신경쇠약은 여러 요인이 함께 작용한 결과였다. 그는 연금술 연구에 지쳤고, 환멸을 느끼게 되었는지도 모른다. 어쩌면 중금속(예컨대 수은 증기)에 중독되어 얼마 동안 '완전히 미쳐버렸던' 것일 수도 있다. 미적분학 발명자 자리를 놓고 벌어진 독일 철학자 라이프니츠G. W. Leibniz와의 논쟁이 달아오르기 시작했고, 『프린키피아』 출간 직후 런던에 자리를 잡으려던 뉴턴의 노력은 수포로 돌아갔다. 역사가들은 또 1693년 뉴턴이 겪은 이상증세의 한 원인이 25세의 스위스 수학자 니콜라스 파치오 드 드윌리어Nicolas Fatio de Duillier와의 관계가 깨져버린 것에 있다는 직접적인 언급을 꺼린다. 1693년 6월에 절정에 이르렀던 두 사람의—육체적 욕망과 무관했다는—관계는 뉴턴의 심리적 몰락을 가져온 가장 직접적인 원인이었다.

1693년 뉴턴이 겪은 정신적 장애는 흔히 언급되는 창조성과 광기의 근친성을 뒷받침한다. 구원은 예기치 못한 곳에서 왔다. 정치가 뉴턴을 구한 것이다. 1688년의 명예혁명Glorious Revolution은 가톨릭 왕 제임스 2세를 퇴위시키고 네덜란드의 개신교도인 윌리엄과 메리 오렌지William and Mary Orange를 동등한 권력을 지닌 왕과 여왕으로 옹립했다. 혁명을 앞둔 시기에 제임스는 케임브리지 대학의 권리와 특권을 무시하고 가톨릭 펠로를 임명하려 하여 대학을 긴장시켰다. 뉴턴은 평소의 성격답지 않게 이 사안에 대해 공개적으로 완고한 입장을 고수했고, 대학은 왕과 협상하기 위한 대표자의 하나로 그를 선출했다. 뉴턴이 선출된 것은 잃을 것이 더 많은 대학의 권위자들이 뉴턴의 특이한 성품을 이용했기 때문이기도 했고, 의심의 여지 없이 가톨릭을 반기독교적인 제도로 보는 뉴턴 자신의 오랜 적대감 때문이기도 했다. 뉴턴은 윌리엄과 메리를 환영한 컨벤션 의회Convention Parliament에서도 대학을 대변했다. 그는 정치적 용기를 보여주었고 승리하는 편에 합세했다. 그가 보상을 받는 것은 당연했다.

몇 번의 실망과 지연이 있은 후 뉴턴은 마침내 임명을 받을 수 있었다. 그는 1696년에 케임브리지를 떠나 런던에 영구적으로 정착하여 영국 조폐국의 감독Warden이 되었고, 이어서 1699년 최고 직위인 조폐국장Master of the Mint이 되었다. 뉴턴은 주화 제작과 위조 주화 단속 업무에 성실히 임했다. 뉴턴의 수입 대부분은 1727년 사망할 때까지 조폐국에서 일하면서 벌어들인 것이다.

뉴턴은 30년 동안 케임브리지에서 은둔했다. 그가 대학에서 정부로 옮겨간 것, 대학 인사에서 공무원으로 변신한 것은 집중적으로 연구할 만한 가치가 있는 변화이다. 17세기 과학의 사회적 환경 변화를 반영하는 듯한 뉴턴의 정부 관료―특히 기술적 전문성을 지닌 관료―로의 변신은 당대의 대학이 과학의 활발한 중심이 아니었으며 과학자로서의 새로운 경력은 다른 곳에서 추구되었음을 다시 한 번 보여준다. 17세기가 진행되면서 지배자의 개인적인 후원은 쇠퇴했고, 뉴턴 시대의 사회적 환경 속에서 과학자들은 점점 더 중앙 정부의 관료체제 속으로 혹은 국립 과학 학회 속으로 편입되었다. 예컨대 크리스토퍼 렌은 뉴턴의 전임으로 왕립 학회장을 맡았으며 런던 화재 이후 왕실 수석건축가가 되어 세인트 폴 대성당St. Paul's Cathedral을 재건했다.

뉴턴이 런던 왕립 학회장이 된 것은 놀라운 일이 아니다. 뉴턴은 오래 전부터 왕립 학회와 관계를 맺어왔지만, 1703년 오랜 적수인 훅이 죽은 후에 단 한 번 왕립 학회장에 입후보했다. 반대자가 없었던 것은 아니지만, 뉴턴은 매년 재선출되었고 죽을 때까지 학회장을 역임했다. 그렇게 한 발을 조폐국에, 다른 한 발을 왕립 학회에 디딘 뉴턴은 작지만 성장세였던 영국의 제도적 과학계의 중심에 우뚝 섰던 것이다(왕립 그리니치 천문대도 영국의 제도적 과학계의 일부였다). 뉴턴은 영국 과학계에서 독재적인 권력을 휘둘렀다. 왕립 학회에서 그는 마음대로 회원을 뽑고 위원회를 구성했다. 그는 그리니치 천문대도 통제했고, 그의 목소리는 대영제국 전체의 과학자 관료 임명에 결정적인 영향을 미쳤다. 그가 1705년 앤 여왕에게 작위를 받아 아이작 뉴턴 경이 된 것은 결코 우연이 아니다.

부끄럽게도 뉴턴은 왕립 학회에서 자신이 지닌 권위와 지위를 미적분학 발명의 순서를 놓고 벌어진 라이프니츠와의 논쟁에 악용했다. 뉴턴은 1665~66년에, 라이프니츠는 1676년경에 각자 독립적으로 미적분학의 근본 정리를 발명한 것으로 보인다. 그러나 두 사람은 누구에게 발명의 명예가 돌아가야 하는가를 놓고 강하게 충돌했다. 자신의 발명을 먼저 (1684년에) 발표하고 인정을 받은 사람은 라이프니츠였다. 그러나 발명의 공로가 전적으로 자신에게 있다고 주장하는 과정에서 라이프니츠는 자신이 1676년 런던을 방문했을 때 뉴턴에게 배운 바에 대하여 솔직하지 못한 태도를 보였다. 뉴턴은 자신의 수학적 성취를 대체로 사적인 차원에서 보관했지만, 일련의 논문이 존재했고, 학자들 사이에서 뉴턴이 더 먼저 미적분학을 발명했다는 이야기가 떠돌고 발표되기 시작했다. 뉴턴 진영은 라이프니츠가 뉴턴의 업적을 도둑질하고 표절하고 거짓말했다는 혐의를 제기했다. 그리하여 1711년 라이프니츠는 왕립 학회에 진실을 밝혀줄 것을 호소하는 어처구니없는 실수를 범했다. 이로써 그는 제 발로 뉴턴의 손아귀 속으로 들어간 것이었다. 뉴턴은 왕립 학회 내에 조잡한 법정을 급조하고, 스스로 나서서 '뉴턴 씨가 최초의 발명자임을 인정하는'「서신 교환 보고서Commercium epistolicum」를 작성했다. 뉴턴은 더 나아가 1714년에 '서신 교환 보고서에 대한 해설'이라는 장문의 글을 써서 왕립 학회 기관지『철학적 교류』에 익명으로 발표하여 라이프니츠의 숨통을 조였다. 심지어 1716년 라이프니츠가 사망한 후에도 뉴턴은 라이프니츠의 주장을 철저히 탄압했다. 이 불미스러운 사건은 뉴턴과 라이프니츠가 세계관에 관한 몇 가지 가치 있는 철학적 토론을 벌이는 계기가 되었지만, 그 외에는 참혹할 만큼 불행한 사태였다. 미적분학 발명 순서에 관한 논쟁은 뉴턴의 성격과 과학에서 종종 일어나는 동시 발견, 그리고 당시 아직 발생 단계였던, 과학에 관한 근대적인 사회적 규범에 대해 많은 것을 말해 준다. 역설적이게도 뉴턴식 미적분학은 고사枯死한 반면에 d(미분)나 $\int$(적분) 같은 라이프니츠의 기호와 개념들은 지금도 널리 사용된다.

뉴턴은 1704년 왕립 학회장으로 취임하는 것과 동시에 『광학 Opticks』 초판을 출간했다. 『광학』은 『프린키피아』와 함께 뉴턴을 널리 알린 대표적인 걸작으로 꼽힌다. 『광학』은 어떤 새로운 과학적 업적을 담지 않았다. 그 책은 오히려 1666년까지 거슬러 올라가는 과거의 연구를 내용으로 했다. 『광학』은 실험적인 접근법을 채택했고 복잡한 수학이 동원되지 않았기 때문에 『프린키피아』보다 이해하기 쉬웠다. 『광학』에서 드러나는 실험주의 역시 연역적인 『프린키피아』와 다른 점이다. 뉴턴은 '실험을 통한 증명'을 제시했다. 즉, 실험에서 드러난 현상에 관해 주장하기 위하여 온갖 실험을 모조리 언급했다.

뉴턴의 『광학』은 세 권으로 구성되어 있다. 뉴턴은 고대부터 당대까지 획득된 광학 지식을 요약하는 것에서 출발한다. 이어서 그는 자신이 1672년에 발표한 논문을 거의 200쪽 분량으로 재수록하면서 빛의 굴절, 백색광의 비균질성, 색의 본성, 색이 있는 물체, 무지개, 망원경 개량법에 관한 실험들을 제시한다. 『광학』의 제1권을 비롯한 여러 곳에서 뉴턴은 피타고라스적이고 신플라톤주의적인 성향을 드러냈다. 그는 무지개의 일곱 색깔을 서양 음악의 7음계와 그 기반에 있는 수학적 비율과 연관시켰다. 제2권에서 뉴턴은 비누 거품에서 생기는, 혹은 렌즈와 유리판을 겹쳐놓았을 때 생기는 색 패턴과 같은 얇은 막 현상을 논한다. 이것은 오늘날 뉴턴 고리Newton's rings라 불린다. 뉴턴은 고리가 발생하는 현상과 자신이 주장하는 빛의 입자이론을 조화시키기 어려웠다. 그리하여 그는 광선들의 행동을 서투른 방식으로 설명할 수밖에 없었다. 또 제2권에서 뉴턴은 물질이론과 물질의 원자적 구성을 고찰하며, 현미경이 원자를 볼 수 있을 만큼 발전하길 바란다는 희망을 밝혔다. 그러나 그는 연금술사답게 '더 비밀스럽고 고귀한 자연의 작품들은 미립자들 속에' 숨겨져야 한다고 말했다. 제3권에서 뉴턴은 새롭게 발견된 회절diffraction 현상을 주제로 삼는다. 회절은 빛이 물체의 경계에서 굴절하여 그림자의 가장자리에 주름이 생기는 현상을 말한다. 그러나 그는 갑자기 논의를 중단하고, 자신이 최초로 실험을 수행했기 때문에 "방해를 받았고, 그래서 지금은 이 문제들을 더 고찰하는 것은 생각할 수조차 없다"고 말한다.

  뉴턴의 『광학』은 『프린키피아』의 일반 주석과 같은 거창한 이론적 결론으로 종결되는 것이 아니라 일련의 과학적 연구 과제들, 즉 유명한 질문들Queries을 제시하는 것으로 막을 내린다. 뉴턴의 질문은 수사학적이다. 그것들은 물음표를 달고 있지만 뉴턴 자신의 견해를 드러낸다. 뉴턴은 그 질문들이 '다른 사람들의 더 나아간 연구를' 촉발시키길 바란다는 뜻을 명시적으로 밝혔고, 실제로 그의 바람은 실현되었다. 『광학』의 세 판본에서 뉴턴은 모두 합쳐 31개의 질문을 제시했다. 1704년판에서 그는 빛, 열, 시각視覺, 소리에 관한 16개의 질문을 제시했다. 그는 1706년의 라틴어판에서 자신이 주장하는 빛의 입자이론, 빛의 편광, 호이겐스(또한 데카르트)의 파동이론에 대한 반박과 관련된 7개의 질문(나중에 25에서 31까지 번호가 매겨졌다)을 추가했다. 추가된 질문 가운데 마지막 두 개에서 뉴턴은 화학적(연금술적) 변화와 생물학적 변화에 관한('변형을 즐기는 듯이 보이는 자연의 행보에 아주 잘 어울리는' 변화에 관한) 솔직한 논의를 감행하고, 화학적 현상을 다루는 긴 논문을 덧붙였다. 이 질문들에서 그가 현상을 해석하기 위해 채택한 모형은, 원거리 작용 인력과 척력을 가지고 있으며 '질량이 있고, 단단하고, 침투할 수 없는' 원자들이었다. 뉴턴은 중력, 관성, 전기, 자기, 모세관 작용, 응집, 야채의 발효, 연소 등을 설명하기 위하여 원자들과 힘을 도입했다. 10년 후인 1717년의 영어판 재판에서 뉴턴은 처음 제시했던 질문과 추가된 질문 사이에 8개의 질문을 끼워넣었다. 이 질문들에서 그는 작용 원리를 가진 원자의 개념을 포기하는 대신에 매우 미세하며 반발력을 가진 다양한 에테르를 동원하여 광학 현상, 중력, 전기, 자기, 열, 생리학을 설명했다. 뉴턴의 질문은 전체적으로 볼 때 일관성이 없을지도 모른다. 그러나 그것들은, 특히 위에 언급한 덜 발달된 과학 분야에 일종의 보편적인 개념적 틀을 제공했고 연구의 전통을 확립했다.

뉴턴은 『프린키피아』와 마찬가지로 『광학』을 자연신학적인 언급으로 끝맺었다. 뉴턴은 자연에서 신을 발견했으며, '비물질적이고 살아있으며 지적이고 어디에나 있는 존재'가 있다는 것이 현상에서 드러난다고 주장했다. 자연을 연구하면 신의 섭리 혹은 계획과 '신에 대한 우리의 의무'를 알 수 있다. 뉴턴의 자연철학은 이번에도 자연신학으로 귀결된 것이다.

뉴턴 과학 속의 자연신학은 주변의 문화와 중요한 방식으로 조화를 이루었다. 그의 자연신학은 특히 1688년과 그 이후 영국의 종교적·정치적 온건파(종교관용파Latitudinarians)의 주장과 잘 맞아떨어졌다. 뉴턴을 추종한 온건파 인사들은 그의 과학에서 신의 존재와 섭리, 재산의 신성함, 사회적 위계의 정당성, 의무, 계몽된 이기심에 관한 신학적·사회 정치적 논점들을 추출했다. 다시 말해서 뉴턴의 우주론과 자연철학은 영국의 지배적인 사회적·정치적 이데올로기를 뒷받침했고, 심지어 그 중심에 있었다.

이렇게 과학과 이데올로기가 손을 잡은 것을 가장 명백하게 보여주는 사건은 1692년부터 '이교도에 맞서 기독교를 증명하기 위하여' 행해진 일련의 보일 강연Boyle lectures이었다. 강연을 통제한 것은 뉴턴 추종자들이었고, 선택된 강사들은 모두 뉴턴주의자들이었다. 첫번째 강사였던 리처드 벤틀리Richard Bentley의 선정에는 뉴턴 자신도 관여했다. 벤틀리는 '무신론의 어리석음과 비합리성'에 관해 거만하게 강연했고, 뉴턴은 벤틀리에게 과학과 자연신학의 논점들에 관하여 적극적으로 조언했다. 1711~12년에 보일 강연을 맡은 윌리엄 더햄William Derham은 '물리-신학: 혹은, 창조된 세계를 근거로 신의 존재와 속성을 증명함'이라는 예상할 수 있을 법한 제목의 강연을 했다. 보일 강연은 신에 관한 이야기뿐 아니라 뉴턴의 세계관에 관한 이야기가 널리 퍼지는 데 중요한 역할을 했다. 보일 강연은 과학적 지식이 사회적으로 이용되는 모습을 단적으로 보여준다. 그러나 뉴턴이 과학 외부의 사회에 미친 거대한 영향은 그 강연에 국한되지 않는다.

뉴턴은 늙고 비만해졌다. 그는 조폐국을 감독하고 왕립 학회를 지배했다. 그는 젊은 제자들의 도움을 받아 1717년과 1721년에 『광학』의 재판을, 1713년과 1726년에 『프린키피아』의 재판을 출간했다. 말년에 뉴턴은 다시 신학과 성경의 예언에 몰두했다. 케임브리지 시절에서 수십 년이 지났지만 그의 이단적인 견해들은 변하지 않았다. 하지만 그는 그것들을 계속해서 감추었다(예언에 대한 뉴턴의 주장은 상당히 온건하게 손을 본 상태로 그의 사후에 출간되었다). 뉴턴은 말년에 영국 왕실과의 관계 때문에 역사적 연대기의 체계에 관한 논쟁에 뛰어들었다. 이 논쟁에서 늙은 거인은 파리 금석 고전 아카데미Académie dés Inscriptions et Belles-Lettres의 지식인들과 맞붙었다. 원고 상태로 유통되다가 1728년에 사후 출간된 뉴턴의 『개정판 고대 왕국들의 연대기Chronology of Ancient Kingdoms Amended』는 천문학에 기초한 날짜 계산 체계를 주장했지만, 프랑스 학자들은 박식함에서 뉴턴을 누르고 그의 연대기가 지닌 결함들을 지적했다. 생애의 마지막 몇 년 동안 뉴턴은 자제심을 잃었고 점점 더 자기 방 안에 틀어박혔다. 그는 방을 심홍深紅색으로 칠했다. 결국 뉴턴은 자신의 종교적 신념에 충실하게 영국 국교의 예식을 거부한 채, 1727년 3월 20일 85세의 나이로 생을 마감했다.

뉴턴은 교회가 제공하는 편의를 거부하고 죽었지만, 영국은 그를 영국 국교의 심장인 웨스트민스터 사원에 안장했다. 은밀한 아리우스주의자였으며 최후의 마술사였으며 정서적으로 뒤틀리고 상처가 많았던 뉴턴은 일종의 국민적인 영웅이자 이성적인 과학자의 모범으로 부활했다. 알렉산더 포프Alexander Pope(1688~1744. 18세기 영국의 가장 위대한 시인의 하나―옮긴이)는 영국의 영광인 뉴턴을 불멸의 지위로 신격화하는 다음과 같은 글을 남겼다.

자연과 자연법칙들은 어둠 속에 있었네.
그때에 신께서 말씀하시길, 뉴턴이 있으라, 하시니 모든 것이 밝아졌네.

우리는 이미 뉴턴이 영국의 자연신학에 미친 영향을 언급했다. 뉴턴 과학이 18세기 프랑스 계몽운동에 미친 영향도 그와 유사한 성격이었지만 역사적인 충격은 더 강했다. 역설적이게도 뉴턴은 프랑스에서 시작되어 18세기의 유럽과 아메리카 전역으로 전파된, 미신과 비합리성에 맞선 이성의 행진을 의미하는 계몽운동의 아버지라 평가할 수 있다(그의 신비주의적인 사변은 20세기까지 거의 숨겨져 있었다). 이상화된 뉴턴과 뉴턴의 시계 제작자로서의 신, 그리고 과학혁명 일반의 성취에 고무된 볼테르, 몽테스키외, 콩디야크, 디드로, 라 메트리 La Mettrie 등의 계몽철학자들은 지난 세기에 자연과학이 이룬 모범적인 진보를 사회과학과 인문과학으로 확장하려 노력했다. 실제로 최초의 계몽 문헌은 에드먼드 핼리가 『프린키피아』 초판의 서문에 붙인 송시訟詩라 할 수 있다. 송시에서 핼리는 이렇게 썼다. "이성의 빛 속에서, 무지의 구름/마침내 과학에 의해 걷혔다." 볼테르는 뉴턴의 장례식에 참석하여, 데카르트의 에테르로 가득 찬 프랑스를 떠나 영국과 뉴턴의 빈 공간에 도착했다는 유명한 말을 남겼다. 18세기 중반에 뉴턴의 과학은 볼테르와 샤틀레 부인의 노력에 힘입어 프랑스를 정복하고 지식인과 과학자들 사이에서 데카르트를 밀어냈다.

뉴턴 과학과 뉴턴적인 계몽운동에 합세한 세력들은 자유주의적이고 진보적이고 개혁적이었으며 심지어 혁명적이었다. 그들은 1776년의 미국 혁명과 1789년의 프랑스 대혁명의 역사에서 중요한 역할을 했다. 미국 독립선언문에 나오는 "모든 사람은 평등하게 창조되었다"라는 명제에서 분명히 알 수 있듯이, 정치적인 영역은 정치적으로 평등한 시민-원자들이 시민 연합을 향한 민주적인 충동과 보편적인 정치적 중력의 영향하에서 법칙에 따르는 듯한 패턴으로 움직이는 뉴턴적인 체계로 표상될 수 있었다.

이론과 실천

17세기의 새로운 이데올로기는 과학이 유용해야 하며 응용되어야 한다는 주장을 강화했다. 그렇다면 과학혁명기에 과학과 기술의 관계는 실제로 어떠했을까? 전체적으로 볼 때, 16세기와 17세기 유럽의 과학혁명에 수반된 기술적 혹은 산업적 혁명은 없었다. 비록 인쇄술, 대포, 대포 탑재 선박이 발명되어 획기적인 위력을 발휘했지만, 이들의 개발은 과학이나 자연철학의 응용 없이 이루어졌다. 예외라 할 수 있는 지도 제작술만 제외하면, 근대에 과학에서 나온 기술적 응용물이나 부산물은 그 어느 것도 경제적·의학적, 혹은 군사적으로 중요한 힘을 발휘하지 못했다. 전반적으로 유럽의 과학과 기술은 고대 이래 늘 그랬듯이 지적으로 사회적으로 별개의 활동이었다.

포격 기술과 탄도학에서 또 한 번 중요한 가르침을 얻을 수 있다. 이미 언급했지만, 포격 기술은 어떤 과학이나 이론과도 상관없이 완성되었다. 정부들은 포병 학교를 설립했지만, 교육은 거의 전적으로 실용에 치우쳤고, 모든 역사가들이 동의하듯이 당대의 과학은 대포와 무관했다. 중요한 것은 오로지 경험이었다. 17세기의 요새 건설과 건축 기술에서도 사정은 동일했다고 할 수 있다. 이론은 거의 무의미했고, 실제로 이미 언급했듯이 갈릴레오의 탄도 이론과 출간된 사거리표는 초기의 포격 기술이 이미 성숙한 후에 뒤늦게 만들어졌다. 이는 흔히 얘기되는 응용과학의 논리를 뒤집는 또 하나의 실례이다. 즉, 기술이 과학 연구의 과제를 지정함으로써 과학사를 조종했던 분명한 실례인 것이다.

지도 제작술―지도를 만드는 기술과 응용과학―은 최초의 근대적인 과학기술이라 할 수 있다. 발견을 위한 항해와 인쇄술, 그리고 인본주의자들의 프톨레마이오스 『지리학Geographia』 재발견에 힘입어 16세기 유럽의 지도 제작자들은 순식간에 프톨레마이오스를 비롯한 고대와 중세의 모든 선배를 능가했다. 지도 제작술과 수학적인 지리학은 이에 종사하는 사람들이 삼각법, 구면기하학, 그노몬gnomon, 우주론, 측지학geodesy과 관련된 실용적 수학, 측량술, 제도법을 알아야 했다는 점에서 분명 과학적이었다. 게르하르두스 메르카토르Gerhardus Mercator(1512~1594)는 플랑드르의 우주론 교수이자 왕실 우주학자였다. 잘 알려져 있듯이 그가 고안한 메르카토르 투사법은 오직 수학적으로만 구성될 수 있다. 우리는 이미 포르투갈과 에스파냐의 지도 제작 지원을 언급했다. 프랑스에서는 1669년에 왕국 전체를 과학적으로 지도에 옮기는 야심찬 사업이 시작되었다. 파리 천문대와 파리 아카데미의 카시니Cassini 가문이 지휘한 그 사업은 자금 문제로 이따금 중단되었지만, 프랑스의 지도 제작 기관은－프랑스 해군의 협조를 받으며－한 세기 이상의 세월에 걸쳐 매우 정확한 프랑스와 유럽, 그리고 해외 식민지들의 지도를 만들었으며, 그들 중 대부분의 것은 20세기까지도 최고의 수준이었다. 정확한 지도는 민족 국가와 제국의 정부와 교역자들을 도왔다. 지도와 지도 제작 사업은 항해와 탐사뿐 아니라 자원 발견과 경제 성장과도 맞물려 있었다. 이처럼 지도 제작술은 근대 유럽의 팽창과 발전 속에서 응용과학으로서 특별한 위치를 차지하고 있었으며 이후 국가의 지원에 의해 과학에서 일어날 일들을 한 발 앞서 시사했다.

 과학을 이용하거나 어떻게든 활용하려는 다른 노력은 지도 제작술만큼 생산적이지 못했다. 바다에서 자신의 위치를 확인하는 문제－유명한 경도 확인 문제－는 근대 과학의 호언장담과 실용적·기술적 성취 사이에 존재했던 간극을 전형적으로 보여준다. 거의 300년 동안 유럽의 해상 활동은 이 문제를 미해결 과제로 남겨놓은 채 이루어졌다. 북반구에서의 위도 확인은 비교적 쉽다. 북극성의 고각高角만 측정하면 되는데, 그것은 움직이는 배에서도 큰 문제 없이 이루어질 수 있다. 그러나 경도 확인은 선장과 교역자들과 대서양 연안 국가들에게 아주 까다로운 문제였고, 이들은 경험자들의 오류투성이 보고에만 의지하여 동서 항로를 더듬어야 했다. 이미 1598년에 에스파냐의 필립 3세는 경도 문제의 해결에 상금을 내걸었다. 네덜란드 공화국은 1626년에 상금 2만 5천 플로린(약 1,400만 원)을 제시했으며, 영국의 왕립 그리니치 천문대는 '항해술을 완성하라'는 특별한 사명을 띠고 설립되었다. 1714년 상업적 이익을 위하여 특별히 설치된 영국 경도국Board of Longitude은 경도 문제의 해결에 2만 파운드(약 3,600만 원)라는 어마어마한 상금을 내걸었다. 프랑스 정부도 1716년에 상당한 상금을 제시하여 이에 응수했다.

원리적으로 당대의 천문학은 경도 문제에 대해 여러 해법을 제시했다. 해결의 열쇠는 예컨대 파리나 그리니치처럼 경도가 알려진 위치와 그렇지 않은 위치 사이의 시간 차이를 측정하는 것이었다. 갈릴레오는 1612년에 자신이 새롭게 발견한 목성의 위성들이 그 시간 차이를 알려주는 천문학적 시계 역할을 할 수 있을 것이라고 주장했고, (비록 성공하지 못했지만) 에스파냐 정부를 위해 경도 확인을 위한 실용적 절차를 개발하려 노력했다. 1668년 이탈리아 태생의 프랑스 천문학자 카시니J. D. Cassini는 경도 측정을 위한 목성의 위성 위치표를 발표했고, 18세기에는 그런 종류의 표들이 여럿 만들어졌다. 천문학자들은 달 관측을 이용하는 방법도 시도했다. 그 방법은 땅 위에서의 경도 측정에는 효과적이었지만 바다에서의 경도 측정에는 부적합했다.

경도 문제의 궁극적 해법은 결국 과학계가 아니라 기술계에서 나왔다. 발달된 시계 제작 기술이 해법을 제공한 것이다. 1760년대 초반 영국의 시계 제작자 존 해리슨John Harrison은 크로노미터chronometer(정밀 시계)를 완성했다. 크로노미터에는 선박의 흔들림을 보정하기 위한 천칭과 온도 변화를 보정하기 위한 열전기쌍들thermocouples이 장착되어 있었다. 해리슨의 크로노미터를 지닌 항해자들은 항해 중에 그리니치의 시간을 알 수 있고, 이를 쉽게 확인할 수 있는 지역 시간과 비교하여 그 지역의 경도를 계산할 수 있었다. 상당한 논쟁이 있은 후, 시계 제작자 해리슨은 마침내 경도국에서 상금을 받았다.

초기의 왕립 학회가 시도한 실용적인 노력들도 17세기 응용과학의 일반적인 실패를 전형적으로 보여준다. 초기의 왕립 학회는 항해술,

조선술, 조림造林 기술, 교역의 역사 등에 관한 실용적 연구를 위해 위원회를 설립함으로써 베이컨적인 신념을 표현했다. 그러나 이 대규모의 집단적 노력에서 나온 성과는 거의 없었다. 예컨대 왕립 학회는 왕립 해군의 요구에 부응하여 들보beam의 강도에 관한 실험을 했다. 회원들은 다양한 재질과 단면 모양의 목재 견본을 시험했고 갈릴레오의 이론적 계산과 일치하지 않는 결론에 도달했다. 10년 후에 왕립 학회원인 윌리엄 페티William Petty는 오류를 깨닫고 갈릴레오의 결론이 들보의 크기를 결정하는 데 어떻게 활용될 수 있는지 설명했다. 그러나 이번에도 이미 믿을 만한 주먹구구를 지닌 기술자들에게는 페티의 재확인이 전혀 무용했다.

일반적으로 과학 장치들 전반이, 그리고 구체적으로는 특히 망원경이 17세기부터 과학과 기술 사이에 더 복잡한 관계가 형성되기 시작했음을 보여주는, 작지만 의미심장한 사례를 제공한다. 과학 장치들, 특히 망원경과 현미경은 17세기의 연구에서 점점 더 보편화되었다. 망원경과 현미경은 기술이 당대 과학에 충격을 가한 것을 보여주는 또 하나의 실례이다. 그러나 망원경 개발은 과학적 이론과 기술적 실천 사이에서 장기적으로 진행된 점진적이고 쌍방향적인 상호작용의 패턴을 드러낸다. 최초의 망원경은 어떤 이론의 혜택도 없이 제작되었다. 물론 갈릴레오는 그 반대를 주장했지만 말이다. 일단 망원경이 제작되자, 광학에서 새로운 발견들이 이루어졌다. 예컨대 빛이 렌즈를 통과할 때 생기는 왜곡인 색수차와 구면수차가 발견되었다. 이것은 다시 망원경 개량에 관련된 실용적인 과제와 현상의 설명을 위한 광학 연구의 과제를 부여했다. 실용적인 차원에서 과학자와 렌즈공들은 비구면 렌즈 제작을 시도함으로써 대응했다. 뉴턴은 1672년의 빛에 관한 논문에서 색수차에 대한 이론적 설명을 제시했고, 더 나아가 반사 망원경을 개선책으로 내놓았다. 결국 색수차 문제의 해법―

상호 보완적인 굴절률을 지닌 렌즈를 함께 사용하는 복합 렌즈compound lenses—은 1730년대 이후에 기술계와 유리 제작술의 세계에서 나왔다. 물론 그 사이에도 유럽 천문학자들은 기술적으로 향상된 망원경으로 획기적인 사실들을 발견했다. 이는 과학이 기술을 선도하기커녕 흔히 뒤따른다는 역사적인 원리를 재확인시켜 준다.

망원경의—그리고 광학과 천문학의—사례에서 분명히 알 수 있듯이 과학과 기술은 과학혁명기에 활발히 교류하지 않았다. 과학적 통찰은 (적어도 잠재적으로) 실용적인 함축을 가지고 있었지만, 자연철학자와 이론가들은 기술자, 건축공, 건축가, 장인, 기타 실용적 숙련도를 지닌 사람들 앞에서 무시당했다. 사실상 과학이 기술에 미친 영향보다 기술이 과학에 미친 영향이 더 컸던 것으로 보인다. 그러므로 우리는 과학과 기술의 현대적인 연합이 과학혁명기에 이루어졌다는 결론을 경계할 필요가 있다. 과학의 이데올로기적인 호언장담은 19세기에 이르기까지 이렇다 할 결실을 이루지 못했다.

내용과 방법

16세기와 17세기의 유럽 지식인 집단은 다양한 과학관과 자연관을 가지고 서로 경쟁했다. 구식 아리스토텔레스주의, 다양한 신비주의 전통, 그리고 기계적 철학 혹은 실험적 철학이라고 불린 '신新과학'이 서로 경쟁했다. 신과학은 고대 이후 잠들어 있던 원자론과 입자론을 부활시켰고 자연의 작용을 물질의 운동을 통해 기계적으로 설명했다. 새로운 자연철학은 과학적 주장을 실험을 통해 뒷받침하는 경향이 있었고, 신비주의와 달리 지식에 대한 개방적인 논의를 선호했다. 1700년경 신과학은—특히 새로운 제도적 환경 속에서—100년 전만 해도 막강했던 다른 대안들을 밀어냈다. 신과학의 '열린' 지식 체계는 지배자와 정부로부터 폭넓은 환영을 받았다. 이 같은 사실은 정치적으로 위험할 수 있는 비밀스럽고 마술적이고 '닫혀 있는' 교설들이 쇠퇴한 것을 설명하는 데 도움이 될 수 있을 것이다.

신과학 지지자들은 원자론과 기계적인 철학이 무신론과 결정론이라는 비난에 대해 자신들을 적극적으로 방어했다. 데카르트는 이 문제에 대응하여 유명한 이원론을 주장했다. 그의 이원론은 물질과 정신을 전혀 다른 존재자로 구별하고 공식적인 종교의 모든 절차를 보존했다. 우리는 이미 뉴턴 과학에서 자연신학이 얼마나 중요한 부분이었는지 살펴보았다. 새로운 아카데미와 학회들은 정치와 종교에 관한 모든 논의를 거부했다. 과학적 연구는 사회나 신이 아니라 자연을 향해 있었다.

17세기는 실험적인 과학의 발생과 확산을 목격했다. 길버트는 자석을 가지고 놀았고, 갈릴레오는 경사면에 공을 굴렸으며, 토리첼리는 수은이 담긴 관으로 장난을 치다가 기압의 원리에 도달했다. 파스칼은 기압계를 산꼭대기로 보내 대기권이 공기로 이루어진 거대한 바다라는 추측을 입증했고, 윌리엄 하비는 심장을 이해하려는 노력 속에서 수많은 동물을 산 채로 또는 죽은 상태로 해부했으며, 뉴턴은 광선을 프리즘과 렌즈에 대고 쏘았다. 이렇게 17세기 과학자들은 실험을 하긴 했지만, 그들의 방법론은 천차만별이었고, '실험적 방법'이나 새로운 지식의 창출에서 실험의 역할에 대한 합의는 존재하지 않았다. 특히 일반적으로 가설-연역적 방법이라 불리는 것은 17세기 과학에서 확실히 드러나지 않는다. 즉, 훗날 과학철학자들이 제시한 그 방법, 그러니까 먼저 가설을 세우고 그것을 실험을 통해 검증하며 실험 결과에 근거하여 그 가설을 수용하거나 거부하는 방법은 거의 찾아볼 수 없다. 앞서 보았듯이 갈릴레오는 이미 확립된 주장이 옳음을 보이기 위해 실험을 이용했다. 뉴턴은 1672년 논문의 '결정적인 실험'에서 실험을 이용한 방식과 『광학』의 '실험에 의한 증명'에서 이용한 방식이 서로 달랐다. 하비는 해부를 통한 체계적인 실험을 시도했지만, 그의 관심은 구식 아리스토텔레스주의자답게 '영혼'에 있었지 혈액의 순환을 증명하는 것에 있지 않았다. '사고 실험'―실제로 수행하기는 불가능한 실험―도 17세기 과학의 한 부분이었다. 예컨대 달에서 지구를 바라보라는 갈릴레오의 제안을 생각해 보라. 가설-연역적 방법 외에도 이렇게 다양한 실험에 대한 태도가 있었음을 감안한다면, 실험은 고정된 기법이나 요소였다기보다 역사적인 우연의 집합체였다고 해야 옳을 것이다. 실험 및 실험적 과학에 대한 다양한 태도가 여러 이질적인 뿌리에서 발생했던 것이다.

연금술은 의심의 여지 없이 근대적인 실험과학의 한 뿌리였다. 인쇄술 발명과 함께 급증한 '비법'에 관한 지침서들도 마찬가지이다. 16세기와 17세기에 쓰여진 그런 종류의 '실용' 서적들은 잉크, 페인트, 염료, 합금, 포도주, 향수, 비누 등을 만드는 방법과 경험적인 공식을 담고 있었다. 델라 포르타와 친구들은 비밀 아카데미Academy of Secrets에서 과학적 가설을 검증하는 실험을 했지만, 실험의 목적은 그들이 전해 들은 실용적인 '비법'의 효과를 확인하는 것이었다. 르네상스식 실험은 귀족들이 자연의 비밀을 '사냥'하는 것에 가까웠으며, 성공적인 사냥꾼들은 때로 후원자에게 큰 보상을 받았다.

프랜시스 베이컨은 자신의 귀납적 방법론의 한 요소로 실험의 다면적인 역할을 주장했다. 먼저 그는 실험이 새로운 현상을 인위적으로 산출한다고, '사자의 꼬리를 꼬아놓는다고' 말했다. 이런 실험은 무언가를 검증하는 일이 아니라, 나중에 귀납적으로 분석할 사실과 사례들을 추가하는 일이었다. 베이컨적인 실험의 전형적인 예는 썩어가는 고깃덩어리를 장기간 관찰한 보일의 실험이다. 병아리의 뱃속에 눈을 채우고 무슨 일이 일어나는지 관찰했다는 베이컨 자신의 실험도 마찬가지이다(베이컨은 이 실험을 하다가 한기寒氣가 들어 죽었다). 그러나 베이컨은 일종의 이론 검증이라 할 수 있는 역할도 생각했다. 귀납 과정의 더 높은 층위에서 수행되는 실험, 즉 '빛의 실험experiments of light'은 우리가 일반적으로 생각하는 대로 자연에 더 구체적인 질문을 던지기 위해 고안된 실험이다. 이어서 베이컨은 '빛의 실험'과 실용적인 연구의 결합인 '열매의 실험experiments of fruit'을 얘기했다.

한편 데카르트는 베이컨의 귀납법과 실험에 대한 태도를 거부했다. 최초의 기계적 원리들로부터 철학하는 데카르트의 연역적 방법은 그로 하여금 실험의 역할을 전적으로 폄하하도록 만들었다. 대신에 그는 결과에서 실험적으로 원인을 도출하는 것이 아니라 원인에서 결과를 도출하길 바랐다. 데카르트가 보기에 다른 사람들이 수행한 수많은 실험은 사태를 명료화하기는커녕 혼란스럽게 만들었다. 물론 그는 실험이 연역의 발전된 단계에서 단일 이론을 검증하는 것이 아니라 타당한 이론적인 대안들을 검증하는 수단으로서 기능할 수 있음을 인정했다.

실험적인 과학이 발전하고 성숙하면서, 실험은 이론이나 가설을 검증하고 과학적 논의를 발전시키는 정교한 방편으로 쓰이게 되었다. 빛이 굴절률이 서로 다른 광선들로 이루어졌음을 증명한 뉴턴의 '결정적인 실험'이 그런 성격을 띠었다. 로버트 훅은 스프링을 이용한 실험을 수행함으로써 변형력과 변형 정도가 서로 비례한다는 일반적인 법칙―훅의 법칙―에 도달했다. 로버트 보일도 실험적인 과학을 강력하고 새로운 기법으로 발전시킨 인물로 널리 칭송된다. 비록 구체적인 태도는 천차만별이었지만 점점 더 많은 관심이 실험에 집중되는 가운데, 17세기 과학 활동은 자연스럽게 장치와 기술에 더 많이

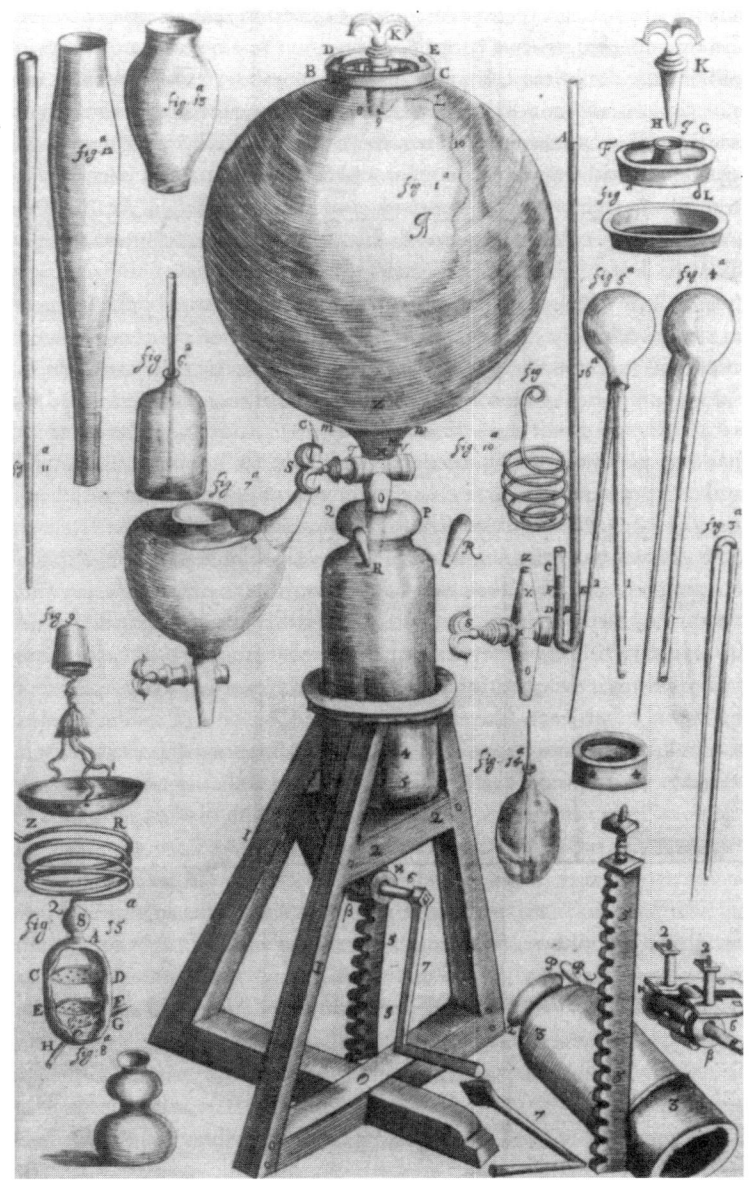

그림 12.4_공기 펌프. 이 발명품은 진공에 가까운 조건에서 물체를 관찰하는 많은 실험을 가능케 했다. 그 같은 실험들에 관한 진실은 실험 결과에 대한 기록이 보여주는 것보다 더 복잡하고 난해했다.

의존하게 되었다. 여러 세대의 아마추어와 전문가들이 망원경, 현미경, 온도계, 비커beaker, 자, 기압계, 시계, 경사면, 프리즘, 렌즈, 거울, 그리고 나중엔 정전기 기계들을 만들었다. (장치의 수요가 증가하면서 전문적인 장치 제작자들이 점점 더 많이 일자리를 얻게 되었다.) 이런 기술적인 보조 장치들 중 일부는 감각의 범위를 확장시켰고, 장치는 여러 과학 분야에서 지식 산출을 위한 필수 도구가 되었다.

마지막으로 두드러진 사례인 보일을 살펴보자. 그는 1658~59년에 훅의 도움을 받으며 공기 펌프 혹은 진공 펌프를 발명했다. 진공이라는 새로운 '실험적 공간'을 제공한 보일의 공기 펌프는 17세기 실험 과학의 놀라운 장치 중 하나가 되었다. 보일은 공기 펌프를 이용하여 '공기의 튀어오름' 즉 탄성을 연구했고, 기체의 압력과 부피 사이의 관계를 결정하는 법칙을 발견했다. 흔히 교과서에서 볼 수 있는 설명은 이 발견이 실험 장치 덕분에 곧바로 간단하게 이루어졌다는 오해를 불러일으킨다. 최근의 연구는 장치와 실험을 이용하여 자연에 관한 새로운 사실을 확립하려 할 때 장치나 사회와 관련하여 얼마나 복잡한 과정을 거쳐야 하는지 보여주었다. 예컨대 보일의 발명이 있은 후 10년 동안 그 비싼 공기 펌프는 두세 곳에 불과 몇 개만 있었다. 그나마 있는 것들도 모두 공기가 샜고 작동할 수 있는 상태로 유지하기 어려웠다. 결과를 재확인하기 위한 실험은 수행하기 어려웠다. 오직 숙련된 실험가만이 자신의 주장을 증명할 수 있었고, 주장은 거의 예외 없이 반박당했다. 왕립 학회의 것과 같은 실험장은 개방되었지만 여전히 제한을 두었고, 거기에서는 사회적 지위와 특권이 큰 역할을 했다. 실험 결과는 신뢰할 수 있는 보고자가 작성한 보고서를 통해 전파되었다. 이런 요소들이 보일의 법칙 발견에서 얼마나 복잡하게 작용했는지 살펴보면 사태 확립과 관련된 미묘한 사회적 관습을 확인할 수 있다. 보일의 사례는 새로운 지식의 산출이 본질적으로 사회적인 과정이라는 사실을 웅변적으로 보여준다.

4

18세기에 인간의 실존을 바꾸어놓는 움직임이 영국에서 전개되었다. 그것은 산업화였다. 역사적인 산업화 과정-혹은 산업혁명-은 본질적으로 인간의 주요 활동이었던 농업이 전면에서 물러나고 공장에서의 기계화된 제품 생산이 그 자리를 대신하는 것을 의미했다. 이 이행의 귀결은 과거 선사시대와 역사시대 초기의 신석기 및 도시혁명과 대등할 정도로 근본적이었다.

과학은 이성과 실험이 성취할 수 있는 것의 모범이었지만, 산업혁명기의 기술은 여전히 과학계에 의존하지 않았다. 19세기와 20세기에 이르러서야 비로소 사상가들과 도구 제작자들이

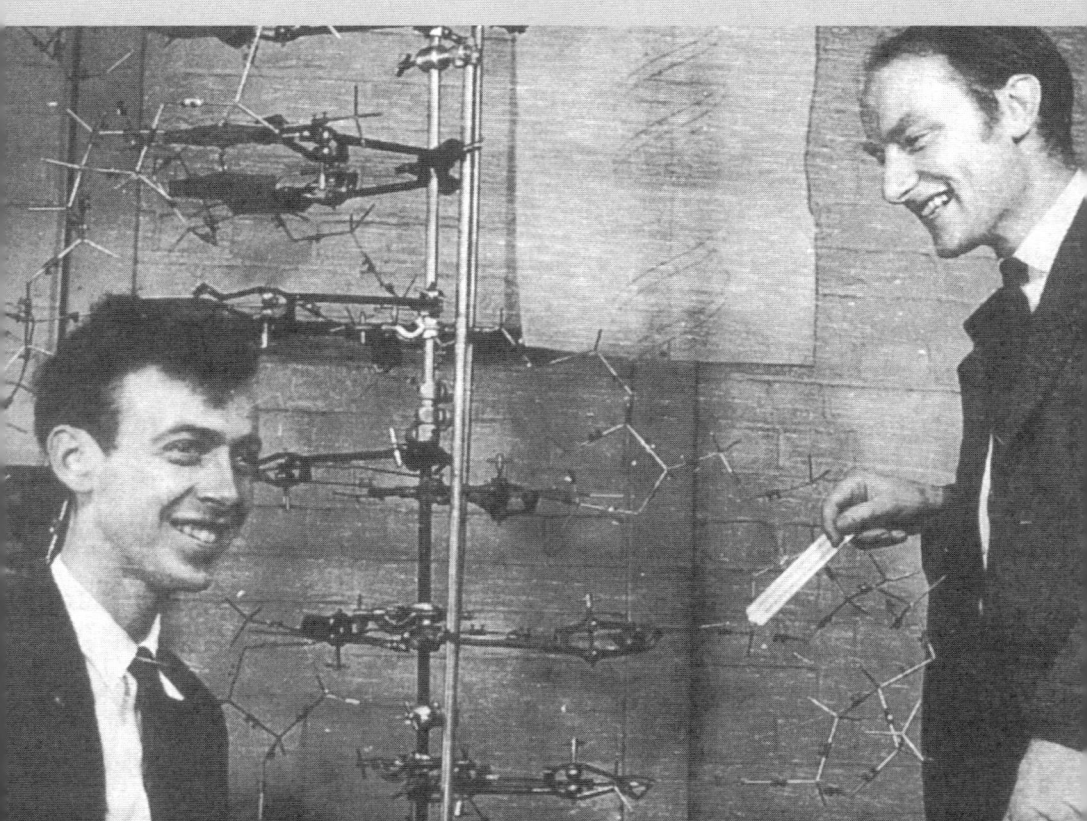

용감한 신세계

연합하여 공동의 문화를 형성했다. 그 후 실용적인 잠재력을 확실히 가진 새로운 과학이 출현했다. 전기학, 열역학, 운동학, 공업화학, 분자생물학, 유체역학 등이 그것이다. 이렇게 과학이 기술에 손을 내미는 동안, 기술자들은 최초의 전문적인 기술자 단체를 설립했고 새로운 과학을 배우기 위해 대학에 들어갔다. 이렇게 19세기에 이루어진 이론 전통과 기술 전통의 융합은 오늘날 우리가 좋든 싫든 몸담고 있는 과학-기술 문화를 낳았다.

과학 그 자체에 관해서는, 다윈의 진화론이 현대적인 세계관에 심오한 영향을 미쳤다. 생물의 다양성에 대한 다윈의 통찰은 과학적 사유의 주제를 신적인 설계자로부터 맹목적인 시도와 오류의 과정, 그리고 자연선택으로 바꾸어놓았다. 이어진 생명과학의 발견들은 자연과 지구의 생명 역사와 우리 자신에 관하여 점점 더 미묘한 입장들을 산출했다. 물리과학에서도 이론적·실용적 귀결을 모두 가진 기반의 변화가 일어났다. 폐쇄적인 대학에 갇혀 있던 뉴턴적인 엄밀한 인과관계의 세계는 상대성과 불확정성과 우주의 다수성에 관한 사변들에 자리를 내주었다. 이론적인 연구는 기술의 도움 속에서 핵에너지, 의학, 약학, 생화학, 농업, 컴퓨터, 인공지능 등 수많은 분야에 유용한 결과를 산출했다.

지금도 기술의 변화는 때로 과학과 무관하게 독자적으로 일어나며, 과학자들은 오늘도 2,500년 전 고대 그리스의 자연철학자들처럼 자연의 수수께끼를 찾아 추상적이고 무용한 연구를 한다. 세계에 대한 우리의 태도는 복합적이다. 우리는 현대적인 과학-기술 혁명이 가져온 편리함을 찬양하지만, 핵전쟁이나 생물학 전쟁, 혹은 환경재앙 같은 귀결을 두려워한다. 별개의 뿌리에서 나와 역사적으로 이따금씩 우연적으로 교류했던 사상과 도구 제작—과학과 기술—은 융합하여 우리에게 용감하지만 불안한 신세계를 선사했다.

산업혁명

지난 200년 혹은 300년 동안 현대 세계가 형성된 데는 많은 요소가 작용했지만, 가장 중심적인 요소는 기술의 변화, 즉 산업혁명이었다. 산업혁명은 18세기에 일어나 산업문명Industrial Civilization이라는 완전히 새로운 인간 실존 양식을 낳은 획기적인 기술적 변화를 의미한다.

과학혁명이 역사 속으로 물러난 18세기 초에 유럽은 여전히 농업사회의 모습이었다. 인구의 90퍼센트 이상은 농촌에서 살았고 직접적으로 농업활동에 종사했다. 도시 거주자 중에서도 공장 노동자는 극소수였다. 공산품은 대부분 농업 공동체의 가내 수공업에 의한 제품이거나 숙련된 장인들의 제품이었다. 그 같은 전통적인 사회를 특징짓는 물리적인 자원은 목재, 바람, 그리고 물이었다. 그 후 근본적인 변화의 물결이 처음엔 영국을, 그리고 다음 세기 동안 유럽과 북아메리카를 휩쓸기 시작했다.

산업혁명은 인구를 전통적인 농업과 교역으로부터 기계화된 생산으로 이동시켰고, 공장 시스템을 발전시켰으며, 공업 생산을 지탱하는 국제적인 시장을 발전시켰다. 철과 석탄, 그리고 증기가 상징적인 자원으로 부상했다.

산업혁명이 가져온 변화는 1만 2천 년 전 인류가 떠돌이 채집 생활을 버리고 식량 생산을 선택한 것을 의미하는 신석기 혁명이나 5,000년 전 역사시대의 벽두에 완전히 문명화된 삶과 도시가 출현한 것을 의미하는 도시혁명 이후 전례가 없을 정도로 거대했다. 지난 200년 동안 지구상의 거의 모든 곳에서 일어난 기술적·경제적·정치적·사회적 변화의 주원인은 산업혁명이다. 산업혁명은 엄격한 의미에서 산업화된 사회에만 영향을 미친 것이 아니라 전통적인 농업사회와 유목 집단, 그리고 현존하는 사냥-채집자들에까지, 모든 인류에게 영향을 미쳤다.

산업화는 기술적 혁신과 경제 성장을 가져왔을 뿐 아니라 근본적인 사회적 변화의 과정도 촉발시켰다. 사람들은 시골에서 도시로 이주했고, 도시의 저소득 공장 노동자 인구가 급증했다. 공장 노동이 증가했고 계급 분쟁이 격화되었다. 공립학교와 감옥 같은 새로운 강압적인 기관들이 사회적 통제의 주체로 등장했다. 가정은 생산의 중심에서 물러났고, 새로운 노동 분업이 발생했다. 전형적으로 남자는 공장의 일자리를 확보하려 애썼고, 여자는 대개 집안일에 종사했다. 산업화와 더불어 또 하나의 거대한 인구 이동이 일어났다. 수백만 명의 유럽인이 대서양을 건너거나 팽창하는 러시아 제국으로 들어갔다. 유럽인의 이주는 거대한 물결이 되어 세계의 모든 곳을 변화시켰고, 종종 동요와 분쟁을 일으켰다.

환경의 자극, 기술의 대응

10세기에 유럽 문명이 탄생한 이후 유럽 산업의 역사는 환경의 제약과 압력 속에서 이루어진 경제 발전과 기술 혁신의 유구한 역사이다. 실제로 유럽 산업화는 지속적인 자원 부족의 위협을 산출한 인구 증가와 대체로 보조를 같이했다. 흑사병이 100년 동안 거듭 맹위를 떨친 후인 15세기 중반에 200만 명으로까지 떨어졌던 잉글랜드와 웨일스의 인구는 17세기 말에 약 550만 명으로 증가했고, 점점 빠른 속도로 증가하여 18세기 말에 900만 명에 이르렀다(이 같은 인구 증가의 원인은 아마도 향상된 위생 시설과 농사 방법의 변화에서 비롯된 것으로 보이는 사망률 감소에 있었다). 불과 350년 만에 인구가 다섯 배로 증가했으므로 자원의 부족은 당연한 일이었고, 경우에 따라 심각한 수준이었다.

가장 심각한 것은 토지 자체의 부족이었던 것으로 보인다. 여러 면에서 전형적인 농업사회였던 영국은 토지를 다양한 방식으로 이용했다. 영국의 토지는 농경지, 소와 말과 양을 위한 목초지, 목재를 얻기 위한 숲, 그리고 나중에는 많은 인구가 농업을 버리고 도시로 몰려들면서 팽창한 도시의 거주지로 이용되었다. 16세기와 17세기에 영국의 도시와 교역과 산업은 성장했지만, 17세기 중반에 이르러 결정적인 병목이 형성되면서 성장에 제동이 걸리기 시작했다. 경제는 복잡하게 얽힌 활동이기 때문에, 한 분야에서 발생한 제약이나 부족은 체계 전체에 충격을 가할 수 있다. 18세기 동안 그런 제약들이 기술 혁신에 의해 여러 차례 극복되었고, 영국 경제는 다시 전례 없는 속도로 성장하기 시작했다. 제철과 방직, 광업, 운송이 모두 신기술에 의해 발전되었다. 많은 혁신은 전통적인 방법으로부터의 극단적인 단절이었다. 그러나 그런 신기술이 가져온 주요 효과는 자원의 부족과 생산 방법의 부적절함이 개선되는 것보다 더 빨리 일어나는 인구의 증가와 경제의 팽창이었다. 산업화 과정의 이면에서 점점 더 많은 인구가 경제적·환경적 한계상황으로 내몰렸다.

이런 압력과 제약을 잘 보여주는 것이 이른바 노퍽 농법Norfolk system이라 불리는 새로운 농업 기술의 등장이다. 노퍽 농법은 영국 산업화에 필수적이었던 잉여 농산물을 제공했다. 노퍽 농법은 중세의 3단계 윤작 체계를 밀어내고 새로운 4단계 윤작 체계를 채택했다. 이로 인해 추가로 생산된 순무turnip와 클로버clover는 더 많은 소가 겨울을 날 수 있게 해주었고, 따라서 고기 생산이 눈에 띄게 증가했다. 노퍽 농법의 성공 이유는 부분적으로 공유지를 사유화하여 경작한 것에 있었다. 사유화 운동은 농업 생산성을 향상시켰지만, 다른 한편 농토가 없는 상당수의 농민과 농촌 거주자들을 산업 노동력 시장으로 향하게 만드는 결과도 가져왔다.

영국의 '목재 기근'도 18세기의 변화를 촉진시킨 환경적·경제적 압박을 연구하는 데 중요한 사례가 될 수 있을 것이다. 섬나라 영국은 숲이 항상 풍부하지 않았고, 수천 년 전에 신석기 농업이 발생한 이후 경작지와 목초지의 확장 속에서 목재는 더욱 부족해졌다. 근대 육군과 해군의 목재 수요와 초기 단계의 산업화는 목재 공급을 더욱 압박했다. 예컨대 해상국가의 주요 산업인 조선업은 엄청난 양의 목재를 소비했다. 18세기 초에 대형 군함man-of-war 한 척을 만드는 데 사용된 목재는 무려 통나무 4천 개 분량이었다. 미국 독립전쟁 직전의 시기에 영국 상선의 3분의 1은 목재가 풍부한 아메리카 식민지에서 건조할 수밖에 없었다. 또다른 주요 산업인 제철 산업 역시 모든 숲을 황폐화한 주범이었다. 용광로 한 개가 연간 소비하는 목재의 양은 4제곱킬로미터 면적의 숲에서 생산되는 목재와 맞먹었다. 제철 산업과 마찬가지로 빵과 맥주와 유리를 생산하는 데도 목탄 형태의 목재가 연료로 쓰였다. 이 모든 산업에 목재 대신 석탄을 쓸 수는 없었다. 왜냐하면 당대의 기술에서는 연료나 연기가 제품과 직접 닿았기 때문에 석탄이 순수하지 않고 예컨대 황이 섞여 있을 경우 제품을 망치기 때문이었다. 게다가 건물의 조명과 난방의 연료로도 유독성 연기를 내뿜는 석탄보다 목재가 선호되었다. 목재 부족이 확산되면서 필연적으로 가격이 상승했다. 1500년에서 1700년 사이에 영국의 일반적인 물가는 다섯 배 상승한 반면에, 장작의 가격은 열 배 상승했다. 이 같은 에너지 위기의 영향으로 영국의 철 생산은 18세기 초에 실제로 감소했다. 연료가 부족했던 것이다.

악화되는 목재 부족 현상은 여러 산업에서 병목으로 작용했다. 이런 상황에서 발생한 목재 비축 노력은 일차적으로 산업의 효율성을 증가시키려는 욕구에서 비롯된 것이 아니라 삶의 질이 저하될 위협에 대한 대응이었다. 목재 기근의 원인이 된 문제의 뿌리는 인구 증가와 숲의 용도 변경에 의해 악화된 환경적인 불균형에 있었다. 목재 기근의 귀결과 산업혁명의 발생은 계획되지도 예견되지도 않았다. 18세기에 영국에서 전개된 역사적인 과정들은 가장 중요한 제철 산업을 비롯하여 다양한 산업과 기술이 예측할 수 없이 상호작용한 결과였다.

제철 산업은 엄청난 양의 목재를 소비했지만, 부족한 목재 대신에 풍부한 석탄을 써도 될 것처럼 보이는 산업이었다. 17세기 동안 석탄을 연료로 써서 철광석을 녹이려는 시도가 많이 있었지만 성공을 거두지 못했다. 예를 들어 음식을 익히는 경우처럼 생산물이 그릇에 의해 연료에서 분리된다면 목재 대신 석탄을 써도 아무 문제가 없었다. 그러나 전통적인 철 융해 방법에서는 철광석과 연료를 물리적으로 섞어놓아야 했다. 중국의 제철공들은 이미 11세기에 목재 대신 석탄을 연료로 쓰는 융해법을 개발했지만, 유럽에서는 그에 비길 만한 기법이 17세기까지 개발되지 않았다. 퀘이커교도이며 제철공인 에이브러햄 다비Abraham Darby는 1709년에 용광로에 목탄 대신 코크스를 쓰는 데 성공했다. 그러나 그의 새로운 공법은 19세기 중반까지 널리 사용되지 않았다.

다비는 당대의 방법들을 짜깁기하여 새로운 공법을 발견했다. 과학적 이론이나 조직화된 혹은 제도화된 과학은 그의 발견에 아무 기여도 하지 않았다. 응용 가능한 야금술 이론은 아직 등장하지 않은 상태였고, 심지어 '탄소'와 '산소'도 아직 정의되지 않은 개념이었다. 전형적인 장인·기술자인 다비는 자신의 실험 혹은 짜깁기에 관한 기록을 남기지 않았고, 우리는 다만 그가 어떻게 성공에 도달했을지 추측할 수 있을 뿐이다. 전통적으로 철광석 융해에 쓰인 용광로의 크기와 공급되는 바람의 세기가 점차 증가하면서 사람들은 온도를 더 높이면 과거에 철을 망쳐놓던 석탄 속의 불순물들이 타서 없어진다는 것을 알게 되었을 것이다.

1784년 영국의 발명가 헨리 코트Henry Cort는 석탄을 써서 선철銑鐵(pig iron. 철광석에서 직접 제조되는 철로 탄소 함유량이 1.7% 이상이다—옮긴이)을 연철鍊鐵(wrought iron. 단련할 수 있는 철이라는 뜻으로, 탄소 함유량이 0~0.1%이다—옮긴이)로 변환시키는 교련법攪鍊法을 개발했다. 융해된 철을 휘젓는 기법이 동원되는 이 기술은 제철 산업의 생산성을 향상시켰다. 이런 변화들은 영국의 철 생산을 지리적·자원적 측면에서 숲으로부터 독립시켰다. 이렇게 철 생산의 걸림돌이 해결되자 세계는 새로운 철기 시대로 진입했다. 18세기 동안 영국의 철 생산량은 최저 연간 2만 5천 톤 이하에서부터 10배 이상 증가했다. 또 1788년부터 19세기 중반까지 철도 건설이 생산을 부추겨 영국의 철 생산량은 또 한 번 40배 증가했다.

산업혁명의 또다른 핵심 산업인 탄광업 역시 비슷한 패턴으로 발전했다. 탄광업도 인구 증가에 발맞추어 성장했고 병목을 만나 지체되었다. 표층 매장물이 고갈되자 갱도는 더 깊이 내려갔고 따라서 더 빨리 지하수로 채워졌다. 갱도에서 물을 제거하는 전통적인 방법은 가축의 힘으로 움직이는 다양한 형태의 펌프를 이용하는 것이었다. 17세기 말에 이르러 펌프를 작동시키기 위해 더 효율적인 에너지원이 필요하다는 사실이 명백해졌다. 곧바로 '화력 기관Fire engine'—불을 써서 물을 끌어올리는 장치—이 다양한 형태로 개발되기 시작했다. 무명의 영국인 철물상 토머스 뉴커먼Thomas Newcomen은 1712년에 최초의 실용적인 증기기관을 발명했다.

증기기관은 산업 발달의 진로를 변경시킨 기술적 혁신이었다. 증기기관은 독자적인 기술 전통에서 비롯된 산물이다. 뉴커먼과 그의 조력자인 배관공 존 콜리John Cawley(혹은 캘리Calley)는 직관과 짜집기와 행운을 통하여 증기를 실린더 속에서 응축시켜 부분적인 진공을 만듦으로써 대기압이 피스톤을 움직이게 만든다는 기발한 착상을 얻었다. 대기압을 동력으로 쓴다는 생각은 항간에 떠돌았지만, 증기기관의 실제 제작은 과학에 전혀 의존하지 않은 채 이루어졌다. 복잡한 밸브 체계, 실린더 속에 찬물을 주입하여 증기를 응축시키는 기술, 그리고 펌프와의 연결 장치는 시도와 오류를 통해 개발되었다. 커다란 실린더를 가열하고 식히는 과정을 반복하는 기법은 매우 비효율적이고 석탄 낭비가 심했지만, 뉴커먼의 증기기관은 석탄을 싸게 구할 수 있는 탄광에서 주로 사용되었기 때문에 충분히 경제적이었고 따라서 널리 보급되었다. 그러나 막대한 석탄 소비는, 특히 다른 용도에 사용할 경우 단점이 되었다. 그리하여 증기기관의 효율성을 향상시키려는 노력이 뒤를 이었다.

18세기 중반에 영국의 기술자 존 스미턴John Smeaton과 제임스 와트James Watt는 완전히 새로운 기법을 채택하여 뉴커먼 증기기관을

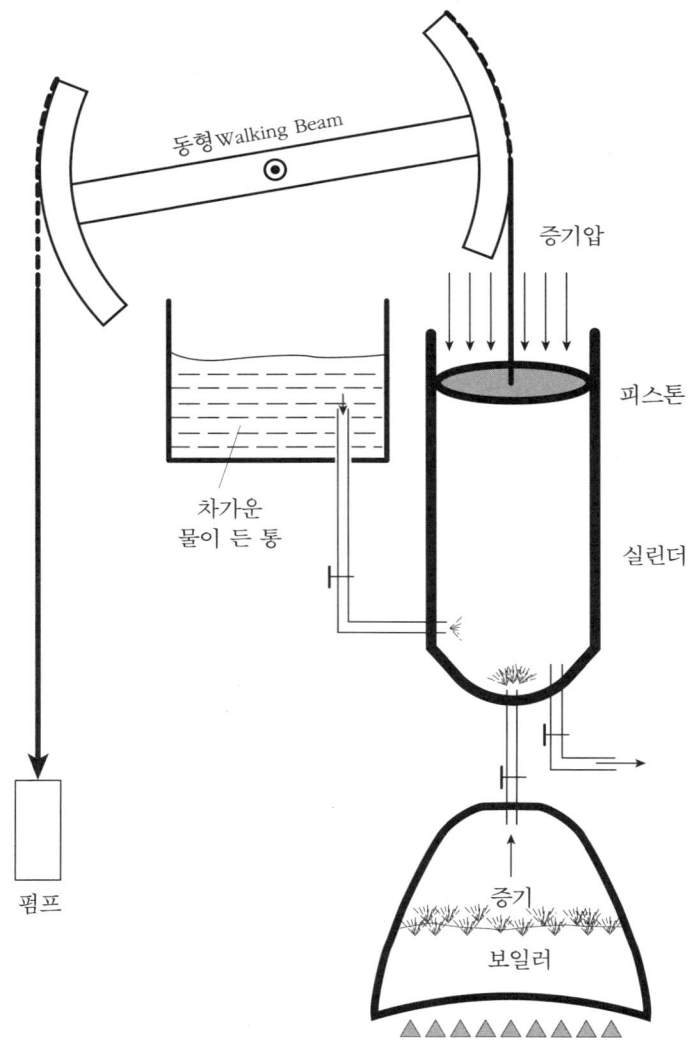

그림 13.1_증기력. 갱도가 깊어지자 지하수를 빼내는 일이 점점 더 어려워졌다. 이 문제에 대한 최초의 해결책은 토머스 뉴커먼이 1712년에 발명한 대기압 증기기관이었다. 이 증기기관은 실린더를 가열하고 식히는 과정을 반복했기 때문에 비효율적일 수밖에 없었고, 연료를 싸게 구할 수 있는 탄광 근처에서 사용할 때만 경제성이 있었다.

개량했다. 이들의 업적 역시 과학적 추상과 무관한 기술 전통에서 나왔다. 훗날 영국 민간 기술자Civil Engineers 조직('스미터니언Smeatonian')의 대표가 되는 스미턴은 철저히 경험적인 방법으로, 기초 설계를 고정시킨 채 부품들의 크기를 바꿔가며 체계적으로 시험한 증기기관 모형을 써서 연구했고 뉴커먼 증기기관보다 효율성이 두 배 높은 기관을 만드는 데 성공했다. 와트는 근본적으로 새로운 기법을 도입하여 기관의 효율성을 획기적으로 향상시켰다. 1765년의 어느 일요일 산책길에서 불현듯 그는 실린더 외부에 별개로 설치한 용기 속에서 증기를 응축시키고 실린더는 작동 주기 내내 뜨거운 온도를 유지하게 한다는 발상을 했다.

실린더의 가열과 냉각의 반복을 제거하자 석탄 소비량은 현저하게 줄었다. 버밍엄Birmingham의 제조업자 매슈 불턴Matthew Boulton과 제휴하여 생산하고 판매한 와트의 증기기관은 널리 보급되었고 얼마 지나지 않아 탄광업 외의 산업에도 이용되었다. 와트 증기기관의 성공은 부분적으로 소비자에게 기관을 빌려주고 전통적인 뉴커먼 기관을 쓸 때에 비해 절약되는 연료비의 일부만 대가로 요구하는 상업적 전략에서 비롯되었다. 탄광 근처의 낮은 석탄 가격에 의존할 필요가 없는 와트 증기기관은 거의 모든 곳의 공장에서 사용되어 도시의 산업 생산성 향상을 촉진했다. 1800년에 영국에서 김을 뿜던 증기기관은 500대였고, 그 후 증기기관의 수는 급속도로 증가했다.

초기의 증기기관은 대기압에 의존했기 때문에 덩치가 커야만 했다(따라서 이동시키기 불편했기 때문에 '고정' 기관이라고도 불렀다). 18세기 말에 고정 기관들은 공장의 기계를 작동시키는 데 사용되었고, 선박은 그런 증기기관을 탑재하기에 충분할 만큼 컸으므로 초기의 증기선들도 대기압 증기기관을 동력으로 썼다. 그러나 철로 위를 달릴 기관차는 1800년에 또다른 영국인 리처드 트레비식Richard Trevithick이

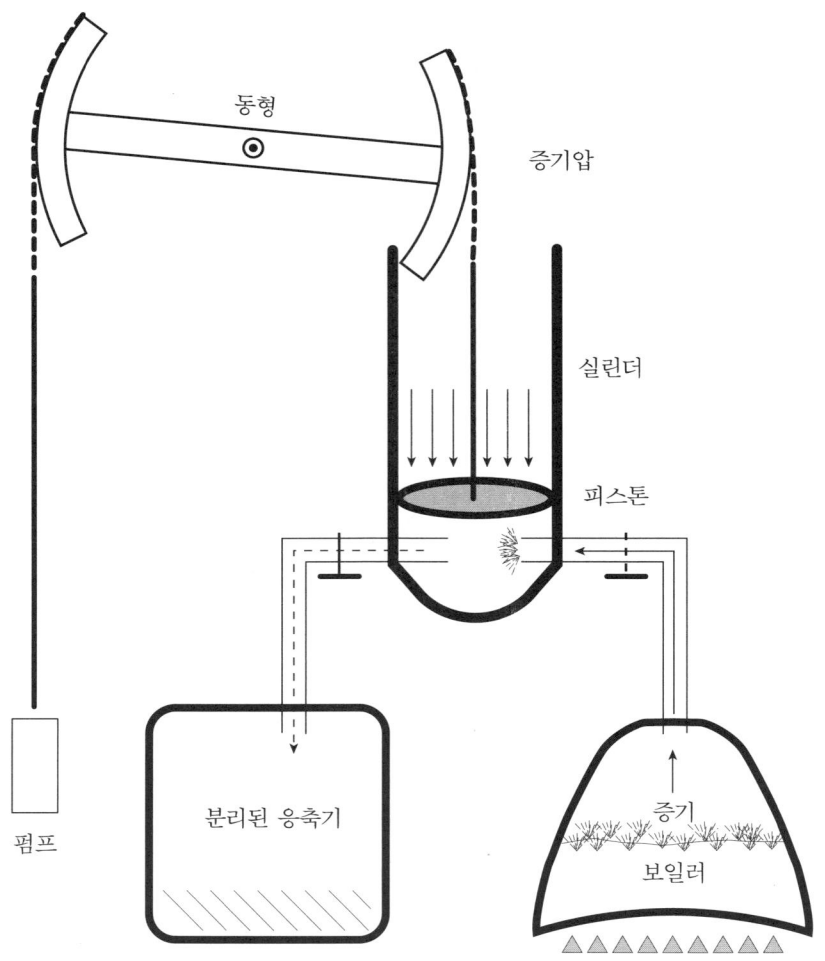

그림 13.2_와트의 증기기관. 1765년 제임스 와트는 증기기관의 효율성을 크게 향상시키는 방법을 깨달았다. 그것은 실린더와 별개로 설치한 응축기에서 증기를 응축시키는 방법이었다. 그 같은 방법을 쓰면 작동 주기 내내 실린더를 뜨겁게 유지할 수 있으므로 비용이 감소하고 효율성이 증가한다. 와트 증기기관의 성공에 기술적 혁신 못지않게 기여한 것은 와트와 초기의 공업인 매슈 볼턴이 맺은 협력관계, 그리고 그들이 고안한 임대 마케팅 전략이었다.

더 강한 압력을 이용하는 간편한 증기기관을 발명할 때까지 기다려야 했다. 대기압보다 훨씬 높은 압력을 이용하는 트레비식의 기관은 덩치가 훨씬 작아서 적당한 크기의 탈것에 탑재할 수 있었다. 트레비식은 원래 자신의 기관으로 광산과 공장에서 사용되는 대기압 증기기관을 밀어낼 계획이었지만, 광산업자와 제조업자들은 아직 검증되지 않은 새 기관을 위해 대기압 증기기관을 폐기하기를 꺼렸다. 특히 새로운 고압기관은 안전하지 못하다는 평판이 나돌았다(이러한 평판을 조장한 사람은 새 기관과의 경쟁에서 살아남으려 애썼던 와트였다). 그러자 트레비식은 자신의 발명품을 페루로 가지고 갔다. 그는 자신의 기관이 고지대 광산의 낮은 대기압 속에서 경쟁력을 가질 수 있으리라 믿었던 것이다. 그러나 모험은 실패로 돌아갔고 그는 런던으로 돌아와 발명가들이 흔히 하는 일을 했다. 즉, 그는 자신의 발명품을 탑재한 기관차와 원형 궤도를 만들어 사람들에게 관람료를 받고 구경시켰다.

그렇게 구경거리로 탄생한 철도와 기관차는 도저히 거부할 수 없는 발명품이었다. 당시 영국은 세계 최대의 공장이 되어가고 있었고, 화물 운송의 필요성이 급속도로 증가하고 있었다. 더 좋은 '유료 도로 turnpike'를 건설하려는 동시대인들의 노력에도 불구하고, 짐승이 끌어 원시적인 도로망 위를 달리는 탈것은, 특히 석탄을 육로로 대량 운송하기에 부적합했다. 처음에는 강과 운하를 통한 운송이 해결책인 듯이 보였고, 1757년과 1764년에 석탄 생산지들과 맨체스터를 머지 Mersey 강을 통해 연결하는 최초의 운하 두 개를 건설했다. 그 후 운하의 총길이와 수문과 교차로의 수는 극적으로 증가했다. 그러나 트레비식의 고압 증기기관은 철도를 가능케 함으로써 운송의 경제학을 바꾸어놓았다. 1814년 영국의 기술자 조지 스티븐슨George Stephenson은 자신이 만든 최초의 증기기관차를 공개했다. 철도는 초기에 탄광에서 그 근처로 석탄을 운반했지만, 1830년에 리버풀과 맨체스터를 잇는 최초의 공공 철도가 개설되면서 진정한 철도의 시대가 도래했다. 실제로 철도 마니아들이 등장했고, 세계의 육지는 조밀한 철도망으로 뒤덮이기 시작했다. 영국의 철도 건설이 절정에 도달한 것은 1840년대였다. 1847년 한 해에만 총길이 1만 킬로미터에 육박하는 철도가 건설되는 중이었다. 철도 운송과 제철 산업은 서로를 격려하며 함께 발달했다. 철도의 급격한 증가는 값싼 철이 있었기 때문에 가능했고, 반대로 철도 운송은 철 생산 증가를 촉진시켰다—심지어 요구했다.

여러 단계를 거쳐 이루어지는 직물 생산은 여러 가지 기술의 상호작용이 급속한 성장을 촉진시킨 것을 보여주는 좋은 사례이다. 도전과 대응의 패턴 속에서 여러 기술적 혁신이 상호보완적으로 일어나 방직기계의 발전을 추진했다. 1733년 원래 시계공이었던 존 케이John Kay는 '플라잉 셔틀flying shuttle'(직조기계의 씨실을 넣는 개량된 장치로 '나는 북'이라고도 한다—옮긴이)을 발명하여 직조 능률을 향상시켰고, 이로 인해 실을 잣는 방적 기술이 뒤로 처지게 되었다.

그 후 1760년대와 1770년대에 여러 장인과 기술자들의 노력에 의해 방적 과정이 기계화되었다. 이로 인해 오히려 직조 과정이 생산의 제한 요소가 되었고, 직조와 방적의 불균형은 1775년에 원통형 소면梳綿기cylinder carding가 발명되어 방적 과정의 효율성이 더 향상되면서 더욱 심화되었다. 그러나 기계적인 동력을 이용하는—결국엔 증기기관이 독립적인 동력원으로 이용된다—직기織機가 발명된 1785년 이후 직조 과정도 기계화되었다. 그리하여 쉽게 예측할 수 있듯이 방직 노동자 1인당 생산성은 1764년에서 1812년 사이에 자그마치 200배 증가했다. 1813년에 작동한 동력 직기는 2,400대였으며, 1833년에는 무려 10만 대였다. (동력 직기는 수동식 직기뿐 아니라 직공들도 밀어냈다.) 직물 생산의 기계화와 산업화는 영국에 산업문명이 도래했음을 알리는 신호탄이었다.

1780년대에 영국에서 시작된 과정 ─ 경제사가들이 '지속적 성장을 향한 이륙'이라 부르는 과정 ─ 은 주요 산업이 함께 혹은 개별적으로 발달하면서 일으킨 상호 보강 효과에서 비롯되었다고 할 수 있다. 예컨대 철을 석탄으로 녹이기 시작하면서 제철 산업은 석탄 산업의 발달을 촉진하고, 석탄 산업의 발달로 인해 광업을 위한 증기기관이 탄생했고, 석탄을 대량으로 운송할 필요가 있었기 때문에 철도가 만들어지며, 철도의 필요성 때문에 다시 철 생산이 엄청나게 증가하는 식으로 상승적인 공생관계가 형성되었던 것이다. 결과적으로 영국이, 그리고 결국엔 세계가 바뀌었다. 농촌의 농부들은 도시의 공장 노동자가 되었고, 기관차와 철도는 지저분한 도로와 말을 대체했다. 철과 강철steel은 점차 목재와 돌을 밀어내고 건축 재료로 자리잡았으며, 증기선은 범선을 대체했다. 과거 신석기 혁명과 도시 혁명에서 그랬듯이 이런 근본적인 변화의 과정이 일단 시작되자, 과거의 사회적 혹은 경제적 양식으로의 복귀는 불가능했다.

산업문명

이 책에서 새로운 산업문명의 모든 측면을 다룰 수는 없다. 그러나 네 가지 특징적인 측면에 주목할 필요가 있다. 산업혁명을 지탱한 새로운 에너지원, 공장 생산 체계 속에서 새롭게 조직화된 노동, 산업 발달을 위한 자금을 조달하는 새로운 수단, 산업화에 수반된 이데올로기적 변화가 그것이다.

근대 이전의 사회는 거의 전적으로 인간과 동물의 근력에 의존했으며 부분적으로만 풍력과 수력을 이용했다. 산업문명의 도래와 함께 증기기관과 석탄이나 석유 같은 재생 불가능한 화석연료가 전면에 나서면서 가용한 에너지원과 에너지 소비 패턴에 중대한 변화가 일어났다. 석탄 생산과 더 나중의 석유 생산은 18세기부터 기하급수적으로 증가했고, 오늘날 산업화된 사회에서 일인당 에너지 소비량은 전통적인 산업화 이전 문화에서보다 5배에서 10배 많다. 에너지 소비의 급증 속에서 산업화는 전통적인 사회의 재편을 가져왔을 뿐 아니라, 사실상 산업적인 생산이 중심적인 경제 활동인 새로운 유형의 사회를 탄생시켰다.

공장은 18세기 이전에도 있었지만, 그 시절의 주요 생산 양식은 가정에 기반을 두거나 장인의 작업장에 근거를 둔 가내 생산이었다. 산업혁명에 의해 발생한 새로운 공장 시스템은 기계를 이용한 표준화되고 중앙집중적인 생산, 임금 노동, 노동자를 지배하는 감독관들의 엄격한 위계로 대표되는 생산의 조직화를 동반했다. 1770년대와 1780년대에 리처드 아크라이트Richard Arkwright(1732~1792. 1769년 아크라이트 방적기를 만들었으며 영국 면방직 공업의 창시자로 불린다—옮긴이)에 의해 설립되어 수백 명의 노동자를 고용한 방직공장들은 현대적인 의미의 공장이 최초로 출현했음을 알려준다. 교체 가능한 부품들을 만들어 조립하는 이른바 미국식 생산 시스템American system of manufacturing—이 시스템은 영국에서 개발되었지만 널리 활용된 곳은 미국이었다—은 더 나중인 19세기 중반에 나타난 결정적인 혁신이었다. 1920년대에 헨리 포드Henry Ford가 자동차 공업에서 완성시킨 조립 라인 공정은 현대적인 공장 진화의 정점을 이룬다.

공장은 근본적인 사회적 변화를 가져왔다. 도시에 기반을 둔 산업 노동력은 새로운 노동자 계급을 형성하여 전통적인 농촌 소작인들과 경쟁했고, 화폐경제가 전통적인 재화와 서비스의 교환을 대체했다.

공장은 노동자들에게 전례 없는 가정과 직장의 분리를 강요했다. 사장이라는 새로운 개념이 등장했고, 중세에는 시간을 알려주는 장치였던 시계는 시간과 일터를 지배하는 산업적인 주인이 되었다. 특히 산업혁명 초기의 영국에서 공장 시스템은 극심한 노동 착취와 결부되었다. 예컨대 1789년에 1,150명이었던 아크라이트 공장 노동자의 3분의 2는 아동이었다. 1799년의 의회 결의는 노동조합을 불법화했고, 조직화된 행동을 통해 노동 조건을 개선하려 하는 자는 3개월의 징역에 처한다고 규정했다. 1825년의 법안은 노동자 '연합combination'을 인정했지만 노동조합 활동은 엄격하게 제한했다. 반면에 사업가들의 조직과 가격 담합에 대해서는 이에 상응할 만한 제한이 없었다. 노동자들의 슬픈 노래는 산업혁명 연구의 전통적인 주제 가운데 하나이다. 정치적·윤리적 문제와 전혀 상관 없이 말하건대, 노동 착취는 산업화의 구조적인 요소 중 하나였다. 예컨대 19세기의 두번째 사반세기 동안 면 생산량이 4배로 증가하고 이익은 2배로 증가했지만 임금은 거의 변함이 없었다.

노동뿐만 아니라 자본과 새로운 방식의 자금 조달 역시 산업화에 필수적이었다. 유럽 자본주의의 역사는 중세 말기까지 거슬러 올라가며, 새로운 산업 자본주의는 18세기의 상업 자본주의와 성공적인 해외 교역을 배경에 깔고 등장했다. 영국이 설탕과 노예를 식민지와 교역하여 얻은 이익은 산업 발달에 필요한 자본 축적에 크게 기여했다. 당국자들은 1694년에 영국은행Bank of England을 설립했지만, 그 공식적인 국립 은행은 산업 발달에 거의 기여하지 못했다. 오히려 수백 개의 사립 은행이 영국 중부에서 발생하여 산업에 필요한 자본을 조달했다. 17세기와 18세기 동안 이자율은 지속적으로 낮아져 1757년에는 3퍼센트에 도달했고 그 후에도 (미국 독립전쟁 중에) 약간의 변동은 있었지만 그 정도로 낮은 수준을 유지했다. 낮은 이자율은 큰 돈을 싼 값에 조달하는 것을 가능케 했다. 만약 그렇지 않았다면 초기의 공장들은 자금 수요를 감당할 수 없었을 것이다. 일용품 중개인과 보험업자들의 집단이 발달하여 1773년에 런던 증권거래소가 문을 열었고, 1803년에는 처음으로 증권 거래 목록이 공개되었다.

산업화의 이데올로기적 효과 또한 강력했다. 중상주의, 즉 국가가 수출 증진을 위해 자유 교역을 제한하고 경제를 통제하며 국고를 위해 금과 은을 축적해야 한다는 사상은 당대 유럽 정부의 경제정책의 기초였으며 지배적인 경제학 이론이었다. 한편, 산업혁명의 도래와 함께 시장 개방과 자유 교역을 주장하는 새로운 사상인 '방임laissez-faire' 자본주의가 불가피하게 등장했다. 애덤 스미스Adam Smith의 선구적인 저술『국부론The Wealth of Nations』이 1776년에 출간되어 그 새로운 시장 이데올로기를 선포했다. 그러나 산업혁명이 탄력을 얻고 예기치 못한 노동 분쟁과 사회적 비용이 명백하게 발생하자, 자유시장 자본주의에 반대하는 목소리들이 생기기 시작했다. 특히 카를 마르크스Karl Marx(1818~1883)의『자본론Das Kapital』(1867년부터 세 권으로 출간됨)은 새로운 경제적 관계에 대한 분석적인 비판을 제시했다. 마르크스는 공장 소유주의 이익을 위해 필연적으로 발생할 수밖에 없는 노동 착취와 생산 방식의 다양성을 강조했다. 마르크스에 따르면, 노동자와 소유주 사이의 계급투쟁은 변화된 사회를 낳을 것이다. 이런 식으로 마르크스는 사회주의와 공산주의의 이데올로기적 토대를 마련했다.

18세기 말과 19세기는 또 낭만주의 운동의 번창을 목격했다. 시, 문학, 음악, 그리고 기타 순수예술에서 예술가들은 과거의 고전적인 양식에 등을 돌리고 자연의 소박함, 가족, 인간의 마음 등에 관련된 주제로 눈을 돌렸다. 낭만주의 운동은 파괴적인 산업화에 대한 반발로 보는 것이 가장 타당하다.

그림 13.3_산업 시대. 1851년에 런던 국제 박람회를 위해 주철(鑄鐵)과 유리로 지어진 수정궁은 찬란한 광채를 발하며 새로운 산업 시대의 도래를 알렸다.

　　영국의 산업화 과정은 19세기에도 탄력을 잃지 않았다. 노동자 1인당 생산성은 1830년에서 1850년 사이에 두 배로 증가했다. 철 생산량은 1830년의 70만 톤에서 1860년의 400만 톤으로 급증했다. 석탄 생산량은 1830년의 2천4백만 톤에서 1870년의 1억 1천만 톤으로 치솟았다. 1850년에 영국의 도시 인구가 처음으로 50퍼센트를 넘어섰다. 최초의 '세계 박람회'—런던 국제 박람회—가 1851년 런던에서 개최되었다. 철과 유리로 지어진 웅장한 '수정궁Crystal Palace'에 전시된 기계들은 당대의 세계를 변화시키고 있던 신기술과 산업화의 위력을 유감 없이 보여주었다. 최소한 영국은 100년 전의 영국과 전혀 다른 나라였다.

산업혁명과 과학

18세기와 19세기 전반기의 산업혁명에 기초를 제공한 기술적 혁신은 모두 기술자나 장인이라 부를 수밖에 없는 사람들에 의해 이루어졌다. 그들 중에서 대학 교육을 받은 이는 극소수였고, 그들은 모두 과학적 이론에 전혀 기대지 않고 성취에 도달했다. 그럼에도 불구하고 그들의 혁신은 대단한 전문성과 결부되어 있기 때문에, 최초의 발명자들이 과학혁명을 주도한 위대한 인물들에게 조언을 받았다는 전설이 줄기차게 만들어졌다.

18세기에 에든버러 대학의 교수 존 로비슨John Robison은 뉴커먼이 17세기 영국 과학의 대표자 중 하나인 로버트 훅에게 배웠고, 와트가 조지프 블랙Joseph Black의 숨은열latent heat(예컨대 얼음의 융해열이나 물의 기화열—옮긴이) 이론을 응용하여 분리된 응축기를 고안했다는 신화를 퍼뜨렸다. 이와 같은 주장은 역사학 연구에 의해 거짓으로 판명되었다. 예컨대 증기기관의 작동이 최초로 과학적으로 분석된 것은 프랑스의 물리학자 사디 카르노Sadi Carnot의 『불의 구동력에 관한 고찰Reflections on the Motive Power of Fire』이라는 작품에서였는데, 그것은 증기기관이 상용화된 지 한참 후인 1824년에 출간되었다. 그리고 와트가 영리하게 고안한 평행운동기구는 19세기의 마지막 사반세기에 운동학의 종합을 통해 적절한 분석 기법이 개발될 때까지 과학적으로 연구조차 되지 않았다. 실제로 그런 분석 기법이 개발된 이유는 부분적으로 와트의 평행운동기구를 분석하기 위해서였다. 이처럼 18세기의 기술자들이 과학 이론의 혜택을 입었다는 항간의 주장과 달리, 사실은 기술의 발달이 과학자들을 자극하여 이론의 진보를 유도했다는 것을 보여주는 증거들은 이 외에도 수없이 많다. 이 같은 맥락에서 언급할 만한 또 하나의 중요한 사실은, 산업화의 물결은 서양 과학 전통이 들어가기 훨씬 전에 남아시아와 극동에까지 전파되었다는 것이다.

과학혁명의 이론적 혁신이 산업혁명의 기술적 발명의 원인이었다는 신화는 이 책에서 우리가 거듭 반박하고 있는 상식적인 믿음, 즉 기술이 본질적으로 응용과학이라는 믿음에 의해 재강화된다. 이 믿음은 연구와 개발이 실제로 밀접한 연관 속에서 수행되는 일이 흔한 오늘날에조차도 부분적으로만 옳다. 18세기와 19세기 초에 대해서라면, 이 믿음은 새빨간 거짓이라 해도 과언이 아니다. 물론 과학이 산업화를 촉진하는 데 사회적·이데올로기적 역할을 하지 않았다는 말은 아니다. 영국에서 산업혁명이 전개될 당시에 과학은 유럽 문명의 사회적·문화적 조직 속에 스며들어 있었다. 유럽 전역에 수많은 지식인 학회와 아카데미가 있었고, 과학자와 지식인 기술자들이 그곳에서 때때로 머리를 맞대고 교류했다. 대중 강연은 수많은 일반인 청중에게 과학적 발견의 성취와 실험 및 과학적 방법의 분석적 잠재력을 알렸다. 자연신학, 즉 자연에 대한 연구가 경건한 종교적 활동이라는 가르침은 과학과 종교의 화해를 강화하고 자연을 유용하게 착취해야 한다는 생각을 재강화했다. 과학은 지적인 삶의 수준을 향상시켰고 문화적·지성적 활동으로서 높이 평가되었다. 이성적인 과학은 새로운 시각과 세계관을 제공했다. 이런 의미에서 과학적 문화는 중요했고, 어쩌면 산업혁명에 필수적이었는지도 모른다. 그러나 과학 활동 자체는 여전히 헬레나풍으로, 사회의 실용적인 사안과 대체로 상관없이 이루어졌고, 국가의 지원을 받는 과학 분야만 예외였다. 기술자들은 과학적 지식의 지팡이 없이 나아갔다.

비록 기술은 과학 이론의 혜택 없이 전통적인 길을 따라 발전했지만, 몇몇 탁월한 장인들은 18세기 유럽의 과학계와 사회적으로 교류했다. 영국의 제임스 와트와 존 스미턴과 도공陶工인 조사이어 웨지우드Josiah Wedgwood는 왕립 학회원이 되었고『철학적 교류』에도 글을 발표했다. 그러나 그들이 발표한 글은 사실상 그들의 산업적 기여와 거의 혹은 전혀 상관이 없다. 와트는 물의 성분에 관한 글과 '인공적인 공기의 의학적 이용'에 관한 글을 발표했다. 두 글은 모두 플로지스톤phlogiston(불에 타는 물질 속에 들어 있다고 믿어진 입자―옮긴이) 화학을 채택했으며, 와트의 증기기관과 아무 상관이 없다. 웨지우드는 화학에 많은 관심을 갖게 되어 화학 실험을 수행했고, 진흙을 가열하면 부피가 줄어든다는 사실을 발견했다. 그는 이 발견에 기초하여 1782년에 고온계pyrometer(매우 높은 온도를 재는 온도계―옮긴이)를 발명했다. 그는 또 조지프 프리스틀리Joseph Priestley와 앙투안 라부아지에Antoine Lavoisier를 비롯한 유명 화학자들과 서신을 교환했다. 그러나 웨지우드라는 상표를 붙인 그의 새롭고 성공적인 도자기 제품들은 그가 화학계에 입성하기 이전에 만들어졌다. 웨지우드의 아버지도 형제도 도공이었다. 웨지우드는 정식 교육을 받은 적이 없으며 아버지의 공장에서 견습생으로 일하면서 도공이 되었다. 그는 직업이 도공이었기 때문에 화학에 관심을 가지게 되었던 것이다. 한편, 울리치Woolwich에 새로 설립된 왕립 군사 아카데미 출신의 군사 기술자들과 자신과 같은 민간인 기술자들을 구별하기 위하여 민간 기술자civil engineer(오늘날엔 이 단어가 '토목기사'의 의미로 정착되었다―옮긴이)라는 단어를 만들어낸 스미턴은 대규모 건설에서 탁월한 능력을 발휘했다. 그는『철학적 교류』에 발표한 한 논문 덕분에 왕립 학회의 코플리 메달Copley Medal을 수상했다. 그 논문은 상사식上射式 수차가 하사식下射式 수차보다 효율적이라는 사실을 경험적으로 증명하는 내용이었다(흐르는 물이 수차의 윗부분에 힘을 가하도록 되어 있는 것이 상사식 수차, 아랫부분에 힘을 가하도록 되어 있는 것이 하사식 수차이다—옮긴이). 그는 이 같은 내용을 직접 활용하여 자신이 관여하는 건설 사업에서 항상 상사식 수차를 고집했다. (다른 기술자들은 여전히 건설 비용이 적게 드는 하사식 수차를 건설했다.) 그러나 수차에 관한 스미턴의 과학적 결론은 영국의 산업화에 기껏해야 미미한 영향을 미쳤을 뿐이다.

1742년 영국 정부는 정식으로 훈련된 포병(또 얼마 후에는 공병) 장교의 필요성을 깨닫고 울리치에 군사 아카데미를 설립했다. 그곳에서 생도들은 '유율론流率論'(fluxions. 뉴턴식 미적분학), 정역학 기초 등을 배웠다. 그러나 졸업자들은 경험이 부족하고 지식도 얄팍한 수준이었기에 현장 기술자로서 자격이 없었고, 학교에서 과학을 배운 일이 없는 민간 기술자들만이 18세기 내내 산업화 사업에 기여했다. 과학혁명은 실제로 기술과 솜씨의 전통적인 연합이 와해되고 기술과 과학의 연계가 새롭게 형성되는 변화를 가져왔다. 합리적이라고 여겨진 실험적 과학이 산업에 응용되기 시작했고, 몇몇 선구적인 기술자는 사회적으로 과학계에 더 가까이 다가갔다. 그러나 실용적 응용과 이론적 연구 사이에 놓인 심연은 아직 메워지지 않았다.

와트에 관한 한 일화는 그 심연이 어느 정도 규모였는지 보여준다. 1780년대에 와트는 프랑스 화학자 베르톨레C. L. Berthollet가 발견한 염소 반응을 직물 표백에 응용하는 실험을 했다. 베르톨레는 순수하게 과학적인 의도에서 연구를 했고, 자신의 연구 결과를 상업적인 혹은 금전적인 고려 없이 발표했다. 그러나 와트의 장인 제임스 맥그레고어James MacGregor는 표백 사업에 종사하고 있었고, 와트는 세 사람, 즉 맥그레고어와 베르톨레와 자신이 염소 표백 기술을 비밀에 부쳐 특허권을 얻고 상당한 이익을 챙기기를 원했다. 와트가 베르톨레에게 '발견을 공개하여' 이익을 챙길 가능성을 무산시켰다는 비난을 퍼붓자, 베르톨레는 이렇게 답했다. "과학을 사랑하는 사람은 돈이 거의 필요 없다." 베르톨레는 18세기 과학자들 가운데 거의 유일하게 순수과학의 윤리를 옹호했다. 다른 과학자들에게는 이론적 연구를 실용적인 문제에 응용할 기회조차 거의 주어지지 않았다.

그럴 기회가 거의 없었지만 전혀 없었던 것은 아니다. 19세기 벽두에 영국 과학자들은 과학적 지식을 산업에 응용하라는 요구를 받았다. 새로운 건설 기획에 참여하라는 요청이 들어온 것이었다. 그 기획의 실패는 여전히 미미한 상태였던 응용과학의 특징을 결정적으로 증언한다. 런던 항港은 도시의 팽창에 부응하여 템스 강을 가로지르는 다리를 하나 더 건설할 필요가 있다고 판단했다. 제안서가 모집되었고, 토머스 텔포드Thomas Telford〔1757~1834. 훗날 민간 기술자 협회 Institution of Civil Engineers(1818년 창립)의 초대 회장이 되었다〕는 길이가 183미터에 달하며 단일한 주철 덩어리로 이루어진 아치형 교량의 설계도를 응모했다. 주철 교량은 당시까지 서너 개만 건설된 새로운 구조물이었기 때문에, 설계의 지침이 될 만한 전통이나 주먹구구가 존재하지 않았다. 또 그런 구조물의 건설에 도움을 줄 수 있는 응용과학도 없었고, 오늘날 우리가 공학이라 부르는 분야에 종사하는 대학 교수도 없었다. 의회의 심의위원회는 항만 개선책을 검토한 후 문제를 간파하고 '대영제국 내에서 그런 사안과 관련된 이론적·실용적 지식에서 가장 유능한 사람들'에게 자문할 것을 제안했다.

이론과 실용을 불문하고 그런 지식을 가진 개인은 1800년 당시 존재하지 않았으므로, 의회는 수학자와 자연과학자들로 이루어진 위원회와 건설 기술자들로 이루어진 위원회를 조직했다. 각각의 위원회는 텔포드의 설계에 관한 질문서에 답하라는 요구를 받았다. 두 위원회의 대답을 종합하여 응용과학을 탄생시키는 것이 당국의 의도였던

그림 13.4_메나이 해협(Menai Straits)을 가로지르는 토머스 텔포드의 철교(1824년 완공). 철은 18세기에 구조공학에 활용되었다. 주철 아치교의 뒤를 이어 연철 현수교와 연철 관식교管式橋(tubular bridge)가 등장했다. 교량 건설의 성공 여부에는 건설 자재인 철에 대한 이해 못지않게 경영력과 행정력이 중요한 조건으로 작용했다.

것이다. 결과는 그것이 쓸데없는 짓이었음을 보여준다. 당국은 건축에 대해 거의 모르는 수학자들과 수학과 이론적 역학에 대해 거의 모르는 건축가들의 전문 지식을 종합하면 응용과학을 얻을 수 있으리라고 착각했던 것이다. '실천가들'의 대답 중에는 그럴듯한 제안도 몇 개 있었지만, 그들에게는 구조에 대한 이론(당시에는 그런 이론이 정립되어있지 않았다)이 없었기 때문에, 그리고 텔포드의 설계가 오늘날에 감당하기에도 만만치 않은 이론적 문제들을 포함하고 있었기 때문에 좌절할 수밖에 없었다. 한편, 위대한 왕실 천문학자와 옥스퍼드 대학

기하학 교수 등이 포함된 '이론가들'의 대답은 당대의 과학 지식이 실용적인 문제를 해결할 능력이 없었음을 극명하게 보여준다.

왕실 천문학자의 보고서는 '고귀한 과학의 드높은 재판석에서 내려온, 가장 평범한 노동자도 잘못되었다고 느낄 수밖에 없는 판결문'이라는 조롱을 받았다. 왕실 천문학자의 무능한 판결문은 천문학적 현상에 관한 지식만 풍부하게 담고 있었다. 그는 "태양광선의 영향을 가장 덜 받게 하기 위해 다리를 흰색으로 칠해야 하며, 벼락을 막는 안전장치를 설치해야 한다"고 제안했다. 옥스퍼드 대학 새빌Savilian 기하학 교수의 보고서도 이에 못지않게 어이없다. 그는 다리의 길이를 10만분의 1센티미터까지, 무게를 천분의 1그램까지 계산했다.

위원회에 참여한 몇몇 이론가는 과학이 아직 기술을 도울 준비가 되지 않았음을 솔직히 인정했다. 케임브리지 대학 루카스 수학 교수(뉴턴이 맡았던 교수직이다) 아이작 밀너Isaac Milner는 과학이 실용적인 지식과 결합하지 않는 한, 과학은 그런 실용적인 사안과 관련하여 무용지물일 것이라고 말했다. 이론가는 "상상적인 가설에 기초하여 복잡하고 장황한 계산을 산출함으로써 박식한 듯한 인상을 줄 수 있고, 계산에 쓰이는 기호와 수들은 아주 미세한 규모까지 완벽하게 옳을 수 있겠지만, '다리는 여전히 불안정할 것'"이라고 밀너는 주장했다. 에든버러 대학 수학 교수 존 플레이페어John Playfair도 이론적인 역학은 "온갖 고급 기하학의 도움을 받았음에도 불구하고 매끄러운 쐐기들의 집합의 평형상태를 계산하는 수준에서 더 나아가지 못했다"는 언급으로 자신의 보고서를 마감했다. 텔포드의 아치교처럼 복잡한 구조물을 설계하는 것은 19세기 초에 여전히 장인들 - '하루하루의 실천과 경험에서 배우며 성장한 사람들' - 의 직관과 경험에 맡겨야 할 과제였다. 존 랭킨John Rankine의 『응용역학 지침서Manual of Applied Mechanics』와 기타 유사한 서적들이 출간되어 공학으로 가는 길을 보여준 것은 반세기가 더 지난 후의 일이었다.

과학혁명이 산업혁명에 미친 문화적 영향이 어떠했든 간에, 산업혁명은 이론을 기술적인 발명에 응용하는 데까지 나아가지 못했다. 유럽의 정부들은 과학이 사회에 기여할 것이라는 베이컨적인 희망을 품었지만, 그들의 관심은 통치에 집중되어 있었고, 산업혁명의 기술적 토대는 학교를 다니지 않았고 이론적 지식의 혜택을 받지 않았던 장인들의 천재성에 의해 마련되어야 했다. 이론적인 지식은 아직 교과서로 요약되지 않은 상태였다. 대학에는 공학 교육을 위한 프로그램도 심지어 강의도 없었고, 직업적인 기술자들의 단체도 존재하지 않았다. 추상적인 수학적 원리들을 공학적인 공식으로 바꿔줄 상수와 표들은 아직 계산되거나 정리되지 않은 상태였다. 연구를 위한 실험실도 없었다. 이와 같은 발전과 응용과학은 나중을 기약해야 했다.

현대 과학으로 가는 길 : 순수과학과 응용과학

　아이작 뉴턴의 세계관과 업적에서 절정에 도달한 과학혁명이 자동적으로 현대 과학을 낳은 것은 아니다. 실제로 우리는 오늘날 여러 사회적·지적 측면에서 뉴턴을 버렸다. 뉴턴 이후 과학의 성숙을 이해하려면, 과학 특히 물리과학이 거친 길을 조망할 필요가 있다. 이 장은 19세기 말까지의 변화를 다룰 것이고, 다음 장들은 현재까지 이어지는 이야기를 전개할 것이다. 19세기에 과학혁명이 확산되는 것과 동시에 과학과 산업은 새로운 연합을 형성하여 오늘날의 응용과학을 위한 토대를 확립했다. 드디어 도구 제작자들의 세계에서 과학적 지식의 응용을 명확하게 확인할 수 있게 되는 것이다.

베이컨과 뉴턴의 유산

과학혁명 이후의 과학사 연구는 17세기부터 지식이 기하급수적으로 증가했기 때문에 어려울 수밖에 없다. 그때 이후 과학 활동의 규모와 산물은 수십 수백 배로 증가했기 때문에 지난 두 세기의 과학을 상세히 검토하는 것은 엄두가 나지 않는 일이다. 이러한 난점을 우회하는 한 가지 방법은 현상을 모형화하는 것이다. 즉, 핵심적인 요소들을 포착함으로써 복잡한 현실을 더 단순한 모형으로 환원하고, 그 요소들을 개념적으로 연결하여 어떻게 상호작용하는지 살펴보는 것이다. 과학혁명 이후 두 개의 과학적 전통이 발전했다고 할 수 있다. 흔히 '고전 과학Classical science'이라 불리는 하나의 전통은 천문학, 역학, 수학, 그리고 광학을 아우른다. 이 분야는 고대에 발생하여 고대세계의 연구 노력 속에서 성숙했다. 과학혁명에 의해 혁명적인 변화를 겪은 것이 바로 이 분야이다. 그러나 과학혁명이 있기 이전에도 이 분야는 고도로 이론적이었으며 구체적인 문제들을 목표로 삼아 연구를 진행시켰다. 전체적으로 볼 때 고전 과학은 실험적이지 않았다. 오히려 그것은 수학적·이론적 토대 위에 세워졌고 명백히 학교 교육을 받은 전문가들의 영역이었다.

또다른 부류인 '베이컨 과학Baconian science'은 고전 과학과 나란히, 그러나 별개로 과학혁명기와 그 이후에 발생했다. 베이컨 과학이라는 명칭은 베이컨 경이 주창한 과학의 양식에서 나왔다. 베이컨 과학—일차적으로 전기, 자기, 열에 대한 체계적 연구를 의미한다—은 고대의 과학에 뿌리를 둔 것이 아니라 과학혁명을 둘러싸고 들끓던 환경의 산물, 경험적 연구의 영역으로서 탄생했다. 다시 말해서, 과학혁명기에 고전 과학이 변화했다면, 베이컨 과학은 당대의 일반적인 지적 흥분 속에서 형성되었다. 이론 의존적이고 더 수학적인 고전 과학과 달리 베이컨 과학은 일반적으로 더 정성적定性的이고 실험적이었으며 고전 과학보다 훨씬 더 많이 장치에 의존했다. 베이컨적인 방법론은 이론의 지휘를 약하게만 인정했고 가공되지 않은 데이터의 수집에 치중했다.

뉴턴의 『프린키피아』는 고전 과학에 물리학의 전문적인 세부사항과 일반적인 방법론과 18세기 내내 과학자 사회가 추구한 연구 과제들의 모범을 제공했다. 예컨대 핼리 혜성이 돌아올 것이라는 예측과 1758~59년에 정확히 예측된 자리에 출현한 핼리 혜성은 뉴턴적인 수학적 과학이 지닌 막강한 힘을 보여주었다. 뉴턴 물리학을 입증하고 확장하기 위해 과학자들은 지구의 곡률을 측정하기도 했다. 1761년과 1769년에 국제적인 관측팀이 금성이 태양 앞을 지나가는—드물게 일어나는 일이다—시간을 측정하여 지구와 태양 사이의 거리를 처음으로 상당히 정확하게 계산했다. 유럽 대륙에서는 프랑스와 스위스의 수학자들이 이론적인 역학을 유체역학, 진동하는 현의 수학, 탄성 변형 같은 고도로 전문적인 분야로 확장했다.

이런 유형의 전문적인 연구는 19세기에도 계속되었다. 유명한 사례로 1846년의 해왕성 발견이 있다. 천왕성 궤도의 불규칙성 관찰—1781년 윌리엄 허셜William Herschel에 의해 관찰되었다—에 기초하여 영국과 프랑스의 천문학 이론가들이 해왕성의 존재를 예측했고, 베를린의 독일 천문학자들이 예측 내용을 입수하자마자 바로 그날 밤에 해왕성을 발견했다. 이런 고전 과학 전통은 적어도 개념적으로는 라플라스P. S. Laplace(1749~1837)의 천체역학 연구에서 정점에 도달했다고 할 수 있을 것이다. 모호한 기하학적 도안들로 가득한 뉴턴의 『프린키피아』는 온전히 미적분학의 언어로 쓰어진 라플라스의 걸작 『천체역학Mécanique Céleste』(전 5권, 1799~1825)에 비교하면 기괴하고 낡아 보인다. 게다가 뉴턴이 자신의 물리학에서 신의 현존을 보았다면, 라플라스는 신의 부재를 보았다. 프랑스 황제 나폴레옹 보나파르트는 라플라스의 작품 속에서 신에 대한 언급을 찾을 수 없다고 지적했다. 이에 라플라스는 유명한 편지에서 이렇게 답했다고 한다. "하지만 폐하, 저로서는 그런 가설을 도입할 필요가 없었습니다." 라플라스는 뉴턴이 확립하고 그의 후계자들이 정교화한 근본적인 역학 법칙들에 기초하여 우주를 수학적으로 완벽하게 공식화할 수 있었다.

뉴턴의 『광학』(1704)은 18세기에 베이컨 과학들이 발전할 수 있는 개념적인 발판을 제공했다. 『광학』에 덧붙인 질문들 속에서 뉴턴은 현상을 설명하기 위해 발산적이며 매우 미세한 일련의 물질—에테르—을 도입했다. 어떻게 따뜻한 방의 열이 진공관의 유리를 관통할 수 있을까? 뉴턴이 도입한 에테르가 없다면 불가능한 일이 아닌가? 이런 식으로 뉴턴은 전기적·자기적·광학적, 심지어 생리학적 현상을 설명하기 위해 다양한 종류의 에테르를 도입했다.

18세기 전기학의 발전은 이런 경향성을 잘 보여준다. 물론 정전기는 적어도 고대 이래로 알려져 있었다. (전지가 발명되기 이전에는 과학계에 전류가 존재하지 않았다.) 그러나 정전기에 대한 연구는 18세기에 정전기를 발생시키고 저장하는 새로운 장치들이 개발되고 과학자들이 전기적인 전도, 절연, 인력과 척력에 관한 새로운 사실들을 탐구하기 시작하면서 비로소 닻을 올렸다. 벼락이 전기적인 현상이라는 사실을 확인시켜 준 벤저민 프랭클린Benjamin Franklin의 연鳶 실험—1752년에 최초로 수행되었다—은 당대의 실험적·정성적 연구의 전형이었던 것으로 보인다. 프랭클린은 전기적인 현상을 이론적인 측면에서 설명하기 위하여 한 종류의 전기적인 에테르만 도입했다(그의 선택이 전적으로 성공적이었던 것은 아니다). 반면에 다른 이론가들은 이원二元 에테르 이론two-ether theory을 주장했다. 합의는 없었다는 사실에 주목하라. 이와 유사하게 다른 여러 분야에서도 『광학』

이 제시한 지침에 따라 연구가 이루어졌다. 예컨대 자기磁氣와 관련해서는, 상트페테르부르크 제국 과학 아카데미의 러시아 태생의 독일 과학자 에피누스F. U. T. Aepinus(1724~1802)가 자기적인 인력과 척력을 설명하기 위해 에테르 이론을 구성했다. 영국의 생리학자 스티븐 헤일스Stephen Hales(1677~1761)는 '식물vegetable' 에테르를 이용하여 식물에 관한 실험을 했다. 프란츠 안톤 메스머Franz Anton Mesmer의 '동물 자기' 연구나 초기의 최면술은 오늘날의 독자들에게 과학의 범위를 벗어난 충격적인 활동으로 여겨지겠지만, 사실은 정반대였다. 메스머(1734~1815)는 전적으로 뉴턴 『광학』의 권위와 에테르에 기초한 과학적 연구 및 설명의 전통 속에서 활동했다. 메스머의 죄는 오히려 그가 돌본 환자가 기적적으로 치유된 것을 미세한 자기 에테르로 설명하지 않은 것에 있었다. 자신이 발견한 비법들을 다른 과학자나 의사와 공유하기를 거부한 것이 사실상 그의 죄였다. 메스머는 그 죄로 인해 몰락했고, 그의 최면술적인mesmerizing 에테르는 거부당했다.

베이컨 과학의 개념은 18세기의 기상학, 자연사, 식물학, 지질학 연구로도 확장할 수 있다. 기상학과 관련해서는, 과학자 단체가 개인이 보낸 보고서를 저장하고 출간하는 중심체 역할을 했으며, 대규모의 기상학적 자료 수집 사업을 여러 차례 지원하기도 했다. 당연히 장치들(이를테면 온도계와 기압계)이 필요했고, 지방의 아마추어들은 날씨 자료를 수집하면서 18세기 유럽 과학의 거대한 기획에 참여하고 있다는 자부심을 느꼈다. 식물학과 자연사 분야에서도 사정은 비슷했다. 이 두 분야에서 주요 활동은 견본 수집이었고, 수집은 흔히 세계의 외딴 구석에서 이루어졌다. 견본은 런던, 파리, 스웨덴의 웁살라Uppsala 같은 중심지로 모여들었다. 그런 중심지에서 뷔퐁 백작Count de Buffon(1707~1788), 조지프 뱅크스 경Sir Joseph Banks(1743~1820),

카롤루스 린네우스Carolus Linnaeus(1707~1778) 등이 합리적인 분류 체계를 개발하기 위해 노력했다. 실제로 '식물채집'은 18세기에 일종의 유행이 되었다. 식물에 관한 간단한 지침서(그리고 아마도 한 병의 포도주)로 무장한 많은 사람이 자연과 과학적으로 사귀며 시간을 보내곤 했다. 18세기의 지질학 역시 체계적인 자료 수집에 의존했다. 이 모든 분야에서 연구는 고도의 이론이나 그 밖에 원리에 기초한 고전 과학의 주요 특징 없이 진행되었다.

18세기의 과학을 고전 과학과 베이컨 과학이라는 두 개의 전통으로 나누어 고찰할 때, 화학은 특이한 예외로 남는 듯하다. 전통적인 연금술에 뿌리를 둔 화학은 16세기와 17세기의 과학혁명에서 근본적인 변화를 겪지 않았으며, 18세기의 화학은 경험적인 베이컨 과학에도, 더 전문적이며 문제 해결에 치중하는 고전 과학에도 속하지 않았다. 당대의 화학은 매우 실험적이고 도구 의존적이었다. 화학은 18세기 초에 플로지스톤 화학이라 불리는 합의된 이론적 구조를 토대로 하여 발전했고, 18세기 말에 독자적인 개념적 혁명을 겪었다.

화학혁명의 역사는 앞에서 살펴본 과학혁명 일반의 역사와 패턴이 일치한다. 1770년대에 지배적이었던 이론적 틀은 플로지스톤 화학이었다. 플로지스톤은 연소燃燒가 일어나게 만드는 원인체로, 고대 그리스인들이 연소 과정에서 활동하고 방출된다고 믿었던 '불'의 개념과 약한 유사성이 있었다. 예컨대 플로지스톤 이론에 따르면, 불타는 초는 플로지스톤을 방출한다. 그릇으로 초를 덮으면 불이 꺼지는데, 그 이유는 그릇 속의 공기에 플로지스톤이 포화 상태로 축적되어 연소가 더는 일어날 수 없기 때문이다(이 같은 생각은 화학혁명 이후의 연소에 대한 견해와 정반대이다). 플로지스톤 이론은 다양한 현상—연소, 식물의 성장, 소화消化, 호흡, 금속의 융해—을 일관적으로 설명함으로써 18세기에 전개된 화학에 튼튼한 이론적 틀을 제공했다.

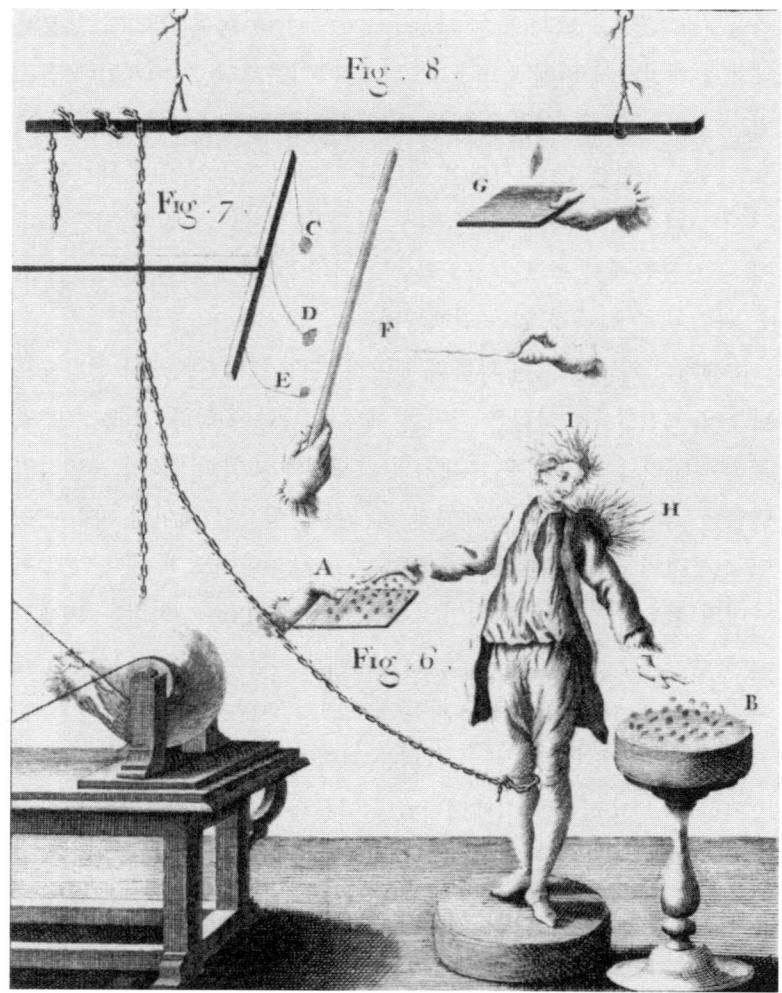

그림 14.1 a-b_전기학 장치. 정전기에 대한 과학적 연구는 18세기에 새로운 실험 장치들의 개발에 힘입어 꽃을 피웠다. 그림에 있는, 정전하를 발생시키는 유리구 혹은 황구 sulfur ball도 그런 장치들 중 하나이다. 놀레Abbé Nollet의 『실험물리학Lessons on Experimental Physics』(1765)에서 따온 이 판화는 18세기의 정전기 연구가 흔히 실연(實演)을 동반하는 사교적인 놀이에 가까웠다는 것을 보여준다.

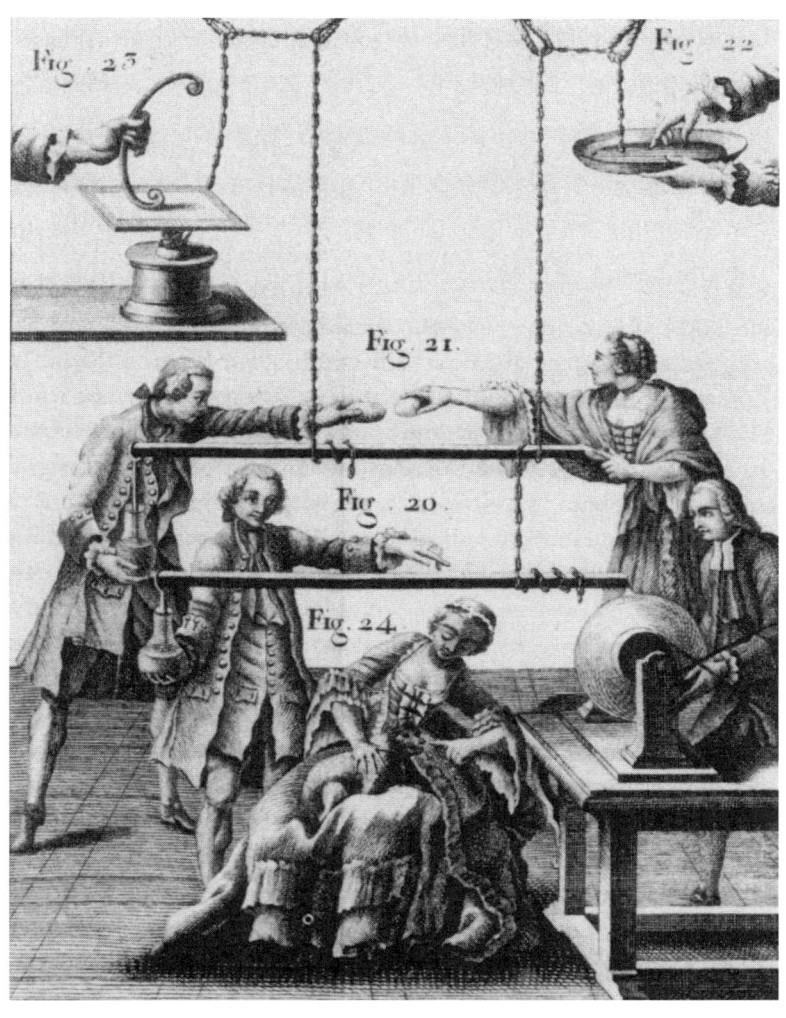

플로지스톤 화학의 몰락과 라부아지에의 연소에 관한 산소 이론의 대두는 여러 가지 요인에서 비롯되었다. 조지프 블랙Joseph Black은 1756년에 '고정 공기fixed air'(이산화탄소)를 발견하고 그것이 고유한 기체임을 확인하여 화학혁명으로 가는 중요한 이정표를 세웠다. 고유한 속성을 가진 '고정 공기'의 발견은 '공기'가 단일한 물질이라는 전통적인 생각을 무너뜨렸고, 곧이어 화학자들은 더 발전된 장치를 써서 여러 새로운 '공기들'을 발견했다. 결국 처음엔 사소한 듯이 보였던 일련의 불일치 사례들이 심각한 문제로 인식되며 플로지스톤 이론을 압박했다. 예컨대 수은은 (특정 조건하에서) 연소할 때 무게가 증가하는 듯이 보였다. 이론에 따르면, 수은은 연소하면서 플로지스톤을 방출하므로 무게가 감소해야 했다. 이런 문제들은 이론화학자들에게 점점 더 심각한 결함으로 느껴졌다. 젊은 화학자 앙투안 라부아지에Antoine Lavoisier(1743~1794)는 플로지스톤 이론을 잘 알고 있었다. 그러나 그는 물질이 연소할 때 무언가가 대기 속으로 방출되는 것이 아니라 오히려 대기에서 흡수된다는 혁명적인 발상을 가지고 자신의 이론적인 연구를 시작했다.

그 '무언가'는 산소로 밝혀졌다. 물론 라부아지에의 산소는 그의 최종적인 견해에서도 오늘날 우리가 화학 수업에서 배우는 산소와 동일하지 않았다. 그러나 라부아지에는 산소 기체를 발견하고 그것이 연소 과정에서 하는 역할을 파악함으로써 화학의 혁명적인 재개념화를 일으켰으며, 스스로 산출한 반응과 역반응의 입력과 출력을 꼼꼼히 설명함으로써 화학혁명에 크게 기여했다. 과학의 혁명적인 변화에서 전형적으로 그렇듯이, 다른 화학자들은 라부아지에의 근본적으로 새로운 견해를 곧바로 받아들이지 않았다. 오히려 그들은 더 연장자인 영국의 화학자 조지프 프리스틀리Joseph Priestley(1733~1804)의 주도하에 화학적 현상들을 합리적이고 만족스럽게 설명할 수 있도록 플로지스톤 이론을 개량했다. 1780년대까지도 화학자들은 여전히 플로지스톤 이론을 고수할 수 있었다. 실제로 프리스틀리는 새로운 화학을 끝내 받아들이지 않은 채, 1804년 사실상 최후의 플로지스톤 화학자로서 삶을 마감했다.

    반박할 수 없는 실험이 이루어지거나 증거가 확보된 것이 아니었다면, 유럽 화학자들은 도대체 왜 새로운 화학에 동조하게 되었을까? 수사학 혹은 설득이 화학혁명의 역동에 결정적인 역할을 했다. 라부아지에와 그에 동조하는 동료들은 발견을 하고 실험 결과를 발표했을 뿐 아니라 1787년에 완전히 새로운 화학 용어 체계를 확립했다. 라부아지에의 새로운 체계에서 예컨대 '가연성 공기'는 수소가 되었고, '토성의 당糖(sugar of Saturn)'은 아세트산납이 되었으며, '금성의 황산염vitriol of Venus'은 황산구리가 되었다. 새로운 체계의 주창자들은 용어들이 화학적 실재를 합리적으로 반영하기를 원했다. 그러나 결과적으로 새로운 화학을 배운 학생들은 새 용어들밖에 모르게 되었다. 이 같은 변화는 1789년에 라부아지에의 화학 교과서 『화학의 기초Elementary Treatise of Chemistry』가 출간된 것과 맥을 같이했다. 『화학의 기초』는 오직 라부아지에의 화학만 가르쳤고 플로지스톤 화학은 전혀 언급하지 않았다. 구식 이론의 핵심 요소인 플로지스톤은 자취를 감추게 되었다.

    라부아지에의 교과서에서 한 가지 특징을 눈여겨볼 필요가 있다. 『화학의 기초』의 첫 절에서 라부아지에는 열현상과 참된 화학적 현상을 주의 깊게 구분한다. 예컨대 라부아지에에 따르면, 물은 물리적 상태가 얼음에서 물로, 또 물에서 수증기로 바뀌어도 여전히 화학적으로 물이다. 라부아지에는 물질의 상태 변화와 기타 열현상을 설명하기 위해 칼로릭caloric이라는 새로운 에테르를 도입했다. 앞에서 살펴본 다른 에테르처럼 칼로릭은 발산적이고 유체와 유사하며 일반 물질보다 훨씬 미세했다. 따라서 칼로릭은 얼음 덩어리에 스며들어 얼음 입자들을 서로 떼어놓음으로써 얼음을 물로 녹이고, 더 많은 칼로릭을 추가로 공급하면 물이 수증기로 변한다. 칼로릭을 도입함으로써 라부아지에는 화학을 뉴턴의 『광학』이 제공한 틀 속으로 정상화normalize시켰던 것이다.

제2의 과학혁명

'제2의' 과학혁명은 19세기 벽두에 전개되기 시작했다. 이 획기적인 과학사의 변화는 두 가지 핵심적인 경향성을 그 특징으로 한다. 하나는 과거에 정성적이었던 베이컨 과학이 수학화되는 경향성이며, 다른 하나는 고전 과학과 베이컨 과학이 이론적·개념적으로 통합되는 경향성이다. 다시 말해서, 과거에 별개였던 전통들이 과학적으로 통합되어 오늘날 우리가 '물리학'이라 부르는 것을 형성하기 시작했다. 제2의 과학혁명이 전개되고 수학화와 통합의 과정이 진행되면서 단일한 보편적 법칙 체계와 매우 일관적인 과학적 세계관이 등장하기 시작했다. 오늘날 고전적 세계관Classical World View이라 불리는 그 세계관은 물리과학의 전 분야를 아우르는 듯이 보였고, 19세기 말에 이르면 물리적인 세계에 대한 완벽한 이해를 약속하면서 물리학 자체를 종결시키는 듯이 보였다.

수학화와 통합의 패턴은 19세기 과학의 다양한 분야에서 확인할 수 있다. 그 같은 패턴을 보여주는 좋은 예로 전기학이 발전하면서 자기학과 화학을 하위 분야로 통합한 것을 들 수 있다. 18세기 내내 전기 현상에 대한 과학적 연구는 오로지 정전기만을 다루었다. 우연히 이루어진 전류의 발견은 완전히 새로운 연구 분야를 향한 문을 열었다.

1780년대에 개구리의 다리를 가지고 실험했던 이탈리아의 루이지 갈바니Luigi Galvani(1737~1798)는 전기학을 확장할 의도가 없었다. 오히려 그는 동물의 몸 속에 '흐르는' 듯이 보이는 에테르적인 '동물 전기'를 탐구하려는 의도를 가지고 있었다. 역시 이탈리아인인 알레산드로 볼타Alessandro Volta(1745~1827)는 갈바니의 연구를 토대로 삼았고, 1800년에 흐르는 전기를 산출할 수 있는 전지를 발명했다고 선언했다. 볼타 전지와 곧이어 제작된 더 큰 전지들은 전기학과 화학의 근본적인 연관성을 드러냈다. 전지─금속판들을 염salt 혹은 산acid 용액에 담근 것─는 그 자체로 화학에 기초한 장치였고, 따라서 전류의 발생은 화학과 근본적으로 연관되어 있음이 자명했다. 더 나아가 과학자들, 특히 험프리 데이비Humphry Davy(1778~1829)는 곧이어 화합물 용액에 전류를 흘려보내는 전기분해법을 이용하여 나트륨, 칼륨 등의 새로운 원소를 발견했다. 결과적으로 화학 결합의 전기 이론─화학적 원소들이 전하에 의해 결합한다는 이론─이 19세기 초에 화학을 주도하게 되었다.

일반적으로 이러한 전기화학적 발견들은 19세기 초 이후 세력을 얻은 원자론적 해석을 지지했다. 라부아지에는 보일의 뒤를 이어 원소를 화학적 분석의 종착점으로 보는 것으로 만족했다. 그는 원소의 구조─이를테면 원자적인 구조─에 대해서 아무 언급도 하지 않았다. 1803년에 존 돌턴John Dalton(1766~1844)은 기상학과 기체화학pneumatic chemistry을 연구한 후에 현대 과학자로서는 최초로 화학적 원자─혹은 참된 분할불능체indivisible─의 존재를 주장했다. 원자론은 즉각적으로 수용되진 않았지만, 19세기 중반에 이르러 화학의 근본적인 요소로 자리잡았다. 돌턴과 그의 후계자들은 화학적 원자론을 주창함으로써 17세기 신과학의 중요한 특징이었던 '철학적' 원자론과의 연결고리를 확립했다.

과학자들은 전기와 자기의 통합 가능성을 의식했지만, 1820년에 이르러서야 덴마크의 자연철학 교수 한스 크리스티안 외르스테드Hans Christian Örsted(1777~1851)에 의해 전기와 자기의 연관성이 우연히 증명되었다. 외르스테드는 수업이 끝난 후 전기회로와 나침반을 옮기다가, 만일 전선이 나침반 바늘과 평행하다면 회로를 열고 닫을 때 자기적인 효과가 발생한다는 것을 발견했다. 전류의 자기적인 효과가 운동이라는 것을 보여줌으로써 외르스테드는 훗날 전기 모터에 응용된 원리를 들춰낸 것이었다. 전류가 흐르는 전선들 사이의 인력과 척력, 그리고 전자석 등의 새로운 발견이 뒤를 이었다.

급속도로 발전한 연구의 정점은 1831년에 마이클 패러데이Michael Faraday(1791~1867)에 의해 이루어진 전자기 유도의 발견이었다. 패러데이는 독학으로 공부한 후 영국 왕립 연구원Royal Institution in England에서 실험가로 일하고 있었다. 그는 자석을 전선 코일 속으로 찔러넣어 전류를 만들어냈다. 패러데이의 발견이 지닌 의미는 외르스테드의 전류에 의한 자기 효과 산출과 짝을 이루는 현상이라는 점에 국한되지 않는다. 그 발견은 발전기에 응용될 수 있는 기술적 잠재력을 가지고 있다. 또한 더 깊은 철학적 층위에서 패러데이는 전기와 자기, 그리고 역학적 운동의 관련성을 입증한 것이었다. 패러데이 이후, 과학자들은 전기력과 자기력과 역학적 힘 중 둘이 주어지면 나머지 하나를 쉽게 산출할 수 있게 되었다.

전자기 현상에 대한 패러데이의 설명은 비록 처음에는 이상하게 여겨졌지만 장기적으로 매우 큰 영향력을 발휘했다. 수학적 전문 지식이 없는 패러데이는 시각적인 상상력을 발휘하여 전기와 자기가 공간에 왜곡을 일으킨다고 생각했다. 철가루가 자석 주위에 늘어서는 모양은 패러데이로 하여금 전류와 자석에서 나오는 '힘의 선(역선)'과 전자기장의 존재를 확신하게 만들었다. 패러데이는 이와 같이 관심

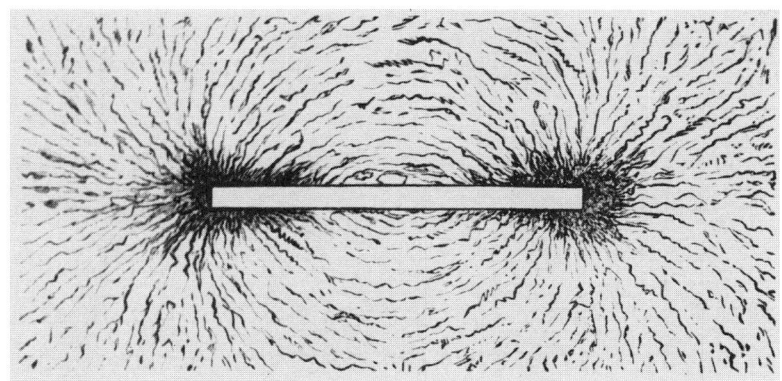

그림 14.2_패러데이의 역선(力線). 마이클 패러데이는 자석 주변의 공간에 역선들이 형성된다고 추측했다. 그는 자신의 주장을 뒷받침하기 위해 철가루가 자석 주변에 늘어서는 모양을 증거로 제시했다.

의 초점을 자석과 전선에서 주변의 공간으로 옮겨 장이론field theory의 선구자가 되었다. 패러데이의 업적 전체에서 간과할 수 없는 것은 과학적 이론과 기술적 응용의 융합이 시작되었다는 점이다. 전기에 관한 새로운 과학과 새로운 전기 장치들은 손에 손을 맞잡고 발전하기 시작했다. 이 점에 대해서는 나중에 더 자세히 논할 것이다.

광학의 발전은 제2의 과학혁명에서 핵심적인 요소였다. 18세기에 뉴턴의 권위는 막강했다. 과학자들은 뉴턴의 동시대인인 호이겐스가 대안으로 내놓은 빛의 파동이론을 알고 있었지만, 지배적인 위치를 점한 것은 뉴턴이 주장한 빛의 입자이론이었다. 광학 분야에서 뉴턴의 영향력은 억압적으로 작용했다. 18세기에 광학은 많이 연구되지 않았다. 그 후 19세기 초에 토머스 영Thomas Young(1773~1829)과 오귀스탱 프레넬Augustin Fresnel(1788~1827)의 연구에 의해 상황은 극적으로 바뀌었다. 회절 현상(물체의 경계선에서 빛이 약간 굴절하는 현상)에 대한 기존의 설명에 만족할 수 없었던 영은 1800년에 파동 해석을 제시했다. 그는 빛이 소리와 유사하게 진행 방향으로 진동하는 압력 파동이라고 생각했다. 반면에 프랑스의 청년 프레넬은 빛이 바다의 물결처럼 진행 방향에 수직으로 진동하는 횡파라고 주장하여 과학계를 발칵 뒤집었다. 프레넬의 해석은 간섭―하나의 파동과 다른 파동의 상호작용―을 비롯한 다양한 광학 현상을 더 잘 설명했다. 얼마 지나지 않아 프레넬의 이론이 옳다면 적절한 실험 조건하에서 원반에 의해 생긴 그림자의 중심에 밝은 점이 나타나야 한다는 추론이 제기되었고, 프레넬은 예측된 현상이 실제로 일어남을 극적인 실험을 통해 보여주었다. 그는 회절에 대한 연구 성과를 인정받아 1819년에 파리 과학 아카데미에서 그랑프리Grand Prix를 받았다.

빛의 파동이론이 점차 수용되자, 편광 같은 오랜 문제들이 재검토되어야 했고, 광학적 스펙트럼을 분석하고 빛의 파동을 측정하는 분광학spectroscopy이라는 새로운 연구 분야가 등장했다(분광학은 예기치 못한 빛과 화학의 관련성을 우연히 보여주었다. 각각의 화학 원소가 독특한 스펙트럼을 방출한다는 사실이 발견된 것이다). 빛의 파동이론은 또 다음과 같은 중요한 이론적 문제를 제기했다. 빛이 퍼져나갈 수 있게 해주는 매질은 무엇일까? 이 질문에 대하여, 빛은 모든 곳에 충만한 우주적인 에테르를 매질로 하는 파동이라는 대답이 등장했다. 그리고 18세기 베이컨 과학 전통에서 등장했던 수많은 에테르 유체들은 제2의 과학혁명에서 모조리 그 단일한 세계 에테르world ether로 통합되었다.

열에 관한 연구도 19세기 과학의 지적인 지형을 바꾼 개념적인 혁신을 이루었다. 칼로릭이라는 물질적인 실체를 도입한 라부아지에는 열의 측정에 관한 생산적인 연구의 전통을 열었다. 조제프 푸리에 Joseph Fourier(1768~1830)는 『열에 관한 분석적 이론Analytical Theory of Heat』(1822)에서 다양한 열 흐름에 대한 탐구에 미적분학을 적용했다. 그러나 그는 열의 본성에 대해서는 언급하지 않았다. 프랑스의 젊은 이론가 사디 카르노Sadi Carnot(1796~1832)는 1824년에 획기적인 논문 『불의 구동력에 관한 고찰』을 출간했다. 이 논문에서 그는 증기기관의 작동을 분석하고 이른바 카르노 순환Carnot cycle을 정립했다. 카르노 순환이란 모든 열기관의 실린더 내부에서 일어나는 순환적인 과정을 의미한다. 카르노의 논문은 우리에게 매우 중요한 또다른 측면을 가지고 있다. 그것은 그의 논문이 증기기관에 대한 최초의 과학적 연구였다는 점이다. 카르노의 논문이 씌어질 당시, 증기기관은 이미 100년 이상 사용되어 온 상태였고, 증기력에 크게 의지한 산업혁명은 유럽 전역에서 활발히 진행되고 있었다. 이 사례는 기술이 응용과학이라는 진부한 상식에 정면으로 대립한다. 카르노의 증기기관 분석은 오히려 기술이 과학 연구의 과제를 설정한다는 것을 보여주는 전형적인 사례이다.

열 연구에서 ─ 그리고 사실상 19세기의 물리과학 전체를 통틀어 ─ 가장 중요한 발전은 열에 관한 과학과 운동에 관한 과학을 통합한 열역학이라는 전혀 새로운 이론 분야가 탄생한 것이었다. 1847년에 이르기까지 다양한 분야에서 자연의 힘 ─ 열, 빛, 화학적 힘, 전기력, 운동력 ─ 이 단순히 상호작용할 뿐 아니라 실제로 상호 변환 가능할 것이라는 생각이 제기되었다. 1840년대에 여러 사람이 열역학 제1법칙, 즉 에너지 보존 법칙 ─ 자연의 다양한 힘이 하나의 형태에서 다른 형태로 변환될 수 있으며 이른바 에너지라는 파괴 불가능한 양은 그 변환 중에 보존된다는 원리 ─ 을 각각 독자적으로 발표했다. 예컨대 증기기관차의 경우, 석탄에 저장된 화학적 에너지가 방출되어 그 중 일부가 빛과 열과 역학적 운동력이 되며, 역학적 운동력은 피스톤을 움직이고, 피스톤은 기차를 움직이고, 기차는 다시 철로를 뜨겁게 달군다. 열역학 제1법칙이 (비록 자연의 통일성에 관한 형이상학적 원리에 크게 의지하여 형성되었지만) 한낱 형이상학적 원리에 머물지 않는 이유는 에너지의 변환이 수량적으로 정해진 변환 비율에 따라서 일어나기 때문이다. 영국의 실험가 제임스 프레스콧 줄James Prescott Joule(1818~1889)은 낙하하는 추가 만드는 휘젓기 운동에 의해 물의 온도가 얼마나 올라가는지 측정함으로써 열의 일당량mechanical equivalent of heat을 매우 정확하게 계산했다. 독일의 물리학자 루돌프 클라우지우스Rudolf Clausius(1822~1888)는 선배들의 연구에 기초하여 1850년대와 1860년대에 열역학 제2법칙을 확립했다. 이 법칙은 시간의 경과 속에서 에너지가 어떻게 행동하는가에 대해 얘기한다. 이 법칙은 특히, 닫혀 있고 방치된 계에서는 계 내부에 온도 차이가 없어질 때까지 에너지가 균일하게 분산된다고 주장한다. 열역학 제2법칙은 에너지가 마치 물처럼 본성적으로 '아래로 흐른다'는 것과 추가적인 일이 없으면 반응을 되돌릴 수 없다는 것을 함축한다.

열역학은 19세기에 등장하여 자연 세계에 대한 우리의 관점을 근본적으로 변화시킨 과학의 두 분야 중 하나였다. 그리고 나머지 하나는 진화론이었다(진화론은 다음 장에서 논의될 것이다). 에너지 개념과 열역학의 원리는 물리과학을 전혀 예상치 못한 심층적인 수준에서 통합했고 19세기 말에 종합된 통일적인 세계관의 토대를 마련했다. 적어도 물리과학에서는 19세기 후반기의 '고전적 세계관'(혹은 고전적 종합Classical Synthesis)이 중세와 아리스토텔레스주의 전성기 이후 역사적으로 필적할 상대가 없는 포괄적인 관점과 통일된 세계상을 제공했다. 고전적 세계관의 통일성은 제임스 클러크 맥스웰James Clerk Maxwell(1831~1879)의 업적에서 구체화되었다. 맥스웰은 패러데이의 정성적인 전자기장 개념을 수학화했고, 이른바 맥스웰 방정식이라는 파동 방정식으로 전자기장을 기술했다. 맥스웰의 업적은 두 측면에서 고전적 세계관을 강화하는 데 결정적으로 기여했다. 전자기 파동

(전자기파)은 속도가 일정했고, 맥스웰의 방정식에서 도출되는 파동의 속도(c)는 빛의 속도와 동일했다. 이러한 사실은 (맥스웰의) 전자기학과 (프레넬의) 광학 사이에 깊은 연관성이 있음을 입증하는 것처럼 보였다. 둘째, 맥스웰의 방정식들은 적당한 조건을 만들면 전자기파를 발생시키고 전송할 수 있음을 함축하는 듯이 보였다. 하인리히 헤르츠Heinrich Hertz(1854~1894)는 1887~88년에 전자기파—전파radio wave—의 존재를 실험적으로 증명했고, 이로써 전기, 자기, 빛, 복사열에 대한 통합적인 관점과 맥스웰의 방정식이 충분히 입증된 것처럼 보였다.

뉴턴과 독일 철학자 임마누엘 칸트Immanuel Kant(1724~1804)에게서 근본적인 토대를 얻은 고전적 세계관은 균일하며 유클리드적인 절대공간과 필연적으로 일정하게 흐르는 절대시간의 개념을 기초로 삼았다. 이어서 맥스웰의 업적을 중심으로 하여 세 개의 존재자가 고전적 세계관에 가세했다. 물질, 보편적인 에테르, 에너지가 그것이었다. 물질은 내부가 없는 화학적 원자들로 이루어졌고, 원자는 같은 종류일 경우 서로 동일하고, 종류가 다를 때만 서로 달랐다. 예컨대 산소 원자는 수소 원자와는 다르지만 다른 산소 원자와는 동일했다. 러시아 화학자 멘델레예프D. I. Mendeleev(1834~1907)는 원소들을 족family에 따라 배열한 표를 만들고, 각각의 원소에 고유한 원자번호와 원자량을 부여했다. 원자들이 화학적으로 결합하여 세계 속에 있는 수많은 화학 물질을 형성한다는 것이 밝혀졌지만, 화학 결합의 본성은 불분명했다. 원자와 분자, 그리고 더 큰 물체들은 역학적 에너지를 가지고 있었고 운동을 했다. 기체에 대해서는 그 운동이 통계역학이라는 새로운 분야에 의해 분석되었다.

세계를 이루는 물질적 재료—원자와 분자—는 또 입자들이 점점 더 큰 덩어리로 뭉치게 만드는 중력도 가지고 있었다. 그러므로 중력은 보이지 않는 원자 세계와 역학과 천문학이 연구하는 거시 세계를 연결하는 다리였다. 19세기 말에 과학자들의 중력에 대한 이해는 뉴턴 시대보다 발전하지 못했지만, 모든 경험은 중력의 존재를 입증했다. 거시적인 규모에서 지구, 달, 행성, 혜성 등의 물체는 고전 물리학의 법칙을 따랐고, 고전적 세계관은 뉴턴이 창시하고 이후 2세기 동안의 문제풀이 연구에 의해 완성된 고전 과학의 전통을 수용했다.

일반적인 물질 외에도 세계 에테르가 있었다. 이미 언급했듯이, 이 보편적인 에테르는 복사―빛, 복사열, 전자기장―의 바탕substratum 역할을 했다. 물질과 에테르, 그리고 에너지는 서로 연관되어 있었으며 열역학의 법칙을 따랐다. 그러므로 역학적·화학적·전기적·자기적 에너지, 그리고 빛에너지는 상호 변환될 수 있었다. 특히 열역학 제2법칙은 이른바 '시간의 화살'을 도입함으로써 고전적 세계관을 떠받치는 주요 기둥을 제공했다. 예컨대 17세기의 역학이 정립한 충돌의 법칙은 완벽하게 가역적이었다―두 당구공의 충돌 과정은 거꾸로 돌려도 이론적으로 아무 문제가 없었다. 이와 대조적으로 열역학 제2법칙은 시간과 에너지의 행동에 비가역적인 방향성을 부여했다. 비록 추상적이며 고도로 수학적인 개념에 의지해 있었지만, 열역학 제2법칙은 에너지가 우주 전체에 균일하게 분산되어 모든 원자와 분자가 절대영도보다 약간 높은 온도에서 동일한 정도로 진동하는 상태인 '열 죽음heat death'을 상상하게 만들었다.

지금까지 언급한 고전적 세계관은 1880년대에 종합되었다. 고전적 세계관은 강력하고 일관적이었으며, 우주의 물리적 측면과 자연 현상의 상호 연관성에 대한 수학적으로 정확한 이해였다. 고전적 세계관이 종합됨으로써 까마득한 옛날 고대 그리스에서 시작된 자연철학의 모험은, 적어도 물리과학과 관련해서는 거의 막을 내린 듯이 보였다. 그러나 고전적 세계관에 대한 동의를, 혹은 당대 과학의 정교한 주장들이 이끌어낸 동의를 과장하는 것은 오류일 것이다. 실제로 과학자와 철학자들 사이에서 고전적 세계관이 자연의 참된 진실을 반영하는가에 대해 진지하고 활발한 논쟁이 벌어졌다. 뿐만 아니라 얼마 지나지 않아 일련의 예기치 못한 발견이 이루어져 과학이 종결되었다는 자만심을 몰아내고 또 하나의 혁명을 위한 무대를 마련했다. 그 무대 위에서 알베르트 아인슈타인에 의해 20세기 물리학혁명이 시작되었다.

지금까지의 논의는 물리과학에 초점을 맞추었지만, 19세기 생명과학의 역사에서 일어난 중요한 발전들 역시 결코 간과할 수 없다. 생물학biology이라는 단어 자체가 장 바티스트 라마르크Jean-Baptiste Lamarck에 의해 1802년에 비로소 만들어졌다는 사실은 생명과학이 19세기 과학계에서, 특히 화학과 생리학을 실험실에서 경험적으로 탐구하는 전통에서 얼마나 중요한 지위를 차지했는지 상징적으로 보여준다. 세포의 개념은 17세기에 로버트 훅에 의해 만들어졌지만, 세포이론은 1830년대에 독일 과학자 슐라이덴M. J. Schleiden(1804~1881)과 테오도어 슈반Theodor Schwann(1810~1882)이 현미경 관찰을 통해 식물과 동물의 조직과 물질대사의 기초 단위가 세포임을 확인하면서 비로소 발생했다. 클로드 베르나르Claude Bernard의 『실험 생물학Lessons in Experimental Physiology』(1855)과 『실험적 의학 연구 입문Introduction to the Study of Experimental Medicine』(1865)은 새로운 연구의 모범을 제시했고, 그 모범으로부터 1870년대에 로베르트 코흐Robert Koch와 루이 파스퇴르Louis Pasteur가 병원균 이론germ theory(병의 원인이 미생물에 있다는 이론—옮긴이)을 확립했다. 병원균 이론은 고대의 체액 병리학과 당대의 경쟁 이론이었던, 병의 원인이 환경에 있다는 설명을 영원히 제거했다. 당대의 실험적인 생물학 연구 역시 변화한 제도적·직업적 환경 속에서 이루어졌다.

재조직화된 과학 활동

과학자의 전문 직업화는 오늘날의 과학으로 이어진 길에 놓인 중요한 이정표이다. 과학자는 누구이며 어떻게 과학자가 되는가? 역사적으로 보면, 자연을 탐구한 개인들은 매우 다양한 사회적 역할을 했다. 최초 문명의 성직자와 익명의 필기사들, 그리스의 자연철학자들, 이슬람의 의사와 천문학자들, 중국의 관료와 군인들, 중세 유럽 대학의 교수들, 르네상스 시대의 예술가와 기술자와 마술사들, 계몽 시대의 학회원들이 자연을 탐구했다. 그리고 이제 여기에서 우리가 강조해야 할 점은 과학자라는 현대적인 사회적 역할이 19세기에 제2의 과학혁명과 함께 등장했다는 사실이다.

현대적인 과학자가 확실한 사회적 유형으로 등장한 데는 19세기에 과학의 제도적 기반이 새롭게 마련된 것, 즉 첫 과학혁명 당시의 새로운 조직화에 비길 만한 제2의 '조직화 혁명'이 중요한 요인으로 작용했다. 18세기의 조직화된 과학을 지탱한 기둥—국가가 지원하는 학회들—은 19세기에도 유지되었지만, 그것들은 독창적인 연구의 중심으로서의 기능이 약화되고 과거의 과학적 업적에 대한 보상을 주요 기능으로 하는 명예 조직으로 변해갔다. 그 같은 국립 학회들 대신에 더 활력 있는 과학 연구 기관들이 등장했다. 1794년 프랑스 혁명 정부가 설립한 국립 이공 대학École Poly-technique은 프랑스의 선구적인 과학자들이 발전된 이론을 다음 세대에 가르치는 데 기여한 핵심적인 기관이 되었고, 프랑스가 1830년대에 최고의 과학 국가가 되는 데 이바지했다(프랑스 국립 이공 대학은 미국을 비롯한 여러 나라의 사관학교와 이공 대학의 모범이 되었다).

영국에서는 1799년에 설립된 왕립 연구원Royal Institution이 데이비나 패러데이 같은 유명한 과학자들에게 일자리를 제공했다. 당대의 새로운 분위기를 보여주는 의미심장한 변화는 영국 전역과 북아메리카에 수백 개의 역학 연구소Mechanics Institute가 설립된 것이다. 역학 연구소는 전성기인 19세기에 10만 명 이상의 기술자와 중산층 아마추어들에게 과학을 가르쳤다.

독일의 대학 시스템 개혁은 19세기 과학의 새로운 제도적 기반을 드러내는 가장 중요한 사례이다. 1810년의 베를린 대학 설립을 신호탄으로 하여 자연과학은 독일어권의 대학 안에서 점차 강력한 지위를 획득했다. 19세기의 독일 대학들은 세속적인 국가 기관이 되었으며, 과학 강의는 중등학교 교사, 의사, 약사, 관료, 그리고 타 분야 전문가들을 양성하는 데 기여함으로써 국가를 위한 기능을 수행했다.

이 같은 새로운 맥락에서 과학 연구가 전례 없이 강조되면서 과학 교육은 특별한 지위를 차지하게 되었다. 즉, 과학 교수의 역할은 단순히 과거의 지식을 학생들에게 전달하는 것을 넘어서 새로운 지식을 산출하고 보급하는 데 앞장서는 것으로까지 확장되었다. 새로운 연구 활동을 촉진하기 위하여 대학 내에 몇 가지 새로운 제도가 등장했다. 예컨대 오늘날 우리에게 익숙한 교육용 실험실(1826년 기센 Giessen 대학에 설치된 유스투스 폰 리비히Justus von Liebig의 화학 실험실이 시초였다)과 대학원 수준의 과학 세미나, 발전된 연구를 위한 대학 내의 특수 기관들이 만들어졌다. 공식적인 교과서를 매체로 이용하는 과학 강의 방식도 이 시기에 처음 등장했고, 박사학위는 과학자가 되기 위한 필수조건이 되었다. 독일 대학 체계의 분산적인 성격은 과학적 인재들을 둘러싼 독일 공국들의 경쟁을 부채질했고 과학 연구의 수준을 향상시켰다. 19세기 후반에 발생한 독일의 이공 대학들 Technische Hochschule은 그런 추세를 강화시켰다. 더 나아가 독일 고등교육에서 과학과 과학자의 중요성은 19세기 후반기의 기술과 산업-특히 화학산업, 전기기술, 광학기술-의 발달 속에서 더욱 커졌다. 연구 중심 대학은 곧 독일 외부로도 확산되었다. 예컨대 존스 홉킨스 대학의 설립(1876)도 이런 변화를 반영한다.

첫번째 과학혁명의 특징은 과학의 깃발 아래 사람들이 중세적인 대학에 사회적·지적으로 등을 돌린 것에 있었다. 그 후 2세기 동안 뒷전에 물러나 있던 대학은 19세기의 제2의 과학혁명 속에서 다시 한 번 자연과학을 위한 선도적인 기관이 되었다. 대학들이 과학 연구의 발전에 느리게 반응했던 영국에서조차도 19세기의 세번째 사반세기에 가장 오래 된 두 대학, 즉 옥스퍼드와 케임브리지가 런던(1826년 런던 유니버시티 칼리지 설립)을 비롯한 영국 각지에 새로 설립된 대학들에 발맞추어 새로운 과학 교수직을 설치하고 기술과 공업에 가까운 분야를 포함한 여러 과학 연구를 지원했다. 그러나 이 모든 발전은 본질적으로 남성 주도적인 19세기 과학의 성격을 변화시키지 못했다. 과거와 마찬가지로 과학에 직접 종사한 여성은 극소수에 불과했고, 그나마도 대개 보조적인 역할을 수행했다. 미국 천문학자 마리아 미첼Maria Mitchell(1818~1889)과 러시아 수학자 소냐 코발레프스키Sonya Kovalevsky(1850~1891)는 몇 명의 예외적인 여성 과학자에 속한다. 소냐는 1874년에 괴팅겐 대학에서 박사학위를 받았다.

과학의 전문 직업화는 또한 전문 기관들의 등장과 맥을 같이했다. 전통적인 학회가 대개 과학의 모든 분야를 다룬 반면에, 19세기의 새로운 조직들은 한 분야에만 집중하면서 점차 전통적인 학회를 능가하고 전문가들의 주목을 받았다. 영국은 린네 학회Linnaean Society(1788), 런던 지질학회(1807), 런던 동물학회(1826), 왕립 천문학회(1831), 런던 화학회(1841)를 설립하여 새로운 경향성을 선도했다. 출판의 패턴도 새롭게 바뀌었다. 독창적인 과학을 발표하기 위한 창구 자리를 놓고 전문화된 정기간행물이 전통적인 과학 학회의 일반적인 정기간행물과 경쟁했다. 초기의 전문적인 정기간행물의 예로 로렌츠 크렐Lorenz

Crell의 『화학 저널Chemische Journal』(1778), 『커티스 식물학 잡지 Curtis's Botanical Magazine』(1787), 『화학 연감Annales de Chemie』(1789), 『물리학 연감Annalen der Physik』(1790)을 들 수 있다. 이 외에도 19세기가 진행되면서 더 많은 전문적인 정기간행물이 번창했다. 19세기는 또 과학자의 권익을 대변하는 참된 의미의 직업적인 과학자 단체의 출현을 목격했다. 독일 자연연구자 협회Deutsche Naturforscher Versammlung(1822), 영국 과학 발전 협회British Association for the Advancement of Science(1831), 미국 과학 발전 협회American Association for the Advancement of Science(AAAS, 1847) 등을 그 예로 들 수 있다.

과학자를 의미하는 영어 단어 'scientist'가 1840년에 만들어졌다는 사실은 당시의 과학과 과학 연구자들을 둘러싼 사회적 변화가 얼마나 근본적이었는가를 보여주는 강력한 증거이다. 물론 적어도 고대 메소포타미아 문명의 시작 이후 과학과 과학 연구자들은 지성계의 한 부분이었다. 그러나 19세기에 이르러서야 '과학자'가 사회적·직업적 존재로서 완성되었다는 사실은 당시의 과학이 겪은 조직적인 변화에 대해 중요한 증언을 해준다.

과학을 산업에 응용하다

과학과 산업, 그리고 과학 문화와 기술은 대체로 19세기에 융합하기 시작했다. 이 책의 중심적인 주장은 19세기 이전에는 응용과학이 미미한 정도로만 존재했다는 것이다. 최초 문명과 그 후의 국가 수준의 사회에서 정부는 통치를 위하여 유용한 지식을 지원하고 과학을 응용했다. 유용하다고 믿어진 과학에 대한 유럽 국가의 지원은 지도 제작술과 관련해서 언급했듯이 중세 이후에, 혹은 과학혁명의 산물로 국립 과학 학회들이 설립되면서 서서히 등장했다. 자연철학이 공적인 효용을 산출해야 한다는 신념은 17세기에 이데올로기적인 상식이 되었다. 그러나 과학과 기술의 역사 전체에서 더 분명하게 드러나는 것은 방대한 기술의 세계와 과학 사이의 사회적·지적 분열이다. 과학계와 기술계가 18세기 영국의 산업혁명 속에서 서로에게 가까이 다가갔던 것은 사실이지만, 우리는 당대의 기술이 응용과학이었다는 주장을 뒷받침하는 역사적 증거를 거의 찾을 수 없었다. 그러나 19세기에 이르자 몇 가지 새로운 변화가 일어나 헬레나 그리스에서 유래한 해묵은 과학과 기술의 분리를 재편하기 시작했다. 물론 과학과 기술의 많은 부분은 여전히 분리되어 있었지만, 응용과학이라는 새로운 차원의 활동이 19세기에 산업화의 맥락 속에서 등장했고, 그것은 20세기에 전세계적으로 굳어진 과학과 기술의 융합의 역사적 출발점이었다.

전류에 관한 19세기의 새로운 과학은 여러 응용과학 산업을 낳았다. 대표적인 예로 전신telegraph을 들 수 있을 것이다. 1831년 마이클 패러데이의 전자기 유도 발견이 있은 지 얼마 지나지 않은 1837년에 과학자 찰스 휘트스톤Charles Wheatstone과 동료들이 최초의 전신기를 발명했다. 휘트스톤을 비롯한 유럽과 미국의 과학자와 발명가들은 전신 산업을 탄생시키기 위해 노력했다. 이들의 노력에 박차를 가한 동인 중 하나는 전신을 철도의 발달을 위한 보조 수단으로 이용할 수 있을 것이라는 예측이었다. 그 같은 노력은 곧 새뮤얼 모스 Samuel F. B. Morse가 1837년에 특허를 내고 1844년에 현장 시험을 실시한 알파벳 부호 체계에서 절정에 도달했다. 그는 점과 선으로 알파벳을 표현하는 체계를 발명했다. 1854년에 런던과 파리가 전신으로 연결되었고, 최초의 대서양 횡단 전신 케이블은 1857~58년에 설치되었으며, 북아메리카 대륙을 가로질러 뉴욕과 샌프란시스코를 연결하는 전신은 1861년에 가설되었다. 그 후 전신과 철도는 손을 맞잡고 전세계로 퍼져나갔다. 그 결과는 일종의 통신혁명이었다.

전신 기술은 비록 기존의 과학 지식에 기대어 발생했지만, 그 후의 발전은 당대의 과학 연구나 이론과 거의 혹은 전혀 상관이 없는 무수한—기술적·상업적·사회적—문제들의 해결을 통해 이루어졌다. 다시 말해서, 과학에 기초한 기술의 등장은 일반적으로 복잡한 기술의 체계가 탄생하는 것과 결부된다. 이 때문에 그와 같은 체계 전체를 '응용과학'으로 보는 것은 엄연한 오해이다.

19세기의 마지막 사반세기에 출현한 전기조명 산업과 관련해서도 사정은 대체로 동일하다. 전기조명 산업은 명백히 기존의 전기과학에서 나왔다. 위대한 발명가 전기 시리즈에 빠짐없이 등장하는 유명 인물인 토머스 앨바 에디슨Thomas Alva Edison(1847~1931)과 조지프 스완Joseph Swan(1828~1914)은 공들인 경험적 시도를 거쳐 1879년에 각각 뉴저지와 영국에서 독자적으로 백열등을 발명했다. 1880년대와 1890년대 당시, 전기조명 산업에 응용된 과학은 새로운 과학이라 하기 어렵다. 예컨대 절연체와 관련된 과학은 18세기로까지 거슬러 올라간다. 이 사례는 우리가 응용과학을 고찰할 때, 응용된 기술이 '한물 간' 과학인가 아니면 첨단의 최신 이론인가를 구분하는 것이 분석적으로 유용할 수 있음을 일깨워준다. 뿐만 아니라 전구 자체는 실용적인 전기조명 산업의 주요 시설이라고 보기 어렵다. 전신 산업에서와 마찬가지로 이 경우에도 전기조명 산업이 명실상부하게 존재하기에 앞서 거대하고 복잡한 기술의 체계가 마련되어야 했다. 예컨대 발전기, 전기를 분배할 전선, 전력 소비량 측정 장치, 전기요금 징수 방법 등이 마련되어야 했다.

과학과 첨단의 과학 이론이 기술과 산업에 응용된 또 하나의 초기 사례는 전파 통신이었다. 이 사례에서는 이론적인 혁신이 일어나자

그림 14.3_이론 없이 이루어진 발명. 토머스 에디슨은 이론적인 지식도 교육을 받은 경험도 거의 없었지만 (1,000개 이상의 특허를 취득한) 생산적인 발명가였다. '한물 간' 과학에서 발상을 얻는 능력과 뉴저지 멘로 파크(Menlo Park)의 실험실에서 이루어진 발명 연구를 조직화하는 능력은 그의 성공의 필수적인 요소였다.

마자 곧바로 실용적인 응용이 뒤를 이었다. 하인리히 헤르츠는 맥스웰의 전자기 이론을 입증하려는 노력 속에서 1887년에 전자기파의 존재를 증명했다. 헤르츠는 철저히 19세기 이론 및 실험 물리학의 추상적인 전통 속에서 연구했다. 그러나 젊은 이탈리아인 굴리엘모 마르코니Guglielmo Marconi(1874~1937)는 1894년에 헤르츠의 연구를 처음 알게 된 후 곧바로 그것을 무선 전신에 응용하기 시작했고, 그 이듬해에 1.5킬로미터 이상 떨어진 곳과 무선으로 통신할 수 있는 기술을 개발했다. 계속해서 더 크고 강력한 시스템들을 개발한 마르코니는 1896년에 영국에서 처음으로 특허를 받고 자신의 발명을 상업적으로 이용하는 회사를 설립했다. 그는 1899년에 영국 해협 너머로 최초의 전파 신호를 송출했고, 1901년의 역사적인 실연에서 최초로 대서양 횡단 전파 전송에 성공했다. 이 새로운 기술은 과학이론의 응용만으로 이루어진 것이 아니었다. 그러나 이 경우에 과학과 기술의 경계선은 매우 불분명했고, 마르코니는 본질적으로 기술적인 기여를 했음에도 불구하고 무선 전신에 관한 연구의 공로로 1909년에 노벨 물리학상을 받았다. 무선 전신 개발은 과학 연구와 기술 변화의 귀결을 예측할 수 없다는 것을 보여준다는 점에서 주목할 만하다. 마르코니가 연구를 추진한 것은 항해 중인 선박과 항구 사이의 통신을 가능케 하겠다는 꿈을 품었기 때문이었다. 그는 우리가 아는 라디오나 1920년대에 처음 시작된 상업적 라디오 방송의 엄청난 사회적 충격을 전혀 예측하지 못했다.

   19세기에 이루어진 응용과학의 성장은 물리과학 관련 산업이나 물리학에만 국한되지 않았다. 예컨대 1850년대의 미생물에 관한 이론과 그 후의 병원균 이론은 프랑스의 위대한 과학자 루이 파스퇴르(1822~1895)를 발효에 대한 연구로 이끌었다. 그 연구의 산물인 저온살균법pasteurization은 낙농 제품, 포도주, 식초, 맥주 생산을 비롯한 다양한 산업에서 실용적으로 그리고 경제적으로 중요한 효과를 발휘했다. 발효 연구와 연관된 누에의 질병 연구는 비단 산업에 막강한 영향을 미쳤다. 또 파스퇴르가 말년에 탄저병, 광견병 등에 대한 예방접종을 개발하기 위해 수행한 의학적 실험들은 참된 과학적 의학의 도래를 대표한다.

화학 역시 19세기에 과학을 응용하여 새로운 산업을 탄생시킨 또 하나의 분야였다. 19세기 중반까지 유럽의 염색 산업은 과학계와 전혀 접촉이 없는 전통적인 수공업 활동이었다. 그 후 1856년에 영국인 화학자 윌리엄 퍼킨William Perkin이 독일에서 발전된 유기화학에 기초하여 자주색을 산출하는 인공 염료를 개발했다. 선명한 합성 염료의 경제적 가치는 즉각적으로 드러났고, 콜타르에서 추출한 색소와 염료의 화학에 대한 지식은 직물 산업의 필수요소가 되었다. 여러 독일 공국에 자리잡은 회사들은 1876년에 통일된 특허법이 만들어질 때까지 타 회사의 전문 화학자들을 빼내기 위해 경쟁했다. 그러나 1876년 특허권이 확립된 이후에는 새로운 염료의 연구와 개발이 주된 경쟁 활동이 되었다. 그 결과로 과학과 기술을 통합한 새로운 기관―산업체 연구소―이 탄생했다. 프리트리히 바이에르사Friedrich Bayer Company는 1874년에 연구 부서를 신설하고 화학 박사를 고용했다. 1896년에 바이에르사의 과학자 직원은 104명에 달했다.

바이에르 연구소에서 수행된 실용적인 연구는 집중적으로 살펴볼 가치가 있다. 결정적인 특징은 독일의 화학 산업이 대학과 긴밀히 협조했다는 점이다. 산업체는 대학에 발전된 화학 연구를 위한 재료와 장비를 제공했을 뿐 아니라 조언의 기회와 학생도 제공했다. 반대로 대학은 산업체에 훈련된 졸업생과 과학적 협동의 기회를 제공했다. 이러한 분업이 발전되면서 근본적인 연구는 대학의 몫이 되었고, 산업체는 주로 염료의 특징과 다양한 직물에서의 고착성을 시험하는 반복적인 실험과 경험적인 연구를 맡았다. 예컨대 1896년에 바이에르사는 2,378개의 색소를 시험했지만 그 중 37개만 상품화했다. 이같은 사례가 말해 주듯이, 이론을 응용할 수 있는 분야에서조차 훌륭한 환경에서 과학자들이 '연구'를 수행했음에도 불구하고 반복적인 시도와 오류의 방식으로 연구가 이루어졌다. 응용과학의 실제는 기술이 단지 과학이론을 실천에 옮기는 능력일 뿐이라는 선입견과 거리가 한참 멀었다(지금도 그러하다).

산업체 연구소는 19세기 말과 20세기 초에 여러 산업으로 폭넓게 확산되었다. 1876년 뉴저지 멘로 파크에 설립된 토머스 에디슨의 실험실도 그 중 하나였다. 그 밖에 스탠더드 오일Standard Oil(1880), 제너럴 일렉트릭(1901), 듀폰Du Pont(1902), 파크-데이비스Park-Davis(1902), 코닝 글래스Corning Glass(1908)사의 연구소, 벨 연구소Bell Labs(1911), 이스트먼 코닥(1913), 제너럴 모터스(1919)사의 연구소가 설립되었다. 오늘날엔 그런 연구소가 미국에만 수천 개 존재한다. 새로운 산업적 연구는 '발명의 발명'이라는 찬사와 함께 열렬한 환영을 받았다. 그러나 그러한 찬사는 오해를 불러일으킨다. 왜냐하면 연구소는 일반적으로 신기술을 개발하지 않았기 때문이다. 산업체 연구소는 기존의 기술을 개량하고 확장하는 일에 대부분의 노력을 기울였고, 흔히 특허를 개발하고 통제하여 경쟁 업체를 밀어내는 사업적 전략의 일환으로 기능했다. 나중에 자세히 논하겠지만, 심지어 오늘날에도 제로그래피xerography(최초의 건식 전자 복사 기술-옮긴이)나 개인용 컴퓨터 같은 획기적인 발명품들은 산업체에서 일하는 기술자나 과학자가 아니라 독립적인 발명가가 만든 작품이다.

생명 그 자체

    과학은 대개 점진적으로 느리게 발전한다. 때로 새로운 화학적 원소나 화석, 혹은 항성이 발견되기도 한다. 그러나 이런 점진적인 발견은 과학의 이론적인 틀을 손상시키지 않는다. 오히려 이들은 이론적인 틀을 강화하곤 한다. 하지만 가끔 커다란 격변이 일어나며, 격변의 먼지가 가라앉고 나면 과거의 틀을 밀어낸 새로운 틀이 모습을 드러낸다. 그 같은 격변—과학혁명들—은 오래 유지되어 온 과거의 관념을 명료한 새 개념으로 대체할 뿐 아니라 연구의 경계선을 변경시키고 과거의 과학은 제기하지도 못한 새로운 연구 문제를 산출한다. 코페르니쿠스 혁명은 16세기에 전개된 과학혁명이었다. 그와 유사하게 19세기와 20세기에는 다윈 혁명이 과학의 지형을 재편했다.

    찰스 다윈의 『종의 기원 The Origin of Species』은 1859년에 출간되었다. 그 책과 그 해는 유럽 과학사에서 또 하나의 분수령을 이룬다.

다윈이라는 분수령의 한쪽에는 전통적인 기독교 세계관이라 부를 수 있는 것이 있다. 성경의 권위가 뒷받침하고 민간의 지혜와 과학적 관찰이 입증하는 듯이 보이는 이 세계관은 식물과 동물의 종種들이 각각 별개로 창조되었으며 변함없이 고정되어 있다고 – '같은 것이 같은 것을 낳는다' – 주장했다. 이 세계관은 대체로 정적(靜的)이었으며 커다란 변화를 허용하지 않았다. 그리 멀지 않은 과거에, 그러니까 아마도 6,000년 전에 각각의 종이 개별적으로 창조되었으며, 노아의 홍수를 비롯한 대재앙이 우리가 관찰하는 지질학적·생물학적 환경을 설명해 준다고 이 세계관은 주장했다. 또 이 세계관에 따르면, 세상의 모든 것을 창조했으며 역사의 전개에서 능동적이며 신성한 역할을 하는 신의 작품인 우주 속에서 인간은 특별한 지위를 차지했다.

분수령의 반대쪽에는 다윈의 사상에서 탄생한 근본적으로 다른 세계관이 있다. 이 세계관은 종들이 고정되어 있지 않으며 각각 별개로 창조되지 않았고, 우리가 주변에서 보는 생물은 자연선택의 과정 속에서 진화했으며, 생물학적 진화와 지질학적 변화는 까마득한 세월 속에서 점진적으로 전개되었고, 인간은 자연 역사의 산물에 불과하며, 자연에 대한 연구에서 어떤 기적이나 신의 계획 따위를 입증하는 증거를 발견할 수 없다고 주장한다.

코페르니쿠스 혁명과 다윈 혁명은 유사성을 보여준다. 코페르니쿠스 혁명은 2,000년 동안 유지되어 온 천문학적 믿음에서 이탈했다. 그 믿음 – 지구가 멈춰 있고 태양이 움직인다는 믿음 – 은 자명해 보였기 때문에 천문학과 종교 모두에서 당연시되었다. 다윈 혁명은 종이 고정되어 있다는 해묵은 믿음에서 이탈했다. 이 믿음 – 종이 고정되어 있다는 – 역시 성경적인 전통의 지지를 받고 있었다. 코페르니쿠스와 다윈은 자신들의 새로운 사상을 출간하는 일을 뒤로 미루었다. 그것은 종교적 혹은 정치적 권위에 대한 두려움 때문이 아니라,

당대에는 증명할 수 없었던 자신들의 과격한 이론이 조롱거리가 되는 것을 두려워했기 때문이었다. 그리고 두 사람은 모두 후대의 연구자들로부터 인정을 받았다. 이 두 혁명의 결과로 하늘과 땅이 동일한 물리법칙을 따르며 인간과 짐승은 생물학적인 뿌리를 공유하고 있다는 과학적 세계관이 탄생했다.

자연신학, 그리고 다윈의 배경

오늘날엔 대부분의 과학자와 신학자가 자연에 대한 연구에서는 갈릴레오가 충고한 대로 성경의 권위가 과학적 탐구에 주도권을 양보해야 한다는 것에 동의한다. 과학사가들은 과학과 종교가 본성적으로 영원히 대립할 수밖에 없다는 생각을 이미 오래 전에 버렸다. 실제로 17세기 과학혁명의 결과 중 하나는 과학과 전통적인 기독교 세계관 사이의 동맹관계가 더욱 강화된 것이었다. 자연신학, 즉 신의 작품인 자연을 탐구함으로써 신적인 계획을 통찰할 수 있다는 생각은 특히 영국에서 튼튼한 기반을 확보했다. 사람들은 눈에 보이는 자연의 설계를 탐구함으로써 위대한 설계자와 인간을 위해 예정한 그의 섭리를 더 잘 알 수 있다고 확신했다. 다시 말해서, 존 레이John Ray의 자연사 서적 『창조에서 신의 지혜Wisdom of God in the Creation』(1691)와 토머스 버넷Thomas Burnet의 지질학 서적 『지구의 신성한 역사Sacred History of the Earth』(1691) 같은 학술서들이 보여주듯이 17세기의 종교적 감성은 창조와 지질학을 조화시키는 과학적 연구를 고무했다.

경험적인 식물학, 자연사, 지리학 연구는 18세기에 폭발적으로 성장했고, 1800년의 과학자들은 한 세기 전보다 훨씬 많은 것을 알게 되었다. 그러나 신의 작품 속에서 신을 발견하려 노력하는 자연신학은 특히 19세기 벽두의 영국에서는 17세기와 마찬가지로 중요한 요소였다. 설계는 설계자를 필요로 한다는 주장을 담은 윌리엄 팰리William Paley의 『자연신학, 혹은 자연 현상에서 모은 신의 존재와 속성에 관한 증거들Natural Theology, or Evidences of the Existence and Attributes of the Deity Collected from the Appearances of Nature』은 1802년에 초판이 출간되어 젊은 찰스 다윈을 비롯한 새로운 세대의 영국인들에게 자연과학과 전통적인 종교는 동전의 양면이라는 사상을 새롭게 심어주었다. 젊은 다윈은 길가에서 발견된 시계는 시계 제작자의 존재를 함축하고, 훨씬 더 복잡하며 합목적적인 딱정벌레나 나비는 창조주를 함축한다는 팰리의 주장을 환영했다. 영국의 자연신학 전통은 브리지워터 백작의 지시에 따라 이른바 브리지워터 논문Bridgewater Treatises이라 불리는 여덟 편의 과학 논문이 '피조물 속에 있는 신의 힘과 지혜와 선함'을 증명하려는 목적으로 쓰어진 1830년대까지도 여전히 막강했다.

18세기에 스웨덴 식물학자 카롤루스 린네우스(1707~1778)는 식물과 동물을 오늘날에도 쓰이는 '이명식binomial' 명명 체계를 통해 분류함으로써 폭발적으로 증가한 생물 지식에 질서를 부여했다―린네우스는 그 질서가 신의 계획이라 생각했다. (이명식 명명 체계에서 각각의 식물과 동물은 두 개의 라틴어 명칭을 부여받는데, 첫번째 명칭은 해당 생물이 속하는 일반 범주인 속genus을, 두번째 명칭은 해당 생물의 특수한 정체성인 종species을 가리킨다.) 린네우스의 엄격한 분류 체계는 종의 고정성을 지지하는 듯이 보였지만, 린네우스 자신은 말년에 종들 사이의 구별과 종 내부의 다양성이 모두 '시간의 딸'이 아닐까 하는 의혹을 품기 시작했다.

행성 체계가 태양을 중심으로 할지도 모른다는 추측이 코페르니쿠스 이전에도 있었던 것과 마찬가지로 일련의 선구자들이 다윈에 앞서 종 변화의 원리를 거론했다. 프랑스의 자연학자이며 파리 왕립 식물원의 총책임자였던 뷔퐁 백작Count de Buffon(1707~1788)은 종들이 진화한다고 주장했다. 뷔퐁은 진보적인 진화를 믿었던 것이 아니라 우리가 오늘날 주변에서 보는 식물과 동물이 과거에 존재했던 더 튼튼한 조상으로부터 퇴화했다고 믿었다. 그러나 그는 그런 변화를 가능케 하는 기제를 제시하지 못했고, 나중에 지구의 과거와 관련해서 종교적 비판에 직면하자 자신의 믿음을 철회했다.

또다른 프랑스 자연학자 장 바티스트 라마르크(1744~1829)는 한 걸음 더 나아갔다. 그는 진화를 가능케 하는 기제—획득 형질의 유전—가 있다고 전제했다. 요점만 말하자면, 개별 유기체가 변화하는 환경에 적응하기 위해 자신을 변형시킨다는 것이 라마르크의 주장이었다. 더 나아가 그 변형은 자손에게 유전되어 결국 새로운 종으로 이어지는 계통선이 확립된다. 라마르크의 발상은 설득력 있고 영향력이 컸다. 실제로 다윈도 종 내부의 다양성을 설명하기 위해 라마르크의 발상에 의지했다. 라마르크가 주장한 획득 형질의 유전은 경험적으로 반박되었지만 20세기까지 살아남아 진화가 한낱 무작위한 사건들의 산물이 아니라 지침이나 목적을 가지고 있다는 희망에, 혹은 적어도 환경으로부터 직접적으로 영향을 받는다는 생각에 매달리는 사람들에 의해 간헐적으로 주장되었다.

라마르크가 주장을 펼 즈음에 찰스 다윈의 할아버지인 에라스무스 다윈Erasmus Darwin(1731~1802)은 일련의 과학적 시를 통해 라마르크와 유사한 주장을 내놓았다. 에라스무스는 유용한 형질이 생물학적 유전을 통해 대물림되며 그런 형질들이 서서히 축적되면 다양한 생물이 탄생한다고 믿었다. 최초의 생명은 생명 없는 물질에서 나왔다.

부모 없이, 자발적인 탄생에 의해
생명을 지닌 최초의 흙 한 줌이 태어났다.

이 새로운 사상들은 부분적으로 옛 사상들과 일치했다. 이미 오래 전부터 자연세계는 이른바 거대한 존재의 사슬을 이룬다고 믿어졌다. 가장 단순한 구형求形 생물에서부터 가장 신성한 존재까지 모든 것이 연속성의 법칙에 따라서, 즉 도약이나 틈이 없이 이어져 있다고 믿어졌다. 지배적인 개별 창조 이론과 새로운 진화론들은 모두 유기체들의 연속성을 믿었다. 하지만 이런 공통점이 몇 개 있긴 했지만, 옛 사상과 새 사상은 자연사의 증거 앞에서 갈라설 수밖에 없었다. 또다른 중요한 사안—지구의 나이—과 관련해서, 전통적인 믿음은 성경에 나오는 연대기에, 혹은 기껏해야 그 연대기를 과거로 적당히 확장하는 것에 만족했다. 그러나 새 사상은 훨씬 더 긴 과거를 요구하는 듯이 보였다. 왜냐하면 새 사상이 전제하는 진화적인 변화는 필연적으로 작고 점진적이기 때문에 자연세계의 다양성을 산출하려면 아주 긴 시간이 필요했기 때문이다. 18세기 말에 이르러서야 몇몇 자연학자가 지구가 성경의 권위와 노아의 홍수 이야기가 말하는 수천 년 보다 훨씬 더 오래 되었음을 서서히 확신하기 시작했다.

다른 한편 축적된 화석 및 지질학적 지층 자료들이 지구의 나이에 대한 전통적인 믿음을 반박한다는 것이 밝혀졌다. 어떤 화석 흔적은 엄청나게 오래 된 것으로 보이는 암석 속에서 발견되었다. 또 어떤 것들은 도저히 이해할 수 없는 지층 속에서 발견되었다. 예컨대 해양 생물의 화석이 바다에서 멀리 떨어진 고지대에서 발견되어 땅이 오랜 시간에 걸쳐 융기했음을 암시했다. 전통적으로 화석은 지질학적 우연 혹은 '자연의 놀이'로 간주되었을 뿐, 진짜 유기체의 화석화된 잔재로 여겨지지 않았다. 그러나 1800년경 대형 척추동물의 화석—

'코끼리뼈'—이 발견되고 확인되면서 논쟁은 극적으로 다른 국면을 맞게 되었다. 전문가들은 생물의 비교해부학에 기초하여 새로 발견된 화석들을 비교할 수 있었다. 결국 생물학적 멸종의 실재와 사라진 과거의 세계가 충격적일 만큼 명료하게 드러났다. 1830년에 이르자 지금은 멸종한 거대하고 기괴한 생물들이 한때 지구를 호령했다는 사실을 부인하는 사람은 없었다.

자연학자들은 쌓여가는 새로운 증거와 성경의 전통적인 연대기를 조화시키기 위해 상상력을 발휘했다. 프랑스의 저명한 자연학자 조르주 퀴비에 남작 Baron Georges Cuvier(1769~1832)의 업적을 중심으로 하여 이른바 격변론 catastrophism이라는 보수적인 종합 이론이 형성되었다. 퀴비에는 뷔퐁의 뒤를 이어 파리 자연사 박물관 교수를 역임한 인물이다. 퀴비에는 비교적 짧은 기간에 일어난 몇 번의 대격변에 의해 커다란 변화들이 발생했다는 결론을 내렸다. 그는 지질학적 자료와 화석 자료에서 관찰되는 갑작스러운 단절을 그 대격변(홍수, 화재, 화산)으로 설명할 수 있다고 믿었다. 더 나아가 화석에서 관찰되는 생물의 순서(먼저 파충류와 어류가 나오고 이어서 조류와 포유류가 나오는 순서)는 인간의 도래를 종착점으로 하는 계열을 시사하는 것처럼 보였다. 이런 식으로 퀴비에의 종합론은 전통적인 믿음이 요구하는 대로 지구 역사의 길이를 (비교적) 짧게 유지할 수 있었다. 그리고 그의 종합론은 멸종과 진보적인 생물학적 변화를 인정했지만, 종의 고정성 원리를 변형시키거나 위반하지 않았다.

18세기 말과 19세기 초에 '격변론'은 오늘날 '동일 과정설 uniformitarianism'이라 불리는 이론의 도전을 받았다. 이 이론은 과거에 어떤 격변이 있었던 것이 아니라, 현재 지구에서 진행되는 것과 동일한 과정이 오랜 세월에 걸쳐 전개되면서 지질학적 증거가 드러내는 변화들이 서서히 산출된 것이라고 주장했다. 1795년 스코틀랜드 지질학

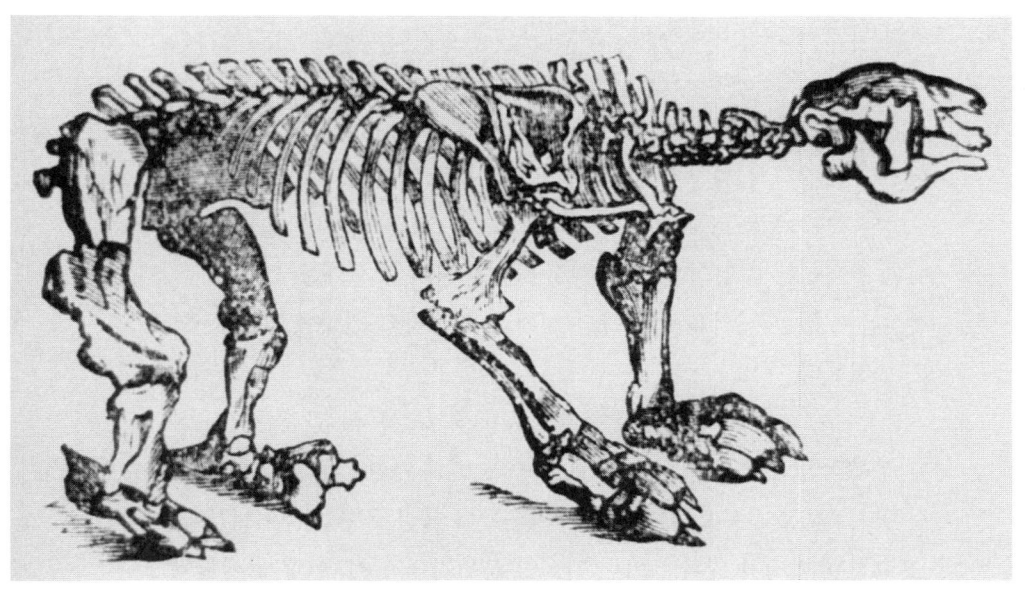

그림 15.1_메가테리움Megatherium(부드러운 모피를 가진 포유류 초식동물로 200만 년 전에서 1만 1000년 전까지 남아메리카와 북아메리카 남부에서 서식했다-옮긴이). 멸종한 대형동물들의 화석이 1800년대에 발견되고 복원되어 '사라진 선사시대의 세계'를 드러내고 생물학적 변화를 설명하는 문제를 부각시켰다.

자 제임스 허턴James Hutton(1726~1797)은 기념비적인 작품 『지구론 Theory of the Earth』을 출간하여 지구의 지질학적 특징이 두 가지 상반된 힘의 작용에 의해 생겼다고 주장했다. 그가 지적한 두 힘은 평평하게 만드는 중력과 지구 내부의 열에 의해 산출되는 융기력이었다. 이 두 힘은 현재 우리가 보듯이 아주 느리게 효과를 산출하므로, 현재의 지질학적 특징을 이 두 힘으로 설명하려면 어마어마한 과거의 시간을 전제해야 했다. 두 힘은 오늘날에 그렇듯이 과거에도 일정하게 작용했을 것이며, '시작의 흔적도, 종말의 전망도' 없는 세계를 산출했을 것이다. 동일 과정설이 말하는 무한한 시간과 전통적인 성경의 설명을 조화시킬 합리적인 방법은 없었다.

찰스 라이엘Charles Lyell(1797~1875)은 『지질학의 원리』(전3권, 1830~33)에서 지구의 물리적 특징은, 비록 멸종과 생물학적 변화를 인정했지만 지질학적 과정에 짧은 시간만 허용한 격변론의 주장과 달리, 오늘날 우리가 보는 과정이 천천히 지속적으로 오랜 시간에 걸쳐 일어난 결과라는 허턴의 동일 과정설을 부활시키고 강화했다. 동일 과정설은 무한한 시간을 인정하긴 했지만 생물학적 변화에 대한 논의는 주저했다.

영국에서 가장 유명한 지질학자였으며 훗날 다윈의 절친한 친구이자 부분적인 추종자가 된 라이엘은 종의 변화 가능성을 완강하게 부정했다. "공동의 부모에게서 나온 자손들이 특정 유형을 벗어나는 데는 고정된 한계가 있다." 이런 지적인 분위기 속에서, 어떻게 생물학적 변화를 동일 과정 원리에 기초하여 설명할 것인가 하는 문제는 다윈을 기다려야 했다.

다윈

찰스 다윈Charles Darwin(1809~1882)은 영국 농촌 상류층의 유복한 가정에서 태어났다. 그의 아버지는 할아버지 에라스무스와 마찬가지로 성공한 의사였으며, 어머니는 도자기 사업가 조사이어 웨지우드의 누이였다. 그러나 어머니는 찰스가 여덟 살 때 죽었고, 찰스는 주로 누나의 손에 컸다. 유복한 유년기에 다윈은, 물론 밖에서 놀기를 좋아했고 개를 좋아했으며 특히 딱정벌레에 매혹되었다는 점에서 미래 자연학자의 면모를 읽어낼 수도 있겠지만, 학자의 길에 관심이 거의 없었다. 아버지는 어린 다윈을 이렇게 꾸짖었다. "너는 관심이 사격과 개와 토끼 사냥에만 쏠려 있어. 너는 너 자신과 집안의 망신거리가 될 거야."

다윈은 의학을 공부하기 위해 에든버러 대학에 입학했지만 피를 보고 구역질을 했고 곧 학업을 포기하여 아버지를 실망시켰다. 이어서 그는 영국 국교 성직자가 되겠다는 뜻을 품고 케임브리지 대학의 크라이스츠 칼리지Christ's College로 전학했다. 다윈은 카드놀이와 사냥을 즐기는 중간 수준의 학생이었지만 자연학에 대한 관심에 이끌려 케임브리지의 저명한 과학 교수인 식물학자 존 헨슬로John Henslow(1796~1861), 지질학자 애덤 세지윅Adam Sedgwick(1785~1873)과 접촉했다. 다윈은 1831년에 22세의 나이로 학위를 받았다. 그는 여전히 성직자가 되겠다는 막연한 생각을 가지고 있었다. 사실상 그의 운명은 확고한 신념의 부재 때문에 결정되었다. 다윈은 졸업 직후 남아메리카 지도 제작을 목표로 2년간의 항해를 떠나는 영국 해군함 비글호Beagle에 자연학자로서 탑승할 기회를 얻었다.

결국 1831년 9월부터 1836년 10월까지 5년 동안 지속된 항해는 다윈과 과학계를 완전히 바꾸어놓았다. 다윈은 날카로운 관찰력을 발휘했고 부지런히 식물과 동물의 표본을 수집했으며 스승인 존 헨슬로에게 많은 편지를 썼다. 헨슬로는 그 편지들을 영국의 자연학자 사회에 전달했다.

다윈은 라이엘의 『지질학 원리』에서 접한 동일 과정설을 받아들일 준비가 되었다. 그는 『지질학 원리』 제1권을 지니고 비글호에 탑승했으며, 나머지 권들은 항해 중에 전달받았다. 기독교인으로서의 자신의 뿌리와 존경하는 라이엘의 가르침에 맞서서 다윈은 결국 오로지 엄청난 지적인 노력만으로, 지구의 물리적 특징이 변화하면, 식물과 동물도 그에 맞추어 변화하지 않는 한, 한때 잘 적응했던 존재라 하더라도 잘못 적응한 존재가 되어버린다는 결론에 도달했다.

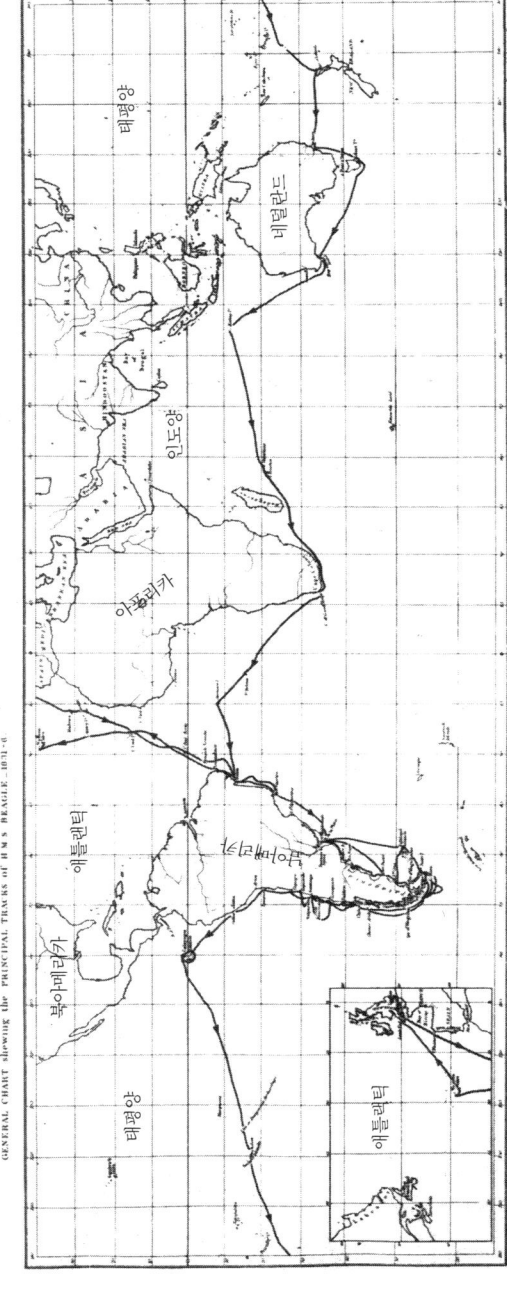

지도 15.1_ 비글호의 항해. 찰스 다윈은 영국 해군함 비글호에 자연학자 자격으로 탑승하여 남아메리카 지도 제작을 위한 5년간의(1831~36) 항해에 참여했다. 매리한 관찰자였던 다윈은 식물과 동물의 분포에 주목했고, 특히 항해의 끝무렵에 도착한 아프리카 해안 근처의 갈라파고스 제도에 깊은 관심을 기울였다. 그는 진화에 대한 확신을 가지고 영국으로 돌아왔지만 진화를 설명하는 이론을 완성하기 위해 오랫동안 애써야 했다.

486 　　　　　　　　　　　　　　　　　　　　　　　　　　용감한 신세계

비글호가 정박한 모든 곳에서 다윈은 변화의 증거를 보았다. 남아메리카 해안을 따라 항해하고 대초원(팜파스)을 횡단하면서 그는 유사한 조류가 갑자기 다른 조류에게 자리를 내주는 것과 같은 공간적인 생물의 변화를 목격했다. 작은 아르마딜로armadillo들이 서식하는 지역에서 멸종한 대형 아르마딜로의 화석을 발견한 그는 생물학적 다양성과 시간적인 변화의 수수께끼에 직면했다. 그러나 다윈에게 생물학적 다양성과 변화의 수수께끼가 가장 두드러지게 눈에 띈 곳은 대양의 섬들이었다. 영국을 떠난 후 2주 만에 비글호는 아프리카 서안 근처의 케이프베르데 제도Cape Verde Islands에 도착했고, 다윈은 그곳에서 인근 대륙에 있는 동물들과 유사하지만 동일하지 않은 동물들을 관찰했다. 더 나중에 그는 남아메리카 서안 근처의 갈라파고스 제도Galapagos Islands를 탐험하면서 또 한 번 유사한 패턴을 목격했다—에콰도르 해안에 있는 것과 유사하지만 동일하지 않은 동물들을 발견했던 것이다. 케이프베르데 제도와 갈라파고스 제도는 환경적으로 유사해 보인다. 그렇다면 왜 그 두 곳의 동물 군집은 서로 유사하지 않고 각각의 대륙과 유사할까? 다윈은 갈라파고스 제도에서 다양한—오늘날 '다윈의 핀치finch'라 불리는—조류를 관찰하고 섬마다 다른 특징에 주목했다. 그러나 다윈은 아직 다윈주의자가 아니었다. 훗날 스스로 별개의 종임을 인정하게 되는 여러 조류를 비글호 항해 당시의 다윈은 대부분 단순한 다양성으로 간주했다. 이 시기에 그는 단 한 번 만일 다양성이 충분히 커지면 '종의 안정성이 무너질 것'이라는 추측을 했다. 다윈은 영국으로 돌아와 자신이 수집한 표본들에 관한 동물학자들의 조언을 들은 후에 비로소 갈라파고스 제도에서 관찰한 고립된 지역의 변양태들을 신의 창조로는 설명할 수 없고, 오히려 모종의 진화 과정을 통해서만 설명할 수 있다는 깨달음에 도달했다.

가련하게도 다윈은 비글호의 항해 내내 뱃멀미를 했다. 귀항한 후 그는 장거리 여행을 많이 하지 않았고 다시는 영국을 떠나지 않았다. 1837년 비글호의 세계일주 항해가 끝나고 몇 달 후에 다윈은 '종의 문제'라고 제목을 붙인 노트를 쓰기 시작했다. 그는 생물학적 진화를 확신하게 되었지만 아직 그 진화 과정을 추진하는 원리를 찾는 중이었다. 다윈은 그 원리를 어느 영국 국교 성직자의 글에서 발견했다.

영국 국교 성직자 토머스 로버트 맬서스Thomas Robert Malthus는 『인구론Essay on the Principle of Population』(1798/1803)에서 "인구는 통제하지 않을 경우 기하급수적으로 증가한다"는 결론을 내놓았다. "반면에 생존을 위한 식량은 산술급수적으로만 증가한다. 수학을 조금만 안다면, 인구의 증가가 식량의 증가에 비해 얼마나 엄청난지 알 수 있을 것이다." 다시 말해서, 인구가 식량 공급보다 빨리 증가할 수밖에 없으므로, 자원을 둘러싼 경쟁이 점점 치열해지고, 그 경쟁 속에서 더 빠르고 강하고 튼튼하고 영리한 개체들이 살아남아 증식할 가능성이 높다. 인구가 자원을 압박하고 그 결과 '종들의 전쟁'이 일어난다는 맬서스의 통찰은 다윈에게 수수께끼를 푸는 데 필요한 결정적인 열쇠를 제공했다. 맬서스는 자신의 통찰을 사회적 변화에 적용했지만, 다윈은 이를 식물과 동물에 적용했다. 1838년 다윈은 자연선택에 의한 진화 이론에 도달했다. 높은 증식률에도 불구하고 종의 개체수는 개체들이 자원을 놓고 벌이는 경쟁 속에서 높은 사망률에 의해 제어되며, 서식지에 가장 잘 적응한 개체들이 살아남아 자손을 퍼뜨릴 가능성이 높다는 생각이었다. 다윈은 이러한 과정을 통해서 그 자신이 비글호 항해에서 관찰한 다양한 패턴들, 그가 이미 오직 공동의 조상에서 나온 후손이라고 설명할 수밖에 없음을 확신하고 있는 그 다양한 패턴들을 설명할 수 있다고 믿었다.

다윈은 자신의 발견이 지닌 의미를 잘 알고 있었고, 모든 과학자가

그림 15.2_다윈의 핀치. 다윈은 갈라파고스 제도에서 핀치의 부리 모양의 다양성을 관찰했다. 훗날 그는 그 다양성이 남아메리카 서안에서 이주한 조상들이 진화한 결과라고 해석했다. 다윈은 각각의 생태 환경에 맞는 부리를 지닌 핀치가 그 환경에서 더 잘 살아남았음을 깨달았던 것이다.

그렇듯이 당연히 출판을 통해 최초 발견자의 명예를 확보하기를 원했다. 그는 1842년에 자신의 이론을 담은 짧은 요약문을 썼고, 1844년에 그 요약문을 확장하여 2절판 231쪽에 달하는 상당한 분량의 원고를 썼다. 그는 만약 자신이 일찍 죽거든 그 원고를 출판하라는 쪽지를 남겼다. 그러나 그는 여전히 그 위대한 작품의 공표를 꺼렸다. 그로서는 확신이 있었지만, 하나의 종이 다른 종으로 변화할 수 있다는 것을 자신의 이론으로는 확실히 증명할 수 없음을 잘 알고 있었던 것이다. 다윈은 처음으로 깨달음을 얻은 1838년 이후 20년 이상이 지난 다음에야 자신의 생각을 발표했다. 코페르니쿠스가 스스로 증명할 수 없는 이론 때문에 '무대에서 쫓겨날까' 두려워 출간을 꺼렸듯이, 다윈은 최소한 코페르니쿠스의 이론만큼 허술하고 도발성은 그보다 더한 자신의 이론을 발표하기를 끝내 주저했다.

최초의 깨달음을 얻은 후 몇 년 동안 다윈은 자신의 생각을 종합했고, 자신의 이론을 구체화한 대작을 계획했다. 그는 먼저 런던에 정착하여 발전하는 영국 과학계의 젊은 일원으로서 런던 린네 학회, 그리고 지질학회와 교류했다. 다윈은 1839년에 사촌인 에마 웨지우드 다윈Emma Wedgwood Darwin과 결혼했다. 그는 에마에게서 10명의 자녀를 낳게 된다. 그는 '짜증나게 더럽고 매캐한 도시' 런던을 싫어하여 1842년에 런던에서 26킬로미터 떨어진 켄트Kent 주의 다운Down에 있는 73제곱킬로미터 규모의 농장을 매입했다. 그는 그곳에서 독립적인 생계를 꾸리며 빅토리아 시대 지방 유지의 삶에 안착했다. 이후 그는 점차 머뭇거리는 기독교도에서 자연세계의 모든 존재와 변화의 원인을 자연적인 과정에 돌리는 올곧은 과학적 유물론자로 변신해 갔다.

영국으로 돌아온 직후부터 다윈은 일생 내내 그를 괴롭힌 만성적인 질환에 시달리기 시작했다. 만성 피로, 심한 위장 장애, 다양한 피부병 등이 그 증상이었다. 학자들은 오늘날에도 다윈의 의학적 상태에 관해 논쟁을 벌인다. 어떤 학자들은 다윈이 아마도 남아메리카에서 모종의 혈액 질환blood disease에 걸렸을 것이라고 주장한다. 아니, 다윈은 당대의 빅토리아 문화에 너무나 상반되는 진화의 비밀을 오직 자신만 알고 있다는 의식 때문에 공황장애를 겪었던 것이라는 설명도 있다. 어쨌든 다윈은 자주 며칠씩 '상태가 안 좋았고', 다운에 머물 때에도 과학 연구는 아침에 두세 시간만 했다.

그럼에도 불구하고 다윈이 40년 이상의 세월 동안 교육의 의무 때문에 방해받지 않고 생산한 과학적 업적은 어마어마했다. 1840년대와 1850년대 초에 다윈은 6권 이상의 책을 출간했고 영국 최고의 자연학자 중 하나라는 인정을 받았다. 그는 여러 해 동안 공들여 따개비barnacle를 연구했고, 그 연구 덕분에 현장 자연학자일 뿐 아니라 엄밀한 체계를 추구하는 과학자라는 명성을 얻었다.

다윈은 1844년에 처음 출간된 로버트 체임버스Robert Chambers의 『창조의 흔적Vestiges of Creation』이 매우 부정적인 반응을 일으키는 것에서 경고성 메시지를 받았다. 익명으로 출간된 그 책은 종의 변화가 신의 계획에 원래 포함되어 있다는 사상을 대중에게 알렸다. 체임버스는 그 사상을 '발전의 법칙'이라 명명했다. 체임버스의 책에 대한 반응은 매우 싸늘했고, 과학적·철학적·종교적 근거에서 격렬한 비판이 쏟아졌다. 이어진 판본들에서 체임버스가 내놓은 대답으로 인해 지속된 논쟁은 진화와 종의 문제에 대한 진지한 과학적 고찰을 유도하는 데 거의 기여하지 못했다. 그 논쟁은 또 다윈의 출판을 재촉하지도 못했다. 다윈은 계속해서 자신의 '발견'을 숙고했고, 오직 사실 증거에만 의지하여 논증하는 방대한 작품을 쓰려 했다. 그러나 1858년 모든 과학자가 두려워하는 일이 일어나 다윈은 침묵을 깨뜨리게 된다. 다윈이 추월을 당하고야 만 것이다. 남양South Seas에서 날아온 편지 한 통—월리스Wallace가 보낸 유명한 편지—은 누군가가 독자적으로 다윈의 생각에 도달했음을 알려주었다.

앨프리드 러셀 월리스Alfred Russel Wallace(1823~1913)는 다윈과 마찬가지로 외톨이 과학자였다. 그는 초등교육만 받고 독학으로 자연학자가 되어 결국엔 많은 연구 업적과 출판물을 생산했다. 그는 설령 자연선택의 원리를 독자적으로 발견하지 못했다 할지라도 19세기의 가장 중요한 자연학자 중 하나로 인정받기에 충분할 만큼 훌륭한 과학적 업적을 남겼다. 그의 대단한 표본 수집 활동은 거의 처음부터 종의 기원에 대한 이론적 호기심과 맞물려 있었다. 월리스는 1840년대에 아마존 습지를 탐험하기 위해 남아메리카를 여행할 당시 이미 종들이 신적인 힘의 개입에 의해서가 아니라 자연적으로 발전한다는 것을 확신하고 있었다. 물론 그는 다윈과 마찬가지로 처음에는 진화의 기제를 알 수 없었다. 10년 후 월리스는 말레이 제도를 탐험하면서 진화의 추진력이 자연선택이라는 생각에 독자적으로 도달했다.

그는 1858년의 '폭탄'으로 다윈에게 충격을 주기 전에 이미 자신의 진화론을 발표하기 시작했다. 다윈은 월리스에 대응하여 결국 『종의 기원』이 된 장문의 원고를 쓰기 시작했다. 진화에 대한 생각을 담은 월리스의 편지가 1858년 6월에 도착했을 때 다윈은 진화론 창시자의 명예를 잃는 것을 두려워하여 친구인 찰스 라이엘과 조지프 후커 Joseph Hooker(1817~1911)를 부추겨 린네 학회에서 진화론을 다윈과 월리스가 공동으로 발견했다고 선언하게 했다. 그러나 다윈의 우월한 사회적·과학적 지위 때문인지, 월리스는 지금도 자연선택을 독자적으로 발견한 인물이라는 상징적인 칭송만 받고 있다. 다윈과 월리스는 다윈이 죽을 때까지 우호적인 관계를 유지했고 진화론에 대한 의견을 자주 주고받았다. 다윈은 엄격한 선택주의를 고수했지만 월리스는 인간의 기원 문제와 관련해서 한 걸음 후퇴하여 '더 우월한 이성Higher Intelligence'이라 표현한 신적인 힘의 역할을 인정했다.

『종의 기원』

다윈은 자연선택에 의한 진화를 논증하는 결정적인 작품을 더는 미룰 수 없었다. 18개월도 안 되어 그는 『자연선택을 통한 종의 기원에 관하여, 혹은 생존을 위한 투쟁에서 혜택을 받은 종족이 보존되는 것에 관하여On the Origin of Species by Means of Natural Selection, or the

Preservation of Favoured Races in the Struggle for Life』라고 스스로 명명한 '요약문'을 완성했다. 『종의 기원』은 다윈 스스로 말했듯이 '하나의 긴 논증'이며 진화론이 개별 창조 이론보다 더 설득력 있음을 보여주는 인상적인 증거들을 풍부하게 포함하고 있다. 다윈의 논증은 총 14장에 걸쳐 마치 대단히 흥미진진한 3막극처럼 3단계로 펼쳐진다.

제1막에서 다윈은 자신의 진화론의 윤곽을 제시한다. 그는 논란의 소지가 매우 큰 진화론을 직접적으로 증명하는 증거를 제시할 수 없으므로 유비 추리를 도입하여 식물 및 동물을 기르는 농부들이 인공적인 선택을 통해 다양하게 길들인 품종을 생산해 낸 것을 논한다. 다윈은 예컨대 길들인 개와 비둘기의 다양성은 자연적인 다양성도 아주 긴 시간이 흐르면 충분히 극단화하여 단일 종 내부의 종족뿐 아니라 별개의 종도 산출할 수 있음을 보여준다고 주장하려 한다.

이어서 다윈은 다양성, 생존 투쟁, 자연선택을 통한 종의 변화 등 진화론의 근본적인 요소들을 제시한다. 그가 채택한 원리들은 하나의 종의 개체들이 각각의 특징에서 다양성을 나타낼 것이라는 점, 맬서스가 말한 인구 압력이 불가피하게 생존을 위한 경쟁과 투쟁을 일으킬 것이라는 점, 그리고 '자연선택' 과정을 통해 가장 우수한 개체들이 더 많이 증식하여 퍼져나가고 장기적으로 종의 변화를 산출할 것이라는 점이다. 인간이 인공적인 육종을 통해 비교적 짧은 시간에 이룬 성과와 비교할 때, '지질학적 시대 전체'에 걸쳐 자연선택을 통해 작용한 '생존 투쟁'의 효과는 얼마나 크겠는가?

『종의 기원』의 중간 장들—다윈의 거대한 지적인 드라마의 제2막—에서 다윈은 진화론의 '난점들difficulties'을 지적한다. 그는 최고의 비판자 입장에 서서 진화론이 안고 있는 듯이 보이는 심각한 문제들을 미리 해명하기 시작한다. 독수리의 눈과 같은 극도로 완벽한 기관을 신의 설계에 호소하지 않고 작은 변화의 축적만으로 어떻게 설명할 수 있는가? 예컨대 다른 새의 둥지에 알을 낳는 뻐꾸기나 놀라운 집짓기 능력을 지닌 꿀벌, 생식력이 없는 계급을 포함한 개미 집단, 또는 포로 노예들을 거느린 개미 종처럼 특이한 습성이나 본능을 지닌 동물들을 자연선택으로 설명할 수 있는가? 각각의 사례에 대하여 다윈은 자연 속의 예외적인 행동과 습성을 작은 변화의 점진적인 축적으로 설명할 수 있음을 보이려 노력한다. 다윈은 지질학적 증거와 화석에 관해서는—이들은 진화론이 요구하는 종들 사이의 중간 형태들을 다윈 시대에 거의 보여주지 못했다—지질학적 증거들이 불완전하여 방대한 생명의 역사 중에서 부분적인 견본만 무작위로 보여줄 뿐이라고 추측했다.

마지막 장들—드라마의 제3막—에서 다윈은 판을 바꾸어 개별 창조 이론으로는 매우 설명하기 어렵지만 진화론으로는 쉽게 설명할 수 있는 문제들을 논한다. 왜 화석 자료는 불완전함에도 불구하고 멸종과 종의 시간적인 변화를 증언할까? 우리는 식물과 동물의 지리적인 분포를 어떻게 가장 합리적으로 설명할 수 있을까? 분류학자들은 자연에서 발견되는 유사한 종과 변종들을 세대를 거치며 변형되었다는 생각에 기초하지 않는다면 어떻게 분류할 수 있을까? 매우 다른 종들의 태아가 놀랍도록 유사한 것을 진화의 원리 외에 무엇으로 설명할 수 있을까? 다윈은 또 '꼬리 없는 종이 가진 꼬리 밑동'과 같은 '무용한 기관'—'불완전하고 무용한…… 흔적기관이나 퇴화기관'—을 논한다. 흔적기관은 창조론자들에게 난해한 수수께끼였다. 도대체 어떤 신이 무용한 기관이 잔뜩 있는 동물계를 만들겠는가? 그러나 진화론의 입장에 서면 그런 기관들이 오히려 진화론의 가설을 뒷받침한다. 무용한 기관들은 한 종에서 다른 종으로 이행하는 생물의 '과거 상태의 기록'으로 볼 수 있으니 말이다.

우리는 변형을 포함한 대물림을 전제함으로써 흔적만 남은 불완전한 기관과 무용한, 혹은 완전히 퇴화한 것들의 존재가 과거의 창조론이 생각했던 것처럼 기이한 난점이기는커녕 심지어 여기에서 설명한 견해에 의거하여 예견할 수 있는 것이라고 결론지을 수 있다.

총 500쪽에 육박하는 글 속에서 다윈은 상세하고 상세하게 논증에 논증을 거듭하면서 자신의 진화론이 우월함을 증명한다. 『종의 기원』은 즉각적으로 과학자와 지식인 아마추어들 사이에서 베스트셀러가 되었고, 다윈은 결국 독자들을 지반이 흔들리는 듯한 느낌 속에, 성경에 나오는 종의 기원에 대한 설명은 타당성이 없으며 자연주의적인 설명으로 대체되어야 한다는 느낌 속에 빠뜨렸다.

거의 책 전체를 통틀어 다윈은 인간에 대한 언급을 피했다. 그러나 마지막에서 세번째 단락에서 그는 자연 속에서 인간의 위치에 대한 논의를 시작하여 아마도 과학사 전체에서 가장 숙명적이라 할 만한 다음과 같은 말을 했다. "인간의 기원과 역사가 환히 밝혀질 것이다." 다윈은 다른 사람들이 진화론을 발전시키길 바랐지만, 심지어 그의 추종자들조차 인간의 기원을 그와 다르게 해석하는 경향성이 있음을 보고 실망하여 단호한 어조로 『인간의 유래 The Descent of Man』(1871)를 썼다. 이 작품에서 그는 인간의 조상이 유인원과 유사했다고 분명히 밝혔고, 심지어 진화는 인간의 신체적 특징을 산출했을 뿐 아니라 본능과 행동과 지능과 감성과 도덕성의 발달에도 기여했다고 주장했다.

오늘날 다윈의 이론은 상당한 정도로 입증되어 그의 이론적 총명함을 증언한다. 그가 『종의 기원』을 집필하던 시기에는 유전학, 아니 일반적으로 유전의 생화학이 전혀 알려지지 않았다. 지구가 수천 살 이상의 나이를 먹었다는 확실한 증거조차 존재하지 않았다. 게다가 인간과 유사한 화석이 아직 발견되지 않은 상태였으므로(네안데르탈인의 뼈는 처음에 현대 유럽인의 유골이라 여겨졌다), 인간과 유인원 사이엔 거대한 차이가 있는 것처럼 보였다. 이후 한 세기 동안 퍼즐 조각들이 정확하고 규칙성 있게 맞추어지면서 이론은 인정된 사실로 변해갔다. 그러나 다윈의 이론은 그가 살아 있을 동안에는 과학자 사회의 보편적인 인정을 받지 못했다.

유전 기제가 어떻게 작동하고 어떻게 변이가 발생하여 집단 속에 정착하는가—'전혀 모르거나 어슴푸레하게만 파악된 다양한 변이의 법칙들'—에 대한 다윈의 부족한 이해는 그의 논증에서 약점으로 남았다. 동시대인들과 마찬가지로 그는 유전이 두 가지 색소를 섞어 중간색을 산출하는 것과 유사한 혼합의 과정이라 생각했다. 그러나 유전이 혼합을 통해 일어난다면, 어떻게 더 우수한 개체들이 자신의 우수성을 집단 전체로 퍼뜨릴 수 있겠는가? 우수한 형질은 오히려 몇 대 지나지 않아 처음엔 희석되고 나중엔 반복되는 혼합에 의해 완전히 사라질 것이다. 다윈은 혼합의 효과가 가장 적은 섬이나 기타 고립된 소집단에서 새로운 종들이 기원하며 우연의 법칙에 의해 우수한 변이가 집단 전체로 확산된다는 생각을 피력하기도 했다. 그러나 소집단에서도 혼합은 새로운 종의 형성을 막는다는 사실이 밝혀졌다. 동일한 논거에 기초할 때, 의태mimicry 진화—예를 들어 서로 다른 종의 두 마리 나비가 어떻게 동일한 외관을 가질 수 있는가?—역시 다윈으로서는 풀기 어려운 심각한 난점이었다.

또 하나의 치명적인 비판은 예기치 못한 권위자들, 즉 물리학자들에게서 나왔다. 진화가 긴 시간을 필요로 한다는 것은 다윈 이론의 근본적인 명제였다. 『종의 기원』 초판에서 다윈은 단일한 지질학적 층이 형성되는 데 걸리는 시간이 3억 년이라고 언급했다. 이는 생명이 수억 년 혹은 심지어 수십억 년에 걸쳐 진화했을 것이라는 추측을 함축했다. 공교롭게도 다윈의 견해가 공표되었을 당시에 물리학, 특히 열역학 제1법칙과 제2법칙에 기초한 물리학은 전례 없는 일관성과 권위를 획득하기 시작했다. 막강한 권위자인 윌리엄 톰슨William Thomson(켈빈 경Lord Kelvin)을 비롯한 물리학자들은 지구의 복사냉각radiational cooling에 대한 당대의 지식과 태양의 연소(태양은 불타는 석탄 덩어리와 유사하다고 여겨졌다)에 대한 추측에 의거할 때 전적으로 정성적인 다윈의 이론이 요구하는 그 엄청난 시간은 있을 수 없다고 선언했다.

다윈은 20년 동안 여러 비판에 응수했다. 그 과정에서 그는 참된 다원주의자이길 그치고 라마르크주의자의 색채를 띠게 되었다. 그는 계속해서 자연선택을 강조했지만, 어쩌면 자연선택이 종 변화의 유일한 기제가 아닐 수도 있다고 시인했다. 다윈은 그러나 진화에 필요한 시간에 관해서는 물리학자들의 권위에 굴복하지 않고, 우리는 "지구의 나이를 안심하고 추측할 수 있을 만큼 충분히 우주와 지구 내부의 구조를 알지 못한다"고 말했다. 그리고 과거에는 진화의 속도가 더 빨랐을 수도 있다고 주장했다. 다윈은 심지어 환경적인 요인이 라마르크가 주장한 대로 식물과 동물의 집단 전체에 영향을 미칠 가능성을 인정했다. 다시 말해서, 그는 환경에 의한 집단의 전면적인 변화를 인정함으로써 개체 변이의 중요성을 축소시킨 것이다. 1867년에 출간한 『길든 동물과 식물의 변이에 관하여』에 포함된 특별한 절에서 다윈은 획득 형질의 유전 기제와 관련해서 이른바 '범생설汎生說'(pangenesis. 환경과 상호작용하는 개체의 몸 전체에 제뮬gemmule이라는 것이 퍼져 있다가 생식세포로 모여 자손에게 전달되고, 그 제뮬이 다시 자손의 몸 속에 퍼져서 어버이의 획득 형질을 나타낸다는 주장—옮긴이)의 윤곽을 제시했다. 다윈의 걸작 『종의 기원』은 나중에 지적인 고민 속에서 출간된 재판들보다 초판이 그의 통찰을 더 명확하게 보여준다.

보수적인 빅토리아 세계는 『종의 기원』에 즉각적으로 강력하게 반발하면서 진화에 대한 다윈의 견해에 맞섰다. 『종의 기원』이 출간되고 불과 몇 달 뒤에 있었던 과학 발전을 위한 옥스퍼드 영국인 협회 British Association for the Advancement of Science at Oxford의 회의에서 첫번째 주요 비판이 제기되었다. 공식적으로 이루어진 논쟁에서 옥스퍼드 영국 국교 주교였던 새뮤얼 윌버포스Samuel Wilberforce는 다윈과 진화론이 인간과 유인원을 동일시한다고 비난했다. 이에 다윈의 열렬한 추종자로서 '다윈의 불도그bulldog'라는 별명을 얻은 헉슬리T. H. Huxley는 통렬한 풍자로 응수했다(윌버포스가 헉슬리에게 '그래, 당신은 할아버지가 유인원이오, 아니면 할머니가 유인원이오?'라고 묻자, 헉슬리는 이렇게 답했다고 한다. '난 진실을 두려워하는 인간이 되느니 차라리 유인원의 자손이 되겠소.'—옮긴이).

진화론 옹호자들이 공적인 무대에서 싸우는 동안에 다윈은 뒤로 물러나 다운에서 가족과 농장을 돌보며 연구를 계속했다. 몇 년이 흐르는 동안 그는 동물의 감정, 식물의 수정과 타가수정cross-fertilization, 식충식물, 덩굴식물, 지렁이의 활동에 관한 중요한 저서들을 출간했다. 저서들은 모두 진화론적인 시각을 채택했고 자연선택 원리를 기본 틀로 삼았지만, 그 어느 것도 생명의 역사를 진화의 관점에서 이해해야 한다는 점을 당대 과학계에 완전히 납득시키는 데 성공하지 못했다. 다윈은 1882년에 사망했다. 다윈의 사상은 빅토리아 사회의 기반을 위협했고, 다윈은 다윈 경이 되지 못했다. 그러나 그 친절한 늙은이는 분명 영국 과학과 문화의 위인들과 어깨를 나란히 하고 있었다. 다윈은 웨스트민스터 사원의 아이작 뉴턴 경의 곁에 안장되었다.

신다윈주의 종합설

역설적이게도 다윈이 직면했던 주요 문제 중 하나는 『종의 기원』이 출간되고 불과 6년 후에 오스트리아 수사 그레고어 멘델Gregor Mendel(1822~1884)에 의해 해결되었다. 멘델은 스스로 행한 식물 교배에 관한 실험의 보고서를 통해 유전이 혼합의 과정이 아니라 각각의 형질을 개별적인 단위로 보존한다는 것을 보여주었다. 단위들―훗날 유전자라 명명되었다―은 세대에서 세대로 전달되며 결코 혼합되지 않기 때문에 유용한 형질을 보존하고 결국 집단 전체로 퍼뜨릴 수 있다. 멘델이 발표한 보고서는 거의 완전히 무시되었고, 1900년에 이르렀을 때 다윈의 자연선택에 의한 진화론은 과학계의 중심에서 한참 멀리 밀려나 있었다. 사실상 20세기 벽두에는 다윈 혁명이라는 말조차 이해할 수 있는 사람이 드물었다.

1900년 이후 여러 과학 전통이 결합하여 신다윈주의 종합설이라 불리는 개선된 진화론을 산출했다. 방사능의 발견과 아인슈타인이 1905년에 발표한 물질과 에너지의 등가성은 켈빈 경이 추정한 지구의 나이에 대한 다윈의 의구심을 정당화했다. 20세기 전반기에 태양계의 추정 나이는 처음에 수백만 년에서 수십억 년으로 점차 증가했고, 마침내 진화론이 요구한 시간이 확보되었다.

20세기 벽두에 몇 명의 연구자가 동시에 멘델의 개별 유전 원리를 재발견했다. 1900년 휘고 드브리스Hugo de Vries는 돌연변이 이론을 소개하여 진화에 필요한 변이의 기제를 하나 더 추가했고, 또 진화 과정을 가속시킴으로써 한정된 시간 안에 종들이 기원한 것을 더 설득력 있게 설명할 가능성을 향상시켰다. 역설적이게도 일부 과학자들은 멘델의 유전 법칙과 돌연변이 이론만 있으면 다윈의 자연선택이 없어도 진화를 설명할 수 있다고 생각했다. 그러나 다윈주의는 결국

1940년대에 유전의 단위인 유전자들이 매우 복잡한 패턴으로 조합되어 작은 변이들을 산출하고 변이에 자연선택이 작용한다는 것이 밝혀지면서 생물학적 다양성에 관한 새로운 패러다임으로 채택되었다.

　20세기 이전에 이미 발달된 착색 기술 덕분에 염색체―세포의 핵 속에 있는 실 모양의 구조물―가 발견되었고, 아우구스트 바이스만 August Weismann은 1880년대에 염색체 속에 유전의 단위가 들어 있지 않을까 추측했으며, 그것은 곧 입증되었다. 토머스 헌트 모건Thomas Hunt Morgan(1866~1945)과 동료들은 1910년대와 20년대에 컬럼비아 대학의 유명한 '파리 연구실fly room'에서 초파리Drosophila melanogaster를 대상으로 실험하여 멘델의 유전 법칙을 입증했고 유전의 기초가 염색체임을 입증했다. 영국에서는 피셔R. A. Fisher를 비롯한 집단 유전학 전문가들이 한 개체의 생존 투쟁에 이득이 되는 변이 하나가 충분한 시간이 지나면 집단 전체의 특징이 된다는 것을 수학적으로 보여주었다. 이 같은 연구 전통은 1930년대 후반과 1940년대 초반에 출간된 일련의 과학 저술에 의해 종합되었다. 유명한 것들로 테오도시우스 도브잔스키 Theodosius Dobzhansky의 『유전학과 종의 기원』(1937), 줄리언 헉슬리Julian Huxley의 『신종합설』(1942), 에른스트 마이어Ernst Mayr의 『종의 기원과 체계』(1942)를 꼽을 수 있다. 이 외에도 여러 책이 다윈이 1859년에 제시한 윤곽을 따르면서 완벽하고 설득력 있는 진화론을 제시했다.

　그러나 유전의 물질적인, 생화학적인 기초는 여전히 미궁에 빠져 있었다. 1940년대에 세포핵의 핵심적인 구성 요소는 DNA―디옥시리보 핵산―라는 유기산인 것처럼 보였다. DNA는 탄소, 수소, 질소, 산소, 황으로 이루어진 흰색 가루 형태였다. 1953년 박사후 과정에 있던 제임스 왓슨James Watson과 대학원생이었던 프랜시스 크릭Francis Crick은 DNA의 분자 구조를 밝혀냈다. 그들은 DNA 분자가 이

중나선 모양이며 유전과 새로운 변이 발생의 기제라는 것을 보여주었다. 왓슨과 크릭은 이 중요한 발견의 공로로 1962년에 노벨상을 받았다. 그들의 발견은 한 세기에 걸쳐 진행된 연구에서 가장 중요한 성취였고, 생명의 암호는 화학적 구조로 환원되었다.

사회적 생존투쟁

오늘날 생명과학 종사자들과 기타 다양한 관련 분야 종사자들은 다윈주의적인 진화를 인정하고 있으며, 다윈주의의 원리들은 과학적 이해와 연구에 지침을 제공하고 있다. 그럼에도 다른 과학 분야에서는 진화론의 일부 함축에 관한 논란이 있었고 지금도 그러하다.

애초부터 다윈주의는 신을 자연으로 대체함으로써 종교적 감성과 성경의 권위에 결투를 신청했다. 1925년 공립학교 교사인 존 스코프스John Scopes가 다윈주의를 가르치지 말라는 주법州法을 어겼다는 이유로 기소되어 행해진 테네시 '원숭이 재판'은 지금도 악명 높은 사례로 남아 있다. 논쟁은 오늘날에도 계속되고 있다. 진화 그 자체에 대한 과학계에서의 논쟁은 없지만, 공립학교에서 진화론을 가르칠 것인가 아니면 '과학적 창조론'을 가르칠 것인가에 대한 논쟁이 벌어지고 있으며, 교과서 출판업자들은 부끄럽게도 교과서에서 진화론에 대한 언급을 거의 삭제했다. 신학의 영역에서는 근본주의자들을 제외한 주요 종교적 권위자들이 성경을 문자 그대로 받아들이지 않는 해석법을 채택하는 한편, 인간의 신체적 진화의 어느 한 시점에 신이 개입하여 비물질적인 영혼을 주입했다고 주장함으로써 진화의 일반 원리를 어느 정도 받아들였다.

사회과학과 철학의 영역에서는 다윈주의적인 개념을 적용하여 인간의 본성을 설명하는 것을 둘러싸고 격렬한 논쟁이 벌어졌다. 최초의 논쟁은 이른바 사회적 다윈주의Social Darwinism―사회의 조직, 특히 계급화를 생존 투쟁에 기초하여 생물학적으로 설명할 수 있다는 주장―에 의해 촉발되었다. 미국의 사회적 다윈주의는 계급뿐 아니라 인종도 인생의 성공 여부를 결정한다고 주장하면서 사회학적·심리학적 분석론의 색체를 띠는 경향이 있었다. 그 이론의 일반적 함축은 온갖 불평등이 팽배한 현 상태가 인간의 유전적인 특징에 의해 결정되었으며 사회적 개혁에 의해 쉽게 개선될 수 없다는 것이었다.

사회적 다윈주의의 다양한 유파들은 일련의 정치적·경제적·사회적 입장들에 이데올로기적 뒷받침을 제공했다. 예컨대 미국의 사업가 앤드루 카네기Andrew Carnegie는 『부의 복음Gospel of Wealth』(1900)이라는 책을 써서 냉혹한 방임 자본주의, 재산과 이익의 신성함, 사회주의 및 공산주의에 대한 과학적 반박을 사회적 다윈주의에 기초하여 정당화했다. 다른 사람들도 명목상 진화론과 유사하면서 카네기의 것과 마찬가지로 허울만 좋은 논증을 펼쳐 나치의 인종주의를 옹호하고 계급투쟁과 우생학과 '열등한' 인간의 단종斷種과 남성의 여성에 대한 우월성을 지지했다. 그러나 미국 사회과학자들의 주류는 사회적 다윈주의를 거부했다.

인간의 진화를 과학적으로 어떻게 이해할 것인가의 문제도 논쟁의 장에 등장했다. 어느새 오스트랄로피테쿠스―500만 년 전에 살았던, 유인원과 현대의 인간을 연결하는 이족보행 동물로 지금은 멸종했다―는 최소한 세 종이 발견된 상태였고, 오스트랄로피테쿠스의 후손으로 현대인 즉 호모 사피엔스 이전에 있었던 인간의 조상은 최소한 두 종이 발견된 상태였다. 이 같은 발견은 다윈의 진화론에 대한 입증으로 간주될 수 있다. 그러나 보편적인 합의는 인간의 신체적 형질의 진화에 대해서만 이루어졌다. 인간의 정신적·행동적 특징들은 사회

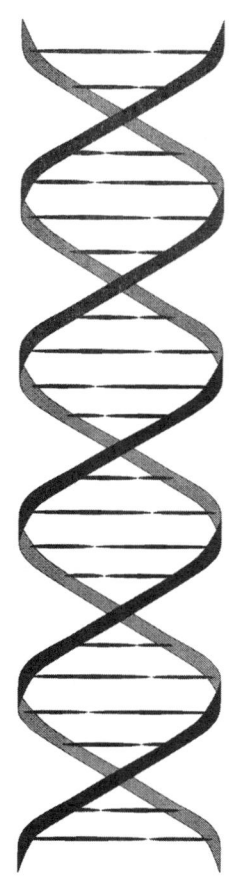
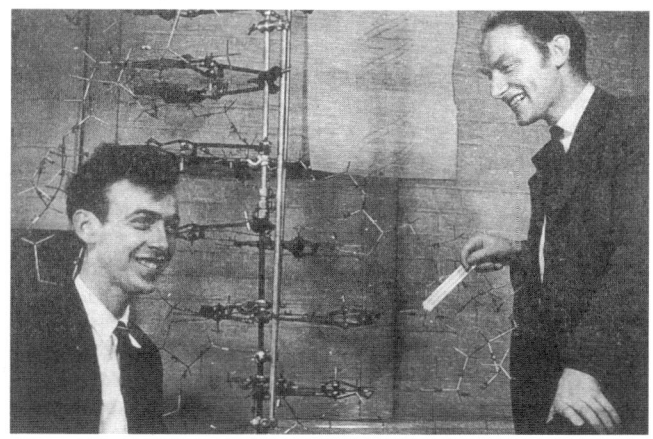

그림 15.3_이중나선. DNA의 이중나선 구조는 1953년 제임스 왓슨과 프랜시스 크릭에 의해 발견되었다. 이로써 유전의 물질적 기초가 무엇인지, 또 새로운 변이들이 어떻게 종의 변화를 일으킬 수 있는지 알게 되었다. 이중나선 구조의 발견은 유전학과 생화학에 새로운 시대가 도래했음을 알리는 신호탄이었다.

과학의 영역으로 남았으며, 그 영역 속에서 온갖 이론이 의식의 신성함을 유전자와 자연선택의 침입으로부터 보호했다. 사회학자 에밀 뒤르켐Emile Durkheim은 사회적 다윈주의에 대한 반발로 사회적 상황은 철저히 사회적 사건들을 통해 설명해야 한다는 원리를 공표함으로써 사회과학과 생명과학 사이에 장벽을 세웠다. 사회적 다윈주의의 과학적 기반이 튼튼하지 못한데다 저명한 사회과학자 대부분이 자유주의적인 성향이 있었기 때문에 뒤르켐의 원리는 20세기 전반기를 지배했다. 그리하여 사회과학과 심리학에 생물학을 도입하려는 시도는 경멸의 대상으로 취급되었다.

이러한 상황은 1930년대에 다윈주의 자체가 명료화되면서 바뀌기 시작했다. 오스트리아의 동물학자이며 노벨상 수상자인 콘라트 로렌츠Konrad Lorenz(1903~1989)는 자연적인 조건하에서 동물의 행동을 과학적으로 연구하는 동물행동학ethology을 창시했고, 추종자들과 함께 정신적·행동적 특징의 유전적 기반을 탐구했다. 몇몇 자연과학자가 인간의 행동에 관심의 초점을 맞춘 것은 불가피한 일이었다. 이런 추세는 1975년에 에드워드 윌슨Edward O. Wilson의 『사회생물학 Sociobiology』이 출간되면서 더욱 강화되었다. 윌슨의 책은 인간의 사회적 삶을 다윈주의적인 진화를 통해 연구할 수 있다는 주장을 담은 획기적인 작품이었다. 그 책은 사회생물학이 '생물학적 결정론'이며 현 상태의 가장 바람직하지 않은 특징의 일부를 정당화한다는 이데올로기적 반발을 불러일으켰다. 일부 사람들에게는 사회생물학이 매우 못마땅할 수 있겠지만, 사회생물학 옹호자들은 한때 그들에게 쏟아진 정치적 비난으로부터 결백하다. 1970년대 이후 사회생물학 연구는 주로 인간이 아닌 동물의 사회적 행동에 초점을 두고 폭발적으로 증가했다.

다윈주의가 최종적인 승리를 위해 넘어야 할 산이 또 하나 있었다. 그것은 획득 형질이 유전될 수 있다는 핵심적인 주장으로 축소된 라마르크주의였다. 라마르크주의의 매력은 환경이 진화 과정에 직접적인 영향을 미치며 따라서 새로운 종이 신속하게 산출될 수 있다는 가정에 있었다. 이미 언급했듯이 다윈 자신은 변이를 설명하기 위해 노력하는 와중에 라마르크주의의 원리를 수용했다. 라마르크주의는 20세기에도 몇몇 학파에서 우호적인 대접을 받았다. 예컨대 탁월한 심리학자 장 피아제Jean Piaget는 특정 주제와 관련해서 라마르크주의를 수용했고, 소련 정부는 1940년대에 몇 년 동안 식물 교배를 통해 농업을 신속하게 발전시킬 수 있으리라는 헛된 희망을 품고 라마르크주의를 법적으로 지원했다. 그때 이후 라마르크주의는 지지 기반을 잃었으며 일반적으로 퇴출되었다. 때로 '유전학의 중심 교리Central Dogma of Genetics'라는 어마어마한 명칭으로 불리는 명제는, 모든 유전적 형질을 결정하는 부호를 DNA가 가지고 있으며 형질의 변형이 DNA에 영향을 미치는 기제는 존재하지 않는다고 말한다. 이중나선의 화학은 라마르크주의에 울린 최종적인 조종弔鐘이었던 것이다.

오늘날 다윈주의는 많은 연구 분야의 패러다임이다. 진화가 어떻게 작동하는가—예컨대 진화가 점진적으로 진행되는가 아니면 돌발적으로 진행되는가, 또는 유전적 형질은 얼마만큼 적응력이 있는가—에 대한 과학자들의 견해는 전문적인 부분에서 불일치하기도 하지만, 종들이 진화의 산물이며 진화의 주요 기제는 자연선택이라는 근본적인 교설에 대해서는 사실상 보편적인 동의가 이루어졌다. 지난 150년 동안 생명과학은 대체로 다윈의 일생을 되풀이했다. 생명과학도 다윈처럼 처음엔 기독교에 충실한 학생이었지만 나중엔 생명의 다양성이 자연의 작품이라는 인식에 도달했다.

도구 제작자, 지휘봉을 잡다

산업혁명은 18세기 후반과 19세기 초에 먼저 영국의 사회와 경제를 변화시켰다. 그러나 세계적인 시각으로 보면, 산업화의 과정은 19세기 말까지도 완성되지 않았다. 실제로 농업경제에서 산업경제로의 이행은 19세기에 점점 가속되었고 지금도 진행 중이다. 뿐만 아니라 산업화의 궁극적인 결론은 아직 불분명하고, 지구라는 행성에서 인류의 운명은 몹시 불안정하다.

산업혁명의 확산

세계적인 산업화는 영국에서 퍼져나간 물결 속에서 1820~40년에 시작되었다. 벨기에, 독일, 프랑스, 미국은 첫번째로 산업화의 물결에 휩쓸린 국가들이었다. 독일의 도시 인구는 1900년에, 프랑스와 미국의 도시 인구는 1920년에 50퍼센트에 도달했다. 이어서 네덜란드, 스칸디나비아, 에스파냐 일부, 이탈리아 북부가 산업문명의 핵심 지역에 추가되는 동안, 유럽 대륙과 북아메리카에서의 산업화의 확산은 전혀 균형적이지 않았다. 예컨대 동유럽의 대부분과 산업화된 국가의 고립 지역은 세계의 대부분이 그랬듯이 20세기가 시작되고 한참이 지난 후에도 농업적이고 전원적인 상태를 유지했다.

비록 국가적·지역적 차이가 작은 영향을 미치긴 했지만, 산업화의 모든 사례는 일차적으로 제철 산업, 직물 산업, 철도를 중심으로 했고 나중엔 전기 산업을 중심으로 했다. 산업이 지속적으로 강화되면서 건축, 식품 가공, 농업, 가사의 분야에서 새로운 활동 영역이 형성되었다. 앞 장에서 논했듯이, 전기학과 화학의 발전과 함께 전혀 새로운 과학적 산업이 등장했다. 성장한 서비스 분야가 핵심 산업을 보조했고, 여성들은 흔히 사무원, 교사, 간호사, 비서로, 그리고 1876년 알렉산더 그레이엄 벨Alexander Graham Bell이 전화를 발명한 후에는 전화 교환원으로 고용되었다. 그리고 산업의 발달이 뿌리를 내린 모든 곳에서 고등교육이 마침내 진보하는 산업을 반영했다. 기술자, 간호사, 교사, 건축가는 19세기에 대학에 해당 교육 프로그램이 편성되면서 전문 직업이 되었다. 기술 교육은 아직 과학의 응용적 가치가 충분하지 않았던 시절에도 기초 과학을 대폭 수용했다(또 그 수용의 폭은 점점 더 커졌다).

이 같은 발전은 1870년대에 유럽과 미국을 세계를 지배하는 세력으로 올려놓았다. 새로운 식민지 개척의 시대가 열렸고, 이른바 19세기 신제국주의의 막이 올랐다. 영국의 인도 지배가 공고해졌고 동남아시아와 아프리카에 새로운 프랑스 식민지가 건설되었으며, 러시아의 세력이 아시아를 가로질러 동쪽으로 뻗어나갔다. 서양인들이 중국을 침범했고 일본이 1853~54년에 미국의 강압에 의해 개항했고 1870년 이후 유럽 세력이 '아프리카 쟁탈전'을 벌였다. 여기에서 강조할 필요가 있는 사실은 유럽과 미국이 덜 발달한 나라들을 지배할 수 있었던 것이 산업화를 독점했기 때문이라는 점이다. 다른 나라들은 무기, 철도, 전기, 선박 생산에서 유럽 국가들이나 미국에 필적할 만한 자원이나 기술이 없었다. 서양 세력의 세계 제국은 1914년에 전 세계의 84퍼센트를 차지했다.

산업화의 확산은 유럽 식민주의의 역사와 밀접하게 연결된다. 좋은 예로 인도를 살펴보자. 유럽의 산업혁명과 1858년 영국 정부의 공식적인 점령 이전에 인도는 전세계에서 기술적으로 가장 발달한 지역 가운데 하나였다. 정치적 독립을 잃은 후, 인도에 찾아온 것은 사실상 번창한 전통적인 경제를 밀어내는 탈산업화deindustrialization였다. 철도는 영국의 효과적인 인도 지배에 필수적이었으므로 당연히 신속하게 건설되었으며, 인도 최초의 철도는 1853년에 개통되었다. 기술자들은 1870년까지 7,200킬로미터의 철도를 깔았고, 1936년의 인도 철도망은 총길이 6만 9천 킬로미터로 세계 4위에 도달했다. 모스의 전신선이 아메리카에 가설된 지 채 10년도 안 되어 인도에 말 그대로 철도 옆에 전신 시스템이 등장했다. 1857년까지 7,200킬로미터의 전선이 걸렸으며, 1865년에는 인도와 영국이 전선으로 연결되었다. 그러나 명백하게 확인할 수 있듯이, 이러한 기술은 인도의 산업 발달에 도움을 주지 못했다. 철도와 전신은 오히려 식민지 지배의 도구로, 천연자원과 일용품을 실어가고 영국의 대량 생산 제품을 인도 시장에 쏟아놓기 위한 교통과 통신의 통로로 이용되었다. 그리하여 인도는 예컨대 세계 최대의 직물 수출국에서 수입 초과국으로 전락했다. 인도에서 번창한 전통적인 조선 산업은 19세기에 — 흔히 유럽인들의 하청을 맡았다 — 증기선으로의 이행이 시작되자 완전히 시대에 뒤떨어지고 말았다. 19세기 후반과 20세기에 인도에서 자생적인 산업 활동이 발생했지만, 산업화된 유럽과 접촉하면서 발생한 초기의 효과는 기계에 의한 노동력 대체, 실업, 전통적인 농업 기반에 대한 경시로 인한 빈곤의 악화였다. 인도에서 확인할 수 있는 식민지 착취의 패턴은 유럽인이 들어간 산업화 이전 세계의 거의 모든 곳에서 반복되었다. 한 마디로 말해서 서양 산업 경제의 힘과 성공은 다른 곳에서 독자적으로 산업화가 일어날 가능성을 사실상 짓밟아버렸다. 가난하고 덜 발달한 국가들은 돌격해 오는 유럽인들의 기술적·경제적 힘 앞에서 거의 기회조차 잡을 수 없었던 것이다.

19세기와 20세기에 유럽의 지배력과 더 큰 세계, 특히 아프리카와 아시아에서의 제국주의는 여러 신기술에서 기초를 얻었다. 핵심적인 것은 이른바 '전쟁의 산업화', 즉 전쟁물자의 생산에 산업적 방법을 적용한 것이었다. 한 예로 증기선을 살펴보자. 1800년대에 개발된 증기선은 승객과 화물을 빠르고 안전하게 운반했으며 전세계의 내륙 운항을 발전시켰다. 군함으로 도입된 증기선—영국군은 1823년에 바닥이 평평한 증기선을 군함으로 도입했다—은 1840년대에 중국을 상대로 한 아편전쟁에서 영국의 승리를 확고히 했다. 증기선의 발전은 철갑을 두르고 석탄을 연료로 쓰며 포신에 강선이 새겨지고 뒤에서 장전하는 대포로 무장하여 고성능 폭탄을 쏘아대는 전함에서 절정에 도달했다. 1906년에 진수된 영국 해군함 드레드노트Dreadnought와 같은 떠다니는 요새들은 서양의 세력이 사실상 전세계의 모든 해안 지역으로 침투할 수 있게 해주었다. 38센티미터 대포와 정교한 조준, 장전, 반동 흡수 시스템을 갖춘 전함들은 32킬로미터 거리 안에 있는 목표물을 명중시킬 수 있었다. 구식 대포알을 대체한 폭발성 포탄은 목조 군함의 종말을 가져왔다. 오직 강철steel을 생산할 자원과 기술이 있는 국가들만이 새로운 해전에 참여할 수 있었다.

이러한 무기의 발달은 19세기 후반에 유럽에서 영국, 독일, 프랑스가 벌인 무기 경쟁에 의해 가속되었다. 마침내 자동소총, 노리쇠가 있고 발사 속도가 빠른 소총, 새로운 총알, 잠수함, 자가추진 어뢰, 구축함 함대, 그 밖에 유럽과 비유럽 세계 사이의 관계에서 전형적으로 등장했던 온갖 현대적인 해전 장비와 '군함 외교'가 탄생했다. 1860년대의 미국 내전(남북전쟁)은 군대 이동의 주요 수단으로 철도를 이용함으로써 육상 전쟁의 산업화를 예고했고, 1898년 에스파냐-미국 전쟁에서 미국이 거둔 승리는 새로운 포탑함의 위력과 미국 제국주의의 시작을 알렸다. 전쟁의 산업화는 1차 세계대전에서 더욱 확산되었다. 1차 세계대전에 참여한 전투원들은 잠수함, 탱크, 철도, 항공기, 독가스 등의 산업적 산물에 크게 의지했다. 특히 독가스는 과학자와 과학과 화학 산업이 전쟁에 참여했음을 분명하게 보여준다. 실제로 1차 세계대전은 화학자들의 전쟁이라 불렸다. 마지막으로 양차 대전 사이의 시기에 군용 항공기와 차량이 급속도로 발달하여 유럽의 제국주의와 식민지 지배를 공고히 한 새로운 무기들이 등장했다. 군사 기술과 산업의 발달은, 19세기 말에 지난 세기에 증기기관과 철도의 발달이 그랬던 것처럼, 상호 보완적으로 이루어졌다.

러시아의 산업화는 유럽을 거점으로 한 산업문명이 동쪽으로 확산되는 계기가 되었다. 부분적으로만 유럽 국가였던 19세기의 러시아는 전통적인 농업경제를 보존하고 있었다. 차르의 정부는 나라가 명백히 외세의 식민지가 되는 것을 막았지만, 산업화는 외국(거의 대부분 영국)의 전문가와 자본에 의존하여 이루어졌다. 다른 한편, 철도 건설은 아시아를 향한 러시아 자국의 제국주의적 확장을 위한 발판을 제공했다. 모스크바와 상트페테르부르크를 연결하는 철도는 1851년에 개통되었다. 러시아 철도의 총길이는 1860년에 1,100킬로미터에서, 1878년에 2만 킬로미터, 1894년에 3만 4천 킬로미터, 1900년에 5

만 8천킬로미터로 급증했다. 시베리아 횡단 철도의 첫번째 구간은 1903년에 개통되었다. 1913년에 러시아 철도는 총길이 6만 9천 킬로미터를 돌파했고, 러시아는 세계 5위의 경제 대국이 되었다.

1917년의 러시아 혁명 이후 들어선 소련 정부는 국가의 산업화에 박차를 가했다. 소련의 산업 발전은 1930년대에 사상 최고의 속도로 이루어졌다. 1940년대 후반에 소련은 2차 세계대전의 부담에도 불구하고 세계 2위(1위는 미국)의 생산 경제를 갖추었다. 석탄, 철, 강철 생산과 같은 중공업과 화학공업, 전기 생산, 그리고 도시화가 소련의 산업 발전을 이끌었다. 공무원들은 강압적인 국가 계획을 통해 소련 경제를 변화시킬 수 있었다. 극도로 비효율적인 계획도 허다했지만 엄청난 인력이 투자되었고, 정부는 교육, 의료, 양육, 여가생활 등 노동자의 삶에 많은 관심을 기울였다. 소련의 산업 발전은 다른 곳의 산업화와 거의 무관하게, 그리고 적어도 공식적으로는 1933년까지 유지된 미국의 통상 금지와 같은 서양의 적대적인 반응을 극복하면서 이루어졌다는 점에서 산업화의 역사에서 예외적인 사례이다. 이제 해체된 소련의 산업이 미래에 어떻게 발전하게 될 것인가는 역사가들이 깊은 관심을 가지고 연구하는 부문이다.

세계 산업 경제의 발전 역사에서 주목할 만한 또 하나의 사례는 일본이다. 1870년까지도 산업의 발전은 서양에 국한되어 있었다. 일본은 유럽인이 채운 족쇄에서 벗어난 최초의 국가였다. 1854년 강압에 못 이겨 해외 교역을 시작한 일본은 인도와 달리 정치적 독립을 유지할 수 있었다. 1868년의 메이지 유신Meiji Restoration으로 일본의 봉건정부는 종말을 맞았고, 전통적인 상인 계급과 진보적인 공무원들이 연합하여 산업 발전을 이끌기 시작했다. 1870년에 창설된 산업부 Ministry of Industry는 이후 지속된 국가의 산업에 대한 계획과 지원을 정착시켰다. 최초의 투자는 철도에 집중되었다. 도쿄와 요코하마를 잇는 최초의 철도는 1872년에 개통되었다. 조선 산업 역시 일본의 천연자원 부족을 메우기 위한 교역을 증진할 목적으로 일찍부터 지원을 받았다. 비단 생산의 기계화는 초기의 산업 정책이 반영된 또 하나의 사례였다. 일본의 인구는 1868년의 3천만 명에서 1900년의 4천5백만(1940년에는 7천3백만) 명으로 치솟아 산업 노동자 계급이 형성될 수 있는 발판을 제공했다. 유럽과 확연히 다르게 일본 산업화 초기의 노동자는 상당히 높은 비율(50퍼센트 이상)이 여성이었다. 일본 문화의 특징인 가부장주의와 집단 정체감은 사회적·정치적 분쟁이 서양보다 덜 일어나면서 쉽게 산업 경제로의 이행이 이루어지는 데 기여했다. 20세기에 일본은 또 하나의 제국주의 세력으로 우뚝 섰다. 일본은 1904~05년에 러시아와의 전쟁에서 승리했고 1930년대와 40년대에 동아시아와 태평양으로 진출했다. 일본의 산업 발전에 과학이 기여한 바는 거의 없었던 것으로 보인다. 최초의 일본 대학은 1880년대에 이르러서야 설립되었다.

"당신의 시보레* 안에서 미국을 보세요"

(1911년에 설립되어 1918년에 제너럴 모터스에 합병된 미국 자동차 회사, 혹은 그 회사가 생산한 자동차―옮긴이)

미국은 20세기에 세계 최강의 산업 국가가 되었다. 주로 농업 사회였던 미국이 어떻게 거대한 산업 국가로 탈바꿈했는가에 대한 설명은 아직도 명쾌하게 이루어지지 않았다. 미국의 어마어마한 농업적 잠재력과 풍부한 천연자원이 산업화에 크게 기여한 것은 확실하다. 그러나 미국을 산업문명의 선두주자로 올려놓은 일등공신은 헨리 포드가 개척한 미국의 자동차 공업과 대량 생산 기술이었다.

증기기관은 19세기 말까지 산업과 교통—기차와 증기선—의 주요 동력원으로 사용되었다. 1880년대에 독일 기술자들에 의해 효율적인 가솔린 내연기관과 디젤 내연기관이 개발되어 새로운 주요 동력원으로 등장했다. 새로운 내연기관은 마차와 결합하여 자동차가 되고 쟁기와 결합하여 트랙터가 되어 말을 쓸모 없게 만들었다. 내연기관으로 작동하는 자동차는 1880년대에 처음 개발되었다. 그 '말 없는 마차'는 1890년대에 대중적인 위력을 발휘하기 시작했다. 1900년에 미국에서 판매된 자동차는 4천 대였고, 1911년에는 미국의 도로 위를 60만 대의 자동차가 오고 갔다. 미국의 자동차 수는 1915년에 89만 5천 대로, 1927년에 370만 대로 치솟았다. 초기의 자동차 중 일부는 전기나 증기로 작동했지만, 결국 내연기관이 가장 성공적인 동력원으로서 경쟁을 평정했다.

헨리 포드Henry Ford(1863~1947)는 영웅주의적인 색채를 띤 미국 기술사 서술들에서 미국 자동차 공업을 창시한 외로운 선지자로 묘사된다. 독학으로 기술을 익힌 기계공이었으며 평생 동안 대학을 졸업한 전문가들을 혐오했던 포드는 1893년에 처음으로 자신의 자동차를 제작했다. 10년 후 그는 포드 자동차Ford Motor Company를 설립했다. 포드는 '대중을 위한 자동차'를 생산하겠다는 뜻을 품고 대량 소비를 위한 대량 생산에 주력했다. 그는 교체 가능한 부품들을 사용하고 조립 라인을 운영한 최초의 인물은 아니었다. 그러나 그는 저렴하고 표준화된 제품을 생산하려는 노력 속에서 조립 라인 생산 기술을 완벽하게 발전시켰고, 그 결과는 극적이었다. 조립 라인을 도입하기 이전인 1908년에 포드 자동차는 T모델—'틴 리치Tin Lizzie'—을 10,607대 생산하여 대당 850달러에 팔았다. 포드는 1913년에 조립 라인을 도입했고, 생산량은 곧 연간 30만 대로 급증했다. 포드는 1916년에 T모델을 대당 360달러에 730,041대 판매했고, 1924년에는 2백

그림 16.1_조립 라인. 헨리 포드에 의해 개량된 조립 라인은 생산을 크게 증가시켰다. 자동차 공업은 많은 하부 시스템의 조합으로 이루어진 기술적 시스템의 좋은 예이다.

만 대를 생산하여 대당 290달러에 팔았다. 1927년에 생산이 중지될 때까지 포드가 만들어낸 T모델은 총 1천5백만 대였다. 포드가 이처럼 전례 없는 생산성에 도달할 수 있었던 것은 공장을 믿을 수 없을 만큼 효율적으로 조직했기 때문이었다. 포드 이전에는 자동차 한 대를 조립하는 데 12시간이 걸렸다. 그러나 포드의 첫번째 조립 라인은 T모델을 93분에 한 대씩 생산했고, 1927년에는 T모델이 24초에 한 대씩 조립되었다. 포드 자동차는 세계 최대의 자동차 생산업체를 넘어서 세계 최대의 산업체가 되었다.

포드는 정말로 대중의 자동차를 창조했다. 1920년대에 이르면 자동차가 더는 부유하고 한가한 호사가들을 위한 특이한 장난감이 아니었다. 자동차는 현대적인 생활의 필수품이자 현대 세계 경제의 주춧돌이 되어가고 있었다. 예컨대 1980년에 전세계에서 어마어마한 오염물질을 뿜어내며 화물과 사람을 운반한 자동차는 승용차가 3억 대, 트럭이 8천5백만 대였다. 1992년에 미국 자동차 회사들의 직원은 212,000명이었고 생산량은 1,410억 달러에 해당했다. 포드가 T모델을 통해 선보인 대량 생산과 대량 소비의 패턴은 현대 생활의 다른 많은 '필수품'에도 적용되었고, 많은 경우에 발명이 필요의 어머니였다.

포드를 미국 산업과 문화의 지형을 혼자의 힘으로 바꾸어놓은 영웅적인 발명가로 보는 것은 너무 안이한 해석이다. 포드의 성취를 더 잘 이해하려면, 그를 수천 명의 노동력을 지휘한 조직가로, 다양한 기술의 연합에 의해 자족적인 단위가 된 현대 자동차 산업의 탄생을 감독한 인물로 볼 필요가 있다. 포드는 자신의 회사에서 젊은 기술자, 주조공, 기계공들로 구성된 상당한 규모의 팀을 지휘하며 최초의 조립 라인을 만들었다. 다른 회사들은 포드의 기술자들을 발빠르게 영입했다. 사실 포드의 개인적인 성격과 완고하고 지배적인 경영 방식은 포드 자동차의 장기적인 성장에 방해가 되었다. 그는 혁신을 거부하면서 이미 전성기를 넘긴 T모델을 고집했다. 그러는 사이에 제너럴 모터스나 크라이슬러 같은 경쟁업체들의 시장 점유율은 더 높아졌다. 포드는 분명 기술사의 주요 인물로 우뚝 서 있다. 그러나 미국 자동차 공업의 역사가 한 개인으로 요약될 수는 없을 것이다.

포드는 원료 확보, 자동차 제작 및 판매를 위한 고도의 조직적 구조를 창조했다. 자동차 공업은 기술사가들이 말하는 기술적 시스템이 무엇인지 보여주는 좋은 예이다. 하나의 기술은 사회적 진공 속에 존재하는 것이 아니라 제작자, 소비자, 그리고 다른 기술과 흔히 복잡한 방식으로 연결되어 있다. 자동차 자체가 이미 연료통, 기화장치, 엔진, 변속기, 제동장치, 현가장치, 전기장치 등 수천 개의 부품으로 구성된 기술적 시스템이다. 1912년에 발명된 전기 시동장치와 1921년에 도입된 현대식 공기 타이어는 부품들의 집합체로서의 자동차를 크게 발전시킨 중요한 혁신이었다. 전기 시동장치는 수동식 크랭크를 밀어냈고 여성들을 자동차 시장으로 끌어들였다.

자동차 생산 과정을 자세히 살펴보면 자동차가 기술적 시스템이라는 사실이 또 한 번 드러난다. 자동차가 미국인의 삶에서 중요한 기술적 장치로 자리잡기에 앞서 다중적인 생산 체계가 도입되어야 했다. 예컨대 하이랜드 파크와 리버 루즈에 있던 포드 공장들은 거대한 공업 단지로 성장하여 서로 협조하면서 여러 개의 하부적인 플랜트plant를 이루어 중심이 되는 조립 공장에 부품을 공급했다. 석탄 가공 플랜트, 주조 플랜트, 철강 플랜트, 시멘트 플랜트 등이 존재했다.

포드 자동차는 자체 소유의 탄광, 유리 공장, 고무 농장, 선박, 철도를 가지고 있었다. 이런 복잡한 생산 활동에서 노동력은 핵심적인 요소였고, 포드는 공장 노동자들의 임금을 극적으로 올려 명성을 얻었다. 당시의 공장 노동 임금은 대개 주당 11달러였는데, 포드는 하루 8시간 노동에 5달러를 지불한다고 선언했다. 노동자들의 조직적 활동에 결코 우호적이지 않았던 포드가 이런 과감한 결단을 내린 것은 일차적으로 안정적인 노동력을 확보하기 위해서였다. 그러나 그의 결단은 포드 자동차의 공장 노동자들 자신이 스스로 만든 제품의 소비자가 되는 효과를 일으켰다.

자동차와 자동차 공장은 자동차가 효율적인 기술적 시스템이 되기 위해 필요한 사회적 활동과 관련 기술로 이루어진 더 큰 연결망의 한 부분을 이룬다. 예컨대 자동차는 휘발유를 연료로 쓴다. 자동차 산업의 폭발적인 성장은 정유 산업의 성장과 원유에서 휘발유를 '정제하는' 기술의 발달에 빌미를 제공했고, 사실상 이런 발달이 있었기 때문에 가능했다. 그리하여 각 지역의 주유소는 자동차라는 거대한 기술적 시스템의 필수 요소가 되었다. 주차장, 정비소, 부품 교환소도 마찬가지였다. 신뢰할 수 있는 도로와 도로망, 교통신호 체계, 교통법규, 자동차 보험, 정부 기구로서의 교통부에 대해서도 같은 얘기를 할 수 있다. 마찬가지로 만약 자동차 중개인과 광고가 없었다면, 자동차 산업은 아무리 줄여 잡아도 전혀 다른 모습이 되었을 것이다. 같은 맥락에서, 1915년에 등장한 자동차 담보 대출과 중고차 보상 판매는 지금도 자동차 시스템의 존속에 크게 기여하고 있는 마케팅 혁신이었다.

대량 생산된 자동차들은 다른 어떤 기술보다 강력하게 20세기 문화를 지배했다. 자동차 산업은 전세계의 산업화에 박차를 가했고, 자동차라는 기술적 시스템이 사회에 미친 충격은 어마어마했다. 하찮은 사례일지도 모르지만, 교외 지역이라는 것이 생겨나 젊은 자가 운전자들의 성생활에 혁신이 일어난 것도 자동차 덕분이었다.

산업화된 세계 속의 부자와 빈자

기술적 혁신은 20세기 산업문명을 계속해서 변화시켰다. 전기가 매우 다재다능한 에너지원으로서 산업과 가정에서 널리 사용된 것은 핵심적인 혁신 중 하나이다. 이런 변화의 결과로 세계의 전기 생산량은 금액으로 환산할 때 1900년 1조 달러에서, 1950년 4조 달러, 1973년 14조 달러로 증가했고, 세계의 도시 인구는 1900년 15퍼센트에서, 1990년 45퍼센트로 2000년에는 50퍼센트 이상으로 증가했다. 이런 변화와 함께 중산층이 확대되고 삶의 질이 향상되었지만, 다른 한편 빈부의 격차가 심해지고 삶의 속도가 감당하기 힘들 만큼 빨라졌다.

산업문명은 20세기에 불평등하게 확산되었다. 서양의 산업사회와 일본은 20세기 말에도 여전히 지배적인 산업 세력이었다. 1950년에 세계의 인구 대부분은 산업화되지 않은 국가에서 살았다. 실제로 20세기 산업화의 충격적인 특징은 전 지구적인 규모에서 부자와 빈자의 격차가 심화되는 것이었다. 예컨대 1990년에 서양은 세계 인구의 20퍼센트를 차지하면서도 상업적 에너지 자원의 70퍼센트를 소비했다. 세계 인구의 상위 10퍼센트는 세계 에너지 전체의 거의 40퍼센트를 소비했다.

덜 발달된 나라들은 지금도 산업화된 국가들에 종속되어 있는 상태이다. 2차 세계대전 이후의 탈식민지화 움직임에 의해 많은 나라가 정치적 독립을 얻었지만, 그 나라들의 경제적 종속 상태는 많은 경우에 개선되지 않았다. 그럼에도 불구하고 2차 세계대전 이후 새로운 산업 국가 혹은 산업화하는 국가들이 등장했다. 그런 국가들로 특히 환태평양 국가인 일본, 홍콩, 대한민국, 타이완을 들 수 있다. 또 여러 '신흥 시장'이 생겨나 기존의 산업 사회를 보완하고 있다. 말레이시아, 싱가포르, 타이, 필리핀, 인도, 중국, 남아메리카 국가들이 그런 신흥 시장이다. 페르시아 만 지역의 석유 산업이나 남아프리카의 다이아몬드 및 금광 산업과 같은 몇몇 경우에는 국가 경제의 특정 분야만 산업화되었다. 이 모든 경우에 성공의 열쇠는 국가의 계획인 것으로 보인다. 현재 중국과 인도에서 일어나는 산업화는—중국과 인도의 인구를 합하면 세계 인구 60억 명의 3분의 1인 20억 명이다—산업문명의 역사를 앞장서서 움직이고 있다.

다른 한편 여러 요인이 종합적으로 작용하여 더 성숙한 산업경제로의 이행이 일어나고 있다. 예컨대 서비스 산업, 정보 산업, 전자 산업, 생명공학이 점점 강조되고 있다. 서양에서는 여성의 상당수가 일터에 뛰어들면서 거대한 사회적 · 경제적 변화가 일어났다. 다국적 기업의 출현은 세계 경제 시스템의 상호 의존적인 융합에 기여했다. 많은

그림 16.2_산업 오염. 오늘날의 발달된 사회에서는 1920년대에 촬영된 이 사진이 보여주는 것과 같은 장면이 점점 드물어지고 있다. 산업체와 정부가 오염 배출을 통제하고 건강한 환경을 보존하기 위해 노력하기 때문이다. 그런 노력은 오염 규제로 인한 비용을 쉽게 충당할 수 없는 개발도상국에서는 비교적 약한 정도로만 이루어지고 있다. 산업문명이 지구의 환경과 지속적으로 양립할 수 있을지에 대해서는 아직 누구도 확언할 수 없다.

다국적 기업은 경제적으로 웬만한 국가 전체보다 강하며, 많은 국가의 경제 정책을 상당한 정도까지 무력화시키고 있다.

산업혁명으로 시작된 과정은 지금도 세계 전역에서 진행되고 있다. 아주 많은 사람에게는 그 과정의 결과가 역사적으로 전례가 없는 건강하고 안락한 삶과 놀랍도록 다양한 기술 장치였다. 그러나 많은 사람이 누리는 물질적 진보는 큰 대가를 치르지 않고 성취된 것이 아니다. 최근 몇 년 동안 선진국들의 실질임금은 하락했다. 소비주의는 오늘날 세계의 많은 곳에서 지배적인 가치관이다. 오염, 원유 유출,

산성비, 오존층 파괴, 쓰레기 처리, 생물학적 다양성 감소 등 현재 우리를 괴롭히는 환경적 문제들은 어마어마하며 돌이킬 수 없는 환경 파괴가 산업화에 동반된다는 사실을 보여준다. 영국의 산업혁명에서 시작된 사건들의 최종 결론은 아직 분명하지 않지만, 세계가 산업을 더 강화하는 것은 이제 불가능한 일인 것처럼 보인다. 다른 한편, 자연을 숙고하는 사상가들은 또다른 거대한 이야기를 만들어내고 있다.

새로운 아리스토텔레스주의자들

헬레나 자연철학의 전통—고대 그리스에서 탄생한, 자연에 대한 순수한 탐구—은 20세기 과학에서도 결정적인 요소의 하나로 유지되었다. 그 전통의 산물로 다양한 분야에서 수많은 이론적 혁신이 일어나 우리의 세계관을 바꾸어놓았다. 물론 20세기 과학의 위력은 자연철학적인 요소보다는 과학이 사회에 미친 실용적인 영향력이 더 큰 것에서 비롯되었다고 해야 할 것이다. 그럼에도 불구하고 순수과학의 전통은 여전히 우리의 지적인 문화를 만들어가는 주요 활동의 하나로 남아 있다.

아인슈타인, 상대성이론, 그리고 양자물리학

20세기 과학 사상의 가장 중요한 성취 가운데 하나는 19세기 물리학의 고전적 세계관을 뒤엎고 물리적 세계의 이해에 혁명적으로 새로운 요소들을 도입한 것에 있다. 흔히 아인슈타인 혁명이라 불리는 이 혁명은 현재 우리가 자연을 바라보는 방식이 형성되는 데 결정적인 역할을 했다.

앞 장에서 우리는 거대한 지적인 종합이 일어나 고전적 세계관이 형성된 과정을 대략적으로 살펴보았다. 독자는 고전적 세계관의 주요 특징을 기억할 것이다. 예컨대 뉴턴적인 절대시간과 절대공간, 변화와 파괴가 불가능한 원자들, 전자기장과 빛의 전파와 열의 복사에 기반을 제공하는 바탕인 에테르를 기억할 것이다. 물질과 에테르가 상호작용하며 에너지의 흐름이 열역학의 엄밀한 수학적 법칙을 따른다는 원리는 19세기 후반기에 물리학자들에 의해 조직된 세계관에 통일성과 단순성과 조화를 더했다.

2,000년 동안 유지된 아리스토텔레스의 과학과 달리 고전적 세계관은 거의 구성되자마자 해체되었다. 19세기의 마지막 10년 동안에 치명적인 문제들이 발생해 당대 물리학을 허물기 시작했고, 20세기 벽두에 이르면 물리과학들이 연달아 위기에 봉착하게 된다.

1887년에 시작한 일련의 실험에서 미국 물리학자 앨버트 마이컬슨 Albert A. Michelson(1852~1931)은 지구의 에테르에 대한 상대적인 운동을 감지하는 데 실패했다. 이론의 예측에 따르면, 멈춰 있는 에테르에 상대적으로 움직이는 지구에서 측정할 경우 빛의 속도는 비록 미약하게나마 변해야 했다. 다시 말해서, 태양 주위를 도는 지구는 멈춰 있는 에테르를 기준틀로 해서 볼 때 6개월마다 반대 방향으로 움직이므로 지구의 운동 방향으로 발사한 광선과 그 반대 방향으로 발사한 광선이 특정 거리만큼 이동하는 데 걸리는 시간에 차이가 있어야 했다. 그러나 매우 정밀하게 실험을 했음에도 불구하고 마이컬슨과 그의 동료 몰리E. W. Morley는 계속해서 기대에 어긋나는 결과를 얻었다. 돌이켜보면, 이들의 '실패'가 아인슈타인의 상대성이론을 위한 길을 예비했다고 볼 수 있을지도 모른다. 아인슈타인의 상대성이론은 마이컬슨-몰리 실험에서 기대된 차이가 감지되지 않는다는 것을 예측하며, 그 같은 사실을 상대운동에 상관없이 광속이 일정하다는 원리를 통해 설명한다. 그러나 실제로 아인슈타인은 다른 경로를 통해 상대성이론에 도달했고, 당대의 물리학자들은 마이컬슨-몰리 실험에 의거하여 고전적인 원리들을 버린 것이 아니라 오히려 '현상을 구제하기' 위해 발벗고 나서서 기존 이론들을 짜깁기하여 에테르 개념을 보존하는 임시방편적인 설명들을 급조했다.

당대 물리학의 위기감을 높인 원인이 몇 가지 더 있었다. 1895년 가을에 독일의 실험가 빌헬름 뢴트겐Wilhelm Röntgen(1845~1923)은 표준적인 실험 장치들로 작업을 하다가 새로운 종류의 복사파인 X선을 발견했다. 아직 고전 물리학의 틀을 완전히 벗어나지는 않은 그 발견은 전자기파의 범위를 기존의 한계 너머로 확장시켰고 스펙트럼과 기존의 실험 방법에 대한 전통적인 전제들을 의문시하게 만들었다.

전자의 발견은 더욱 심각한 문제였다. 이미 1870년대에 과학자들은 진공관을 통과하는 전류가 이른바 음극선이라는 '광선'을 산출한다는 것을 알아냈다. 1897년 영국 물리학자 톰슨J. J. Thomson(1856~1940)은 음극선이 입자들로 구성되어 있음을 보여주었다. 다시 말해서, 음극선은 가장 작은 원자인 수소 원자보다 거의 2,000배 작은 입자들의 흐름이었다. 그러므로 전통적으로 더 나눌 수 없다고 믿어진 원자는 물질의 최소 단위가 아니라는 사실이 드러난 것이다. 이러한 사실을 기존의 물리학과 어떻게 조화시킬 것인가?

1년 후 프랑스 물리학자 앙투안 앙리 베크렐Antoine-Henri Becquerel (1852~1908)은 우라늄 광석이 사진필름에 무늬를 남긴 것을 우연히 발견했다. 그는 또 하나의 예기치 못한 자연현상을 들춰낸 것이었다. 1898년 유명한, 폴란드 태생의 프랑스 과학자 마리 퀴리Marie Curie (1867~1934)는 방사성radioactivity이라는 개념을 창시했고, 이후 몇몇 무거운 원소는 자발적으로 다양한 종류의 복사선을 방출한다는 사실이 분명해졌다. 방출되는 복사선은 전자, 매우 강력한 전자기파(감마선), 알파 입자라 명명된 원자 구성 입자 등이었다. 1901년에 이르러 방사성 붕괴 현상이 명백한 사실로 확립되었고, 방사성 붕괴 과정에서 이를테면 우라늄 같은 원소가 납과 같은 다른 원소로 변환된다는 사실이 밝혀졌다. 이런 변환은 원자의 변화 불가능성 원리를 명백히 위반했다. 원자의 고정성은 마치 종의 고정성처럼 파괴되어 과학적 설명을 요구하는 또 하나의 커다란 수수께끼를 제기했다.

또다른 두 개의 매우 전문적인 수수께끼가 위기를 더욱 심화시켰다. 그것은 이른바 광전효과와 '흑체복사'였다. 1887년 하인리히 헤르츠가 발견한 광전효과는 특정 금속에 빛을 쏘이면 전류가 발생하는데, 오직 빛의 진동수가 일정한 한계 이상일 때만 그렇다는 역설적인 현상이다. 일정한 한계 진동수 이하의 빛은 아무리 많은 양을 쏘아도 전류를 발생시키지 못한다. 흑체 문제는 이상적인 계는 흡수하는 것보다 많은 복사에너지를 방출할 것이라는 역설적인 함축과 관련이 있었다. 즉, 만일 전자기파 스펙트럼이 정말로 연속적이라면, 계에 투입된 빛이나 복사열은 무한히 많은 파동으로 재분배되어 무한한 양의 에너지를 산출할 수 있을 것이다. 이는 기존의 열역학 법칙과 경험적 실험에 명백히 모순되는 터무니없는 함축이었다. 1901년 이후 독일 물리학자 막스 플랑크Max Planck(1858~1947)를 필두로 하여 물리학자들이 내놓은 해석은 빛(혹은 복사파 일반)이 분절적인 에너지 꾸러미 즉 양자 단위로 존재하며, 고전 물리학이 요구하는 무한히 연속적인 에너지로 존재하지 않는다는 주장을 함축했다.

알베르트 아인슈타인Albert Einstein(1879~1955)은 20세기 벽두 물리학의 격동 속에서 지적으로 성숙했다. 실패한 사업가의 아들인 아인슈타인은 어린 시절 조숙한 재능을 드러내지 않았다. 그는 16세에 뮌헨의 김나지움(고등학교)을 중퇴하고 가족과 합류하여 이탈리아로 이주했다. 몇 번의 고비를 넘긴 후, 아인슈타인은 취리히 연방 공과 대학Federal Polytechnic School in Zürich을 다녔고 1900년에 졸업했다. 유대인이어서 대학에 자리를 잡을 수 없었던 아인슈타인은 첫번째 부인과 함께 스위스 베른으로 이주하여 스위스 특허청의 말단 직원이 되었다. 그는 1905년에 취리히 대학University of Zürich에서 박사학위를 받았고, 1909년까지 여가 시간에 물리학을 연구하며 베른에 머물렀다. 그러므로 아인슈타인은 당대 물리학의 혁명을 일으키기에 가장 적당한 입장에 있었다고 할 수 있다. 그는 당대 물리학의 중심 이론들을 전문적으로 잘 배운 사람이었고, 다른 한편 기존의 믿음에 얽매이지 않는 외부자가 되기에 충분할 만큼 젊고 직업적으로 변방에 있었다.

아인슈타인은 1905년에 현대 물리학의 진로를 바꾸어놓은 일련의 위대한 논문을 발표했다. 가장 극적인 논문은 특수상대성이론, 혹은 서로에 대해 일정하게 움직이는 물체들의 물리학을 다루었다. 아인슈타인의 논문들은 물론 매우 전문적이지만, 그 속에 함축된 개념적 새로움은 쉽게 요약할 수 있다. 아인슈타인은 그 어떤 것도 빛보다 빠르게 움직일 수 없다고 선언함으로써 그런 속도 제한이 없는 뉴턴의 역학을 본질적으로 재편했다. 아인슈타인의 결론은 특수상대성이론이었다. 이 이론은 뉴턴의 물리학과 고전적 세계관에서 근본적인 역할을 하는 절대공간 및 절대시간을 동원하지 않고 운동을 해석한다. 아인슈타인의 해석에 따르면, 우주 속에는 특권적인 기준틀이, 표준 시계가 존재하지 않는다. 모든 관찰(예컨대 이 사건이 언제 일어나는가, 이 자가 얼마나 긴가, 혹은 이 물체가 얼마나 무거운가에 대한 관찰)은 상대적이며 관찰자의 위치와 속도에 좌우된다. 자신의 새로운 물리학의 한 귀결로 아인슈타인은 유명한 공식 $E=mc^2$을 제시했다. 이 공식은 고전 물리학이 엄밀히 구별한 두 요소인 질량(m)과 에너지(E)를 빛의 속도(c)를 비례상수로 하여 등치시킨다.

가끔씩, 특히 물리학 수업에서 뉴턴 물리학은 아인슈타인 물리학의 특수한 경우라고 해석되기도 한다. 느리게 움직이는 물체는 뉴턴의 법칙을 따르고 광속에 가까운 물체는 아인슈타인의 법칙을 따른다는 식의 설명을 우리는 종종 접한다. 그러나 이런 설명은 과학 교육에는 도움이 될지 몰라도 역사적 사실을 왜곡하고 아인슈타인의 1905년 논문들이 일으킨 혁명적인 변화를 격하시킨다. 뉴턴과 고전 물리학에서 공간과 시간은 절대적이다. 고전 물리학에 따르면, 어딘가에 모든 운동 측정의 기준이 되는 '아르키메데스의 점'이 존재하며, 어딘가에 보편적인 시간을 알리는 표준적인 시계추가 존재하고, 질량과 에너지는 상호 변환 가능하지 않으며, 물체들은 빛보다 빠르게 움직일 수 있다. 아인슈타인은 이들과 절대적으로 다른 결론에 도달했다. 그러므로 뉴턴의 공식 $F=ma$와 아인슈타인의 공식 $E=mc^2$에 똑같이 m(질량)이 등장한다는 단순한 이유로 두 사람의 물리학에서 질량의 개념이 전혀 다르다는 사실을 간과해서는 안 된다.

아인슈타인의 1905년의 특수상대성이론은 등속운동에만 관여했다. 그는 1915년에 가속운동의 물리학인 일반상대성이론을 발표하여 중력과 가속도를 등치시켰다. 상상력이 매우 돋보이는 한 사고 실험에서 아인슈타인은, 엘리베이터 안에 있는 사람은 밑에 있는 행성이 발휘하는 중력과 엘리베이터의 상향 가속에 의해 산출되는 힘을 구별할 수 없다고 주장했다. 이 두 사건은 승객의 신경을 동일한 방식으로 자극할 것이다. 이 (중력과 가속도의) 등가성의 귀결로 공간의 본성은 근본적인 변화를 겪었다. 균일하고 3차원적인 유클리드 공간—뉴턴 물리학과 고전적 세계관의 또 하나의 절대적인 전제—은 낡은 것이 되고, 4차원 연속체인 아인슈타인적인 시공space-time이 그 자리를 차지했다. 아인슈타인의 이론 속에서 물체는 공간을 변형시킨다. 중력—뉴턴 역학에서는 '힘'이다—은 아인슈타인의 일반상대성이론에서 무거운 물체로 인해 휘어진 공간의 곡률 때문에 발생하는 겉보기힘apparent force이다. 행성들은 중력이 끌어당기기 때문에 태양 주위를 도는 것이 아니라 휘어진 공간 속에서 최단 경로로 이동해야 하기 때문에 태양 주위를 도는 것이다. 1919년의 개기일식 관찰은 태양의 질량이 별빛을 굴절시킨다는 아인슈타인의 예측을 입증하는 듯이 보였다. 수성 궤도에 관한 매우 정밀한 계산도 일반상대성이론과 일치했다. 1920년대에 이르자 절대적인 공간 및 시간과 에테르를 포함한 고전 물리학은 과거의 잔재가 되었다. 아인슈타인을 따른 물리학자들은 개념적으로 완전히 새로운 세계를 창조했다.

또다른 일련의 과학적 발전이—원자이론과 매우 작은 것들의 물리학 분야에서—일어나 상대성이론과 짝을 이루며 20세기 자연철학에 막대한 영향을 미쳤다. 아인슈타인은 이 분야에서도 중요한 업적을 남겼다. 그는 1905년에 광전효과에 관한 논문을 발표하여 빛이 연속적인 파동이 아니라 분절적인 꾸러미로 이루어졌다는 생각을 지지했다. 그러나 성숙한 양자이론의 함축—현상에 대한 직관적 이해의 불가능성, 자연에 대한 앎에 내재하는 불확정성, 입자의 행동에 대한 확률적인 이해—이 드러나자 아인슈타인은 "신은 우주를 가지고 주사위놀이를 하지 않는다"는 유명한 말을 남기며 반발했다. 그러나 이렇게 스승의 축복을 받지 못했음에도 불구하고 양자역학과 더 최근의 입자물리학은 매우 성공적으로 발전했다.

전자와 방사성의 발견으로 인해 고전적인 원자의 분할 불가능성과 변화 불가능성이 침해된 이후, 원자이론은 이론적·실험적 연구에서 가장 중요한 분야가 되었다. 톰슨은 1897년에 전자를 발견하고, 원자 속에 음으로 대전된 전자들이 마치 케이크 속의 건포도처럼 흩뿌려져 있는 원자 모형을 제시했다. 어니스트 러더퍼드Ernest Rutherford(1871~1937)는 방사선을 이용하여 원자의 내부 구조를 탐구했고, 1911년에 원자 내부가 대부분 빈 공간이라고 선언했다. 러더퍼드는 덴마크 물리학자 닐스 보어Nils Bohr(1885~1962)와 함께 전자들이 마치 태양을 도는 행성처럼 단단한 핵 주위를 도는 구조로 이루어진 원자 모형을 제안했다. 이 태양계 모형이 가진 문제점(예컨대 왜 전자들이 안정적인 궤도를 유지하는가, 또는 들뜬excited 원자들은 왜 불연속적인 에너지를 방출하는가 따위의 문제)은 1920년대에 이른바 양자역학이라는 새로운 이론을 낳았고 자연에 대한 우리의 이해를 또 한 번 근본적으로 변화시켰다.

양자역학의 역설적인 원리는 받아들이기 어려웠지만, 경험적인 연구가 그 이론을 지지했고, 보어와 그가 1918년부터 1962년 사망할 때까지 수장으로 있었던 코펜하겐 대학 이론물리학 연구소를 중심으로 한 사회적 연결망이 그 이론을 지원했다. 보어와 동료들이 정교화한 양자역학의 '코펜하겐 해석'은 물론 대단히 수학적이고 전문적이지만, 그 이면에 있는 기본적인 사상은 어렵지 않게 이해할 수 있다. 핵심만 말하자면, 양자이론은 원자를 주인공으로 하는 결정론적 역학 모형을 버리고, 원자를 비롯한 모든 물질적 대상을 경계가 선명한 존재자로 보는 것이 아니라, 파동·입자 이중성을 지니며 그것의 실체를 '확률 함수'로 이해할 수 있는 존재자로 본다. 즉, 양자역학적 '파동'은 대상-전자 혹은 자동차-을 특정 구역 안에서 발견할 확률을 말해 준다. 존재하는 것은 오직 확률 함수뿐이다.

이처럼 반反직관적인 분석은 1926년에 이를 표현하는 두 가지 수학적 방법—베르너 하이젠베르크Werner Heisenberg(1901~1976)가 개발한 행렬역학과 에르빈 슈뢰딩거Erwin Shrödinger(1887~1961)가 개발한 파동방정식—이 서로 동치라는 것이 밝혀지면서 더욱 힘을 얻었다. 1927년 하이젠베르크는 유명한 불확정성 원리를 발표했다. 그 원리는 양자이론의 개념적인 기반을 놀라울 정도로 확장시켰다. 간단히 말해서 하이젠베르크는 물체의 위치와 속도(혹은 운동량)를 동시에 정확히 측정하는 것이 원리적으로 불가능하다고 주장했다. 다시 말해서, 초기 조건이 주어지면 모든 입자의 미래 행동을 예측할 수 있다고 말하는 고전 물리학의 결정론과 대조적으로 양자역학은 자연과 자연에 대한 우리의 이해에 내재하는 본질적인 비결정성을 드러낸 것이다. 우연과 무작위성은 자연의 본질적인 요소라는 사실이 양자역학을 통해 드러났다. 우리는 그 무엇도 확실히 말할 수 없으며, 다만 확률적인 예측을 할 수 있을 뿐이다. 하이젠베르크의 불확정성 원리는 더 나아가 관찰 행위가 관찰 대상을 방해한다는 것을 명백히 보여주었다. 이 사실에서 도출되는 결정적인 귀결은 방해하지 않는, 즉 '객관적인' 관찰은 불가능하다는 것, 관찰자와 관찰 대상은 하나의 계를 함께 형성한다는 것, 그리고 관찰 행위 속에서 확률 함수는 관찰되는 대상으로 '붕괴한다'는 것이었다. 다시 말해서, 우리가 관찰할 때, 우리는 정해진 범위 안에서 대상을 발견하지만, 우리가 관찰하지 않을 때는 오직 가능성의 구름만 존재한다.

그리하여 1930년대에 이르면, 이런 기이한 양자이론은 지적인 세력을 얻은 반면에, 19세기의 고전적 세계관은 과거의 유물이 되었 고, 원자 구성 입자들에 대한 지식은 이후 급속도로 발전했다. 1930년 볼프강 파울리Wolfgang Pauli는 질량이 거의 없으며 전하량이 없는 입자의 존재를 주장하고, 그 입자에 중성미자neutrino라는 이름을 붙였다. 중성미자는 관찰하기가 극도로 어려움에도 불구하고―1954년에 비로소 발견되었다―곧 수많은 새로운 기본 입자들의 전당에 입성했다. 1932년에 중성자―양성자와 유사하며 전하량이 없는 입자―가 발견되어 전자와 양성자에 이어 기본 입자로 등극했다. 같은 해에 양전자―양의 전하를 띤 전자―가 발견되어 반물질反物質의 존재를 알렸다. 반물질은 특수한 종류의 물질로서 일반적인 물질과 만나면 함께 소멸하여 순수한 에너지가 된다. 양자전기역학 혹은 양자장이론이라 불리는 오늘날의 양자이론은 미국의 화려한 물리학자 리처드 파인먼Richard Feynman(1918~1988)의 업적에 기초를 두고 실험적인 고에너지 물리학과 연합하여 예상치 못한 기본 입자들의 복잡한 세계를 드러냈다. 핵물리학자들은 점점 더 규모가 커진 입자 가속기를 이용하여 대부분 수명이 매우 짧은 원자 구성 입자를 200종 이상 산출하고 확인했다. 일리노이 바타비아 소재 국립 페르미 가속기 연구소의 테바트론Tevatron 가속기는 현재 세계에서 가장 강력하며 최대 1조 전자볼트의 에너지에 도달할 수 있다.

오늘날 물리학자들은 기본 입자들을 세 개의 주요 집단으로 분류한다. 각각의 집단은 물질과 반물질로 구성된다. 중성자나 양성자 같은 무거운 입자는 오늘날 하드론hadron(강입자)이라 불리며, 이른바 쿼크라는 더 작은 단위 여섯 개 중의 세 개가 조합되어 만들어진다고 이해된다. 1995년 페르미 연구소의 물리학자들은 좀처럼 발견되지 않던 '톱 쿼크top quark'의 존재를 증명하여 쿼크에 관한 이론(이른바 양자색역학quantum chromodynamics)을 멋지게 입증했다. 두번째 집단에 속하는 입자들은 렙톤lepton이라 불리며 대체로 중성자나 양성자보다 가볍지만 질량이 없는 것은 아니다. 예컨대 전자가 렙톤에 속한다. 세번째 집단에 속하는 입자는 보손boson이라 불린다. 예컨대 정지질량이 없는 광자(빛의 양자)가 보손에 속한다. 보손은 자연의 네 가지 힘, 즉 전자기력, 중력, 강한 힘, 약한 힘—강한 힘과 약한 힘은 원자핵을 이루는 입자들을 결합시키고 방사성 붕괴를 지배한다—을 운반하는 매개자 역할을 한다고 알려져 있다.

세계를 이루는 물질적 재료를 알아내기 위한—기원전 5세기에 밀레토스의 자연철학자들이 시작한—노력은 우리 시대에 전례 없는 성취에 도달했으며, 지금도 양자장 이론이 확립한 이론적인 틀 속에서 활발한 연구가 이루어지고 있다. 현재의 주요 연구 목표는 예컨대 힉스 보손Higgs boson이라 불리는 미지의 입자와 중력자graviton(중력을 매개하는 가설적 입자)이다. 이런 노력의 일환으로 이론가들은 자연의 힘을 더 통합적이고 깊은 수준에서 이해하려 애썼다. 그들은 몇 가지 성취를 이루었다. 예컨대 1970년대에 전자기력과 약한 핵력이 이른바 전기약력으로 개념적으로 통합되었다. 아직 실현되지 않은 대통일이론Grand Unified Theory은 아마도 강한 핵력마저 통합할 것이다. 그러나 물리학의 성배聖杯, 즉 양자중력이론을 포섭하면서 우주의 모든 힘을 통일하는 궁극적인 이론은 아직 먼 미래의 목표로 남아 있다. 그런 이론은 철학적으로는 위대한 성취이겠지만 실용적으로는 전혀 무용하다.

우주론

우주론은 20세기에 이론가들에 의해 심오한 개념적 혁신이 일어난 또 하나의 분야이다. 18세기에 천문학자들은 은하수가 '섬 우주'라고 주장했고, 19세기에 이루어진 성운의 발견은 우주 속에 은하수 외에도 많은 은하계가 있음을 시사했다. 또 19세기에 태양빛과 별빛의 스

그림 17.1_자연철학과 거대 과학. 오늘날 고에너지 물리학 같은 분야에서 발견을 이루려면 거대하고 비싼 장비와 과학자들의 팀이 필요하다. 그림에 있는 것은 일리노이 소재 국립 페르미 가속기 연구소의, 지름이 6.4킬로미터 주(主) 가속기 테바트론의 일부이다. 이 터널은 지하 6미터 깊이에 있다. 테바트론 가속기는 초전도 자석을 이용하여 양성자와 반양성자를 매우 높은 에너지로 가속시킨다. 입자 충돌의 결과는 복잡한 탐지 장치에 의해 포착되고, 전문가들이 해석한다.

펙트럼을 분석하는 광학 장치인 분광기에 의해 우주 전체를 단일한 화학이 지배하고 있음이 밝혀졌다. 1870년 이후 스펙트럼선들이 별의 운동 때문에 이동했다는 보고가 나오고 우주가 팽창하고 있을 가능성이 제기된 것은 지적인 함축이 더 큰 혁신이었다(1870년대 후반에 건판dry-plate 사진술이 천문학에 이용되면서 스펙트럼 관련 연구는 크게 발전했다). 그러나 1920년대에 이르러서야 특히 미국 천문학자 에드윈 허블Edwin Hubble(1889~1953)의 공로로 '성운'들이 우리 은하계를 벗어난 아주 먼 곳에 있으며 우주가 팽창하는 듯이 보인다는 사실이 우주론자들 사이에서 정설이 되었다.

상대성이론과 입자물리학은 1930년대부터 우주론에 막대한 영향을 미치기 시작했다. 아인슈타인의 물질과 에너지에 관한 등식은 핵에 관한 발전하는 지식과 손을 잡고 원자폭탄과 수소폭탄을 낳았을 뿐 아니라, 태양과 별들이 열핵융합 반응을 통해 에너지를 산출한다는 이론적인 지식도 낳았다. 이런 이론은 결국 수소나 헬륨보다 복잡한―생명에 필수적인 원소들을 비롯한―원소들이 별 속에서 탄생했다는 지식에까지 도달했다. 더 나아가 열핵융합 반응의 발견은 평범한 연소 모형을 밀어냄으로써 태양과 태양계의 나이를 크게 연장하여 태양의 나이가 비교적 어리다는 전제하에서 이루어졌던 켈빈 경의 다윈주의 비판을 압박했다.

관찰되는 우주의 팽창을 어떻게 설명할 것인가는 1950년대까지도 우주론자들 사이에서 커다란 논쟁거리였다. 크게 두 개의 상반된 입장이 있었다. '정상상태이론steady state theory'이라는 입장은 우주가 팽창할 때 새로운 물질들이 지속적으로 생겨나 우주의 밀도가 일정하게 유지된다고 주장했다. 반면에 벨기에의 대수도원장 조르주 르메트르Georges Lemaître가 1931년에 처음으로 제시하고 러시아 출신의 물리학자 조지 가모브George Gamow와 동료들이 1940년대와 1950

년대 초에 발전시킨 또다른 이론은 우주가 엄청나게 뜨겁고 밀도가 높은 '빅뱅Big Bang' 상태에서 기원하여 지속적으로 팽창하고 있다고 주장했다.

양 진영 모두 논증과 지지자들이 있었지만, 20세기 전반기까지도 대부분의 우주론자들은 정상상태이론을 선호하는 것처럼 보였다. 결국 논쟁은 1965년에 벨 연구소의 과학자인 아노 펜지어스Arno Penzias와 로버트 윌슨Robert Wilson이 이른바 3도 배경복사를 거의 우연적으로 발견함으로써 종결되었다. 그들의 발견은 멋진 발상에 의해 설명되었다. 만일 우주가 뜨거운 불덩어리에서 출발했다면, 시간이 흐르면서 '식어야' 했을 것이고, 따라서 현재 우주의 온도를 빅뱅 이론에 의거하여 계산할 수 있어야 한다. 그리고 펜지어스와 윌슨이 우연히 발견한, 모든 곳에 있으며 절대온도로 대략 3도(2.73도)에 해당하는 배경복사가 바로 이론적으로 예측되는 현재 우주의 잔여 열이었다. 펜지어스와 윌슨은 정상상태 우주론에 조종을 울린 배경복사 발견의 공로로 1979년에 노벨상을 받았다.

20세기 물리학사의 분수령이 된 3도 배경복사의 발견은 입자물리학과 우주론의 통합에서 나오는 이론적인 힘을 보여주었다. 이후 매우 작은 것에 관한 과학과 거대한 천문학적 계에 관한 연구는 손을 맞잡고 대단한 생산성을 자랑하며 우주에 관한 일관적인 '표준 모형'에 도달했다. 그 표준 모형의 변양태이며 오늘날 일반적으로 받아들여지는 모형인 '인플레이션(급팽창)' 이론에 따르면, 우주는 100억 년 전에서 150억 년 전 사이에 이론가들이 추론하는 거의 상상할 수 없는 '특이점'에서 격렬한 폭발과 함께 시작되었다. 우리가 아는 자연 법칙들은 그 창조의 순간에 적용되지 않는다. 그러나 입자물리학은 빅뱅 이후 극히 짧은 시간이 지난 시점부터 우주가 어떻게 진화했는가를 합리적으로 설명한다. 처음엔 자연의 힘과 에너지와 물질이 통일되어 있었다. 이어서 엄청난 급팽창(인플레이션)이 일어나 우주는 물이 끓는 것과 같은 상태 변화와 유사한 '위상변화phase shift'를 겪으며 10^{75}배로 커졌다. 이어서 원시 우주는 계속 식으면서 팽창했고 비교적 짧은 기간인 10만 년 후에 에너지와 물질이 분리되었다. 이후 수십억 년 동안 은하계와 별들이 진화했고, 결국 지금으로부터 약 50억 년 전에 우리의 태양계가 형성되었다.

이 모형에는 아직 많은 불확실성이 있고, 연구는 여러 핵심 영역에서 지금도 진행 중이다. 우주의 나이는 정확히 얼마일까? 전문가들은 이 질문에 답하기 위해 이른바 허블상수(외부 은하계의 거리와 멀어지는 속도 사이의 관계를 나타내는 비례상수—옮긴이)의 값을 더 정확히 측정하려 노력한다. 우주는 어떤 운명을 맞을까? 우주는 팽창의 한계에 도달한 후 다시 수축할까? 아니면 최근의 증거들이 시사하듯이 계속 팽창하여 사라져버릴까? 이 질문에 대한 답은 우주 속에 있는 물질의 총량에 달려 있다. 현재 연구자들은 우주의 영원한 팽창을 막기 위해 필요한 '결손 질량'을 찾는 중이다. 우주가 거대한 규모에서 매우 균일한 것을 감안할 때, 더 작은 규모에서 은하계나 우리 자신 같은 덩어리들이 존재하는 것을 어떻게 설명할 수 있을까? 어떻게 無에서 우주가 시작되었을까? 이런 문제들을 푸는 데 '허수시간imaginary time'(물리학자 스티븐 호킹이 제안한 개념으로, 일반적인 시간이 흐르는 방향에 직각으로 흐르는 시간을 의미한다—옮긴이), '가상입자', 양자 '터널링'tunneling(꿰뚫기), 양자적인 진공에서 우연히 일어나는 물질의 탄생 등의 개념이 도움을 줄 수 있을 것이다. '블랙홀'—매우 밀도가 높고 중력이 강한 천체로 빛조차 이 천체를 빠져나갈 수 없지만, 이 천체 역시 에너지를 '증발시킨다'는 것이 밝혀졌다—에 대한 연구도 이런 궁극적인 문제들을 푸는 데 도움을 줄 수 있을지 모른다. 오늘날의 이론가들은 창조 순간의 10차원에서 나왔다는 '초끈'이나 다중 우주 같은 기이한 실체들과 지적으로 더 생산적일지 모르지만 도발적이기는 마찬가지인 여러 개념을 거론한다. 그런 활기찬 연구는 순수 과학의 생명력이 오늘날에도 유지되고 있음을 보여준다. 그러나 이 책 전체에서 누차 강조했듯이, 그런 연구의 가치는 잠재적 유용성에서 나오는 것이 아니라 주로 지적이고 정신적인 만족에서 나온다. 그런 연구는 20세기의 과학 연구가 점점 더 실용성에 기우는 동안에도, 다른 한편에서 존경스러운 헬레나 전통이 유지되었음을 증언한다.

DNA 발견 이후의 생명

물리학과 우주론은 언제나 우리 주변 세계에 대한 이해에 기준틀을 제공하는 중요한 역할을 해왔다. 그러나 생명에 대한 설명 역시 그에 못지않게 중요했고, 20세기의 생명과학자들은 살아 있는 유기체에 대한 우리의 시각을 변화시켰다. 앞 장에서 우리는 1953년에 왓슨과 크릭에 의해 이루어진 DNA의 이중나선 구조 발견을 논했다. 그 발견은 증식, 유전의 본성, 진화의 분자적 기초를 이해하는 데 혁명적인 진보였다. 또 같은 해인 1953년에 간단한 화합물들의 용액에 전기 자극을 가하여—생명의 화학적 기초인—아미노산을 합성하는 중요한 실험들이 이루어져 생명이 지구 역사의 초기에 원시적인 조건 속에서 스스로 발생했다는 생각에 힘을 실어주었다. 다른 대안적인 설명 중에는 생명이 토양의 촉매작용에 의해 발생했다는 것도 있으며, 크릭을 비롯한 일부 과학자들은 우주에서 진화한 포자spore가 떨어져 지구의 생명이 발생했다고 주장한다. 이 경우에도 우리는 현대 과학이 제시한 최종적인 해답을 만나는 것이 아니라, 다만 탐구의 과정을 만날 수 있다.

분자생물학의 등장과 함께 지구의 생명 역사에 대한 발전된 설명들이 제시되었다. 지난 수십 년에 걸쳐 식물과 동물의 진화에 관한 세부적인 연구가 축적되는 동안, 근본적인 시각은 진화가 자연선택에 의해 일어난다는 다윈주의적 시각이었다. 유전의 분자적인 기초에 대한 지식은 진화의 역사를 분석하고 살아 있는 식물과 동물을 분류하는 데 중요하고 새로운 방법들을 제공했다. '분기학cladistics'과 '분자 시계molecular clocks', 그리고 미토콘드리아 DNA 연구 등의 새로운 방법은 과학자들이 진화의 속도와 종들 사이의 진화론적 거리를 알아낼 수 있게 해주었다. 하지만 학자들이 모든 결론에 동의할까? 거의 그렇지 않다. 오늘날의 생명과학자들은 다양한 주제에 대하여, 예컨대 조류가 공룡의 직계 자손인가, 혹은 진화 과정이 일정하고 느린 속도로 전개되는가 아니면 '이따금씩' 급격한 변화의 시기가 있었는가에 대하여 격렬한 논쟁을 벌인다. 근본주의적인 기독교 단체들은 이런 논쟁이 다윈주의적인 진화론의 실패를 증언한다고 말하지만, 그것은 그런 논쟁이 과학의 규범이라는 점을 간과한 부당한 비판이다.

고생물학과 인간 진화 역사에 관한 근본적인 발견들은 20세기에 생명과학에서 일어난, 자연철학적 함축이 강한 여러 발전과 맞물려 있다. 비록 인간이 유인원 조상으로부터 여러 단계를 거쳐 진화했다고 전제한 것은 다윈 자신이었지만, 인간의 진화에 대한 일관적인 설명은 20세기 과학의 업적이다. 앞에서 언급했듯이, '호모 사피엔스'의 아종인 네안데르탈인과 (해부학적 현대인들이 생산한) 구석기 동굴 예술의 발견은 20세기에 접어들 때까지 인정을 받지 못했다. 최초의 '호모 에렉투스' 화석은 1895년에 발굴되었으며, 최초의 오스트랄로피테쿠스 화석은 1925년에야 발굴되었다. 1908년에 있었던 악명 높은 '필트다운인Piltdown man'의 발견—뇌가 크고 턱뼈가 유인원처럼 억센 유골의 발견—은 인간이 더 원시적이고 뇌가 작은 조상으로부터 진화했다는 설을 반박하는 강력한 증거가 되었다. 그러나 필트다운인 유골은 인위적으로 조작된 것임이 1950년에 이르러 최종적으로 밝혀졌다. 필트다운인 사건은 때로 과학사 최대의 사기사건이라 일컬어진다. 그때 이후 인간 진화의 단계에 대한 이해는 점점 더 선명해졌다. 그 이해에 따르면, 오스트랄로피테쿠스 아파렌시스(1974년 도널드 조핸슨Donald Johanson이 최초로 발견한 '루시'와 그 친족들)에서 호모 하빌리스와 호모 에렉투스를 거쳐 결국 다양한 호모 사피엔스들이 진화했다. 역시 이 분야에서도 중요한 연구들이 진행되고 있다. 이 책을 쓰는 동안에도 새로운 발견들이 보고되었기 때문에 우리는 미묘한 부분에 수정을 가해야만 했다.

인간과 나머지 생명 세계를 근본적으로 구별하는 것을 본질적인 원리로 삼았던 과거의 세계관은 오늘날 20세기의 생명과학에 의해 무너졌다. 그러나 동물계에서 이룬 과학적 발견들을 인간과 인간의 사회적 행동에 적용하는 시도는 여전히 저항을 받고 있다.

그런 시도를 대표하는 것은 사회생물학과 진화론적 심리학이다. 이 두 분야는 문화의 패턴을 다윈주의적인 진화 원리에 의거하여 설명할 수 있으리라고 전제한다. 예컨대 이타주의, 공격성, 협동, 근친상간에 대한 금기, 알코올 의존증, 성별에 따른 역할의 차이, 동성애, 자녀와 타인에 대한 태도를 진화론적으로 설명하는 이론이 제시되었다. 이런 이론들은 1960년대와 1970년대에 자유민주주의적인 이상에 반한다는 이유로 공격을 받았다. 그 같은 이론들이 사회적 개혁의 범위를 제한하는 듯이 보였기 때문이다. 그러나 그런 유형의 연구는 과학자들과 지식인 대중으로부터 점점 더 많은 호응을 얻고 있다.

20세기에 과학 활동의 규모가 급증하면서 이론적 혁신의 폭 역시 확대되었다. 예컨대 지질학에서 대륙이 지구의 맨틀 위에 떠 있는 '판'일 것이라는 생각은 중요한 이론적 충격을 가져왔다. 1915년에 독일 지질학자 알프레트 베게너Alfred Wegener(1880~1930)가 최초로 제시한 그 생각은 일반적으로 거부되었다가 1960년대에 다양한 기술적·사회적 원인 때문에 거의 보편적으로 수용되었다. 판구조와 대륙 이동에 대한 이해 덕분에 과학자들은 '필름을 거꾸로 돌려' 지구의 지질학적 역사를 재구성할 수 있게 되었다. 이런 진보가 지질학과 생물학에 관련해서 가지는 함축은 어마어마했다.

또 하나의 언급할 만한 사례는 1980년에 이루어진 발견이다. 그 발견은 6천5백만 년 전인 백악기 말에 유성이나 혜성의 충돌로 대재앙이 일어나 공룡을 비롯한 많은 생물이 한꺼번에 멸종했다는 것을 시사했다. 이 발견의 중요성은 생명의 역사, 그리고 궁극적으로는 인류의 운명과 관련해서 우연적인 사건의 역할을 섬뜩하게 증언한다는 점에 있다. 행성우주과학과 우주에서 보내온 사진들 — 예컨대 우주선 보이저호가 64억 킬로미터 떨어진 곳에서 지구를 촬영하여 보낸 '창백한 푸른 점'의 사진 — 역시 지구와 인근 행성에 대한 우리의 생각을 바꾸어놓았다.

오늘날의 과학적 세계관은 지금까지 언급한 분야와 기타 분야에서 얻은 요소들이 조합된 산물이다. 오늘날 우리가 생각하는 것이 최종적인 진리일까? 결코 그렇지 않다. 하지만 과학은 우리가 세계에 관해 무언가 말하기 위해 사용하는 최선의 수단이며, 오늘날의 과학적 설명은 지금껏 있어왔던 어떤 설명보다 훌륭하다. 그렇다고 해서 오늘날의 설명이 미래에 바뀌지 않으리라고 주장하는 것은 아니다. 확신하건대 당연히 바뀔 것이다.

오늘날의 응용과학과 기술

자, 이제는 얘기해 보자. 과학과 기술은 오늘날 우리가 목격하는 통합을 어떻게 성취한 것일까? 이것은 우리가 이 책을 시작할 때 던졌던 질문이다. 지금까지 우리는 역사를 조망하면서 이 질문에 대한 답을 일러주는 단서들을 얻었다. 처음엔 오직 기술만 존재했다. 그 후 6,000년 전 최초의 문명들에서 과학이 기록된 수학과 천문학 지식의 형태로 기원했다. 그러나 이 발전은 과학을 복잡한 농업경제에 응용하려 했던 중앙정부와 국가 수준의 집단을 사회적 맥락으로 하여 일어났다. 이런 식으로 국가가 유용한 지식에 한정된 지원을 제공하는 패턴은 강력한 중앙집권적인 국가가 등장할 때마다 반복되었다. 국가의 힘이 약했던 고전 그리스에서 과학은 자연철학의 형태를, 기술은 숙련된 솜씨의 형태를 띠었으며, 이 둘은 분리되어 있었다. 그리스 철학의 영향을 받은 더 나중의 중앙집권적인 사회에서는 순수과학과 응용과학의 전통이 융합했다. 그러나 당대 기술의 대부분은 응용과학이나 순수과학에서 영향을 받지 않았다. 19세기와 20세기에 이르러서야 비로소, 또 어쩔 수 없이, 또 느리게 정부와 산업체들이 이론적 연구를 기술과 산업에 응용할 가능성을 충분히 깨달았다. 깨달음의 결과는 과학의 기술적 응용이 극적으로 확대되는 것으로 나타났다. R&D(연구개발, research and development)의 깃발이 나부끼기 시작한 것이다.

전문직으로서의 과학자와 기술자

오늘날 과학자들의 활동은 복잡한 사회적 시스템에 둘러싸여 있다. 19세기 초에 과학자가 되는 데는 특별한 절차가 필요 없었으며, 과학에 관심을 둔 사람은 소수에 불과했다. 그러나 오늘날, 과학자의 사회적 역할과 과학자가 되기 위해 필요한 절차는 매우 엄격하게 정해져 있다. 과학을 연구한다는 것은 미국만 따져도 100만 명에 가까운 연구개발 종사자들이 전업으로 행하는 직업이 되었다. 과학적 직업은 폭넓게 존재하지만, 과학적 훈련을 위한 사회적 통로는 매우 협소하다. 여러 면에서 볼 때, 누군가가 과학자가 될 것인지는 이미 중학교 시절에 결정된다. 과학자가 되려는 사람은 거의 보편적으로, 필수적인 과학 교육이 이루어지는 고등학교를 졸업해야 하고, 대학에서 학부 수준의 과학 과목을 이수하고 학사학위를 받은 후 독창적인 연구를 인정받아 박사학위를 취득해야 하며, 그 후에도 대개는 몇 년 동안 이른바 박사후 과정생post-doc으로서 수련 생활을 해야 한다.

박사학위는 과학자의 기본적인 면허증이다. 박사학위 취득 후의 길은 다양하다. 전통적인 규범은 대학에 남아 연구와 교육에 종사하는 것이었다. 그러나 젊은 과학자들은 점점 더 정부나 사기업으로 진출하는 것이 생산적인 삶에 이롭다고 판단하고 있다. 오늘날 과학자들이 하는 일 역시 대학이나 특수 연구기관에서의 탈속적인 순수과학 연구에서부터 산업체에서의 세속적인 응용과학 연구까지, 매우 다양해졌다. 일반적으로 말해서, 대학에 있든 아니면 산업체나 정부에 있든 더 활발하게 과학 지식을 산출하는 쪽은 젊은 과학자들이다. 과학자의 위계에서 높이 올라간 과학자일수록 연구를 떠나 과학 행정에 종사하는 경향이 있다.

과학계에서 여성의 지위는 20세기에 극적으로 달라졌다. 과학의 사회적·지적 역사에서 여성이 완전히 부재했던 적은 물론 없지만, 19세기에 여성의 대학 입학이 허용되면서 점점 더 많은 여성이 과학자가 되었다. 영웅주의적인 설명들은 흔히 마리 퀴리Marie Curie를 칭송한다. 그녀는 소르본 대학 최초의 여교수가 되었고, 여성으로서는 유일하게 두 개의 노벨상—1903년에 방사성 연구의 공로로 남편인 피에르 퀴리Pierre Curie와 함께 노벨물리학상, 1911년에 라듐 발견의 공로로 단독 노벨화학상—을 받았다. 오스트리아의 여성 물리학자 리제 마이트너Lise Meitner(1878~1968)는 아인슈타인처럼 베를린 대학 교수로 있다가 나치가 집권하자 독일을 떠났다. 그녀는 핵분열과 원자폭탄에 관한 이론에 결정적으로 기여했다. 그녀의 사례는 현대 과학계에 여성이 전문가로서 등장하는 모습을 여실히 보여준다. 로절린드 프랭클린Rosalind Franklin(1920~1958)은 X선 회절을 연구하여 DNA 이중나선의 발견에 결정적으로 기여했다. 그러나 로절린드의 사례는 경고적인 가르침도 준다. 1950년대의 영국 과학계는 그녀나 그녀의 업적을 반기지 않았다. 지금도 여성이 대학이나 산업체에서 순수과학이나 응용과학에 종사한다는 것은 쉬운 일이 아니지만, 지난 수십 년간 진행된 서양 사회의 일반적인 변화 속에서 여성의 기회는 더 많아졌고, 여성 과학자는 이제 예외적인 존재가 아니게 되었다.

주류 과학자들은 과학 저널에 연구 결과를 발표할 것을 요구받는다. '출판이냐, 파멸이냐publish or perish'라는 오랜 격언은 오늘날 과학자들의 삶에 아주 잘 들어맞는다. 학회와 모임에 참여하는 일은 과학자가 수행해야 할 또 하나의 의무이다. 일반적으로 과학자는 자신의 특수한 관심과 일반적인 직업적 지위를 반영하는 여러 학회에 소속된다. 예컨대 오늘날의 미국 과학자는 특수한 연구 분야에 관련된 작은 조직들에 참여하는 것 외에도 물리학자라면 미국물리학회(1899년 창립)에, 화학자라면 미국화학회(1876)에, 천문학자라면 미국천문학회(1899)에 참여할 것이며, 또 미국고등과학협회(미국 과학 발전 협회, AAAS, 1848) 소속일 것이다. 이런 단체들은 일반적으로 매년 총회를 개최하며, 과학자들은 그 총회에 모여 연구를 발표하고 사회적인 조직 생활에 참여하고 파티를 즐긴다.

오늘날의 과학 연구 대부분은 비용이 많이 든다. 따라서 지원금을 받아내는 것은 과학 활동의 핵심적인 요소이다. 과학자들은 흔히 여러 연구와 제안서를 지지하는 연구를 위해 필요한 자금을 마련하려고 제안서를 쓰는 식으로, 제안서의 쳇바퀴를 돌리느라 엄청난 시간을 투자한다. 지원금은 대개 주요 연구자들의 임금, 대학원생과 박사후 과정생의 장학금, 그리고 장비 구입비를 포함한다. 정부나 재단이 연구기관에 지급하는 지원금의 상당 부분은 이른바 간접비용으로 소모된다. 전체 지원금의 3분의 1 가량이 연구가 아니라 연구기관의 유지에 쓰인다는 말이다. 이를테면 미국과학재단(NSF) 같은 사적인 혹은 공적인 기관들은 연구 제안서를 모집하여 외부 심사위원과 내부 연구단체 및 판정단이 참여하는 복잡한 절차를 거쳐 심사하며, 지원 여부는 기관의 고위직 인사들이 결정한다. 오늘날 미국과학재단에 지원을 신청하여 성공하는 비율은 약 30퍼센트이다. 그러나 더 풍족한 지원 프로그램의 혜택을 받아내는 지원자의 비율은 15퍼센트에 불과하다.

미국과학아카데미(1863)와 같은 명예 조직은 오늘날 과학의 사회적 조직 질서에서 가장 높은 위치를 차지한다. 국제학술연합회의(1931)를 비롯한 여러 국제적인 조직과 위원회가 세계적인 규모의 과학 활동을 지배한다. 오늘날 적어도 대중의 인식 속에서 과학의 사회적·제도적 피라미드의 꼭대기에 있는 것은 노벨상이다. 노벨상은 1901년부터 매년 과학의 여러 분야—물리학, 화학, 의학·생리학—에 수여되고 있다.

오늘날 공학과 기술은 과학과 다름없이 완전히 전문적인 직업으로 정착했다. 기술과 과학은 매우 경쟁적인 연구 활동이며, 오늘날 기술의 세계에 진입하려면 일반적으로 고도의 기술적 교육과 훈련이 필요하다. 기술계와 공학계 역시 과학계처럼 특수하고 전문적인 여러 단체로 조직되어 있다. 예컨대 미국기계공학회(1880)와 미국공학회(1964)가 존재하며, 현장 공학자들의 요구에 부응하는 전문적인 정기 간행물도 상당수 존재한다.

이런 유사성에도 불구하고, 훈련하고 실행하는 공학자 및 기술자들의 세계와 과학계는 근본적인 차이를 확연히 드러낸다. 예컨대 교육과 관련해서, 대학에서의 공학 교육은 19세기에 비로소 시작되었고, 오늘날 공학 학사학위는 직업의 세계에 진입하기에 손색이 없다. 공학이나 기술 분야의 석사학위는 직업인들이 때때로 교육을 보충하기 위해 추구하는 학위에 불과하며, 박사학위는 대개 대학에 남아 연구와 교육에 종사하려는 사람을 위한 것으로 인식된다.

공학자·기술자와 과학자는 모두 연구를 한다. 그러나 이 점과 관련해서도 과학과 기술은 근본적으로 다른 양상을 드러낸다. 예컨대 대부분의 경우 과학 연구는 특정 단백질의 구조나 태양의 남극에서의 자기장의 세기 따위의 매우 협소하게 정의된 문제에 초점을 맞춘다. 이런 연구는 일반적으로 근래에 발표된 과학 논문을 제한적으로만 참조하며, 대부분의 경우 동료 과학자들로 이루어진 '보이지 않는 학회'만을 교류의 대상으로 삼는다. 이와 대조적으로 공학 및 기술 연구는 일반적으로 (예컨대 화상회의를 위한 실용적 기술이나 전기 자동차의 개발과 같은) 더 광범위한 문제를 다룬다. 공학 연구의 결론으로 얻는 해법은 흔히—과학적 지식에서부터 재료 선택, 아름다운 디자인, 생산과 자금 확보와 판매에 관련한 사항들까지—다양한 요소를 포함한다. 그리고 공학적 해법의 소비자는 대개 다른 공학자나 과학자가 아니라 정부와 기업과 일반 대중이다.

과학과 기술은 20세기에 지식의 증가와 과학의 실용적 이용을 통해 더 가까워졌다. 하지만 그렇다 하더라도 순수과학을 한편에 놓고 응용과학과 기술을 다른 편에 놓아, 두 분야를 구분하는 것이 오늘날의 사정을 이해하는 데 분석적으로 유용해 보인다. 다시 말해서, 오늘날의 사회적·제도적 분리는 과거처럼 과학과 기술 사이에 존재하는 것이 아니라 이론적 과학 연구와 과학·기술적 응용과학 사이에 존재한다. 예컨대 과학 연구의 산물은 새로운 지식이지만, 응용과학자와 기술자와 공학자들은 유용한 물질이나 공법工法을 산출하려 노력한다. 과학자들은 다른 이들이 자신의 업적을 인용하고 이용하면 직업적인 명예를 얻으므로, 그런 비금전적인 사회적 보상을 바라면서 연구 결과를 '남에게 주려' 한다. 반면에 공학자와 응용과학자들의 생산물은 현실적인 경제적 가치를 가진다. 그러므로 공학자들과 그들이 소속된 기업은 자신들의 경제적 권리를 보장하는 특허가 나올 때까지 업적을 숨기는 경향이 있다. 이 같은 연구 결과물의 차이—논문과 특허장의 차이—는 순수과학의 세계와 응용과학 및 기술의 세계 사이의 차이를 잘 보여준다. 이런 맥락에서 하나 언급할 것은, 생명공학이나 컴퓨터 같은 첨단 산업에서 순수과학과 기술의 차이가 불분명해지는 현상이 뚜렷이 나타나고 있다는 점이다. 오늘날 생명공학이나 컴퓨터 분야의 과학적 발견은 일반적으로 출판되고 다른 연구자들에게 공개되는 대신에 특허권으로 보호받는 경향이 있다.

폭발적인 성장

20세기 과학과 그것의 기술과의 관계를 고찰할 때 우리는 과학의 사회적·직업적 발전에는 과학 사상의 단선적인 진화만 관여하는 것이 아님을 명심할 필요가 있다. 과학의 기하급수적인 성장은 현대 과학사의 특징적인 측면 중 하나이다. 모든 지표로 볼 때, 과학은 17세기 이후 예컨대 인구를 비롯한 다른 모든 사회적 변수보다 빠르게 기하급수적으로 성장했다. 〈그림 18.1〉은 과학 활동의 규모가 17세기 이후 15년마다 두 배로 증가하여 총 100만 배 증가했음을 보여준다.

현대에 일어난 과학의 기하급수적인 성장으로부터 몇 가지 역설적인 귀결이 발생했다. 예컨대 역사상 존재했던 과학자 전체의 대부분―80~90퍼센트―이 현재 살아 있다. 그리고 과학 활동이 무한정 기하급수적으로 성장할 수는 없다. 왜냐하면 그런 성장은 조만간 모든 인적·재정적 자원을 고갈시킬 것이기 때문이다. 실제로 과거에 이미 예측된 대로, 1960년대와 1970년대 이후 과학의 성장은 기하급수적인 속도를 유지하지 못했다. 하지만 과학의 모든 특수 분야에서―특히 초전도 연구나 에이즈 연구와 같은 첨단 분야에서―전형적인 성장 패턴은 여전히 기하급수적인 성장과 궁극적인 정점에의 도달이다.

다른 고찰들, 특히 인용에 대한 연구는 현대 과학의 성격에 대한 기초적인 이해를 도와준다. 과학자들은 자신의 결과를 뒷받침하기 위해 다른 논문들을 언급한다. 우리는 이런 인용의 패턴을 연구함으로써 많은 것을 깨달을 수 있다. 인용 연구는 예컨대 발표된 논문의 상당 비율이 전혀 인용되거나 이용되지 않음을 보여준다. 간단히 말해서, 오늘날 양산되는 과학의 대부분이 문서들의 '블랙홀' 속으로 사라진다(물론 인문학에서는 더 많은 비율이 사라진다). 인용 연구는 또 연구자들의 과학적 생산성이 천차만별이라는 것을 보여준다. 다시 말해서, 임의의 과학자 집단을 선택했을 때, 그 중에서 오직 소수만이 위대한 생산자가 되며 나머지 대부분은 기껏해야 미미한 업적만 산출한다. 일반적으로 과학자가 100명이라면, 그 중에 두 명이 전체 논문의 25퍼센트를 쓴다. 상위 10명이 전체 논문의 50퍼센트를, 그 밖의 90명이 나머지 50퍼센트를 쓴다. 대부분의 과학자는 평생 동안 한두 편의 논문을 쓴다. 이런 불균형적인 생산성은 제도에도 영향을 미쳐, 미국에서는 소수의 엘리트 대학이 최고의 과학자들을 독식하고 과학 생산을 독점하는 현상이 빚어진다.

인용 연구는 또 과학적 정보가 특이하게도 '수명이 짧음'을 보여준다. 다시 말해서, 새로운 과학적 업적은 다른 최근의 업적에서 발생하는 경향이 있으며, 따라서 과학적 지식의 유용성과 인용의 정도는 시간이 지나면 감소한다. 오래 된 과학적 업적은 현장 과학자들에게 최근의 업적보다 덜 유용하다. 따라서 전통적인 인문학과 달리 과학 활동은 현재를 지향하는 성격을 나타낸다. 예컨대 셰익스피어나 호메로스의 작품은 지금 활동하는 문학비평가나 작가에게 여전히 유의미한 반면에, 뉴턴의 작품이나 아리스토텔레스의 작품은 오늘날의 현장 과학자에게 가치가 없다. 그 결과 옛 과학은 교과서에 의해 걸러지지 않은 한, 과학 교육에서 시종일관 무시된다. 교과서는 과학의—역사가 아니라—내용을 전달하는 역할만 한다. 물론 과학 교사들도 가끔 과학 법칙과 역사적 인물을 연관시키곤 한다. 예컨대 스프링의

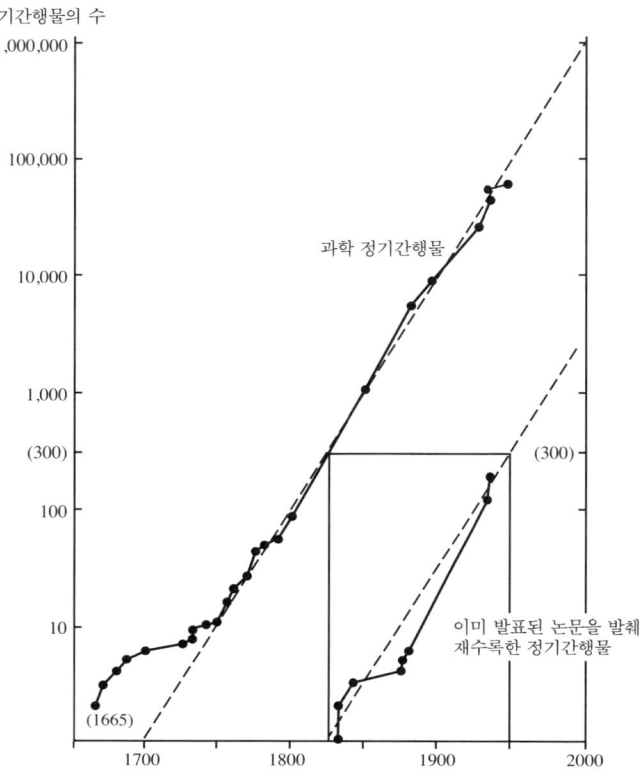

그림 18.1_기하급수적인 성장. 과학 활동은 과학혁명 이후 3세기에 걸쳐 기하급수적으로 성장했다. 17세기 이후 과학 저널의 증가를 나타낸 이 로그함수적인 그래프가 그 같은 사실을 잘 보여준다. 과학과 관련한 변수들에 대한 양적인 연구는 과학 활동의 본질을 이해하는 데 유용할 수 있다.

작용을 분석하는 수업에는 대개 훅의 법칙이라는 제목이 붙는다. 그러나 그뿐이다. 인용 연구가 보여주는 과학적 정보의 짧은 수명, 과학혁명이라는 역사적 사실, 현존 과학자의 양적 우위, 교육 현장의 관행, 이 모든 것들은 과학이 자신의 과거를 부정하는 특징이 있다는 사실을 명백하게 보여준다.

거대 과학과 폭탄

2차 세계대전 중에 이루어진 미국의 원자폭탄 개발과 사용은 현대 과학기술사의 분수령을 이룬다. 그 이유는 두 가지이다. 첫째, 그 사건은 과학의 잠재적 실용성을, 혹은 이론을 유용한 목적에 전용했을 때 발생할 수 있는 결과를 극적으로 보여주었다. 둘째, 그 사건은 정부가 풍부한 자원으로 거대 규모의 과학적 연구개발을 지원할 때 어떤 일이 발생할 수 있는지 보여주었다. 이 두 요소는 1940년대에 전적으로 새로운 것이 아니었다. 이론을 실천에 응용하는 활동은 염색 산업과 전기 산업이 증언하듯이 19세기에 이미 발생했다. 잠재적으로 유용한 연구를 국가가 지원하는 것은 1차 세계대전 중에도, 더 나아가 고대 이집트 시대에도 당연한 일이었다. 원자폭탄의 새로움은— 그리고 그것이 20세기 후반기의 과학과 기술에 던진 경고는— 그 두 요소의 결합에서 나온다. 원자폭탄은 정부가 거대 규모의 지원을 통해 과학 이론을 실용적 목적에 이용한 사례인 것이다. 그 사례는 과학과 정부 사이의 전통적인 관계를 바꾸어놓았을 뿐 아니라, 응용과학 일반에 대한 우리의 생각도 바꾸어놓았다.

원자폭탄 이야기는 잘 알려져 있고 간단히 요약할 수 있다. 원자폭탄을 가능케 한 과학적 이론은 1938년과 1939년에 비로소 나왔다. 1938년에 독일의 물리학자 오토 한Otto Hahn(1879~1968)은 몇몇 무거운 원소(예컨대 우라늄)는 더 단순한 성분들로 분열할 수 있음을 증명했고, 1939년에 오스트리아 물리학자이며 나치를 피해 스웨덴으로 망명한 리제 마이트너는 핵분열에 대한 이론적 설명을 제시하고 폭발적인 핵 연쇄반응으로부터 방출될 수 있는 어마어마한 에너지를 계산했다.

유럽에서 전쟁이 진행되는 동안, 연합국의 물리학자들은 핵폭탄의 파괴력과 독일이 핵폭탄을 개발할 위험성을 깨달았다. 아인슈타인은 1939년 8월 2일에 쓴 역사적인 편지에서 프랭클린 루스벨트 대통령에게 이 문제를 거론했고, 루스벨트는 소규모 연구 프로젝트를 지시했다. 이어서 1941년 가을 미국이 2차 대전에 참전하기 전날 밤에 루스벨트는 원자무기 개발을 위한 본격적인 기획안을 수락했다. 그 결과로 과학에 기초한 사상 최대의 연구개발 사업이 탄생했다. 맨해튼 프로젝트Manhattan Project라 명명된 그 사업은 미군 장군 레슬리 그로브스Leslie Groves가 총지휘했고, 미국 전역의 37개 기관에 소속된 4만 3천 명의 인원이 참여했으며, 당시의 화폐가치로 22억 달러를 소비했다. 이탈리아에서 미국으로 망명한 과학자 엔리코 페르미Enrico Fermi는 1942년 12월 시카고 대학 축구장 지하에서 제어된 핵 연쇄반응을 산출하는 데 최초로 성공했다. 이어서 1945년 7월 16일, 미국 물리학자 로버트 오펜하이머J. Robert Oppenheimer의 연구진이 뉴멕시코 로스앨러모스 연구소 근처의 트리니티 사이트Trinity site에서 세계 최초로 원자폭탄을 실험했다. 8월 6일, 미군 B-29 폭격기 에놀라 게이Enola Gay가 우라늄-235 폭탄 한 발을 일본 히로시마에 투하하여 7만 명을 죽였고, 8월 9일에는 플루토늄-239 폭탄 한 발이 나가사키에 떨어졌다. 5일 후 일본은 항복했다.

원자폭탄은 2차 세계대전의 극적인 종결을 가져왔으며, 동시에 냉전시대의 막을 열었다. 미국과 소련의 정치적·과학적 군사·산업 기관은 경쟁적으로 더 큰 원자무기를 개발했고, 1952년부터는 더욱 강력한 수소폭탄을 개발했다. 수소폭탄, 즉 열핵폭탄은 무거운 원소들의 분열로부터 에너지를 얻는 것이 아니라 수소가 융합하여 헬륨이 되는 반응으로부터 에너지를 얻는다. 2차 세계대전은 다른 많은 국가 지원 응용과학 사업에도 빌미를 제공했다. 예컨대 레이더, 페니실린, 제트 엔진, 최초의 전기 컴퓨터가 그런 사업에서 연구되었다. 전쟁은 과학과 정부 사이의 관계에 대한 새로운 패러다임을 확립했고, 그 패러다임은 지금도 유효하다. 그 패러다임은 산업과 의학과 군사 기술에서 대규모의 소득을 얻기 위해 정부가 순수과학과 응용과학에 대규모로 투자해야 한다고 말한다. 맨해튼 프로젝트의 성공―새로운 이론을 그토록 신속하게 응용한 것―은 또 과학과 기술 사이의 연관성에 대한 새로운 이미지를 형성하였다. 아주 많은 측면에서―역사적으로, 제도적으로, 사회적으로―오래 전부터 거의 별개였던 과학과 기술은 대중의 인식 속에서 융합되었다. 2차 세계대전 이후 기술은 응용과학으로밖에는 생각하기 어렵게 되었다.

그리고 많은 측면에서 맨해튼 프로젝트는 과학을 하는 새로운 방식을, 과학 생산의 산업화를, 혹은 이른바 거대 과학Big Science이 무엇인가를 전형적으로 보여주었다. 19세기의 지배적인 과학 지식 생산 양식은 혼자서 혹은 몇 명의 동료와 함께 작은 실험실에서 연구하는 개별 과학자로 대변되었다. 그러나 20세기에 핵물리학이 발전하면서 그 해묵은 패턴은 바뀌었다. 거대한 시설과 비싼 장비가 연구의 필수 요소가 되었고, 연구에 필요한 자원은 개별 실험가나 대학이나 사적인 연구기관의 능력을 초과하기 시작했다. 과학 연구자들의 팀이 개별 과학자들을 대체하기 시작했다. 각각의 팀에 속한 연구자들은 복잡한 연구 사업의 한 측면만 담당하는 특수한 과학 노동자가 되었다. 이런 팀 중심 과학에서 나온 논문들은 때로 저자가 수백 명이었다. 예컨대 1995년의 '톱 쿼크' 발견은 국립 페르미 가속기 연구소의 두 팀에 의해 이루어졌는데, 각각의 팀은 450명의 과학자와 기술자로 구성되어 1억 달러짜리 탐지장치를 가지고 연구했다. 또다른 예로 연방 기관인 국립보건원NIH은 1만 6천 명이 넘는 연구원을 고용하고 있다. 개인이나 소집단의 연구는 식물학, 수학, 고생물학 같은 여러 분야에서 여전히 지속되고 있지만, 입자물리학, 생명의학biomedicine, 우주

과학 같은 분야에서는 거대 과학이 20세기의 중요한 특징으로 자리 잡았다.

생산양식으로서의 과학

과학이 사회적으로 유용한 지식이라는 호언장담은 최초의 문명으로까지 거슬러 올라가는 오래 된 주장이다. 이 책 전체에서 우리는 시대와 장소를 불문하고 정부와 지배자, 국가, 정치적 주체들이 유용한 지식에 가치를 부여했으며 그런 지식을 가진(혹은 가졌다고 주장하는) 전문가들을 지원했음을 확인했다. 국가를 위한 유용성이 지원의 목표였고, 국가는 목록을 작성하고 수확물을 기록하고 날짜와 계절을 계산하고 태양과 달을 관찰하고 세금을 거두고 제단을 건설하고 미래를 예언하고 병자를 고치고 시간을 알려주고 공공 사업을 지휘하고 물품 명세서를 보존하고 지도를 만들고 메카의 방향을 알려주는 등의 수많은 활동을 하는 전문가 요원들을 거느림으로써 어느 정도 투자의 대가를 얻었다. 과학과 사회의 발전과 관련해서 이런 활동들 못지않게 주목해야 할 것은 과학과 의학이 국가와 사회의 조직과 기능에 미친 영향이 19세기까지는 비교적 작았다는 사실이다. 다시 말해서, 계산, 치료, 예언 따위의 전문적인 활동은 문명을 위해 중요했고 어쩌면 필수적이었겠지만, 그럼에도 불구하고 문명은 농업과 주문 생산 수공업에 주로 의지하는 전통적인 사회를 유지했다. '과학'은 문명의 역사에서 무언가 역할을 했겠지만, 그 역할은 최근까지도 미미한 것에 불과했으며, 따라서 과학 전문가에 대한 국가의 지원도 비교적 미미한 수준에 머물렀다.

한 예로 태양왕 루이 14세 시절의 프랑스를 살펴보자. 루이 14세는

1665년부터 1715년까지 재위했다. 당시에 프랑스는 기술적·문화적으로 세계에서는 아닐지 몰라도 유럽에서 가장 발전한 문명이었고, 당대의 어떤 국가보다 강력하게 자연과학을 지원했다. 파리 왕립 과학 아카데미는 세계 최고의 과학 기관이었다. 그 기관은 전적으로 과학에 헌신했다. 그 기관의 회원 명부를 보면 마치 17세기 후반과 18세기 과학계 전체의 인명사전을 보는 듯한 느낌마저 든다. 파리 왕립 과학 아카데미의 탐험과 과학적 연구는 필적할 경쟁자가 없었으며, 출판물도 따라올 상대가 없었다. 그럼에도 불구하고 파리 아카데미는 17세기의 마지막 수십 년 동안 심각한 재정난을 겪었다. 회원들의 급여는 체불되거나 아예 지급되지 않았다. 순수예술 아카데미와 문학 아카데미는 과학 아카데미보다 훨씬 많은 지원을 받았고, 과학 아카데미 회원은 문학 아카데미나 순수예술 아카데미 회원에 비해 사회적 지위가 낮았다. 실제로 규모가 더 작았고 잠시 동안만 존재했던 기술 아카데미가 정부의 지원을 더 많이 받았으며, 과학 아카데미는 유용한 목적에 관심을 기울이라는 압력을 지속적으로 받았다. 그런 압력이 없었다면, 과학 아카데미가 세금 징수나 곡물 재배에 기여한 바는 사실상 전무했을 것이다. 그러므로 우리는 과학에 대한 현대적인 정부의 지원이 17세기와 18세기에 프랑스에서 시작되었다고만 말할 것이 아니라, 과학이 사회에 미친 영향은 더 나중까지도 비교적 미미했다는 지적을 덧붙일 필요가 있다.

응용과학에 대한 국가의 지원은 20세기에 이르러 비로소 완전히 성숙했다. 이와 관련해서도 맨해튼 프로젝트는 이론과학에 대한 대규모 지원이 지원자와 사회에 커다란 보상을 안겨준다는 것을 보여주었다는 점에서 결정적인 역할을 했다. 과학과 기술이 '연합'하는 지극히 현대적인 패턴은 2차 대전 이후인 20세기 후반기에 더욱 강화되었다. 예컨대 1930년에 미국은 과학을 지원하는 데 GNP의 0.2퍼센트에 해당하는 1억 6천만 달러를 썼지만, 1945년에는 GNP의 0.7퍼센트인 15억 2천만 달러를 썼다. 미국의 과학에 대한 지원 규모는 1965년에 GNP의 3퍼센트인 200억 달러(공공 지원 150억 달러와 민간 지원 50억 달러)로 증가했으며, 1995년에는 연방정부의 자금만 730억 달러가 과학적 연구개발에 들어갔다. 이 금액만 해도 당시 GNP의 2.6퍼센트에 해당한다. 현재 기초적인 과학 연구를 위한 미국 전체의 공공 및 민간 투자금은 1,600억 달러를 웃돈다.

　미국 정부의 과학 지원을 이끌어낸 가장 큰 요인은 군사 및 국방 부문의 수요였다. 실제로 미국 국방부의 과학 예산은 식품의약국의 과학 예산보다 두 배 반이나 많다(식품의약국 과학 예산의 99퍼센트는 국립보건원NIH으로 들어간다). 국방 관련 과학 연구는 지금도 연방 과학 예산의 거의 절반을 독식하고 있다. 마찬가지로 연방 자금은 응용과학과 기술을 압도적으로 많이 지원한다. 순수과학 지원금과 응용과학 지원금의 비율은 전체적으로 20:80 정도이며, 국방 관련 분야에서는 응용과학 지원금이 거의 100퍼센트이다(1997년 통계로 96.5퍼센트). 예산이 많은 기관부터 나열하면 국방부, 식품의약국, 에너지국, 나사 NASA, 미국과학재단NSF의 순서가 되는데, 이 순서는 국방, 건강, 에너지, 그리고 나사의 우주개발을 위한 지원이 공식적으로 순수과학 연구를 장려하는 임무를 맡은 미국과학재단(1950년 설립)에 대한 지원에 선행한다는 사실을 보여준다는 점에서 의미심장하다. 미국과학재단에서조차도 1995년의 총예산 30억 2천7백만 달러 중에서 24억 7천9백만 달러만 연구 지원금으로 사용되었다. 실제로 미국과학재단의 운영 철학은 국익과 관련된 이른바 전략적 분야로 연구와 자금을 이끌고 있으며 과학을 경제성장을 위한 수단 정도로 생각하고 있다.

　정부의 지원을 받던 두 거대 과학의 엇갈린 운명은 오늘날의 과학을 주무르는 힘들의 실체를 잘 보여준다. 첫번째 운명적인 사건은 일

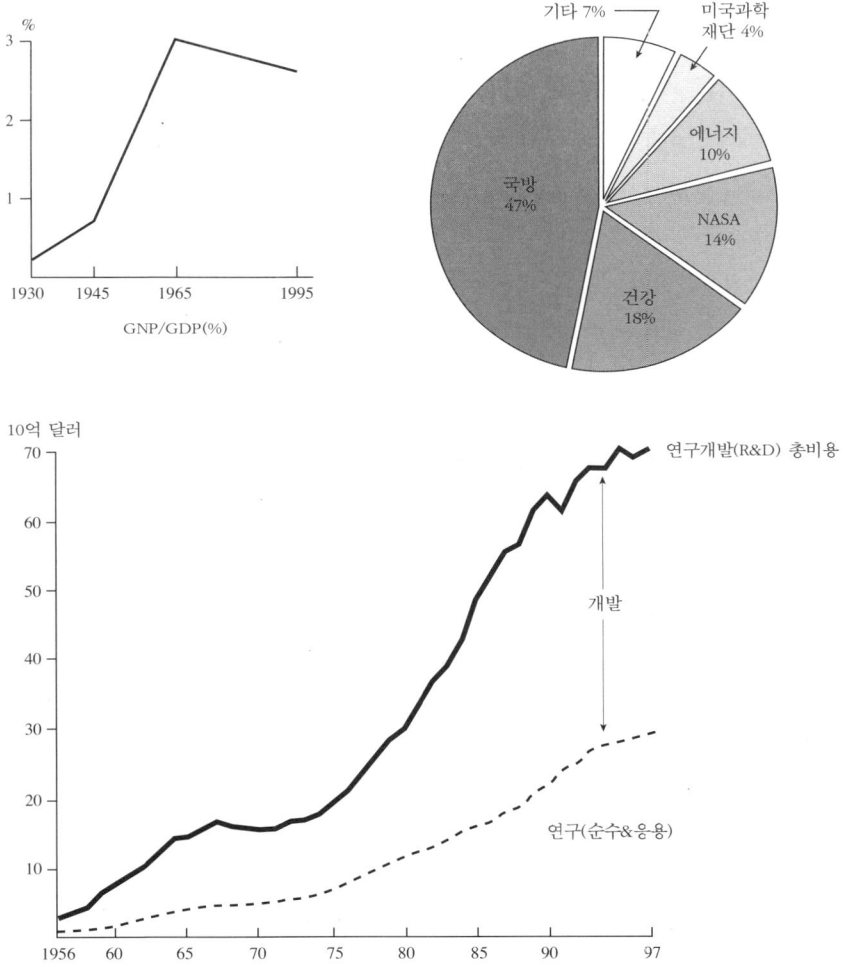

그림 18.2__미국 연방정부의 연구개발비 지출. 미국 정부의 과학 및 과학 연구에 대한 지원 규모는 지원금의 액수로 보나 전체 예산에서 차지하는 비중으로 보나 1940년대부터 극적으로 증가했다. 1970년대 이후 개발을 위한 지원금은 연구를 위한 지원금에 비해 눈에 띄게 많이 증가했다. 최초의 문명들부터 그래왔듯이 오늘날의 미국 정부는 국방이나 건강 관련 분야를 위시한 유용한 분야들에 심하게 집중된 불균형적인 과학 지원을 하고 있다.

리노이 페르미 연구소의 테바트론보다 20배 강력한 성능을 갖출 계획으로 공적 자금에 의지하여 텍사스에 건설되고 있던 초전도 초대형 입자가속기SSC에 대한 지원이 1994년에 취소된 일이었다. 과학자들은 그 가속기의 잠재적 유용성(예컨대 '암 치료')에 대한 막연한 주장들을 내놓았지만, 대부분의 사람들은 그런 환상적인 기계는 일차적으로 자연철학의 도구라고, 우주의 근본적인 구성 요소들에 대한 새로운 지식을 산출하는 데 기여하는 도구라고 판단했다.

SSC 건설에 필요한 공적 자금이 110억 달러까지 치솟자 정치가들은 공공 사업이라는 명목으로도 그 같은 지출을 정당화할 수 없었고 결국 사업을 접어버렸다. 대조적으로, 인간 DNA 전체의 지도를 만드는 일인 인간 게놈 프로젝트는 사회 전체를 위한 실질적인 유용성을 지닐 가능성이 높다. 그 프로젝트는 예컨대 헌팅턴무도병, 낭포성섬유증, 근위축증 같은 유전자 질환의 발견과 치료에 도움을 줄 수 있다. 1998년에 인간 게놈 프로젝트에 투입된 연방 자금은 아직 어마어마한 수준은 아닌 2억 2백만 달러였다. 아무튼 이 프로젝트에 대한 자금 지원은 앞으로도 결코 위태롭지 않을 것이다.

정부가 개입하여 과학 연구를 지원하는 다른 국가들에서도 동일한 패턴과 압력이 나타난다. 오늘날 과학은 정부와 산업체로부터 전례 없이 높은 수준의 지원을 받고 있지만, 그런 지원의 이유는 고대 바빌로니아 이래로 변함이 없다. 다름이 아니라 고급 지식에서 산출될 것으로 믿어지는 실용적인 혜택에 대한 기대가 이유인 것이다.

이처럼 20세기 후반기에 새롭고 생산적인 응용과학의 패러다임이 등장하여 과학과 기술의 관계를 변화시켰고, 그 패러다임은 의심의 여지 없이 21세기 역사에서도 지배적인 힘을 발휘할 것이다. 예컨대 과학적 의학―17세기에 르네 데카르트가 품었던 꿈이다―은 곧 실현될 것으로 보인다. 의학은 20세기에 근본적인 생물학, 화학, 물리학 연구를 질병의 진단, 이해, 치료에 응용함으로써 놀랍게 발전했다. 페니실린은 1928년에 우연히 발견되었지만, 오늘날에는 체계적인 실험과 '디자이너' 화학을 통해 수많은 새로운 항생제와 약품이 개발되었다. X선은 1895년에 발견된 후, 거의 즉시 의학에 응용되었다. 오늘날에는 MRI(자기공명영상), PET(양전자방출단층촬영) 등의 강력한 진단 기술들이 핵물리학의 응용을 통해 개발되었다. 반복되는 말이지만, 1953년에 왓슨과 크릭에 의해 이루어진 DNA 이중나선 구조의 발견은 생명과 유전의 본성에 대한 이해의 역사에서 획기적인 이정표였다. 오늘날 싹트고 있는 분야인 DNA 검사와 그것의 의학적·농학적·법의학적 응용은 왓슨과 크릭의 발견이 지닌 실용적·경제적 의미를 증언한다.

20세기의 과학적 의학이 거둔 성취들은 진정 괄목할 만하지만, 한계 역시 간과할 수 없다. 예컨대 내성耐性 박테리아 문제는 항생제와 살충제 사용의 확산에서 나온 직접적인 결과이다. 불임 치료법의 발전은 아이와 생물학적 부모와 비非생물학적 부모의 권리에 관한 예기치 못한 윤리적·법적 문제들을 발생시켰다. 의료비 지출의 증가는 산업사회를 발전된 의학을 감당할 수 있는 집단과 그렇지 않은 집단으로 분열시킨 것처럼 보인다. 유전자 검사는 의료 시술과 보험의 적용 범위에 관련한 차별을 발생시킬 위험이 있다. 사법기관이 입수할 수 있는 새로운 유전자 데이터베이스는 한편으로 오류 없는 범죄자 식별을 약속하지만, 다른 한편으로 시민의 자유에 대한 까다로운 질문을 야기한다. 복제, 유전자 조작, 새로운 생물에 대한 특허권 인정도 쉽게 넘어갈 문제가 아니다.

컴퓨터와 컴퓨터공학은 사회를 바꾸어놓은 또 하나의 응용과학 분야이다. 벨 연구소의 과학자들이 최초의 고체 트랜지스터를 개발한 것은 1947년이었다. 그 과학자들은 이 같은 성취를 인정받아 1956년에 노벨 물리학상을 받았다. 결국 그런 고체 장치들이 (자주 문제가 발생하는) 진공관을 밀어냈고, 1950년대와 1960년대에 최초의 실용적인 대형 컴퓨터들을 제작할 수 있게 만들었다. 그때 이후 컴퓨터과학—논리학, 전자공학, 그리고 경험적인 실험이 종합된 잡종 분야이다—은 인공지능에서부터 새로운 계산장치와 게임까지 아우르며 실용과 이론 모두에서 광범위하게 발전했다. 오늘날 컴퓨터는 일상적인 제품이 되었고, 은행 거래와 주식 거래에서 항공권이나 연주회 관람권 예약까지 우리의 사회적 삶의 전 분야를 크게 혹은 작게 혁신시켰다.

이제 우리는 다음과 같은 중요한 결론을 내릴 수 있다. 기원전 3000년 이전에 시작된 원초문명들에서 정부가 과학과 과학 전문가들을 지원했다는 사실에서 처음 드러나는 응용과학에 대한 기대는 20세기에 이르러서야 상당한 정도로 실현되었다. 그 결과로, 정부와 산업체의 과학과 응용지식에 대한 지원은 오래 전부터 있어온 과학의 유용성을 옹호하는 웅변에 걸맞은 수준으로 향상되었다. 20세기에 과학과 기술은 지적으로 사회적으로 화해하는 수준을 넘어서 완전히 결합했다. 위에서 지적했듯이, 오늘날 많은 분야에서 기술은 이론과 과학적 진보의 직접적인 응용이라 말할 수 있다. 그러나 다른 많은 분야에서는, 기술을 단순히 '응용과학'으로 보는 것이 오늘날에조차 오류일 수 있다. 예컨대 기술자와 공학자들이 받는 교육과 현장 수련은 꽤 많은 과학을 포함하지만, 그 과학이 첨단 연구에서 나온 발전된 이론과학인 경우는 극히 드물다. 현장 공학자나 과학에 기초한 기술자들은 '한물 간' 과학을 아는 것만으로 충분하다. NASA의 과학자와 공학자들은 아폴로 우주선을 달에 보낼 때 첨단의 양자역학 연구나 상대성이론 연구를 알 필요도 없었고 응용하지도 않았다. 미국이 이룬 다른 중요한 우주 계획 성취들에서도 마찬가지였다. 뉴턴이 17세기에 제시하고 라플라스가 19세기 초에 완벽하게 다듬은 구식 천체역학은 우주선의 궤도를 계산하는 데 전혀 부족함이 없었다. 또 과학적 지식이 어떤 기술이나 장치의 개발에 기초를 제공한 경우에서도, 그런 개발에는 대개 아주 많은 다른 요소가 개입하기 때문에, 신기술이 단순히 응용과학이라고 규정하는 것은 여전히 오류일 때가 많다. 예컨대 1938년에 미국인 발명가 체스터 칼슨Chester A. Carlson은 '한물간' 광학과 광화학光化學 지식을 이용하여 최초의 건식 복사 방법인 제로그래피를 발명했다. 그러나 그 발명의 어머니는 필요가 아니었고, 칼슨은 오랜 세월 동안 IBM을 비롯한 여러 후원자를 찾아다니며 카본지carbon paper를 대체할 수 있는 자신의 발명품의 유용성을 설명했지만 성과를 거두지 못했다. 결국 복사기의 성능 향상과는 거의 상관이 없는 디자인 개선과 공학적인 개선이 이루어지고 복사기를 파는 대신에 빌려주는 마케팅 전략이 채택되어 결정적인 효과를 발휘하면서, 최초의 제록스 복사기들이 1960년대에 엄청난 성공을 거두었다. 그렇게 되자 비로소 복사에 대한 체감 수요가 급증했고, 복사기는 일상적인 제품이 되었다. 이 사례 역시 때로는 발명이 필요의 어머니라는 것을 보여준다.

오늘날의 시장에 다양한 상표와 유형의 복사기가 존재한다는 사실은 현재의 과학과 기술 사이에 존재하는 또 하나의 차이를 보여준다. 일반적으로 과학계는 주어진 과학적 수수께끼나 문제에 대하여 오직 한 개의 해법만 인정한다. 예컨대 특정 단백질의 화학적 조성과 구조에 대하여 과학자들이 합의한 결론은 오직 하나뿐이다. 대조적으로 기술은 과학에 기반을 두고 있다 하더라도 다수의 디자인과 공학적 해법들을 인정하는 것이 일반적이다. 때로는 개인용 복사기와 사무용 복사기처럼 서로 다른 용도를 겨냥한 디자인들이 만들어진다. 또 어떤 경우에는 오늘날의 다양한 개인용 컴퓨터나 VCR에서 보듯이,

다양한 디자인이 오직 판매를 위해 있다는 느낌을 준다.

과학과 기술은 20세기에 역사적으로 의미심장한 새로운 유형의 여러 상호작용을 통해 융합했다. 과학이론을 응용과학적 제품이나 공정에 직접 응용하는 '강한' 유형—예컨대 원자폭탄—이 있는가 하면, 체스터 칼슨과 그의 복사기가 보여주듯이 과학과 기술이 '약하게' 혹은 '한물 간 다음에' 상호작용하는 유형도 있다. 그러나 다른 한편, 기술의 과학 및 자연철학에 대한 전통적인 독립성은 지금도 유지되고 있다. 과학이나 이론의 세계와 아무 상관이 없는 기술적 혁신들이 지금도 계속 일어나 선사시대 이래 유지되어 온 기술의 독립적 전통을 대변하고 있다. 예컨대 퇴역 해군인 시어도어 킵케Theodore M. Kiebke는 고양이 우리에 까는 점토를 밀을 원료로 하여 개발해 1994년에 미국 특허청에서 5,361,719호 특허를 받았다. 그의 발명품은 연간 7억 달러 규모의 산업으로 연결될 수 있는 잠재력이 있다. 그러나 킵케 씨의 고양이 점토가 응용과학이라고 주장하는 것은 불합리한 일일 것이다.

하지만 어쨌든 과학과 기술이 서로 연합하여 현대 세계를 주무르는 막강한 힘이 되었다는 사실은 부정할 수 없다. 과거 소련의 마르크스주의 사상가들은 이 같은 발전의 새로움을 인식하고 20세기의 '과학·기술 혁명'이라는 용어를 도입했다. 이 용어는 보편적으로 수용되지 않았지만, 지금 우리가 논하는 주제를 상당히 훌륭하게 표현한다. 20세기에 과학과 기술이 효과적으로 통합된 것을, 그리고 과학에 기초한 기술과 기술에 기초한 과학의 중요성이 오늘날 인류의 사회적·경제적 행복과 관련해서 점점 커지고 있는 것을 말이다.

2차 세계대전 직후에 과학은 도덕적·지적·기술적 권위를 누렸고, 그 권위는 의문시되지 않았다. 이론과학은 특유의 '과학적 방법'을 통해 앎에 이르는 결코 틀릴 수 없는 길을 열어주는 듯이 보였고, 응용과학은 인류의 실존을 바꾸어놓겠다고 장담했다. 역설적이게도—아니, 어쩌면 역설적일 것도 없겠다—과학과 기술이 융합한 결과로 선진 사회가—폭탄과 텔레비전과 고속도로와 컴퓨터와 피임약의 혜택 속에서—달라지기 시작하던 1960년대에 다른 한편에서는 반反과학적·반기술적 사회운동의 물결이 발생했다. 한 예로 1960년대와 1970년대 히피 반문화의 자연회귀 운동을 들 수 있다. 그런 반과학 운동은 19세기 초 낭만주의의 반과학적 반발과 매우 흡사했다. 최근에는 체르노빌 핵발전소 폭발, 오존층 파괴의 위협, AIDS나 에볼라 바이러스 같은 신종 질병의 확산 등의 온갖 기술적 실패들이 많은 사람으로 하여금 과학과 기술의 실질적 혜택에 대해 의구심을 품게 만들었다. 점점 더 많은 사회활동가들이 환경, 쓰레기 재활용, '적절한 기술', 그리고 '녹색' 정책에 관심을 기울이고 있다.

1960년대에 등장한 과학에 대한 지적인 비판 역시 당대의 반과학적 맥락 속에서 이해할 수 있다. 1960년대와 그 후에 이루어진 상세한 과학철학 및 과학사회학 연구는 궁극적인 진리를 아는 혹은 주장하는 방법은 오직 과학뿐이라는 생각에, 과학이 누리는 특권에 도전했다. 오늘날 대부분의 사상가들은 과학의 진리 주장이 상대적이고, 오류 가능하고, 인간의 창조물이며, 객관적인 자연에 관한 최종적인 진술이 아님을 인정한다. 단지 우리 인간의 입장에서만 과학과 자연철학은 주변의 자연세계를 이해하는 최선의 방법이다. 일부 독자는 이 결론이 지적인 무정부주의나 신학의 우월성을 지지한다고 비난할 수도 있겠지만 말이다.

역사적인 시각으로 볼 때 과학과 기술이 오늘날 처한 사회적·지적 상황은 아주 독특해 보인다. 과학이 유용한 지식으로서 지원을 받고 제도화되는 것은 문명의 새벽부터 있었던 일이지만, 오늘날의 정부와 산업체들은 과거와 비교할 수 없을 만큼 발달한 순수과학과 응용과학을 지원하기 위해 전례 없이 많은 자금을 쏟아붓고 있다. 자연철학으로서의 과학은 고대 그리스에서 기원하여 지금까지 존재한다. 그러나 오늘날 과학이 다루는 내용은 고대 그리스인들이 생각했던 것과 근본적으로 다를 뿐 아니라 20세기 벽두에 보편적으로 인정되었던 근본적인 과학 사상들과도 다르다. 우리가 보았듯이, 기술은 선사시대와 인간의 생물학적 진화로까지 거슬러 오르는 더 깊은 뿌리를 가지고 있다. 그러나 18세기와 19세기의 산업혁명은 인류에게 산업문명이라는 전혀 새로운 실존 양식을 선사했고, 20세기는 과학을 경제적 생산의 엔진과 완전히 통합시켰다.

역사라는 무대

우리의 논의는 기술이 인류의 역사에서 근본적인 추진력으로 작용했음을 보여주었다. 기술은 구석기 시대와 신석기 시대, 그리고 그 후의 모든 문명에서 사회의 형성과 유지에 결정적인 역할을 했다. 그러므로 인류가 존재하고 지구에서 거주하는 한, 인간은 끊임없이 기술을 이용하여 세계를 주무를 것이 분명하다.

우리는 또 최초 문명들의 정부가 국가 통치를 위해―수학, 천문학·점성술, 건축, 연금술, 그리고 나중에는 지도 제작술 분야의―전문가들을 고용한 이후에 비로소 과학에 기초한 기술들이 존재했음을 보았다. 우리에게 익숙한 과학과 산업의 강한 연결은 산업혁명 이후에 등장한 비교적 새로운 현상이다. 우리 모두가 거의 매일 경험하는 이 과학-산업 연결은 새롭고 막강한 역사적 현상이며 긍정적인 효과와 부정적인 효과를 모두 가지고 있다. 예컨대 생명의학 지식의 응용은 의심의 여지 없이 인류의 삶의 조건을 개선했지만, 화학 산업이나 과학에 기초한 무기 산업의 장기적인 효과는 문제시될 소지가 더 많다. 이 같은 분야들에서의 '진보'는 단기적으로 지속될 것으로 보인다. 그러나 산업과 군사 분야에 응용되는 과학의 장기적인 미래는 불분명하며, 우려를 자아내기까지 한다.

과학 자체의 미래는 어떠할까? 19세기 말에 고전적 세계관의 완성과 관련해서 발생했던 논쟁을 상기시키기라도 하듯, 오늘날 우리는 '과학의 종말'에 관한 이야기들을 듣는다. 그런 이야기들은 과학이 머지않아 모든 것을 알아낼 것이며, 일종의 개념적인 최종 결론에 도달할 것이라고 말한다. '과학의 종말' 시나리오는 각자의 분야에서 확고한 지위를 차지하고 있는 과학자들에게 그 분야에 남아 있는 문제에 대해 문의한 결과를 토대로 하여 만들어졌다. 그러나 '과학의 종말'은 과학의 미래를 올바로 반영하고 있지 않다. 지금 우리로서는 생물학이나 물리학이나 우주론, 혹은 아직 아무도 생각하지 않았지만 근본적으로 새로운 모습으로 출현할지도 모르는 다른 분야에 어떤 문제가 잠재해 있는지 알 수 없다. 인간이 자연에 관하여 진술하는 이성적인 이야기가 과학이라면, 자연철학이 사회적·지적 활동으로 존속하는 한, 그 이야기는 끊임없이 변해갈 것이다. 실제로 과학사가 주는 한 가지 확실한 교훈은 당대의 과학 이론은 사실상 전부 실패했고, 더 나은 이론으로 대체되었다는 것이다.

과학의 종말이 도래할 가능성과 관련하여 다음과 같은 점을 짚어두자. 사회적 활동으로서의 과학은 종결될지도 모른다. 과학은 역사적 현상이다. 고대 그리스 과학과 중세 이슬람 과학이 차례로 등장했다 사라진 것처럼 오늘날의 과학도 역사 속에서 탄생했고, 미래에는 사라질지도 모른다. 세속적인 자연철학의 지속과 관련해서 필연적이며 확고한 것은 아무것도 없어 보인다. 실제로 세계적인 안목에서 보면,

자연과학이 진술하는 세계관은 아마도 소수의 시각일 것이며 견고하지도 않을 것이다. 대중이 과학 전통에 등을 돌리고 주변 세계를 해독하려는 인간적인 노력을 외면하게 되면, 과학은 고급 문화의 중심에서 충분히 밀려날 수 있을 것이다.

이 책에서 우리 저자들은 역사학 자체에 대한 언급이나 이 책으로 귀결된 우리의 연구에 대한 언급을 거의 하지 않았다. 우리는 그런 언급을 하고 싶었지만, 지식을 원하는 독자들에게 더 간단한 내용을 전달하기 위해 의도적으로 피했다. 그러나 여기까지 성실히 따라온 신중한 독자라면, 우리가 이 책에서 과학기술사에 대해 이야기한 것들은 지나간 과거에 관한 객관적이고 최종적이며 이론의 여지가 없는 진실이 아니라 역사라는 무대를 바라보는 역사가들이 제시한 살아 있는 해석이라는 점을 상기할 필요가 있다. 이제 덧붙일 참고자료 목록에 나오는 책들을 읽는 독자는 진실과 만장일치가 아니라 역사적 변화에 대한 설명을 둘러싼 역동적인 힘과 활기찬 논쟁들, 그리고 이런저런 논증을 뒷받침하거나 무너뜨리기 위해 수행된 고도의 연구들을 만나게 될 것이다. 그러므로 우리는 독자들을 계몽하는 영원한 결론을 제시할 수 없다. 오히려 우리는 이 책이 모든 역사 서술에 본질적으로 내재하는 한계와 치우침을 가지고 있음을 인정하지 않을 수 없다.

과거에 대한 연구로서의 역사학은 미래에 대한 생각의 지침으로서는 신뢰할 만하지 않다. 철학자 조지 산타야나George Santayana(1863~1952)의 다음과 같은, 자주 인용되는 경구를 들어보자. "과거를 기억하지 못하는 자는 되풀이할 수밖에 없다." 이 경구는 역사 연구가 유용할 수 있음을 시사하고 역사가들이 단지 즐거움이나 순수한 지식을 얻을 목적으로 역사를 탐구한다는 생각을 일축한다는 점에서 매력적이다. 그러나 깊이 분석해 보면, 산타야나의 무시무시한 예언은 공허하다. 왜냐하면 그 예언은 과거에 일어난 일이 미래의 변화한 환경에도 적용될 수 있다고 전제하기 때문이다. 예측 가능한 역사의 방향 같은 것은 존재하지 않는다. 역사는 순환적으로 반복되지 않는다. 현재는 과거와 다르고, 미래는 현재와 다를 것이다. 그러므로 우리가 과거로부터 배운 것은 미래를 이해하는 데 제한적으로만 유용할 것이며, 미래에 영향을 미치는 데는 더더욱 제한적인 힘만 발휘할 것이다.

역사에 세속적이고 진보적인 방향성이 있다는 생각을 최초로 공표한 것은 18세기의 계몽사상가들이었다. 인류가 진보하며 사회가 점점 나아진다는 계몽적인 시각은 20세기 후반기에도 지배적이었으며, 과학기술사는 그 진보의 모범이 될 것을 요구받았다. 그러나 오늘날의 비판적인 시각에서 볼 때, 그리고 이 책이 다룬 장기적인 역사를 볼 때, 진보는 반드시 일어나는 것도 필연적으로 지속되는 것도 아님이 분명해 보인다. 특히 산업혁명과 그 귀결들은 지난 두 세기 동안 세상을 급속도로 또 근본적으로 변화시켰다. 그리고 그 변화의 산물로 도래한 현재 인류의 강화된 산업적 실존 양식은 지속되기 어려워 보인다.

역자 후기

'즐거운 과학'을 위하여

1. 막강한 과학

과학을 사랑해야 한다는 목소리가 드높다. 과학이, 첨단과학이, 첨단 생명과학이 우리의 미래를 풍요롭게 해줄 거라고들 한다. 정부가 앞장선다. 물론 언행이 얼마나 일치할지는 두고 볼 일이지만, 과학 지원과 관련해서는 정부뿐만 아니라 여야를 막론한 대부분의 정치인도 침을 튀기며 적극적인 지지 의사를 밝힌다.

그들이 아는 과학은 산업의 엔진이다. 그래서 우리에겐 '과학기술'이라는 복합어가 너무나 익숙하다. 과학기술부 장관과 과학기술정책연구원과 청와대 과학기술보좌관은 미래의 성장 동력에 관해 상의하고, 한국과학기술원KAIST을 비롯한 수많은 연구기관은 밤잠을 잊고 매진하는 중이다. 같은 맥락에 있는 또 하나의 복합어로 '연구개발R&D'이 있다. 올해 기업들이 'R&D'에 투자한 자금이 얼마라는 식으로, 주로 알파벳 약자로 많이 쓰이는 단어이다. 기업의 성실성과 진취성을 상징하는 듯한 단어. 그런데 이 복합어들이 각각 '과학'과 '기술', '연구'와 '개발'의 복합어라는 사실을 의식하는 사람은 거의 아무도 없는 것 같다. 설령 의식한다 하더라도, 예컨대 '과학'과 '기술'을 한 덩어리로 취급하는 것은 지극히 정당한 일이라고 여기는 사람이 거의 대부분인 듯하다.

그렇다. 구리와 주석이 청동이 되듯이, 과학과 기술은 과학기술이라는 합금이 되었다. 정부와 기업은 그 합금을 주재료로 써서 풍요로운 미래라는 건물을 지어갈 모양이다. 이데올로기적으로 또한 실질적으로 과학기술의 미래는 밝아 보인다.

어디 그뿐인가. 과학은 오늘날 헛된 사변만을 일삼는 철학을 밀어내고 권좌에 오른 특권적인 지식 체계로 만인의 사랑과 부러움을 받고 있다. 그래도 희망은 과학에 있다는, 인문학도들의 자조 섞인 탄식을 듣는 것은 어려운 일이 아니다. 볼츠만의 엔트로피 공식 앞에서, 아인슈타인의 일반상대성이론 중력장 방정식 앞에서, 슈뢰딩거의 파동방정식 앞에서 까닭 모를 경외감에 젖어보지 않은 인문학자가 과연 몇이나 될까?

물론 철학자가 당대 과학의 성취 앞에서 한없는 왜소함을 느끼는 것은 어제 오늘의 일이 아니다. 이미 220여 년 전에 대철학자 칸트는 한 세대 위인 뉴턴을 흠모하며 그가 물리학을 완성했듯이 자신은 형이상학을 완성하겠다고 포부를 밝혔다. 하지만 그 시대의 상황과 지금의 상황은 자세히 보면 많이 다르다. 과학이 진리에 대해 최종적인 판결을 내릴 수 있는 유일한 특권자로 군림하고 있는 지금, 많은 철학자는 칸트식의 분권과 견제와 협조와 경쟁을 꾀하기는커녕 스스로 과학자라고 자처한다. 예/아니오로 딱 떨어지는 답이 나오지 않는 문제는 거론하기 싫다고 단언하는 철학자를 만나는 것은 오늘날 전혀 낯설지 않은 일이다. 경제학이나 사회학이 그렇다는 얘기가 아니라, 철학이 그렇다는 얘기다.

한때 철학은 학문의 여왕이었던가? 좋든 싫든, 정녕 지금은 아니다. 심지어 윤리 문제와 관련해서도 많은 철학자가 자진해서 과학의 시녀로 나서고 있는 것이 오늘의 상황이다. 요컨대 지금 여기 지성계의 지형은 과학의 제국주의와 철학의 사대주의로 요약할 수 있다. 과학은 지금 절대적 강자이다. 지성소至聖所에 모셔둔 진리 혹은 비밀을 독점했던 고대 세계의 최고 성직자보다 더 강하다.

이렇듯 과학은 오늘날 신자유주의 경제계와 최고의 지성계 모두에서 막강하다. 많은 사람이 과학을 사랑하자고 외치고, 많은 사람이 과학을 사랑한다고 공언하고, 또 많은 사람이 과학을 미워한다며 투정을 부린다. 그러나 정작 과학을 잘 아는 사람은 극히 드문 것 같다. 심지어 많은 전문 과학자나 기술자도 그런 것 같다. 당신은 과학을 알면서 사랑하거나 미워하는가?

2. 이 책에 관하여

이 책에는 대략 네 명 정도의 주요 등장인물이 나온다. 주연은 물론 과학과 기술이다. 둘 사이에 서열을 매기기는 어렵다. 한편 두 명의 조연이 있는데, 정부와 산업이다. 굳이 서열을 매기자면, 긴 역사 속에서 극히 최근에 등장했다는 점에서 산업이 정부보다 약간 비중이 낮은 조연이라 할 수 있겠다. 그러니까 이 책은 과학-기술-정부-산업이 엮어가는 대하드라마라 할 수 있다. 시간적으로는 최소한 5천 년, 공간적으로는 지구 전체를 아우르는 거대한 드라마가 펼쳐진다. 저자들이 모두에서 밝히고 있듯이, 이 책이 펼치는 드라마에는 핵심적인 주제가 있다. 계속 변주되면서 다시 등장하는 그 주제는 과학과 기술이 역사 속에서 늘 별개의 활동이었다는 것이다. 지금 우리에게 너무나 익숙한 '과학기술'은 20세기적 현상에 불과하다는 것이다.

사실 따져보면 특별할 게 없어 보일 수도 있겠지만, 이 주장은 과학기술의 시대에 젖어 살아온 역자에겐 사뭇 도발적이었다. 앞서 지적한 과학의 막강함은 한편으로 과학이 진리에 대한 결정적 발언권을 가지고 있다는 일반적인 합의에서 나오고, 다른 한편으로 과학이 삶의 가장 유익한 활동이라는 대중적인 믿음에서 나온다. 역자는 과학에 대한 신뢰가 이렇게 이중으로 강화되는 것에 무언가 문제가 있다고 생각해 왔으나, 그 문제를 확실히 지적할 수 없었다. 그리고 고맙게도 이 책에서 역자는 문제의 핵심이 과학과 기술의 융합에 있다는 것을 배웠다. 과학과 기술의 융합은 돌이킬 수도 거부할 수도 없다. 도덕적 비난의 대상이 될 수는 더더욱 없다. 역사가 그 융합을 원했고, 대세가 그 융합에 동조했다. 하여 역자는 이런 반문을 예상한다. 그렇다면 그것을 '문제'라고 부를 필요도 없지 않은가? 그냥 입 다물고 R&D의 깃발 휘날리며 과학기술 선진국을 향해 줄달음치는 것이 옳지 않겠는가? 역사학자인 이 책의 저자들은 이런 반문에 대해 직설적인 대답을 내놓지 않는다. 지나간 세월을 충실히 해석하는 것이 역사학일 것이므로, 그들의 태도는 정당하다고 본다. 아울러 역사책의 역자 후기를 쓰는 나로서도 위의 반문에 이 자리에서 대답해야 할 필요성을 느끼지 않는다. 다만 이 책을 읽고 생각해 보자고 말하고 싶다.

음악이 주제만으로 이루어지지 않듯이, 이 책도 과학과 기술의 독자성에 관한 주장만으로 이루어지지 않았다. 조금 과장하면 교향곡 악보 속의 음표만큼이나 많은 역사적 인물과 사건들이 이 책을 수놓고 있다. 피상적으로 언급되는 경우도 물론 적지 않은데, 그건 이 책의 분량을 감안할 때 어쩔 수 없는 일일 것이다. 그러나 주요 인물에 대한 서술은 상당히 풍부하다. 예컨대 갈릴레오와 뉴턴에 관한 내용은 역자가 지금까지 과학책을 번역하면서 만난 여러 책 가운데 이 책이 가장 상세하다. '세계사 강의'라는 제목에 걸맞게 우리나라에 관한 언급도 두 번 나온다. 금속활자와 20세기 후반기의 경제성장이 그것이다. 저자들은 이 책을 대학 교양 교과서로, 그러니까 입문서로 의도했다. 나는 그 의도가 충실하게 실현되었다고 느낀다. 이 책은 특히 과학사, 기술사, 과학사회학, 기술사회학 등에 관심이 있는 사람들에게 유익할 것이다.

3. '즐거운 과학gaya scientia'

이 책을 한창 번역하고 있을 때, 그러니까 2005년 겨울에 이 나라를 뒤흔든 폭탄이 터졌다. 서투른 정부와 서투른 언론과 어리석은 대중과 비굴한 지성계가 여러 해에 걸쳐 만든 대단한 걸작이었다. 정체성의 3분의 1 이상이 과학자인 역자로서는 그 사기사건 앞에 흥분하지 않을 수 없었다. 그 흥분은 아직도 상당 부분 가라앉지 않았다. 흥분과 충격 속에서 역자는 그 사건 자체를 넘어서 과학 전반에 대해 새로운 시각으로 반성하기 시작했다. 이제 역자에게 과학은 아름다운 학문일 뿐 아니라 막강한 위력을 지닌 사회적 활동이다. 이런 깨달음을 역자는 정부와 산업이 중요한 조연을 담당하는 이 책의 대하드라마를 번역하면서 점차 얻어갔다.

'즐거운 과학'은 철학자 니체가 쓴 글의 제목이다. 물론 정확히 번역을 하자면 '즐거운 학문'이 더 옳을 것이다. 몽상가라 해도 좋다. 역자는 과학이 즐거웠으면 한다. 과학에 대한 우리의 사랑도 즐거웠으면 한다. 과학자의 연구생활도, 과학 정책 결정도, 과학 교육도 다 즐거웠으면 한다. "아는 것은 힘이다scientia potentia est"라는 프랜시스 베이컨의 말을 잊어버릴 만큼 즐거웠으면 한다. 비록 어린 시절 잠깐이었지만, 역자는 한때 물리학을 평생의 천직으로 생각했다. 그 시절에 만났던 맥스웰 방정식 앞에서 느낀 감동을 역자는 기억한다. 국익 같은 것은 안중에 없었다. 역자는 그 시절의 친구들이 지금도 국내외에서 처음처럼 감동하며 연구하고 있기를 기원한다. 처음처럼 지금도 우리 모두에게 아는 것은 무엇보다 먼저 즐거움이기를 기원한다.

과학이 혹시 우리에게 원하는 것이 있다면, 그것은 무엇일까? 확신하건대, 그것은 순수한 사랑과 예리한 비판의 눈이다. R&D의 깃발 나부끼고 상식을 무너뜨리는 행위와 반응이 횡행하는 지금 여기에서 과학을 알면서 예리한 비판의 눈으로 사랑하려 하는 사람들에게 역사의 창을 통해 더 넓은 시야를 제공하는 이 번역서가 작은 도움이 되기를 바란다.

(이 책을 발견하여 역자에게 번역을 의뢰했으며 이 번역서의 편집을 담당한 편집인 양미자 씨에게 고맙다고, 즐거운 작업이었다고, 전하고 싶다.)

2006년 병술년 설에 한강 가에서
전대호

■참고자료

일반적인 안내서

이 책은 교과서이자 일반 독자를 위한 과학기술사 입문서이므로 본문에는 인용문을 삽입하거나 참고문헌을 제시하지 않았다. 대신에 우리는 본문 내용을 더 자세히 알기를 원하거나 과학기술사를 더 깊이 공부하고자 하는 독자들을 위해 다음과 같이 보충적인 지침을 제시한다. 1970년대까지의 과학사를(또 부분적으로 기술사도) 망라한 훌륭한 자료집으로 Charles C. Gillispie, ed. *Dictionary of Scientific Biography*, 16 vols. (New York: Scribner's, 1970-80)가 있다. 다른 유용한 일반 자료집으로 Sheila Jasanoff, Gerald E. Markle, James C. Petersen, and Trevor Pinch, eds., *Handbook of Science and Technology Studies*(Thousand Oaks, Calif.: Sage Publications, 1995); Helge Kragh, *An Introduction to the Historiography of Science* (Cambridge: Cambridge University Press, 1987); R. C. Olby, G. N. Cantor, J.R.R. Christie, and A.M.S. Hodge, eds., *Companion to the History of Science*(London: Routledge, 1990); William F. Bynum, ed. *Dictionary of the History of Science* (Princeton: Princeton University Press, 1985) 등이 있다. Helaine Selin, *Science across Cultures: An Annotated Bibliography of Books on Non-Western Science, Technology, and Medicine*(New York: Garland Publishing, 1992) 역시 세계 전체를 다룬다는 점에서 높은 가치가 있다. 기술에 관해서는 Donald Cardwell, *The Norton History of Technology*(New York: Norton, 1995)를 참조하라. 우리의 책이 거의 완성된 다음에 출판된 것이긴 하지만, Selin, *Encyclopedia of the History of Science, Technology, and Medicine in Non-Western Cultures*(Dordrecht: Kluwer Academic Publishers, 1997)도 적극 추천한다.

선구적인 연구로 과학과 과학사에 대한 이해를 새로운 방향으로 이끈 토머스 쿤의 작품들도 읽어볼 것을 권한다. Thomas S. Kuhn, "The History of Science," in *The Essential Tension: Selected Studies in Scientific Tradition and Change*(Chicago: University of Chicago Press, 1977)를 읽으면, 쿤의 시각이 어떠한지 느낄 수 있을 것이다. 우리의 책 전체에서 반복된, 문명 발생에 관한 지리학적 결정론을 상세히 보려면 Harold Dorn, *The Geography of Science*(Baltimore: Johns Hopkins University Press, 1991)를 참조하라. 미국 과학사학회 공식 저널인 *ISIS*와 같은 학회에서 매년 출간하는 *Critical Bibliography*, 그리고 미국 기술사학회의 *Technology and Culture: The International Quarterly of the Society for the History of Technology*도 참조하라.

훌륭한 웹사이트

The World Wide Web Virtual Library: 과학, 기술, 의학의 역사
  http://www.asap.unimelb.edu.au/hstm/hstm_ove.htm

기술사 자료
  http://www.englib.cornell.edu/ice/lists/historytechnology/
  historytechnology.html#topics

STS Links
  http://www2.ncsu.edu/ncsu/chass/mds/stslinks.html
  http://nextwave.sunyit.edu/~sts/stslinks.htm
  http://www.dcu.ie/staff/hsheehan/sts/stslinks.htm

Virtual STS
  http://helix.ucsd.edu/~bssimon/index.html

과학사회학회(4S) 홈페이지
  http://www.lsu.edu8o/guests/ssss/public_html/

과학사학회 홈페이지
  http://weber.u.washington.edu/~hssexec/

과학사 4000년 속의 여성들
  http://www.astr.ua.edu/4000WS/4000WS.html

1장_인류의 탄생

인간의 진화에 관한 매혹적인 이야기들은 오늘날 대중적이고 읽기 좋은 여러 책에서 다루어진다. 이 분야의 연구는 지난 40년 동안 중요한 화석 발견과 분자생물학의 발전에 힘입어 크게 진보했다. Ian Tattersall의 *The Human Odyssey: Four*

Million Years of Human Evolution(New York: Prentice Hall, 1993), 그리고 Jean Guilaine, ed., *Prehistory: The World of Early Man*(New York: Facts on File, 1991)은 신뢰할 수 있는 입문서이다. 엄청난 반향을 일으킨 발견에 관한 설명은 Donald Johanson and Maitland Edey, *Lucy: The Beginnings of Humankind*(New York: Warner Books, 1981)에서 찾을 수 있다. V. Gordon Childe, *Man Makes Himself*(New York: NAL/Dutton, 1983)는 선사시대-구석기 시대와 신석기 시대-를 고전적으로 다룬다. Alexander Marshack, *The Roots of Civilization*(Wakefield: Moyer Bell, 1992)은 구석기인들의 천문학적 관심을 보여주는 자료들에 관한 선구적인 연구서이다. 인류의 탄생과 관련해서 전세계를 조망하는 작품으로 Robert J. Wenke, *Patterns in Prehistory: Mankind's First Three Million Years*, 3rd ed. (New York: Oxford University Press, 1990)가 있다. 정기간행물인 Archaeoastronomy도 유용할 수 있겠다.

훌륭한 웹사이트

ArchNet: WWW Archaeology
   http://www.lib.uconn.edu: 80/ArchNet/Topical/Topical.html

구석기-심리학
   http://watarts.uwaterloo.ca/~acheyne/paleoimg.html

National Center for Prehistory (프랑스)
   http://dufy.aquarel.fr:8oo1/html/index.html

구석기 예술 갤러리
   http://watarts.uwaterloo.ca/~cpshelle/neo-gallery.html

인류의 기원
   http://www.dealsonline.com/origins/

2장_농부의 지배

신석기 시대는 주로 고고학자들의 연구 대상이다. 권위 있는 고고학 일반 서적으로 Colin Renfrew and Paul Bahn, *Archaeology: Theories, Methods, and Practice*(New York: Thames and Hudson, 1991)가 있다. 문자 이전 신석기 시대의 천문학은 오직 건축물을 통해서만 접근할 수 있다. 이와 관련해서 Anthony Aveni, *World Archaeoastronomy*(Cambridge: Cambridge University Press, 1989)는 풍부한 논의를 담고 있다. 스톤헨지에 관해서는, Jean-Pierre Mohen, *The World Megaliths*(New York: Facts on File, 1990); Christopher Chippindale, *Stonehenge*

Complete(New York: Thames and Hudson, 1983)를 참조하라. Gerald S. Hawkins and John B. White, *Stonehenge Decoded*(New York: Delta, 1965)는 여전히 참조할 가치가 있다. Jo Anne Van Tilburg, *Easter Island: Archaeology, Ecology, and Culture* (Washington, D.C.: Smithsonian Institution Press, 1994)는 권위 있는 입문서이다.

훌륭한 웹사이트
The Iceman
   http://dm2.uibk.ai.at/c/c5/c5O4/iceman_en.html
William H. Calvin, *How the Shaman Stole the Moon*
   http://weber.u.washington.edu/~wcalvin/bk6.html
Stone Pages: Megalithic Sites of Europe
   http://joshua.micronet.it/utenti/dmeozzi
Stones of Wonder: Megalithic Sites and Astronomy
   http://www.geocities.com/SoHo/2621/stones1.htm
Virtual Stone henge(스톤헨지)
   http://avebury.arch.soton.ac.uk/LocalStuff/Stonehenge/index.html
이스터 섬 홈페이지
   http://www.netaxs.com/~trance/rapanui.html

3장_파라오와 기술자

문명이 도래하면서 중앙집권적인 국가와 대규모의 도시들, 그리고 고급 지식이 출현했다. 그것은 '역사시대'-역사가들이 문헌을 통해 접근할 수 있는 최초의 시대-의 개막이었다. 전세계의 초기 문명에 관한 유익한 일반 서적으로 C. C. Lamberg-Karlovsky and Jeremy A. Sabloff, *Ancient Civilizations: The Near East and Mesoamerica*(Prospect Heights, Ill.: Waveland Press, 1987)를 추천한다. 최초 문명의 기원을 설명하는 여러 이론을 접하려면 Ronald Cohen and Elman R. Service, eds., *Origins of the State*(Philadelphia: Institute for the Study of Human Issues, 1978)를 참조하라. Karl Wittfogel, *Oriental Despotism*(New Haven: Yale University Press, 1957)은 너무 독특한 면이 있긴 하지만 품격 있는 연구서이다. 중앙집권적인 국가의 기념비적 건축물은 신석기 기념물보다 복잡성에서 한 단계 발전했다. 이집트 건축물에 관해서는 J.-P. Lepre, *The Egyptian Pyramids: A Comprehensive, Illustrated Reference*(Jefferson, N.C.: McFarland and Co., 1990);

Zahi A. Hawass, *The Pyramids of Ancient Egypt*(Pittsburgh: Carnegie Museum of Natural History, 1990)를 참조하라. 그리고 Kurt Mendelssohn, *Riddle of the Pyramids*(New York: Thames and Hudson, 1986)는 고대의 파라오들이 대규모 건축사업을 감행한 이유를 물리학자의 입장에서 설명한다. Otto Neugebauer, *The Exact Sciences in Antiquity*, 2nd ed. (New York: Dover Publications, 1969)는 표준적인 전문 서적이다. 고대 이집트에 관한 더 상세한 논의는 Marshall Clagget, *Ancient Egyptian Science*, 2 vols. (Philadelphia: American Philosophical Society, 1989-95)를 참조하라. 고대 문서들의 원본을 보고 싶은 독자는 Gay Robins and Charles Shute, *The Rhind Mathematical Papyrus: An Ancient Egyptian Text*(New York: Dover Publications, 1987)를 참조하라.

훌륭한 웹사이트

Ancient World Web: Meta Index
    http://atlantic.evsc.virginia.edu/julia/AW/meta.html
고대 근동
    http://eawc.evansville.edu/www/nepage.html
고대 이집트
    http://eawc.evansville.edu/www/egpage/htm
이집트 피라미드(NOVA)
    http://www.pbs.org/wgbh/pages/nova/pyramid/
The Oriental Institute
    http://www-oi.uchicago.edu/OI/default.html
이집트학
    http://www.newton.cam.ac.uk/egypt/
근동 및 중동 고고학
    http://www.global.org/bfreed/archeol/ne-arch.html
인더스 문명
    http:/www.harappa.com/welcome.htm

4장_천재적인 그리스인

많은 학자들이 그리스 과학을 연구했다. G.E.R. Lloyd, *Early Greek Science: Thales to Aristotle*(New York: Norton, 1970), 같은 저자의 *Greek Science after Aristotle* (New York: Norton, 1973)은 대중을 위한 표준적인 입문서이다. Marshall

Clagett, *Greek Science in Antiquity*, rev. ed. (New York: Barnes and Noble, 1994) 도 여전히 가치가 있다. 더 자세한 내용을 원하는 독자는 George Sarton의 *Ancient Science through the Golden Age of Greece*(New York: Dover, 1993)와 *Hellenistic Science and Culture in the Last Three Centuries B.C.*(New York: Dover, 1993)를 참조하라. Joseph Ben-David, *The Scientist's Role in Society: A Comparative Study, with a new introduction*(Chicago: University of Chicago Press, 1984)는 사회학적인 시각에서 주제에 접근한다. Lois N. Magner, *A History of the Life Sciences*(New York: Marcel Dekker, 1994)는 생물학적 주제에 관한 고대의 생각을 요약한다. 고대의 기술에 관해서는 J. G. Landels, *Engineering in the Ancient World*(Berkeley: University of California Press, 1978)와 L. Sprague de Camp, *The Ancient Engineers*(New York: Ballantine Books, 1988)를 참조하라.

훌륭한 웹사이트

고대 그리스
  http://eawc.evansville.edu/www/grpage.htm
페르세우스 프로젝트
  http://www.perseus.tufts.edu
인터넷 고전 도서관
  http://classics.mit.edu
디오티마: 고대 세계의 여성과 성별
  http://www.uky.edu/ArtsSciences/Classics/gender.html
그리스 수학사
  http://alepho.clarku.edu/~djoyce/mathhist/greece.html
The Philosophers Page
  http://www.bookstore.uidaho.edu/Philosophy/
알렉산드리아의 히파티아
  http://cosmopolis.com/people/hypatia.html
온라인 투석기 박물관
  http://www.nzp.com/o2contents.html
Classics and Mediterranean Archaeology Page
  http://rome.classics.lsa.umich.edu/welcome.html
고대의 과학
  http://www.mala.bc.ca/~mcneil/s1.htm

5장_꺼지지 않은 동방의 빛

이슬람의 과학과 문명을 더 깊이 공부하려는 독자에게는 다음 서적들이 유익할 것이다. Seyyed Hossein Nasr, *Science and Civilization in Islam*(New York: Barnes and Noble Books, 1992); George Saliba, *A History of Arabic Astronomy*(New York: New York University Press, 1994); Aydin Sayili, *The Observatory in Islam* (New York: Arno Press, 1981); Michael Adas, ed., *Islamic and European Expansion: The Forging of a Global Order*(Philadelphia: Temple University Press, 1993). 이슬람의 기술에 관해서는 Ahmad Y. al-Hassan and Donald R. Hill, *Islamic Technology: An Illustrated History*(Lanham: UNIPUB, 1992)와 Donald R. Hill, *Islamic Science and Engineering*(Chicago: Kazi Publications, 1996)을 참조하라. 이슬람 과학을 다른 과학과 비교하므로 특별한 가치가 있는 작품으로 Toby E. Huff, *The Rise of Early Modern Science: Islam, China, and the West*(New York: Cambridge University Press, 1993)가 있다.

훌륭한 웹사이트
초기 이슬람
   http://eawc.evansville.edu/www.ispage.htm
이슬람 원전 및 자료
   http://wings.buffalo.edu/sa/muslim/isl/isl.html
무슬림 학자 페이지
   http://www.oman_net.com/msp/main.htm
중세의 과학
   http://www.mala.bc.ca/~mcneil/s2.htm
비잔틴 연구
   http://www.bway.net/~halsall/byzantium.html

6장_중앙의 왕국

과학사 전공 학생은 조지프 니덤(Joseph Needham)의 찬란한 명작『중국의 과학과 문명 *Science and Civilization in China*』전 16권(Cambridge: Cambridge University Press, 1954-95)을 반드시 읽어야 한다. 이 명작을 짧게 줄인 Colin A. Ronan, *The Shorter Science and Civilization in China: An Abridgement of Joseph Needham's Original Text*, 5 vols. (Cambridge: Cambridge University Press, 1978-95)도 구

할 수 있다. 비록 니덤의 명작만큼 어마어마하진 않지만 결코 낮게 평가할 수 없는 작품으로 Derk Bodde, *Chinese Thought, Society, and Science: The Intellectual and Social Background of Science and Technology in Pre-Modern China*(Honolulu: University of Hawaii Press, 1991)가 있다. 비교역사적인 시각에서 접근하는 Huff, *Rise of Early Modern Science*(이 책의 5장 참조). G.E.R. Lloyd, *Adversaries and Authorities: Investigations into Ancient Greek and Chinese Science*(Cambridge: Cambridge University Press, 1996)도 유익하다.

훌륭한 웹사이트
조지프 니덤 홈페이지
 http://www.soas.ac.uk/Needham/Home.html
고대 중국 웹사이트
 http://eawc.evansville.edu/www/chpage.htm
China 5000 Pro Timeline
 http://www.china5000pro.com/timeline.html
China Room
 http://www.chinapage.com/china-rm.html
중국사
 http://www-chaos.umd.edu/history/toc.html
 http://www.chinacommercial.com/chinahist.htm
Condensed China: 초보자를 위한 중국사
 http:/www.hk.super.net/~paulf/china.html
중국 철학 페이지
 http://www-personal.monash.edu.au/~sab/index.html

7장_인더스, 갠지스, 그리고 그 너머

영국 식민지가 되기 이전 인도의 과학기술사에 관한 서적은 풍부하지 않다. S. Balaachandra Rao, *Indian Mathematics and Astronomy*(Bangalore: Jnana Deep Publications, 1994); Debiprasad Chattopadhyaya, ed., *Studies in the History of Science in India*, 2 vols. (New Delhi: Editorial Enterprises, 1982), 그리고 여러 판본과 제목으로 나와 있는 O. P. Jaggi, *History of Science, Technology, and Medicine in India*, 15 vols. (Delhi: Atma Ram and Sons, 1969-86) 정도를 언급할 수 있다. David Pingree, "History of Mathematical Astronomy in India" in

Dictionary of Scientific Biography, ed. C. C. Gillispie (New York: Scribner's, 1978), 15:533-633. 이것은 전문적이지만 반드시 읽어야 할 논문이다. Indian Journal of History of Science도 중요하다. 크메르 제국에 관해서는, Eleanor Mannikka, Angkor Wat: Time, Space, and Kingship(Honolulu: University of Hawaii Press, 1996)을 참조하라.

훌륭한 웹사이트

고대 인도 관련 사이트
  http://eawc.evansville.edu/www/inpage.htm

인도사
  http://www.ib_net.com/links/history.htm
  http://www.incore.com/india/history.html
  http://www.indiagov.org/culture/history/intro.html

'아유르베다' 관련 정보
  http://www.boii.com/ayurfrme.htm

8장_신세계

고대 아메리카 문명은 특히 활발하게 연구되었다. 최근에 출간된 여러 책에 그 연구의 성과가 실려 있다. 특히 Jeremy A. Sabloff, The Cities of Ancient Mexico (London: Thames and Hudson, 1989), 같은 저자의 The New Archaeology and the Ancient Maya(New York: W. H. Freeman, 1990)를 추천한다. Michael D. Coe, The Maya, 5th ed.(New York: Thames and Hudson, 1993)는 완전히 개정되고 보충되었다. Brian M. Fagan, Kingdoms of Gold, Kingdoms of Jade: The Americas Before Columbus(London: Thames and Hudson, 1991); Craig Morris and Adriana von Hagen, The Inka Empire and Its Andean Origins(New York: American Museum of Natural History/Abbeville Press: 1993); Michael E. Moseley, The Incas and Their Ancestors(London: Thames and Hudson, 1993); David Muench and Donald G. Pike, Anasazi: Ancient People of the Rock(New York: Harmony Books, 1974)을 참조하라. Linda Schele and Mary Ellen Miller, The Blood of Kings(New York: George Braziller, 1986)는 고대 아메리카 문명이 평화적이었다는 과거의 시각을 바꾸고 그 속에도 공격성과 폭력이 있었음을 일깨우는 데 도움이 되었다.

콜럼버스 이전 아메리카의 과학에 관해서는, Anthony F. Aveni, Empires of Time:

Calendars, Clocks, and Cultures(New York: Basic Books, 1989); Bernard R. Ortiz de Montellano, *Aztec Medicine, Health, and Nutrition*(New Brunswick, N.J.: Rutgers University Press, 1990); William Fash, *Scribes, Warriors, and Kings: The City of Copán and the Ancient Maya*(London: Thames and Hudson, 1991)를 참조하라.

훌륭한 웹사이트

Maya/Aztec/Inca Center
  http://www.realtime.net/maya/

Maya Links
  http://www.ruf.rice.edu/~jchance/link.html

중앙아메리카 고고학 페이지
  http://copan.bioz.unibas.ch/meso.html

마야 천문학 페이지
  http://www.astro.uva.nl/michielb/maya/astro.html

테오티와칸 고고학
  http://archaeology.la.asu.edu/vm/mesoam/teo/index.htm

잉카의 흔적과 마추픽추
  http://www.tardis.ed.ac.uk/~angus/Gallery/Photos/SouthAmerica/Peru/IncaTrail.html

NOVA Online: 잉카의 얼음 미라
  http://www.pbs.org/wgbh/pages/nova/peru

차코 캐니언 국립 유적지
  http://www.chaco.com/park/index.html

카호키아 둔덕 유적지
  http://medicine.wustl.edu/~kellerk/cahokia.html.

9장_쟁기, 등자, 총포, 페스트

중세와 근대 유럽의 기술에 관한 연구는 지난 50년 동안 매우 활발히 이루어졌다. 이 주제를 더 공부하려는 독자에게 도움을 줄 만한 문헌은 풍부하다. 고전적인 작품인 Lynn White Jr., *Medieval Technology and Social Change*(Oxford: Oxford University Press, 1966)는 봉건제도의 발생을 기술의 혁신을 통해 설명한다. Arnold Pacey, *The Maze of Ingenuity: Ideas and Idealism in the Development of*

Technology, 2nd ed. (Cambridge: MIT Press, 1992)는 근대에 초점을 맞춘다. Jean Gimpel, *The Medieval Machine: The Industrial Revolution of the Middle Ages*(New York: Penguin Books, 1983)도 추천할 만하다. 쉽게 읽을 수 있는 일반 서로는 Frances and Joseph Gies, *Cathedral, Forge, and Waterwheel: Technology and Invention in the Middle Ages*(New York: HarperCollins, 1994)가 있다.

Michael Roberts, *The Military Revolution, 1560-1660*(Belfast: Queen's University Press, 1956)은 근대 유럽의 독특한 군사 기술 및 전술에 관한 연구의 발판을 마련한 작품이다. 이 작품 이후 Geoffrey Parker, *The Military Revolution: Military Innovation and the Rise of the West, 1500-1800*(New York: Cambridge University Press, 1988); Carlo M. Cipolla, *Guns, Sails, and Empires: The Technological Innovation and the Early Phases of European Expansion, 1400-1700*(New York: Pantheon Books, 1966); William H. McNeill, *The Pursuit of Power: Technology, Armed Force, and Society since A.D. 1000*(Chicago: University of Chicago Press, 1984) 등이 출간되었다.

중세의 과학에 관해서는, David C. Lindberg, *The Beginnings of Western Science* (Chicago: University of Chicago Press, 1992); David C. Lindberg, ed., *Science in the Middle Ages*(Chicago: University of Chicago Press, 1978); Edward Grant, *The Foundations of Modern Science in the Middle Ages*(New York: Cambridge University Press, 1996), 그리고 같은 저자의 *Physical Science in the Middle Ages* (New York: Cambridge University Press, 1977)를 참조하라.

훌륭한 웹사이트

중세 유럽
　　http://eawc.evansville.edu/www/mepage.htm

Labyrinth: A WWW Server for Medieval Studies
　　http://www.georgetown.edu/labyrinth/labyrinth-home.html

중세 연구 자료
　　http://info.ox.ac.uk/departments/humanities/med.html

Orb: 중세 연구 문헌 자료:
　　http://orb.rhodes.edu/

중세 과학 페이지
　　http://members.aol.com/mcnelis/medsci_index.html

중세의 기술과 일상: 자료
　　http://scholar.chem.nyu.edu/~medtech/medweb.html

10~12장_과학혁명 일반

과학혁명은 과학사의 핵심 주제 가운데 하나이다. H. Floris Cohen, *The Scientific Revolution: A Historiographical Inquiry*(Chicago: University of Chicago Press, 1994)는 입문서로 매우 훌륭하다. I. B. Cohen, *Puritanism and the Rise of Modern Science: The Merton Thesis*(New Brunswick, N.J.: Rutgers University Press, 1990) 역시 반드시 읽어야 할 작품이다.

최근에 나온 재해석 중에서는 Steven Shapin, *The Scientific Revolution*(Chicago: University of Chicago Press, 1996); David C. Lindberg and Robert S. Westman, eds., *Reappraisals of the Scientific Revolution*(Cambridge: Cambridge University Press, 1990); Roy Porter and Mikulás Teich, eds., *The Scientific Revolution in National Context*(Cambridge: Cambridge University Press, 1992)를 참조하라. Norriss S. Hetherington, *Cosmology: Historical, Literary, Philosophical, Religious, and Scientific Perspectives*(New York: Garland Publishing, 1993)도 유익하다. 약간 오래 되었지만 여전히 탁월한 설명을 Arthur Koestler, *The Sleepwalkers: A History of Man's Changing Vision of the Universe*(New York: Viking Penguin, 1990); Herbert Butterfield, *The Origins of Modern Science, 1300-1800*, rev. ed. (New York: Free Press, 1965); I. Bernard Cohen, *The Birth of a New Physics, revised and updated*(New York: Norton, 1985); Richard S. Westfall, *The Construction of Modern Science: Mechanism and Mechanics*, 2nd ed. (Cambridge: Cambridge University Press, 1977)에서 얻을 수 있다.

과학혁명의 해석을 위한 맥락을 새롭게 제시한 최근의 작품으로는 William Eamon, *Science and the Secrets of Nature: Books of Secrets in Medieval and Early Modern Culture*(Princeton, N.J.: Princeton University Press, 1994); Pamela Smith, *The Business of Alchemy: Science and Culture in the Holy Roman Empire*(Princeton, N.J.: Princeton University Press, 1994); David C. Goodman, *Power and Penury: Government, Technology, and Science in Philip II's Spain*(Cambridge: Cambridge University Press, 1988); Frank J. Swetz, *Capitalism and Arithmetic: The New Math of the 15th Century*(LaSalle, Ill.: Open Court, 1987); Carolyn Merchant, *The Death of Nature: Women, Ecology, and the Scientific Revolution*(San Francisco: HarperSanFrancisco, 1990)이 있다.

10장_코페르니쿠스, 혁명을 시작하다

코페르니쿠스와 튀코 브라헤, 케플러에 관해서는 Bruce Stephenson, *Kepler's Physical Astronomy*(Princeton, N.J.: Princeton University Press, 1994), 같은 저자의 *The Music of the Heavens: Kepler's Harmonic Astronomy*(Princeton, N.J.: Princeton University Press, 1994); Max Caspar, *Kepler*, trans. and ed. C. Doris Hellman with a new introduction and references by Owen Gingerich (New York: Dover Publications, 1993); Victor E. Thoren, *The Lord of Uraniborg: A Biography of Tycho Brahe*(Cambridge: Cambridge University Press, 1990)를 참조하라. Thomas S. Kuhn, *The Copernican Revolution*(Cambridge: Harvard University Press, 1957)은 지금도 여전히 주목할 만한 작품이다.

훌륭한 웹사이트
르네상스 과학
   http://www.mala.bc.ca/~mcneil/s3.htm
코페르니쿠스의 「천구의 회전에 관하여」
   http://pluto.clinch.edu/history/wcivi/civiref/revolu.htm
영어로 된 튀코 브라헤 사이트
   http://inet.uni-c.dk/~nefts/tycho.htm
요하네스 케플러와 모어 케플러(More Kepler)
   http://www.physics.virginia.edu/classes/109N/1995/lectures/kepler.html
   http://www.physics.virginia.edu/classes/109N/1995/lectures/morekepl.html
케플러의 법칙
   http://scruffy.phast.umass.edu/a114/lectures/lec03/lec03.html
   http://www.itsnet.com/home/bmager/public.html/pluto/kepler.html
수학사
   http://www-groups.dcs.st-and.ac.uk/~history
(옥스퍼드) 과학사 박물관
   http://info.ox.ac.uk/departments/hooke
레오나르도 다빈치 박물관
   http://cellini.leonardo.net/museum/gallery.htm1#start

11장_갈릴레오의 죄와 벌

갈릴레오의 과학적 저술은 과학사 속의 글 중에서 일반인이 즐겁게 읽을 수 있는 드문 예외 중 하나이다. Stillman Drake, *Discoveries and Opinions of Galileo*(Garden City, N.Y.: Doubleday Anchor, 1990)는 갈릴레오의 글을 발췌해서 보여준다. 갈릴레오의 주요 저작들도 구할 수 있다. *Galileo on the World Systems: A New Abridged Translation and Guide*, trans, and ed. Maurice A. Finocchiaro (Berkeley: University of California Press, 1997); *Two New Sciences*, trans. S. Drake (Madison: University of Wisconsin Press, 1992) 등을 찾아보라. *Dialogue Concerning the Two Chief World Systems*, trans. S. Drake (Berkeley: University of California Press, 1967)도 출간되어 있다. 갈릴레오의 과학적 저술에 대한 논의를 담은 표준적인 작품은 Stillman Drake, *Galileo at Work: His Scientific Biography*(New York: Dover Publications, 1995)이다. 갈릴레오가 코페르니쿠스주의 때문에 종교재판소로부터 받은 박해에 관해서는 Maurice Finocchiaro, *The Galileo Affair: A Documentary History*(Berkeley: University of California Press, 1989)가 반드시 거쳐야 할 출발점이다. Georgio de Santillana, *The Crime of Galileo*(Alexandria, Va.: Time-Life Books, 1981)는 여전히 훌륭한 해설서이다. Mario Biagioli, *Galileo Courtier: The Practice of Science in the Culture of Absolutism*(Chicago: University of Chicago Press, 1993); Pietro Redondi, *Galileo Heretic*(Princeton, N.J.: Princeton University Press, 1987); Michael Segré, *In the Wake of Galileo*(New Brunswick, N.J.: Rutgers University Press, 1991)도 추천할 만하다.

훌륭한 웹사이트
갈릴레오 프로젝트
    http://es.rice.edu/ES/humsoc/Galileo
자연사 박물관, 플로렌스
    http://galileo.imss.firenze.it/museo/4/index.html
예수회와 과학, 1600-1800
    http://www.luc.edu/libraries/science/jesuits/index.html
르네상스 과학의 예술: 갈릴레오와 원근법
    http://www.cuny.edu:80/multimedia/arsnew/arstoc.html
데카르트의 「방법에 관한 논의」
    http://www.wsu.edu:8080/~wldciv/world_civ_reader/world_civ_reader2/descartes.html

12장__"신께서 말씀하시길, '뉴턴이 있으라' 하시니"

아이작 뉴턴의 생애와 과학은 학자들이 꼼꼼히 연구한 주제이다. Richard S. Westfall, *Never at Rest: A Biography of Isaac Newton*(Cambridge: Cambridge University Press, 1983)은 과학자 전기의 걸작이며 뉴턴을 알기 위해 가장 먼저 읽어야 할 작품이다. 이 작품을 요약한 *The Life of Isaac Newton*(Cambridge: Cambridge University Press, 1993)도 참조할 만하다. A. Rupert Hall, *Isaac Newton, Adventurer in Thought*(Oxford: Blackwell, 1992) 역시 표준적인 설명을 제공한다. Betty Jo Teeter Dobbs and Margaret C. Jacob, *Newton and the Culture of Newtonianism*(Atlantic Highlands, N.J.: Humanities Press, 1995)은 다양한 주제를 다루는 편한 입문서이다. I. Bernard Cohen and Richard S. Westfall eds., *Newton: Texts, Backgrounds, Commentaries, A Norton Critical Edition*(New York: W. W. Norton, 1995) 역시 중요한 입문서이다. John Fauvel et al., *Let Newton Be!*(Oxford: Oxford University Press, 1988)는 뉴턴과 그의 업적과 사회적 영향력에 대한 최신 정보와 해석을 제공한다. 역사적 맥락 일반을 다루는 책으로는 Margaret C. Jacob, *The Newtonians and the English Revolution*(New York: Gordon and Breach, 1990)이 있다. B.J.T. Dobbs, *The Janus Faces of Genius: The Role of Alchemy in Newton's Thought*(Cambridge: Cambridge University Press, 1991)는 뉴턴이 사적으로 추구한 과학을 상세하게 학문적으로 다룬다.

훌륭한 웹사이트

뉴턴의 생애
   http://www.maths.tcd.ie/pub/HistMath/People/Newton/RouseBall/RB_Newton.html
   http://euler.ciens.ucv.ve/English/mathematics/newton.html
   http://www.newton.cam.ac.uk/newtlife.html

뉴턴 시대의 과학
   http://www.mala.bc.ca/~mcneil/s4.htm

Newtonia
   http://home.cern.ch/~mcnab/N/index.html

아이작 뉴턴 경 홈페이지
   http://newton.gws.uky.edu/cover.html

"아이작 뉴턴 공식 홈페이지"
   http://www2.andrews.edu/~ganos/newton.html

The Alchemy Virtual Library
   http://www.levity.com/alchemy/home.html
Early Modern English and the Scientific Revolution
   http://marie.mit.edu/~bruen/EME.html

13장_산업혁명

산업혁명과 그것이 전세계에 미친 영향에 대한 연구는 최근에 더 복잡해졌다. George Basalla, *The Evolution of Technology*(Cambridge: Cambridge University Press, 1989); Arnold Pacey, *Technology in World Civilization*(Cambridge: MIT Press, 1992); Peter N. Stearns, *The Industrial Revolution in World History* (Boulder, Colo.: Westview Press, 1993); Vaclav Smil, *Energy in World History*(Boulder, Colo.: Westview Press, 1994); Alfred Crosby, *Ecological Imperialism: The Biological Expansion of Europe, 900-1900*(New York: Cambridge University Press, 1993); Daniel Headrick, *Tools of Empire: Technology and European Imperialism in the Nineteenth Century*(New York: Oxford University Press, 1981)를 참조하라. T. S. Ashton, *The Industrial Revolution, 1760-1830*(Westport, Conn.: Greenwood Press, 1986)은 유럽의 산업혁명에 대한 전통적인 설명을 제공한다. 과학이 산업화의 전개에 문화적으로 미친 영향에 관해서는 Margaret C. Jacob, *Scientific Culture and the Making of the Industrial West*(New York: Oxford University Press, 1997)를 참조하라.

훌륭한 웹사이트
산업혁명
   http://www.anglia.co.uk/angmulti/indrev/contents.html
   http://www.stedwards.edu/cfpages/stoll/iw/industrl.htm
경제사학자를 위한 자료
   http://cs.muohio.edu/Other/other-services.shtml
캐나다 경제사
   http://www.upei.ca/~rneill/course-outline.htm
철도 관련 자료
   http://www-cse.ucsd.edu/users/bowdidge/railroad/rail-home.html
철도의 역사
   http://www.rrhistorical.com/index.html

영국 철도 박물관
  http://www.nmsi.ac.uk/nrm
포드 역사 도서관
  http://www.fmcc.com/archive/

14장_현대 과학으로 가는 길: 순수과학과 응용과학

이 장에서 제시한 해석은 Thomas S. Kuhn, "Mathematical versus Experimental Traditions in the Development of Physical Science," in *The Essential Tension: Selected Studies in Scientific Tradition and Change*(Chicago: University of Chicago Press, 1977)를 기초로 삼는다. 이 논문과 유사한 관점에서 뉴턴 이후의 과학을 다루는 책으로 I. Bernard Cohen, *Revolution in Science*(Cambridge: Belknap Press of Harvard University Press, 1985)가 있다. 같은 저자의 *Franklin and Newton: An Inquiry into Speculative Newtonian Experimental Science*(Philadelphia: American Philosophical Society, 1956)도 참조하라. 복잡하게 얽힌 19세기 과학에 관한 입문서로는 Christa Jungnickel and Russell McCormmach, *Intellectual Mastery of Nature*, 2 vols. (Chicago: University of Chicago Press, 1990)를 추천한다. Edmund Whittaker, *A History of the Theories of Aether and Electricity*(New York: Dover Publications, 1989)도 훌륭하다. 기술, 특히 미국을 중심으로 한 기술에 대해서는 Ruth Schwartz Cowan, *A Social History of American Technology*(New York: Oxford University Press, 1997); Thomas Parke Hughes, *American Genesis: A Century of Invention and Technological Enthusiasm*(New York: Viking, 1989)을 권한다.

훌륭한 웹사이트
빅토리아 시대의 과학과 기술: 일반적인 논의
  http://www.stg.brown.edu/projects/hypertext/landow/victorian/science/sciov.html
고전 과학, 1750-1820
  http://www.mala.bc.ca/~mcneil/s5/htm
낭만주의 과학, 1820-1900
  http://www.mala.bc.ca/~mcneil/s6.htm
역학의 발전
  http://www.chembio.uoguelph.ca/educmat/chm386/rudiment/tourclas/tour-

clas.htm

물리학, 공학, 천문학의 주요 인물들
  http://144.26.13.41/phyhist/homepage.htm

유명 물리학자들
  http://www.physics.gla.ac.uk/introPhy/Famous/

유리구슬 게임
  http://userwww.sfsu.edu/~rsauzier/Biography.html

전파 기술의 역사
  http://www.antique-radio.org/timeline/time.html

15장_생명 그 자체

갈릴레오의 경우와 마찬가지로 다윈의 저술은 읽어야 하고 읽을 만하다. 특히 다양한 판본으로 구할 수 있는 『종의 기원』 초판을 읽어보라. 다윈의 다른 저술들은 Philip Appleman, ed. *Darwin*, A Norton Critical Edition, 2nd ed. (New York: Norton, 1979); Thomas F. Glick and David Kohn, eds., *Darwin on Evolution* (Indianapolis, Ind.: Hackett Publishing, 1996)에서 접할 수 있다. 여러 권으로 완간될 예정인 E. J. Browne의 *Charles Darwin: A Biography*(Princeton, N.J.: Princeton University Press, 1996-)는 머지않아 표준적인 연구서로 자리잡을 것으로 보인다. Peter J. Bowler의 작품들, 특히 *Charles Darwin: The Man and His Influence* (Cambridge: Cambridge University Press, 1996)와 *Evolution: The History of an Idea*, rev. ed. (Berkeley: University of California Press, 1989)는 다윈과 진화론의 발전에 관한 믿을 만한 역사적 개요를 제공하며 수많은 다윈 연구자들에게 디딤돌을 제공한다. 19세기와 20세기 생물학의 원리와 발전사를 알고자 하는 독자는 Maitland A. Edey and Donald C. Johanson, *Blueprints: Solving the Mystery of Evolution*(New York: Penguin Books, 1989)을 참조하라. David Kohn, ed., *The Darwinian Heritage*(Princeton, N.J.: Princeton University Press, 1985)는 이 분야를 망라한 훌륭한 논문집이다. 자연선택의 원리를 멋지게 설명하는 책으로 Richard Dawkins, *The Blind Watchmaker: Why the Evidence of Evolution Reveals a Universe Without Design*(New York: Norton, 1996)이 있다. 이와 유사하지만 더 철학적인 작품으로 Daniel C. Dennet, *Darwin's Dangerous Idea*(New York: Simon and Schuster, 1995)가 있다. Jonathan Weiner, *The Beak of the Finch: A Story of Evolution in Our Time*(New York: Knopf, 1994)은 훌륭한 문체로 진화의 작동을 설명한다. Carl N. Degler, *In Search of Human Nature: The Decline and*

Revival of Darwinism in American Social Thought(New York: Oxford University Press, 1991)는 사회과학 분야에서 벌어지는 다윈주의적인 논쟁들을 풍부하게 소개한다. Edward O. Wilson, On Human Nature(Cambridge: Harvard University Press, 1978)는 진화론의 논란 많은 산물 중 하나인 사회생물학에 관한 대중적인 논의를 담고 있다.

훌륭한 웹사이트

진화의 이론과 역사
  http://www.ucmp.berkeley.edu/history/evolution.html

다윈: 『종의 기원』과 『비글호의 항해』
  http://www.literature.org/works/Charles-Darwin/

다윈: 『인간의 유래』
  gopher://gopher.vt.edu: 10010/02/69/1

다윈: 『인간과 동물의 감정 표현』(발췌)
  http://paradigm.soci.brocku.ca/!lward/SUP/DARWINoo.html

Down House
  http://www.nhm.ac.uk/museum/Downhse/downhse.html

Artificial Life Online
  http://alife.santafe.edu/

The Tree of Life
  http://phylogeny.arizona.edu/tree/phylogeny.html

멘델 웹사이트
  http://www.netspace.org/MendelWeb

The WWW Virtual Library: Evolution
  http://golgi.harvard.edu/biopages/evolution.html

16장_도구 제작자, 지휘봉을 잡다

13장 참고자료를 보라.

17장_새로운 아리스토텔레스주의자들

20세기 물리과학은 수많은 대중서적과 약간 더 전문적인 서적에서 다루어졌다. 몇 개만 나열하면 다음과 같다. Russell McCormmach, *Night Thoughts of a Classical Physicist*(Cambridge: Harvard University Press, 1982), Stephen W. Hawking, *The Illustrated A Brief History of Time*, updated and expanded(New York: Bantam Books, 1996), Steven Weinberg, *The First Three Minutes: A Modern View of the Origin of the Universe*, updated ed.(New York: Basic Books, 1993); George Gamow, 『Thirty Years That Shook Physics: The Story of Quantum Theory』 (New York: Dover, 1985); David Lindley, *The End of Physics: The Myth of a Unified Theory*(New York: Basic Books, 1993); John Horgan, *The End of Science: Facing the Limits of Knowledge in the Twilight of the Scientific Age*(Reading, Mass.: Helix Books, 1996).

알베르트 아인슈타인을 다룬 중요한 작품으로는 David C. Cassidy, *Einstein and Our World*(Atlantic Highlands, N.J.: Humanities Press, 1995); Ronald William Clark, *Einstein: The Life and Times*(New York: Wings Books, 1995); Abraham Païs, "*Subtle is the Lord······*": *The Science and Life of Albert Einstein*(Oxford: Oxford University Press, 1982); Jeremy Bernstein, *Albert Einstein and the Frontiers of Physics*(New York: Oxford University Press, 1996); 같은 저자의 *Einstein*(New York: Penguin, 1976)을 추천한다.

왓슨이 직접 쓴 DNA 구조 발견에 관한 이야기는 20세기 과학사에 획을 그은 그 위대한 발견뿐 아니라 오늘날 과학 활동의 실상도 상세히 전해준다. 가장 쉽게 구할 수 있는 판본은 Gunther S. Stent, ed., *The Double Helix, A Norton Critical Edition* (New York: Norton, 1980)이다.

훌륭한 웹사이트

알베르트 아인슈타인
http://www.sas.upenn.edu/~smfriedm/einstein.html

현대 과학
http://www.mala.bc.ca/~mcneil/s7.htm

노벨 물리학상 수상자들:1901~1996
http://www.slac.stanford.edu/library/nobel.html

허블 상수와 우주의 나이
http://www.mathsoft.com/astronomy/hubble.html

마리 퀴리
http://myhero.com/science/curie.asp

History of the Lawrence Livermore National Lab
http://www.llnl.gov/llnl/history/history.html

18장_오늘날의 응용과학과 기술

20세기에 일어난 과학과 기술의 융합은 여러 각도에서 연구되었다. Ben-David, *The Scientist's Role in Society*(4장 참조); Derek J. da Solla Price, 『Little Science, Big Science······ and Beyond』 (New York: Columbia University Press, 1986)는 사회학적인 분석을 제시한다. 패러다임적인 사건이었던 원자폭탄의 발명과 제작은 Richard Rhodes, *The Making of the Atomic Bomb*(New York: Simon and Schuster, 1986)에서 상세히 다루어진다. David Dickson, *The New Politics of Science, with a new preface*(Chicago: University of Chicago Press, 1988)도 참조하라. John Ziman, *The Force of Knowledge*(Cambridge: Cambridge University Press, 1976)는 여전히 가치 있는 입문서이다. 현재의 과학과 기술을 새로운 시각에서 논의한 책으로는 Bruno Latour and Steve Woolgar, *Laboratory Life: The Construction of Scientific Facts*(Princeton, N.J.: Princeton University Press, 1986); Bruno Latour, *Science in Action*(Cambridge: Harvard University Press, 1987); Wiebe E. Bijker, Thomas P. Hughes, and Trevor Pinch, *The Social Construction of Technological Systems*(Cambridge: MIT Press, 1989); Weibe E. Bijker and John Law, *Shaping Technology/Building Society: Studies in Sociotechnical Change*(Cambridge: MIT Press, 1992)를 추천한다.

훌륭한 웹사이트
원자폭탄 관련 정보
   http://astro.uchicago.edu/home/web/jeffb/abomb.html
Trinity Atomic Web Site
   http://www.envirolink.org/issues/nuketesting
히로시마 시
   http://www.city.hiroshima.jp/City/2-1.html
나가사키 원폭 박물관
   http://www.usi.nagasaki-noc.or.jp/~nacity/nabomb/museum02e.html
A Career Planning Center for Beginning Scientists and Engineers
   http://www2.nas.edu/cpc/index.html
American Physical Society Careers/Employment Information
   http://www.aps.org/jobs/index.html
Employment and the U.S. Mathematics Doctorate
   http://www.ams.org/committee/profession/etfreport-text.html

National Science Foundation(미국과학재단), Science Resources Studies Home Page http://www.nsf.gov/sbe/srs/stats.html

■찾아보기

2단계 경작 체계　275
30년전쟁　316, 336
3단계 윤작 체계　275, 276, 425
3도 배경복사　535
4개의 원소　103
4단계 윤작 체계　425
60진법　84, 88
95개의 논제Ninety-Five Theses　316
'에드윈 스미스 의학 파피루스'　90
DNA　501, 504, 506, 537, 538, 543, 557, 558
DNA의 이중나선 구조　504, 537, 543, 558
MRI(자기공명영상)　558
PET(양전자방출단층촬영)　558
X선　524, 543, 558
π의 값　86
「대공녀 크리스티나에게 보내는 편지: 과학의 사안과 관련하여 성경을 인용하는 것에 대하여」　348
「무신론의 어리석음과 비합리성」　405
「물리-신학: 혹은, 창조된 세계를 근거로 신의 존재와 속성들을 증명함」　405
「불의 구동력에 관한 고찰Reflection on the Motive Power of Fire」　439, 462
「사물의 본성에 관하여」　149
「짧은 논평Commentariolus」　318
『12세기 영국 왕실 역사』　46
『개정판 고대 왕국들의 연대기 Chronology of Ancient Kingdoms Amended』　405
『계산서Liber abaci』　290
『광학Opticks』　403, 404, 405, 414, 450, 451, 457
『구장산술Nine Chapters on the Mathematical Art』　206
『국가』　95
『국부론The Wealth of Nations』　437
『기하학원론Elements』　105, 106, 171, 284
『길든 동물과 식물의 변이에 관하여』　498
『동국이상국집』　197

『두 개의 새로운 과학에 관한 논의 Discourses on Two New Sciences』 359, 360, 361, 362

『두 개의 주요 세계 체계에 관한 대화 Dialogue on the Two Chief World Systems』 351, 352, 353, 358, 359, 360

『물리학 연감Annalen der Physik』 470

『미크로그라피아Micrographia』 375

『박물지Natural History』 149

『방법에 관한 논의Discourse on Method』 373

『베다Veda』 223, 224, 228, 230

『별들의 소식Sidereus nuncius』 342, 343, 348

『본초강목本草綱目』 214

『부의 복음Gospel of Wealth』 503

『사회생물학Sociobiology』 505

『상정고금예문詳定古今禮文』 197

『새로운 천문학, 원인들에 기초하여, 혹은 천체의 물리학』 337

『새로운 천문학Astronomia Nova』 335, 336, 337

『세계Le Monde』 373

『세계의 조화Harmonice mundi』 337

『수스루타 삼히타Susruta Samhita』 231

『수학적 집대성Mathematical Syntaxis』(『알마게스트Almagest』) 138, 140, 171, 177, 229, 284, 289, 323

『시금자(試金者)Assayer』 347, 351

『식물과 동물에 관하여』 290

『신곡The Divine Comedy』 285, 286

『신종합설』 501

『실험 생물학 Lessons in Experimental Physiology』 466

『실험적 의학 연구 입문Introduction to the Study of Experimental Medicine』 466

『알자브르al-Jabr』(『대수학Algebra』) 178

『역경易經』 217

『열에 관한 분석적 이론Analytical Theory of Heat』 461

『우주의 신비Mysterium cosmographicum』 333, 334, 337

『유전학과 종의 기원』 501

『응용역학 지침서Manual of Applied Mechanics』 445

『인간의 유래The Descent of Man』 496

『인구론Essay of the Principle of Population』 489

『인도사History of India』 230

『인체의 구조에 관하여De humani corporis fabrica』 313

『자본론Das Kapital』 437

『자석에 관하여Letter on the Magnet』 291, 337

『자연신학, 혹은 자연 현상에서 모은 신의 존재와 속성에 관한 증거들Natural Theology, or Evidences of the Existence and Attributes of the Deity Collected from the Appearances of Nature』 480

『자연철학의 수학적 원리Mathematica Philosophia Naturalis』 380, 394

『종의 기원The Origin of Species』(부제: 자연 선택을 통한 종의 기원에 관하여, 혹은 생존을 위한 투쟁에서 혜택을 받은 종족이 보존되는 것에 관하여On the Origin of Species by Means of Natural Selection, or the Preservation of Favoured Races in the Struggle for Life) 477, 493, 494, 496, 497, 498, 499, 500

『종의 기원과 체계』 501

『지구론Theory of the Earth』 484
『지구의 신성한 역사Sacred History of the Earth』 479
『지리학Geographia』 408
『지식인 저널Journal des Sçavans』 390
『지질학 원리』 486
『지질학의 원리』 485
『직지심체요절直指心體要節』 197
『질들의 배치에 관하여On the Configuration of Qualities』 293
『차라카 삼히타Charaka Samhita』 230, 231
『창조에서 신의 지혜Wisdom of God in the Creation』 479
『창조의 흔적Vestiges of Creation』 492
『천구의 회전에 관하여De revolutionibus orbium coelestium』 309, 313, 318, 319, 320, 322, 323, 324, 325, 326, 333, 348, 349
『천체역학Mécanique』 449
『철학의 원리 Principles of Philosophy』 373
『철학의 위안 On the Consolation of Philosophy』 156
『철학적 교류Philosophical Transactions』 387, 390, 401, 441
『커티스 식물학 잡지Curtis's Botanical Magazine』 470
『코페르니쿠스 천문학 요약Epitome of Copernican Astronomy』 336
『태양의 흑점에 관한 편지Letters on Sunspots』 347, 348, 368
『테트라비블로스Thetrabiblos』 142, 177, 289
『티마이오스Timaeus』 111

『프린키피아』 378, 392, 393, 394, 395, 396, 397, 398, 399, 402, 403, 404, 405, 407, 449
『헤르메스 전집Hermetic corpus』 315
『화학 저널Chemische Journal』 470
『화학의 기초 Elementary Treatise of Chemistry』 456

ㄱ

가브리엘 팔로피우스Gabriel Fallopius 313
가상입자 536
가솔린 내연기관 514
가슴걸이horse collar 275
가치비율 86
각도 측정법 88
간섭 461
갈라파고스 제도Galapagos Islands 487, 488, 490
갈레노스 128, 150, 151, 163, 172, 178, 180, 284, 290, 313, 374
갈레온galleon(대형범선) 304
갈릴레오 갈릴레이Galileo Galilei 316, 326, 339, 340, 341, 342, 343, 344, 345, 347, 348, 349, 350, 351, 352, 353, 354, 355, 356, 357, 358, 359, 360, 361, 362, 363, 364, 365, 366, 367, 368, 369, 370, 371, 372, 373, 376, 380, 390, 393, 397, 408, 410, 411, 413, 414, 479
갈릴레오의 (자유)낙하법칙 293, 306, 364, 365, 366, 368, 393, 397
갈릴레오학파 372
감마선 525
갑골문(자) 188

강제노역   192, 196, 234, 240, 253, 259, 297, 303
개별 창조 이론   482, 494, 495
개인용 컴퓨터   476, 560
갠지스 강   223, 224, 225, 232
갤리선galley   304
거대과학Big Science   328, 552, 553, 555
거대한 3석   46
거석야드megalithic yard   46
건판dry-plate 사진술   534
겉보기 일일 운동   136, 320
게라르두스 메르카토르Gerardus Mercator   408
격변론catastrophism   483, 485
결승문자(키푸quipu)   255, 257
경작(지) 농업(밭 농업)   35, 56
경제적 교역   78
계급화   22, 41, 55, 58, 64, 68, 167, 222, 245, 260, 262, 503
계단식 논   190
계몽시대(-주의, -운동)   118, 129, 406, 407, 467
계미자癸未字   197
계산 장치   49
계산학파Metronians(Calculators)   365
계절적 위치   90
계획 도시   66
고대 그리스의 7대 현자   99
고대 메소포타미아   59
고대 바빌로니아어(아카드어)   82
고대 수메르   84
고대 아메리카 문명   70
고대 이집트   72
고대 이집트의 상형문자(hieroglyph=성스러운 표식)   81, 82, 83

고밀도 관개농업   166, 181
고밀도 농업   36, 38, 56, 57, 58, 60, 71, 233, 240, 242, 253, 256, 265, 271
고밀도 습지 농업   68
고생물학   538, 552
고온계pyrometer   441
고왕국시대   61
고원 도시   70
고전 과학Classical science   448, 449, 452, 457, 465
고전시대   97
고전적 세계관Classical World View   457, 463, 464, 465, 466, 523, 526, 528, 530, 565
곤트치   29
공기(혹은 프네우마)   103
공기펌프(진공펌프)   391, 416, 417
공동체 사회   22
공산주의   437, 503
공자   191
공통적인 패턴   59
과테말라   51
과학-기술 혁명   420, 561
과학의 종말   565
과학자의 전문직업화   467
과학적 관찰   100
과학적 방법론   118, 217
과학적 세계관   216, 309, 457, 479, 523, 540
과학적 전통   78, 79
과학혁명   127, 164, 185, 216, 219, 220, 271, 288, 292, 294, 295, 309, 310, 311, 313, 315, 316, 331, 338, 339, 340, 345, 361, 370, 372, 374, 375, 380, 381, 388, 391, 406, 407, 412, 422, 439, 440, 442,

446, 447, 448, 452, 457, 460, 461, 467, 469, 470, 477, 479, 549
관개灌漑 57
관개기술 181, 183, 195, 233, 252, 262, 263
관개농업문명 61, 62, 131, 188, 226, 234, 234, 269
관개시설 58
관료 카스트 234
관료체계 80, 109
관찰과 기록 29
광견병 475
광물학 164, 180, 377
광석 채굴 71
광학 135, 140, 179, 180, 290, 373, 381, 384, 386, 402, 404, 411, 412, 448, 450, 460, 461, 464
괴팅겐 대학 469
교련법攪鍊法 427
교배 36
교육용 실험실 468
교회 건축 276
교회와 학교의 분리 287
구글리엘모 마르코니Guglielmo Marconi 474
구리활자 197
구석기시대 15, 16, 22, 24, 25, 26, 27, 28, 29, 30, 31, 32, 34, 35, 39, 41, 42, 44, 53, 58, 116, 268, 564
구세계 17, 21, 34, 37, 38, 39, 56, 65, 70, 71, 186, 203, 241, 298
구스타브 아돌프Gustavus Adolphus 303
구심력 393
국가 권력 79
국가의 통제 31

국제학술연합회의 545
국토회복운동reconquista 184
군사기술 144, 198, 273, 302, 303, 304, 308, 371, 552
군사혁명 297, 300, 302, 303, 304, 308, 311, 313, 330
그레고르 멘델Gregor Mendel 500, 501
그레고리 15세 351
그레고리우스 13세 326
그레고리우스력 326, 327
그레샴 칼리지Gresham College 376
그리니치 천문대 376, 400, 401, 409
그리스 과학 94
그리스 문명 93
그리스(-어, -인) 13, 80, 83, 85, 93, 94, 95, 97, 98, 99, 103, 110, 145, 149, 152, 154, 155, 157, 163, 224, 281, 283, 284, 333, 452, 565
그리스-바빌로니아 전통의 황도대 136, 227
그림문자 81, 82, 242
극동Far East 59, 440
근동 13
근동Near East 71, 93, 131, 165
근동의 문명 35
금성 달력 251
금성년 251
금속가공 71
기계장치 27
기계적 과학 375
기계적 세계관 373
기계적 철학 412, 413
기독교 184
기독교(-도) 129, 154, 155, 161, 163, 165, 166, 172, 183, 218, 222, 270, 271,

찾아보기   599

283, 295, 304, 358, 386, 405, 478, 486, 491, 506
기록 보존 78
기사도 정신 276
기상학 87, 203, 373, 451, 458
기술-경제적 44, 56
기압계 413, 417, 451
기압의 원리 413
기초 천문학 62
기하학의 기원 106
기하학적 군사적 콤파스 341
길드 179, 191, 232, 282

ㄴ

나가사키 551
나일 강 58, 61, 62, 69, 72, 73, 75, 78, 83, 87, 100, 101, 130, 131, 165, 168, 303
나침반 198, 199, 200, 305, 306, 378, 459
나팔관Fallopian Tube 313
나폴레옹 보나파르트 83, 304, 450
날란다Nalanda 230
남아메리카 27, 36, 51, 53, 57, 69, 72, 158, 255, 259, 271, 484, 486, 488, 490, 491, 492, 519
낭만주의 437, 562
내성耐性 박테리아 문제 558
냉간금속가공 40
냉간금속가공cold metalworking 기술 40
냉간단조cold-forging 기술 40
네덜란드 306, 308, 342, 372, 375, 390, 399, 409, 508
네브카드네자르 61

네브카드네자르Nebuchadnezzar의 탑 61
네스토리우스파 기독교도 166
네안데르탈인 17, 19, 20, 21, 23, 25, 497, 538
노동 착취 436, 437
노동조합 436
노벨상 502, 505, 535, 543, 545
노예제도 72, 279
노펵 농법Norfolk system 425
농민 카스트 231
농업 13, 15, 27, 31, 32, 33, 34, 35, 36, 38, 39, 46, 56, 86, 95, 181, 188, 195, 233, 266, 268, 274, 276, 279, 420, 423, 424, 425, 506, 508, 553
누에의 질병 연구 475
누트Nut 91
뉴커먼 증기기관 428, 430
뉴턴 6
뉴턴 고리Newton's rings 402, 403
뉴턴의 관성 물리학 185
뉴턴의 운동법칙 124
뉴턴주의(자) 405
능력주의체제 192
니콜 오렘Nicole Oresme 289, 293, 294, 365
니콜라스 코페르니쿠스Nicholas Copernicus 136, 215, 288, 309, 313, 317, 318, 319, 320, 322, 323, 324, 325, 326, 327, 331, 333, 349, 350, 354, 355, 372, 374, 380, 397, 478, 490
니콜라스 파치오 드 드윌리어Nicolas Fatio de Duillier 399
닐스 보어Nils Bohr 529

ㄷ

다르마Dharma 221
다마스쿠스Damascus 175, 179, 184
다슈르Dashur 77
다윈 혁명 477, 478, 500
다윈의 핀치finch 488, 490
단조나 주조 71
단테 알리기에리Dante Alighieri 285, 286
달 관찰 29
달력 29, 45, 47, 50, 51, 66, 69, 78, 79, 86, 87, 88, 95, 159, 164, 176, 207, 211, 215, 224, 246, 247, 248, 249, 251, 257, 289, 316, 317, 326, 332
달력순환Calendar Round 체계 247, 248, 254
당唐 나라 190, 209
대규모 물 관리 시스템 56, 62
대량 생산 기술 513
대륙이동 540
대수학algebra 178, 181, 206, 215, 229, 290, 373
대양 항해 기술 271
대운하 64, 65, 187, 195, 202
대통일이론Grand Unified Theory 532
대포 (기술) 232, 298, 300, 360, 407, 408, 510
데메테르Demeter와 이시스Isis에 대한 숭배문화 153
데모크리토스 99
데모크리토스Democritus 99, 106
데카르트 좌표계 373
데카르트주의(자) 375, 385
델리 232
도교 212, 214, 218, 219

도기陶器 15, 39, 40, 44, 63, 146, 196, 232
도나텔로Donatello 312
도미니크 수도회 348
도시 혁명 73, 419, 434
도시문명 54
도자기 제작술 196
독일 336, 463, 468, 469, 470, 475, 507, 508, 514, 551
독일 자연연구자 협회 Deutsche Naturforscher Versammlung 470
돌-칙령rock-edicts 227
돌연변이 이론 500
동고트족 156
동굴 벽화 24
동남아시아 34
동로마제국 155
동물 자기 연구 451, 458
동물행동학ethology 505
동일과정설uniformitarianism 483, 484, 485, 486
동화론 학파 170, 172
뒤퐁Dupont 476
드 샤틀레de Chatelet 388, 407
드로소필라 멜라노가스터Drosophila melanogaster 501
드루이드Druid 성직자 47
등가속도 운동 293, 294
등각속도점等角速度點, equant point 139, 140, 141, 318, 324
등속운동 293, 527
등자鐙子, stirrup 273, 277
디드로 406
디젤 내연기관 514
떠돌이 채집 경제 16

찾아보기 601

ㄹ

라 메트리La Mettrie 406
라돌프Radolf 157
라듐 543
라디오 474
라마르크주의 498, 505, 506
라부아지에 441, 452, 455, 456, 457, 458, 461
라우라 바시Laura Bassi 388
라이프니츠G. W. Leibniz 381, 399, 401, 402
라틴어 82, 149, 164, 283, 284, 360, 403
라파엘 312
라플라스P. S. Laplace 449, 450, 560
러시아 303, 308, 387, 390, 423, 508, 511, 512
러시아 철도 511, 512
러시아혁명 512
런던 국제 박람회 438
런던 왕립 의학 칼리지Royal College of Physicians in London 313
런던 왕립학회 376, 381, 387, 392, 400
런던 지질학회 469
런던증권거래소 437
레김볼트Regimbold 157
레슬리 그로브스Leslie Groves 551
레알도 콜롬보Realdo Colombo 313
레오 10세 317
레오나르도 다빈치 312
레오나르도Leonard 피보나치 290
레온 바티스타 알베르티Leon Battista Alberti 312
레우키포스Leucippus 99, 106

레티쿠스Rheticus 318
레판토Lepanto 해전 304
렙톤lepton 531
로렌츠 크렐Lorenz Crell 469, 505
로마 숫자 84
로마알파벳 83
로마제국 147, 153, 154, 155, 157, 186, 281
로버트 그로세테스테Robert Grosseteste 291
로버트 보일Robert Boyle 376, 378, 386, 405, 414, 415, 417, 418, 458
로버트 오펜하이머J. Robert Oppenheimer 551
로버트 윌슨Robert Wilson 535
로버트 체임버스Robert Chambers 492
로버트 후크Robert Hooke 375, 392, 415, 439, 466
로베르트 벨라르민Robert Bellarmine 349, 350, 357
로베르트 코흐Robert Koch 466
로저 베이컨Roger Bacon 291
로절린드 프랭클린Rosalind Franklin 543, 551
로제타석 83
루돌프 2세 327, 336, 345
루돌프 클라우시우스Rudolf Clausius 463
루돌프 표Rudolphine Tables 337
루이 14세 302, 389, 391
루이 파스퇴르Louis Pasteur 466, 474, 475
루이기 갈바니Luigi Galvani 458
루크레티우스Lucretius 107, 149
르네 데카르트 316, 369, 370, 373, 374, 375, 379, 380, 381, 407, 413, 415,

557
르네상스 아카데미 346, 347
리제 마이트너Lise Meitner 543, 550
리처드 벤틀리Richard Bentley 405
리처드 아크라이트Richard Arkwright 435
리처드 트레비식Richard Trevithick 430, 432
리처드 파인만Richard Feynman 531
리케이온Lyceum 118, 119, 128, 133, 134
린네학회Linnaean Society 469, 491, 493

ㅁ

마가다Magadha 왕국 224
마드라사madrasa 173, 175, 178, 179, 182, 185, 282
마드라스Madras 233
마라가Maraghah 관측소 175, 177
마라가Maraghah 관측소 부속 도서관 175
마라가학파 177
마르첼로 말피기Marcello Malpighi 375
마르코 폴로Marco Polo 207, 298
마르쿠스 아우렐리우스Marcus Aurelius 134, 151
마리 퀴리Marie Curie 525, 543
마리아 미첼Maria Mitchell 469
마야 고전기Maya Classic Period 68
마야 달력 246, 248, 251
마야 문명 68, 242, 244, 246, 251, 252
마야 천문학 249, 251
마야판Mayapan 246
마우리아 제국 224, 225, 226, 228
마이소르Mysore 233

마이클 패러데이Michael Faraday 459, 460, 463, 467, 471
마추픽추Machu Picchu 70, 257
마케도니아 96, 130, 144, 145
마테오 리치Matteo Ricci 215, 216
마틴 루터Martin Luther 316, 326
막스 플랑크Max Planck 525
만리장성 64, 187
만유인력 124, 315
말의 이용 275
망원경 328, 340, 341, 342, 343, 347, 348, 352, 354, 359, 367, 376, 402, 411, 412, 417
매슈 불턴Matthew Boulton 430, 431
매장 풍습 25, 64, 78
맥스웰 방정식(파동방정식) 463, 464, 530
맥스웰의 전자기 이론 464
맥주 제조 기술 72
맨해튼 프로젝트Manhattan Project 551, 552, 554
메가스테네스Megasthenes 226
메디치의 별 342
메르카토르 투사법 202, 212, 408
메소포타미아 35, 54, 57, 59, 61, 62, 72, 79, 80, 81, 82, 86, 87, 88, 93, 97, 110, 130, 147, 155, 165, 167, 207, 470
메소포타미아 천문학자 88
메이둠 피라미드 76
메이둠Meidum 피라미드 76, 77
메이지유신 512
메콩 강 235, 236, 237
메톤 주기Metonic cycle 207, 229
멕시코 51, 66, 68, 255, 262, 306
멘델레예프D. I. Mendeleev 464

멘델의 유전법칙 500, 501
명 나라 191, 196, 196, 200, 201, 202, 214, 215
명가名家 217
명예혁명Glorious Revolution 399
모내기 190
모로 드 생메리Moreau de Saint-Mery 306
모로코 176
모리스 루이스Maurice Louis 301
모세스 마이모니데스Moses Maimonides(무사 이븐 마이문Musa ibn Maymun) 180
모스크(이슬람교 사원) 172, 175, 181, 182, 185, 511
모아이 51, 52
모체Moche 강 69
모체문명 69
모하메드 155, 167, 169, 178
모헨조다로 63
목록의 과학 91
목성의 위성 위치표 410
목재 기근 276, 425, 426
목판인쇄술 197
몬스멕Mons Meg 298
몬테수마Montezuma 1세 255
몬테알반 66
몬테알반Monte Alban 66
몰리E. W. Morley 524
몽골(-인, -어) 200, 297
몽테스키외 406
무거운 쟁기(심경深耕 쟁기) 274, 275
무게의 과학 143, 290
무선 전신 474
무의식적인 선택 37
무장 선박 305

무한 102
무형의 초기 상태 102
묵가墨家, 묵자 217, 218
문명의 발생 58
문서보관소 79, 82
문자기록 15
문학 78
문헌학 134
문화적 불연속성 21
문화적 전승 20
물 관리 시스템 102
물리학혁명 466
물질의 강도 27
물질적 기술적 기반 65
물질적 기초 102
미국 과학 발전 협회American Association for the Advancement of Science 470
미국고등과학협회 544
미국공학회 545
미국과학아카데미 545
미국과학재단(NSF) 544, 555
미국기계공학회 545
미국물리학회 544
미국식 생산 시스템American system of manufacturing 435
미국천문학회 544
미국화학회 544
미시시피 문화 260
미적분학 381, 384, 393, 401, 402, 442, 449, 461
미켈란젤로 312
미트라스 154
미트라이즘Mithraism 154
민간 기술자 협회Institution of Civil Engineers 443

밀레토스 98, 99, 99, 106, 110, 532
밀레토스학파 102, 103, 104, 106, 107

ㅂ

바그다드 271
바그다드Baghdad 171, 175, 176, 177, 179, 184, 184
바레이baray 236
바르톨로메오 에우스타키Bartolomeo Eustachi 313
바벨탑 이야기 61
바빌로니아 59
바빌로니아 천문학 88, 224
바빌로니아(-어) 61, 81, 82, 83, 84, 85, 86, 87, 88, 89, 90, 91, 104, 105, 106, 116, 176, 227
바스코 다가마Vasco da Gama 305
바이에르 475
바퀴 38, 72, 110, 140, 274
박사magus(마구스magus) 100
박사학위 468, 469, 526, 542, 545
박사후과정 501, 542, 544
반사망원경 385, 411
방사성 붕괴 525, 532
방사성radioactivity 525, 529, 543
방위각azimuth 181
방임 자본주의 503
방정식 84
방직 기술 39, 146
방직기계 433
방직기술 39
방직자 카스트 231
백과사전 91
백년전쟁 295, 300, 302

백열등 472
범람원flood plain 59, 62, 93, 97, 130, 167, 188, 303
범생설汎生說(pangenesis) 498
범신론 91
법가法家 217, 218
법과 정의 98
베네데토 카스텔리Benedetto Castelli 372
베네딕트 14세 372
베다Bede 157, 228
베다-브라만 달력 224
베두인 35
베르길리우스Vergilius 152
베르너 하이젠베르크Werner Heisenberg 530
베르톨레C. L. Berthollet 442, 443
베를린 대학 468, 543
베이징 64, 195, 202, 209, 211, 215
베이컨 과학Baconian science 448, 449, 450, 451, 452, 457, 461
베트남 200, 234, 236
베틀 38
벤자민 프랭클린Benjamin Franklin 450
벨연구소Bell Lab 476, 535, 558
벼락 211, 445, 450
벽면사분의mural quadrants 328, 329
병원균 이론germ theory 466, 474
보에티우스Boethius 156
보이저 호 540
보손boson 531, 532
복사기 560, 561
복사선 525
볼로냐 대학 276, 282
볼타 전지 458
볼타volta 305, 458

볼테르 406, 407
볼프강 파울리Wolfgang Pauli 530
부동자不動者 아카데미Accademia degli Immobili 346
부하라Bukhara 왕립 도서관 175
부활절 결정 문제 281, 316
북아메리카 27, 259, 260, 261, 422, 468, 471, 508
북아시아 34
북유럽 274, 280
분광학spectroscopy 461
분기학cladistics 538
분류학의 선구자 128
분석적인 사고 91
분수分數 84, 105, 246
분자 464, 465, 501, 537, 538
분점 88
불 조작 기술pyrotechnology 20, 21, 25, 28, 40
불교(-도) 193, 209, 221, 222, 224, 227, 231, 236, 240
불명확년Vague Year 247
불의 통제 23
불확정성원리 530
뷔리당 289, 292
뷔퐁 백작Count de Buffon 451, 481
브라마굽타Brahmagupta 229
브라만 223, 224, 227, 236, 237, 238
브리지워터 논문Bridgewater Treatises 480
블레즈 파스칼Blaise Pascal 202, 373, 413
블루스톤 45
비(非)프톨레마이오스 177
비구면 렌즈 411

비너스 상 24
비례 이론 361
비르투비우스Vitruvius 147, 149
비텐베르크Wittenberg 교회 316
비틀림스프링torsion-spring 투석기 144, 145
빅뱅 16
빅뱅Big Bang 16, 535
빈센치오 비비아니Vincenzio Viviani 372
빌헬름 뢴트겐Wilhelm Roentgen 524
빙하시대 예술 24
빛의 입자이론 403, 460

ㅅ

사냥·채집 사회 22, 31, 32, 44, 65, 423
사디 카르노Sadi Carnot 439, 462
사마르칸트Samarkand 176, 178
사모스Samos 섬 99, 103, 136
사아미Sami인(라플란드인) 37
사산 왕조 158, 162, 165, 166
사이비 과학 143
사자死者 숭배 25
사제-관료-군사 63
사포테크Zapotec 문명 66
사회생물학 505, 539
사회적 다윈주의Social Darwinism 503, 504
사회주의 437, 503
산소 427, 452, 455, 464, 501
산술 78
산술 체계 80
산스크리트어 171, 209, 223, 236, 238, 240

산업문명Industrial Civilization 422, 434, 435, 508, 511, 513, 518, 519, 563
산업혁명 39, 56, 56, 154, 155, 196, 198, 231, 419, 422, 423, 434, 435, 436, 437, 439, 440, 446, 471, 507, 509, 520, 521, 563, 564, 567
산후안 강San Juan River 263
살레르노Salerno 282
삼각형 104
삼각형의 내각의 합은 두 직각이다 157
상 왕조 83, 188, 197, 208
상대성이론 523, 524, 526, 527, 528, 534, 559
상비군 64, 227, 301, 302
상이집트 왕국 61
상인방 46
상형문자 66, 81, 82, 83, 188, 189, 217, 242, 244
새뮤얼 모스Samuel F. B. Morse 471, 509
새뮤얼 윌버포스Samuel Wilberforce 499
생리학 122, 128, 150, 151, 179, 230, 373, 398, 404, 466, 545
생명의 자가 증식 16
생명의 집House of Life 79
생물들의 위계 128
생물학biology 18, 39, 119, 127, 128, 151, 290, 466, 505, 540, 557, 565
생물학적 진화 16
생산방식 34
생존 경제 22
샤르트르 성당 276
샤를 5세Charles V 307
샤먼shaman 41
샹폴리옹Jean Fran?ois Champollion 83

서고트족Visigoth 155
서로마제국 155, 304
서유럽 157, 166, 215, 271, 279, 284, 289, 300
서판원 80
선(先)제국기 93
선미방향타 200
선사시대 7, 12, 15, 16, 22, 25, 30, 33, 34, 35, 45, 58, 419, 484, 561, 563
선왕조 61
선택 효과 37
설형문자 80
설형문자(쐐기문자)(-판) 80, 81, 82
성리학 192
성별에 따른 분업 23, 41, 539
성스러운 삼각형(테트라트키스Tetratkys) 104
성직자/천문학자 87
세계 최초의 원자폭탄 실험 551
세계의 원초적인 바탕 102
세인트 폴 대성당St. Paul's Cathedral 400
세포(-이론) 466, 501
섹스투스 4세 317
셀레우코스 제국Seleucid Empire 96, 130
소가 끄는 쟁기 56
소냐 코발렙스키Sonya Kovalevsky 469
소르본느 대학 543
소비주의 520
소송蘇頌 210, 211, 212, 215
소송의 시계 210, 212
소아시아 96, 98, 99, 151
소용돌이vortex 이론 373
소총 299, 301, 511
소크라테스 98, 99, 110, 111
소크라테스 이전 철학(자) 102, 107,

143, 156
소행성 16
솔론Solon 99
솔즈베리 평원 45, 46, 47, 48
송宋 왕조 188, 190, 192, 197, 211
수도원 157, 281, 282
수량적 정보 80
수력 196, 278, 435
수력 풀무 198
수력을 이용하는 기계 278
수리학적 시설 57
수메르 문자 59
수메르Sumer 문명 59, 81, 82, 84, 188
수소 72, 456, 464, 501, 534, 551
수소폭탄 534, 551
수스루타 231
수신비주의數神秘主義 104, 206, 240, 246, 331
수에토니우스Suetonius 152
수자원 가설hydraulic hypothesis 57, 65
수평선 관성 370
수학적 분석 90
수학적 이상주의 104
수학체계 84
순수과학 79
순수과학과 자연철학의 제도화 131
순수수학 6
숨은 열 이론 439
슐라이덴M. J. Schleiden 466
스네페루Sneferu 76, 77
스리랑카(과거의 실론Ceylon) 200, 233, 234, 235
스웨덴 303, 387, 390, 451, 480, 550
스콜라철학 285, 291, 365
스타기라Stagira 99, 118

스탠더드 오일Standard Oil 476
스테르네보르크Stjerneborg 327, 328
스톤헨지 45, 46, 47, 48, 49, 50, 51, 52, 53, 65, 260
스트라토Strato 129, 135
스티븐 호킹 536
시간 계산 29
시멘트의 발명 148
시몬 스테빈Simon Stevin 375
시장 개방 437
식량 채집 22, 23, 26, 27
식량생산 방식 32
식민주의 306, 509
식민지 쟁탈전 306, 307
신과학 378, 412, 413, 458
신기술 39
신다윈주의 500
신비주의 95, 111, 143, 161, 240, 290, 308, 310, 313, 315, 331, 333, 339, 346, 377, 406, 412
신비주의적 과학 313, 315
신석기 정착 양식 34
신석기 정착촌 43, 57, 57, 63
신석기문화의 생태학적 귀결 44
신석기혁명 33, 34, 39, 40, 44, 423, 434
신성로마제국 281, 304, 307, 327, 345
신세계의 발견 311
신제국주의 508
신종 질병의 확산 562
신플라톤주의 315, 320, 377, 402
신할리Sinhalese 문명 234
실베스터 2세(제르베르) 281
실용적인 기술 27
실용적인 기하학 46

십자군원정 278
십진법 205, 229, 257
싯단타siddhanta 229
쐐기문자 82

ㅇ

아나사지 관측소 265
아나사지Anasazi 262, 263, 264, 265, 266, 267
아나톨리아 72
아낙시만데로스 99
아낙시만데로스Anaximander 99, 102, 110
아낙시만데로스의 모형 110
아낙시메네스Anaximenes 99, 103, 110
아노 펜지아스Arno Penzias 535
아데나Adena 문화 260, 261
아라비아반도 155, 167
아라비아숫자 178, 229
아르마딜로armadillo 488
아르키메데스Archimedes 135, 136, 137, 143, 144, 146, 156, 171, 284, 312, 360, 527
아르키텍톤architecton 144, 147
아리스타르코스Aristarchus 136, 137, 138, 324, 325
아리스타르코스의 태양중심론 136, 137, 185, 271, 318, 319, 324, 325, 325
아리스토텔레스 99, 100, 109, 115, 116, 118, 119, 120, 121, 122, 123, 124, 125, 126, 127, 128, 129, 130, 133, 135, 136, 137, 151, 156, 164, 166, 171, 180, 284, 285, 287, 288, 289, 290, 291, 294, 306, 309, 313, 316, 322, 348, 349, 352, 355, 360, 363, 364, 366, 369, 370, 373, 374, 375, 380, 381, 383, 385, 385, 397, 523, 548
아리스토텔레스-갈레노스 이론 374
아리스토텔레스의 논리학 156, 166, 171, 285
아리스토텔레스의 물질이론 120, 121, 122, 180
아리스토텔레스의 운동이론 129
아리우스주의Arianism(-자) 386, 406
아메리카의 발견 311
아미노산 합성 537
아베로에스Averroes(이븐 루슈드Ibn Rushd) 180
아비뇽 (유수) 295
아세트산납 456
아소카Asoka 224, 227, 228, 230, 234
아스클레피에이온Asclepieion 109
아스클레피오스Asclepius 109
아스테크Aztec문명 241, 252, 253, 254, 255, 259
아시리아 59
아시아 17, 21, 26, 37, 175, 184, 297, 298, 311, 508, 510, 511
아우구스트 바이스만August Weismann 501
아유르베다 의학 230
아유르베다Ayurveda 230
아이스맨Ice man 40
아이작 뉴턴Isaac Newton 124, 185, 292, 316, 345, 361, 369, 371, 376, 378, 380, 381, 382, 383, 384, 385, 386, 387, 392, 393, 394, 395, 396, 397, 398, 399, 400, 401, 402, 406, 407, 447, 523
아이작 밀너Isaac Milner 445

아이작 배로우Isaac Barrow 383
아이작 베크만Isaac Beeckman 375
아인슈타인 혁명 523
아카데메이아 111, 118, 133, 134, 155, 163
아카데메이아800년 111
아테네 98, 99, 109, 110, 111, 118, 119, 128, 133, 134, 155, 163
아폴로 우주선 559
아폴로니우스Apollonius 134, 138
아프리카 17, 21, 26, 34, 36, 183, 196, 305, 306, 307, 488, 508, 509, 510
아프리카 노예 306
악령학惡靈學, demonology 315
악바르Akbar 233
안드레아스 베살리우스Andreas Vesalius 313, 314
안드레아스 오시안더Adreas Osiander 326
안토니우스 피우스Antonius Pius 134
안톤 판 레벤후크Anton van Leeuwenhoek 375
알고리즘algorithm 181
알라즈al-Raz라제스Rhazes 179
알렉산더 그레이엄 벨Alexander Graham Bell 508
알렉산더 대왕 93, 94, 96, 118, 129, 130, 224
알렉산더 포프Alexander Pope 406
알렉산드리아 131, 133, 134, 135, 138, 142, 143, 144, 147, 151, 155, 164, 179
알렉산드리아 박물관 132, 134, 135, 136
알마문Al-Ma'mun 171, 177, 178
알마주시al-Majusi, (할리 압바스Haly Abbas) 179

알베르투스 마그누스Albertus Magnus 290
알베르트 아인슈타인Albert Einstein 466, 500, 523, 524, 526, 527, 528, 534, 551
알브레히트 뒤러Albrecht Dürer 312
알비루니Al-Biruni 230
알슐라즈al-Shlraz 177
알크마에온Alcmaeon 107
알크와리즈미al-Khwarizmi 178
알투시al-Tusi 177
알폰소 표Alfonsine Tables 289
알프레드 러셀 월리스Alfred Russel Wallace 492, 493
알프레드 베게너Alfred Wegener 540
앙코르 유적 240
앙코르톰Angkor Thom 238
앙투안느 라부아지에Antoine Lavoisier 441, 452, 455, 456, 457, 458, 461
앙투안느-앙리 베케렐Antoine-Henri Becquerel 525
애덜라드Adelard 284
애덤 세즈윅Adam Sedgwick 486
애덤 스미스Adam Smith 437
앤드류 카네기Andrew Carnegie 503
앨버트 마이컬슨Albert A. Michelson 523, 524
야금metallurgy기술 40, 64, 71, 90, 142, 198
얀 스밤메르담Jan Swammerdam 375
양성자 531, 533
양수기 190
양영찬梁令瓚 211
양자 '터널링' tunneling(꿰뚫기) 536
양자전기역학(양자장이론) 531, 532

어니스트 러더퍼드Ernest Rutherford 529
어도비 벽돌adobe brick 69
언어 21
에데사Edessa 166
에두바e-dubba(서판원tablet house) 80, 82
에드먼드 핼리Edmond Halley 386, 391, 392, 407
에드워드 윌슨Edward O. Wilson 505
에드윈 스미스 의학 파피루스 90
에드윈 허블Edwin Hubble 534
에든버러 대학 439, 445, 486
에라스무스 다윈Erasmus Darwin 481
에라스무스 라인홀트Erasmus Reinhold 326
에라토스테네스Eraosthenes 135
에르난 코르테스Hernan Cortes 255, 306
에르빈 슈뢰딩거Erwin Shr?dinger 530
에른스트 마이어Ernst Mayr 501
에밀 뒤르켐Emile Durkheim 504
에반겔리스타 토리첼리Evangelista Torricelli 372, 413
에우독소스Eudoxus 114, 116, 138
에우독소스의 (동심 천구) 모형 114, 115, 116, 117, 135, 136
에이브러햄 다비Abraham Darby 427
에이즈 연구 547
에티지언Etesian 100
에피누스F. U. T. Aepinus 451
에피다우로스Epidauros 109
엔리케prince Henry the Navigator 307
엔리코 페르미Enrico Fermi 551
엘렉트라 320
엠페도클레스Empedocles 99, 103
연지벌레cochineal 255
열역학 420, 462, 463, 465, 523

열역학 제1법칙(에너지 보존 법칙) 462, 498
열역학 제2법칙 463, 465
열의 일해당량mechanical equivalent of heat 463
열핵융합 반응 534
열핵폭탄수소폭탄 534, 551
염색 산업 475
염색체 501
영구적인 기록 보존 체계 80
영국 경도국Board of Longitude 410
영국 과학 발전 협회British Association for the Advancement of Science 470
영국 왕립 의학 칼리지 376
영국 왕립 천문학회 469
예리코Jericho 42, 43
예방접종 475
오귀스탱 프레넬Augustin Fresnel 460, 461, 464
오라치오 그라시Orazio Grassi 351
오리바시우스Oribasius 152, 153
오리엔탈리즘 103
오스만투르크 161
오스트랄로피테쿠스 17, 503, 538, 539
오스트랄로피테쿠스 아파렌시스 17
오시안더의 서문 326, 349
오악사카Oaxaca 달력 246
오존층 파괴 521, 562
오토 한Otto Hahn 550
옥스퍼드 대학 282, 288, 291, 365, 376, 444, 445
옥스퍼드 영국인 협회 499
올메카Olmec (-문화, -인) 51, 65, 66, 242
와트 증기기관 430, 431

왕복 운동 49
왕조 문명 59
외과수술 90
외래aw'il 과학 170, 171, 173
외팔보 74
요르다누스 드 네모레Jordanus de Nemore 290
요하네스 구텐베르크Johannes Gutenberg 198, 311
요하네스 케플러Johannes Kepler 135, 215, 316, 331, 332, 333, 334, 335, 336, 337, 338, 339, 345, 377, 380, 392, 393, 394, 395, 396, 397
요하네스 필로포누스 Johannes Philophonus 129, 164, 292
용광로 71
우라늄 525, 550, 551
우라니보르크Uraniborg 327, 328
우랄산맥 276
우루크Uruk 59, 80
우르-남무 61
우르-남무Ur-Nammu의 지구라트 61
우르Ur 59, 61
우르반Urban 2세 278
우르반Urban 8세(마페오 바르베리니Maffeo Barberini) 351, 354, 355, 356, 357, 371
우아작툰Uaxactun 천문대 249
우주론 91, 109, 110, 111, 114, 118, 119, 123, 136, 185, 208, 240, 309, 330, 371, 373, 380, 397, 404, 408, 532, 534, 535, 537, 565
우주의 표준 모형 535
우크라이나 곤트치Gontzi 29, 30
욱스말Uxmal 천문대 249
울루그 베그Ulugh Beg 178

울리치Woolwich 441, 442
원근법 312
원숭이 재판 502
원자 모형 529
원자량 464
원자론자 99, 106, 107, 375
원자번호 464
원자의 변화불가능성 원리 525
원자폭탄 534, 543, 550, 551, 561
원초 문명pristine civilization 57, 65, 95, 97, 203, 205, 255, 257, 262, 559
원추곡선에 대한 연구 135, 138
원통형 소면(梳綿)기cylinder carding 433
웨일tm 45
위고 드브리스Hugo de Vries 500
윌리엄 길버트William Gilbert 337, 354, 376, 413
윌리엄 더햄William Derham 405
윌리엄 루이스William Louis 301
윌리엄 스터클리William Stuckeley 47, 49
윌리엄 오렌지와 매리 오렌지William and Mary Orange 399
윌리엄 톰슨William Thomson 498
윌리엄 팔리William Paley 480
윌리엄 퍼킨William Perkin 475
윌리엄 페티William Petty 411
윌리엄 하비William Harvey 313, 376, 413, 414
윌리엄 허셜William Herschel 449
유기론 91
유대교 메시아주의 154
유비추리 217, 494
유성이나 혜성의 충돌 540
유스타키오관 313
유스투스 폰 리비히Justus von Liebig 468

유스티니아누스 155
유용한 지식 90
유율론流率論fluxions(뉴턴식 미적분학) 442
유전자질환 557
유전학의 중심 교리Central Dogma of Genetics 506
유클리드 105, 106, 134, 156, 171, 211, 284, 306, 319, 383
유클리드 공간 528
유클리드기하학 134, 206
유프라테스 강 59
육분의sextant 178
육십진법 84, 88
윤달 207, 224
율리우스 케사르 316
율리우스력 316
융기력 484
응용과학 5, 79
이규보 197
이동식 활자 197, 198, 311
이동식 활자 인쇄술 311
이론 천문학 178
이론적 모형 91
이명식binomial 명명체계 480
이모Imo 20
이븐 시나Ibn Sina(아비케나) 175, 179, 180
이븐 알샤티르Ibn al-Shatir 177
이산화탄소 455
이상주의idealism 104
이스트만 코닥 476
이스하크 이븐 후나인Ishaq ibn Hunayn 171, 172
이슬람 무굴제국Mughal empire 231, 232, 233
이슬람 수학 178, 206
이슬람 연금술 180, 181
이슬람문명 169, 170, 174, 175, 176, 178, 183, 184, 278
이슬람의 의학 178, 179, 182
이시도르Isidore 157
이시진李時珍 214
이식 36
이심원eccentric 모형 138
이오니아학파 98
이원二元 에테르 이론 450
이원성 102
이족보행 18
이집트 35
이집트 문명 62, 75, 83, 84, 130
이집트 신왕국시대 90
이집트의 숫자 84
이차문명 83, 97, 269
이탈리아 성채trace italienne 301, 302
이트잠나Itzamna 246
인공 호수 64, 233
인공적인 통제 57
인구 밀도 31
인구 압력 27, 34, 52, 276, 494
인구 증가율 26
인구밀도 25
인더스 도시 문명 63
인더스 문명 62, 63
인도 34
인도 천문학 222, 227, 228, 229, 238
인류 최초의 문명 59
인류의 사회적 진화 55
인본주의 아카데미 운동 346
인본주의humanism 307, 311, 346, 377,

408
인쇄술   176, 197, 311, 312, 346, 378, 407, 408, 414
인플레이션(급팽창 이론)   535, 536
일반상대성이론   527, 528
일반화된 정리   79
일식과 월식   88
임마누엘 칸트Immanuel Kant   464
임페투스impetus 이론   292
입자물리학   529, 534, 535, 552
잉여 산물   39
잉카 제국(인)   70, 72, 241, 255, 256, 257, 259

ㅈ

자기력   198, 337, 459, 532
자비르 이븐 하이얀Jabir ibn Hayyan(게베르Geber)   180
자석   101, 198, 200, 291, 315, 338, 354, 376, 413, 459, 460, 533
자야바르만 7세Jayavarman VII   236, 238
자연 통제력   44
자연발생   128
자연선택   21, 36, 36, 420, 478, 489, 492, 493, 494, 495, 498, 499, 500, 501, 504, 506, 538
자연에 대한 탈신비화와 객관화의 요구   101
자연의 비밀에 관한 아카데미Academia Secretorum Naturae or Accademia dei Secreti   346
자연지식의 발전을 위한 런던 왕립학회(왕립학회)   387
자연철학(자)   6, 13, 92, 94, 95, 97, 98, 99, 100, 101, 102, 103, 104, 106, 107, 108, 109, 110, 111, 114, 118, 119, 120, 126, 127, 129, 131, 136, 143, 147, 149, 152, 153, 154, 164, 169, 172, 203, 241, 279, 283, 287, 288, 289, 290, 292, 294, 306, 313, 341, 344, 346, 348, 352, 358, 374, 377, 378, 379, 380, 383, 384, 386, 391, 394, 398, 404, 407, 412, 420, 459, 465, 467, 471, 522, 528, 532, 533, 538, 541, 557, 561, 562, 563, 565
자연철학자   94
자유 교역   437
자유낙하   292, 293, 294, 364
자유7과   281
자이나교Jainism   222
작용·반작용의 법칙   393
잔다르크   300
장 뷔리당Jean Buridan   289, 292
장 피아제Jean Piaget   505
장-밥티스테 라마르크Jean-Baptiste Lamarck   466, 481, 498
장기長期계산Long Count 체계   247, 249, 251
장미십자회   315
장이론field theory   459
장자상속제   278
장형張衡   212
쟁기   36, 38, 56, 65, 65, 72, 190, 241, 274, 275, 514
저밀도 농업   34, 42, 52
저밀도 식량 생산   15
저온살균법pasteurization   474
저장 기술   39
저주스러운 오류   287
저지대 국가들Low Countries(오늘날의 벨기

에, 네덜란드, 룩셈부르크) 375
전기력 459, 462
전기분해법 458
전기조명 산업 472
전류의 발견 457
전승된 지식 18
전신 산업 471, 472
전신telegraph 471, 472, 474, 509
전업 천문학자 51
전염병 276
전자기 파동전자기파 463, 464, 474, 524, 525
전자기유도 발견 471
전자기장 459, 463, 465, 523
전자기파전파radio wave 464, 472, 474, 474, 524, 525
전쟁의 산업화 510, 511
전지 450, 458
전차 72
전파 통신 472
점토판 81
정다면체 113, 120, 333, 334
정밀과학exact science 163
정상상태이론steady state theory 534, 535
정수 104
정역학statics 290, 362, 396, 442
정전기 417, 450, 453, 454, 457
정화鄭和 200, 201, 202, 212
제2의 과학혁명 457, 469
제곱근 86
제국아카데미Imperial Academy 204
제너럴 모터스 476
제너럴 일렉트릭 476
제도화된 과학 55
제라르드Gerard 284

제로그라피xerography 476, 560
제르베르Gerbert 281
제일질료primamateria 121
제임스 맥그레고어James Mac Gregor 442
제임스 브래들리James Bradley 325
제임스 와트James Watt 428, 430, 431, 432, 439, 441, 442
제임스 왓슨James Watson 501, 502, 504, 537, 558
제임스 클라크 맥스웰James Clerk Maxwell 463, 464
제임스 프리스코트 줄James Prescott Joule 463
제임스 허튼 James Hutton 484, 485
제철산업 198, 425, 426, 427, 433, 434, 508
제프리 초서Geoffrey Chaucer 289
조로아스터Zoroaster 103
조르주 르메트르Georges Lemaitre 534
조르주 퀴비에 남작Baron Georges Cuvier 483
조립 라인 공정 435
조세프 뱅크스 경Sir Joseph Banks 451
조세프 블랙Joseph Black 439, 455
조세프 스완Joseph Swan 472
조세프 푸리에Joseph Fourier 461
조세프 프리스틀리Joseph Priestley 441, 455, 456
조세프 후커Joseph Hooker 493
조시아 웨지우드Josiah Wedgwood 441, 485
조지 가모브George Gamow 534
조지 산타야나George Santayana 566, 567
조지 스티븐슨George Stephenson 432
존 돌턴John Dalton 458

존 레이John Ray 479
존 로비슨John Robison 439
존 로크John Locke 386, 398
존 스코프스John Scopes 502
존 케이John Kay 433
존 콜리John Cawley 428
존 플레이페어John Playfair 445
존 해리슨John Harrison 410
존 헨슬로우John Henslow 486
존스 홉킨스 대학 469
종교 권력 79
종교재판소 348, 349, 350, 353, 355, 356, 357, 358, 359
종이 제작 176, 196
종이책을 파는 서점 176
주기와 율동 29
주자소 197
주전원epicycle 모형 138, 139
주판 205, 281
준디샤푸르 의학교 166, 179
준디샤푸르Jundishapur 166, 170, 179
줄리언 헉슬리Julian Huxley 501
중국 도자기 196
중국 문명 63
중국 북부 36
중국의 방직 산업 196
중국의 제철산업 198
중기 구석기 시대 25
중남아메리카 34
중력 381, 384, 393, 394, 395, 396, 397, 398, 404, 407, 464, 465, 484, 527, 528, 532, 536
중력자graviton 532
중성미자neutrino 531
중성자 531

중세 농업혁명 275, 276
증기기관 144, 428, 429, 430, 431, 432, 433, 434, 435, 439, 441, 462, 511, 514
증류법 181
지구 자전축의 '원추圓錐' 운동 322, 323
지구라트ziggurat 61, 69
지구의 일일 운동 325, 330, 352
지구중심론 138, 140, 309, 319, 397
지도제작술 135, 140, 203, 212, 307, 308, 311, 408, 409, 470, 564
지동의地動儀 212
지수함수표 86
지식 체계 27
지암바티스타 델라 포르타Giambattista Della Porta 346, 347, 377, 414
지오프리Geoffrey of Mommouth 46
지점 88
지폐 제작 195
지혜의 집Dar al-ʿilm 175
지혜의 집(바이트 알히크마Bayt al-Hikma) 171
직기織機 433
직선 관성 370
진자의 등시성 361
진화론 420, 463, 482, 493, 494, 495, 496, 499, 500, 501, 502, 503, 538, 539
진흙으로 된 그릇 39

ㅊ

차라카 230, 231
차코 캐니언Chaco Canyon 263, 264, 265
찬드라굽타 228
찬드라굽타 2세(찬드라굽타 비크람디티아

616

Chandragupta Vikramditya) 228, 232
찬드라굽타 마우리아Chadragupta Maurya 224, 225, 226, 228
찬찬 69
찰스 다윈 477, 480, 481, 485, 487
찰스 라이엘Charles Lyell 485, 486, 493
찰스 휘트스톤Charles Wheatstone 471
참족(베트남인) 240
창 발사기 24
천문관측소 176
천문대 132, 249, 250, 257, 376, 390, 400, 401, 409
천문학적 문제 88
천문학적 의미 49
천연자석 198
천왕성 궤도의 불규칙성 관찰 449
천체 45
천체 연구 88
천체 운동의 규칙성 49
천체관측의astrolabe 172, 173, 174, 281, 289
천체의 운동 49
철기시대 40
철도 427, 432, 433, 434, 471, 508, 509, 511, 512, 513, 517
철도 운송 433
철제 주조 대포 298
청교도혁명 383
청동 세발솥 64
청동 야금술 64, 71, 71
청동기 시대 40, 71
청동제 대포 298
체계적인 천체 관찰 51
체르노빌 핵발전소 폭발 562
체스터 칼슨Chester A. Carlson 560, 561

초기 관개 사회 262
초끈 536
초승달 88
초승달new moon 문제 88, 90, 250
초신성supernova 208, 330
초전도 연구 547
초전도 초대형 입자가속기(SSC) 557
촐라 왕국Chola kingdom 233
촐룰라Cholula 피라미드 252
촐킨 주기 246, 247, 251
총포 생산 기술 298
최초의 건식복사방법 560
최초의 농업사회 39
최초의 대서양 횡단 전파 전송 474
최초의 아메리카 문명 66, 70
최초의 인쇄술 197
최초의 증기기관 432
최초의 직물 38
최초의 화기火器 298
최초의 화폐 83
추상 수학 86
추상적 모형 90
추상적 이론적 연구 79
추상적인 관심 16
추상적인 이해 27
추시계 372
출판이냐, 파멸이냐publish or perish 544
치남파chinampa 253
치무Chimu의 야금술사 71
치무Chimu(인) 69
치첸이트사Chichen Itza 249, 250, 251

ㅋ

캐러벨caravel(소형범선) 303, 304

찾아보기 617

카라콜Caracol 248, 249
카롤루스 린네우스Carolus Linnaeus 450, 479
카르노 순환Carnot cycle 461
카르마Karma 220, 221
카스트 (제도) 222, 230, 231, 233, 237, 245
카시니J. D. Cassini 408, 409
카시오도루스Cassiodorus 156
카호키아Cahokia(오늘날의 일리노이) 259
칼로릭caloric 455, 456, 460
칼리포스Callipus 114, 115
칼리포스의 모형 114
캄보디아제국(혹은 크메르제국) 235
캔터베리 대성당 275
컴퓨터 프로그램 84
케옵스 피라미드 237, 238
케임브리지 대학 375, 380, 382, 398, 444
케플러의 제3법칙 336, 393, 394, 395, 396
켈빈 경Lord Kelvin 497, 499, 533
코닝 글래스Corning Glass 475
코란 168, 177
코르도바Cordoba 168
코리칸차Coricancha 사원 256
코크스coke 197, 426
코판Copan 천문대 248, 249
코페르니쿠스 혁명 476, 477
코페르니쿠스주의 339, 347, 348, 349, 350, 351, 352, 353, 354, 355, 356, 369, 370, 372
콘라트 로렌츠Konrad Lorenz 468, 504
콘스탄티누스 황제 153
콩디악 405

쿠빌라이 칸 199, 208
쿠스코Cuzco 256, 69
쿠푸 피라미드 72, 73, 74, 76
쿠푸(케옵스) 72, 73, 74
큐 왕립 식물원Royal Gardens at Kew 389
크라쿠프Cracow 대학 316
크로노미터choronometer 정밀시계 409
크리스토퍼 렌Christopher Wren 391, 399
크 리 스 토 퍼 콜 럼 버 스 Christopher Columbus 252, 304, 305, 70
크리스티안 호이겐스Christiaan Huygens 374, 402, 459
크메르문명 239
크테시비오스Ctesibius 142
큰 뱀 둔덕The Great Serpent Mound 259, 260
큰 사람big men 사회 40
클라우디우스 프톨레마이오스Claudius Ptolemy 134, 137, 138, 139, 140, 141, 155, 163, 170, 175, 176, 210, 214, 283, 288, 305, 308, 316, 317, 318, 319, 322, 323, 324, 330, 347, 348, 350, 351, 353, 354, 355, 407
클레멘트, 8세 324
클로드 베르나르Claude Bernard 465
키바Kiva 263, 264
키케로Cicero 151

ㅌ

탄도학ballistics 305, 407
탄성 416
탄저병 474
탄트라 불교 230
탈레스 98

탈레스Thales　100, 101, 102, 168, 98, 99
탈산업화deindustrialization　231, 508
탈진기脫進機, escapement　210
태양 단검Sun Dagger　258, 264
태양계의orrery　210
태양과 달 사이의 거리　89
태양과 달의 주기적 운동　48
태양력　86
태양력太陽曆　206, 256, 86
태양신전　66
태양의 신전Huaca del Sol　68
태양 중심 우주론　135, 308
태음력　86
태음력太陰曆　175, 206, 246, 256, 258, 86
테노치티틀란Tenochtitlan　251, 252, 253
테바트론Tevatron 가속기　530, 532, 556
테스카틀리포카Tezcatlipoca　253
테오도르 슈반Theodor Schwann　465
테오도르 킵케Theodore M. Kiebke　560
테오도시우스 도브찬스키 Theodosius Dobzhansky　500
테오티와칸Teotihuacan　65, 66, 67
테오프라스토스Theophrastus　127
테오필락투스Theophylactus　316
테트라비블로스　141, 176, 288
텍스코코Texcoco　251
토마스 뉴커먼Thomas Newcomen　427, 428, 429, 438
토마스 로버트 맬서스Thomas Robert Malthus　488, 493
토마스 버넷Thomas Burnet　478
토마스 아퀴나스Thomas Aquinas　284

토마스 알바 에디슨Thomas Alva Edison　471, 472, 475
토마스 영Thomas Young　459
토마스 텔포드Thomas Telford　442, 443, 444
토마스 헌트 모건Thomas Hunt Morgan　500
토목 사업　77
토지 부족　275
톨레도Toledo　183, 282
톨텍Toltec문명　251
톰슨J. J. Thomson　523, 528
톱 쿼크top quark　530, 551
투석기　143, 144, 145, 296
툴라Tula　251
튀코 브라헤Tycho Brahe　325, 326, 327, 328, 329, 330, 331, 332, 333, 334, 335, 344, 353, 376
튀코의 지구태양중심 체계geoheliocentric system　330
특수상대성이론　525, 526
티그리스 강　58
티무르Timur　183
티와나코Tiwanoku　69

ㅍ

파니니Panini　222
파동방정식　462, 529
파동이론　202, 402, 459, 460
파두아 대학　340, 343
파라디faradi　172
파라오　6
파란트로푸스　16
파란트로푸스Paranthropus　16, 18, 19

파르메니데스 98
파르메니데스Parmenides 106, 107, 98
파르메니데스의 역설 127
파리 과학 아카데미 386, 388, 389, 390, 460
파리 금석 고전 아카데미Academie des Inscriptions et Belles-Lettres 404
파리 왕립 식물원Jardin du Roi 389, 480
파스칼 201
파피루스 131, 82
판구조 539
팔렝케Palenque의 기둥 248
팜파 그란데Pampa Grande 68
페르가몬Pergamum의 도서관 132
페르미 가속기 연구소 530, 532, 551
페르시아제국 129
페스트 272, 294, 295, 383
페트루스 페레그리누스Petrus Peregrinus 290
폐순환 312
포드자동차Ford Motor Company 513
폴로나루와Polonnaruwa 233
표음문자 187, 188, 81, 81
표의문자ideogram 187, 196, 81
표준적인 측정단위 45
푸코J. B. L. Foucault 324
풍력 277, 279, 434, 71, 71
프랜시스 베이컨Francis Bacon 290, 375, 377, 378, 410, 413, 414, 445, 447, 448, 449, 451, 456, 460
프랜시스 크릭Francis Crick 500, 501, 503, 536, 557
프랜시스코 에르난데스Francisco Hernandez 307
프랜시스코 피사로Francisco Pizarro 258

프랜체스코 보나벤투라 카발리에리 Francesco Bonaventura Cavalieri 371
프랜체스코 수도회 290
프란츠 안톤 메스머Franz Anton Mesmer 450
프랑스 국립 이공대학 466
프랭클린 루즈벨트 550
프론티누스Frontinus 148
프루테닉 표Prutenic Tables 325
프톨레마이오스 소터Ptolemaios Soter 130
프톨레마이오스의 등각속도점 모형 138, 139, 140, 317
플라잉셔틀flying shuttle 432
플라톤 108, 109, 110, 111, 112, 112, 113, 115, 117, 119, 120, 128, 134, 135, 139, 142, 290, 323, 334, 359, 94, 94, 98
플라톤 물질 이론 110
플레아데스 성단Pleiades 258
플로지스톤 이론 451, 454
플로지스톤phlogiston 화학 451, 455
플리니우스Pliny the Elder 148
피라미드 72
피사 대학 340, 365, 371
피셔R. A. Fisher 500
피에르 가상디Pierre Gassendi 371
피에르 퀴리Pierre Curie 542
피코 델라 미란돌라Pico della Mirandola 376
피타고라스 98
피타고라스 삼중수 104, 105, 83, 83
피타고라스Pythagoras 102, 103, 104, 385
피타고라스 정리 104, 105, 205

피타고라스학파　102, 103, 104, 105, 106, 109, 98, 98
필기사scribe　104, 164, 241, 244, 245, 466, 65, 79, 81, 82, 90
필트다운인Piltdown man　537, 538

ㅎ

하夏 왕조　206, 62
하드론hadron(강입자)　530
하라파　62
하라파문명　62
하이집트 왕국　60
하인리히 헤르츠Heinrich Hertz　463, 471, 473, 524
하지의 일출지점　48
한국(대한민국)　196, 518
한스 리페르헤이Hans Lipperhey　341
한스 크리스티안 외르스테드Hans Christian Oersted　458
함무라비법전　71
합리적 과학　169, 89
합리적 토론　97
항성 광행차stellar aberration　324
항저우　63
해부학　106, 117, 118, 127, 134, 149, 150, 178, 311, 312, 312, 313, 89, 89
해부학적 현대인　537
해시계　172, 210
해왕성　448
해왕성 발견　448
해전海戰혁명　303
핵 연쇄 반응　549, 550
핵물리학　5, 551, 557
핼리혜성　208, 448
행렬역학　529

향신료 교역　306
허블상수　535
허수시간imaginary　535
헉슬리T. H. Huxley　498, 500
험프리 데이비Humphry Davy　457
헤라클레이토스-파르메니데스 논쟁　107
헤라클레이토스Heraclitus　98, 106
헤라클리데스Heraclides　135
헤로Hero　142
헤로도토스　73
헤로도토스Herodotos　100, 73, 82
헤르메스 트리스메기스투스Hermes Trismegistus　141, 319
헤르메스학Hermetic　141, 314
헨리 올덴버그Henry Oldenburg　386
헨리 코트Henry Cort　426
헨리 포드Henry Ford　434, 512, 513, 514, 515, 516
헬레나 계몽시대　117, 128
헬레나 과학　93
헬레나 문명　96
헬레나 시대Hellenic era　107, 133, 142, 376, 92, 93, 94
헬레나 자연철학　94
헬레니즘　130, 131, 132, 132, 133, 137, 139, 142, 145, 146, 150, 151, 152, 157, 162, 168, 226, 87, 92
헬레니즘 천문학자　87
헬레니즘 시대　92
현대인의 유전자풀　20
현미경　374, 375, 402, 410, 416, 465
현상을 구제하라　134, 139, 317
현상의 모형화　89
현존하는 최고最古의 금속활자본　196
혈액의 순환　312, 375, 413
호라티우스Horatius　151

호모 에렉투스　16, 17, 18, 19, 20, 22, 537, 538
호모 하빌리스　11, 16, 17, 18, 19, 538
호미니드　16
호프웰Hopewell 문화　259
혼천의armillary sphere　209, 210, 327
혼합경제　37
화약무기, 기술　270
화약혁명　297
화폐 경제　194
화학 결합의 전기이론　457
화학자들의 전쟁　510
화학적 원자론　457
환각성 약물　40
환경적인 제한　57
활판인쇄술　196
황산구리　455
황허　186, 187, 194, 201, 56, 62, 63

회절diffraction　402, 459, 460, 542
후니Huni(우니)　75
훈족Hun　231
흑사병　294, 295, 423
희망봉　304
히로시마　550
히브리어　282
히타이트　71
히파티아Hypatia　154
히포크라테스Hippocrates, 의학　107, 108, 150, 162, 171, 177, 283
히포페hippopede　113, 116
힉스 보손Higgs boson　531
힌두 미술　227
힐데가르트Hildegard　289
힐라 강Gila River　261

옮긴이 **전대호**

1993년에 서울대학교 물리학과를 졸업했으며, 1996년에 같은 학교 철학과 대학원 (석사)을 졸업한 뒤부터 5년간 DAAD(독일학술교류처) 장학생으로 독일 쾰른에서 철학을 공부했으며, 2004년에 서울대학교에서 철학과 박사과정을 수료했다. 1993년에 조선일보 신춘문예 시 부문에서 당선되었고, 시집으로 『가끔 중세를 꿈꾼다』(1995), 『성찰』(1997) 등이 있다. 번역서로 『현대철학소사』, 『수학의 언어』, 『유클리드의 창』, 『30분에 읽는 카프카』, 『과학의 시대』, 『미래』 등 다수가 있다.

과학과 기술로 본
세계사 강의

초판 1쇄 발행일 · 2006년 2월 22일
초판 5쇄 발행일 · 2008년 8월 14일

지은이 · 제임스 E. 매클렐란 III · 해럴드 도른
옮긴이 · 전대호
펴낸이 · 양미자
펴낸곳 · 도서출판 모티브북

등록번호 · 제 313-2004-00084호
주소 · 서울시 마포구 동교동 203-30 2층
전화 · 02-3141-6921, 6924 / 팩스 · 02-3141-5822
이메일 · motivebook@naver.com
표지디자인 · 오필민
본문디자인 · 이춘희

ISBN 89-91195-09-1 03900

- 잘못된 책은 구입한 곳에서 바꾸어 드립니다.
- 이 책은 저작권법에 따라 보호를 받는 저작물이므로 무단 전재와 무단 복제, 광전자매체 수록을 금합니다. 이 책 내용의 전부 또는 일부를 이용하려면 도서출판 모티브북의 서명동의를 받아야 합니다.